SO-FQX-974

Kreise

Erstes Jahr
Deutsch im Kontext

Jermaine D. Arendt
Minneapolis Public Schools, Retired

Catherine C. Baumann
American Council on the Teaching of Foreign Languages

Gisela Peters
Macalester College

Ray M. Wakefield
University of Minnesota

HH

Heinle & Heinle Publishers

A Division of Wadsworth, Inc.
Boston, MA 02116 U.S.A.

For our families, on both sides of the Atlantic.

Publisher: Stanley J. Galek
Editor: Petra Hausberger
Production Supervisor: Patricia Jalbert
Manufacturing Coordinator: Lisa McLaughlin
Project Coordination, Text and Cover Design:
    York Production Services
Photo Researcher: Inge King

Heinle & Heinle Publishers is a division of Wadsworth, Inc.

Manufactured in the United States of America.

Library of Congress Cataloging-in-Publication Data

Kreise: Erstes Jahr Deutsch im Kontext/Jermaine D. Arendt . . . [et al.].
     p.   cm.
   Introd. in English, text in English and German.
   Includes index.
   ISBN 0-8384-3562-9 (student ed.).—ISBN 0-8384-3565-3
(instructor's ed.)
   1. German language—Grammar—1950– 2. German
language—Textbooks for foreign speakers—English.   I. Arendt,
Jermaine D.
PF3112.K69 1992
438.3'421—dc20   91-47693
                                                    CIP

ISBN 0-8384-3562-9 (Student Edition)
ISBN 0-8384-3565-3 (Instructor's Edition)

10 9 8 7 6 5 4 3 2 1

Contents

KAPITEL 3   Essen und Trinken   73

KAPITEL 4   Wohnen   117

KAPITEL 7   Kleidung und Wetter   223

KAPITEL 10 Freizeit 342

KAPITEL 11　Urlaub und Reisen　381

KAPITEL 12　Geschlechterrollen　415

KAPITEL 13 Ausländer 453

Preface

• Introduction •

Kreise: Erstes Jahr Deutsch im Kontext is a college-level introductory German text that develops all four language skills—speaking, writing, listening, reading—by integrating them within content-based chapters. The authors' approach emphasizes the receptive skills of reading and listening to provide students with a solid basis from which to begin developing speaking and writing skills.

The *Kreise* program is also designed to be flexible, and it provides plenty of opportunities for instructors to emphasize other skills. Students will learn to communicate simply about their immediate needs and environment, such as family, living situation, daily and leisure-time activities. They will also develop the ability to understand reading and listening texts about those and other topics.

Authentic materials such as newspaper and magazine clips, cartoons, advertisements, and radio and television reports and announcements are used as reading and listening texts or as realia support for listening and speaking activities and grammar tasks. All activities, including grammar and writing, are contextualized and functional, so that the skills developed are applicable not only to specific classroom materials and activities, but also to the authentic language and cultural environments of the German-speaking countries.

• Approach •

Process Approach

The organization of the materials in *Kreise* is based on a process approach stressing ongoing strategy development. This means shifting the emphasis from the skills or content being learned (the product of learning) to the interaction of the learner with the content (the process of learning). This approach means greater flexibility for the instructor, since activities can be adapted and emphasized according to both the style of teaching of the instructor and the individual styles or strategies of the students. It also means that the classroom is more learner-centered, focusing on students' interaction with the content rather than on performance of the product.

Emphasis on Receptive Skills

As in acquisition of a first language, learners of a second language are able to understand far more than they are able to express, and the productive skills

—speaking and writing—tend to lag behind the receptive skills—listening and reading. Before learners are expected to use language forms, they need time to become familiar with them. In *Kreise*, chapters are organized so that reading and listening activities appear first, followed by grammar, speaking and writing activities, and then by additional readings within the same topic area. Each chapter consists of two "cycles" through the four skills and culture within the content area. Students develop strategies for global comprehension and decoding and have opportunities to manipulate and respond that demand minimal verbal or written skills. Success with comprehension tasks involving minimal verbal and written skills encourages and prepares students to take the risks necessary for early speaking and writing tasks.

Spiralling Within and Across Chapters

Language learners need many different exposures to functions, content vocabulary, and grammatical structures. By spiralling material we mean repeated presentations of the functions, content, and structures. The first presentation is rather broad with a few activities to allow learners to check for basic conceptual control. The material is then expanded on via different modalities. Thus students might be asked to identify examples in a reading or listening text, then use them in simple communicative activities or in a game involving recognition or simple manipulation in communicative activities. Spiralling material presents learners with a variety of opportunities for practice while also accommodating different learning styles. A visual learner may comprehend material after identifying it in an authentic text, a tactile learner may need to manipulate objects, a verbal learner may have a breakthrough by performing a role-play activity.

Spiralling lets students demonstrate their competence in both comprehension and production tasks with varying degrees of control. *Kreise* allows for a progression within and across chapters from conceptual through partial and toward sustained control. The first reading and listening texts of a chapter lead to conceptual control; grammar and additional reading and writing activities provide opportunities for partial control. Topics like "the family" are developed into more demanding topics, such as "men's and women's roles" in later chapters, and vocabulary and grammar are reintroduced and expanded throughout the text.

Contextualization

Because the ultimate goal of teaching language is to prepare learners to use their skills in real-life situations, all activities in *Kreise* are contextualized on several levels: Reading and listening texts are previewed to provide a setting and elicit the students' background knowledge; vocabulary is consistently presented in the context of a text, or it is categorized with related terms; familiar vocabulary provides the context for grammar exercises; communicative activities stem from reading, listening, or writing tasks; and cultural materials invite comparison with familiar cultural scenarios. This organizational scheme makes students aware that language skills are interrelated and that language and culture are not static entities, but are part of a dynamic process.

Functional Use of Authentic Materials, Illustrations, and Photographs

Authentic texts provide a rich source for the development of strategies for reading, listening, and speaking, since they present a natural context for real-world activities. The illustrations and photographs in *Kreise* are integrated into the chapter in many ways. The *Bildwörterbuch* that begins many chapter "cycles" presents vocabulary in context. The opening photographs for each chapter have been carefully chosen to reflect content and can be used as previews, especially when coupled with the *Lernziele*. Illustrations and photos have also been used to illustrate grammatical concepts and provide cues for some speaking activities.

The three color inserts in *Kreise* can serve to introduce, review, or practice vocabulary, or to initiate different speaking activities. Because the photo inserts have been selected thematically, they can be used to enhance classroom discussion of topics introduced in the chapters. Photos are also a rich source of cultural information; students have an opportunity to compare what they see with their own familiar culture.

Conceptual, Partial, and Full Control: The Grammatical Syllabus

The grammar sections in *Kreise* follow this pattern: The initial presentation of a given grammatical structure introduces a concept and gives students opportunities to practice it in terms of the most basic conceptual awareness—recognition. Charts clarify and organize material for students. Grammatical exercises are completely contextualized and recycle language from reading and listening texts. When new words are introduced, they are cognates or topically related to familiar vocabulary, or they appear in a recognizable context. Activities that personalize the use of grammatical points are also provided. These are communicative activities that also target the accurate use of a grammatical concept. Instructors can demand the level of accuracy from their students that they deem appropriate. The grammar section has been designed to allow self-study by students. It is systematic, complete, and concise, and it encourages students to approach grammar in the same way as other skills: by building upon previous knowledge and developing specific strategies. Throughout *Kreise*, grammatical structures are recycled when appropriate, that is, when they serve to introduce a new concept or expand a previously introduced one.

Interactive Approach to Culture

Cultural topics are derived from the content of the chapter as a whole. Instead of the memorization of a static body of knowledge, students are encouraged to view culture as a dynamic, changing part of the total environment in which a given language is spoken. Cultural topics serve as a vehicle to speculate on the reasons behind traditions or practices and to explore their advantages or disadvantages. By examining their own culture in comparison, students develop a more critical stance toward cultural stereotypes. Finally, they are invited to see themselves as members of a society with numerous changing, interrelated cultures.

• Chapter Organization •

Section	Description
Chapter opener	Presents content in photo opener and title; introduces Lernziele, stating functional goals.
Lesehilfen	Develops students' explicit reading strategies for both global comprehension and decoding; consists of Bildwörterbuch, Globalstrategien (top-down), Detailstrategien (bottom-up), and Textvorschau (preview).
Text	Authentic and current texts introducing content vocabulary and grammar; Textarbeit follow each text with a variety of comprehension activities encouraging global comprehension and inferencing as well as close reading for manipulation of specific vocabulary.
Hören	Recycles the vocabulary of the main text and involves authentic, theme-based listening situations; Textarbeit encourage students to listen for specific information and to organize and manipulate material.
Grammatik	Topics and functions are derived from the chapter content and are designed to allow for self-study; progression from concept to form to use is reinforced in both explanations and exercises and activities.
Lesen	Always include authentic texts, realia, and a variety of Textarbeit, from scanning the text for specific items to using the text as a source for organizing, comparison, or categorizing tasks.
Schreiben	Content is consistent with reading and listening activities; provides the types of tasks students might perform if they were living or traveling in German-speaking countries, with authentic texts often the source.
Sprechen	Speaking activities appear throughout the chapter derived from reading, listening, and writing activities; provides opportunities for real, meaningful communication in German.
Kultur	Cultural themes are chosen to represent relevant, current interest topics that invite critical thinking and reflection on the part of students; because of the high level of language demanded by such processing, the activities in the culture section of the text may involve the use of English.

• Teaching with *Kreise: Erstes Jahr Deutsch im Kontext* •

Each chapter is organized around content areas such as shopping, food, leisure, or education, and is divided into two cycles. Moving through one chapter cycle per week of instruction ensures that students have opportunities for practice of all four language skills. The systematic presentation of grammar concepts allows students to work through grammar sections on their own, with time in class for overview, review, and clarification. This format provides learners with repeated exposures to the content material via the different modalities and ensures variation in instructional sequence. The chapter format in *Kreise* gives the instructor flexibility in sequencing the material. Since *Kreise* is adaptable to a variety of course plans, the authors suggest the following:

Two-Semester Courses

Presenting Chapters 1 through 8 in the first semester provides students with most immediate vocabulary to talk about themselves and their world. The topics in these early chapters are concrete and provide an initial introduction of the most frequent grammar structures. Chapters 9 through 15 present not only reviews and expansion of grammatical concepts but also more demanding content that spirals out of early chapters.

Three-Quarter or Trimester Courses

Depending on the students, five chapters per quarter might be appropriate, or you may find that you can move slightly faster through the first six or seven chapters, leaving more time for the later, more demanding ones.

• The Complete *Kreise* Program •

Student Text

The student text includes 15 chapters, each chapter containing two cycles (Kreise). It also includes a table of contents, grammar appendix, German–English and English–German glossaries, and an index.

Instructor's Annotated Edition

The *IAE* contains additional annotations with cultural and other content information and variations on activities. It also includes marginal annotations describing the objective of individual grammar exercises and activities.

Workbook / Lab Manual

The *Workbook/Lab Manual* provides the same high quality of contextualized reading and listening texts, writing tasks, and reinforcing grammar activities. Each chapter is closely designed to further the skills introduced in the text, with activities that further develop chapter content and grammar concepts. Contextualized pronunciation drills focus students on key elements and provide a complete overview of the German phonetic system.

Test Bank

Materials in the *Test Bank* are designed to offer assessment techniques appropriate to the methodology of the text itself, especially for testing conceptual, partial, and full control of both grammatical concepts and vocabulary and functions. The *Test Bank* contains quizzes for each lesson that assess the development of receptive skills. It also contains suggestions for testing oral skills.

Student Tape

Each of the texts in the *Hören* sections of *Kreise* is recorded on audiotape and sold with the textbook. This access provides students with the opportunity for repeated listenings.

Transparency Masters

The transparency masters package is closely tied to the art represented in each chapter. These transparencies make it possible to use illustrations from the text as a means of eliciting classroom discussion or speaking activities for pairs or small groups.

Instructor's Manual

The *Instructor's Manual* is a complete teaching guide containing tips, strategies, reminders, and additional speaking activities for each chapter segment. The *Manual* provides novice teachers with helpful information about the text format of *Kreise*, while giving experienced instructors a wealth of additional material to draw on.

• Scope and Sequence Chart •

Chapter	Functions	Content	Structure	Culture
1	Greetings, talking about self	Family, friends, alphabet, numbers	Basic sentences, personal pronouns, present tense	Typical families, forms of address
2	Telephone, talking about plans for holidays, asking questions	Days, months, seasons, holidays	Word order, gender, articles, noun plurals	Friends and acquaintances, holidays
3	Talking about eating, ordering food in restaurants	Food, meals, restaurants	Irregular verbs, case, word order of objects	Food preservatives, German food
4	Talking about where and how you live	Homes, furniture	Modal verbs, prepositions	Housing costs, renting in Germany
5	Talking about shopping, simple transactions	Shopping for food and other items	Prefix verbs, possessive pronouns, negation, future	Ladenschlußgesetze, the culture of shopping
6	Talking about activities in the city, talking about the past	City life, public transportation	Present perfect, simple past, der-words, weak nouns, genitive	Cities, advantages and disadvantages of automobiles
7	Describing people, talking about the weather, making requests	Clothing and weather	Adjectives, reflexive; commands	Typical American and German dress
8	Talking about school and studies	Education and study	Simple past, expansion, conjunctions	German education system, German student life
9	Talking about jobs and work experience	Working, professions	Review and expansion of tenses, future and past perfect	Attitudes toward work, the collapse of Communism
10	Talking about leisure activities and television habits	Leisure activities, television and other media	Subjunctive II	Television, sports
11	Talking about travel plans and vacations	Travel	Review of case, relative clauses	Vacation plans, the concept of distance
12	Talking about men's and women's roles	Gender roles	Comparison of adjectives and adverbs, review and expansion of word order	Gender stereotypes, lifestyles
13	Talking about one's country, dealing with foreigners	Perceptions of the United States, foreigners and racism	Review and expansion of prepositions, passive constructions	Germans and Americans, East and West Germans
14	Talking about the environment, personal choices	The environment and pollution	Impersonal passive, infinitive clauses	Throw-away culture, environment in the former East Bloc
15	Talking about one's relationship to history and the future	History, unified Germany in Europe	Present and past participles, subjunctive I	Who are the Germans?

• Acknowledgments •

We would like to thank the following instructors whose criticisms and suggestions were invaluable to the development of this text:

William Anthony, Northwestern University

John Austin, Georgia State University

Waltraud Bartscht, University of Dallas

J. Conant, University of Minnesota, Duluth

Robert Davis, Smith College

Henry Fullenwider, University of Kansas

Andrea Galand, University of Western Ontario

Richard Helt, Northern Arizona University

Ingeborg Henderson, University of California, Davis

Key Herr, Colorado State University

Janette Hudson, University of Virginia

Peter Kastner-Wells, University of Northern Colorado

William Keel, University of Kansas

Duane Keilstrup, University of Texas, Arlington

Linda Kraus Worley, University of Kentucky

Brian Lewis, University of Colorado, Boulder

Barbara Lide, Michigan Tech

Tom Lovik, Michigan State University

Paul Luckau, Brigham Young University

Randy Lund, Brigham Young University

Franziska Lys, Northwestern University

Philip Mellen, Virginia Polytechnic

Arthur Mosher, University of South Carolina

Dennis Mueller, University of Missouri

Anthony Niesz, Yale University

Karl Obrat, University of Cincinnati

Prof. Olsen, University of Northern Texas

Mark Rectanus, Iowa State University

Claus Reschke, University of Houston

Elfriede Smith, Drew University

H. Stephenson, St. Joseph's University

Gerhard Strasser, Pennsylvania State University

Janet Swaffar, University of Texas, Austin

Phyllis Van Buren, St. Cloud State University

Jan Van Vulkenburg, University of Michigan, Ann Arbor

Wilfried Voge

Larry Wells

We would also like to thank Marian Wassner and Laura McKenna, who had a clear vision for *Kreise* and kept the author team working toward that vision. We are grateful to Petra Hausberger and Pat Jalbert at Heinle & Heinle, to Herta Erville, Inge King, and especially to Sandra Schnetzka at York Production Services, for bringing the project to completion. We have enjoyed their support while meeting demands to create a book that measures up to all of our expectations. Finally, the author team would like thank the members of their families and other friends and colleagues who provided support for the late nights and long days that went into the creation of this book.

EUROPA

Mitglieder der
Europäischen Gemeinschaft

Mitgliedschaft beantragt

Unentschieden

NORDIRLAND

DIE NORDSEE

NORWEGEN
Oslo ⭐

SCHWEDEN
Stockholm ⭐

FINNLAND
Helsinki ⭐

DIE OSTSEE

ESTLAND

LETLAND

Moscow ⭐

LITHAUN

GEMEINSCHAFT
UNABHÄNGIGER
STAATEN

Belfast ⭐

IRLAND
Dublin ⭐

GROSSBRITANNIEN

London ⭐

DÄNEMARK

Kopenhagen ⭐

DIE
NIEDERLANDE
den Haag ⭐

Berlin ⭐

DIE
BUNDESREPUBLIK
DEUTSCHLAND

POLEN
Warschau ⭐

Brussel ⭐
BELGIEN

Paris ⭐
LUXEMBURG

LIECHTENSTEIN

DIE TSCHECHOSLOWAKEI
Prag ⭐

DER ATLANTIK

FRANKREICH

Bern ⭐
DIE SCHWEIZ

Wien ⭐
ÖSTERREICH

Budapest ⭐

UNGARN

RUMÄNIEN

ITALIEN

PORTUGAL

Belgrad ⭐
JUGOSLAWIEN

Bukarest ⭐

DAS
SCHWARZE
MEER

BULGARIEN
Sofia ⭐

Madrid ⭐

SPANIEN

Rom ⭐

Tirana ⭐
ALBANIEN

Ankara ⭐

DIE TÜRKEI

GRIECHENLAND

Athen ⭐

Algier ⭐

MAROKKO

Tunis ⭐

ALGERIEN

TUNESIEN

DAS MITTELMEER

N

600 KILOMETER

400 MEILEN

DIE BUNDESREPUBLIK DEUTSCHLAND

DÄNEMARK

Nordsee

Ostsee

Flensburg
Puttgarden
Husum
Kiel
Stralsund
SCHLESWIG-HOLSTEIN
Neumünster
Rostock
Lübeck
MECKLENBURG-VORPOMMERN
HAMBURG
Oderhaff
Hamburg
Schwerin
Emden
Bremerhaven
Neubrandenburg
BREMEN
Prenzlau
Oldenburg
Lüneburg
Bremen
Wittenberge
POLEN
NIEDERSACHSEN
Celle
BERLIN
Osnabrück
Hannover
Wolfsburg
Berlin
Frankfurt (Oder)
Hameln
Braunschweig
Potsdam
Münster
Hildesheim
Magdeburg
BRANDENBURG
Oder
NORDRHEIN-WESTFALEN
Göttingen
Wittenberg
Cottbus
SACHSEN-ANHALT
Essen
Dortmund
Kassel
Halle
Leipzig
Meißen
Düsseldorf
Ruhr
Erfurt
Weimar
Dresden
Köln
Marburg
Eisenach
Gera
SACHSEN
Aachen
Bonn
Gießen
THÜRINGEN
Jena
Chemnitz
Koblenz
HESSEN
Suhl
Zwickau
Bacharach
Frankfurt am Main
Main
Bingen
Wiesbaden
Würzburg
Bayreuth
DIE TSCHECHOSLOWAKEI
Trier
Mainz
RHEINLAND-PFALZ
Nürnberg
SAARLAND
Mannheim
Amberg
Saarbrücken
Heidelberg
Rothenburg
BAYERN
Regensburg
LUXEMBURG
Karlsruhe
Stuttgart
Donau
Baden-Baden
Neckar
Passau
FRANKREICH
Tübingen
Ulm
Augsburg
Donau
SCHWARZWALD
BADEN-WÜRTTEMBERG
München
Inn
Freiburg
Ravensburg
ÖSTERREICH
Konstanz
Berchtesgaden
Rhein
Bodensee
BAYRISCHE ALPEN
DIE SCHWEIZ
Garmisch-Partenkirchen

NIEDERLANDE
BELGIEN

Rhein
Mosel
Mosel

100 MEILEN
100 KILOMETER

N

DIE BUNDESREPUBLIK DEUTSCHLAND

Fläche	357 050 km²
Bevölkerung	78,5 Millionen
Hauptstadt	Berlin

BUNDESLÄNDER

Schleswig-Holstein
Fläche	15 729 km²
Bevölkerung	2,6 Millionen
Hauptstadt	Kiel

Bremen
Fläche	404 km²
Bevölkerung	0,6 Millionen
Hauptstadt	Bremen

Niedersachsen
Fläche	47 344 km²
Bevölkerung	7,2 Millionen
Hauptstadt	Hannover

Nordrhein-Westfalen
Fläche	34 070 km²
Bevölkerung	16,9 Millionen
Hauptstadt	Düsseldorf

Hessen
Fläche	21 114 km²
Bevölkerung	5,6 Millionen
Hauptstadt	Wiesbaden

Rheinland-Pfalz
Fläche	19 849 km²
Bevölkerung	3,7 Millionen
Hauptstadt	Mainz

Saarland
Fläche	2 570 km²
Bevölkerung	1,1 Millionen
Hauptstadt	Saarbrücken

Baden-Württemberg
Fläche	35 751 km²
Bevölkerung	9,4 Millionen
Hauptstadt	Stuttgart

Mecklenburg-Vorpommern
Fläche	22 500 km²
Bevölkerung	2,1 Millionen
Hauptstadt	Schwerin

Hamburg
Fläche	765 km²
Bevölkerung	0,6 Millionen
Hauptstadt	Hamburg

Brandenburg
Fläche	26 000 km²
Bevölkerung	2,7 Millionen
Hauptstadt	Potsdam

Berlin
Fläche	883 km²
Bevölkerung	3,4 Millionen
Hauptstadt	Berlin

Sachsen-Anhalt
Fläche	25 000 km²
Bevölkerung	3 Millionen
Hauptstadt	Magdeburg

Sachsen
Fläche	17 000 km²
Bevölkerung	4,9 Millionen
Hauptstadt	Dresden

Thüringen
Fläche	15 209 km²
Bevölkerung	2,5 Millionen
Hauptstadt	Erfurt

Bayern
Fläche	70 555 km²
Bevölkerung	11 Millionen
Hauptstadt	München

DIE SCHWEIZ

N

FRANKREICH

DIE BUNDESREPUBLIK DEUTSCHLAND

Rhein

Bodensee

Schaffhausen **17**

Basel
Liestal **5**
4
11
Dellsberg
19
Solothurn
Aare
1
Aarau
Frauenfeld
Winterthur **21**
26
Zürich
St. Gallen
Herisau
Appenzell **2**
3
Rhein

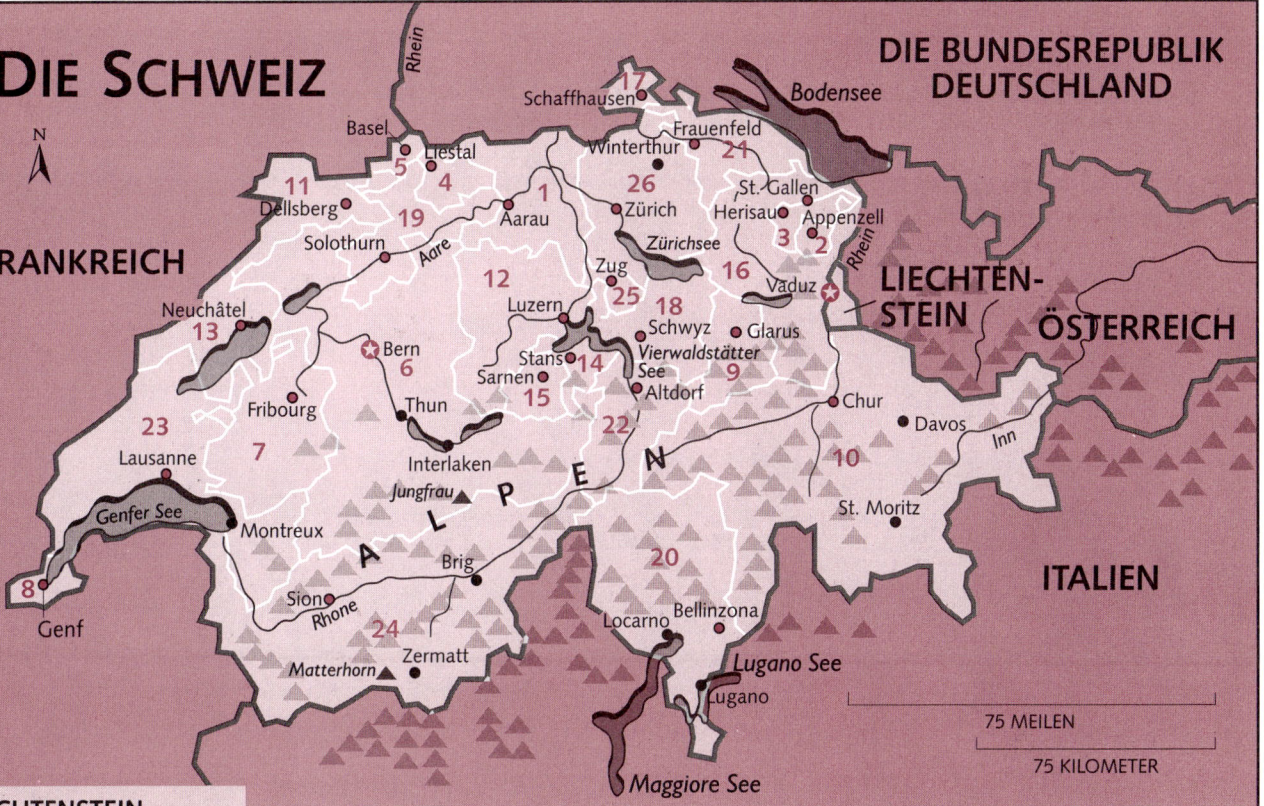

LIECHTEN-STEIN

ÖSTERREICH

Zürichsee

12
Zug
16
Vaduz

Neuchâtel **13**
Luzern
25
18
Schwyz
Glarus
9

Bern **6**
Stans
Sarnen
14
Vierwaldstätter See
Altdorf

Fribourg
Thun
15
22
Chur

Lausanne **23**
7
Interlaken
10
Davos
Inn

Genfer See
Jungfrau
A L P E N
St. Moritz

Montreux
Brig
20

Genf **8**
Sion
Rhone
24
Zermatt
Matterhorn
Locarno
Bellinzona

ITALIEN

Lugano See
Lugano

Maggiore See

75 MEILEN

75 KILOMETER

ÖSTERREICH

N

DIE BUNDESREPUBLIK
DEUTSCHLAND

DIE TSCHECHOSLOWAKEI

Bodensee

Donau

NIEDERÖSTERREICH

Krems *Donau*   WIEN

OBERÖSTERREICH

Linz

St. Pölten   Wien

Steyr

Eisenstadt

Neusiedler See

Wiener Neustadt

Salzburg   St. Wolfgang

Enns

Bad Ischl

Leoben   BURGEN-
LAND

Bregenz

Dornbirn

Kitzbühl

STEIERMARK

Valduz   VORARLBERG

Zell am See

TIROL   Innsbruck

SALZBURG
Badgastein

Graz

Inn

LIECHTEN-
STEIN

Lienz   KÄRNTEN

Gurk   Wolfsberg

Mur

UNGARN

DIE SCHWEIZ

Spittal

Villach   Klagenfurt

Drau

Drau

A L P E N

75 MEILEN

75 KILOMETER

ITALIEN

JUGOSLAWIEN

ÖSTERREICH

Fläche	83 855 km^2
Bevölkerung	7 555 338
Hauptstadt	Wien

BUNDESLÄNDER

Burgenland

Fläche	3 965 km^2
Bevölkerung	272 274
Hauptstadt	Eisenstadt

Kärnten

Fläche	9 533 km^2
Bevölkerung	536 727
Hauptstadt	Klagenfurt

Niederösterreich

Fläche	19 170 km^2
Bevölkerung	1 439 137
Hauptstadt	St. Pölten

Oberösterreich

Fläche	11 978 km^2
Bevölkerung	1 270 426
Hauptstadt	Linz

Salzburg

Fläche	7 154 km^2
Bevölkerung	441 842
Hauptstadt	Salzburg

Steiermark

Fläche	16 386 km^2
Bevölkerung	1 187 512
Hauptstadt	Graz

Tirol

Fläche	12 648 km^2
Bevölkerung	586 139
Hauptstadt	Innsbruck

Vorarlberg

Fläche	2 601 km^2
Bevölkerung	305 615
Hauptstadt	Bregenz

Wien

Fläche	415 km^2
Bevölkerung	1 515 666
Hauptstadt	Wien

Kaffee und Kuchen am Sonntag nachmittag

Beryl Goldberg

Familie und Freunde

LERNZIELE

In this chapter you will read and understand simple telephone messages as well as some advertising and personal documents. You will read about family relationships and friendships in German-speaking countries and understand and use greetings and other forms of address for relatives, friends, colleagues and others. You will begin to speak and write simply about yourself, your family and friends. Lastly, you will begin to develop some strategies that will make learning German easier.

Lesehilfen

In the *Lesehilfen* section of each chapter you will learn about specific reading strategies and techniques. You use these strategies automatically when you read in your native language. However, it is not easy for most beginning language learners to transfer these strategies to a foreign language. When you read in your native language, you do not pay attention to every single word; try not to read German word-for-word either. You will see that you can get the gist of a German text without knowing every word.

• Bildwörterbuch •

The *Bildwörterbuch* illustrates most of the basic vocabulary used in each chapter.

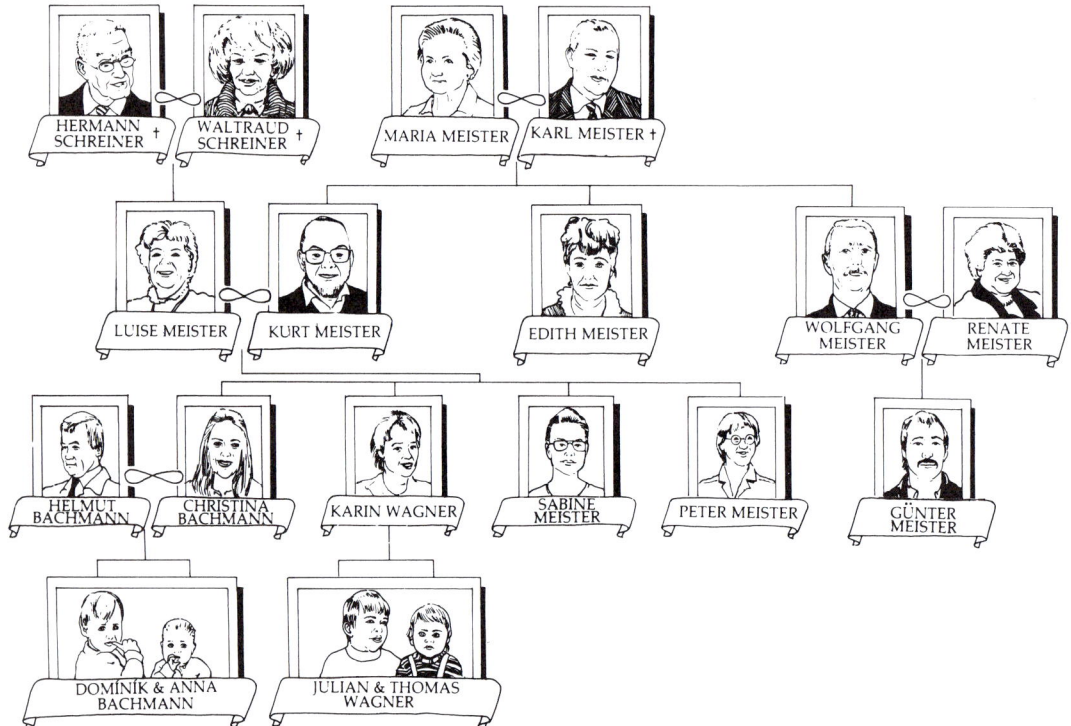

HERMANN SCHREINER †   WALTRAUD SCHREINER †   MARIA MEISTER   KARL MEISTER †

LUISE MEISTER   KURT MEISTER   EDITH MEISTER   WOLFGANG MEISTER   RENATE MEISTER

HELMUT BACHMANN   CHRISTINA BACHMANN   KARIN WAGNER   SABINE MEISTER   PETER MEISTER   GÜNTER MEISTER

DOMINIK & ANNA BACHMANN   JULIAN & THOMAS WAGNER

Das ist Peter Meisters **Familie**. Kurt und Luise Meister sind Peters **Eltern**. Christina Bachmann, Karin Wagner und Sabine Meister sind Peters **Schwestern**. Peters **Großmutter** ist Maria Meister. Peter hat drei **Neffen** und eine **Nichte**. Julian und Thomas Wagner sind **Brüder**. Sie sind Karin Wagners **Kinder**. Dominik und Anna Bachmann sind **Geschwister**. Sie sind Christina und Helmut Bachmanns **Kinder**.

• Globalstrategien •

Was erwarten Sie?

The moment you identify the type of text you have certain expectations and can make general assumptions about what you are going to read. Is it a newspaper article? A poem? A train schedule? A menu? A family tree is a type of text. Think about your own family tree. What information do you expect to find in the Meister family tree?

Making predictions before and during your reading will focus your reading and provide a framework for the meaning of what you read. Look for all available clues: titles, headlines, and illustrations.

Look at the title and the illustrations for the text *Hallo! Wir sind die Meisters*. What do you expect to read about? Evaluate your predictions as you continue reading.

Das wissen Sie schon!

You bring to any text you read your general knowledge and experience. Drawing on your background knowledge can help you understand a text in a foreign language. Families and introductions are good examples of how to apply your background knowledge to other texts. What information might people share when introducing themselves or other family members? Use your knowledge about the general topic when reading *Hallo! Wir sind die Meisters*.

Leseintention

When you read, you read with a purpose. You might scan a text for specific information, or skim a text to get a general idea of the content, or you might read a text for pleasure. Knowing why you are reading can help you organize information.

You scan a text to find specific information. For example, you might be looking for the time a movie starts, who won last night's game, or for the definition of a word in a dictionary. One of the exercises following the text *Hallo! Wir sind die Meisters* asks you to note specific information about several family members. Focus on those details when you read.

• Detailstrategien •

Verwandte Wörter

When you read a German text, you will recognize many words that resemble English words. Some of these words have been borrowed from English; others, often derived from Greek or Latin words, are the same in many modern languages.

**Softies
im Macho-
Look**

**»Eine
typisch
deutsche
Aktion«**

Storys mit Herz

Die USA.
So nah wie Ihr Telefon.

Dealer in Weiß

FAIR GEHT VOR

Look at the clippings. How many words can you find that are similar in German and English?

Much English vocabulary is related to German, since the languages share common origins. Some of these cognates are identical in both form and meaning (**Hand**, *hand*; **Winter**, *winter*), others differ in spelling but have the same meaning (**Mutter**, *mother*; **trinken**, *drink*), and some vary in both form and meaning (**Zeit**, *tide*; **Herbst**, *harvest*). Knowing some rules about these changes will help you recognize cognates. Long ago, German consonants underwent changes that English consonants did not.

English **p** > German **f, ff, pf**	up > **auf**; open > **offen**; penny > **Pfennig**
English **t** > German **z, ß**	to > **zu**; foot > **Fuß**
English **k** > German **ch**	week > **Woche**
English **d** > German **t**	day > **Tag**
English **th** > German **d**	this > **dies**
English **v, f** > German **b**	silver > **Silber**; deaf > **taub**
English **y** > German **g**	day > **Tag**

Considering the information about consonant shifts above, can you guess the meanings of the following German words?

Bruder, Mutter, denken, Eltern, drei, alt, leben

Wortbildung

German has a relatively small basic vocabulary, but compensates for this with a correspondingly large number of compound and complex words. Once you learn how to analyze a word, that is to determine its root, suffixes and prefixes, you'll be able to understand many unfamiliar words without having to refer to a dictionary. The root of a word carries its basic meaning. Look at the following words. They all have the root **wohn** (*live*) in common.

Wohnung   **wohn**en   be**wohn**en   Ein**wohn**er   **wohn**lich

Prefixes added to the beginning of a word change its meaning, and suffixes added to the end change its part of speech. Can you guess the meanings of the words below with the following information?

-er	*one who does something*	Informatik	*computer science*
-ant	*one who does something*	Chef	*boss*
-in	*feminine ending*	Labor	*laboratory*

Studentin, Journalistin, Informatiker, Chefsekretärin, Laborantin

Im Kontext

When you read in your native language, you probably do not always look up the meaning of unfamiliar words in the dictionary but instead guess what they mean in context. Try to guess the meaning of unfamiliar words from context when reading German. See if you can confirm your guesses as you continue reading. For example, when introducing himself, Peter Meister says: **Ich heiße Peter Meister**. What do you think **heiße** means? Later on in the text, Karin Wagner also introduces herself by saying: **Ich heiße Karin Wagner**. Did you guess right? Can you guess the meanings of the boldfaced words in the following sentences: Christina und ihre Familie **wohnen** in Frankfurt. Christina ist Journalistin **von Beruf**.

*Point out the idiomatic expression **Mit der Tür ins Haus fallen** = to blurt things out, to come straight to the point < to be in such a hurry to enter a house that one pushes the door off its hinges.*

Kultur im Kontext

Look at the cartoon. Do you understand it? As you see here, our culture influences the way we think, act and speak. In this section of the *Lesehilfen* we'll provide you with the cultural information that is necessary for you to understand some information in the text.

The educational system in Germany differs considerably from that in the United States and Canada. The **Gymnasium** is a secondary school encompassing grades 5–13. Students who intend to go to a university usually attend a **Gymnasium**.

*For some time now, there has been discussion in Germany about eliminating grade 13. Swiss and Austrian **Gymnasien** only go through the 12th grade. The **Gymnasien** in the new states which formerly comprised East Germany also go only through grade 12. Now that Germany is reunited, the discussion is heating up again.*

• Textvorschau •

The *Textvorschau* section of the *Lesehilfen* will give you a short preview of the text you are going to read. In this first text, several members of the Meister family introduce themselves and then tell you about other family members.

Hallo! Wir sind die Meisters!

am attending

☐ Tag! Ich heiße Peter Meister.
Ich bin 19 Jahre alt. Ich bin Schüler. Ich **gehe aufs** Gymnasium.
Das sind meine Eltern.

civil servant

☐ Mein Vater heißt Kurt Meister.
Er ist **Beamter**. Er ist 58 Jahre alt.

☐ Meine Mutter heißt Luise Meister.
Sie ist 57. Von Beruf ist sie Laborantin.
Meine Eltern und ich wohnen in Augsburg.
Ich habe drei ältere Schwestern: Christina, Karin und Sabine.

married

☐ Guten Tag! Ich bin Christina Bachmann.
Ich bin **verheiratet** und habe zwei Kinder.
Ich bin Journalistin von Beruf. Zur Zeit bleibe ich zu Hause.

☐ Das ist mein Mann Helmut. Er ist Informatiker.

☐ Das ist Dominik, unser Sohn. Er ist zwei.

☐ Unsere Tochter Anna ist vier Monate alt.
Wir wohnen in Frankfurt.

divorced

☐ Guten Tag! Ich heiße Karin Wagner. Ich bin Kindergärtnerin von Beruf.
Ich bin **geschieden** und habe zwei Kinder.

☐ Julian ist vier Jahre alt.

☐ Thomas ist drei.
Wir wohnen in Hamburg.

at the moment

☐ Hallo! Ich bin Sabine Meister. Ich bin 26.
Ich studiere Medizin. **Zur Zeit** studiere ich in den USA.
Ich habe zwei Schwestern und einen Bruder.
Meine Eltern und Geschwister leben in Deutschland.

widow

☐ Grüß Gott! Mein Name ist Maria Meister. Ich bin 79 Jahre alt und wohne
in München. Ich bin **Witwe**. Ich habe drei Kinder, fünf Enkelkinder und
vier Urenkelkinder.
Kurt ist mein ältester Sohn. Er ist verheiratet und hat vier Kinder, drei
Töchter und einen Sohn.

together

☐ Meine Tochter Edith und ich wohnen **zusammen**.
Edith ist Chefsekretärin. Sie ist 57.

☐ Wolfgang ist der Jüngste. Er ist 45.
Er ist verheiratet und hat ein Kind. Von Beruf ist er Inge-
nieur.
Er und seine Familie leben in Leipzig.

• Textarbeit •

1. **Information**. Scan the text for the following information: age, residence, occupation, and marital status of the family members below. Complete the table. In some categories, the information is not in the text. Enter a "?" in the table when the information is not provided.

Familienmitglied	Alter	Wohnort	Beruf	Familienstand
Kurt Meister	58	Augsburg	Beamter	verheiratet
Luise Meister				
Christina Bachmann				
Karin Wagner				
Sabine Meister				
Wolfgang Meister				
Maria Meister				
Edith Meister				

Point out the various organizing principles for a semantic field — word families, synonyms and antonyms.

2. **Wortfeld „Familie."** A good way to learn and memorize new words is to organize them according to word fields. Look at the family tree and illustrations for help to list the words in the text that have to do with family and relatives.

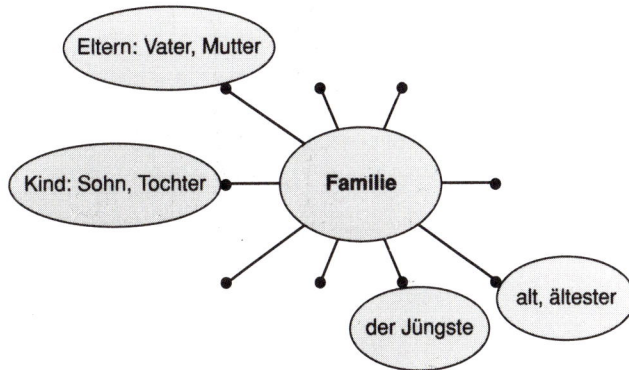

3. **Analyse.** Read through the text one more time and try to find various ways to

   • say hello   • tell your name

Sprechen

example

1. **Wie heißt du? Woher kommst du?** Work with a partner. Ask your partner his/her name and where he/she is from.

   Beispiel: A: Wie heißt du?
                   B: Ich heiße . . .

A: Woher kommst du?
B: Ich bin aus...
B: Und du? Wie ist dein Name?
A: ...

2. Darf ich vorstellen? Introduce yourself and your partner to your class.

Beispiel: A: Guten Tag! Mein Name ist.... Ich komme aus....
Das ist.... Er/sie ist aus....

HÖREN

to spell

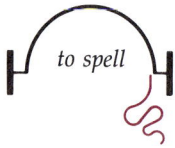

A. Wie buchstabiert man das? The German alphabet has the same twenty-six letters as the English alphabet, plus four other letters that are usually not included when saying the alphabet. Listen to the letters of the alphabet on the tape, and then try to pronounce the abbreviations below.

• Das Alphabet •

a	b	c	d	e	f	g	h	i	j
k	l	m	n	o	p	q	r	s	t
u	v	w	x	y	z	ä	ü	ö	ß

1. Abkürzungen. Try pronouncing these abbreviations.

2. Ich buchstabiere. You'll hear some German words spelled on the tape. See if you can write them down. Do they look familiar to you?

3. Wie bitte? Foreign students in a **Deutsch für Ausländer** (*German for foreigners*) class introduce themselves and spell their names. Write down their names. Can you guess where they come from?

Sprechen

Wie bitte? Spell your last name in German for a classmate. Can he/she spell it correctly?

B. Zahlen und Nummern. Listen to the numbers on the tape and then try to pronounce the winning lottery numbers.

0 null					
1 eins	11 elf	21 einundzwanzig			
2 zwei	12 zwölf	22 zweiundzwanzig			
3 drei	13 dreizehn	23 dreiundzwanzig			
4 vier	14 vierzehn	24 vierundzwanzig			
5 fünf	15 fünfzehn	25 fünfundzwanzig			
6 sechs	16 sechzehn				
7 sieben	17 siebzehn	30 dreißig	70 siebzig		
8 acht	18 achtzehn	40 vierzig	80 achtzig		
9 neun	19 neunzehn	50 fünfzig	90 neunzig		
10 zehn	20 zwanzig	60 sechzig	100 (ein)hundert		
			200 zweihundert		
			1 000 (ein)tausend		

1. Die Lottozahlen. Can you pronounce the winning numbers?

Heute im KURIER

LOTTO-Ziehung vom 12. 3. 1989

(4) (13) (26) (33)

(35) (41) ZUSATZ-ZAHL ▶ (8)

OHNE GEWÄHR

JOKER: 4 7 1 7 4 9

Sprechen

group work

Ruf doch mal an! Gruppenarbeit. Scan Peter Meister's address book for the following information:

a. die Telefonnummer von Bernd Krach

b. die Telefonnummer von Christoph Menz

c. die Vorwahl von München

d. die Vorwahl von Konstanz

e. die Vorwahl von den USA

Who doesn't have a . . . ?

f. **Wer hat kein** Telefon?

How do you write . . . ?
[lit.—How does one
write . . . ?]

g. **Wie schreibt man** die Zahlen eins und sieben?

Ulrike Welsch

✉	☎
Krach, Bernd Leitershofer Str. 7	52 65 26
Meister, Maria + Edith Giselastr. 137 8000 München 40	089/779577
Meister, Sabine 1708 Elliot Ave Minneapolis, Mn. 55404, USA	001/612 6479 516
Meister, Günter Kleine Fleischergasse 4 O 7010 Leipzig	20 04 52 **KLM**
Mutti (Arbeit)	324-2102
Müller, Sebastian Bücklestr. 31 7750 Konstanz	07531/53050
Lorenz, Günter + Martina Oberländerstr. 139	48 63 52
Lorenz, Rosa Untere Dorfstr. 09-02 O 8231 Reichenau 11	
Menz, Christoph Obereyfeldweg 25 CH 3063 Ittingen/Bern	031/58 35 52

In German-speaking countries, telephone numbers and area codes (**die Vorwahl**) vary in the number of digits. Most numbers are arranged in pairs of digits. They may be spoken in two ways:

48 91 22	vier acht neun eins zwei zwei
	achtundvierzig einundneunzig zweiundzwanzig
08231/46 02	null acht zwei drei eins vier sechs null zwei
	null acht zwei drei eins sechsundvierzig null zwei

Exchange telephone numbers with the members of your group.

Beispiel: A: Welche Telefonnummer hast du?
B: Ich habe die Nummer 647 9516 (sechs vier sieben neun fünf eins sechs).
B: Und welche Telefonnummer hast du?

2. **Die Telefonauskunft**. Listen to the three short exchanges between customers and directory assistance. You do not have to understand every single word—concentrate instead on the telephone numbers.

● **Textarbeit** ●
- Wie ist die Telefonnummer von Ilse Müller?
- Wie ist die Telefonnummer von Kurt Meister?
- Wie ist die Telefonnummer von Hans Maier?

3. **Der Anrufbeanworter**. The Meisters have been gone all day. Listen to the messages on their answering machine. Again, you need not understand every word you hear. Concentrate on the following: name of the caller, whom he/she wants to talk to, telephone number, where he/she can be reached.

● **Textarbeit** ●

Füllen Sie die Tabelle aus.

	Anrufer 1	**Anrufer 2**	**Anrufer 3**
Name			
Telefonnummer			
Mit wem will er/sie sprechen?			
Wo ist er/sie?			
a. zu Hause			
at work b. in der Arbeit			
no information c. keine Angabe			

GRAMMATIK

Basic Sentences

● Parts of Speech ●

In German, as well as in English, words are classified according to parts of speech: noun, pronoun, article, adjective, verb, etc. Each word, or part of speech, has a specific function within a sentence.

Nouns. Nouns are words that refer to people, things or concepts:

Peter	*Peter*
Herr Meister	*Mr. Meister*
Haus	*house*
Zeit	*time*

In German <u>all</u> nouns are capitalized.

Das ist mein Mann Helmut.	*This is my husband Helmut.*
Zur Zeit bleibe ich zu Hause.	*At present, I'm staying home.*
Unsere Tochter Anna ist vier Monate alt.	*Our daughter Anna is four months old.*

Pronouns. In order to avoid the necessity of repeating a noun, a pronoun can be used in its place.

Sabine studiert Medizin.	*Sabine is studying medicine.*
Sie lebt in Amerika.	*She lives in the U.S.*
Peter und seine Eltern wohnen in Augsburg.	*Peter and his parents live in Augsburg.*
Sie haben ein Haus.	*They have a house.*

Both in English and German we classify the personal pronouns according to the "person" or viewpoint of the speaker. The speaker uses a 1st person pronoun to refer to himself (**ich, wir**: *I, we*). When the speaker talks to someone, he or she uses a 2nd person pronoun (**du, ihr, Sie**: *you*). A 3rd person pronoun is used when speaking about persons or things (**er, sie, es, sie**: *he, she, it, they*).

Übungen

TASK — Recognizing nouns.

A. Substantive. Recognizing the parts of speech is important for the understanding of a new language. Do you remember one sure way to recognize nouns in written German? In the following, Peter Meister talks about himself. Can you identify all the nouns?

> **Beispiel:** Jahre,...

Ich bin 19 Jahre alt und gehe aufs Gymnasium. Ich wohne noch bei meinen Eltern. Wir wohnen in Augsburg. Ich habe drei ältere Schwestern. Guten Kontakt habe ich mit meiner Schwester Sabine. Sie ist Medizinstudentin. Zur Zeit studiert sie in den USA.

Who?

TASK — Identify grammatical person.

B. Wer? Look at the drawings on the next page. Are the people talking about themselves, or to somebody, or about somebody when using pronouns? Classify the pronouns according to the person.

> **Beispiel:** 1. **Sie**—talking to somebody; 2nd person

1.

„Ach, Herr Meister.
Haben Sie einen Moment Zeit?"
„Nein, im Moment habe ich
keine Zeit."

2.

„Herr Feuerstack hat leider keine
Zeit. Er ist in einer Konferenz."

3.

„Und Frau Weizmann?
Kommt sie nicht?"

this evening, tonight

4.

„Geht ihr heute abend zu
Peter?" „Nein, wir bleiben
zu Hause. Und du?"

Verbs. A verb expresses an action, a state or condition:

Sabine **studiert**.	*Sabine is studying (at a university).*
Sabine **ist** Studentin.	*Sabine is a student (at a university).*

Infinitive Form. Look at the following dictionary entry.

> **wohnen** *vi* **(a)** to live; (*vorübergehend*) to stay. **wo ∼ Sie? what's your address?, where do you live/are you staying?; er wohnt (in der) Friedrichstraße 11** he lives at (number) 11 Friedrichstraße; **wir ∼ sehr schön** we have a very nice flat/house *etc*; **wir ∼ da sehr schön** it's very nice where we live; **hier wohnt es sich gut, hier läßt es sich gut ∼** it's a nice place to live/stay; *siehe* **möblieren.**

Verbs are listed in a dictionary in the infinitive form. In English the infinitive of a verb is usually expressed by *to* + verb. In German the infinitive is expressed by adding the ending **-en** or **-n** to the verb stem:

wohn**en**	*to live*	tu**n**	*to do*
hab**en**	*to have*	wander**n**	*to hike*
geh**en**	*to go*		

Inflected Form. When a verb is used in a sentence, it describes an action that somebody or something is doing. In German, such verbs receive an ending, added to the stem. This ending is different depending on who or what is doing the action. The verb form with stem and personal ending is called the *inflected verb*.

Sabine leb**t** in den USA.	*Sabine lives in the U.S.*
Kurt und Luise Meister leb**en** in Augsburg.	*Kurt and Luise Meister live in Augsburg.*
Ich wohn**e** in München.	*I live in Munich.*
Wir wohn**en** in Frankfurt.	*We live in Frankfurt.*

• A Basic Sentence •

A basic sentence consists, at the very least, of a subject and a predicate:

Sabine studiert.	*Sabine is studying (at a university).*

Subject. The subject of a sentence is the person or thing that carries out the action expressed by the verb. The subject can consist of a noun, a pronoun, a phrase, or even an entire clause:

noun:	<u>Sabine</u> studiert Medizin.	*Sabine is studying medicine.*
pronoun:	<u>Er</u> ist Informatiker.	*He is a computer scientist.*
phrase:	<u>Meine Eltern und meine Geschwister</u> leben in Deutschland.	*My parents and my siblings live in Germany.*

Predicate. The predicate of a sentence can consist of a single inflected verb.

Sabine studiert.   *Sabine is studying* (*at a university*).

But many verbs do not, by themselves, form a complete and meaningful predicate. The utterances **Sabine ist** or **Ich heiße**, for example, need some other element to complete them. These elements that are necessary to complete the meaning of a verb are called verbal complements.

Sabine ist Studentin.   *Sabine is a student.*
Ich heiße Peter Meister   *My name is Peter Meister.*
Sie hat zwei Kinder.   *She has two children.*

Übungen

A. Subjekt. Understanding what you read depends not only on what individual words mean but also on how they function in the sentence. As you know, the subject of a sentence carries out the action expressed by the verb.

TASK — Identifying subjects and position of subjects.
great

• Can you identify the subjects in Sabine Meister's description of herself?
„Ich bin Medizinstudentin. Zur Zeit studiere ich in Amerika. Amerika finde ich **toll**. Es ist faszinierend."

• What did you base your decision on? What can you tell about the position of the subject in German sentences?

B. Prädikat. As you have seen, the endings of the inflected verb tell you whether the subject of the sentence is a first, second, or third person and whether it is singular or plural.

TASK — Recognizing inflected verb forms.

• Can you identify the inflected verb forms in Sabine's description of herself and her family?

„Ich studiere Medizin. Zur Zeit studiere ich in den USA. Meine Familie lebt in Deutschland. Mein Bruder Peter geht aufs Gymnasium. Er ist der Jüngste in unserer Familie. Er wohnt noch bei den Eltern. Meine Schwester Karin ist Kindergärtnerin von Beruf. Sie ist geschieden und wohnt mit ihren Kindern in Hamburg. Meine älteste Schwester, Christina, bleibt zur Zeit zu Hause. Sie hat zwei kleine Kinder. Sie und ihre Familie wohnen in Frankfurt. Wir vier
with one another
Kinder haben guten Kontakt **miteinander**."

• What did you base your decision on?

LESEN

A. Textsorte. To practice some of the reading strategies described in the *Lesehilfen*, try to identify the kind of text you are going to read. Look for all available clues, verbal as well as visual.

a

EUROPÄISCHE GEMEINSCHAFT

BUNDESREPUBLIK
DEUTSCHLAND

REISEPASS

THOMAS F. MASTRONA

RECHTSANWALT, AVOCAT, ATTORNEY

ADVOKATURBUREAU

GRAUHOLZSTR. 54   SWITZERLAND   3063 IT
TEL. 031 58 72 58   FAX

b

VAG
VERKEHRS-AKTIENGESELLSCHAFT
NÜRNBERG

Gemeinschaftsverkehr mit
Stadtwerken Fürth und Erlanger Stadtwerke AG

Dauerkarte
Auszubildende/Schüler
(a)

117945

Catherine   Baumann

Vor- und Zuname
Wichernstr. 18

Straße, Hausnummer
8520   Erlangen

PLZ, Wohnort   — 9. Nov. 1983

c

12684/72
Med. diagn. Laboratorium
Dozent Dr. Alfred Goedel

Dr. M. Goedel   Dr. E. Quidenus-Themeßl
1070 Wien, Mariahilferstraße 82 — Ruf 93 51 51, 93 86 85
7 – 17 Uhr, Samstag geschlossen

BLUTGRUPPENKARTE
Carte de groupe sanguis

Name: Susanne Schaefer

Geboren: 13. 11. 1960

Anschrift: 13.Premreinerg. 15

Blutgruppe: A_1

Rho (D)-Faktor: positiv

Datum 13.7.72   Unterschrift

d

Hauptverband der österreichischen Sozialversicherungsträger

4949 13 11 60
Versicherungsnummer

SCHAEFER

SUZANNE

11=DVR.0023957   OW

e

- Which document is a

_____ business card
_____ social security card
_____ passport
_____ blood-type card
_____ student bus pass

- What did you base your decision on?

B. **Adressen.** Now practice scanning for specific information.

1. **Information.** Scan the ads for the following information: name of business or organization, zip code, name of city, street, house number, telephone number (if any).

N A T O U R
Mit dem Rad über Berg und Pedal. Jetzt im neuen Katalog von Rad & Reisen.
RAD & REISEN
A-1040 Wien, Schleifmühlgasse 1
Telefon: (0222) 587 62 12
WIR BRINGEN IHREN URLAUB AUF TOUREN

Hotel POLO ★ ★ ★
ASCONA
Das gute Mittelklass-Hotel zu Mittelklass-Preisen im Herzen von Ascona...
Alle Zimmer mit Dusche, WC, Selbstwahltelefon, Minibar. Suiten auf Anfrage.
Gepflegtes Tessiner Restaurant – gediegene und heimelige Atmosphäre. **Garage und Parkplatz gratis.**
Verlangen Sie doch unverbindlich eine Offerte!
Hotel Polo, Ascona, via Buonamano, CH-6612 ASCONA, Tel. 004193-35 44 21, Tx. 846 057 polo ch

Name	Postleitzahl	Stadt	Straße	Hausnummer	Telefonnummer
a.					
b.					
c.					

2. **Analyse.**

- Where do you find the zip code?
- And the house number?
- What do you think the letters A, CH, D mean?

Sprechen

Welche Postleitzahl hat...? Work with a partner. Ask each other the zip codes of the cities listed below. Pronounce the zip codes as follows:

9000 neuntausend
8020 acht null zwei null

Deutschland	Österreich	Schweiz
1000 Berlin	6900 Bregenz	4000 Basel
5300 Bonn	8020 Graz	7260 Davos
6000 Frankfurt	5020 Salzburg	1200 Genf
2000 Hamburg	1010 Wien (Innere Stadt)	9000 St. Gallen
8000 München		8000 Zürich

introduce themselves

C. Zwei Familien stellen sich vor. Apply the strategies and techniques from the *Lesehilfen* as you read the following texts:

- Make predictions about what you are going to read from titles, etc.
- Draw on your background knowledge
- Look for cognates and guess meanings of unfamiliar words from context

Meine Familie

student dorm

Servus! Ich heiße Claudia Schnitzler, bin 23 Jahre alt und studiere Informatik an der Universität Wien. Ich wohne im **Studentenwohnheim**. Ich habe eine jüngere Schwester. Sie ist 17 und geht noch aufs Gymnasium. Monika wohnt bei meiner Mutter. Meine Eltern sind geschieden. Meine Mutter ist Professorin für Mathematik an der Universität Wien. Mein Vater ist Musiker von Beruf. Er lebt jetzt in Salzburg.

• Textarbeit •

Scan the text for the following information: occupation, residence, marital status of the members of the Schnitzler family. Fill in the table below. If you don't find the information in the text, enter a "?" at that point in the table.

Familienmitglied	Beruf	Wohnort	Familienstand
Claudia Schnitzler	Studentin der Informatik	. . .	. . .

Eine türkische Familie in Deutschland

Does it surprise you to read about a Turkish family in Germany? The ethnic background of people living in Germany today is relatively homogeneous. There are, however, approximately 5 million foreigners living in Germany. The following table shows you the ethnic make-up of contemporary Germany. The largest number of foreigners came as "guestworkers" from Southern Europe and Turkey. They were invited by the West German government during the economic boom in the sixties.

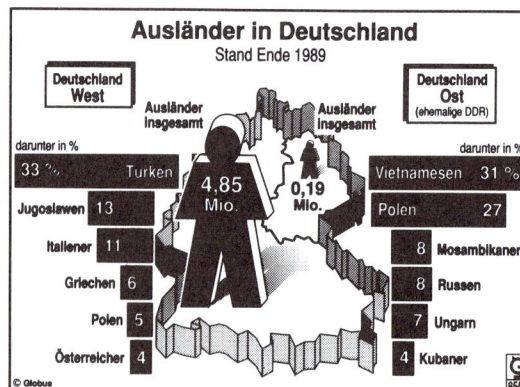

Ausländer in Deutschland
Stand Ende 1989

Ausländer in Deutschland

Osman Gürlük, Augsburg

sind gekommen—*came*

will—*want*
Heimat—*homeland*

Osman Gürlük ist 20 und geht aufs Gymnasium. Osman Gürlük ist Türke. Seine Eltern kommen aus Anatolien. 1968 **sind** sie in die Bundesrepublik **gekommen**. Osman Gürlük hat zwei jüngere Geschwister. Seine Schwester, Yasmin, ist 17, sein Bruder, Omar, 15. Alle Kinder der Gürlüks sind in der Bundesrepublik geboren. Sie sprechen besser deutsch als türkisch. ,,Ich **will** in Deutschland bleiben,'' sagt Osman Gürlük. ,,Das ist meine **Heimat**.''
Doch seine Eltern planen, eines Tages wieder in die Türkei zurückzugehen. Sie leben gut in Deutschland, aber sie sind nicht integriert: ,,Wir bleiben Fremde hier. Deutschland ist nicht unsere Heimat.''

• Textarbeit •

For each member of the family, scan the text and enter the following information: age, country of origin, native language, plans for the future. If the information you need is not in the text, enter a "?" at that point in the table.

Familienmitglied	Alter	Geburtsland	Muttersprache	Zukunftspläne
Osman Gürlük …	20	…	…	…

SCHREIBEN

Wer bin ich? Look at Peter Meister's family tree on page 2 for help to create your own family tree. Then write in German about your family.

Beispiel: Ich heiße . . . . Ich habe zwei Geschwister . . . . Meine Eltern sind geschieden. . . .

Sprechen

Wer bin ich? Gruppenarbeit. Working in groups of 4–5 students, use the German vocabulary for family relationships to formulate statements about famous people which will allow the other groups to identify these famous people.

Beispiel: A: Ich bin die Frau von George Bush. Wer bin ich?
B: Du bist Barbara Bush.
B: Ich bin der Mann von Maria Shriver. Wer bin ich?
A: Du bist Arnold Schwarzenegger.

KULTUR

Die Meisters—eine typische deutsche Familie?

Allow this discussion to take place in English. There should be a few surprises for your students, especially with the two divorces in such a small sample.

Assoziogramm. Work in a group of four to five students. What comes to your mind when you think of a typical German family? Write down all the assumptions, ideas, images, characteristics or clichés you can think of. Do all of you agree?

Now look at the vital statistics of the Meister family. Did the Meister family fit your group's list of attributes for a typical German family? In what ways are they typical? In what ways are they different from your expectations?

Familienmitglied	Alter	Familienstand	berufstätig	Kinder
Kurt Meister	58	verheiratet	ja	4
Luise Meister	57		ja	
Sabine Meister	26	**ledig**	Studentin	0
Peter Meister	19	ledig	Schüler	0
Christina Bachmann	28	verheiratet	nein	2
Karin Wagner	27	geschieden	ja	2
Wolfgang Meister	46	verheiratet zum 2. Mal	ja	1
Renate Meister	50	verheiratet	ja	
Edith Meister	57	ledig	ja	0
Maria Meister	79	verwitwet	**Rentnerin**	3

single

retired woman

Lesehilfen

• Bildwörterbuch •

Herr Meister und Herr Bauer
sind Kollegen.
Sie arbeiten zusammen.

Herr Meister und Frau Holzer
sind Nachbarn.

ACKERMANN

Guten Morgen,
Frau Meister.

Guten Morgen
Frau Hartmann.

Frau Meister und
Frau Hartmann
sind Bekannte.

Mit Freunden diskutiere
ich stundenlang.

CAFE Stadler

CAFE Stadler

Peter und Osman sind gute Freunde.
Sie kennen sich schon sehr lange.

Ich verstehe mich mit meinen Kollegen.

• Globalstrategien •

Was erwarten Sie?

The lay-out of a newspaper text sometimes suggests the kind of article you will be reading, e.g., news story, editorial, feature story, series of interviews. Once you have identified the text type, you develop other expectations. In the case of newspaper interviews, would you expect the paper to select similar opinions or different ones? Looking at the title, *Freunde*, can you make predictions of what people might say?

Das wissen Sie schon!

Before you read the text, think about your friends. How long have you known them, do you have any lifelong friends? What sort of things do you and your friends do when you see each other? How are friendships different from other relationships?

Im Kontext

It is not necessary to understand every word to get the gist of what you read. Usually, the nouns and verbs communicate the primary meaning of a text whereas adjectives, adverbs etc. expand on that meaning. In trying to understand the text, concentrate on the nouns and verbs and read for the main idea during your first reading of the text. Try to understand the text more fully during your second or third reading.

• Detailstrategien •

Verwandte Wörter

Some cognates differ in spelling, but are close in sound. It helps to say a German word aloud when trying to guess its meaning. Can you guess the meanings of the following words: **hier**, **Freund**, **lernen**, **für**, **vier**?

Apply what you learned about sound shifts in the previous *Lesehilfen* section and try to guess the meanings of the following German words: **über, denken, zu, haben, zwei, trinken, halb, Wort, leben, essen.**

Wortbildung

In *Kreis* 1 of *Kapitel* 1 you learned that German forms new words by adding prefixes and suffixes to roots to build complex words. German also builds new words by combining two roots to form compound nouns. In compound nouns, the base noun is always the last element of the word and gives the compound its basic meaning. Whatever precedes the base noun modifies that meaning. Though the modifying element is often another noun, it can also be an adjective or another part of speech. Can you guess the meanings of the words below with the following information?

Wochenende	Woche	*week*
	Ende	*end*
Nachmittag	nach	*after*
	Mitte	*mid*
	Tag	*day*
Enkelkinder	Enkel	*grand (family relationship)*
	Kinder	*children*

Notice that compound nouns are spelled as one word.

Grammatik im Kontext

Some verbs in German sometimes use a reflexive pronoun to express that an action is reciprocal.

Ich treffe meinen Freund.	*I am meeting my friend.*
Mein Freund und ich treffen **uns**.	*My friend and I are meeting each other.*

The first statement implies that I am meeting my friend; the second statement clearly indicates, by using the pronoun **uns**, that my friend and I are meeting each other. Can you figure out what the following expressions might mean?

kennen—*to know*	Wir kennen uns.
sehen—*to see*	Wir sehen uns.
schreiben—*to write*	Wir schreiben uns.
machen—*to do*	Wir machen uns einen schönen Nachmittag.
verstehen—*to understand*	Wir verstehen uns mit unseren Nachbarn.

Kultur im Kontext

If you have ever met a German you might have gotten the impression that he/she acted more distant than an American would upon first meeting you.

Germans generally do not form friendships as quickly as Americans do. For a German, a friend is a person whom they have known for a long time. A friend, to a German, is probably closer to what an American calls a "good friend" or an "old friend." People Germans casually spend time with and whom they like are called **Bekannte. Freunde** are always on a first-name basis and will address each other with **du**, while **Bekannte** might use first names or last names and use either **du** or **Sie**. A German may have many **Bekannte** at any given moment, but only one **Freund** in an entire lifetime, and there are numerous Germans who would not admit to having any **Freunde** at all.

• Textvorschau •

In this text, several people from Augsburg talk about friends and friendship.

Freunde

Die *Augsburger Allgemeine* wollte wissen, was Augsburger über Freunde und Freundschaft denken.

Michael Dietz (19), Schüler

Ich **verbringe** viel Zeit mit meinen Freunden. Oft treffen wir uns zu gemeinsamen Wochenenden. Da diskutieren wir dann stundenlang miteinander. Jetzt haben wir **allerdings** wenig Zeit, etwas **zu unternehmen**. Aber wir lernen zusammen fürs Abitur.

Martina Lorenz (24), Buchhändlerin

Ich wohne **erst seit einem halben Jahr** hier und kenne noch nicht viele Leute. Na ja, ich habe ein paar Bekannte, Kollegen und Nachbarn. Wir **wechseln** ein paar Worte, das ist alles. Ich vermisse meine beste Freundin. Sie lebt in Dresden. Wir schreiben uns **regelmäßig** und telefonieren oft miteinander. Mit meiner Freundin kann ich über alles sprechen.

Ulrike Micheler (28), zur Zeit Hausfrau

Die **Beziehung** zu meinen Freundinnen ist sehr **wichtig** für mich. Wir kennen uns von der Universität her. Leider sehen wir uns jetzt nicht mehr so oft wie **früher**. Ich habe zwei kleine Kinder und habe **einfach** zu wenig Zeit. Aber ab und zu machen wir uns einen schönen Nachmittag. Wir trinken Kaffee und reden über alles miteinander.

Harald Potzler (58), Beamter

Meine Frau und ich haben ein paar gute Bekannte, aber **eigentlich** keine Freunde. Ich verstehe mich gut mit meinen Kollegen, und wir gehen mittags **manchmal** zusammen essen. Aber privat treffen wir uns nicht. Wir haben vier Kinder und jetzt auch vier Enkelkinder. Da bleibt keine Zeit für Freundschaften.

Text: G. Riepl   Fotos: J. Peters; top left and top right, Owen Franken / German Information Center; bottom left and bottom right, Michael Bry / Monkmeyer.

---

erst seit einem halben Jahr—*just half a year*
verbringe—*to spend*
wechseln—*to exchange*
regelmäßig—*regularly*
allerdings—*however*
zu unternehmen—*to undertake*

Beziehung—*relationship*
wichtig—*important*
eigentlich—*actually*
früher—*earlier*
einfach—*simply*
manchmal—*sometimes*

• Textarbeit •

1. **Freunde oder Bekannte**? Each of the people interviewed talks about his/her relationship with people they know. What type of relationships are they talking about? What do they say about these relationships? What kind of activities do they engage in with these people? Complete the table below, answering in English or German. If the information requested is not included in the text, enter a "?" in the table.

	Freunde oder Bekannte?	Was sagen sie über die Beziehung?	Was machen sie zusammen?
Michael Dietz	Freunde	He spends a lot of time with them.	
Ulrike Micheler			
Martina Lorenz			
Harald Potzler			

2. **Richtig oder falsch**? Say whether the following statements are true or false, according to what is said in the text.

a. _____ Freunde sind Leute, die man gut kennt.

b. _____ Mit Nachbarn kann man über alles reden.

c. _____ Freunde sind sehr wichtig im Leben.

d. _____ Gute Bekannte sind Freunde.

e. _____ Freunde kennt man nicht sehr lange.

f. _____ Mit Freunden kann man stundenlang diskutieren.

HÖREN

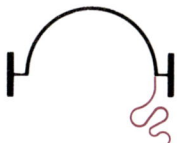

Before you listen to the texts on your tape, do the following activities.

Anrede

How do people address each other in the German-speaking countries? Look at the illustrations below.

„Guten Morgen, Herr Bauer."
„Guten Morgen, Herr Meister. Schönes Wetter heute, nicht?"

„Herr Meister, was meinen Sie?"

„Grüß Gott, Frau Meister."
„Grüß Gott, Frau Holzer."

„Ach, Fräulein Sommer. Können Sie
das schnell noch tippen?"
„Ja, Herr Vogt."

„Osman, warte einen Moment!"

„Ich verstehe das nicht, Herr Professor."
„Was verstehen Sie nicht, Frau Werner?"

People in German-speaking countries usually use first names only with close friends. When addressing people who are not close friends, they use the title **Herr** (Mr.) or **Frau** (Mrs., Ms.) together with last names. The title **Fräulein** (Miss) is becoming obsolete, although some people still use it to address young, unmarried women.

Begrüßen und Verabschieden

People in German-speaking countries use various formal and informal greetings and farewells. Look at the following hellos and good-byes, and see if you can guess where and when they are used.

...ALSO TSCHÜSS.
ICH GEH' JETZT IN DEN
MINI-CLUB...

..Hallo, Herr Kaiser,
gut, daß ich Sie treffe!

Servus in Österreich

Berlin wünscht guten Tag!

Formell	Informell	Bedeutung
Guten Morgen! (until about 10 a.m.)	Morgen!	*Good Morning!*
Guten Abend! (from about 6 p.m. on)	'n Abend!	*Good evening!*
Gute Nacht! (when going to bed)	(Gute) Nacht!	*Good night!*
Guten Tag!	Tag!	*Hello! Hi!*
Grüß Gott! (Southern Germany, Austria)	Grüß dich!/Grüß euch!	*Hello! Hi!*
	Hallo!	*Hello!*
	Servus!	*Hello! 'Bye!*
	Grüezi! (Switzerland)	*Hello!*
Auf Wiedersehen!	Wiedersehen!	*Good-bye!*
Auf Wiederschauen! (Austria)	Wiederschauen!	*Good-bye!*
	Tschüß!	*'Bye!*
	Bis dann!/Bis später!	*See you later!*
	Mach's gut!	*Take care!*

Sprechen

Formell oder Informell? Partnerarbeit. What do you think people would say in the following situations? Choose an appropriate expression from the table above. Several expressions may fit a particular situation. Practice an exchange of greetings for each situation.

1. Two students meet at the cafeteria around noon in Hamburg

2. A professor greets her 2 p.m class in Berlin

3. Two university professors greet each other at an evening concert in Wien

4. Two students meet at a party in Zürich

5. Family members greet each other in the morning

6. A sales person says good-bye to a customer in Dresden

7. Two students on their way to different classes in München

8. A student leaves a professor's office

A. Begrüßen und Verabschieden. You'll hear four short dialogues. Remember you are not expected to understand every single word. Listen for the gist of meaning, but concentrate on which pronoun (**du** or **Sie**) and on which type of greeting people use. Are people addressing each other with first or last names? Decide whether they are close friends or not.

• Textarbeit •

1. **Wie sprechen sich die Konversationspartner an**? How do the conversation partners address each other? Fill out the table.

	Dialog 1	Dialog 2	Dialog 3	Dialog 4
du/Sie				
Vorname/Nachname				
formelle/informelle Begrüßung				

2. **Wie gut kennen sich die Konversationspartner**? Are they good friends? Use clues from their conversations to make your decision.

   a. Herr Meister und Herr Bauer   **c.** Herr Meiners und Frau Hänicke

   b. Christian und Martin   **d.** Inge und Frau Carstens

B. Alltagsgespräche. Listen to the following everyday conversations. You need not understand every word to capture the gist of each exchange. Concentrate on where you think the conversations take place and who the speakers are. How well do they know each other? What is the conversation about?

• Textarbeit •

Worum geht es in den Gesprächen? Fill in the table using German or English.

	Gespräch 1	Gespräch 2	Gespräch 3
Wo findet das Gespräch statt?			
Wer sind die Gesprächsteilnehmer?			
Wie gut kennen sie sich?			
Worüber sprechen sie?			

GRAMMATIK

The Forms of the Personal Pronoun

	Singular		Plural	
1st person	ich	*I*	wir	*we*
2nd person informal	du		ihr	
		you		*you*
2nd person formal	Sie		Sie	
3rd person	er	*he*		
	sie	*she*	sie	*they*
	es	*it*		

German has three words for the English personal pronoun *you*.

- The informal pronouns **du** (singular) and **ihr** (plural) are used when addressing relatives, close friends, and children.
- The formal pronoun **Sie** (singular and plural) is used for adults who are not close friends. Note that formal **Sie** is <u>always</u> capitalized. Members of certain groups (students, socialist or feminist organizations, military personnel of lower ranks) address each other with the informal **du/ihr**, even though they might not know each other well.

Übungen

TASK — Identification exercise.

A. **Formell oder informell**? Look at the following cartoons. What pronoun do the speakers use when addressing each other? What can you infer from their use of pronouns?

UND WAS MACHST DU ZUR ZEIT?

《WIE LANGE SIND SIE SCHON SO SCHÜCHTERN?》

HÄGAR...AMÜSIERST DU DICH ETWA NICHT?

SCHEINT SO...

《WO, SAGTEN SIE, HABEN SIE ZAHNMEDIZIN STUDIERT...!?》

I know what's going on.

TASK — produce personal pronouns.

B. Ich weiß Bescheid. Frau Holzer, a nosy neighbor, tells you about the Meisters. As you have seen, pronouns can be used in order to avoid repeating a noun. Complete the sentences with the appropriate pronoun.

1. Mein Mann und ich wohnen in Augsburg. _____ wohnen in einem Reihenhaus.

2. Unsere Nachbarn heißen Meister. _____ wohnen seit fünf Jahren hier. _____ haben vier Kinder. Nur der Jüngste wohnt noch zu Hause. _____ geht aufs Gymnasium.

to work

3. Herr Meister und Frau Meister **arbeiten** in Augsburg. _____ ist Beamter von Beruf. _____ ist Laborantin.

4. Die jüngste Tochter studiert in den USA. _____ will noch ein Jahr in den USA bleiben.

5. Die älteste Tochter ist Journalistin von Beruf. Zur Zeit bleibt _____ zu Hause. _____ hat zwei Kinder.

6. Herr und Frau Meister haben noch eine Tochter. _____ ist geschieden. _____ und ihre Kinder wohnen in Hamburg.

C. Du, ihr oder Sie? Look at the following people talking to each other. Which pronouns do you think they are using?

„Was macht _____ denn nach dem Kurs?"   „Herr Bauer, haben _____ einen Moment Zeit?"

„Herr Meister, was denken _____?"   „Hast _____ heute Zeit, Osman?"

Present Tense

Time and Tense. It is important to make a clear distinction between time (a category of human experience) and tense (a category of grammar). There are only three time frames: before, now, and later. These time frames are usually expressed by a greater number of tenses in language. German, for example, has six tenses.

• Formation •

The present tense of a verb is formed by adding the present tense inflectional endings to the stem of the verb. The present tense inflectional endings are:

	Singular		Plural	
1st person	ich	wohne	wir	wohnen
2nd person (informal)	du	wohnst	ihr	wohnt
2nd person (formal)	Sie	wohnen	Sie	wohnen
3rd person	er, sie, es	wohnt	sie	wohnen

The verb **sein** (*to be*) is irregular:

	Singular		Plural	
1st person	ich	bin	wir	sind
2nd person (informal)	du	bist	ihr	seid
2nd person (formal)	Sie	sind	Sie	sind
3rd person	er, sie, es	ist	sie	sind

The verb **haben** follows the regular pattern, except for the informal 2nd person singular and the 3rd person singular:

	Singular		Plural	
1st person	ich	habe	wir	haben
2nd person (informal)	du	**hast**	ihr	habt
2nd person (formal)	Sie	haben	Sie	haben
3rd person	er, sie, es	**hat**	sie	haben

Übungen

A. Subjekt und Verb. In a German sentence the verb ending must agree in person and number with the subject. Find the verb, analyze the ending, and decide which of the two nouns or pronouns has to be the subject of the sentence.

Beispiel: Ich/Christoph wohne in Frankfurt.
Ich

1. Sabine/ich studiert in den USA.

2. Ich/Peter studiere in München.

3. Wo studieren du/Sie?

4. Was studierst du/ihr?

5. Herr Meister/meine Eltern wohnt in Augsburg.

6. Herr Meiners/Karen und Jens kommen aus Hamburg.

7. Seit wann wohnt du/ihr hier in Hamburg?

8. Wohnen die Meisters/Frau Meister noch in der Keltenstraße?

B. 2. Person oder 3. Person? The pronoun forms **sie** (*she, they*) and **Sie** (*you*) are distinguishable only in written German (and only if they are not in first position), but the verb ending indicates which of the two meanings is appropriate. Look at the form of the pronoun and the verb ending and decide on the appropriate answer.

1. Wo studiert sie?

   a) Ich studiere in Augsburg.   **b)** Sie studiert in Berlin.

2. Wo studieren Sie?

   a) Ich studiere an der Universität München.   **b)** Sie studieren in den USA.

3. Wo wohnen Sie?

   a) Wir wohnen in der Keltenstraße.   **b)** Sie wohnen in Frankfurt.

4. Wo wohnt sie jetzt?

   a) Sie wohnt in Frankfurt.   **b)** Ich wohne in Augsburg.

5. Was studieren Sie?

   a) Ich studiere Medizin.   **b)** Sie studieren Medizin.

C. Am Telefon. The members of the Meister family are frequent telephone users. Supply the correct form of **sein** to be used with their various conversations. Note that **wer** (who) is 3rd person singular.

PETER: Wer _____ am Telefon? ... Ach, du _____ es, Sabine. ... Es _____ zu laut hier. Die **ganze** Familie _____ hier.

whole

MARIA MEISTER: Was macht ihr denn heute nachmittag? _____ ihr zu Hause?

LUISE MEISTER: Kurt und ich _____ zu Hause, aber Peter _____ bei seinem Freund Osman. Warum?

poorly

PETER: Wo _____ du denn, Osman? Ich verstehe dich **schlecht**.
OSMAN: Ich _____ in einer Telefonzelle.

HERR BAUER: Kommen Sie mit zum Essen, Herr Meister?

ready

HERR MEISTER: Ich _____ noch nicht **fertig**.

TASK — Produce present tense of **haben** and **sein**.

D. Habt ihr Zeit? Alice Potz is calling her brother and sister-in-law, Andreas and Sabine, to get them to come along to the movies. Supply the correct form of **haben** or **sein**.

ALICE: Hallo, Andreas. Ich _____ (sein) es, Alice. _____ (haben) ihr heute abend Zeit? Ich gehe ins Kino. Kommt ihr mit?

ANDREAS: Ich _____ (haben) Zeit. Moment mal.—Sabine, Alice _____ (sein) am Apparat. _____ (haben) du heute abend Zeit, ins Kino zu gehen?

SABINE: Heute abend _____ (sein) wir doch bei Uli und Peter. Sie _____ (haben) eine Party.

TASK — Produce present tense verb forms.

E. Meine Freunde. Peter Meister tells you more about his friends. Supply the appropriate form of the verb in parentheses.

Ich _____ (verbringen) viel Zeit mit meinen Freunden. Osman und ich _____ (gehen) in dieselbe Klasse. Karina _____ (studieren) an der Universität Augsburg, und Hartmut _____ (machen) seinen **Zivildienst**. Wir _____ (sein) oft zusammen.

alternative service

TASK — **studieren** vs. **lernen**

F. Studieren oder lernen? Studieren and **lernen** both mean *to study*. However, **studieren** refers to a course of studies and is used especially in reference to college or university programs. **Lernen** is appropriate for the pre-university level and certain basic skill courses such as math and foreign languages at any level. Supply the correct form of **studieren** or **lernen**.

PETER: Osman, kommst du mit ins Kino?
OSMAN: Nein, ich habe leider keine Zeit. Heute abend _____ ich Mathe.

KARINA: Seit wann _____ du denn in Augsburg?
CHRISTINE: Seit zwei Jahren. Aber im nächsten Semester _____ ich in München. Ich gehe jetzt in die Mensa. Kommst du mit?

test

KARINA: Leider habe ich keine Zeit. Ich _____ für eine **Klausur** morgen.

STEFAN: Was machst du denn mit dem Englischbuch? _____ du denn nicht mehr Psychologie?

yes, I am

JULIAN: **Doch.** Aber nächstes Semester _____ ich in den USA. Deswegen _____ ich jetzt Englisch.

• Use •

The present tense expresses present time. It is used for timeless facts and habitual or recurring actions.

Augsburg liegt in Süddeutschland.	*Augsburg is in southern Germany.*
Die Meisters wohnen in Augsburg.	*The Meisters live in Augsburg.*
Peter Meister geht in Augsburg aufs Gymnasium.	*Peter Meister is attending the Gymnasium in Augsburg.*

It is also used for actions in progress. German does not distinguish by verb forms between habitual actions and actions in progress. Depending on the context, **ich arbeite viel** can mean *I work a lot* or *I am working a lot*. The context usually indicates which meaning is applicable. Frequently, the adverb **gerade** is added to indicate that an action is in progress.

Frau Meister arbeitet im Stadtzentrum.	*Mrs. Meister works downtown.*
Er arbeitet gerade.	*He is working right now.*

The present tense may also express future time, especially when a sentence contains an element that refers to future time:

Treffen wir uns <u>nächste Woche</u> wieder hier?	*Are we going to meet here again next week?*
<u>Nächstes Wochenende</u> machen wir eine Radtour.	*Next weekend we'll take a bicycle trip.*

Übungen

TASK — Identify present or future time with present-tense verb forms.

A. Am Telefon. As you have seen, the present tense is used for present time and for future time. The context will help you to determine whether the verb expresses present or future time in the following discussion between Sabine and her mother. What time frames are expressed in the verbs of the following dialog?

> **Beispiel:** bleibst—*future time*

FRAU MEISTER:	Warum bleibst du denn noch ein Jahr in Amerika?
SABINE:	Nächstes Semester arbeite ich in der Universitätsklinik.
FRAU MEISTER:	Aber hast du dann **genügend** Zeit für dein Studium?
SABINE:	In den USA arbeiten fast alle Studenten.

enough

TASK — Produce present tense and recognize the time expressed.

B. Kurzdialoge. As you have seen, the present tense may be used for present time (recurring actions, actions in progress), as well as for future time. Complete the short dialogues with the appropriate present-tense form of the verbs in parentheses, and try to tell from context whether the verbs express present or future time.

• Miniwörterbuch •

TU = Technische Universität	*The Technical University of Berlin*
FU = Freie Universität	*The Free University of Berlin*
WG = Wohngemeinschaft	*A group of people sharing housing to keep costs reasonable*

> **Beispiel:** CAROLA: Was _____ (machen) du denn jetzt?
> Was machst du denn jetzt?
> *present time*

CAROLA: Und wo _____ (wohnen) du jetzt?

ORTRUD: Ich _____ (wohnen) in einer Frauen-WG in der Bleibtreustraße. Wir _____ (verstehen) uns gut.

SUSANNE: Gerhard, grüß dich! Was _____ (machen) du denn hier in Berlin?

GERHARD: Ich _____ (studieren) an der TU. Und du?

to visit

SUSANNE: Ich _____ (**besuchen**) gerade meine Freundin.

GERHARD: _____ (studieren) du noch in Göttingen?

KERSTIN: Petra, Jürgen, grüß euch! Was _____ (machen) ihr denn hier in Berlin?

to look for

PETRA: Wir _____ (**suchen**) eine Wohnung. Im nächsten Semester _____ (studieren) wir beide hier an der FU. _____ (kommen) du mit auf einen Kaffee, Kerstin?

TASK — Express actions in progress with present tense.

C. Was machen sie? Look at the photos and tell what the various people are doing. Use one of the following verbs: **essen, trinken, lernen, sprechen.**

Owen Franken/German Information Center

Beryl Goldberg

Mike Mazzaschi/Stock, Boston

Ulrike Welsch

D. Freunde und Freundinnen. Tell about your friends. Choose the element in each column that best meets your needs.

1. Mein bester Freund/Meine beste Freundin / heißen...

2. Er/Sie / wohnen in...

3. Wir / sehen uns / oft/nicht oft

4. Ich / haben / viele/wenige Freunde

5. Ich / verbringen / viel Zeit/wenig Zeit / mit Freunden

6. Wir / lernen/sprechen / oft/ab und zu / miteinander

LESEN

A. Halbzeit ist's. By looking at the format, can you identify the text type? Are there occasions in your family that are celebrated in a special way? How does your family announce the event to friends and relatives? What sort of event is being announced in the following text? When reading this text, remember that a lot of unknown words can be guessed from the context.

Halbzeit ist's

Zum Anstoß der 2. Lebenshälfte lädt herzlichst ein

Hermann

ein "echter" 50 er
(mit Silberstreifen)

Wann: am Freitag, den 14.12.1990
um 19.00 Uhr.

Wo: Im Speiserestaurant „Feinkost Kahn".

Was gibt's: Menü, Wein, Bier und Wasser.

Für den Ohrenschmaus sorgt
Gottfried Hefele auf „Jamaha".

Wer kommen will,
läßt es mich bis 1.12.1990 wissen.

Telefonisch: unter 08 21 / 15 15 05 oder 15 25 91
Schriftlich: daheim
oder mit Fax: 08 21 / 51 90 14

• Textarbeit •

1. **Was wird gefeiert**? Can you reconstruct what is being celebrated?

   a. Who is being celebrated and why?
   b. Where will the celebration take place?
   c. When will it take place?
   d. Will there be something to eat?
   e. Should one RSVP?

2. **Halbzeit.** The card begins with a reference to soccer. What could **Halbzeit** refer to in the card?

B. **Sagen Sie auch „du" zum Chef**? The following text is adapted from an article in the German magazine *Stern*. Before you read, look at the title. You've learned about the different forms of address in German. **Sie** and **du** are juxtaposed in the title. What do you think the article is about? Then look at the cartoon. How do you think many Germans feel about using **du**? Look for cognates, and keep in mind what you already know about the subject matter.

Du-Druck von oben—*the pressure from up above to use „du"*
Ausdruck—*expression*
Beziehungen—*relations*
ohne—*without*

vertraulich—*intimate*

gehören—*to belong*
benutzen—*to use*

meint—*to be of the opinion*
Filiale—*branch, affiliate*
anderer Meinung—*of a different opinion*

In manchen Firmen müssen sich alle Kollegen duzen. „Das ‚Du' ist ein Teil unserer Philosophie. Bei uns ist alles offen. Es gibt keine Hierarchie", **meint** Peter Buckley von der Firma *Esprit*. Doch der Psychologe Helmut Methner ist ganz **anderer Meinung**. Er kritisiert den **Du-Druck von oben**. „Das ist ein ganz schlimmer **Ausdruck** von Hierarchie. Man kann sehr gute **Beziehungen** zu einem Kollegen haben, **ohne** daß man sich duzt." Eine gute Mischform, so findet Methner, ist die Andrede mit Vornamen und ‚Sie'. Für ihn ist diese Form der Anrede nicht zu distanziert, aber auch nicht zu **vertraulich**.

Viele Firmen, die viel Kontakt zu amerikanischen Geschäftspartnern haben oder zu US-Konzernen **gehören**, **benutzen** die Anrede, ‚Vorname plus Sie'. „Wir machen viel im Team", meint Margarethe Schmidt Sonntag, die bei der deutschen **Filiale** des US-Konzerns Hewlett Packard arbeitet. „Diese Anrede spart Zeit und ist unbürokratisch."

• Textarbeit •

1. **Verwandte Wörter.** Scan the text for cognates. How many can you find?

2. **„Du" am Arbeitsplatz**? Three people are quoted in the text on their opinions of using **du** at work. Fill out the table.

	Person 1	**Person 2**	**Person 3**
Name			
Beruf / Arbeitsplatz			
Anredeform am Arbeitsplatz			

3. Analyse. „Du" oder „Vorname plus Sie"?

● In the Esprit Corporation, they use only the **du**-form of address. What kind of image does the company want to project?
● In the German affiliate of Hewlett Packard, they use the form of address with **Vorname plus Sie**. Why do you think this form of address serves a function similar to that served by forms of address in North America?

SCHREIBEN

Es ist schön . . . . How would you complete the following card to a good friend?

ES IST SCHÖN EINEN FREUND WIE DICH ZU HABEN ...

Sprechen

Begrüßen Sie die anderen Studenten / Studentinnen im Kurs. Get up and greet a few students with an appropriate German greeting. A handshake is optional. If you like, ask for their names (**Wie heißen Sie?**/**Wie heißt du?**). If you decide to use **Sie** as a form of address, you are implying that your relationship with a person is more distant; if you use **du**, it is less distant.

Beispiel:
A: Guten Morgen. Wie heißt du?
B: (Ich heiße) John Doe.
A: Guten Morgen, John.
B: Und du? Wie heißt du?
A: Tom.
B: Tom und?
A: Tom Miller.
B: Guten Morgen, Tom.

Leben und Wohnen

Bettzeug an der frischen Luft—Das gehört zur Hausarbeit (Ulrike Welsch)

Kaffeestunde im Familienkreis in Lübeck— Kaffee für die Erwachsenen, Cola für die Kinder (Ulrike Welsch)

Im Ötztal in Tirol— Holzfäller bei der Arbeit (H. Gritscher / Peter Arnold, Inc.)

Imbis in Frankfurt—
Was kann man hier
essen? (Martha
Bates/Stock, Boston)

Nachrichten im ZDF—Das heute journal
kommt um 21.45 Uhr (Ulrike Welsch)

Im Studentenwohn-
heim in Frankfurt—
Mehrere Studenten
teilen sich eine Küche
(Ulrike Welsch)

Christkindlesmarkt in Nürnberg—Bald ist Weihnachten (Horst Schäfer / Peter Arnold, Inc.)

Tanz um den Maibaum im Westerwald—Eine lebendige Tradition (Horst Schäfer / Peter Arnold, Inc.)

In der Kleinstadt—Wir sind mit dem Radl da (David R. Frazier)

Hauptbahnhof in Hamburg—Mit dem Zug zur Arbeit, zu Geschäftsreisen, in den Urlaub (David R. Frazier)

Straßencafé in Zürich —Bei schönem Wetter sitzt man gern draußen, auch wenn es kühl ist (Luiz Claudio Marigo/ Peter Arnold, Inc.)

KULTUR

Du oder Sie?

In English, we do not use different pronouns to address people: "you" is used for everyone. Does this mean that we address and converse with all people in the same way? How do we express different levels of formality, verbally and non-verbally?

Work with a partner. Discuss how you might alter your form of address when talking to the following persons in English:

a distant relative
a good friend
someone of your own age group whom you have just met
the parent of a good friend
a young child
an acquaintance who is considerably older than you
a professor from a university or college
your boss at work
a doctor you see regularly
a salesperson you have never seen before ·
a police officer

You have learned that there are three different ways of saying "you" in German. Below is a review of the guidelines for the use of **du**, **ihr** or **Sie**.

du/ihr

If people know each other very well, they use the pronoun **du**. For example, family members, relatives, very good friends. Children are also addressed with the informal **du/ihr**. Members of some groups or organizations, however, such as students (high school, college, university), soldiers, socialists or feminists tend to use **du/ihr** with each other, even though they might not know each other well. The reason for this is that they perceive each other to be all in the same social situation. They perceive no class or age difference. If an adult has known a child since childhood, the adult would use **du** with him/her well into young adulthood.

Sie

People use the pronoun **Sie** when they are talking to persons who are strangers or whom they don't know very well or who are older than they are. Even if they use **du** with close friends, they would use **Sie** with their parents. Adults who are not close friends usually use the formal pronoun **Sie**, even though they might see each other frequently. Neighbors and co-workers who have known each other for some time often continue to use **Sie**.

Go through the list again and decide whether to use **du** or **Sie** with the persons mentioned above, if you were speaking with them in German. Check out your decisions with your instructor.

Switching from *Sie* to *du*

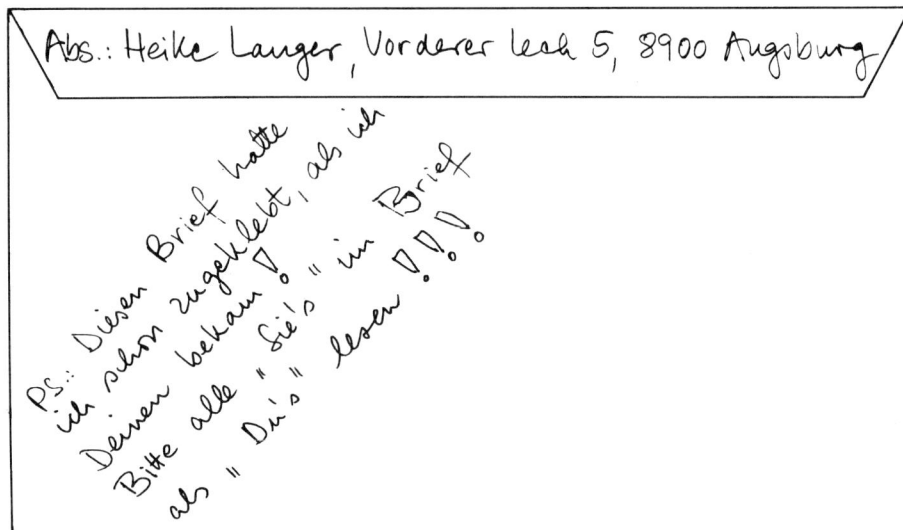

Abs.: Heike Langer, Vorderer Lech 5, 8900 Augsburg

PS.: Diesen Brief hatte ich schon zugeklebt, als ich Deinen bekam. "Sie's" im Brief Bitte alle "Sie's" als "Du's" lesen!!!

This message was written on the outside of an envelope. The person who wrote it had just sealed her letter when a letter from her new friend arrived offering the use of the informal **du**. The offer necessitated a response on the envelope asking her to read all the **Sie's** in the letter as **du's**. Switching from formal **Sie** to informal **du** is a serious matter and can often become a formal ritual, an agreement offered with a ceremonial toast and sealed by interlocking arms to empty the glasses. In English, how and when do you switch from formal to more informal forms of address?

K·A·P·I·T·E·L
2

Ulrike Welsch/Photo Researchers

Weihnachtsmarkt in Frankfurt/Main

Keystone/The Image Works

Fastnacht in Basel

Ferien und Feiertage

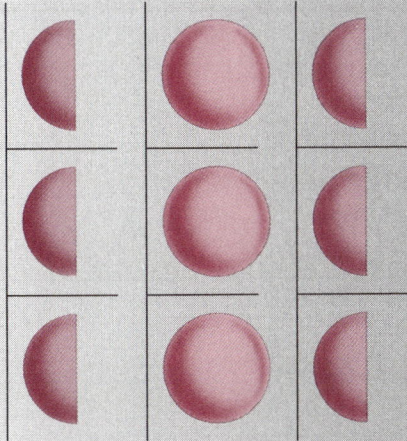

LERNZIELE

In this chapter you will learn conventions for using the telephone in German-speaking countries. You will read and listen to material about special family events and public holidays. You will speak in telephone conversations and describe some typical events in which you take part. Finally you will learn to use a variety of clues to help you read German texts.

Lesehilfen

• Bildwörterbuch •

• Globalstrategien •

Was erwarten Sie?

Illustrations such as photographs, drawings, charts, tables, caricatures, etc., accompany many texts. They often give clues to the content of the text. Look at the cartoon in the *Bildwörterbuch*. What do you think the word **Hochzeits-tag** means? Then look at the drawings in the text *Alles Gute zum Hochzeitstag*! What predictions can you make about this text? Check your predictions as you read.

Das wissen Sie schon!

When you use the telephone to call a friend, a family member or a business, or when you receive a call, you follow certain conventions particularly at the beginning and end of the telephone conversation. How do you answer the phone? How do you ask to talk to someone? German telephone conversations also follow general conventions.

Kultur im Kontext

In German, the person being called usually identifies him/herself by name:

last name, or first name and last name. Then the caller also has to identify him/herself by name. To fail to do that is considered impolite.

Verwandte Wörter

In *Kreis 1* of *Kapitel 1* you learned about some regular sound correspondances between English and German, for instance English **t** > German **z** or **ß**, English **d** > German **t**. What do you think the words **grüßen** and **danke** mean?

• Detailstrategien •

Im Kontext

Germans often use little words like **denn**, **mal**, and **aber** in spoken language to express their attitude toward what they say. **Mal** in **Könnt ihr mal etwas leiser sein?** for instance makes the request more polite. **Aber** in **Das ist aber nett** and **Bei euch ist es aber laut** is used for emphasis. As you progress in your study of German, you will get a feeling for how exactly these particles affect the meaning of a sentence.

Grammatik im Kontext

At this point, you've learned the subject form for personal pronouns. In the text *Alles Gute zum Hochzeitstag!* you'll encounter the following object forms: **mir**-me; **dir**-you (singular); **euch**-you (plural). You'll learn more about object pronouns in *Kreis 2* of *Kapitel 3*.

Kultur im Kontext

The English expression "How are you?" is often used as a greeting. As such it is not necessary to answer the question. The German equivalent **Wie geht's?** is usually meant as a literal question concerning the other person's well-being.

Have you heard of the term **Kaffeeklatsch**? Drinking coffee and eating pastries or cake is one of the Germans' favorite pastimes. The more formal the event is, the more festive the type of pastry, dishes, etc.

• Textvorschau •

Heute feiern Herr und Frau Meister ihren 30. Hochzeitstag. Plötzlich klingelt das Telefon. Es ist Sabine.

Alles Gute zum Hochzeitstag!

PETER: Peter Meister.
SABINE: Grüß dich, Peter. Hier ist Sabine.
PETER: Hallo? Wer ist denn am Apparat?—Einen Augenblick, bitte. Ich kann nichts verstehen. [*Zu seiner Familie*] Könnt ihr mal etwas leiser sein?

SABINE: Hallo, Peter. Verstehst du mich?
PETER: Ach, Sabine, du bist es. Grüß dich, wie geht's dir denn?
SABINE: Oh, es geht. Ich muß viel arbeiten, wie immer. Du, holst du mal Mutti oder Vati an den Apparat?
PETER: [*Zu seinen Eltern*] Mutti, Vati, schnell! Sabine ist am Telefon.

FRAU MEISTER: Sabine, das ist aber nett, daß du anrufst.
SABINE: Alles Gute zum Hochzeitstag, Mutti. Bei euch ist es aber laut. Wer ist denn alles da?
FRAU MEISTER: Alle sind hier, außer dir natürlich. Wir trinken gerade Kaffee und unterhalten uns. Was gibt's denn Neues von dir, Sabine?
SABINE: Ich will noch ein Jahr in den USA bleiben.
FRAU MEISTER: Wie willst du das denn bezahlen? Bekommst du noch ein Stipendium?
SABINE: Nein, aber ich kann an der Uni-Klinik arbeiten. Ich schreibe dir. Ich muß jetzt aufhören, sonst wird es zu teuer. Grüß alle schön von mir.
FRAU MEISTER: Natürlich. Danke für deinen Anruf. Tschüß, Sabine.
SABINE: Tschüß, Mutti.

• Textarbeit •

1. **Worüber sprechen sie?** Sabine talks with Peter and her mother. What topics do they talk about?

   a. Sabine spricht mit Peter über...

   b. Sabine spricht mit ihrer Mutter über...

   Discuss your answers with your classmates.

2. **Analyse**.

   a. How do Germans answer the telephone?

   b. How does the caller identify himself upon answering the phone?

   c. What words or phrases are used during a phone call to get information repeated when a person hasn't been able to understand?

HÖREN

A. Am Telefon. You'll hear two short telephone conversations. Focus your attention on these details: Who is answering the phone? Who is calling? Why is she/he calling? What information is given?

• Textarbeit •

1. **Information**. Füllen Sie folgende Tabelle aus.

	Gespräch 1	Gespräch 2	Gespräch 3
Wer antwortet?			
Wer ruft an?			
Warum ruft er/sie an?			
Welche Information bekommt er/sie?			

2. **Analyse**.

   a. How many different ways of answering the telephone do you hear? Can you define the situations in which these different formulas are used?

   b. How many different ways of saying good-bye on the telephone do you hear? Can you define the situations in which they are used?

B. Wollen Sie eine Nachricht hinterlassen? Frau Meister is out of the room when the phone rings. A colleague takes a message for her.

• Textarbeit •

Füllen Sie die folgende Gesprächsnotiz aus.

11 12 1	Datum		**Telefon-notiz**
10 2			
9 Uhr 3	Aufgenommen von		
8 4			
7 6 5			

Anruf von _____

_____

☐ ruft wieder an   am/um _____

☐ bittet um Anruf   ☎   _____

Sprechen

Am Telefon. Partnerarbeit. Working with a partner, choose one of the three situations below to act out. Remember to open and close the conversation appropriately.

• Miniwörterbuch •

Sie haben die falsche Nummer.	*You have the wrong number.*
Sie haben sich verwählt.	*You've got the wrong number.*
Falsch verbunden.	*Wrong number.*

a. You call your partner to find out the telephone number of a common friend.

b. You call your partner thinking you're calling a friend, but you have called the wrong number.

c. You call your partner by mistake; you thought you had called another friend.

GRAMMATIK

Word Order

English and German word order often follow the same principles but can also differ in significant ways. In the following section we will look at word order in simple sentences. A simple sentence consists of a single main clause that makes sense when standing alone.

| Plötzlich klingelt das Telefon. | *Suddenly the telephone rings.* |
| Wer ist am Apparat? | *Who is calling?* |

Statements

In German statements, the inflected verb is always in second position. If a grammatical element[1] other than the subject (e.g., an adverb, a prepositional phrase, etc.) occupies the first position, the verb remains in second position and the subject then follows the verb. This is referred to as verb-second (or inverted) word order.

1	2	3	4	
Das Telefon	**klingelt.**			*The telephone is ringing.*
Plötzlich	**klingelt**	das Telefon.		*Suddenly the telephone rings.*
Sabine	**studiert**	Medizin.		*Sabine studies medicine.*
Zur Zeit	**studiert**	sie	in Amerika.	*At present she is studing in the U.S.*

As you have seen, the subject does not always stand at the beginning of the sentence. Frequently, the speaker opens the statement with something that is known or assumed to be known or an element that logically connects the sentence to the preceding one.

> Sabine studiert seit zwei Semestern in den USA. Deshalb ist sie nicht hier.
> *Sabine has been studying in the United States for two semesters. Therefore she is not here.*

First position may also be used for emphasis.

> Von Beruf bin ich Journalistin, aber zur Zeit bleibe ich zu Hause.
> *My profession is journalism, but at present I'm staying at home.*

Übungen

TASK — Identifying position of subject.

A. Subjekt. Identify the subject in the following sentences. Note how frequently the German subject follows the verb.

1. Heute feiern Herr und Frau Meister ihren 30. Hochzeitstag. Fast die ganze Familie ist zu Besuch.

2. Sie trinken gerade Kaffee und unterhalten sich. Da klingelt das Telefon.

3. Herr Jaeggi ist Ingenieur. Er kommt aus Zürich. Zur Zeit arbeitet er in den USA.

4. „Ich bin Schweizer. Aber seit zwei Jahren lebe ich in New York. New York finde ich faszinierend."

---

[1]A grammatical element can consist of more than one word. For instance, the prepositional phrase **zur Zeit** consists of two words, but counts as one grammatical element.

TASK — Word order.

B. Sabine erzählt. Complete what Sabine is saying. Start the second sentence with the italicized words.

> **Beispiel:** Ich bin Medizinstudentin. ich/studiere/*zur Zeit*/in den USA/.
> Zur Zeit studiere ich in den USA.

1. Ich studiere in den USA. ich/studiere/*seit zwei Semestern*/an der Universität Minnesota/.

2. Ich bleibe noch ein Jahr hier. ich/arbeite/*nächstes Semester*/ in der Universitätsklinik/.

3. Ich arbeite viel. ich/habe/*deshalb*/keine Freizeit/.

4. Mein Bruder Peter besucht mich im Sommer. ich/mache/*dann*/Urlaub/.

What I usually do.
TASK — Produce verb-second word order.

C. Was ich so mache. Tell what you and your friend/s do. Choose an item from each column and create sentences.

demonstration

	bleiben		Bekannte
Heute	lernen		allein
Morgen	gehen		für eine Klausur
Ab und zu	diskutieren		ins Kino/
		ich	ins Theater/
			ins Konzert
Manchmal	besuchen		auf eine Party/
			auf eine **Demo**
Am Wochenende	sprechen		mit Freunden/
			mit Bekannten
Oft	joggen		Freunde
	…?		…?

Informational Questions

Informational questions that start with question words such as **wer** (*who*), **was** (*what*), **wie** (*how*), **wo** (*where*), **woher** (*where from*), **wohin** (*where to*), **wann** (*when*), **warum** (*why*) have verb-second word order.

1	2	3	4	
Wer	**ist**	am Apparat?		*Who is calling?*
Was	**gibt**	es	Neues?	*What's new?*
Wo	**studiert**	sie	jetzt?	*Where is she studying now?*

Yes-or-No Questions

Questions requiring yes or no for an answer follow a different pattern. They begin with the inflected verb, and the subject immediately follows the verb.

1	**2**	**3**	**4**	
Studiert	sie	noch	in den USA?	*Is she still studying in the US?*
Bekommst	du	noch	ein Stipendium?	*Are you getting another scholarship?*
Verstehst	du	mich?		*Do you understand me?*

Formation of Questions:
A Point of Contrast

Note that German uses the present tense to form questions. It does not use the auxiliary verb *to do* or the progressive form of the verb.

Was studierst du? — *What do you study?*
Studierst du auch an der TU? — *Do you study at the TU too?*
Wohnst du noch bei deinen Eltern? — *Are you still living with your parents?*
Woher kommen Sie? — *Where do you come from?*

Übungen

TASK — Identify appropriate responses for informational questions.

A. Fragen und Antworten. Questions that start with a question word ask for specific information. Look at the questions below and indicate the appropriate response.

1. Wer ist am Telefon?
   a. Wolfgang
   b. hier

2. Wo ist sie?
   a. Sabine
   b. in einer Telefonzelle

3. Warum will sie noch ein Jahr in den USA bleiben?
   a. in Minneapolis
   b. Sie findet die Uni sehr gut.

4. Seit wann studiert er in Wien?
   a. seit vier Semestern
   b. an der Universität

5. Was studiert sie in den USA?
   a. Medizin
   b. seit zwei Semestern

6. Wann kommt sie nach Hause?
   a. im Sommer
   b. Sie besucht ihre Eltern.

7. Wie findet er Wien?
   a. im Sommer
   b. interessant

8. Was feiern die Meisters?
   a. ihren Hochzeitstag
   b. Alle sind da.

TASK — Identify appropriate responses for question-word and yes / no questions.

B. Fragen und Antworten. Informational questions begin with a question word and ask for specific information. Yes/no questions begin with a verb and are answered with yes or no. Which of the following are the most appropriate responses?

1. Wohnst du hier?
   a. ja
   b. in Hamburg

2. Wo wohnen Sie?
   a. nein
   b. in der Keltenstraße

3. Studiert er noch in den USA?
   a. seit zwei Semestern
   b. nein

4. Was studiert er?
   a. Sport
   b. ja, natürlich

TASK — Supply question words.

C. Zu neugierig! Frau Holzer, the nosy neighbor, has many questions for Frau Meister. Supply the appropriate question words.

1. _____ will Sabine noch ein Jahr in den USA bleiben?

2. _____ finden Sie das?

3. _____ sagt ihr Freund Hartmut?

4. _____ gibt's Neues von Karin?

5. _____ wohnt sie jetzt?

6. _____ bleibt sie in Hamburg?

7. _____ kommt sie wieder nach Augsburg?

TASK — Supply question words.

D. Erzähl mir mehr von dir! Work with a partner. Ask each other questions to get to know each other better.

> **Beispiel:** A: _____ heißt du?
> Wie heißt du?
> B: Ich heiße Heidi.
> Und wie heißt du?

1. _____ bist du?

2. _____ wohnst du jetzt?

3. _____ alt bist du?

4. _____ studierst du?

5. _____ studierst du hier?

6. _____ kommst du denn?

TASK — Produce informational and yes / no questions.

E. Viel zu neugierig! Frau Holzer, the nosy neighbor, has more questions for Frau Meister. Remember, informational questions have verb-second word order, yes/no questions verb-first word order.

> **Beispiel:** Sie/besuchen/Sabine/?
> Besuchen Sie Sabine?

1. Sabine/bekommen/noch ein Stipendium/?

2. warum/sie/bleiben/noch in den USA/?

3. sie/kommen/im Sommer nach Hause/?

4. wann/Sie/besuchen/Sabine/?

5. Sie/telefonieren/oft/mit Sabine/?

TASK — Produce informational and yes / no questions.

F. Wer ist der Typ da? Two women meet at a party. One of them discovers the other is a friend of the man she is interested in; she has many questions.

> **Beispiel:** wie/heißen/er/?
> Wie heißt er?

1. wie alt/er/sein/?   4. er/haben/eine Freundin/?

2. was/er/studieren/?   5. er/sein/nett/?

3. wo/er/wohnen/?   6. was/er/machen/in
                                        seiner Freizeit?

G. Wer bist du? You have many questions for a fellow student who interests
you. Create sentences.

> **Beispiel:** heißen?   joggen?
> Wie heißt du?   Joggst du?

1. studieren?   4. Tennis spielen?

2. wohnen?   5. ein Stipendium bekommen?

3. Freunde haben/hier?   6. machen/heute abend?

Flavoring Particles

German speakers often express their attitude towards what they are saying
by adding flavoring particles, such as **doch**, **aber**, **denn**, **ja**, or **mal**: Depending on the context, they may express surprise, personal interest, impatience,
approval, skepticism, politeness, etc.[1]

> Wie geht's dir denn?   *So, how are you?*
> Könnt ihr mal etwas leiser sein?   *Could you be a little bit quieter?*
> Das ist aber nett, daß du anrufst. *It's really nice of you to call.*

Übung

Partikeln. What attitude does the speaker express in the following sentences? Use the text *Alles Gute zum Hochzeitstag!* for help.

> **Beispiel:** 1.a.: Was machst du denn?/personal interest

1. **denn**

   a. Was machst du denn?   c. Wohin gehst du denn?

   b. Wie geht's dir denn?   d. Wer ist denn am Telefon?

2. **mal**

   a. Hilfst du mir mal?   c. Komm mal her!

   b. Kann ich mal telefonieren?   d. Hast du mal Zeit?

3. **aber**

   a. Das ist aber nett.   c. Das ist aber teuer.

   b. Ihr seid aber laut.   d. Das geht aber nicht.

---

[1]As you can see in the examples above, the flavoring particles alter the whole fabric of the German sentence and cannot be translated literally.

LESEN

A. Herzlichen Glückwunsch zum Geburtstag! Do you write cards to people on special occasions? Do you select the plain cards or do you find a card with a funny line? Look for familiar expressions first to figure out what the purpose of the card is. The ribbon illustration on this card may give you a clue to the meaning of **Geburtstag**.

ALS GEBURTSTAGS-GESCHENK HABE ICH MIR ETWAS *GANZ BESONDERES* FÜR DICH AUSGEDACHT...

Berlin, 20.3.91

Liebster Jochen,

Es war aber kein Platz für mich im Briefkasten.

Leider!!

Herzlichen Glückwunsch . . .

und alles Liebe und Gute zu Deinem 28. Geburtstag wünscht Dir . . .

Deine Gisela

PS. Ich kann's kaum erwarten, bis das Semester zu Ende ist u. wir uns wiedersehen.

• Textarbeit •

1. Information.

    a. Who is the addressee of this card?

    b. Who is the sender?

    c. What is the occasion for the card?

    d. What do you think is the relationship between the sender and receiver of this card?

    e. Would you send a card like this to someone? If yes, to whom?

2. Analyse.

    a. You know already the formula "Alles Gute zu...". What other formulas do Germans use to congratulate someone?

    b. How do Germans write dates in cards and letters?

    c. What words are capitalized in the card that usually do not have a capital letter? Can you explain this?

B. Terminkalender. Do you keep an appointment calendar? Before you read Brigitta Umbrecht's calendar, think what type of information you keep in a calendar.

3 Uhr Kaffee bei den Eltern nicht vergessen	**16** Montag
7 Uhr Jogging mit Beat	**17** Dienstag
	18 Mittwoch
9.45 Zahnarzt	**19** Donnerstag
Oma vom Bahnhof abholen (Zug kommt um 15.42 an) Fassbinder Retrospektive im Filmpalast	**20** Freitag
20 Uhr Fete bei Margrit (Kartoffelsalat mitnehmen!)	**21** Samstag
11 Uhr Jogging mit Beat	**22** Sonntag

• Textarbeit •

Gruppenarbeit. Brigitta planned her calendar two weeks ahead of time. Some other things have come up in the meantime:

a. Oma kommt erst am Sonntag um 11.30 Uhr an.

b. Beat will am Mittwoch um 10 Uhr morgens joggen.

whether   c. Eine Freundin fragt, **ob** Brigitta sie am Montag morgen um 9 Uhr an den Bahnhof bringen kann.

receptionist   d. Die **Sprechstundenhilfe** ruft an und fragt, ob Brigitta am Dienstag um 15.30 Uhr zum Zahnarzt kommen kann.

e. Beat will am Samstag abend Maria Braun von Fassbinder anschauen.

• Can Brigitta fit all her new appointments into her schedule or are there conflicts which will force her to make choices?
• What choices would you make if you were Brigitta? Why?

SCHREIBEN

A. Herzlichen Glückwunsch! Write a short birthday greeting for a friend or relative. Use the ads here and the birthday card on page 52 as models.

Lieber
Jürgen
alles Gute & Gesundheit
zu Deinem heutigen

50. Geburtstag

wünschen Dir

Marion + Carsten

happy birthday

**liebe Mutti
EDITH,**

zu Deinem gestrigen

65. Geburtstag

alles Liebe und Gute

**Deine Kinder
Alexandra
und Kevin**

**Hallo,
Christian!**
**Alles Gute zum
Geburtstag
von**
*Volker, Karin, Carsten
+ Christoph*

Hallo, Anja!
Zum 21. Geburtstag
wünsche ich Dir
alles Liebe
Dein Schatz (M.M.)
3. Februar 1991

Katrin
Zu Deinem
6. Geburtstag
alles Gute
wünschen
Dir
**Mutti +
Frank**

B. Termine. What appointments do you have next week? Use Brigitta Umbrecht's calendar as a model to create your own.

Sprechen

Termine. Partnerarbeit. Your teacher has just announced a surprise test for next Monday. Two of you want to study together and thus have to find three hours of uninterrupted study time on the weekend. Check the appointment calendars you have just completed and negotiate your study time. Can you find a time? Here are some phrases you could use:

Beispiel: A: Ich habe am Samstag von 2 bis 5 Uhr nachmittags Zeit.
             B: Da habe ich keine Zeit. Ich arbeite. Aber ich habe am Sonntag morgen von 8 bis 11 Uhr Zeit.

KULTUR

Freunde und Bekannte

You have already learned that Germans tend to be quite reserved in their personal relationships. They are unlikely to include more than just a few people in a circle of friends—**Freund** is a very strong word for a German.

Casual "friends" are called **Bekannte**. Work with your group to answer the following questions; try to arrive at a consensus of group members.

1. How many people do you know whom you would call "friends"?

2. Do you distinguish between your friends and acquaintances? When do you consider someone a friend? An acquaintance?

3. How many people did you invite to your high school graduation? How would you define your relationship with these people?

4. How many people will you invite to your college graduation? How many "friends" will be among them?

Kreis 2   Feiertage

Lesehilfen

• Bildwörterbuch •

JANUAR	FEBRUAR	MÄRZ	APRIL	MAI	JUNI	JULI	AUGUST	SEPTEMBER	OKTOBER	NOVEMBER	DEZEMBER
22 Arbeitstage	20 Arbeitstage	20 Arbeitstage	21 Arbeitstage	19 Arbeitstage	20 Arbeitstage	23 Arbeitstage	21 Arbeitstage	21 Arbeitstage	22 Arbeitstage	19 Arbeitstage	20 Arbeitstage

• Globalstrategien •

Was erwarten Sie?

Look at the format of the text. The layout (photos of different people in combination with short excerpts) tells you that you probably will read about an opinion poll. Do you expect that every person polled will express the same or a different position?

Das wissen Sie schon!

Is Easter an important celebration in your family or community? What things do you do? If you travel to visit other family members or go on a trip, do you think of the driving as a hassle?

• Detailstrategien •

Verwandte Wörter

When you look through the text, how many cognates can you recognize? Many cognates are recognizable if you make adjustments for the vowels: **Ostern**—Easter; **Jahr**—year; **Pläne**—plans.

Wortbildung

There are many compound nouns in this text relating to Easter: **Osterverkehr**, **Osterlamm**, **Ostereiersuche**, **Osterferien**, **Ostersträuße**. Remember that the last word carries the basic meaning. If **Verkehr** means traffic, what does **Osterverkehr** mean?

Grammatik im Kontext

German, just as English, has two kinds of articles, the definite article and the indefinite article. In this chapter, you will learn about the forms these articles take when modifying the subject of a sentence. There are other forms for these articles as well, for example: **den**, **einen**, **dem**, **einem**. You will learn more about these forms in later chapters.

Im Kontext

In Austria and Bavaria, **zu** Ostern, **zu** Pfingsten, **zu** den Feiertagen.

As you have seen, you can often guess the approximate meaning of an unfamiliar word from context. Find the following phrases in the text and try to guess the meaning of the underlined words from context.

an Ostern	zu Besuch
zu Hause	an die Adria
an den Feiertagen	an Pfingsten
von Jahr zu Jahr	zu Ende

Kultur im Kontext

Both Easter and Pentecost (**Pfingsten**) are important holidays throughout Europe, particularly in areas that are predominantly Catholic. Many people decide to use the school vacation during that time for a trip within Germany or Austria or other foreign countries. To avoid congested highways (**Stau**) as much as possible the individual states of the Federal Republic begin and end Easter and Pentecost vacations on different days.

Ferientermine '91

Land	Ostern	Pfingsten	Sommer	Herbst	Weihnachten
Baden-Württ.	2. 4. – 6. 4.	21. 5. – 31. 5.	11. 7. – 24. 8.	25. 10. – 30. 10.	23. 12. 91 – 4. 1. 92
Bayern	25. 3. – 6. 4.	21. 5. – 1. 6.	25. 7. – 9. 9.	28. 10. – 2. 11.	23. 12. 91 – 7. 1. 92
Berlin	16. 3. – 6. 4.	18. 5. – 21. 5.	4. 7. – 17. 8.	26. 10. – 2. 11.	23. 12. 91 – 6. 1. 92
Bremen	18. 3. – 6. 4.	21. 5. – 25. 5.	4. 7. – 17. 8.	14. 10. – 19. 10.	23. 12. 91 – 6. 1. 92
Hamburg	18. 3. – 2. 4.	6. 5. – 11. 5.	1. 7. – 10. 8.	7. 10. – 19. 10.	23. 12. 91 – 4. 1. 92
Hessen	23. 3. – 13. 4.	21. 5.	1 7. – 10. 8.	7. 10. – 18. 10.	23. 12. 91 – 11. 1. 92
Niedersachsen	16. 3. – 6. 4.	18. 5. – 21. 5.	4. 7. – 14. 8.	10. 10. – 19. 10.	21. 12. 91 – 6. 1. 92
Nordrh.-Westf.	25. 3. – 13. 4.	21. 5.	18. 7. – 31. 8.	21. 10. – 26. 10.	23. 12. 91 – 6. 1. 92
Rheinl.-Pfalz	18. 3. – 5. 4.	21. 5.	20. 6. – 31. 7.	21. 10. – 26. 10.	23. 12. 91 – 8. 1. 92
Saarland	25. 3. – 8. 4.	-	18. 6. – 31. 7.	7. 10. – 19. 10.	23. 12. 91 – 6. 1. 92
Schlesw.-Holst.	25. 3. – 9. 4.	-	28. 6. – 10. 8.	14. 10. – 26. 10.	23. 12. 91 – 6. 1. 92

Angegeben ist jeweils der erste und letzte Ferientag. Angaben ohne Gewähr.

• Textvorschau •

In diesem Text können Sie lesen, wie einige Augsburger die Osterfeiertage verbringen.

Am 31. März ist Ostern! Die Augsburger Allgemeine fragte Augsburger nach ihren Plänen für die Feiertage.

Michael Bry / Monkmeyer

Ruth Fürsch (51), Apothekerin

Wir bleiben an Ostern zu Hause, wie jedes Jahr. An den Feiertagen zu **verreisen**, ist viel zu stressig. Der Osterverkehr wird von Jahr zu Jahr schlimmer. **Stundenlang** steckt man im Stau. Unsere Enkelkinder kommen zu Besuch. Wir **färben** zusammen Eier, backen ein Osterlamm, und wenn das Wetter **mitmacht**, gehen wir mit den Kindern auf Ostereiersuche.

Ulrike Welsch

Karen Schiebler (19), Schülerin

Ich muß **fürs Abitur pauken**, also fallen die Osterferien diesmal aus. Aber an Pfingsten mache ich mit zwei Freunden eine **Radtour** nach Italien. Wir haben uns so lange **geistig angestrengt**. Nach dem Abitur wollen wir uns **körperlich anstrengen**.

---

verreisen—*to take a trip*
fürs Abitur pauken—*to cram for comprehensive exams*
stundenlang—*for hours*
färben—*to color*
Radtour—*bicycle trip*
mitmacht—*to cooperate*
geistig angestrengt—*mentally exerted*
körperlich anstrengen—*exert physically*

fahren ... weg—*to go (on a trip)*
deswegen—*therefore*
Frühling—*spring*
miterleben—*to experience*

schließen—*to close*

Sabine Potz (32), Kindergärtnerin

In diesem Jahr **fahren** wir an Ostern **weg** für zwei Wochen an die jugoslawische Adria. Dort ist es warm, und wir können den **Frühling miterleben** und so richtig Sonne auftanken. Und wenn wir nach Hause kommen, ist es bei uns auch schon Frühling.

Suat Dumanli (45), Restaurantbesitzer

Ich bin Türke. **Deswegen** bedeutet Ostern für mich selbst nicht so viel. Na ja, meine Frau macht jedes Jahr Ostersträuße, für die Wohnung und für unser Restaurant. An den Feiertagen ist unser Restaurant immer besonders voll, und wir haben viel Arbeit. Ramadan ist in diesem Jahr am 14. April zu Ende. Dann **schließen** wir das Restaurant für drei Tage und feiern.

• Textarbeit •

1. **Information. Wo und wie verbringen die Befragten Ostern?** Read the text for the following information: Do the people polled have plans for Easter? Where will they spend Easter? Do they give reasons? Do they give any detailed information about any particular activities they have planned?

	Pläne für Ostern	Wo verbringen sie die Feiertage?	Warum?	Besondere Aktivitäten
Ruth Fürsch				
Karen Schiebler				
Sabine Potz				
Suat Dumanli				

2. **Wortfeld „Reisen".** An efficient way to memorize new words is to organize them into semantic fields. Read through the text to find words and expressions that belong to the word field „Reisen".

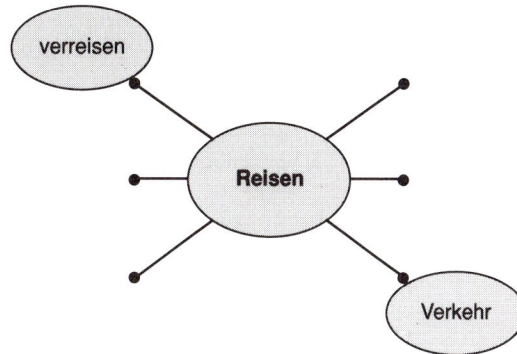

HÖREN

A. Was machen wir in den Ferien? Listen to Krista Meiners and Verena Lübbe, two university students from Göttingen, as they discuss their plans for a holiday vacation. Concentrate on their different ideas and schedules. Do they come to an agreement?

• Miniwörterbuch •

Physikum	*preliminary medical examination*
Bayern	*Bavaria*

• Textarbeit •

Ferienpläne. Listen for the following information: Who wants to go on a trip during Easter vacation? Who doesn't have time? Where do the two women want to go during Pentecost vacation? Which destination do they decide on? Why? What is the reason for not choosing the other place?

1. Diskussion. Füllen Sie die Tabelle aus.

	Krista	Verena
Wer hat Lust, an Ostern zu verreisen?		
Wer hat keine Zeit, an Ostern zu verreisen?		
Wohin wollen sie an Pfingsten fahren?		

2. Entscheidung.

   a. Wohin fahren sie?

   b. Warum fahren sie dorthin?

   c. Warum fahren sie nicht an den anderen Ort?

here's how you avoid stress

B. Start in den Autourlaub—so vermeiden Sie Streß. Listen to an excerpt from a radio call-in show about avoiding stress while driving.

• Miniwörterbuch •

ADAC	*a German automobile association*
müde	*tired*
früh	*early*

• Textarbeit •

1. **Information.** Welche Telefonnummer hat Bayern 3?

2. **Frage und Antwort.** What do the callers want to know? What answer are they given by the expert? Fill in the table.

	1. Hörer	**2. Hörer**	**3. Hörer**
Was will er / sie wissen? **Welche Antwort gibt der Experte?**			

Sprechen

A. Fragen zum Thema Autourlaub. Gruppenarbeit.

1. **Sie sind der Experte.** If you had been asked to give advice on the three questions, would you have given the same answer as the expert? Working with your group members, formulate your answers to the three questions and share them with the rest of the class.

2. **Haben Sie noch andere Fragen?** What other questions would your group like to ask the expert?

B. Was machst du an diesen Feiertagen? Partnerarbeit. Ask your partner questions about his/her plans for different holidays.

Beispiel: A: Was machst du an Ostern?
B: An Ostern fahre ich zu meinen Eltern. Und du?
A: An Ostern...

An Ostern	treffe	viel
An Pfingsten	mache	zu meinen Eltern
An Weihnachten	gehe	in die Kirche
Am Erntedankfest	bleibe ich	nichts
Am Muttertag	esse	zu Hause
Am 4. Juli	fahre	weg
An meinem Geburtstag	...	alte Freunde

GRAMMATIK

The Gender of Nouns

In English the gender of a noun is identified with the living being or thing it denotes. A man or a stallion, for example, are thought of as he (masculine), a woman or a mare as she (feminine), and a tree, a city, or an idea as it (neuter). Unlike English, German uses a system of grammatical gender that does not necessarily correspond to biological gender. All German nouns are either masculine, feminine, or neuter, but it is an arbitrary matter which noun has which gender. Most often there is no way of telling the gender of a noun. It is, therefore, a good idea to learn the gender along with the noun.

Dictionaries indicate the gender of a noun either with the definite article **der**, **die**, **das** or with the letters **m** (*masculine*), **f** (*feminine*), or **n** (*neuter*) directly following the noun.

> **Tag** *der*; -[e]s, -e   **Jahr** *n*; -(e)s, -e

There are, however, a few regularities with gender. Nouns referring to male beings are usually *masculine*, so are seasons, months, and days of the week.

> der Vater, der Mann, der Türke, der Amerikaner, ...
> der Frühling, der Sommer, der Winter, der Herbst
> der Januar, der Februar, der März, ...
> der Montag, der Dienstag, der Mittwoch, ...

Nouns referring to female beings are usually *feminine*, so are most trees and flowers.

> die Mutter, die Frau, die Schwester, ...
> die Eiche, die Tanne, die Birke, ...
> die Rose, die Tulpe, die Lilie, ...

The names of most metals are *neuter*.

> das Gold, das Silber, das Kupfer, ...

In some cases you can tell the gender of a noun by its ending. The endings
-in, **-ung**, **-heit**, **-keit**, **-schaft**, **-ik**, **-tät** are *feminine* endings. For example:

> die Kindergärtner**in**, die Wohn**ung**, die Freund**schaft**, die Univer-
> si**tät**...

Nouns with the endings **-chen**, **-lein**, or **-ium** are *neuter*. For example:

> das Fräu**lein**, das Mäd**chen**, das Gymnas**ium**, das Stipend**ium**...

Definite and Indefinite Articles

The gender of a German noun is indicated by the form of the article preceding it.

The singular forms of the definite article are:

der Bus	*the bus*	(masculine)
die Straßenbahn	*the streetcar*	(feminine)
das Auto	*the car*	(neuter)

In the plural, the form of the definite article for all genders is **die**.

die Busse	*the buses*
die Straßenbahnen	*the streetcars*
die Autos	*the cars*

The forms of the indefinite article are:

ein Tag	*a day*	(masculine)
eine Woche	*a week*	(feminine)
ein Jahr	*a year*	(neuter)

The indefinite article has no plural.

• Use of Definite and Indefinite Articles •

In both German and English the definite article refers to a particular person
or thing, and the indefinite article to an unspecified person or thing.

Das Wetter ist schon richtig warm.	*The weather is really warm already.*
Wir machen eine Radtour nach Italien.	*We're taking a bicycle trip to Italy.*

Übungen

TASK — Determine gender of nouns.

A. Maskulin, Feminin oder Neutrum? Here are some of the nouns you have encountered so far. Give their gender. If necessary, use the glossary at the end of the book.

Beispiel: Frau → feminine

1. Laborantin	5. Tag	9. Freundin	13. Stipendium
2. Frühling	6. Mutter	10. April	14. Klinik
3. Abitur	7. Arbeit	11. Sonntag	15. Plan
4. Freund	8. Beziehung	12. Wohnung	16. Mädchen

TASK — Produce correct definite and indefinite articles.

B. Bestimmter und unbestimmter Artikel. Now add the appropriate definite and indefinite article to each of the following nouns. Use the glossary, if necessary.

Beispiel: Sonntag → der, ein

1. Herr	6. Montag
2. Frau	7. Mai
3. Gymnasium	8. Kindergärtnerin
4. Universität	9. Kind
5. Semester	10. Woche

TASK — Supply definite or indefinite article.

C. Peter Meister und sein Freund Osman. Supply the appropriate definite or indefinite article.

Peter und Osman gehen auf _____ Jakob-Fugger-Gymnasium in Augsburg. Sie gehen in _____ 13. Klasse. Im Mai machen sie _____ Abitur. An Pfingsten wollen sie _____ Radtour nach Italien machen.

TASK — Supply definite or indefinite article.

D. Osman Gürlük spricht über Augsburg. Supply the appropriate definite or indefinite article in Osman's brief description of Augsburg.

Augsburg ist _____ schöne Stadt. _____ Stadt ist nicht zu groß, aber auch nicht zu klein. _____ Leben in Augsburg ist nicht so hektisch wie in München. Aber Augsburg ist nicht provinziell. Augsburg hat _____ gute Universität.

Gender of Noun Compounds

The German language has many compound nouns. A compound noun always takes its basic meaning from its last component; the preceding component modifies this meaning. For this reason, German compound nouns derive their gender from the last component noun. For example:

die Radtour-das Rad + die Tour
das Enkelkind-der Enkel + das Kind

Frequently a linking element, such as **-(e)s**, **-(e)n**, or **-e** is inserted between the components.

das Woche**n**ende-die Woche + das Ende
der Freund**es**kreis-der Freund + der Kreis

Übungen

TASK — Determine gender of compound nouns.

A. Wortbildung. You will increase your vocabulary considerably if you learn how to analyze compound nouns. Remember that the last component carries the basic meaning. It is modified by the preceding component(s). What is the gender of each of the following compound nouns? Can you figure out the meaning of each compound?

1. Feiertag
2. Familienbesuch
3. Ferienpläne

4. Ostereiersuche
5. Frühlingswetter
6. Osterverkehr

TASK — Recognize meaning in compund nouns.

B. Wortbildung. Can you figure out the meaning of the following compound nouns?

Alptraum auf der Autobahn

Privatleben

Weltreise

Gender with Pronouns

A pronoun must be of the same gender as the noun it stands for.

Wie war **die** Radtour?
How was the bicycle tour?

Sie war anstrengend.
It was physically demanding.

Wann ist **das** Abitur?
When is the comprehensive exam?

Es ist im Mai.
It is in May.

Wie war **der** Verkehr?
How was the traffic?

Er war schrecklich.
It was terrible.

Übungen

A. Osman Gürlük spricht über seine Familie. Supply the correct pronoun that refers to the italicized noun in the preceding sentence. It may help to note the gender and number of each noun.

TASK — Produce correct
gender with pronouns.

1. Meine Eltern haben ein *Restaurant* in Augsburg. _____ ist in der Stadt-mitte.

2. *Mein Vater und meine Mutter* kommen aus Anatolien. Aber _____ leben schon seit 20 Jahren in Deutschland.

3. Ich möchte in *Deutschland* bleiben. _____ ist meine Heimat.

4. Aber mein Vater hat andere *Pläne*. Ich kann _____ nicht verstehen.

5. Mein Vater will zurück in die *Türkei*. _____ ist seine Heimat.

6. *Seine Familie* lebt in Anatolien. Er kann _____ doch besuchen.

TASK — Produce correct
gender with pronouns.

B. In der Mensa. You just ate at the student dining hall. A fellow student asks you what the food is like. Tell her what you think about it.

> **Beispiel:** Wie ist der Kaffee?
> Er ist ausgezeichnet.

Here are some adjectives that describe food quality:

gut   phantastisch   lecker   ausgezeichnet

fad   nicht gut   schlecht

1. „Wie ist das Fleisch?''

2. „Wie sind die Kartoffeln?''

3. „Wie ist die Soße?''

4. „Wie sind die Karotten?''

5. „Wie ist der Salat?''

6. „Wie ist der Pudding?''

TASK — Produce correct
gender with pronouns.

C. Wie war...? Tell a friend about the last movie you saw, book you read, concert you went to.... Here are some adjectives you could use: **gut**, **interessant**, **langweilig** (*boring*), **ausgezeichnet**, **toll** (*terrific*), **furchtbar** (*terrible*)

> **Beispiel:** A: Wie war der Diskussionsabend?
> B: Er war langweilig.

1. Wie war der Film?

2. Wie war das Konzert?

3. Wie war das Buch?

4. Wie war die Show?

5. Wie war die Ausstellung (*exhibition*)?

The Plural of Nouns

German nouns have a variety of plural forms. Since in most cases you cannot predict what the plural of a noun will be, it is a good idea to learn each noun with its plural form (as well as its gender). The following table shows the most common plural patterns:

Pattern	Singular	Plural
no change	das Mädchen	die Mädchen
umlaut (¨)	die Mutter	die Mütter
-e	der Freund	die Freunde
umlaut + -e (¨e)	der Sohn	die Söhne
-er	das Kind	die Kinder
umlaut + -er (¨er)	der Mann	die Männer
-en	die Frau	die Frauen
-n	die Schwester	die Schwestern
-s	die Oma	die Omas

Most dictionaries, including the glossary in the back of this text, provide you with the plural form of a noun. Look at the following examples.

1) Plan *m* -(e)s, ¨e

2) **Plan** [plan] *m* (-[e]s; ¨e)

The letter (most often italicized) immediately following the noun indicates its gender. The first entry following the gender marker indicates the *genitive singular*, a form of the noun you will learn about later. After the genitive singular comes the *plural form*, in this case: **Pläne**.

Übungen

TASK — Recognize the dictionary entries of nouns from their plurals.

TASK — Produce noun plurals.

A. Plural. The following plural nouns occur in the text. Try to figure out their singular forms, using the table on the previous page.

die Feiertage   die Kinder   die Eier   die Ostersträuße die Wochen

B. Plural. When looking up the plural form of a noun, remember that the second entry indicates the plural. Provide the plural forms of the following nouns. Use your German-English glossary.

Beispiel: Plan → Plan, *m* -es, ¨e. Pläne

1. Haus
2. Restaurant
3. Wohnung

4. Tour
5. Freund
6. Besitzer

We've got two of them!

TASK — Produce noun plurals.

C. Wir haben zwei davon! The Knechts, a yuppie couple, have two of everything, and they want to let everyone know it.

Beispiel: Auto, *n*
Wir haben zwei Autos.

Videorecorder, *n*

Katze, *f*

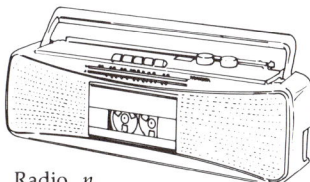
Radio, *n*

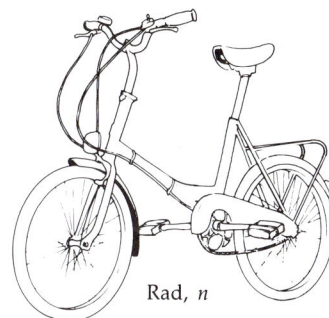
Rad, *n*

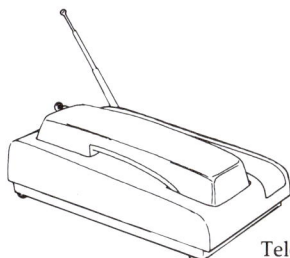
Telefon, *n*

Fotoapparat, *m*

Pelzmantel, *m*

Videocamera, *f*

The Impersonal Pronoun man

Man refers to everybody but nobody in particular. It is third person singular and only occurs as the subject of the sentence. **Man** is used quite frequently and, depending on context, may mean *one, you, people, they,* or *we.*

Stundenlang bleibt man im Stau stecken. *You get stuck for hours in a traffic jam.*

Übung

Man. How would you translate **man** in the following sentences?

**Was man mit Worten
nicht sagen kann.**

Das spürt man sofort.

NIEMALS HÖRST DU ZU, WENN
MAN DIR ETWAS SAGT!!

Volkswagen –
da weiß man, was man hat.

Man trägt wieder Mini.

LESEN

A. **Was schenke ich zu Weihnachten?** The following text is a cartoon from
the series *Weibsbilder*. What do you think of as Christmas approaches? Look
at the facial expressions of the two men. How do you think they feel about
the upcoming holidays?

Weibsbilder

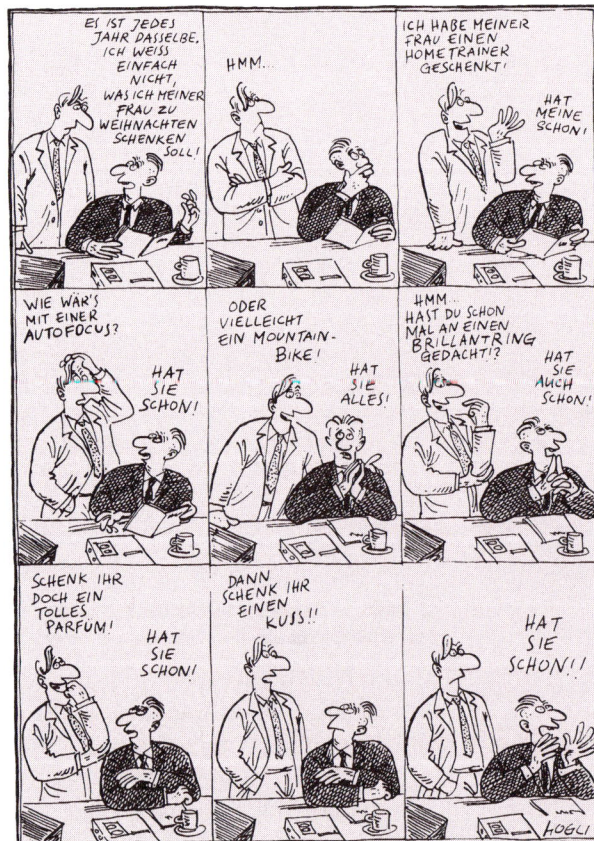

• Textarbeit •

1. Welches Problem hat der Mann? After skimming the text can you get a feeling for what the problem might be here?

2. Vorschläge. Make a list of the suggestions that the person standing has for the one sitting. Look at the different ways in which the person standing makes suggestions. How does he formulate a suggestion?

3. Reaktion. Look at the person sitting who responds to the suggestions. How does he respond?

B. Weihnachten steht vor der Tür. Is your basic attitude toward Christmas positive or negative or . . . ? When you look at the first panel of the cartoon you will see how the cartoonist depicts "Christmas". What do you think the expression **steht vor der Tür** means?

• Textarbeit •

1. Wie sieht der Karikaturist die Weihnachtsfeiertage? Gruppenarbeit. In your group, go through this text illustration by illustration and decide which aspect of Christmas is being described.

Bild	Thema
Bild 1	food
Bild 2	
Bild 3	
Bild 4	
…	
Bild 12	

2. Tradition. In panels 1–10 the traditionally positive aspects of Christmas are being sketched with an ironical pencil. What are the traditional and ironical perspectives in each of the twelve panels?

	Tradition	Ironie
Bild 1		
Bild 2		
Bild 3		
Bild 4		
…		
Bild 10		

Do you agree or disagree with the cartoonist's point of view?

Sprechen

Wann? To say on what date something occurs, use the following pattern:

am (ordinal number) **-ten**   (numbers 1–19, except for am ersten, am dritten, am siebten)

am (ordinal number) **-sten**   (from number 20 on up)

Beispiel: Wann hast du Geburtstag? [1. Mai]
Am ersten Mai.
Wann ist euer Hochzeitstag? [3. Juni]
Am dritten Juni.

A. **Wann ist...?** Look at the calendar on page 55 and answer the following questions:

1. Wann ist Ostern?

2. Wann ist Pfingsten?

3. Wann ist der Tag der deutschen Einheit?

4. Wann ist Allerheiligen?

5. Wann ist Silvester?

B. **Wann ist...? Partnerarbeit.** Work with a partner; ask each other about important dates.

> **Beispiel:** A: Wann ist das Semester zu Ende?
> B: Am 3. Juni.
> B: Wann...?

1. Wann ist das Semester zu Ende?

2. Wann beginnt das nächste Semester?

3. Wann schreibst du die nächste Klausur?

4. Wann hast du Geburtstag?

5. Wann ist Frühlingsanfang?

6. Wann ist Muttertag?

7. ...?

SCHREIBEN

A. **Verkehr. Was halten Sie von den Fahrkünsten anderer Fahrer?** How do you feel about other people's driving? Write your own speech bubbles.

B. Der Osterhase trifft den Weihnachtsmann. What does the Easter Bunny say to Santa Claus? Write your own speech bubbles.

KULTUR

Feiertage

- Read through the German calendar on page 55 and make a list of official German holidays. Now list the holidays Germany and America have in common and the ones they don't.
- What similarities do you see? Differences? How do you account for the differences?

Im Restaurant

Imbiß—für den Hunger zwischendurch

Essen und Trinken

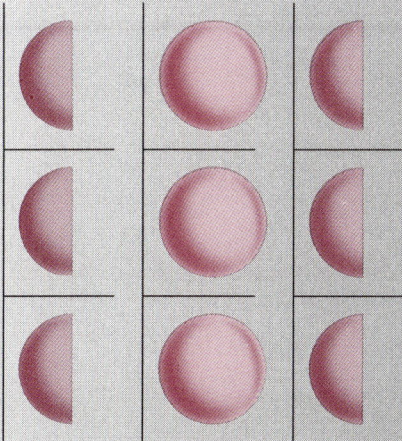

LERNZIELE

In this chapter you will read and listen to material about eating customs in German-speaking countries and then speak and write about your own habits. You will also learn about restaurant practices in German-speaking countries and learn to read menus and advertisements related to restaurants and eating.

Lesehilfen

• Bildwörterbuch •

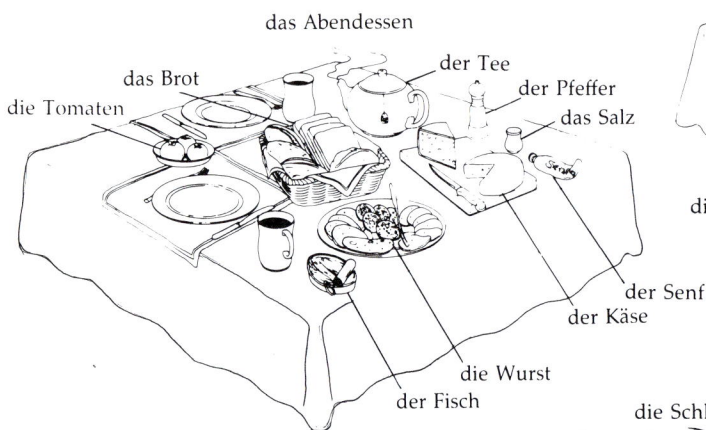

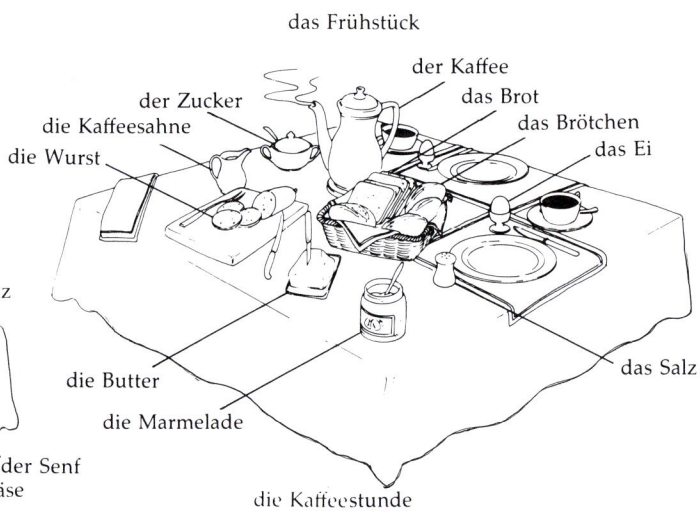

das Frühstück

der Kaffee
der Zucker
das Brot
die Kaffeesahne
das Brötchen
die Wurst
das Ei

das Abendessen

das Brot
der Tee
die Tomaten
der Pfeffer
das Salz

die Butter

das Salz

die Marmelade

der Senf
der Käse

die Kaffeestunde

die Wurst
der Fisch

der Zucker
die Kaffeekanne
die Schlagsahne
die Kaffeesahne
der Kuchen

das Mittagessen

der Kuchenteller

der Wein
das Gemüse
die Kartoffeln
der Salat
die Torte
das Mineralwasser
die Soße
das Fleisch

• Globalstrategien •

Was erwarten Sie?

From the headline of the following text you can get a general idea of what this text will be about. Opinion polls in magazines usually show a variety of opinions. Before you read each person's answer, look at his/her age and occupation. Can you make any predictions about the responses?

Das wissen Sie schon!

Most likely, you have heard about some German dishes. Are there any German festivals or restaurants in your town? Or maybe you have traveled in German-speaking countries before. Try to remember as many dishes and customs related to eating and drinking as you can.

Kultur im Kontext

Traditionally, Germans have had their main meal at lunchtime, when the whole family would meet for the meal. However, when both parents work, there is often not enough time to come home for lunch. Many firms have their own cafeteria (**die Kantine**) for their employees. Since German schools do not provide lunch for their students, many working mothers cook the night before so that their children will have a warm meal when they come home from school.

• Detailstrategien •

Verwandte Wörter

By now you are probably getting pretty good at finding cognates. Some cognates, however, have changed both in form and meaning: German **Zimmer**-English *timber*, German **Fleisch**-English *flesh*. Looking at the context in which they appear, can you guess their meanings?

Grammatik im Kontext

You might notice that sometimes the inflected verbs do not occur in second position in a statement: **Ich koche abends für den nächsten Tag, damit der Junge mittags sein Essen nur aufzuwärmen** *braucht*, **wenn er von der Schule nach Hause** *kommt*. As you can see, the inflected verb may also occur in last position. You will learn about verb-last position in *Kapitel 8*.

Kultur im Kontext

The **Mensa** is the place where students at a university can eat a relatively inexpensive, state-subsidized meal. For many students who rent a room in a private home, the **Mensa** is often the only opportunity for an affordable warm meal.

• Textvorschau •

In diesem Zeitschriftenartikel sprechen vier Deutsche über ihre Eßgewohn-heiten.

Eßgewohnheiten–*eating habits*

billig–*cheap*
Kochgelegenheit–*cooking facilities*
schmeckt–*tastes*

lecker–*delicious*

damit–*so that*

braucht–*needs to*

hat er keine Lust dazu–*he doesn't want to do that*
stattdessen–*instead*

ausgewogene–*balanced*
Ernährung–*nutrition*

vernünftig–*reasonable*
schlemme–*to load up*
ausgiebig–*a lot*
schmeckt mir–*I like*
mag–*like*

mühsam–*tediously*

ESSEN UND TRINKEN

Was und wie essen die Deutschen? *Unsere* Reporterin Gisela Riepl fragte Bundesbürger nach ihren **Eßgewohnheiten**.

Anja Vollmer (23), Studentin aus Freiburg

Ich esse in der Mensa, weil's **billig** ist. In meinem Zimmer habe ich leider keine **Kochgelegenheit**. Das Essen in der Mensa **schmeckt** oft wirklich nicht besonders, und mei-stens ist es lauwarm. Aber einige Gerichte sind ganz **lecker**. Einmal im Monat fahre ich nach Hause und lasse mich so richtig verwöhnen. Meine Mutter kocht mir mein Lieblingsessen, Sauerbraten mit Rotkraut, und nachmittags zum Kaffee gibt es selbstgebackenen Obstkuchen mit Schlagsahne.

Mein Mann und ich sind ganztags berufstätig. Mittags essen wir beide in der Kantine. Ich koche abends für den nächsten Tag, **damit** der Junge sein Essen nur aufzuwärmen **braucht**, wenn er von der Schule nach Hause kommt. Aber oft **hat er keine Lust dazu** und ißt **stattdessen** einen Hamburger in einem Fastfood-Restaurant. Abends essen wir dann alle zusammen, meistens Brot, Wurst und Käse.

Frieda Werncke (47), Buchhalterin in Hannover

Andreas Michel (30), Fußball-spieler und Student aus Dresden

Als Sportler muß ich auf eine **ausgewogene** und vitaminreiche **Ernährung** achten. Während der Fußball-Saison ernähre ich mich auch ganz **vernünftig**. Aber nach der Saison **schlemme** ich **aus-giebig**. Am besten **schmeckt mir** die italienische Küche. Spaghetti, Lasagna, Pizza, ich **mag** einfach alles. Leider muß ich mir die Pfunde dann wieder **mühsam** abtrainieren.

Wir versuchen, uns so gesund wie möglich zu ernähren. Deshalb essen wir auch meistens zu Hause. Da weiß ich, was ich esse. Ich kaufe nur organisch erzeugte **Lebensmittel** ein: Obst und Gemüse ohne Pestizide, und Fleisch ohne Antibiotika und Hormone. **Im übrigen** sind organische Produkte nicht nur gesünder, sie schmecken auch besser.

Owen Franken/German Information Center

Eva Neugebauer (28), Hausfrau und Mutter von zwei Kleinkindern, Frankfurt/Main

Lebensmittel–*food*

Im übrigen–*moreover*

• Textarbeit •

1. **Information.** Read the text for the following information: Where and what do these people usually eat? Do they give reasons for these arrangements? Do they mention a favorite dish? Do they mention any idiosyncrasies? Fill in the table; enter a "?" if the information requested is not in the text.

	Anja Vollmer	Andreas Michel	Frieda Werncke	Eva Neugebauer
Wo essen sie gewöhnlich? **Was essen sie gewöhnlich?** **Warum?** **Was essen sie besonders gern?** **Was essen sie nicht so gern?**				

2. **Analyse.** What differences do you see between the eating habits of the respondants and your own eating habits?

   - Wann essen Sie Ihre Hauptmahlzeit?
   - Wo essen Sie **gewöhnlich**?
   - Was essen Sie besonders gern?
   - Was essen Sie nicht so gern?

usually

3. **Wortfeld „Ernährung".** An efficient way to learn new vocabulary is to learn it in context. Read through the text to find words and expressions that belong to the word field **Ernährung**.

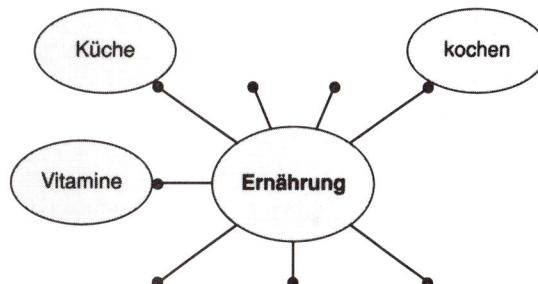

Sprechen

Umfrage: Gesund oder ungesund? Working in small groups, tell what you think about the following food items. Are they healthy or unhealthy, expensive or inexpensive, fattening or non-fattening? Do you consume them often or not often? Use the following phrases:

ist gesund/ungesund	*is healthy/unhealthy*
ist teuer/billig	*is expensive/cheap*
macht dick/nicht dick	*is fattening/not fattening*
esse ich oft/nicht oft	*I eat it often/not often*

Beispiel: Pizza ist ungesund, . . .

Pizza, Hamburger, Eier, Sandwich, Kuchen, Obst, Gemüse, Fisch, Alkohol, Cola, Käse

HÖREN

A. Eßgewohnheiten. Pollster Eva Braunegger examined what Austrians eat for breakfast. The following is an excerpt from the interview she conducted in a Viennese department store. Listen to the responses of three Austrians.

• Miniwörterbuch •

Frühstück	*breakfast*
frühstücken	*to eat breakfast*

• Textarbeit •

Information: Was essen Österreicher zum Frühstück? What do the people polled eat and drink for breakfast? With whom do they have breakfast? How much time do they spend at breakfast? Do they give any reasons for their breakfast habits? Fill in the table.

	Eva Pfaff	Monika Gruber	Dieter Pfund
Was essen sie zum Frühstück?			
Was trinken sie?			
Mit wem frühstücken sie?			
Wieviel Zeit haben sie?			
Warum?			

B. Was essen wir denn heute abend? Listen to Kurt and Luise Meister's phone conversation about what to do for supper. Concentrate on their different ideas. Do they come to an agreement?

• Textarbeit •

1. Vorschläge und Gegenvorschläge. Herr and Frau Meister are talking about what to do for dinner. Both of them make suggestions. Where does each of them stand on each of the suggestions and why?

pro(s)
con(s)

Vorschläge	dafür	dagegen	warum
etwas Kaltes essen			
zum Essen gehen			
italienisch essen			
französisch essen			
türkisch essen			

2. Entscheidung. Wo essen sie?

Sprechen

Was essen wir? Gruppenarbeit. Imagine you are roommates, and one of you has a birthday coming up. Discuss the kind of meal you all want to prepare as a birthday dinner. You'll need to tell the others about the foods you like and dislike, and you'll all need to come to an agreement. Use either **schmeckt mir gut**, **esse ich gern**, or **mag ich** for foods you like, and **schmeckt mir nicht**, **esse ich nicht gern**, **mag ich nicht** for foods you don't like.

How about...?

Beispiel: A: **Wie wär's mit** Schweinebraten und Sauerkraut?
                 B: Nein, das schmeckt mir nicht.
                 B: Wie wär's mit...?

GRAMMATIK

Irregular Present-Tense Verbs

• Verbs with Stems Ending in **-s**, **-ß**, or **-z** •

Verbs with stems ending in **-s**, **-ß**, or **-z** drop the **-s-** in the second person singular ending, and add only **-t**:

heißen	to be called
ich heiße	wir heißen
du heißt	ihr heißt
er, sie, es heißt	sie heißen

Übungen

TASK — Verbs with contraction of ending in 2nd person singular.
excuse me
way in the back
by the way

A. Dich kenne ich doch? Angelika Wehner is talking to a fellow student at the cafeteria. Supply the correct form of the verbs in parentheses.

ANGELIKA: **Entschuldigung**, _____ (sein) hier noch frei?
STEFANIE: Ja. _____ (sein) du nicht auch in Professor Koopmanns Seminar?
ANGELIKA: Ja. Und du _____ (sitzen) immer **ganz hinten**, nicht?
STEFANIE: Ja. **Übrigens**, ich _____ (heiße) Stefanie. Und wie _____ (heißen) du?

TASK — Verbs with contraction of ending in 2nd person singular.

B. Ein Interview für die Schülerzeitung. A reporter for the school newspaper interviews Verena. Supply the correct verb forms.

INTERVIEWER: _____ (haben) du ein Hobby?
VERENA: Ich _____ (reisen) gern und ich _____ (tanzen) auch gern.
INTERVIEWER: Wohin _____ (reisen) du denn am liebsten?
VERENA: Nach Spanien. Mein Vater _____ (kommen) aus Spanien.
INTERVIEWER: Was _____ (tanzen) du denn am liebsten? Flamenco?
VERENA: Nein, Walzer.

• Verbs with Stems Ending in **-d** or **-t** •

Verbs with stems ending in **-d** or **-t** insert an **-e-** before the familiar second person endings and the third person singular ending to facilitate pronunciation.

arbeiten	to work
ich arbeite	wir arbeiten
du arbeitest	ihr arbeitet
er, sie, es arbeitet	sie arbeiten

Übungen

TASK — Verbs with stems ending in -d, -t.

A. Cafészenen. Complete what the people are saying with the appropriate form of the verb in parentheses.

JUNGE FRAU 1: Stefan _____ (heiraten) im Mai. Wie _____ (finden) du das?
JUNGE FRAU 2: Das _____ (finden) ich aber interessant.

JUNGER MANN: _____ (arbeiten) ihr morgen?

ÄLTERER MANN: Helga _____ (arbeiten) am Vormittag, aber ich _____ (haben) den ganzen Tag frei. Was _____ (machen) denn du?

JUNGER MANN: Warum _____ (antworten) du denn nicht?

JUNGE FRAU: Was _____ (sagen) du?

TASK — Irregular verbs.

B. Christina Bachmann erzählt von sich. Complete what she is saying with the appropriate form of the verbs in parentheses.

Meine Familie und ich _____ (wohnen) in Frankfurt. Ich _____ (haben) zwei Kinder, einen Jungen und ein Mädchen. Der Junge _____ (heißen) Dominik, das Mädchen _____ (heißen) Anna. Ich _____ (sein) Journalistin von Beruf. Ich _____ (finden) meinen Beruf interessant, aber manchmal auch ziemlich stressig. Zur Zeit _____ (bleiben) ich zu Hause. Die Kinder _____ (sein) noch zu jung für den Kindergarten.

at the office

Mein Mann _____ (arbeiten) bei AEG. Er _____ (finden) seine Arbeit interessant. Aber er _____ (arbeiten) zu viel. Er _____ (bleiben) lang **im Büro**. Oft _____ (haben) er keine Zeit für die Kinder. Deshalb _____ (haben) wir manchmal Probleme.

TASK — Irregular verbs.

C. Angelika und Stefanie haben sich viel zu sagen. Angelika and Stefanie are continuing their conversation at the cafeteria. Supply the appropriate form of the verbs in parentheses.

ANGELIKA: Wie _____ (finden) du das Seminar?

STEFANIE: Ich _____ (finden) es schwer, und Professor Koopmann _____ (antworten) nie so recht auf meine Fragen.

ANGELIKA: Du _____ (haben) recht. Aber trotzdem _____ (lernen) wir eine Menge.

Case

Understanding what you read depends not only on the meaning of individual words but also on their function in the sentence. In English the grammatical function of a noun in a sentence is generally determined by its position.

A speaker of English knows who visits whom in the sentence *Anja visits Maria*, because *Anja* is in the subject position (before the verb) and *Maria* is in the object position (after the verb).

The subject of a sentence is the person or thing that carries out the action expressed by the verb. The direct object is the person or thing acted upon.

SUBJECT		**DIRECT OBJECT**	
My family	*celebrates*	*Easter*	*at home.*
My son	*eats*	*a hamburger*	*instead.*

The indirect object of a sentence is the person or thing for whom the action is performed.

SUBJECT	INDIRECT OBJECT	DIRECT OBJECT
Mrs. Werncke prepares	*her son*	*a warm meal.*

The indirect object may also be signaled by the use of the prepositions *to* or *for*.

SUBJECT	DIRECT OBJECT	INDIRECT OBJECT
Mrs. Werncke prepares	*a warm meal*	*for her son.*

In English sentences containing pronouns, grammatical function is indicated by different pronoun forms as well as by their position. In the sentence *She visits her* the subject and the object are signaled by the form of the pronouns (*she*-subject pronoun; *her*-object pronoun) as well as by position.

Übung

TASK — Subject, object identification.

Subjekt und Objekte. Identify the subject, the direct object and the indirect object in the following sentences.

Beispiel: We left the waiter a good tip.
    subject   *-we*
    direct object *-a good tip*
    indirect object-the waiter

1. My friend ordered me a glass of wine.

2. Is the waiter going to bring us the menu?

3. Mrs. Vollmer always makes her daughter a homecooked meal.

4. Pass me the salt, please.

5. Could you pass the salt to Dad?

In German, the position of a noun or a pronoun in a sentence does not reliably tell you what the subject and objects are. The function of a noun or pronoun is primarily indicated by its form, that is, its case.

SUBJECT			INDIRECT OBJECT	DIRECT OBJECT
Frau Werncke	macht		dem Jungen	ein warmes Essen.

Frau Werncke cooks a warm meal for the child.

INDIRECT OBJECT		SUBJECT	DIRECT OBJECT
Aber dem Jungen	macht	Frau Werncke	ein warmes Essen.

But for the child Frau Wencke cooks a warm meal

• Nouns and Case •

The case of a noun is signaled by the form of the article preceding the noun, and sometimes by the form of the noun itself.

Forms of Nominative, Dative, and Accusative Cases

Nominative. You have already learned the nominative forms of the definite and indefinite articles. They are summarized below:

	Masculine	Singular Feminine	Neuter	Plural
definite article	der	die	das	die
indefinite article	ein	eine	ein	—
negation of indefinite article	kein	keine	kein	keine

Dative and Accusative. The dative and accusative forms of definite and indefinite articles are:

Definite article

	Masculine	Singular Feminine	Neuter	Plural
dative	dem	der	dem	den
accusative	den	die	das	die

Indefinite article

	Masculine	Singular Feminine	Neuter	Plural
dative	einem	einer	einem	—
	keinem	keiner	keinem	keinen
accusative	einen	eine	ein	—
	keinen	keine	kein	keine

The dative case in the plural is also signaled by the form of the noun itself. All nouns, except those ending in **-n** or **-s**, add an **-n** in the dative plural:

Frau Vollmer kocht den
  Kinder**n** ihr Lieblingsessen.
Den Gäste**n** schmeckt das
  Essen ganz ausgezeichnet.

*Mrs. Vollmer cooks the children
  their favorite meal.*
*The guests like the meal very
  much.* (Literally—*The meal
  tastes very good to the guests*).

Übung

TASK — Find articles and recognize their cases.

Hafer–*oats*

scheinbar–*apparently*
beliebter–*more popular*

Befürchtung–*fear*
enttäuschten–
disappointed

Kasus. Identify all articles and their cases in the following excerpt from a German newspaper article.

Vereinigte Staaten

Wild auf **Hafer**

Scheinbar gesündere Lebensmittel werden bei
den Amerikanern immer beliebter

Der Braten schimmert seltsam weiß, und der erste Biß bestätigt die **Befürchtung**—der Truthahn schmeckt nach nichts. Im Restaurant in Los Angeles erklärt der Kellner dem **enttäuschten** ausländischen Gast: Auf dem Teller liegt ein *low-fat-turkey*, ein fettarmer Truthahn.

Use of Nominative, Dative, and Accusative Case[1]

The nominative case signals the subject of a sentence:

Der Junge braucht sein Essen nur aufzuwärmen.	*The boy just needs to warm up his meal.*
Abends essen die meisten Deutschen Brot, Wurst und Käse.	*In the evening, most Germans eat bread, cold cuts and cheese.*

The dative and accusative cases indicate the object/s of a sentence. When a verb has only one object, the object (= person or thing acted up on) is in most instances in the accusative case:

Er ißt stattdessen einen Hamburger in einem Fastfood-Restaurant.	*Instead, he's eating a hamburger in a fast food restaurant.*
Der Junge braucht das Essen nur aufzuwärmen.	*The boy just needs to warm up his meal.*
Zum Kaffee gibt es Kuchen mit Schlagsahne[2].	*With the coffee, there is cake with whipped cream.*

A few verbs have objects in the dative case only. You have already come across the following verbs that require a dative object:

antworten	Alle Befragten antworteten der Reporterin gern.
	All the respondents were happy to answer the reporter.
schmecken	Den Kindern schmeckt Fastfood ausgezeichnet.
	The children really love fast food. (Literally:—Fast food tastes very good to the children.)

---

[1]You'll learn about additional uses of the cases in later chapters.
[2]The impersonal expression **es gibt** means *there is* or *there are*. The object of **es gibt** is in the accusative case.

Here are some more frequently used verbs that have only dative objects:

danken	Der Kellner dankt <u>dem Gast</u>.
	The waiter thanks his customer.
gefallen	<u>Unseren Kindern</u> gefällt es bei McDonald's am besten.
	Our children like McDonald's the best.
gehören	Der Bio-Laden gehört <u>einer Gruppe</u> von jungen Leuten.
	The healthfood store is owned by a group of young people.
helfen	Der Kellner hilft <u>dem ausländischen Gast</u>.
	The waiter is helping the foreign customer.

Übungen

TASK — Identification exercise for verbs with one accusative object.

A. Akkusativobjekt. Identify the accusative objects in the following sentences from the text *Essen und Trinken*.

Beispiel: Ich kaufe nur organisch erzeugte Lebensmittel ein.
Akkusativobjekt-**organisch erzeugte Lebensmittel**

1. In meinem Zimmer habe ich leider keine Kochgelegenheit.

2. Meine Mutter kocht mir mein Lieblingsessen.

3. Und nachmittags zum Kaffee gibt es selbstgebackenen Obstkuchen mit Schlagsahne.

4. Aber oft hat er keine Lust dazu.

5. Abends essen wir meistens Brot, Wurst und Käse.

TASK — Produce accusative objects.

B. Zu Gast bei Maria Meister. Maria Meister and her guests are having dinner. Supply the correct form of the accusative object.

Beispiel: Ich esse schnell_____. (ein Hamburger)
Ich esse schnell einen Hamburger.

MARIA:	Ißt du noch _____ (ein Stück Fleisch), Kurt?
KURT:	Ja, bitte. Hast du noch _____ (eine Scheibe Brot)?
MARIA:	Aber natürlich. Trinkst du auch noch _____ (ein Bier)?
KURT:	Nein, danke. Ich trinke lieber _____ (kein Alkohol). Kann ich _____ haben (ein Glas Mineralwasser)?
MARIA:	Natürlich, ich bringe dir _____ (eine Flasche).

TASK — Produce accusative with indefinite article.

C. Beat Knecht hat alles. Assume his role and use the forms of the indefinite article to tell about his possessions.

Beispiel: Auto, *n*,
Ich habe ein Auto.

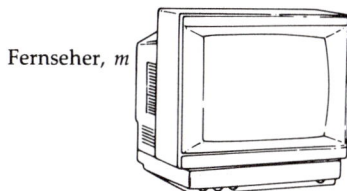

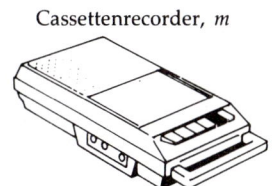

Fernseher, *m*

BMW, *m*

Cassettenrecorder, *m*

Fahrrad, *n*

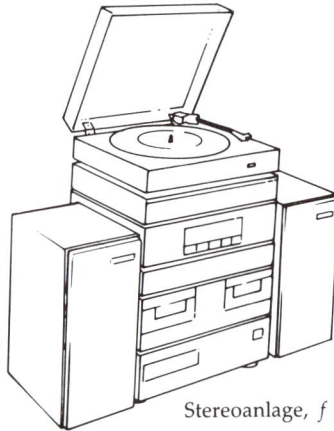
Stereoanlage, *f*

Videocamera, *f*

Computer, *m*

Schreibmaschine, *f*

Walkman, *m*

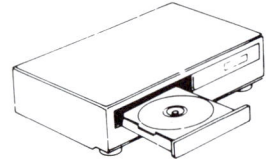
CD-Player, *m*

Radio, *n*

Plattenspieler, *m*

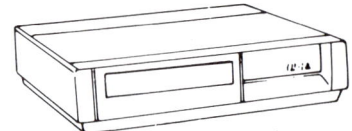
Videorecorder, *m*

TASK — Produce accusative forms of **ein/kein.**

D. **Welche Konsumgüter besitzen Sie**? Use either **ein** or **kein** with the items below to indicate what you have and what you don't have.

Beispiel: Ich habe keinen Porsche.

Porsche (*m*), Farbfernseher (*m*), Stereoanlage (*f*), Videorecorder (*m*), Platten (*pl*) von Elvis Presley, Mountain-Bike (*n*), Skateboard (*n*)

to order

TASK — Produce accusative object with definite article.

E. **Bestellen**. Wendy Carter and her family are in a restaurant in Nürnberg. Wendy orders for all the members of her family since she is the only one who speaks German. Assume her role, using **meine Mutter**, **mein Vater**, **mein Bruder**, **meine Schwester**, **meine kleine Schwester** and the correct forms of the definite articles **der**, **die** and **das** to order.

	Tagesmenü	
(*die*)	*Tagessuppe*	6,50
	Nudelsuppe	5,50
	Gulaschsuppe	7,00
(*der*)	*Schweinebraten mit Kartoffelsalat*	13,50
	Kalbsbraten mit Kartoffelknödeln	14,00
(*die*)	*Schweinshaxe mit Sauerkraut*	15,00
(*das*)	*Brathähnchen mit Pommes frites*	12,00
(*die*)	*Wiener mit Brot*	8,00
(*der*)	*Salatteller*	7,50

Beispiel: Ich nehme die Nudelsuppe und den Schweinebraten.
Meine Mutter hätte gern...

My mother would like to have . . .

TASK — Produce dative objects.

F. Alles geliehen! Karen Jürs' dorm room looks like she has everything, but her friends find out that everything is borrowed and want to know where all this stuff comes from. Provide both the question and Karen's answer, using **wem** (dative form of the question word **wer**) and the possessive adjective **mein**. Note that **mein** has the same endings as the indefinite article.

> **Beispiel:** Wem gehört der CD-Player?
> Meinem Vater.

CD-Player, *m*	Couch, *f*	Bruder	Großmutter
Walkman, *m*	Lautsprecher, *pl*	Schwester	Freund
Fernseher, *m*	Stereoanlage, *f*	Vater	Nachbarin
Computer, *m*	Poster, *n*	Mutter	Freundin

Verbs with Two Objects. When a verb has two objects, the object in the accusative case (direct object) is usually a thing; the object in the dative case (indirect object) is usually a person.

	DATIVE	ACCUSATIVE
Frau Werncke macht	dem Jungen	ein warmes Essen.
Meine Mutter kocht	mir	mein Lieblingsessen.
Der Kellner bringt	den Gästen	die Speisekarte.

Übungen

TASK — Produce dative and accusative objects.

A. Wem schenken Sie was? You just won the lottery and you feel generous. What will you give to the people below?

> **Beispiel:** Meiner Mutter schenke ich einen Porsche.

Mutter	Oma	Haus, *n*	Reise, *f*
Vater	Opa	Porsche, *m*	Buch, *n*
Schwester	Freund	CD-Player, *m*	Computer, *m*
Bruder	Freundin	Fernseher, *m*	Stereoanlage, *f*

TASK — Produce dative and accusative objects.

B. Weihnachtsgeschenke. Carola Schmidt has already finished her Christmas shopping. Assume her role and say what you'll give to whom, until everything has been distributed.

> **Beispiel:** der Kalender, meine Schwester
> Den Kalender schenke ich meiner Schwester.

Buch von Steven King, *n*	Oma
Pulli, *m*	Kinder, *pl*
neue Schallplatte von Sinéad O'Connor, *f*	Chef
Poster von Neuschwanstein, *n*	Geschwister, *pl*
rote Krawatte, *f*	Tante
Hund, *m*	Nachbarn, *pl*
Kugelschreiber, *m*	Kollegin
Theaterkarte für Faust, *f*	Mann
Blumentopf, *m*	mir selbst

LESEN

A. Abends wird kalt gegessen. This text is a news item from the newspaper *Münchner Merkur*. The headline might not be as helpful as usual because it has unfamiliar grammatical structures. Therefore, to find out what the text is about, you need to skim the whole text. What do you think the topic is?

Abends wird kalt gegessen

Das „kalte" Abendessen bleibt bei den Bundesbürgern dominierend. Nach Feststellungen der Centralen Marketinggesellschaft der deutschen Agrarwirtschaft (CMA) steht in 30 Prozent der Haushalte abends ein warmes Essen auf dem Tisch, während 70 Prozent eine kalte Mahlzeit bevorzugen, zu der praktisch im̕mer Brot gehört. Als Belag dominieren Wurst and Käse. Nur zwölf Prozent der Bundesbürger schätzen am Abend ein „großes Essen" mit mehreren Gängen, darunter Fleisch, Fisch, Geflügel, Wild und Gemüse.   mm

• Textarbeit •

1. **Thema.** Worum geht es in der Kurzmeldung?

2. **Information.** Was essen die Deutschen abends?

     a. 30 Prozent der Haushalte essen...

     b. 70 Prozent der Haushalte essen...

     c. 12 Prozent der Haushalte essen...

3. **Analyse.** Gibt es Unterschiede zwischen deutschen und nordamerikanischen Eßgewohnheiten?

B. Österreicher frühstücken konventionell und schlecht. This text is adapted from an article in the Austrian newspaper *Die Presse*. Before you read the text look at the headline. What do you think the article is about?

Eßgewohnheiten

Österreicher frühstücken konventionell und schlecht

WIEN (db)

Wenig Zeit, ein heißes Getränk und ein Gebäck — so sieht für die meisten Österreicher die erste Mahlzeit des Tages aus. ,,Zu **einseitig** und zu süß'' ist das Frühstück in unserem Land, meint Eva Braunegger. Sie hat die Gewohnheiten der Österreicher am frühen Morgen **untersucht**.

Der **Zeitaufwand** für die ersten **Bissen** des Tages liegt manchmal bei nur fünf bis zehn Minuten. Am Wochenende ändert sich die Situation: In der Freizeit nehmen sich die meisten Menschen genügend Zeit. ,,Das ideale Frühstück soll **abwechslungsreich** sein und in Gesellschaft **eingenommen werden**. Alleine essen frustriert'', meint Braunegger.

Braunegger skizziert fünf verschiedene ,,Frühstücks-Typen'': Die **Genießer**, die ein abwechslungsreiches Frühstück essen und sich genügend Zeit fürs Frühstück nehmen. Die Vielesser, die **deftige** Speisen wie Gulasch oder extrem Süßes oder Fettes essen. Das Frühstück der **Linienbewußten besteht aus** Obst und Säften, Zucker gibt es nicht. Die Alleinstehenden meinen oft, ,,es zahlt sich nicht aus'' und gehen mit leerem Magen zum Arbeitsplatz. Paare mit und ohne Kinder nehmen sich genügend Zeit und essen meist gesund: Müsli, Honig, Gemüse und Obst.

einseitig – *unbalanced*

untersucht – *examined*
Zeitaufwand – *time spent*
Bissen – *bites*

abwechslungsreich – *full of variety*
eingenommen werden – *to be consumed*
Genießer – *gourmets*

deftige – *hearty*
Linienbewußten – *weight-watchers*
besteht aus – *to consist of*

• Textarbeit •

1. Was und wie frühstücken die meisten Österreicher?

   a. Was essen sie zum Frühstück?

   b. Wieviel Zeit nehmen sie sich für das Frühstück normalerweise?

   c. Und am Wochenende?

to judge

2. Wie **bewertet** Eva Braunegger die Frühstücksgewohnheiten der Österreicher?

3. Skizzieren Sie die fünf verschiedenen ,,Frühstücks-Typen''.

Typ	Was essen sie?	Mit wem essen sie?	Wieviel Zeit haben sie?
Genießer	. . .	. . .	. . .

4. Zu welchem ,,Frühstücks-Typ'' gehören Sie? Warum?

SCHREIBEN

A. Was ich esse, wie ich esse. Write about your eating habits, using the vocabulary below. You may also use other vocabulary.

ich	ernähre mich	gesund/ungesund/vernünftig
	esse	eine einseitige/gemischte Kost
	achte/nicht auf	eine vitaminreiche Ernährung
	koche	gut/schlecht/gern/nie
mein Lieblingsessen	ist	...
		nichts/wenig/zuviel
zum Frühstück		allein/mit Freunden/
		mit meinen Eltern
mittags	esse ich	in der Mensa/
		im Restaurant/
zwischendurch		zu Hause
abends		eine Kleinigkeit/
		etwas Süßes/etwas
		Warmes/kalt
		...

B. Was sagen Gast und Kellner zueinander? Partnerarbeit. Do you think the exchange between the waiter and his customer is humorous? Write a speech bubble for them which you and your partner think is truly funny.

„Und dazu bringen Sie mir bitte eine kalorienarme Soße!"

KULTUR

Unser Essen macht uns krank

Die schleichende Vergiftung
Unser Essen macht uns krank

Partnerarbeit. The headlines below are adapted from a German magazine article warning consumers about the dangers of chemicals, pesticides and radioactivity in their food and water. Discuss each of the headlines with your partner including the following perspectives:

- Is this a problem only for Germans or does it also affect North Americans?
- What can consumers do to avoid these dangers?

Am Ende ist der Kunde das arme Schwein, wenn Schweine mit Pharmazeutika behandelt werden.

Gülle–liquid manure

Die *Gülle* vom Feld landet im Trinkwasser.

Was Insekten tötet, macht auch Menschen krank.

Lachse–salmon

Der Fabrik-Fisch verliert seinen Geschmack, wenn *Lachse* mit Chemikalien behandelt werden.

Konservierungsmethode–a method for preserving food
EG-Ländern–Common Market member nations

Werden wir radioaktiv bestrahlte Lebensmittel auf dem Teller haben? Diese *Konservierungsmethode* ist in einigen *EG-Ländern* schon üblich.

Lesehilfen

• Bildwörterbuch •

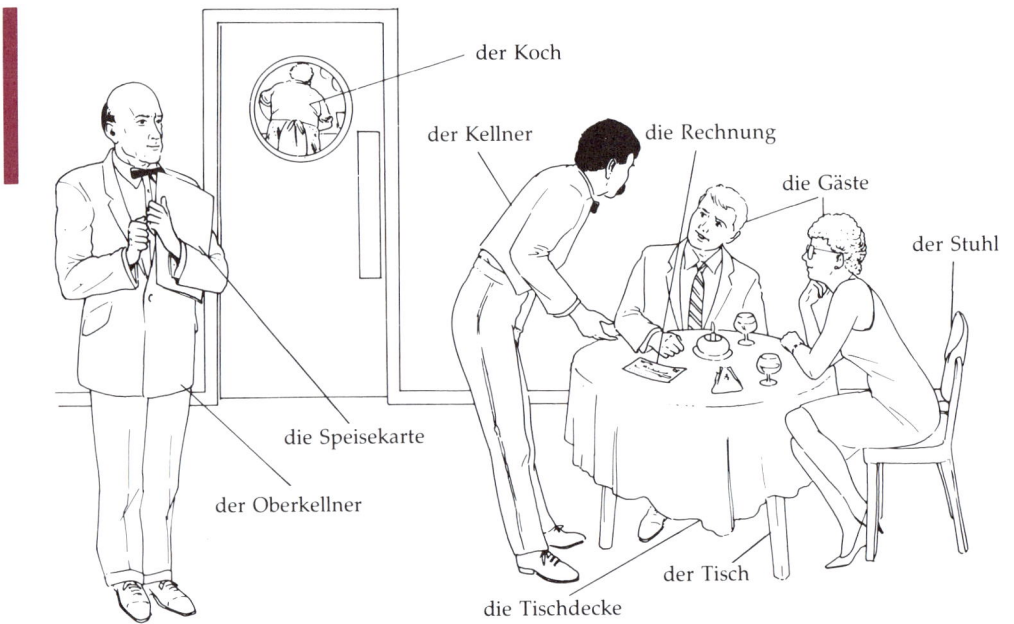

der Koch

der Kellner   die Rechnung

die Gäste

der Stuhl

die Speisekarte

der Oberkellner

die Tischdecke

der Tisch

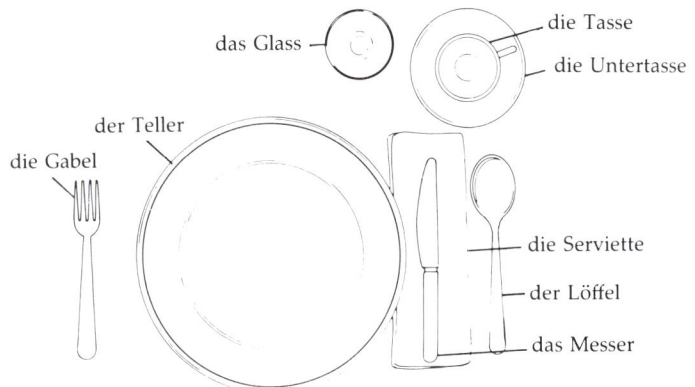

das Glass

die Tasse

die Untertasse

der Teller

die Gabel

die Serviette

der Löffel

das Messer

• Globalstrategien •

Was erwarten sie?

What kind of activities do you expect in a restaurant? In what order do these activities usually occur? Check your predictions as you read along.

Das wissen Sie schon!

As you have seen, drawing on your background knowledge can help you understand a text in a foreign language. What do you know about the inter-action at a restaurant? Keep in mind, however, that in another culture people often do things differently. While reading the text, focus your attention on the similarities and differences. Do the Meisters have reservations? Is there a head waiter? How are the menu and wine list presented? What do they order? How is the meal ordered? The bill paid? The tip?

Kultur im Kontext

In German-speaking Europe, guests are only seated in the better restaurants. The Meisters are shown to their table in Auerbachs Keller only because it is an elegant restaurant.

• Detailstrategien •

Wortbildung

The base word of compound nouns, as you remember, is the last noun in the compound; any preceding elements modify the meaning of the base noun. What kind of "card" is a **Speisekarte** or a **Weinkarte**? If **Hauptspeise** or **Hauptgericht** is the main dish, what are **Vorspeise** and **Nachspeise**? If **Kellner** is a waiter, what is an **Oberkellner**?

Im Kontext

When skimming the text, you'll probably notice a sequence of events. Certain words and expressions signal sequence, and being able to identify them will help you to determine the beginning or end of an episode. Here are some of the expressions that occur in the text *In Auerbachs Keller*: **nach einer Weile**-*after a while*, **etwas später**-*a little later*, **schließlich**-*finally*. Scan the text for other examples.

Grammatik im Kontext

In this text you'll encounter some unfamiliar verb forms such as **würden**, **hätte** and **möchte**. Can you figure out when they are used? These verbs are in the subjunctive II, a form used to express politeness.

Kultur im Kontext

Auerbachs Keller is a famous Leipzig restaurant, notable because of its mention by Johann Wolfgang von Goethe (1749–1832), in his *Faust*.

Auerbachs Keller im Leipzig

• Textvorschau •

Renate Meister hat heute Geburtstag. Ihr Mann hat für 8 Uhr abends einen Tisch im Restaurant **Auerbachs Keller** bestellt. Sie wollen dort ihren Geburtstag feiern.

In Auerbachs Keller

Guten Abend, hatten Sie reserviert?

Ja, auf den Namen Meister. Für drei Personen.

Der Oberkellner begrüßt die Gäste.

Die Speisekarte, bitte

Würden Sie uns bitte auch die Weinkarte bringen?

Der Oberkellner führt sie an ihren Tisch. Nach einer Weile bringt ihnen der Kellner die Speisekarte und etwas später die Weinkarte.

Was ißt du denn Günter?

Ich weiß nicht, alles sieht gut aus.

Ich nehme die Hasenkeule mit Waldpilzen. Oder vielleicht doch die Forelle.

Die Meisters schauen die Speisekarte an, aber die Wahl fällt ihnen schwer.

Als der Kellner wieder an ihren Tisch kommt,
wissen sie immer noch nicht, was sie essen sollen.

Haben Sie schon gewählt?

Wir brauchen noch eine Weile, um das Essen auszusuchen.

Aber die Getränke möchten wir gleich bestellen. Wir hätten gern eine Flasche 88er Riesling.

Und ich ein alkoholfreies Bier

Möchten Sie eine Vorspeise?

Nein danke. Ich hätte gern die Hasenkeule

Ich möchte die Forelle

Und für mich das Filetsteak.

Schließlich sind sie bereit zu bestellen.

Ihre Forelle ... die Hasenkeule ist für Sie ... und das Filetsteak für Sie. Vorsicht, die Teller sind sehr heiß.

Herr Ober, bringen Sie mir noch ein Bier bitte.

Sie müssen ziemlich lange warten. Endlich serviert
der Kellner das Essen.

Hat es Ihnen geschmeckt?

Ganz ausgezeichnet

Möchten Sie eine Nachspeise?

Nein danke. Würden Sie mir bitte die Rechnung bringen?

Gut, ich bringe sie Ihnen sofort.

Vielen Dank. Einen schönen Abend noch.

Stimmt so.

Allen schmeckt es ganz ausgezeichnet.
Wolfgang Meister fragt nach der Rechnung.

Der Kellner überreicht ihm die Rechnung.
Wolgang Meister bezahlt und gibt dem Kellner
ein gutes Trinkgeld.

• Textarbeit •

1. Ordnen Sie die Sätze der Reihenfolge nach. What is the correct order?
Looking at the illustrations and sequencing elements will help you.

_____ Der Oberkellner führt sie an ihren Tisch.

__1__ Der Oberkellner begrüßt die Gäste.

_____ Endlich serviert der Kellner das Essen.

_____ Schließlich sind sie bereit zu bestellen.

_____ Und etwas später bringt er ihnen die Weinkarte.

_____ Nach einer Weile bringt ihnen der Kellner die Speisekarte.

_____ Der Kellner wünscht ihnen noch einen schönen Abend.

_____ Der Kellner überreicht Wolfgang Meister die Rechnung.
_____ Sie bestellen gleich die Getränke.
_____ Die Wahl fällt ihnen schwer.

2. **Analyse.** You might have noticed some differences between this German restaurant scene and what you expect when you go out to a restaurant.

* Wo bezahlt Herr Meister die Rechnung?
* Womit bezahlt er die Rechnung?
* Wie gibt er dem Kellner das Trinkgeld?
* Gibt es noch andere Unterschiede?

3. **Wortfeld „Essen gehen".** Read through the text to find words and expressions that relate to going out to eat or drink.

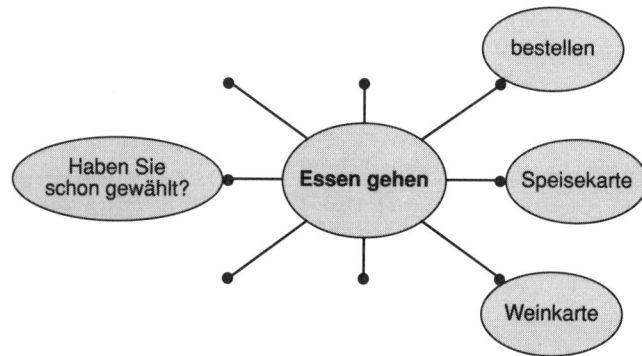

Sprechen

Kulturelle Unterschiede: Was ist hier los? **Gruppenarbeit.** Read through the following situations. Two Americans seem to have problems with going out to eat in Germany. Can you find out what the problem is? If you do, share your explanation with the rest of the class.

a. Zwei Amerikaner gehen in ein Restaurant in Deutschland und bleiben am Eingang stehen. Sie warten zehn Minuten lang, aber niemand kommt. Was ist hier los?

b. Schließlich kommt der Kellner und fragt: „Warum setzen Sie sich nicht? Dort an dem Tisch sind doch noch zwei Stühle frei!" Die Amerikaner denken: „Da sitzen doch schon Leute an dem Tisch!" Sie warten, bis ein Tisch frei wird. Warum?

c. Ein Tisch wird frei. Sie setzen sich, der Kellner bringt die Speisekarte. Die Amerikaner finden, er ist sehr unfreundlich. Er sagt seinen Namen nicht und lächelt kaum. „Vielleicht kann er Amerikaner nicht leiden", denken sie. Was ist los?

d. Die Gäste am Nebentisch haben ihren Hund dabei. „Wie unhygienisch!" denken die Amerikaner. Wieso?

e. Die beiden Amerikaner bestellen ihr Essen. Nach dem Essen möchten sie zahlen. Der Kellner kommt an den Tisch, bringt die Rechnung, bleibt dann stehen und wartet. Die Amerikaner werden ganz nervös. Was stimmt hier nicht?

HÖREN

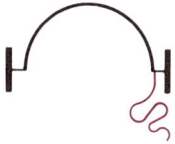

Gruppenarbeit. Before you listen to the audio texts, look at the menu from the restaurant **Heuändres** in Bad Ditzenbach. Work with your group to answer the questions and complete the tasks.

Gasthaus   **HEUÄNDRES**   Pension

7341 Bad Dietzenbach • Telefon (07334)5320

Hirnsuppe	3.50
1/2 Hähnchen *Salate*	14.90
Schweinekotelett *Salate*	15.90
Schweinekotelett, gegrillt *Blumenkohl* *Pommes frites*	16.90
Schweinebraten *Sauerkraut* *Salzkartoffeln*	15.90
Rindsbraten *Reis* *Salate*	17.90
Kalbsbraten *Spätzle* *Salate*	16.90
Pfeffersteak *Reis* *Salate*	19.50
Hirschkalbbraten *Spätzle* *Salate*	24.50
Entenviertel *Blaukraut* *Semmelknödel*	18.50

Bedienungsgeld und Mehrwertsteuer sind in den Preisen inbegriffen.

Analyse.

• Wie schreibt man im Deutschen Dezimalzahlen?

● Ordnen Sie die Hauptgerichte folgenden Kategorien zu:

Schweinefleisch	**Rindfleisch**	**Kalbfleisch**	**Wild**	**Geflügel**
Schweinekotelett				

● Welche Gerichte haben Salat als Beilage?
● Welche Beilagen gibt es auch in amerikanischen Restaurants? Welche gibt es nicht?
● Wieviel kostet das teuerste, wieviel das billigste Hauptgericht?
● Können Sie erklären, was die letzte Zeile bedeutet?

Sprechen

Wieviel kostet ...? Working with the members of your group, ask each other questions about the prices of entrees on the menu. Prices in German are noted in a variety of ways:

Read prices as follows: DM 3,50/3,50 DM/3,50-drei Mark fünfzig

Beispiel: A: Wieviel kostet die Hirnsuppe?
                B: Sie kostet drei Mark fünfzig.
                C: Wieviel kostet das Hähnchen?
                D: Es kostet ...

A. Wählen. Listen to Monika and Richard Bäuerlein discuss the menu in the restaurant *Heuändres*. Concentrate on what Monika thinks of the entrees.

● Textarbeit ●

1. Was hält Monika von

   a. Schweinefleisch

   b. Rindfleisch

   c. Ente

2. Was bestellt Monika?

3. Was bestellt Richard?

B. Bestellen. Listen to two exchanges between a waitress and her customers as they order their meal. Focus on what is being ordered for whom.

• Textarbeit •

1. Szene 1: Wer bekommt was? Kreuzen Sie die passende Spalte an.

	Mann	Frau	Kind
Exportbier			
Wein			
Cola			
Suppe			
Rindsbraten			
Entenviertel			
Hähnchen			

2. Szene 2: Was bestellt der Mann, was bestellt die Frau? Füllen Sie die Tabelle aus.

	Hauptgericht	Beilage	Getränk
Frau			
Mann			

C. Bezahlen. Listen to two short dialogs between a waitress and her customers. Concentrate on what the customers ate and drank and what they paid.

• Textarbeit •

Wer bezahlt was? Füllen Sie die Tabelle aus.

	Szene 1	Szene 2
Wie viele Personen?		
Wie bezahlen sie?		
Wieviel kostet das Essen?		
Wieviel Trinkgeld geben sie?		

Sprechen

Bestellen. Partnerarbeit. Practice with a partner how you would order or take an order at the restaurant **Heuändres**, using the phrases below:

Kellner:	Gast:
Was möchten Sie essen/trinken?	Ich nehme …
Haben Sie schon gewählt?	Ich möchte …
Was möchten Sie bestellen?	Ich hätte gern …
Was hätten Sie gern?	Bringen Sie mir bitte …

GRAMMATIK

Irregular Present-Tense Verbs

• Verbs with Stem-Vowel Change •

Some German verbs change their stem vowel in the second and third person singular forms of the present tense.

e → i	sprechen	Er spricht mit dem Kellner.	*He's talking to the waiter.*
	geben	Was gibt es zu essen?	*What do you have to eat?*
	essen	Was ißt du denn?[1]	*What are you having?*
	helfen	Hilfst du mir, bitte?	*Will you please help me?*
	nehmen	Was nimmst du?[2]	*What are you having?*
		Er nimmt die Hasenkeule.	*He's having the rabbit.*
e → ie	sehen	Alles sieht gut aus.	*Everything looks good.*
	lesen	Sie liest den Kindern die Speisekarte vor.	*She's reading the menu to the children.*
a → ä	fahren	Fährst du mit nach München?	*Are you coming along to Munich?*
	lassen	Peter läßt das Auto zu Hause.	*Peter is leaving the car at home.*

---

[1] If the stem ends in -s, the -s- in the 2nd person sg. is dropped.
[2] Also changes some consonants.

	tragen	Der Kellner trägt die Teller in die Küche.	*The waiter is carrying the plates to the kitchen.*
au → äu	laufen	Das Auto läuft nicht mehr.	*The car doesn't run anymore.*

Übungen

TASK — Infer infinitives from inflected verb forms.

A. Infinitiv. Look at the following inflected verb forms. Can you figure out their infinitive forms?

Was es nur heute gibt

Lothar Eiermann, Wald- & Schloßhotel Friedrichsruhe, Öhringen

Ein badischer Silvaner, der mir sehr gut gefällt.

Unser Hotelempfang übernimmt für Sie gerne die Tischreservierung

Welche Vitamine gibt es?

Abends wird kalt gegessen

kitekat

In den saftigen Stücken von Kitekat ist alles, was die Katze gesund hält.

McDonald's fährt neue Wege:

TASK — Produce verbs with stem vowel change.

B. Ein wunderschöner Tag. Sabine and Andreas Potz are getting ready for a picnic. Supply the appropriate form of the verbs in parentheses.

SABINE: Andreas, _____ (helfen) du mir bitte?
ANDREAS: Einen Augenblick, ich _____ (helfen) dir sofort. Ich _____ (tragen) gerade den Korb hinunter.

SABINE: _____ (essen) du lieber Schwarzbrot oder Weißbrot?
ANDREAS: Weißbrot.
SABINE: _____ (geben) du es mir bitte?
ANDREAS: Ich _____ (sehen) es nicht. _____ (sehen) du es?
SABINE: Auch nicht.
ANDREAS: Dann _____ (laufen) ich schnell noch zum Bäcker.

ANDREAS: _____ (nehmen) du die Decke nicht mit?
SABINE: Doch. Und den Schirm _____ (nehmen) ich auch mit. Ach, ich _____ (lassen) ihn doch lieber zu Hause.

TASK — Produce verbs with and without stem vowel change.

C. Ich esse am liebsten bei meiner Mutter. Herr Meister tells a colleague where his most favorite eating place is. Supply the appropriate form of the verb in parentheses.

Am liebsten _____ (essen) ich bei meiner Mutter. Bei meiner Mutter _____ (geben) es immer gutes Essen. Ihr Schweinebraten _____ (schmecken) mir ausgezeichnet. Aber meine Frau _____ (essen) nicht gern bei meiner Mutter. Sie _____ (finden), daß meine Mutter viel zu ungesund _____ (kochen). Mein Sohn und seine Freunde _____ (essen) am liebsten bei McDonald's. Das _____ (verstehen) ich nicht. Fastfood _____ (schmecken) nach gar nichts.

TASK — Produce verbs with and without stem vowel change.

to sleep

D. Tagesablauf. You'll learn more about Günter Meister's daily routine. Supply the correct form of the verbs in parentheses.

1. Morgens _____ (**schlafen**) Günter gern lang.

2. Meistens _____ (haben) er keine Zeit zu frühstücken.

3. Am Vormittag _____ (fahren) er an die Universität.

4. Mittags _____ (essen) er in der Mensa.

5. Am Nachmittag _____ (trainieren) er.

6. Das Training _____ (dauern) drei Stunden.

7. Nach dem Training _____ (sprechen) er oft mit Freunden.

8. Abends _____ (lesen) er.

TASK — Produce verbs with and without stem vowel change.

to let oneself go

E. So geht's nicht weiter! Frau Hofacker is angry with her husband who recently retired. She tells him what's on her mind. Supply the appropriate form of the verbs in parentheses.

Hör mir zu! Ich _____ (sprechen) mit dir. So _____ (gehen) es nicht weiter. Du _____ (schlafen) bis Mittag. Nie _____ (helfen) du mir mit der Hausarbeit. Den ganzen Tag _____ (tragen) du diesen Jogging-Anzug. Aber du _____ (laufen) ja gar nicht. Auch _____ (essen) du zuviel. Du _____ (**lassen**) dich **gehen**. Abends _____ (sehen) du immer fern. Du _____ (lesen) kein Buch mehr.

wissen

The verb **wissen** follows a different pattern in the singular.

wissen	to know (to be informed)
ich **weiß**	wir wissen
du **weißt**	ihr wißt
er, sie, es **weiß**	sie wissen

Übungen

TASK — Produce forms of wissen.
which

A. Gesundheitsbewußt. Luise Meister is very health-conscious and wants to know what kind of oil is used in the salad. Supply the correct form of **wissen**.

LUISE: _____ Sie, **welches** Öl in dem Salat ist?
KELLNER: Tut mir leid, das _____ ich nicht. Ich frage den Koch. Vielleicht _____ er es.

TASK — Produce regular and irregular verbs.

B. Was essen wir denn? Sabine and Andreas Potz meet their friends, Ulrike and Peter Micheler, at the restaurant **Heuändres**. They discuss what to order. Supply the correct form of the verbs in parentheses.

SABINE: _____ (wissen) ihr schon, was ihr _____ (bestellen)?

ULRIKE: Ich _____ (wissen) es schon, aber Peter _____ (brauchen) noch eine Weile. Was _____ (essen) denn ihr?

SABINE: Ich _____ (nehmen) den Schweinebraten. Andreas _____ (wissen) noch nicht, ob er die Forelle oder den Salatteller nehmen soll.

wissen vs. kennen

Wissen means to know something as a fact, whereas **kennen** means to be acquainted with someone or something.

Kennst du das neue griechische Restaurant in der Annastraße?
Do you know that new Greek restaurant in the Annastraße?
Weißt du, wo das Atalis ist?
Do you know where the Atalis is?

Übung

TASK — Explanation exercise.

A. Kennen oder wissen? Look at the illustrations below. Can you explain the use of **kennen** and **wissen**?

"Mutti, weißt Du, daß nur in diesem SchokoMüsli gesunde Köllnflocken* drin sind?"

"Alles, was Sie über den Kauf von Caravans und Motorcaravans wissen müssen, erfahren Sie hier!"

Wer es kennt, bleibt dabei.

Sand kennt keine Hindernisse.

Antwort: Die kennen V.A.G Leasing.

TASK — **kennen** or **wissen**.

B. Kennen oder wissen? Supply the appropriate forms of **kennen** or **wissen**.

PETRA: _____ du Osman Gürlük?

INGE: Natürlich _____ ich ihn. Wir gehen in dieselbe Klasse.

PETRA: _____ du zufällig seine Telefonnummer?

by heart

INGE: **Auswendig** _____ ich sie nicht, aber ich kann zu Hause nachschauen.

PETER: _____ du, wann das Atalis abends aufmacht?

ULRIKE: Das Atalis _____ ich überhaupt nicht. Ist das ein Restaurant?

BEAT KNECHT: Sie _____ doch Berlin gut, Herr Potz.

HERR POTZ: Ja, warum fragen Sie?

BEAT KNECHT: Ich fahre nächste Woche nach Berlin. _____ Sie, wie ich am besten vom Flughafen Tegel nach **Kreuzberg** komme?

a section of Berlin

gern — lieber — am liebsten

A common way to express that you like doing something is to use the adverb **gern(e)** together with a verb. To say that you dislike doing something, use **nicht gern(e)** with a verb.

Frau Meister kocht gern.	*Frau Meister likes to cook.*
Herr Meister ißt gern bei seiner Mutter	*Herr Meister likes to eat at his mother's house.*
Ich esse nicht gern in der Mensa.	*I don't like to eat at the dining hall.*

Use **lieber** to express a preference, and **am liebsten** to say what you like to do best.

Kommst du mit ins Restaurant? Nein, danke. Ich esse lieber zu Hause.	*Are you coming along to the restaurant? No, thank you. I prefer eating at home.*
Herr Meister ißt am liebsten bei seiner Mutter.	*Herr Meister likes to eat most of all at his mother's house.*

Übungen

TASK — Produce sentences with **gern** + verb.

A. Was tun Sie gern? Tell your classmates what you like to do and ask them what they like to do. Here are some activities to choose from:

lesen, lange schlafen, Tennis spielen, kochen, joggen, mit Freunden sprechen, tanzen, ins Kino gehen, essen, Deutsch lernen

Beispiel: A: Ich spiele gern Tennis. Und du?
B: Ich koche gern. Und du?
C: Ich ...

TASK — Produce questions with **lieber** + verb.

B. Was tun Sie lieber? Ask your classmates about their preferences.

Beispiel: essen   in der Mensa oder zu Hause
A: Ißt du lieber in der Mensa oder zu Hause?
B: Zu Hause.

fresh fruits and vegetables

1. essen   Fastfood oder **Rohkost**
2. trinken   Mineralwasser oder Cola
3. fahren   mit dem Auto oder mit dem Rad
4. tragen   Jeans oder elegante Sachen
5. lesen   Zeitungen oder Bücher
6. hören   klassische Musik oder Rockmusik
7. gehen   in Bars oder auf Parties

soap operas

8. sehen   Spielfilme oder **Seifenopern**

Case

• Personal Pronouns and Case •

The case of a pronoun is indicated by its form. You have already learned the nominative forms of the personal pronoun. They are summarized below. The dative and accusative forms are:

Nominative				Dative				Accusative			
ich	*I*	wir	*we*	mir	*me*	uns	*us*	mich	*me*	uns	*us*
du	*you*	ihr	*you*	dir	*you*	euch	*you*	dich	*you*	euch	*you*
Sie	*you*	Sie	*you*	Ihnen	*you*	Ihnen	*you*	Sie	*you*	Sie	*you*
er	*he*			ihm	*him*			ihn	*him*		
sie	*she*	sie	*they*	ihr	*her*	ihnen	*them*	sie	*her*	sie	*them*
es	*it*			ihm	*it*			es	*it*		

Übungen

TASK — Match accusative pronouns with antecedent.

A. Im Restaurant. Was paßt? Match the questions or statements in the first column with the appropriate response in the second column.

1. Schmeckt Ihnen die Schweinshaxe?
2. Ich hätte gern ein Glas Rotwein.
3. Wie ist dein Kaffee?
4. Magst du die Nudeln nicht?
5. Herr Ober, die Rechnung bitte!

a. Sie schmecken fad.
b. Er ist zu stark.
c. Sie ist phantastisch.
d. Ich bringe es Ihnen sofort.
e. Ich bringe sie Ihnen gleich.

TASK — Match accusative pronouns with antecedent.

B. Party Talk. Was paßt? Match the questions in the first column with the appropriate response in the second column.

1. Siehst du Osman?
2. Kennst du den Mann und die Frau dort drüben?
3. Meinen Sie mich?
4. Besucht ihr uns am Wochenende?
5. Wann rufst du mich an?
6. Kennen Sie mich nicht?

a. Nein, Sie meine ich nicht.
b. Ich rufe dich gegen Abend an.
c. Nein, ich sehe ihn nicht.
d. Natürlich kenne ich sie. Das sind meine Eltern.
e. Es tut mir leid. Ich kenne Sie wirklich nicht.
f. Vielleicht. Wir rufen euch vorher an.

C. Wem bringt der Kellner die Speisekarte? Match the illustrations with the statements.

A. Der Kellner bringt ihr die Speisekarte.

B. Der Kellner bringt ihnen die Speisekarte.

C. Der Kellen bringt ihm die Speisekarte.

D. Wer spricht? Match the illustrations with the commands.

A. Bringen Sie mir die Weinkarte, bitte.

B. Bringen Sie uns die Rechnung, bitte.

E. Was können Sie empfehlen? You cannot decide what to eat. Ask the waiter for advice and order what he suggests. You'll need to use the correct accusative forms of the pronouns and pay attention to the gender of the nouns you are referring to

Beispiel: A: Was können Sie empfehlen?
B: Den Schweinebraten.
A: Gut, ich nehme ihn.

1. den Riesling

2. die Gemüsesuppe

3. das gegrillte Hähnchen

4. die Pommes frites

5. den Schokoladenpudding

TASK — Produce accusative pronouns.

F. Kommt sofort! The restaurant is crowded, and the waiter is busy. Assume his role and tell the guests you'll get them the desired items right away.

> **Beispiel:** A: Herr Ober, die Rechnung bitte.
> B: Ich bringe sie Ihnen sofort.

1. Ich hätte gern die Speisekarte.

2. Wo bleibt mein Kaffee?

3. Ich möchte ein Bier.

4. Herr Ober, wir brauchen noch zwei Gläser.

5. Wir haben kein Besteck.

6. Bringen Sie uns noch eine Flasche Wein, bitte.

TASK — Produce accusative pronouns.

G. Hast du auch alles? Peter Meister is getting ready for his bicycle tour. His mother wants to make sure he's got everything he needs. Help him answer all of her questions.

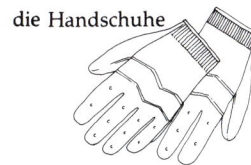

die Landkarte

die Sonnenbrille

die Handschuhe

der Kompaß

das Sonnenöl

> **Beispiel:** Brauchst du den Regenmantel nicht?
> Doch, ich brauche ihn[1].

1. Nimmst du die Landkarte nicht mit?

2. Brauchst du den Kompaß nicht?

3. Nimmst du das Sonnenöl nicht mit?

4. Nimmst du die Sonnenbrille nicht mit?

5. Brauchst du die Handschuhe nicht?

TASK — Produce dative pronouns.

H. Allen geht es gut. Frau Holzer, the nosy neighbor, wants to know how the Meister family are doing. Assume Frau Meister's role and tell her that everyone is fine.

> **Beispiel:** Wie geht es Ihnen?
> Mir geht's gut.

1. Wie geht es Karin und den Kindern?

2. Wie geht es Sabine?

3. Wie geht es Ihnen und Ihrem Mann?

4. Wie geht es Peter?

5. Wie geht es Christina und ihrer Familie?

---

[1]German uses **doch** (rather than **ja**) as a response to a negative question.

I. Wie geht's? These people haven't seen each other for a while and ask how things are. Supply the dative form of the personal pronoun.

FRAU MEISTER: Und wie geht es _____ denn, Frau Schade?
FRAU SCHADE: Ach, _____ geht es ganz gut. Und _____?
FRAU NEISTER: Danke, auch gut.

pale

ANGELIKA: Du siehst **blaß** aus. Geht es _____ nicht gut?
STEFANIE: Ich war krank. Aber jetzt geht es _____ schon wieder besser. Das Essen schmeckt _____ wieder.

KLAUS: Birgit, Wolfgang, servus! Wie geht es _____ denn?
BIRGIT: _____ geht es gut, danke. Und _____?

J. Im Straßencafé. Frau and Herr Meister are visiting Freiburg and decide to stop at an outdoor café. You'll have to look carefully at the meaning of the sentences to supply the appropriate form of the personal pronouns.

Herr und Frau Meister gehen in Freiburg spazieren. Sie sehen ein kleines Straßencafé. „Gefällt es _____ hier?" fragt Herr Meister seine Frau. „Ja, _____ gefällt es gut", antwortet sie _____. Die Bedienung bringt _____ die Karte. Herr und Frau Meister bestellen zwei Kännchen Kaffee. Dazu wollen sie ein Stück Obstkuchen essen. „Welchen Obstkuchen können Sie _____ denn empfehlen?" fragt Frau Meister. „Alle unsere Kuchen sind gut, aber der Pflaumenkuchen ist besonders gut", antwortet sie _____. „Dann bringen Sie _____ doch bitte zwei Pflaumenkuchen", sagt sie. Nach einer Weile bringt _____ die Bedienung den Kaffee und den Kuchen. „Wie schmeckt _____ der Kuchen?" fragt Frau Meister ihren Mann. „Nicht schlecht", antwortet er, „aber der Pflaumenkuchen von meiner Mutter schmeckt _____ besser."

• The Question Word wer and Case •

The question word **wer** is inflected like the definite article **der**.

nominative	**wer**	Wer bekommt den Rotwein?	*Who gets the red wine?*
genitive[1]	**wessen**	Wessen Mantel ist das?	*Whose coat is this?*
dative	**wem**	Wem gehört der Mantel?	*Whom does the coat belong to?*
accusative	**wen**	Wen will er besuchen?	*Whom does he want to visit?*

Übung

Wer? Wem? Wen? You are at a party. What forms of **wer** would you hear in these questions?

[1]You will learn about the genitive case in Kapitel 6.

champagne   **Beispiel:** <u>Wer</u> möchte noch ein Glas **Sekt**?

1. _____ ist das?

2. _____ meinst du?

3. _____ kommt denn noch?

4. _____ gehört denn der Porsche vor dem Haus?

5. _____ kennen Sie hier?

Word Order of Objects

In German sentences with both a dative and an accusative object, the dative object usually precedes the accusative object.

Er bringt **den Gästen die Speisekarte**.	*He brings the guests the menu.*
Er bringt **ihnen die Speisekarte**.	*He brings them the menu.*
Sagst du **ihm das**?	*Are you going to tell that to him?*

When the accusative object is a personal pronoun, however, it precedes the dative object:

Er bringt **sie den Gästen**.	*He brings it to the guests.*
Er bringt **sie ihnen**.	*He brings it to them.*
Sagst du **es ihm**?	*Are you going to tell it to him?*

Übungen

TASK — Word order of objects: dative before accusative.

A. Was macht ihr gerade? Sabine is calling her parents to wish them a Happy Easter. Assume her mother's role and tell her what everyone is doing by choosing appropriate elements from each column.

Beispiel: Vati zeigt Helmut das neue Auto.

Vati	erklären	Osman	eine Geschichte
Peter	zeigen	den Kindern	das neue Auto
Karin	erzählen	dir	eine Tasse Kaffee
Christina	geben	Helmut	Chemie
Oma	kochen	mir	eine Flasche
Tante Edith	schreiben	dem Baby	einen Brief

TASK — Word order of objects: accusative before dative.

B. Wer bekommt was? Herr and Frau Meister are wrapping Easter presents. Frau Meister has done all the shopping and must explain to her husband who gets what.

Beispiel: Schallplatte—Oma—Edith
    A: Bekommt Oma die Schallplatte?
    B: Nein, ich gebe sie Edith.

1. Flasche Champagner—Helmut—Karin

2. Blumen—Edith—die Nachbarin

3. Sonnenbrille—Peter—Osman

4. Buch—Julian—Thomas

5. Pralinen—Karin—Helmut und Christina

6. Osterhase—Thomas—Peter

TASK — Substitute pronouns for objects using correct order.

C. **Laß nur, ich mach's!** Christina asks her husband to do various things. But her grandmother volunteers to do them instead. Answer for her, using pronouns.

> **Beispiel:** Helmut, gibst du dem Baby die Flasche?
> Laß nur, Helmut. Ich gebe sie ihm.

1. Machst du mir eine Tasse Kaffee?

2. Bringst du mir die Zeitung?

3. Zeigst du Dominik die Toilette?

4. Gibst du Mutti die Fotos?

5. Erklärst du Julian und Thomas das Spiel?

Sprechen

Restaurantszenen. Rollenspiel. Working in small groups, write a skit about one of the following situations, and then perform it for the class.

complains to

1. Ein Gast findet ein Haar in der Suppe und **beschwert sich** beim Kellner.

2. Einem Ehepaar hat das Essen nicht geschmeckt. Der Kellner kommt und fragt: „Hat's geschmeckt?"

3. Es gibt nur noch Hirschbraten. Der Kellner will die Gäste überreden, doch Hirschbraten zu bestellen.

4. Zwei Amerikaner wollen bezahlen. Sie haben nur Dollar.

5. Zwei Gäste warten schon 40 Minuten auf ihr Essen. Der Kellner hat ihre Bestellung vergessen.

LESEN

A. **Münchner Restaurants**. What information do you expect to find in ads for restaurants? Scan the ads on page 111 for the following information: The name of the restaurant, the type of food served, the hours open, the telephone number and any special features.

• Textarbeit •

1. Information. Gruppenarbeit. Sehen Sie die Anzeigen der verschiedenen Restaurants an, und füllen Sie folgende Tabelle aus:

Name	Küche	Öffnungszeiten	Telefonnummer	besondere Attraktionen
Gaststätte Zwickl	bayrisch	—	8 71 25 41	Biergarten

2. Analyse. Welche Restaurants passen für folgende Situationen?

   a. Eine Reisegruppe von 90 Personen will mittags im Freien essen.

   b. Ein junger Mann und seine Großmutter sind auf der Durchreise. Die Großmutter kann nicht weit gehen.

   c. Ein Geschäftsreisender will um 15.30 Uhr etwas Warmes essen.

   d. Eine Münchnerin trinkt gern italienische Weine.

   e. Zwei ausländische Studenten wollen nur etwas Kaltes essen und nicht viel Geld ausgeben.

   f. Ein Tourist ißt gern jugoslawische Spezialitäten.

B. Speiseplan der Mensa. Look at the menu for the Mensa on the following page. What sounds appetizing to you?

• Textarbeit •

Beantworten Sie folgende Fragen.

1. Wo und wann kann man essen?

   a. Wo können Sie Montag bis Freitag zu Mittag essen?

   b. Wo können Sie zu Abend essen?

   c. Wo können Sie am Samstag essen?

   d. Wann können Sie zu Mittag essen, wann zu Abend?

2. Was gibt's zu essen?

   a. Von wie vielen Gerichten können Sie beim Mittagessen wählen?

   b. Was können Sie essen, wenn sie Vegetarier sind?

   c. An welchen Tagen können Sie italienisch essen?

   d. Wie oft gibt es Nachspeise in der Woche?

   e. Welche Gerichte sollten Sie vermeiden, wenn Sie kein Schweinefleisch essen?

Speiseplan der Mensa

Mensa I, Rempartstraße, und Mensa II, Hebelstraße, für die Woche vom 17. 9. bis 22. 9. 1990

MENÜ I	MENÜ II	EINTOPF-GERICHT	ABENDESSEN (Mensa II)
MONTAG, DEN 17. SEPTEMBER 1990			
Tagessuppe	Tagessuppe	Gemüsesuppe mit grünen Nudeln*)	Badischer Wurstsalat**)
Käsespätzle*)	Gefüllte Paprika-schote**)	Vollkornbrötchen	Pommes frites
Rahmsauce	Tomatensauce		Kopfsalat
Weißkraut-Rohkostsalat	Risotto		Fitmilch
Gemischter Blattsalat	Endiviensalat		
DIENSTAG, DEN 18. SEPTEMBER 1990			
Tagessuppe	Tagessuppe	Hörnle mit Fleischsauce	Rinder-zwiebelbraten
Frühlingsrolle*)	Schweinerückensteak natur		Röst-kartoffeln
Naturreis	Kräuterbutter		Grüner Bohnensalat
Kopfsalat	Karottengemüse		
Birne	Kartoffelzapfen		
	Birne		
MITTWOCH, DEN 19. SEPTEMBER 1990			
Tagessuppe	Tagessuppe	Linseneintopf Schübling**)	Geschnetzeltes vom Schwein
Gemüsegulasch mit Tomaten*)	Putenschnitzel natur Champignonsauce	Mischbrot	Rahmsauce
Waffelkartoffeln	Spiralnudeln		Spätzle
Eissalat	Gemischter Blattsalat		Tomatensalat
DONNERSTAG, DEN 20. SEPTEMBER 1990			
Tagessuppe	Tagessuppe	Hühnersuppen-topf mit Reis	Blumenkohl-Käseküchle*)
Weizensplitter	Fleischkäse hausgemacht**)	Mischbrot	Petersilien-kartoffeln
„Bologneser Art"	Tomatenketchup		Risotto
Geriebener Käse	Pommes frites		Gemischter Blattsalat
Vollkornspaghetti	Gemüsesalat		
Tomatensalat	Ananas-Quarkspeise		
Ananas-Quarkspeise			
FREITAG, DEN 21. SEPTEMBER 1990			
Tagessuppe	Tagessuppe	Milchreis mit Apfelmus Zucker und Zimt	Spaghetti „Mailänder Art"
Tintenfischringe	Lammbraten		Geriebener Käse
Remouladensauce	Grüne Bohnen natur		Kopfsalat
Kartoffelsalat	Schmelzkartoffeln		Müsli-Joghurt
Gurkensalat			
SAMSTAG, DEN 22. SEPTEMBER 1990			

Nur Mensa I:	Gulasch ungarische Art, Bandnudeln, gemischter Blattsalat, Eiskremwaffel
Ausgabezeiten:	Mittagessen 11.30–14.00 Uhr, Samstag 11.30–13.30 Uhr Abendessen 17.30–19.30 Uhr

*) Fleischlose Kost
**) mit Schweinefleisch

– Wir verwenden jodiertes Speisesalz –

F r e i b u r g , den 5. September 1990

Änderungen vorbehalten

SCHREIBEN

A. **Hinterlassen Sie einen Zettel**. You are heading off to a restaurant. Write a brief note asking your roommate to join you there.

B. **Das Essen in der Mensa**. The student governing board wants to know how students feel about the food and the ambience in the dining hall. Fill out the appropriate side of the consumer response card on the following page.

☐ *Mir hat es gut gefallen.*

Weil:
_____
_____
_____

Bitte werfen Sie die ausgefüllte Karte in die Stimmungsurne.
Merci für Ihre Meinung.

☐ *Mir hat es nicht gefallen.*

Weil:
_____
_____
_____

Bitte werfen Sie die ausgefüllte Karte in die Stimmungsurne.
Merci für Ihre Meinung.

KULTUR

Essen in Deutschland

Television, technology and a faster pace of life have played havoc with German cuisine and eating habits.

• Miniwörterbuch •

Buletten	*hamburgers—common bar snack*
Leibgericht	*favorite dish*
einfallslos	*unimaginative*
Strammer Max	*an egg, sunny-side-up, served on ham and bread*
Fernsehauftritte	*television appearances*
Spitzenköche	*gourmet chefs*
haben nicht...vermocht...	*haven't been able to...*
Fertiggericht	*TV dinner*
Bildschirm	*television*
Herd	*stove*
umstritten	*controversial*
Garzeiten	*cooking times*
Wackelpudding	*jello*
werkseigene Kantine	*company cafeteria*

FRITZ WOLF

Bilder aus der Provinz

ESSEN IN DEUTSCHLAND

Hierzulande wird nach wie vor
zu schlecht . . .

. . . zu schnell . . .

. . . und zu einfallslos gegessen.

Ausnahmen sind hier
eher die Regel . . .

. . . und Fernsehauftritte von
Spitzenköchen haben es nicht
vermocht . . .

. . . Mahlzeiten vor dem Bildschirm
attraktiver zu machen.

Umstritten sind verkürzte Garzeiten
durch Mikrowellen . . .

. . . und in vielen Restaurants
ist die Küche noch schlechter . . .

. . . als die in der werkseigenen
Kantine.

Partnerarbeit. Using what you know about typical German eating habits, discuss with your partner the changes being brought about by the following: television, reduced time for the noon meal, available snack foods, women working outside the home and microwave technology. What similarities do you find with your own eating habits? And differences?

K·A·P·I·T·E·L
4

Wohnen—alt und neu

Beryl Goldberg

Wohnen

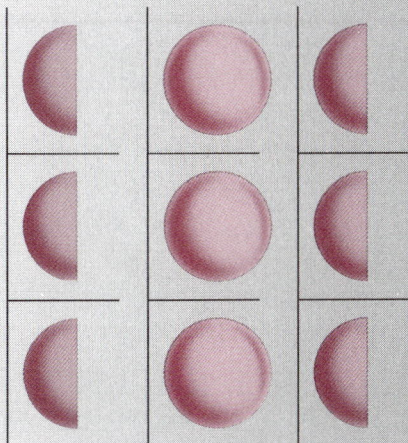

LERNZIELE

In this chapter you will learn about housing in the German-speaking countries and how one finds a place to live. You will learn to read classified advertising and other texts concerning the availability of housing. By the end of the chapter you will be able to speak and write simply about your living situation.

Lesehilfen

• Bildwörterbuch •

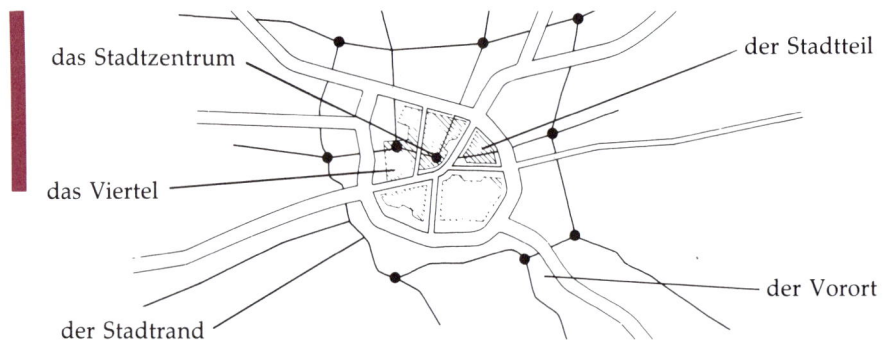

das Stadtzentrum — der Stadtteil

das Viertel

der Vorort

der Stadtrand

• Globalstrategien •

Was erwarten Sie?

The title, the *Bildwörterbuch* and the photographs in the text will tell you what this chapter is all about. Can you make any predictions as to what kind of vocabulary to expect? Can you picture what kind of person will reside in which kind of residence? You might want to base your predictions on factors such as size of family, income, location, and age.

Das wissen Sie schon!

Where do you live now? Where do your parents live? In the city or in the suburbs? In a central location or out in the country? Think about the advantages and disadvantages of your living situation. For example, a quiet neighborhood in the suburbs is likely to provide enough living space with big lots in quiet and peaceful surroundings, but it will probably be expensive and far away from work, shopping and cultural activities.

Kultur im Kontext

Europe is much more densely populated than North America. What effect do you think this will have on the housing situation in Europe? In the past years, a severe housing shortage has developed in (former) West Germany, especially after many ethnic Germans and East Germans entered the country. Even after the reunification of Germany, East Germans (as well as ethnic Germans) are still coming in. The housing situation in (former) East Germany is even worse—not only has there been little renovation of older buildings, but newer structures are of unacceptably inferior quality.

• Detailstrategien •

Wortbildung

Use your knowledge about word formation to analyze the following words: **wohn**en, **Wohn**gegend, **Wohn**ung, Altbau**wohn**ung, Eigentums**wohn**ung, **Wohn**ungsnot. Can you guess their meaning without the help of a dictionary? As always, the context will help you to guess the meaning of unfamiliar words.

Im Kontext

Some texts deal with different aspects of a certain issue. In many cases they deal with one side first and then switch to the other. This switch is often introduced by **aber** or **doch**. **Aber** and **doch** mark the beginning of a contrast or an opposite to what has been said before. Check the text for occurrences of **aber** and **doch**.

• Textvorschau •

In diesem Text lesen Sie über die Wohnsituation der Meisters. Sie erfahren, wo und wie die einzelnen Familienmitglieder wohnen, und ob sie mit ihrer Wohnsituation zufrieden sind.

Wo wir wohnen, wie wir wohnen

Gottfried Neugebauer

Kurt und Luise Meister wohnen in einem Reihenhaus am Stadtrand von Augsburg. Es liegt im Westen von Augsburg, in einer schönen Wohngegend. Sie wohnen gerne dort. Die Gegend ist ruhig und der Wald ist **nur wenige Gehminuten entfernt**. Aber die **Busverbindung** ins Stadtzentrum ist **ungünstig**. Sie müssen mit dem Auto zur Arbeit fahren. Oft bleiben sie im Stau stecken.

only a few minutes away by foot
bus connection
unfavorable

Peter Menzel/Stock, Boston

Karin Wagner und ihre Kinder wohnen in einer kleinen Drei-Zimmer-Wohnung in einem Hochhaus. Die Wohnung ist **eng** und **hellhörig**. Oft gibt es Probleme mit den Nachbarn. Die Kinder dürfen überhaupt keinen **Lärm** machen. Karin will **umziehen**. Sie sucht eine größere Altbauwohnung in der Nähe ihrer Arbeitsstelle. Aber es ist schwer, eine Wohnung zu finden. In Hamburg herrscht Wohnungsnot, wie überall im Westen.

small, not soundproof
noise
to move

Christa Armstrong/Photo Researchers

Christina Bachmann und ihre Familie **mieten** ein Einfamilienhaus in Oberursel, einem Vorort von Frankfurt. Die Miete ist hoch, aber sie haben genügend Platz und keine Probleme mit den Nachbarn. Ihr Haus ist ziemlich weit von Helmuts Arbeitsstelle im Stadtzentrum entfernt. Aber er kann mit der U-Bahn fahren, und das **Pendeln** ist deshalb nicht so anstrengend.

to rent

commute

Beryl Goldberg

Maria und Edith Meister besitzen eine Vier-Zimmer-Eigentumswohnung in einem renovierten Altbau in Schwabing. Ihre Wohnung ist ziemlich groß. Sie liegt an einer **verkehrsreichen** Straße, doch der Lärm **stört** sie nicht sehr. Sie können zu Fuß in den Englischen Garten gehen und mit der **Straßenbahn** in die **Bibliothek**, ins Theater oder in die Oper fahren.

busy
to disturb
streetcar
library

Palmer & Brilliant/The Picture Cube

Wolfgang und Renate Meisters Wohnung ist in einem Neubauviertel in Leipzig. Es ist eine Drei-Zimmer-Wohnung mit Wohnküche, Bad und einem kleinen Balkon. Die Wohnung liegt **im achten Stock**. Sie ist nicht sehr groß, aber sie ist gemütlich und sonnig.

on the ninth floor

• Textarbeit •

1. Wo und wie wohnen die Mitglieder der Familie Meister? Füllen Sie die Tabelle aus.

wer	Wohnort	Wohnungstyp	weitere Information
Bachmanns	Vorort von Frankfurt	Haus	genügend Platz, weit von der Arbeit

2. Sind diese Familienmitglieder mit ihrer Wohnsituation zufrieden? Was empfinden sie als positiv, was als negativ? Begründen Sie Ihre Meinung.

Familienmitglied	positiv	negativ	zufrieden	Gründe
Maria und Edith Meister				
Karin Wagner				
Christina Bachmann				
Renate und Wolfgang Meister				

3. Wortfeld „Wohnen". Schreiben Sie alle Wörter und Ausdrücke im Text auf, die zum Wortfeld **Wohnen** gehören.

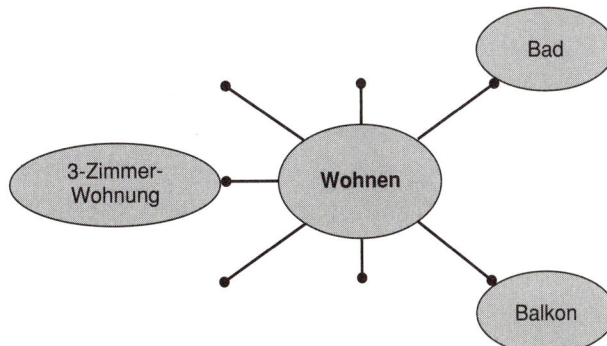

Sprechen

Umfrage: Bist du mit deiner Wohnsituation zufrieden? Ask a few fellow students about their living situations.

• Miniwörterbuch •

bei meinen Eltern	*at my parent's place*
im Studentenwohnheim	*in the student dorm*
in einer WG	*with roommates*
allein	*alone*

Wo wohnst du?
Mit wie vielen Leuten?
Was ist positiv?
Was ist negativ?
Bist du zufrieden?

HÖREN

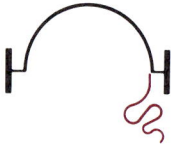

A. Ich will nach Berlin. Bernd Dietz is a student from Passau, a small town in Bavaria, on his way to Berlin. He got a ride through the ride-share office, and the driver is now giving him some advice on getting a cheap place to stay in Berlin.

• Miniwörterbuch •

Mitwohnzentrale	*room share agency*
Hier ist was los.	*That's where the action is.*

• Textarbeit •

Multiple-Choice Fragen. Worüber sprechen Bernd und der Fahrer? Kreuzen Sie die richtige Antwort an.

1. Warum fährt Bernd nach Berlin?

   a. Er möchte dort die Semesterferien verbringen.

   b. Er möchte dort leben.

   c. Er möchte ein Semester in Berlin studieren.

2. Was denkt Bernd über Berlin?

   a. Berlin ist die interessanteste deutsche Stadt.

   b. Berlin macht ihm Angst.

   c. Berlin ist abends tot.

in prospect

3. Wie sieht Bernds Wohnsituation aus?

   a. Er hat schon eine Wohnung.

   b. Er hat eine Wohnung **in Aussicht**.

   c. Er hat noch keine Wohnung.

4. Was kostet 20 Mark?

   a. das Benzin für die Fahrt nach Berlin

   b. ein Zimmer für eine Nacht

fee

   c. die **Gebühr** für die Mitwohnzentrale

B. Immobilien. Listen to the telephone conversation between an employee at a real estate developer's office and a potential customer. Listen for the following information: What does the caller want to know? How does the conversation end? The ad should help you understand the conversation.

• Textarbeit •

Frau Jaeggi spricht mit ihrem Mann über ihr Telefongespräch mit dem Immobilienbüro. Ergänzen Sie die fehlende Information.

EVA JAEGGI:	Ich glaube, ich habe die ideale Ferienwohnung für uns gefunden.
URS JAEGGI:	Wo liegt sie denn?
EVA JAEGGI:	In _____.
URS JAEGGI:	Ist sie günstig gelegen?
EVA JAEGGI:	Ja, stell dir vor, sie ist nur _____ entfernt.
URS JAEGGI:	Und wie groß ist die Wohnung?
EVA JAEGGI:	_____ m², und sie hat _____ Zimmer.
URS JAEGGI:	Das hört sich gut an. Wann können wir sie denn anschauen?
EVA JAEGGI:	Am _____ um _____.

GRAMMATIK

Modal Verbs

• Use of Modal Verbs •

Modal verbs express the attitude of the grammatical subject toward the action or state expressed by the main verb:

    Sie will umziehen.   *She wants to move.*

In the statement above, the modal verb **will** indicates that the grammatical subject **sie** has the intention to perform the action expressed by the main verb **umziehen**. Modal verbs express an attitude toward an action, not the action itself. So they are usually used with another verb expressing an action.

Übung

Look at the following clippings.

WENN SIE BAUEN WOLLEN...

Möbel können Geschichten erzählen

Wir alle wollen mobil bleiben.
Wir brauchen die Bahn.

Creativ Wohnen.

Machen, was man will und kann.

Analyse.

- Which modal verbs can you find?
- Which verbs express an action or state?
- In which position is the modal verb in the sentence? And the main verb?
- In what form does the modal verb appear? And the main verb?

Word Order in Sentences with Modal Verb and Infinitive

The modal verb is inflected and stands, therefore, in second position in a statement and an informational question, and in first position in a yes/no question. The main verb is in the infinitive form and stands in last position. The inflected verb and the infinitive form a sentence bracket.

Sie **müssen** mit dem Auto zur Arbeit **fahren**.
You have to drive your car to work.

Die Kinder **dürfen** überhaupt keinen Lärm **machen**.
The children are not allowed to make any noise.

Wann **wollen** sie **umziehen**?   *When do they want to move?*

Kann er mit der U-Bahn **fahren**?   *Can he take the subway?*

Modal Verbs and Their Basic Meanings

Modal Verb	Meaning	Example
dürfen	permission *may, be allowed to* *be permitted to*	Darf man hier parken? *Are you allowed to park here?* Ihr dürft nicht so laut sein. *You're not permitted to be so loud.*
können	ability *can, be able to*	Morgen kann ich nicht kommen. *I can't come tomorrow.*
	possibility *be possible*	Du kannst den Bus oder die Straßenbahn nehmen. *You can take the bus or the streetcar.*
mögen	liking, inclination, desire *like to, care to*	Sie möchte umziehen. *She would like to move.*

müssen	necessity *must, have to*	Er muß eine Stunde mit dem Zug fahren. *He has to travel an hour by train.* Du mußt das nicht sofort tun. *You don't have to do that right away.*
sollen	obligation *ought to, be supposed to*	Wer soll das tun? *Who is supposed to do that?*
	order, request from a third person *be expected to*	Kurt, du sollst deinen Chef anrufen. *Kurt, you are to call your boss.*
wollen	desire, intention *want to, intend to*	Ich will ausziehen. *I want to move out.*

• Present Tense Forms of Modal Verbs •

Like the verb **wissen**, the modal verbs follow a different pattern in the present tense singular. They have no personal endings in the first and third persons, and, except for **sollen**, they have a stem vowel change in the singular.

	dürfen	**können**	**mögen**		**müssen**	**sollen**	**wollen**
ich	darf	kann	mag[1]	möchte[2]	muß	soll	will
du	darfst	kannst	magst	möchtest	mußt	sollst	willst
er, sie, es	darf	kann	mag	möchte	muß	soll	will
wir	dürfen	können	mögen	möchten	müssen	sollen	wollen
ihr	dürft	könnt	mögt	möchtet	müßt	sollt	wollt
sie	dürfen	können	mögen	möchten	müssen	sollen	wollen

Übungen

TASK—Produce the forms of the modals.

A. Willst du nicht mitkommen? Angelika Wehner and a friend are trying to convince Stefanie to come along to the movies. Supply the correct form of the modal verb in parentheses.

ANGELIKA: Hallo, Stefanie. Wir gehen heute abend ins Kino. _____ (wollen) du nicht mitkommen?

STEFANIE: Ich weiß nicht. Ich _____ (müssen) für die Klausur lernen.

KLAUS: Du _____ (können) doch eine Pause machen.

STEFANIE: Was _____ (wollen) ihr denn anschauen?

ANGELIKA: Den neuen Film von Doris Dörrie.

STEFANIE: Den _____ (mögen) ich auch gern sehen.

ANGELIKA: Na also. _____ (sollen) wir dich abholen?

---

[1]These forms are used more often without a main verb. They express a liking or fondness for someone or something.

[2]Historically, these forms are the subjunctive forms of **mögen**. They are usually used with a main verb and are equivalent to English *would like to*. Notice the different endings in the singular.

TASK—Produce modal
verbs.

B. Ich habe eine Wohnung! Despite the housing shortage, Anke Sommer has been able to find an apartment. A friend of hers has lots of questions. Supply the correct form of the modal verb in parentheses.

*payment for built-ins that the
current renter does not want
or is not able to move.*

1. _____ (müssen) du **Abstand** bezahlen?

2. _____ (dürfen) man Haustiere haben?

3. Wann _____ (wollen) du umziehen?

4. _____ (sollen) ich dir helfen?

5. _____ (können) du zu Fuß zur Arbeit gehen?

TASK—Produce modal
verbs.

C. Ihr müßt unbedingt meine Wohnung anschauen. Anke Sommer writes a letter to her parents in Essen about her new apartment. Supply the appropriate form of the modal in parentheses.

Ihr _____ (müssen) bald nach Hamburg kommen und die Wohnung anschauen. Die Wohnung hat 60 m², gerade richtig für mich. Ich _____ (mögen) keine größere Wohnung haben. Vom Wohnzimmer aus _____ (können) man die Alster sehen. Und ich _____ (können) schon am 1. Juni einziehen. Der Vormieter _____ (wollen) keinen Abstand haben!! Stellt euch vor, ich _____ (dürfen) sogar einen Hund haben. Cordula und Eckehart _____ (wollen) mir beim Umzug helfen.

TASK—Word order, modal
and infinitive.

D. Ich muß hier raus! Karin Wagner tells you more about her living situation. Supply the correct form of the verbs in parentheses.

> **Beispiel:** Unsere Wohnung (sein) zu klein. Wir (umziehen mögen) in eine größere Wohnung.
>
> Unsere Wohnung ist zu klein. Wir möchten in eine größere Wohnung umziehen.

Wir (haben) Probleme mit unseren Nachbarn. Sie (verstehen können) kleine Kinder nicht. Sie (sagen), die Kinder, (sein) zu laut. Die Kinder (tun dürfen) überhaupt nichts. Immer (sagen müssen) ich: „Ihr (laufen dürfen) in der Wohnung nicht." Aber ich (sagen wollen) nicht immer nein. Ich (haben mögen) eine größere Altbauwohnung. Aber ich (finden können) keine Wohnung. Es (geben) nicht viele Wohnungen, und niemand (haben wollen) kleine Kinder. Die Mieten (sein) so hoch, und ich (bezahlen können) nicht soviel.

TASK—Word order with
modal + infinitive.

E. Ich will hier bleiben. Some of Günter Meister's friends can't understand why he wants to stay in the East. Supply the correct forms of the verbs to get Günter's opinion.

Beispiel: Ich (bleiben wollen) hier.
Ich will hier bleiben.

the East (*part of Germany formerly known as East Germany*)

Meine Eltern und ich (leben) in Leipzig. Wir (wohnen) zusammen in einer kleinen Drei-Zimmer-Wohnung, aber später (haben mögen) ich meine eigene Wohnung. Ich (bleiben wollen) hier im **Osten**. Viele meiner Freunde (verstehen können) das nicht. Sie (gehen wollen) nämlich in den Westen. Aber wir (gehen dürfen) nicht alle in den Westen. Man (brauchen) uns hier. Wir (helfen müssen) dem Osten. Ich (haben) Verwandte im Westen. Ich (besuchen können) sie jetzt ohne Probleme.

TASK—Personalized exercise for modal + infinitive.

F. Viel zu tun! You have a busy weekend. Choose the modal that best expresses your attitude about the following activities.

Beispiel: Ich muß für eine Klausur lernen.

	für eine Klausur lernen
	viel essen
	lange schlafen
können	Zeitung lesen
müssen	mit meinen Freunden telefonieren
sollen	ins Kino gehen
wollen	Briefe schreiben
mögen	mein Zimmer aufräumen
dürfen	Musik hören
	meine Verwandten besuchen
	in die Kirche gehen
	. . .

TASK—Personalized exercise for modal + infinitive.

G. Mein Traumhaus. Describe your dreamhouse, using modal verbs to express how it must look and what you must have in it.

Beispiel: Das Haus soll modern sein, und es muß zwei Bäder haben. Die Straße darf nicht...

• Miniwörterbuch •

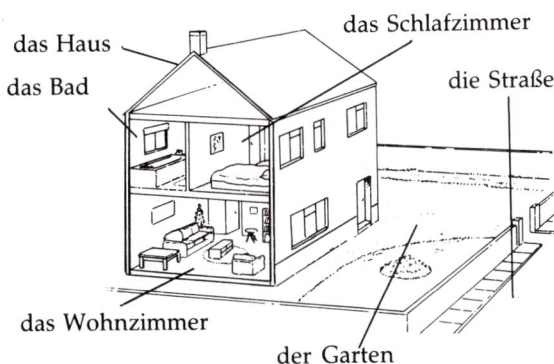

das Haus
das Bad
das Schlafzimmer
die Straße
das Wohnzimmer
der Garten

(zu) groß	(*too*) *big*
(zu) klein	(*too*) *small*
gemütlich	*cozy*
modern	*modern*
alt	*old*
bequem	*comfortable*
laut	*loud*
auf dem Land	*in the country*
in der Stadt	*in the city*

Modals Used Without an Infinitive

Modals may be used without the infinitive of the main verb if the main verb is clearly understood from the context. This is often the case with the verbs **haben, tun, machen, gehen, fahren**.

Möchtest du noch ein Bier? [haben/trinken]	*Would you like to have another beer?*
Ich muß nach Hause. [gehen/fahren]	*I must go home.*
Er kann das nicht. [tun]	*He cannot do that.*
Kommst du mit ins Kino?	*Are you coming along to the movies?*
Tut mir leid, ich kann heute nicht. [kommen]	*I'm sorry, I can't today.*

Übung

TASK—Recognize appropriate sentence completion with missing infinitive.

Modalverben ohne Infinitiv. In each of the following exchanges, the infinitive at the end of the sentences has been omitted because it is understood. What infinitives are meant? There might be more than one response.

1.

„Mußt du schon nach Hause?"

2.

„Möchten Sie Kaffee oder Tee?"

3.

„Mama!"
„Was willst du denn?"

4.

„Warum parkst du nicht hier?"
„Hier darf man nicht."

Prepositions

Prepositions form phrases with nouns or pronouns that express relationships between elements in a sentence.

Sie wohnen **in der Stadtmitte**.	*They live downtown.*
Oft gibt es Probleme **mit den Nachbarn**.	*Often there are problems with the neighbors.*

• Use of Prepositions •

The use of prepositions is one of the most idiomatic aspects of a language. The use of prepositions in German does not always correspond to their use in English. For example, the sentences below show five ways of expressing the English preposition *to* in German

Sie geht **zur Arbeit**.   *She goes to work.*
Karin geht **auf den Markt.** *Karin goes to the open-air market.*
Maria Meister geht **ins Theater.** *Maria Meister goes to the theater.*
Kurt and Luise fahren   *Kurt and Luise are driving*
   nach München.   *to Munich.*
Wir fahren **ans Meer.**   *We are going to the sea.*

• Prepositions and Case •

In German the noun or pronoun following a preposition has to be in a specific case. Some prepositions require the dative, others the accusative or the genitive case.

Übung

Auswege
aus der
Klima-
katastrophe

Präpositionen.

BRAUNKOHLE
Zukunftsenergie
aus der Mitte Europas.

**Die Liebe
zu einer Stadt**

━━━ Immobilien ━━━
Wohnsitz für die Oma

ERSTE ADRESSE
FÜR DEN ADRESSENWECHSEL

Analyse.

- Find the prepositions in the clippings.
- In what case do the nouns or pronouns following the prepositions appear?

Prepositions with the Accusative Case

The following prepositions always take the accusative case:

durch *through* Wir müssen **durch die Stadt** fahren.
                 We have to go through town.
für   *for*   Was mußt du **für den Stellplatz** bezahlen?
                 What do you have to pay for off-street parking?
gegen *against* Was hast du **gegen deine Nachbarn?**
                 What do you have against your neighbors?
ohne   *without* Die Wohnung ist **ohne Komfort.**
                 The apartment is without amenities.
um   *around*   Komm, gehen wir **um den See!**
                 Come on, let's go around the lake!
       at   Sie können die Wohnung **um fünf Uhr**
                   besichtigen.
                 You can view the apartment at five o'clock.

Übungen

TASK—Produce phrases after accusative prepositions.

A. Kurzdialoge. Supply the appropriate form of the words in parentheses.

OSMAN: Komm, laufen wir um _____ (der Kuhsee).
PETER: Laufen wir doch lieber durch _____ (der Park).

MARIA MEISTER: Das ist für _____ (du), und das ist für _____ (die Kinder).
KARIN: Für _____ (ich)? Das ist wirklich lieb, Oma. Danke. Julian, Thomas, schaut mal, was Oma für _____ (ihr) hat.

ANGELIKA: Stefanie, komm doch mit. Ohne _____ (du) macht es keinen Spaß.
STEFANIE: Ihr müßt ohne _____ (ich) gehen. Ich muß für _____ (die Klausur) morgen lernen.

ALICE POTZ: Warum wollt ihr denn umziehen? Ist die Wohnung zu laut für _____ (ihr)?
ANDREAS POTZ: Gegen _____ (der Lärm) haben wir nichts. Aber die Wohnung ist zu klein für _____ (wir).

TASK—Personalized exercise with accusative prepositions.

B. Ihre Meinung! How do you feel about the following issues? Combine the elements on the left with the issues on the right to express your opinion.

Beispiel: Ich bin für Recycling.

das Waldsterben
das Militär
Ich bin für/gegen... die Umweltverschmutzung
Ich demonstriere für/gegen... Konservierungsmittel
Ich kämpfe für/gegen... Hormone im Fleisch
Pestizide
Tempo 100
Recycling
Atomkraftwerke
der Hunger in der Welt
...

Prepositions with the Dative Case

The following prepositions always take the dative:

aus	*out of*	Heute gehen wir nicht **aus dem Haus**.
		We're not going out (of the house) today.
	from	Sie kommt **aus Hamburg**.
		She comes from Hamburg.
außer	*except for*	Alle **außer Sabine** waren hier.
		Except for Sabine, everyone was here.
	besides,	**Außer mir** war auch noch Karin da.
	in addition to	*In addition to me, Karin was there too.*
bei	*at*	Er ist **bei seinem Freund.**
		He is at his friend's place.
	with	Peter wohnt **bei seinen Eltern**.
		Peter lives with his parents.

mit	*with, by*	Er kann **mit der U-Bahn** fahren.
		He can travel by subway.
nach	*after*	Treffen wir uns **nach der Arbeit**?
		Are we meeting after work?
	to	Peter fährt **nach Italien**.
		Peter is traveling to Italy.
seit	*since* (temporal)	Ich bin **seit Januar** in der neuen Wohnung.
		I've been in the new apartment since January.
	for	Sie wohnen **seit einem Jahr** in Kreuzberg.
		They've lived in Kreuzberg for one year.
von	*of*	Das Reihenhaus **von Luise und Kurt Meister** liegt am Stadtrand.
		The rowhouse of Kurt and Luise Meister is on the outskirts of town.
	from	Er kommt spät **von der Arbeit** nach Hause.
		He's coming home late from work.
zu	*to*	Sie fährt **zu ihren Eltern**.
		She's going to her parents.

The following contractions of prepositions with a definite article are commonly used:

zum-zu dem	Ich gehe **zum** Bäcker.
	I'm going to the baker's.
zur-zu der	Er fährt **zur** Arbeit.
	He's going to work.
vom-von dem	Ich komme gerade **vom** Bäcker.
	I'm just coming from the baker's.
beim-bei dem	Er ist **beim** Bäcker.
	He's at the baker's.

Übungen

TASK—Produce noun phrases with dative prepositions.

A. Woher kommen sie? Indicate where the students come from. Note that countries with neuter gender do not have an article.

Beispiel: Tanja kommt aus der Sowjetunion.

Greta	die Sowjetunion
François	der Iran
Mohammed	die USA
Imelda	die Schweiz
Tanja	Frankreich
John	Schweden
Beat	die Philippinen (pl)

TASK—Produce noun phrases with dative prepositions.

B. Kurzdialoge. Students at the University of Vienna are talking about their living arrangements. Supply the correct form of the words in parentheses.

INGE: Woher kommst du denn, Terry?

TERRY: Aus _____ (die USA). Aber ich wohne schon seit _____ (drei Jahre) hier in Wien.

INGE: Wo wohnst du denn?

TERRY: Ich wohne mit _____ (drei Freunde) in einer Altbauwohnung. Und du?

INGE: Ich wohne noch bei _____ (meine Eltern).

LISBETH: Ich möchte aus _____ (die Wohngemeinschaft) ausziehen. Ich habe zu viele Probleme mit _____ (meine Mitbewohner). Bist du mit _____ (deine Wohnsituation) zufrieden?

renting a room in a private residence

STEFFI: Ich wohne zu _____ (die **Untermiete**). Außer _____ (ich) wohnen noch drei andere Studenten in dem Haus. Das ist auch nicht ideal.

ANTON: Hast du nach _____ (das Seminar) Zeit?

KARL: Ja. Wo sollen wir denn lernen?

ANTON: Bei _____ (ich) zu Hause ist es ruhig.

KARL: Wo wohnst du denn?

ANTON: Nicht weit von _____ (die Bibliothek).

TASK—Produce meanings when verbs are omitted.

C. **Klatsch am Sonntagmorgen.** Below is a poem by Horst Bienek. Apply what you've learned about prepositions and the cases they take. Can you figure out who's talking about whom in the poem? There are no verbs in this poem. Which verbs do you think are implied?

gossip

Klatsch am
Sonntagmorgen Horst Bienek (1930–1990)

arrested
pamphlets

recognized

Wer mit wem?
Wir mit ihr?
Die mit dem!
Sie mit dir!
Der mit der?
(Am Klavier)
(Ohne Gewähr)
Du mit ihm!
Sie und er?
Sie mit him!
Der und er??
Ich und du?
Wer ist wer?
Who is who?

Horst Bienek, geboren 1930 in Schlesien, arbeitete nach einem Zeitungsvoluntariat kurz als Dramaturg bei Bertolt Brecht in Berlin. 1951 wurde er **verhaftet**. Er hatte in Berlin **Flugblätter** gegen die stalinistische Kulturpolitik verteilt. Nach vier Jahren in Sibirien kam Bienek in die Bundesrepublik. **Bekannt** wurde er als Autor von Romanen über seine schlesische Heimat. 1990 starb Horst Bienek in München.

German Information Center

LESEN

A. **Wohnen—privat oder im Wohnheim.** The following text is an excerpt from an information sheet published by the Studentenwerk Berlin (*student union*). It informs students about the housing situation in Berlin. The syntax of this piece is difficult. Before you read it, scan for the specific information asked in the *Textarbeit*.

steigende–*increasing*
knappen–*tight*
bewerben–*compete*
Bevölkerungsschichten–
population segments
niedrigem–*low*
bemüht–*strives*
zusätzlichen–*supplementary*
absehbar–*foreseeable*
entscheidend–*decisively*

u.U.-unter Umständen–
perhaps

affect

Steigende Studentenzahlen sind einer der Gründe, die zu einem sehr **knappen** Wohnungs-Angebot geführt haben. Für die wenigen angebotenen Wohnungen werden hohe Mieten verlangt, trotzdem **bewerben sich** Dutzende von Interessenten um jede Wohnung. Studentinnen und Studenten haben es in dieser Situtation wie andere **Bevölkerungsschichten** mit relativ **niedrigem** Einkommen besonders schwer. Das Studentenwerk Berlin **bemüht** sich deshalb intensiv um **zusätzlichen** Wohnraum. Einige Neubauprojekte können in der nächsten Zeit begonnen werden. Das Studentenwerk versucht auch, vorhandene Altbauten zu übernehmen. Trotzdem ist nicht **absehbar**, daß sich die Wohnsituation in den nächsten Jahren **entscheidend** verbessern wird.

Wir raten deshalb allen wohnungssuchenden Studentinnen und Studenten:

- Beginnen Sie so früh wie möglich mit der Wohnungssuche!

- Nutzen Sie alle Möglichkeiten auch außerhalb des Studentenwerks (Anzeigen, Schwarze Bretter, Anfragen bei Wohnungsbaugesellschaften, Umhören bei Kommilitonen und im Bekanntenkreis, **u.U.** auch Makler)!

- Nehmen Sie—vor allem zu Semesterbeginn, wenn der Andrang besonders groß ist—auch eine unattraktive Wohnung und suchen dann mit etwas mehr Ruhe weiter!

- Rechnen Sie damit, zumindest vorübergehend eine Miete von 300 oder gar 400 Mark zahlen zu müssen!

• Textarbeit •

1. **Die Wohnsituation in Berlin.** Suchen Sie folgende Informationen im Text.

   a. Nennen Sie einen Grund, warum es in Berlin zu wenige Wohnungen gibt.

   b. Warum kosten die Wohnungen soviel?

   c. Wen **trifft** die Wohnungsnot besonders schwer?

   d. Wie versucht das Studentenwerk Berlin, den Studenten zu helfen?

   e. Glaubt das Studentenwerk, daß die Wohnsituation in den nächsten Jahren besser wird?

2. **Tips für Studenten.** Welche Tips gibt das Studentenwerk für die Wohnungssuche?

   a. Wann sollen die Studenten mit der Wohnungssuche beginnen?

   b. Wo und wie sollen sie eine Wohnung suchen?

   c. Was sollen die Studenten am Semesteranfang tun?

   d. Wieviel kann ein Zimmer in Berlin kosten?

3. **Meinung. Finden Sie die Miete für ein Zimmer in Berlin teuer?** Wieviel kostet ein Zimmer in Ihrer Stadt?

B. **Keller frei.** This is a shortened version of an article which appeared in the weekly *Die Zeit*. Recently, the number of people looking for apartments has increased. Many landlords have exploited this situation by overcharging for what they are offering. Lower-income groups are particularly hard hit. When reading the text, concentrate on the two different viewpoints, that of the landlord and that of the prospective renter.

Mietwucher–*exorbitant rents*

Erdgeschoß–*first floor/ground floor*

Sanitär–*Toilette*
Gewerbegebiet–*commercial district*

warm–*heated*

Ein Fall von **Mietwucher**

Keller frei

Von Ingrid Eißele

Herr M. hat eine Einzimmerwohnung zu vermieten. „Zwölf Quadratmeter, Dusche, Heizung, **Sanitär**, im **Gewerbegebiet**", zählt er am Telefon auf. Was für eine Miete er sich denn vorstellt? Herr M. weiß es noch nicht genau, aber über 300 Mark bestimmt, „bis 350 Mark. Es ist immerhin möbliert", antwortet Herr M. etwas pikiert auf die Frage, ob zwanzig Mark pro Quadratmeter nicht etwas viel sind.

Besichtigungstermin in Beinstein, Gewerbegebiet. Herr M. öffnet persönlich—ein Mann um die Siebzig. Die Wohnung soll im **Erdgeschoß** liegen, doch dann führt der Vermieter in den Keller. Im hinteren Teil des Heizungskellers sind die Toilette und die Dusche. Hier will der Hausherr vielleicht noch eine Kochgelegenheit unterbringen. Ob dieser Dusch-, Toiletten- und Kochraum dann nur für mich wäre? „Aber nein", sagt Herr M., „das ist für alle Mieter hier unten."

„Zwei Zimmer", sagt Herr M., „sind schon vermietet." Das freie Zimmer ist das kleinste. Die Möbel sehen wacklig und alt aus, wie vom Sperrmüll. Durch das kleine Kellerfenster fällt trübes Licht. Herr M. weiß noch nicht genau, welche Miete er für das Zimmer haben will. „300 bis 350 Mark **warm**." Und zwei Monatsmieten Kaution. Ende nächster Woche soll alles fertig sein. Dann können Herrn M.'s Mieter einziehen.

• Textarbeit •

opinions

1. **Verschiedene** *Ansichten*. The landlord described the apartment on the telephone. What did the person looking for an apartment see?

Vermieter	Wohnungssuchende
a. Einzimmerwohnung	a. _____
b. mit eigener Dusche, Toilette	b. _____
c. im Erdgeschoß	c. _____
d. möbliert	d. _____

2. **Kosten.** Wieviel soll die „Wohnung" kosten?

   a. Miete?   b. Kaution?

3. **Meinung.** Würden Sie die „Wohnung" mieten? Warum? Warum nicht?

SCHREIBEN

A. Mietwucher. In this chapter you've heard quite a bit about the shortage of apartments in Germany. Write an appropriate speech bubble or caption for these cartoons.

JA SOZUSAGEN EINE NEUBAU- WOHNUNG MIT SCHÖNER HOLZ VERTAFELUNG NEIN - NEIN !!! KEINE SCHRÄGEN WÄNDE, DIE WOHNUNG LIEGT PARTERRE

Hamburger Rundschau

„... und für die Raumverteilung, die Wände und das Sauerstoffvolumen erlaube ich mir, 10 000 Mark Abstand zu berechnen"

B. Meine Wohnsituation. Wo wohnen Sie? Wohnen Sie allein oder in einer WG? Sind Sie zufrieden oder unzufrieden? Müssen Sie viel oder relativ wenig für die Miete bezahlen? Ist es laut oder ruhig? Write a short essay about your housing situation.

KULTUR

Was Häuser und Wohnungen kosten

Analyse.

Provide students with the current exchange rate.

- Look at the table on page 136. What does a condominium cost? What are the prices of a single family dwelling in Augsburg, München, Hamburg, and Berlin? Where is real estate most expensive? Least expensive?
- Compare the costs with those in the city where you live. Where is real estate more expensive?
- Why do you think real estate in Germany is so expensive? Think about these factors: geography, population, size of cities, and look at the photograph of a house under construction on p. 137.

Stadt	Grundstückspreise für Ein- und Zwei- familienhäuser	Preise für Eigentums- wohnungen	Preise für Eigenheime
	gut DM/qm	gut DM/qm	gut in 1000 DM
Augsburg	500	3100	680
Baden-Baden	450	5000	900
Berlin	770	4050	900
Bielefeld	260	3000	475
Bochum	300	2500	570
Bonn	500	3500	550
Bremen	200	2400	420
Dortmund	280	2600	580
Düsseldorf	475	4750	850
Duisburg	340	2800	525
Essen	400	2750	600
Flensburg	180	2200	400
Frankfurt	650	4000	900
Gießen	300	3200	500
Hamburg	350	3500	550
Hamm	170	2000	390
Hannover	270	2200	380
Heidelberg	800	4000	845
Kaiserslautern	150	2100	400
Kassel	250	3500	500
Köln	470	3200	550
Konstanz	625	4300	770
Leverkusen	320	2950	450
Lingen/Ems	140	2200	300
Lübeck	200	2500	375
Lüneburg	110	2950	370
Mainz	500	3200	700
Mannheim	450	2800	625
München	1090	4780	1056
Münster	320	3000	530
Nürnberg	540	3500	730
Osnabrück	280	2300	420
Regensburg	395	3500	595
Remscheid	260	2400	450
Saarbrücken	275	2100	440
Salzgitter	130	1400	350
Stuttgart	1000	3300	975
Trier	140	2000	400
Tübingen	600	4200	900
Wiesbaden	700	4500	750
Wilhelmshaven	115	1700	290
Wolfsburg	120	2000	500
Würzburg	350	3500	550

German Information Center

Wohnanlage—Rohbau

Meinung.

- Would you like to be a homeowner someday? Why or why not?
- Do you think you will be able to afford to buy a house?
- Do you think that people your age in Germany will be able to own their own home?

Kreis 2

Das Reihenhaus von Kurt und Luise Meister

Lesehilfen

• Globalstrategien •

Was erwarten Sie?

An illustration is a visual text. Look at the title and skim the illustrations. What do you think the text will be about?

Das wissen Sie schon!

You are familiar with a floor plan for a house or an apartment. What kind of information is usually included in floor plans?

• Detailstrategien •

Kultur im Kontext

The conventions for labeling floors in Germany are different from North America. The ground floor is called **Erdgeschoß** (or **Parterre**). The floor above the **Erdgeschoß** is called **1. Stock** (or **1. Obergeschoß**), the floor above this, **2. Stock** (or **2. Obergeschoß**), and so on.

• Textvorschau •

Die Illustrationen zeigen das Reihenhaus von Kurt und Luise Meister. Es ist ziemlich typisch für ein deutsches Reihenhaus. Wie wohnen Ihre Freunde und Verwandten? Welche Gemeinsamkeiten sehen Sie? Welche Unterschiede?

Das Reihenhaus von Kurt und Luise Meister

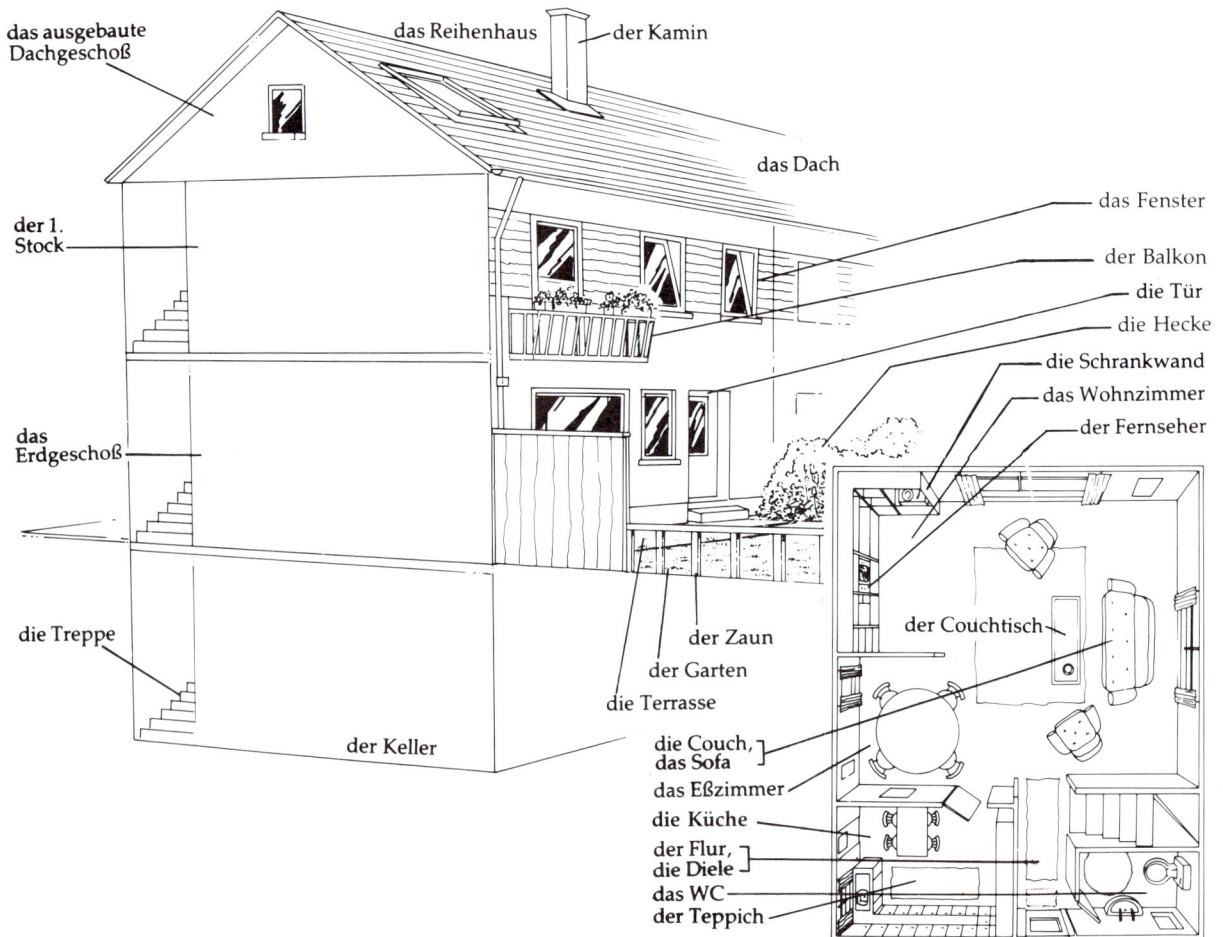

das ausgebaute Dachgeschoß
das Reihenhaus — der Kamin
das Dach
das Fenster
der Balkon
die Tür
die Hecke
die Schrankwand
das Wohnzimmer
der Fernseher
der 1. Stock
das Erdgeschoß
der Couchtisch
die Treppe
der Zaun
der Garten
die Terrasse
die Couch, das Sofa
das Eßzimmer
die Küche
der Flur, die Diele
das WC
der Teppich
der Keller

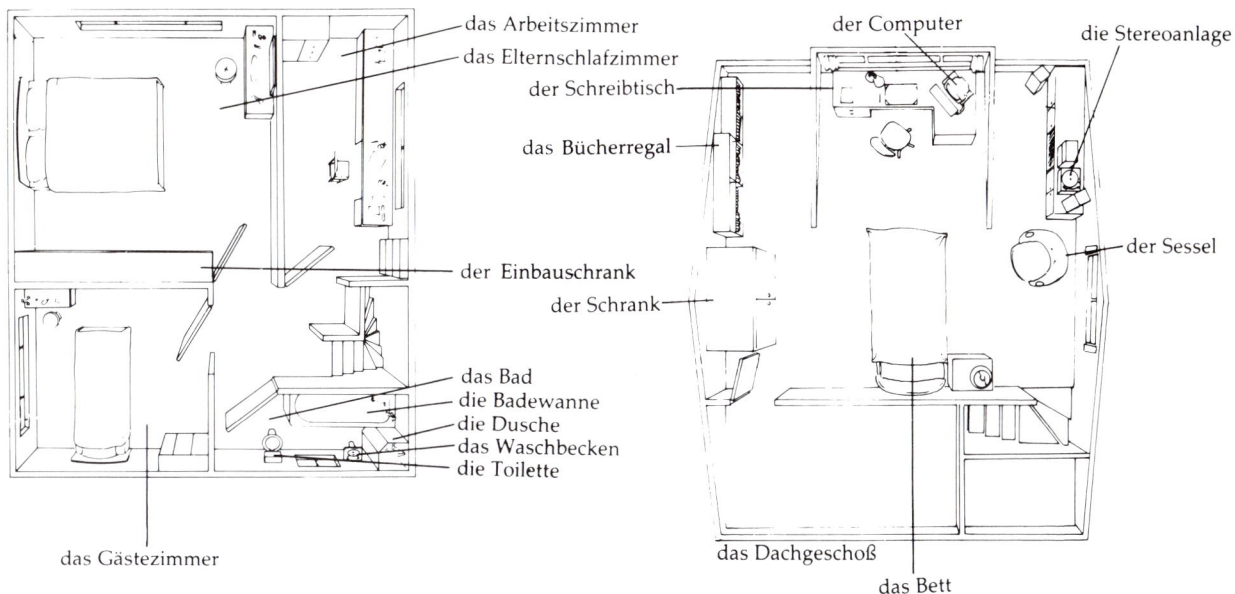

das Arbeitszimmer
das Elternschlafzimmer
der Schreibtisch
das Bücherregal
der Einbauschrank
der Schrank
das Bad
die Badewanne
die Dusche
das Waschbecken
die Toilette
das Gästezimmer

der Computer
die Stereoanlage
der Sessel
das Dachgeschoß
das Bett

• Textarbeit •

1. Welches Wort paßt nicht? Which item doesn't go along with the others? Why not?

> **Beispiel:** Balkon, Garten, Zaun, Hecke, Toilette
> Toilette: sie ist im Haus

a. Bett, Schrank, Schreibtisch, Toilette, Bücherregal

b. Schrankwand, Couch, Treppe, Couchtisch, Fernseher

c. Tür, Fenster, Balkon, Terrasse, Schrank

d. WC, Wohnzimmer, Elternschlafzimmer, Küche, Dach

e. Dachgeschoß, Wohnzimmer, Erdgeschoß, Keller, 1. Stock

2. Analyse.

- Schauen Sie sich die Illustrationen genau an. Fehlt etwas, was man in amerikanischen Häusern oder Wohnungen findet?
- Schauen Sie sich die Möbel an. Welche Möbelstücke findet man in amerikanischen Wohnungen oder Häusern normalerweise nicht?

HÖREN

A. Bernd Dietz sucht ein Zimmer. Listen to Bernd Dietz trying to find a room as he calls various people. Concentrate on where he says he found the ad, whether the room is still available, and what the outcome of the conversation is.

• Textarbeit •

Ist das Zimmer noch zu haben? Füllen Sie die Tabelle aus.

	1. Anruf	2. Anruf	3. Anruf
Woher weiß Bernd von dem Zimmer? Ist das Zimmer noch zu haben? Wenn ja, wofür entscheidet er sich?			

B. Ich brauche eine Bude. Eva and Gisela, two students at the **Freie Universität** in Berlin discuss their living arrangements. Focus on each woman's situation.

• Textarbeit •

Wie sieht die Wohnsituation der beiden Studentinnen aus? Füllen Sie die Tabelle aus.

	Eva	Gisela
Wo wohnen sie? Was empfinden sie als positiv? Was als negativ? Sind sie mit ihrer jetzigen Situation zufrieden?		

GRAMMATIK

Prepositions with Dative or Accusative Case

A group of prepositions expressing spatial relationships can take either the accusative or the dative.

Accusative: wohin? *where(to)?* When the verb signals a movement with a destination or direction, these dative/accusative prepositions take the accusative case:

Wir fahren in die Stadt.   *We are driving downtown.*

Dative: wo? *where?* The dative/accusative prepositions are used with the dative under either of two conditions:

1. the verb expresses location or position:

Wir wohnen in der Stadt.   *We live downtown.*

2. the verb indicates movement *within* a restricted area without destination or direction:

Wir gehen in der Stadt spazieren.   *We're taking a walk downtown.*

The table below lists the dative/accusative prepositions and some of their most common meanings.

Direction	Location
an	
to, toward	*at*
Er geht an die Tür.	Jemand ist an der Tür.
He goes to the door.	*Someone is at the door.*

Direction	**Location**

auf

on, onto
Stell die Lampe auf den Tisch!
Put the lamp on the table!

on, on top of
Die Lampe ist auf dem Tisch.
The lamp is on the table.

hinter

behind
Sie stellt die Lampe hinter den Sessel.
She puts the lamp behind the armchair.

behind
Die Lampe steht hinter dem Sessel.
The lamp is behind the airmchair.

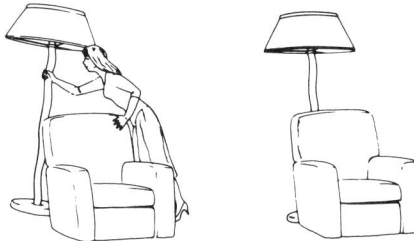

in

in, into
Er geht in die Küche.
He is going into the kitchen.

in
Er arbeitet in der Küche.
He is working in the kitchen.

neben

next to, beside
Sie stellt den Tisch neben das Sofa.
She is putting the table next to the sofa.

next to, beside
Der Tisch steht neben dem Sofa.
The table is next to the sofa.

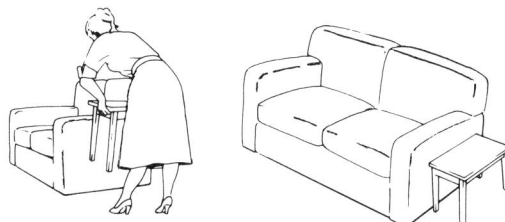

über

over, across

Sie hängt das Bild über das Sofa.
She is hanging the picture over the sofa.

above

Das Bild hängt über dem Sofa.
The picture is hanging over the sofa.

unter

under
Er stellt die Schuhe unter das Bett.
He is putting the shoes under the bed.

under
Die Schuhe sind unter dem Bett.
The shoes are under the bed.

vor

in front of
Sie stellt die Mülltonne vor das Haus.
*She's putting the garbage can in front
    of the house.*

in front of
Die Mülltonne steht vor dem Haus.
*The garbage can is (standing) in front
    of the house.*

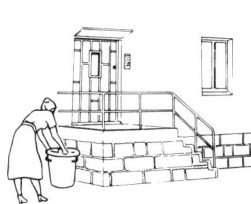

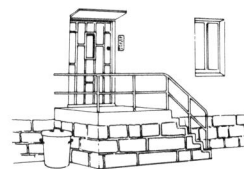

zwischen

between
Sie stellen das Bücherregal zwischen
    die Fenster.
*They are putting the bookcase between
    the windows.*

between
Das Bücherregal steht zwischen
    den Fenstern.
The bookcase is between the windows.

The following contractions of prepositions and definite article are commonly used:

ins-in das	Sie geht ins Bad.
	She is going into the bathroom.
im-in dem	Wir wohnen im Erdgeschoß.
	We live on the ground floor.
ans-an das	Er geht ans Fenster.
	He is going to the window.
am-an dem	Er steht am Fenster.
	He is standing at the window.

Übungen

TASK – Recognize dative / accusative case with dative / accusative prepositions.

A. Bild und Unterschrift. Match the pictures and the captions.

1.

    a. Sie wohnen im siebten Stock.

2.

    b. Sie geht in den Keller.

3.

    c. Sie ist im Keller.

4.

    d. Sie hängt die Wäsche an die Leine.

5.

    e. Die Wäsche hängt an der Leine.

6.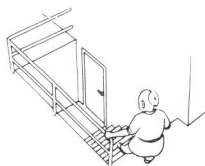

    f. Sie gehen im Wald spazieren.

7.

g. Sie gehen in den Wald spazieren.

8.

h. Er legt den Mantel auf den Stuhl.

9.

i. Sein Mantel liegt auf dem Stuhl.

TASK—Recognize dative / accusative case with dative / accusative prepositions.

B. Dativ oder Akkusativ? Look at the clippings below. What is the case of the noun or pronoun following the preposition? Can you give an explanation?

In 6 Wochen können Sie einziehen!

WOHNEN AM VIKTUALIENMARKT.

Wann kommen Sie ins Land der . . .

Lederpolstermöbel?

München, Frankfurter Ring 81, 8000 München 40, Telefon 35 50 38

TASK—Produce dative, verb indicating location.

C. Wo ist mein Regenschirm? Beat Knecht can't find his umbrella. His wife tells him where he might find it. Supply the correct form of the words in parentheses, and make the necessary contractions.

> **Beispiel:** Ist er nicht in _____ (die Diele)?
> Ist er nicht in der Diele?

1. Steht er hinter _____ (die Tür)?

2. Vielleicht steckt er in _____ (der Schrank).

3. Oder unter _____ (das Sofa)?

4. Hängt er zwischen _____ (die Mäntel)?

5. Liegt er vielleicht auf _____ (der Balkon)?

6. Da schau, er ist neben _____ (das Bücherregal).

TASK—Produce accusative, verb indicating motion.

D. Wohin damit? Anke Sommer is moving into her new apartment. She tells the movers where to put the furniture. Supply the correct form of the words in parentheses.

1. Stellen Sie das Sofa in _____ (das Wohnzimmer)!

2. Stellen Sie den Tisch hinter _____ (das Sofa)!

3. Der Karton hier kommt in _____ (die Küche).

4. Stellen Sie das Bücherregal zwischen _____ (das Fenster und die Tür)!

5. Stellen Sie die Pflanze neben _____ (der Schrank)!

6. Stellen Sie den Karton auf _____ (der Küchentisch)!

belongs

7. Das Telefon **gehört** neben _____ (das Bett)

8. Hängen Sie die Jacke über _____ (der Stuhl)!

9. Stellen Sie das Hundefutter unter _____ (das Spülbecken)!

10. Legen Sie die Rechnung auf _____ (der Kühlschrank)!

TASK—Produce dative, verb indicating place.

E. Da war ich schon. Alice Potz doesn't feel like doing anything her brother suggests. Assume her role and answer that you have already been there.

> **Beispiel:** Gehst du mit ins Kino?
> Im Kino war ich schon.

the farmer's market in München

1. Kommst du mit auf den **Viktualienmarkt**?

2. Fährst du mit in die Stadt?

Lake in Bavaria, south of Munich

3. Fährst du mit an den **Starnberger See**?

4. Gehst du mit ins Restaurant?

5. Geh doch wenigstens vor die Tür!

6. Dann komm doch auf den Balkon!

TASK—Produce prepositions.

F. Beschreiben Sie Peters Zimmer! Peter's room is rather cluttered. Look at the picture and use prepositions to describe his room.

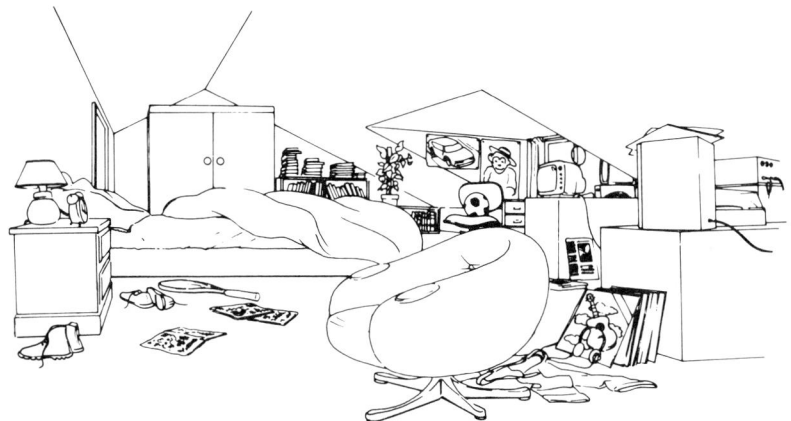

Beispiel: Der Tennisschläger ist unter dem Bett.

TASK—Dative, accusative
and dative / accusative
prepositions.

G. Wir wohnen gern hier. Frau Meister erzählt, warum sie mit ihrer Wohnsituation zufrieden ist. Supply the appropriate form of the words in parentheses, and make the appropriate contractions.

Wir wohnen in ____ (ein Reihenhaus) an ____ (der Stadtrand) von Augsburg. Es liegt in ____ (der Westen) von Augsburg. Wir wohnen gern dort. Der Wald ist ganz in ____ (die Nähe). Nach ____ (die Arbeit) gehen wir oft in ____ (der Wald) spazieren. Leider ist die Busverbindung in ____ (das Stadtzentrum) ziemlich ungünstig. Deshalb fahren wir mit ____ (das Auto) zu ____ (die Arbeit). Oft bleiben wir in ____ (der Stau) stecken. Aber ich möchte nicht in ____ (die Stadt) wohnen.

TASK—Dative, accusative,
dative / accusative prepositions.

H. Mir gefällt's in Lausanne. Nadine Walliser erzählt, warum es ihr in Lausanne so gut gefällt. Supply the correct form of the words in parentheses and make the appropriate contractions.

Seit ____ (das Wintersemester) studiere ich an ____ (die Universität) Lausanne. Ich wohne in ____ (das Studentenwohnheim). Mir gefällt es hier ganz ausgezeichnet. Lausanne liegt an ____ (der Genfer See). Ich gehe oft mit ____ (meine Freunde) an ____ (der See). Wir setzen uns in ____ (ein Café) an ____ (der See) und sprechen miteinander. Wir fahren auch oft in ____ (die Alpen). In ____ (die Alpen) kann man herrlich Ski laufen oder spazierengehen.

Stehen/stellen, liegen/legen

The verbs **stehen** (to stand) and **liegen** (to lie) denote location. Therefore, a dative/accusative preposition following these verbs takes the dative:

Der Stuhl steht vor dem Schreibtisch.	*The chair is (standing) in front of the desk.*
Die Schlüssel liegen auf dem Tisch.	*The keys are lying on the table.*

Stellen (to put) and **legen** (to put, to lay) denote motion, and if dative/accusative prepositions are following these verbs they take the accusative:

Er stellt den Stuhl vor den Schreibtisch.	*He is putting the chair in front of the desk.*
Sie legt die Schlüssel auf den Tisch	*She is putting the keys on the table.*

Notice that **stellen** and **stehen** are used for objects stood up or standing in a vertical position, whereas **legen** and **liegen** are used for objects laid down or lying in a horizontal position.

Er stellt das Buch auf das Bücherregal.	*He puts the book on the bookshelf.*

Das Buch steht auf dem Bücherregal.	*The book is (standing) on the shelf.*

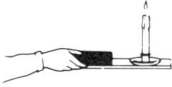

Er legt das Buch auf das Bücherregal.   *He puts the book on the bookshelf.*

Das Buch liegt auf dem Bücherregal.   *The book is (lying) on the bookshelf.*

Übungen

TASK—Location or destination.

A. Kurzdialoge. Cordula und Eckehart Koopmann are helping their friend Anke Sommer move in. Supply the correct form of the words in parentheses. Focus on the verb to decide whether the meaning involves location or destination

CORDULA: Soll ich das Bild über _____ (das Sofa) hängen?
ANKE: Nein, du kannst es auf _____ (der Tisch) da legen.

ECKEHART: Weißt du, wo die Stehlampe ist?
CORDULA: Steht sie nicht dort hinter_____ (die Tür)?
ANKE: Kannst du sie bitte neben _____ (das Sofa) stellen?

ANKE: Weißt du, wo mein Mantel ist?
CORDULA: Er liegt auf _____ (das Bett). Soll ich ihn in _____ (der Schrank) hängen?
ANKE: Nein, kannst du ihn bitte auf _____ (der Stuhl) hier legen?

TASK—Destination or location.

B. Einziehen. Eckehart needs to ask where certain things are, and where others belong. Answer for Anke, using the cues.

Beispiel: Wohin kommt der Sessel?—in/das Wohnzimmer
Ins Wohnzimmer

1. Wo ist der Computer? —in/die Diele
2. Wohin soll ich das Bücherregal stellen? —neben/das Sofa
3. Wohin gehört dieser Karton? —unter/das Bett
4. Wohin soll ich den Fernseher stellen? —auf/der Boden
5. Wo ist der Staubsauger? —noch in/das Auto

C. Wie richten Sie Ihr Zimmer ein? You've just moved into your apartment. How will you arrange your belongings? Follow the model.

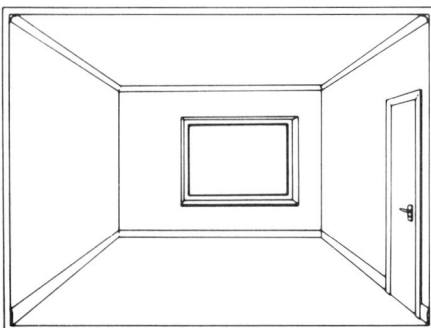

Beispiel: Den Teppich lege ich vor das Bett.
I'll put the rug in front of the bed.

LESEN

A. Vermietungen. Scan the for-rent ads from the *Süddeutsche Zeitung* for the following information: size, number of rooms, rent, heat, damage deposit, money for built-ins, furnished or unfurnished, garage.

a.
Nähe Maximillanstr.
attraktive Stadtwohnung,
ca. 125 m², 3 Zi., 4. OG,
komplett einger. Küche,
renoviert, Bezug 1/90,
Miete DM 2.995,- + NK

**Jones Lang
Wootton GmbH
089 · 2 9 0 0 8 8 0**

b.
2-Zimmer-City-Luxus-Dachterrassen-
Whg. Neubau, ca. 85 m², Kü.,
Diele, Bad, sep. Dusche,
frei, mtl. 3000.- + NK
Forum GmbH Immobilien,
Ottostr. 5, München 2,
59 41 61

c.
3-Zi-Whg., Alt-Bogenhausen
120 m², Bestlage. Süd- u. Westbalk., abso-
lut ruhig, Lift, Ablöse f. neuw., weiße Ein-
baukü. 20000.- zum 1.2., DM 1800:-+ NK
Kt. Prov. Müller Immobilien, 98 98 21

d.
Gutgeschnittene 3-Zi.-Wohnung
Bogenhausen. 80 m² Wfl., komplett
eingerichtete Küche, helles Bad.
sep. WC. DM 1390.- inkl, abschließ-
barem TG-Stellpl., zzgl. NK
Küpper Imm. GmbH 1 50 47 64

e.
Hochwertig möblierte großz.,
sonn. Zwei-Zi-Terr.-Whg., 78
m², freier Blick, sof. bzw. Olymp. Dorf.
DM 2600,- inkl. Gge., zzgl. NK.
Immob. Meizat 4 30 33 27

• Miniwörterbuch •

Abstand/Ablöse	Für Einbauten (z.B. Küchenschränke, Teppich) muß der neue Mieter dem alten Mieter eine bestimmte Summe bezahlen.
Kü	Küche
Kt	Kaution
NK	Nebenkosten (Heizung, Strom, Wasser, Müllabfuhr, etc.)
OG	Obergeschoß
Whg	Wohnung
Zi	Zimmer
TG/Gge	Tiefgarage/Garage

• Textarbeit •

1. Information. Füllen Sie die Tabelle aus. If the information requested is not included in the ad, enter a "?" in the table.

Wohnung	A	B	C	D	E
Größe (m²)					
Anzahl der Zimmer					
Miete (kalt, warm)					
Nebenkosten					
Kaution					
Abstand/Ablöse					
möbliert/leer					

2. Analyse. Vergleichen Sie die Wohnungsangebote.

    a. Welche der Wohnungen ist am größten, welche am kleinsten?

    b. Welche ist am billigsten, welche am teuersten?

    c. Für welche der Wohnungen würden Sie sich entscheiden? Warum?

Sprechen

Rollenspiel: Mieter und Vermieter. Working in groups of four to five, play out the following situation. One of you will assume the role of a landlord/landlady interviewing prospects for a room to be rented. Here are some possible questions:

- Haben Sie oft Freunde zu Besuch?
- Rauchen Sie?
- Hören Sie oft Musik?
- Welche Musik mögen Sie?
- Haben Sie einen Job?
- Haben Sie ein Haustier?
- Bekommen Sie viele Telefonanrufe?

After all the prospects have been interviewed, the landlord/landlady must indicate his/her choice for the room.

B. Humaner wohnen. The cartoon on page 151 by Fritz Wolf pokes fun at some idiosyncrasies that have to do with furnishing one's home and then not wanting to disturb the new furnishings. Look at each picture and caption separately and try to figure out what the issue is. Do you think this cartoon is funny?

• Textarbeit •

1. Humaner wohnen? Sehen Sie die Bilder und die Unterschriften an.

	Welche Situation beschreibt das Bild?	**Worüber macht sich Fritz Wolf lustig?**
1. Bild	Der Mann darf ein Kissen nicht benutzen.	Viele Einrichtungsgegenstände sind nur Dekoration, keine Gebrauchsgegenstände.
2. Bild	. . .	

2. Analyse. Kommen Ihnen einige Situationen bekannt vor? Finden Sie die Karikaturen lustig? Warum? Warum nicht?

FRITZ WOLF

BILDER AUS DER PROVINZ

Humaner wohnen

Wohnen ist hierzulande immer noch mit Auflagen verbunden . . .

... die nicht nur das Mobiliar . . .

... sondern manchmal auch ganze Räume schonen sollen.

Oft sitzt nur der Hausherr bequem . . .

... falls es sein Hund zuläßt . . .

... während Gäste von ledernen Sitzgarnituren rutschen.

Auf jeden Fall sollte man ihnen das Aufstehen erleichtern . . .

... und auf die Nachteile gläserner Couchtische hinweisen . . .

... und allzu pingelig sollte man auch nicht sein.

SCHREIBEN

A. Mein Zimmer. Sketch a layout of your room. Don't forget to add and label all the objects in it.

bulletin board

B. Suche Zimmer in WG. You're looking for a room in a student dormitory. Write an ad for the **Schwarzes Brett**. Be creative, so that your ad is noticed! You can use this one for ideas.

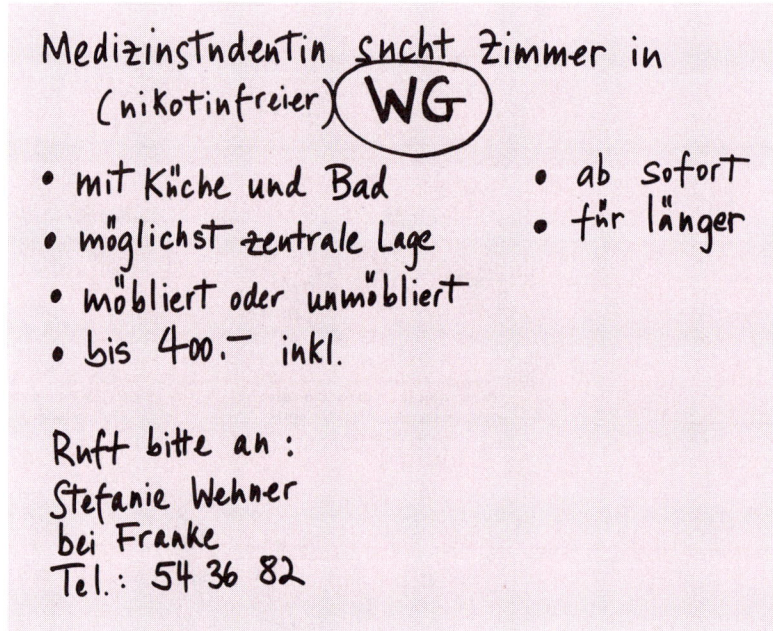

> Medizinstudentin sucht Zimmer in (nikotinfreier) WG
>
> • mit Küche und Bad
> • möglichst zentrale Lage
> • möbliert oder unmöbliert
> • bis 400.— inkl.
>
> • ab sofort
> • für länger
>
> Ruft bitte an:
> Stefanie Wehner
> bei Franke
> Tel.: 54 36 82

Sprechen

Rollenspiel: Wohnungssuche mit Problemen. Gruppenarbeit. Write a short dialog between a landlord/landlady and a prospective renter. The prospective renter has some unusual hobby, possession or pet and has to convince the landlord/landlady. Perform your dialog in front of the class.

drums

a. Sie spielen **Schlagzeug** und müssen vier Stunden pro Tag üben.

b. Sie haben ein Wasserbett.

snake

c. Sie haben eine **Schlange** als Haustier.

d. Sie lieben Richard Wagner und hören den ganzen Tag seine Opern an.

KULTUR

Mietwohnungen

When renting an unfurnished apartment in the United States or Canada, is it completely empty? Make a list of all of the things that are in an apartment before you move in.

It means the kitchen has cupboards, refrigerator, stove, maybe dishwasher, light fixtures.

Look at this ad for an apartment in Germany. What do you think the phrase **komplett eingerichtete Küche** means?

Gutgeschnittene 3-Zi.-Wohnung
Bogenhausen. 80 m² Wfl., komplett
eingerichtete Küche, helles Bad.
sep. WC. DM 1390.- inkl, abschließ-
barem TG-Stellpl., zzgl. NK
Küpper Imm. GmbH 1 50 47 64

In Germany, very few apartments are **komplett eingerichtet**. When you rent an apartment, you have to supply these things yourself:

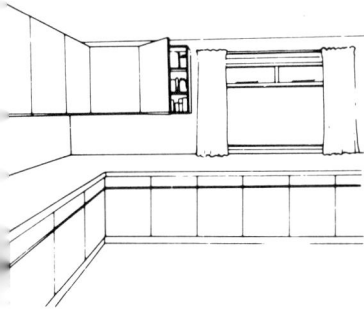

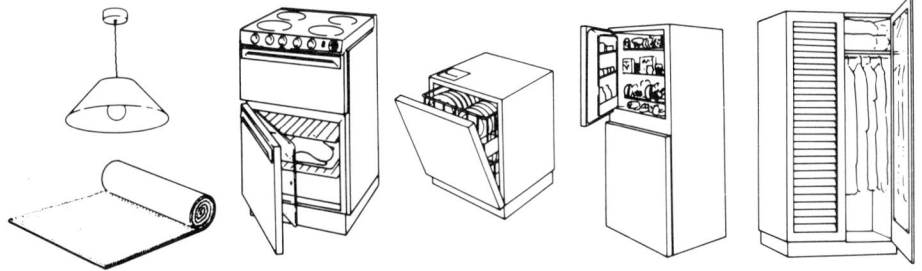

Low mobility because of expense of moving and furnishings, high cost of renting because of closing costs.

Naturally these items are your own expense. What consequences do you think this aspect of renting an apartment might have?

Auf dem Markt in Weimar

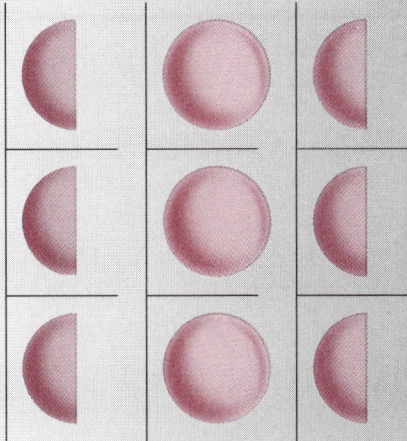

Peter Menzel/Stock, Boston

Einkaufen

In this chapter you will learn about shopping practices in German-speaking countries and will use German-language advertising to help you shop. You will be able to shop in German, asking for groceries and some other products you may want and need.

Lesehilfen

• Bildwörterbuch •

• Globalstrategien •

Was erwarten Sie?

Look at the title and the lay-out of the text on page 158. What do you expect you will be reading about? Do you think the *Hamburger Abendblatt* will print similar opinions or a variety of different opinions in response to the question asked? Why do you think a newspaper would be interested in whether people go shopping in the evening?

Das wissen Sie schon!

If you have a busy lifestyle, the problem of fitting in activities like grocery shopping is familiar to you. How do you solve it? Do you shop once a week or every day? Do you live in a city where stores are open until midnight or even for 24 hours? Do you ever make use of long shopping hours?

Kultur im Kontext

In Germany store hours are regulated by law. Stores must close at 6 p.m. (big department stores at 6:30 p.m.) Monday through Friday, and at 1 p.m. on Saturday. They remain closed on Sunday. On the first Saturday of each month (**Langer Samstag**), stores may stay open until 6 p.m. Only recently, stores have been permitted to remain open on Thursday evening until 8:30 or 9 p.m. There has been widespread opposition from all segments of the population against longer shopping hours, most notably from labor unions.

• Detailstrategien •

Wortbildung

By now, you should be quite accomplished at analyzing compounds. Analyze the following: **Lebensmittelgeschäft, Öffnungszeiten, Dienstschluß, Mittagspause**. You can increase your vocabulary considerably, if you learn to recognize word families. Scan the text for all words that belong to the word family "einkaufen": **einkauf**en (verb), der **Einkauf** (noun), das **Einkauf**en (verbal noun), **Einkauf**sbummel, **Einkauf**skultur (compounds).

Grammatik im Kontext

Sometimes a verb can be used as a noun. Verbs used as nouns have neuter gender, and they are capitalized. When the verb **einkaufen** is used as a noun, **das Einkaufen**, it refers to the process of going shopping.

When adjectives and adverbs are used to express a comparison, they take a different form. Can you see what is different in the adjectives and adverbs in the following sentences? Das ist doch viel **angenehmer**. Wer den Laden abends **länger** aufläßt, soll eben morgens **später** aufmachen.

• Textvorschau •

Seit 1990 dürfen die Geschäfte am Donnerstag abend länger aufhaben. Das *Hamburger Abendblatt* wollte wissen, ob die Kunden wirklich am Abend einkaufen gehen.

Interview der Woche

Gehen Sie am Abend einkaufen?

● Wird Einkaufen am Abend, für die Bürger in vielen Ländern eine **Selbstverständlichkeit**, bald auch in Deutschland die Einkaufskultur verändern? Das *Hamburger Abendblatt* fragte Kunden, ob sie von den längeren Öffnungszeiten am Donnerstag abend *Gebrauch* machen.

Selbstverständlichkeit–
matter of course
den Haushalt erledige–*take care of the housework*

Gebrauch machen–*make use of*

Owen Franken/German Information Center

Petra Euler (27), Kindergärtnerin

das reicht völlig–*that suffices completely*

Ja, ich kaufe am Donnerstag abend ein. Das ist doch viel angenehmer, als nach der Arbeit durch die Geschäfte zu rasen. Ich habe um 17.30 Uhr Dienstschluß. Dann geht der Streß erst richtig los. Ich **hetze** von der Bäckerei zur Metzgerei und zum Lebensmittelgeschäft. Wir brauchen längere Öffnungszeiten, jeden Tag, nicht nur am Donnerstag abend. In anderen Ländern **klappt's** doch auch mit den flexiblen Öffnungszeiten.

hetze–*rush*

klappt's–*it works out*

Owen Franken/German Information Center

Sophia Kraus (63), Hausfrau

wann das beste Geschäft läuft–*when business is best*
sowieso–*anyway*
zugeben–*to admit*

Ich finde es nicht nötig, daß die Geschäfte abends noch aufhaben. Ich kaufe **sowieso** am liebsten in aller Ruhe am Vormittag ein. Ich muß aber **zugeben**, daß nicht jeder diese Möglich-

keit hat. Meine Tocher arbeitet als Ärztin und hat tagsüber keine Zeit zum Einkaufen—aber solange ich ihr **den Haushalt erledige**, gibt's da keine Probleme.

Ulrike Welsch

Frank Werres (24), Beamter

Die meisten Leute haben um 17 Uhr Schluß, und **das reicht völlig**, um noch einkaufen zu gehen. Lebensmittel kaufe ich nach der Arbeit ein: Fleisch, Obst, Gemüse, Brot hole ich vom Markt. Was ich sonst noch so brauche, kaufe ich am Wochenende ein. Und wenn ich einen Einkaufsbummel machen möchte, kann ich das ja am langen Samstag tun.

Owen Franken/German Information Center

Anette Stegmann (40), Sekretärin

Ich habe abends was Besseres zu tun, als noch einzukaufen. Meine Einkäufe erledige ich meistens während der Mittagspause oder nach der Arbeit. Aber ich finde, man soll die Geschäfte aufmachen lassen, wann sie wollen. Sie wissen, **wann das beste Geschäft läuft**. Wer den Laden abends länger aufläßt, soll eben morgens später aufmachen.

Interviews: G. Riepl

• Textarbeit •

1. Information. Lesen Sie den Text durch und füllen Sie die Tabelle aus.

	Petra Euler	Sophia Kraus	Frank Werres	Anette Stegmann
Gehen sie am Donnerstag abend einkaufen?				
Warum? Warum nicht?				
Wann gehen sie meistens einkaufen?				
Sollen die Geschäfte abends offen sein?				

2. Analyse.

    a. Alle vier Kunden antworten unterschiedlich. Welchen Beruf haben sie? Welches Geschlecht haben sie? Glauben Sie, das beeinflußt ihre Antworten?

    b. Wie würden Sie antworten, wenn Sie in Deutschland lebten?

3. Wortfeld „**Einkaufen**". Schreiben Sie alle Wörter und Ausdrücke im Text auf, die zum Wortfeld „Einkaufen" gehören.

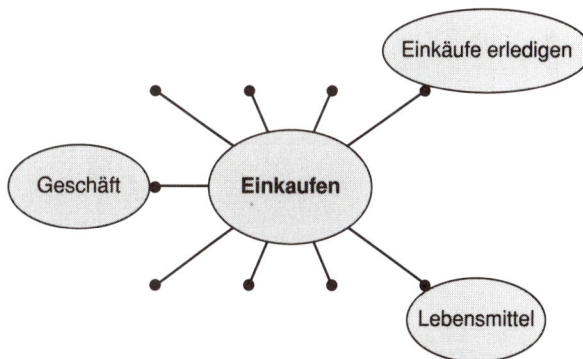

HÖREN

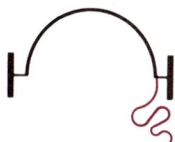

Before you listen to the texts, look at the ad from Hertie on page 160.

- List all the weights and measures that you can find in the ad.
- What measures are used for solids? For liquids?

GUTES AUS MILCH

HENRY IV. Probieren Sie diese leckere französische Weichkäsespezialität auch mal mit feinen Kräutern, Meerrettich oder mit grünem Pfeffer! Jeweils 60 % Fett i. Tr.:
je 100 g **1.99**

ONKEN Bioghurt. Vollkorn (6 verschiedene Körner) aus biologischem Anbau in vielen fruchtigen Sorten:
jeder Becher mit 500 g **1.99**

FRISCHES GEFLÜGEL

Frische Putenoberkeulen. Alles Gute von der Pute: vollfleischige, prachtvolle Keulen, natürlich Hkl. A:
1 kg **6.99**

FRISCHES OBST & GEMÜSE

Italienische Tafeltrauben. Und zwar die süßen, saftigen 'Regina Grappoloni'-Trauben, Kl. I:
1 kg **2.99**

Blumenkohl. Große Köpfe aus Deutschland, Kl. II:
Kopf **1.99**

HIER GIBT'S PROZENTE

89er Wollmesheimer Q.b.A. Ein trockener Müller-Thurgau mit vollem Bukett: Flasche mit 1 l
Mütterle 3.49

Grappa "Julia". Eine Grappa-Spezialität von ausgeprägt mildem Charakter, 40 Vol. %:
Flasche mit 0,7 l **19.98**

Das Dezimalsystem. German-speaking countries use the metric system. Here are the standard abbreviations:

1 kg   -1 Kilo(gramm) (-2 Pfund)
100 g -100 Gramm
1 l   -1 Liter
250 ml-250 Milliliter

Sprechen

Wieviel kostet . . . ? Partnerarbeit. Working with a partner, ask each other the prices for the advertised items.

> **Beispiel:** A: Wieviel kostet der französische Weichkäse?
> B: 100 g kosten 1,99 DM. (100 Gramm kosten 1 Mark 99.)
> B: Wieviel kostet der Bioghurt?
> A: . . .

A. Einkaufszenen. You'll hear three dialogs; each takes place in a different shop. Listen for the following information: In which shop are the speakers? What is purchased? What quantity? How much does it cost?

• Textarbeit •

Wo? Was? Wieviel? Füllen Sie die Tabelle aus.

	Dialog 1	Dialog 2	Dialog 3
Wo kaufen sie ein?			
Was kaufen sie?			
Wieviel kaufen sie?			
Wieviel kostet es?			

B. Interview der Woche: Kaufen Sie an der Tankstelle ein? German gas stations sell more than gas, and since shops have strict closing laws, many Germans have taken to purchasing necessities after hours at the gas station. Listen to this radio feature in Bayern 3.

• Textarbeit •

Kaufen die Befragten an der Tankstelle ein? Füllen Sie die Tabelle aus.

	Kunde 1	Kunde 2	Kunde 3	Kunde 4
Kaufen sie an der Tankstelle ein?				
Wie oft kaufen sie ein?				
Was kaufen sie?				
Wann kaufen sie dort ein?				

GRAMMATIK

Verbs with Prefixes

When a prefix is added to a word, the meaning of that word changes.

to hold   to **be**hold   happy   **un**happy   fortune   **mis**fortune

There are two different types of verb prefixes in German, separable and inseparable prefixes

kaufen	Ich kaufe meine Lebensmittel im Supermarkt.
	I buy my groceries at the supermarket.
einkaufen	Ich kaufe auf dem Markt **ein**.
	I shop at the open-air market.
verkaufen	Wir **ver**kaufen unser Auto.
	We are selling our car.

• Verbs with Separable Prefixes •

Prepositions, adverbs, but also other verbs may function as separable prefixes in combination with verbs.

preposition:	**aus**gehen	*to go out*
adverb:	**zurück**gehen	*to go back*
verb:	**spazieren**gehen	*to go for a walk*

In the present tense, separable prefixes are separated from the verb and placed in last position.

Ich **kaufe** am liebsten am Vormittag **ein**.	*I like to shop most of all in the morning.*
Wann **macht** das Geschäft **zu**?	*When does the shop close?*
Kaufen Sie am Abend **ein**?	*Do you shop in the evening?*

You are already familiar with this type of sentence framing by verb forms.

Ich **kann** das ja am langen Samstag **tun**.
I can certainly do that on a Saturday with longer shopping hours.

In the infinitive, separable prefixes are attached to the verb: **zu**machen[1]. Separable prefixes are indicated in the glossary by a period between prefix and stem verb: **zu · machen**.

When a sentence contains a modal verb, the separable prefix verb stands in final position, in the infinitive form with the prefix attached.

Die Geschäfte **sollen** morgens eben später **aufmachen**.
The stores should just open later in the morning.

Separable prefixes quite frequently impart their meaning as separate words on the base verb.

zurück-*back* > zurückkommen-*to come back*
mit-*with* > mitkommen-*to come with, along*

Some common separable prefixes are listed below.

an-	anrufen	Ich rufe die Bank an.
auf-	aufmachen	Wann machen die Banken auf?
aus-	ausgehen	Wir gehen heute abend aus.
ein-	einkaufen	Ich kaufe lieber auf dem Markt ein.
mit-	mitkommen	Kommt ihr mit?
um-	umziehen	Wir ziehen um.
zu-	zumachen	Die Geschäfte machen um 6 zu.
zurück-	zurückfahren	Wann fährst du zurück?

Übungen

A. Trennbare Vorsilben. Identify the verbs with separable prefixes in the following ads.

UMWELT BEWUSST EINKAUFEN
Wir nehmen ab sofort alle LEEREN MOLKEREIBECHER zurück
Viele reden über die Umwelt, der KONSUM tut was dafür!
TUN SIE MIT!

Gasthaus zum Schlüssel
Sundgauallee 43 · 7800 Freiburg ☎ 0761/85291
Wir laden ein
Bayerische Woche
ab Dienstag 11. September 1990

Canon Copy-Mouse.
Die neuen Kleinkopierer.
Kommen ohne Wartung aus.

Ihre Spende kommt an
Konto 111 Post-giro-amt Köln
Deutsche Welthungerhilfe

Echter Parmaschinken. Setzt dem Geschmack die Krone auf.

---

[1]Some verb complements behave like separable prefixes. They are in final position in the present tense. In the infinitive they stand before the verb without being attached to it.

Ich **gehe** nach der Arbeit **einkaufen**.   *I go shopping after work.*
Ich muß **einkaufen gehen**.   *I have to go shopping.*

TASK—Separable prefix verbs.

B. Nach der Arbeit geht der Streß erst richtig los. Karin Wagner's day really gets hectic after work. Put the verbs in parentheses into the appropriate form.

> **Beispiel:** Nach der Arbeit (losgehen) der Streß erst richtig.
> Nach der Arbeit geht der Streß erst richtig los.

1. Karin Wagner (haben) um 17.30 Uhr Dienstschluß.

2. Dann (anfangen) der Streß für sie erst richtig.

3. Sie (einkaufen gehen müssen).

4. Die meisten Geschäfte (zumachen) schon um 18 Uhr.

5. Nur die Kaufhäuser und Supermärkte (aufhaben) bis 18.30 Uhr.

6. Karin Wagner (einkaufen) ihre Lebensmittel nicht gern im Supermarkt.

TASK—Separable prefix verbs; statements.

C. In ein paar Tagen geht's los. Peter Meister has made up a list with things to do before his departure for the United States. Form sentences indicating what he has to do.

> **Beispiel:** Sachen einpacken
> Am 20. packt er seine Sachen ein.

9	10	11	12	13	14	15
				mit Inge ausgehen	Geld umtauschen	
16	**17** Paß abholen	**18**	Traveller Cheques mitnehmen Sabine anrufen **19**	Sachen einpacken **20**	Flugticket einstecken **21**	Abreise! **22**
23	24	25	26	27	28	29

TASK—Separable prefix verbs; questions.

D. Viele Fragen! Beat Knecht is from Zürich and has just moved to München. He has many questions about shopping. Put the verbs in parentheses into the appropriate form.

> **Beispiel:** Wann (aufmachen) die Banken?
> Wann machen die Banken auf?

1. Wann (zumachen) die Geschäfte?

2. Wann (aufhaben) die Post?

3. Wo (einkaufen) Sie Lebensmittel?

4. Wo (essen gehen können) man gut?

5. Ich (haben) noch viele Fragen. (Mitkommen) Sie auf einen Kaffee?

E. Einkaufen. Volker Jürs talks about his shopping habits. Supply the correct form of the verbs in parentheses.

> **Beispiel:** Ich (einkaufen gehen) nicht gern.
> Ich gehe nicht gern einkaufen.

Meistens (einkaufen) ich im Supermarkt. Dort (kaufen können) ich alle Lebensmittel. Ich (gehen müssen) nicht in so viele verschiedene Geschäfte. Meistens (mitkommen) ein Kollege. Wir (einkaufen gehen) immer während der Mittagspause. Nach der Arbeit (sein) es in den Geschäften zu voll. Man (anstehen müssen) lange an der Kasse. Am Samstag (einkaufen gehen) ich ungern. Überall (sein) es so voll, und ich (zurückkommen) immer ganz erledigt.

Sprechen

Was machst du so am Wochenende? Partnerarbeit. Tell each other what you do on a typical weekend. Below are some activities to choose from.

> **Beispiel:** Ich stehe immer spät auf.
> Dann frühstücke ich ganz gemütlich....

spät/früh aufstehen
gemütlich frühstücken
einen Einkaufsbummel machen   manchmal
einkaufen gehen   oft
spazierengehen   immer
Freunde einladen   gewöhnlich
abends mit Freunden ausgehen   meistens
meine Eltern anrufen
die Wohnung aufräumen

• Verbs with Inseparable Prefixes •

Inseparable prefixes cannot stand on their own, they always remain attached to the verb.

> Ich **be**sorge alles nach der Arbeit.   *I buy everything after work.*

Inseparable prefixes do not change the meaning of the verb consistently, and most often it is not possible to guess the meaning of verbs with inseparable prefixes.

> zählen-*to count*   **er**zählen-*to tell*
> fahren-*to drive*   **er**fahren-*to learn*

The most common inseparable prefixes are listed below.

be-	besorgen	*to get, to buy*	ge-	gehören	*to belong to*
ent-	entdecken	*to discover*	ver-	verstehen	*to understand*
er-	erledigen	*to finish*	zer-	zerstören	*to destroy*

Übungen

TASK—Inseparable prefix verbs.

A. Noch viel zu tun! Frau Meister tells her neighbor about the things Peter needs to get finished. Form sentences indicating what he still has to do.

Beispiel: morgen mit den Reisevorbereitungen beginnen
Morgen beginnt er mit den Reisevorbereitungen.

1. noch viel erledigen müssen

2. morgen ein paar Dinge besorgen

3. noch einiges mit Sabine bereden müssen

4. übermorgen den Paß bekommen

TASK—Verbs with separable and inseparable prefixes, modal verbs.

B. Karin und die Kinder kommen zu Besuch. Luise and Kurt Meister discuss shopping for Karin's visit. Complete the dialog with the appropriate form of the verbs in parentheses.

Beispiel: LUISE: Karin und die Kinder (besuchen wollen) uns.
Karin und die Kinder wollen uns besuchen.

LUISE: Morgen kommen Karin und die Kinder zu Besuch. Ich (einkaufen müssen) fürs Wochenende. (Mitkommen) du?

KURT: Geht es nicht ohne mich? Am Freitag nachmittag ist es immer so voll. Ich (anstehen wollen) nicht so lang.

LUISE: Komm doch mit, es ist viel einfacher.

KURT: Was (besorgen müssen) du denn?

LUISE: Ich (zusammenstellen) schnell die Einkaufsliste. Wir brauchen Fleisch, Gemüse, Obst, Brot, Kuchen und Getränke.

KURT: Wohin (gehen wollen) du zuerst?

LUISE: Auf den Markt.

KURT: Also gut, du gehst auf den Markt, und ich (besorgen) den Kuchen.

Possessive Adjectives

Possessive adjectives modify a noun by showing who possesses it.

singular		plural	
mein	*my*	unser	*our*
dein	*your*	euer	*your*
Ihr	*your* (formal)	Ihr	*your* (formal)
sein	*his/its*		
ihr	*her/its*	ihr	*their*
sein	*its*		

• Forms of the Possessive Adjective •

The endings of possessive adjectives agree in gender, number and case with the noun they modify. They have the same endings as the indefinite article **ein**, and are sometimes referred to as **ein**-words.

Ich mache mit ein**er** Freundin
einen Schaufensterbummel.
Mittags gehe ich meistens mit
mein**er** Freundin Shopping.

*I'm going window-shopping
with a friend.
At noon, I usually go shopping
with my friend.*

	Masculine	Feminine	Neuter	Plural
nominative	mein	meine	mein	meine
dative	meinem	meiner	meinem	meinen
accusative	meinen	meine	mein	meine[1]

[1]When **euer** and **unser** take endings, the (unstressed) -e- of the stem may be dropped: mit **unsren** Freunden, **eure** Freunde.

Übungen

A. Possessivpronomen.

- Identify the possessive adjectives in the following ads.
- Identify the case of each possessive adjective.

Was tun
Sie, wenn Ihre
Augen plötzlich
streiken?

Unsere Empfehlung für Ihre Zahngesundheit:
morgens aronal   abends elmex

Die neue Zeit hat ihren besonderen Geschmack: Herforder Pils

B. Woher hast du...? You like something a friend is wearing and ask where he/she got it.

Beispiel: Sweat-shirt, *n*
Woher hast du dein Sweat-Shirt?

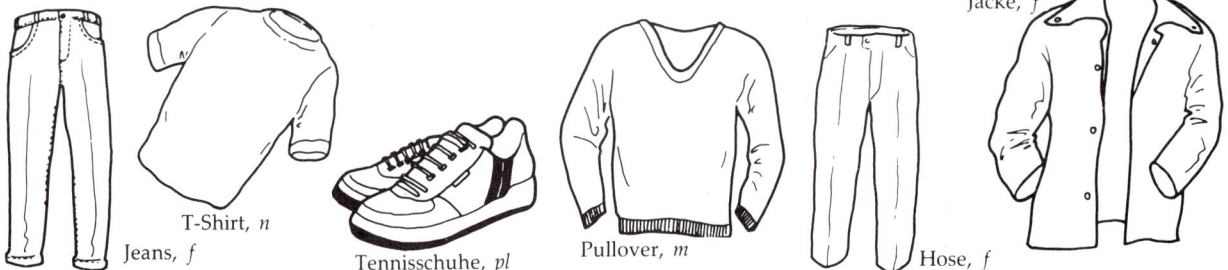

Jeans, *f* — T-Shirt, *n* — Tennisschuhe, *pl* — Pullover, *m* — Hose, *f* — Jacke, *f*

TASK—Produce possessive
adjective endings.

C. Wir essen vegetarisch. Eva Pfaff talks about being a vegetarian. Supply the correct forms of the possessive adjective.

1. _____ (mein) Familie und ich essen vegetarisch.

2. Mit _____ (mein) Eltern habe ich deshalb manchmal Probleme.

3. _____ (mein) Vater meint, daß es für _____ (unser) Kinder nicht gut ist.

4. _____ (sein) Meinung ist richtig, (unser) _____ Meinung will er nicht hören.

5. _____ (mein) Mutter sagt dauernd: „Das könnt ihr _____ (euer) Kindern doch nicht antun. Alle _____ (ihr) Freunde essen doch auch Fleisch."

6. Auch _____ (unser) Freunde können uns nicht verstehen.

7. Sie geben _____ (ihr) Kindern Fleisch, weil es ihnen so gut schmeckt.

TASK—Supply possessive
adjectives.

D. Unsere neue Wohnung. Margrit Zinggeler visits Beat and Nicole Knecht in their new apartment in München. Supply the correct form of the possessive adjective.

Beispiel: NICOLE: Das ist _____ neue Wohnung.
Das ist unsere neue Wohnung.

BEAT: Wie gefällt dir _____ neue Wohnung?
MARGRIT: _____ Wohnung ist wirklich sehr hübsch.
NICOLE: Sie ist viel teurer als _____ alte Wohnung in Zürich. Aber sie ist sonnig. _____ Arbeitszimmer gefällt mir besonders gut. Es ist so freundlich. Beat ist mit _____ Zimmer nicht ganz so zufrieden.
BEAT: Es ist klein. _____ Schreibtisch ist viel zu groß.
MARGRIT: Stell _____ Schreibtisch doch ans Fenster. Dann hast du mehr Platz.

TASK—Supply possessive
adjective.

E. Wie gefällt es Ihnen hier? Nicole Knecht and her neighbor exchange a few words. Supply the correct form of the possessive adjective.

NACHBARIN: Sind Sie mit _____ Wohnung zufrieden?
NICOLE: Oh ja, _____ Wohnung gefällt uns gut. Und sie ist so günstig gelegen. _____ Mann kann zu Fuß zur Arbeit gehen. _____ Büro ist nur zehn Minuten von hier.
NACHBARIN: Ja, _____ Haus ist wirklich günstig gelegen. Ich kaufe alle _____ Lebensmittel auf dem Viktualienmarkt ein. Zu Fuß sind es nur fünf Minuten. Ich kann _____ Auto in der Garage lassen. Ich muß _____ Einkaufstasche schleppen, aber dafür habe ich keine Parkprobleme.
NICOLE: Ich muß selbst noch einkaufen gehen. Grüßen Sie _____ Mann von mir.
NACHBARIN: Das mache ich. Auf Wiedersehen, Frau Knecht.

Sprechen

Wo kaufst du deine Sachen? Partnerarbeit. Ask each other where you shop for the following things.

Beispiel: A: Wo kaufst du deine Bücher?

B: Meine Bücher kaufe ich in der Uni-Buchhandlung. Und du?

Bücher	im Second-Hand Shop
Jeans	im Supermarkt
T-Shirt	in einer Boutique
Sweat-Shirt	im Plattenladen
Tennisschuhe	im Sportgeschäft
Lebensmittel	im Bioladen
Kosmetik-Artikel	in der Buchhandlung
Zeitung	in der Uni-Buchhandlung
Bücher	am Kiosk
Poster	im Drogeriemarkt

LESEN

A. Frisch! Gut! Preiswert!

Frisch! Gut! Der KAUFhOF Preiswert!

Elite **Frische Hähnchen** H–K1 A 1000 g **5,99**	Holländischer **Leerdammer** 45% Fett i. Tr. 100 g **1,39**	Schweinefleisch – nur beste Qualität: **Schweineroll-** oder **Spießbraten** magerer Zuschnitt je 1000 g **7,99**	**Bratwurst** fein gewiegt, gebrüht oder **frischer Fleischkäse** je 1000 g **6,99**	Chil. **Blaue Trauben** H–K1 1 1000 g **3,99**	Freu Dich auf **KAUFhOF** TRIER Telefon 0651/46081
Frische Fleischwurst im Ring mit und ohne Knoblauch je 100 g **–,79**	Französischer **Tortenbrie** Benestroff 50% Fett i. Tr. 250 g Stück **2,49**	**Frisch im Angebot!**		Span. **Eisbergsalat** H–K1 1 Stück **1,79**	

• Textarbeit •

1. **Information.** Suchen Sie folgende Informationen in der Anzeige:

   a. Wie heißt das Geschäft?

   b. In welcher Stadt ist das Geschäft?

2. **Kategorien.** Ordnen Sie die Lebensmittel folgenden Kategorien zu:

   Fleisch/Wurst   Obst/Gemüse   Milchprodukte

B. Wie gut kennen sie sich aus? Gruppenarbeit. Working in groups of three to four students, try to do the following test from *Brigitte*, a woman's magazine.

Nährstoffe–nutrients

Eiweiß–protein
Kohlenhydrate–carbo-
hydrates

Hülsenfrüchte–legumes

*Anteil künstlicher Kon-
servierungsmittel*–amount
of artificial preservatives
Energieabgabe–energy
burned off

verhältnismäßig–relatively
speaking
vergleichsweise–com-
paratively

Innereien–organ meats

Hier sind sieben Fragen aus unserem Ärztetest, an denen Sie Ihr eigenes Wissen messen können. Meist, aber nicht immer, gehören zur richtigen Lösung mehrere Antworten.

1. Welche Nährstoffe sind für die Energieversorgung des Körpers am wichtigsten?

a) Vitamine
b) **Eiweiß**
c) **Kohlenhydrate**
d) Hormone
e) Alkohol
f) Wasser
g) **Fett**
h) Mineralstoffe

2. Was verstehen Sie unter dem Begriff Kalorien?

a) Fettgehalt der Nahrung
b) Kohlenhydratgehalt der Nahrung
c) **Anteil künstlicher Konservierungsmittel** in der Nahrung
d) Energiegehalt in Lebensmitteln
e) **Energieabgabe** bei Bewegung
f) Eiweißgehalt der Nahrung

3. Welche Nahrungsmittel haben Ihrer Ansicht nach verhältnismäßig viel Kohlenhydrate?

a) Fisch
b) Obst
c) Milch
d) Zucker
e) Kartoffeln
f) Eier
g) Fleisch

4. Welche Nahrungsmittel enthalten besonders viel Eiweiß?

a) Nüsse
b) Butter
c) grüner Salat
d) Spinat
e) Sojabohnen
f) Bananen
g) Fleisch
h) Möhren
i) Fisch

5. Welche Nahrungsmittel enthalten besonders viel Kalzium?

a) Käse
b) grüner Salat
c) Salz
d) Obst
e) Milch
f) **Hülsenfrüchte**

6. Welche Nahrungsmittel enthalten besonders viel Vitamin C?

a) Möhren
b) Sellerie
c) Paprikaschoten
d) Milch
e) Fleisch
f) Fisch

7. Welche Nahrungsmittel enthalten vergleichsweise viel Cholesterin?

a) Nüsse
b) Olivenöl
c) Butter
d) Margarine
e) **Innereien**
f) Eigelb
g) Buttermilch

Frage 1:   b, c und g
Frage 2:   d und e
Frage 3:   b, d und e
Frage 4:   a, e, g und i
Frage 5:   a, e und f
Frage 6:   c
Frage 7:   c, e und f

• Textarbeit •

Wieviel wissen Sie über Nahrungsmittel? Versuchen Sie, die Testfragen zu beantworten. Ihr Professor wird Ihnen sagen, wie viele Fragen Sie richtig beantwortet haben.

SCHREIBEN

A. Einkaufszettel. When you go shopping, do you make yourself a shopping list? You are throwing a party for ten friends. Make a shopping list. Use the ads on pages 160 and 168 for help.

B. Frisch! Gut! Preiswert! Have another look at the ad from *Kaufhof* on page 168. How are the groceries advertised? Can you write a more imaginative ad?

KULTUR

Ladenschlußgesetz

As you have seen in this chapter, shopping hours are regulated by law in Germany. Look at the sign indicating the business hours of a small grocery store.

Working in small groups, list possible advantages and disadvantages of the **Ladenschlußgesetz**. Each group should try to take the viewpoint of one of the following members of society: students, people with families, people with full-time jobs, people working night shifts, sales clerks or store owners. Decide in your group whether you would be for or against the **Ladenschlußgesetz** and list the reasons for your decision.

Lesehilfen

• Bildwörterbuch •

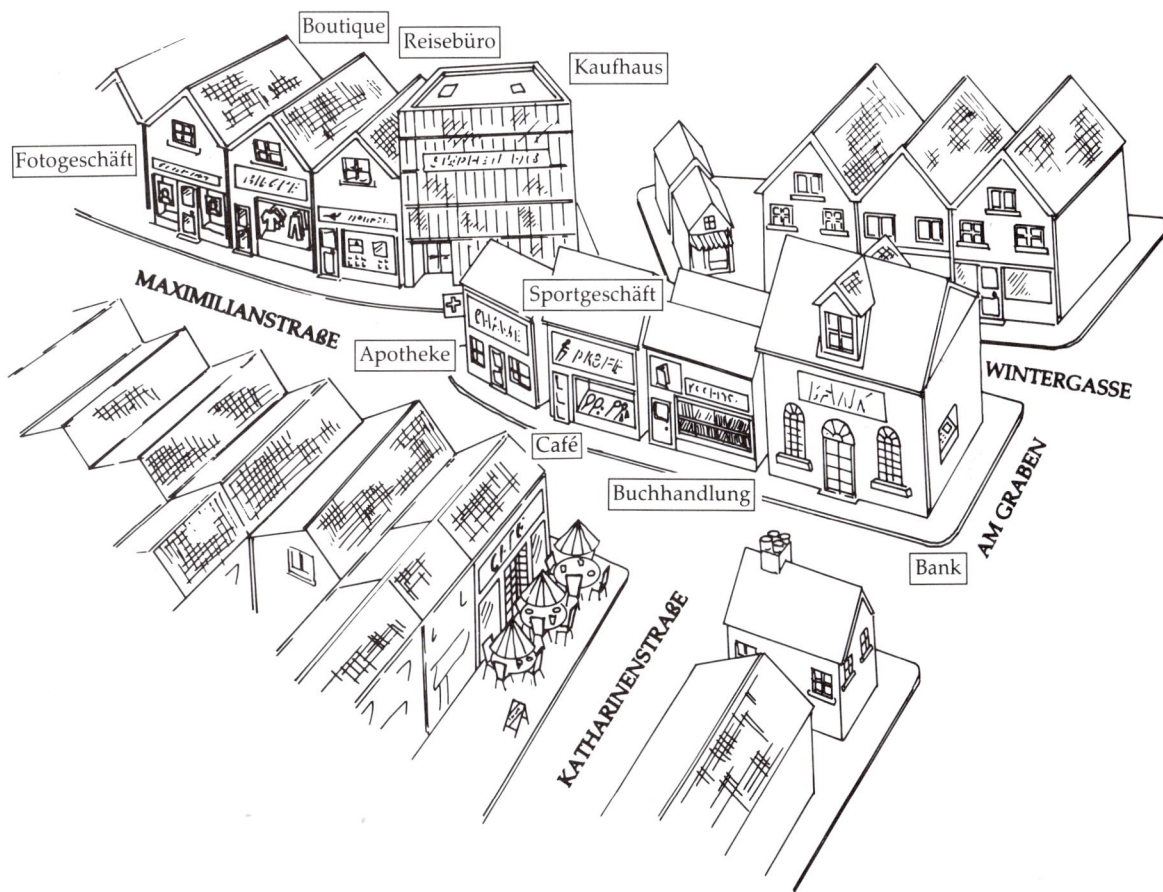

• Globalstrategien •

Was erwarten Sie?

Look at the title of the text. It tells you that the topic is shopping and that it takes place downtown. What kind of stores do you usually find in the center of a city? What kind of interaction do you expect in a store? Check your predictions as you read.

Das wissen Sie schon!

Peter Meister still has some shopping to do for his trip to the U.S. Think about the kind of things you would need to do before you could leave on a big trip. Skim through the text. In what type of store does Peter Meister do most of his shopping? Think about the interaction between a sales person and a customer in a speciality store.

Kultur im Kontext

In Germany people still do a large part of their shopping in small specialty stores located in the center of a city. However, shopping in big malls or at huge discount stores is becoming more and more popular.

• Detailstrategien •

Wortbildung

This text contains many noun compounds that relate to traveling, for example **Reiseschecks** and **Reiseführer**. Can you find more? Adjectives can be composed of several elements as well. **Rezept** is a medical prescription. What do you think it means when a drug is **rezeptfrei**?

Im Kontext

As you have seen, the context will often help you to guess the meaning of unfamiliar words. If you have figured out the meaning of **rezeptfrei**, what do you think the meaning of **verschreibungspflichtig** would be?

• Textvorschau •

In einer Woche fliegt Peter Meister nach Minneapolis, um seine Schwester Sabine zu besuchen. Er muß noch ein paar Dinge für seine USA-Reise besorgen. Achten Sie beim Lesen darauf, in welche Geschäfte er geht und wo er etwas einkauft.

Shopping in der Innenstadt

In der Buchhandlung

BUCHHÄNDLERIN: Kann ich Ihnen behilflich sein?
PETER MEISTER: Ja, ich suche einen USA-Reiseführer.
BUCHHÄNDLERIN: Unsere Reiseführer sind dort drüben. Wenn Sie bitte mitkommen wollen, dann kann ich sie Ihnen zeigen. Hier ist der Baedeker. Und dann haben wir noch den Dumond und den USA-Reiseführer von Merian.
PETER MEISTER: Ich glaube, ich nehme den Baedeker. Ja, und dann brauche ich noch eine Landkarte vom Mittelwesten.

in stock

BUCHHÄNDLERIN:	Einen Augenblick, bitte, ich sehe mal nach. —Tut mir leid, wir haben keine Karten vom Mittelwesten **auf Lager**. Aber ich könnte Ihnen eine bestellen.
PETER MEISTER:	Wie lange wird das denn dauern?
BUCHHÄNDLERIN:	Wahrscheinlich können Sie die Karte schon morgen nachmittag bekommen. Spätestens aber **übermorgen vormittag**.
PETER MEISTER:	Gut, das geht.

the day after tomorrow in the morning

In der Apotheke

PETER MEISTER:	Grüß Gott. Ich hätte gern Reisetabletten, damit es mir beim Fliegen nicht so schlecht wird.
APOTHEKERIN:	Ein wirklich gutes Mittel ist Paspertin, aber das ist verschreibungspflichtig.
PETER MEISTER:	Haben Sie keine rezeptfreien Tabletten?
APOTHEKERIN:	Das schon, aber **die wirken nicht so gut**.
PETER MEISTER:	Also gut, dann gehe ich halt zum Arzt und lasse mir Paspertin verschreiben. Auf Wiedersehen.
APOTHEKERIN:	Auf Wiedersehen.

they're not that effective

Auf der Bank

PETER MEISTER:	Grüß Gott, ich möchte 1 200 Dollar kaufen.
ANGESTELLTER:	Wie hätten Sie's denn gern?
PETER MEISTER:	500 Dollar in **bar** und den Rest in Reiseschecks.

cash

Im Kaufhaus

PETER MEISTER:	Ich habe eine Frage, ist das alles, was Sie an Rucksäcken haben?
ANGESTELLTER:	Ja, das ist alles.
PETER MEISTER:	Danke schön, Wiedersehen.

Im Sportgeschäft

ANGESTELLTE:	Grüß Gott, kann ich Ihnen helfen?
PETER MEISTER:	Ja, ich möchte mir Rucksäcke anschauen.
ANGESTELLTE:	Die haben wir im 1. Stock. Wenn Sie bitte mitkommen wollen? Wozu brauchen Sie den Rucksack?
PETER MEISTER:	Für eine Reise durch die USA. Der Rucksack darf nicht zu groß sein, weil ich ihn mit an Bord nehmen will.
ANGESTELLTE:	Die Rucksäcke der Firma Globetrotter kann ich sehr empfehlen. Die sind praktisch und sehr stabil.
PETER MEISTER	Was kostet denn der schwarze hier?
ANGESTELLTE:	179 DM.
PETER MEISTER:	Soviel Geld wollte ich eigentlich nicht ausgeben. Ich **überlege** es mir noch. Vielen Dank, Wiedersehen.

to think over

In der Herrenboutique

ANGESTELLTER: Guten Tag, kann ich Ihnen helfen?
PETER MEISTER: Nein, danke. Ich möchte mich nur mal umsehen.

Im Café

BEDIENUNG: Was hätten Sie denn gern?
PETER MEISTER: Ein Kännchen Kaffee, und bringen Sie mir bitte ein Stück Erdbeerkuchen mit Schlagsahne. Ach ja, könnte ich bitte gleich bezahlen? Ich habe nicht soviel Zeit.
BEDIENUNG: Natürlich.

• Textarbeit •

1. Information. Peter Meister geht in verschiedene Geschäfte. Wo kauft er etwas? Wo kauft er nichts? Was kauft er? Füllen Sie die Tabelle aus.

	kauft etwas	**kauft nichts**	**was?**
Buchhandlung			
Apotheke			
Bank			
Kaufhaus			
Sportgeschäft			
Herrenboutique			
Café			

2. Analyse. How do Peter and the sales clerks communicate?

- What phrases do the sales clerks use to ask a customer what he/she wants?
- How does a customer answer when he/she needs help?
- And when he/she wants to browse?

3. Wortfeld „Reisevorbereitung". Schreiben Sie alle Wörter und Ausdrücke im Text auf, die zum Wortfeld „Reisevorbereitung" gehören.

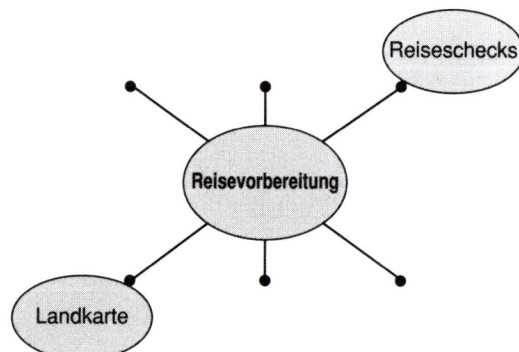

Sprechen

Einkaufen. Partnerarbeit. Work out a short exchange for each of the following situations.

a. The sales clerk asks the customer what he/she wants; the customer expresses his/her wishes.

b. The sales clerk asks the customer what he/she wants; the customer says he/she only wants to browse.

HÖREN

A. Einkaufen. Listen to Peter Meister as he does some shopping in several stores for his trip to America. Which stores does he shop in? In which stores does he make a purchase? What does he buy?

• Textarbeit •

In welche Geschäfte geht Peter Meister? Kauft er etwas? Füllen Sie die Tabelle aus.

	Dialog 1	Dialog 2	Dialog 3
Welches Geschäft?			
Kauft er etwas?			
Wenn ja, was?			

B. Sonderangebot. After having seen the following ad in the newspaper, Petra Keller heads for the jewelry store the following day. Listen to her conversation with the sales clerk.

• Textarbeit •

Multiple-Choice Fragen. Kreuzen Sie die richtige Antwort an.

1. Was möchte Petra Keller anschauen?

    a. eine Herren-Armbanduhr

    b. eine Damen-Armbanduhr

    c. einen Ring

2. Wieviel kostet der gewünschte Artikel?

    a. 139 DM   **b.** 119 DM   **c.** 89 DM

3. Wie reagiert der Verkäufer?

    a. Er zeigt ihr den gewünschten Artikel.

    b. Er sagt, daß er ihn erst in ein paar Tagen bekommt.

    c. Er sagt, daß der Artikel ausverkauft ist.

4. Was kauft Petra Keller in dem Juweliergeschäft?

    a. nichts   **b.** den gewünschten Artikel   **c.** ein anderes Modell

Sprechen

Rollenspiel: Einkaufen. Schreiben Sie einen kurzen Dialog zu einer der folgenden Situationen und spielen sie ihn den anderen Kursteilnehmer/innen vor.

    a. Ein Kunde möchte eine Uhr im Sonderangebot kaufen. Der Verkäufer versucht, ihm eine teurere Uhr zu verkaufen.

    b. Eine Kundin möchte Tennisschuhe kaufen. Der Verkäufer versucht, ihr Air Nikes für 289 DM zu verkaufen.

    c. Ein Kunde sucht eine Reiselektüre für einen langen Flug. Die Buchhändlerin berät ihn.

GRAMMATIK

Negation

• Negation with **kein** •

Kein, as you have seen, is the negative form of the indefinite article **ein**. It is used to negate a noun that would be preceded by the indefinite article or by no article at all. **Kein** takes the same endings as the indefinite article and the possessive adjectives.

> Im Kaufhaus gibt es **keine** große Auswahl an Rucksäcken.
> *In the department store, there's not a great selection of backpacks.*
> Haben Sie **keine** rezeptfreien Tabletten?
> *Don't you have any prescription-free pills?*

The table below summarizes the forms of **ein**-words:

	m	*f*	*n*	*pl*
nominative	kein	keine	kein	keine
dative	keinem	keiner	keinem	keinen
accusative	keinen	keine	kein	keine

Übungen

A. Kein. Scan the following clippings for **kein**. What is the case of **kein** in each clipping?

"GALLUS Liberty ist Mode ohne Schnickschnack.

Das mag ich. Schuhe sind nämlich die i-Tüpfelchen, wenn man wirklich gut angezogen sein will. Und bei Bequemlichkeit geh' ich auch keine Kompromisse ein."

advisa GWA

SCHURWOLLE WIRD VON NATUR AUS WIEDER GLATT. ALSO, HABEN SIE KEINE HEMMUNGEN.

REINE SCHURWOLLE

AUS LIEBE ZUR SCHURWOLLE. WOLLSIEGEL.

MANCHMAL FINDET MAN KEIN ENDE...

BORDEAUX.
DER SEHR FEINE UNTERSCHIED.

SONNTAG:

Edelweiß Milchzucker ist ein mildes, aus Milch gewonnenes Produkt. Er verursacht keine schädlichen Nebenwirkungen und Gewöhnungseffekte.

KEIN LADEN LÄUFT

TASK—Negation with **kein**, accusative.

B. Shopping. Supply the correct form of **kein**.

ANGELIKA: Kommst du mit in die Stadt?
STEFANIE:-   Tut mir leid, ich habe _____ Zeit. Ich muß für eine Klausur lernen.

HERR MEISTER: Ich habe Hunger, essen wir doch was bei dem Imbiß dort.
FRAU MEISTER: Ich habe _____ Hunger, aber wenn du was essen willst, können wir schon kurz Rast machen.

satt haben-*to be fed up*

KAREN JÜRS: Ich mache einen Schaufensterbummel. Kommst du mit?
KARIN MEINERS: Nee, du. Ich habe _____ Lust. Ich **habe** den ganzen Konsumterror **satt**.

TASK—Personalized exercise, negation with **kein**, accusative.

C. Haben Sie diese Konsumgüter? Fragen Sie Ihre Mitstudent/innen, ob sie diese Konsumgüter haben. Use either **Hast du...?** or **Besitzt du...?**

> **Beispiel:** A: Hast du einen Fernseher?
> B: Ja, ich habe einen Fernseher. OR:
> Nein, ich habe keinen Fernseher. Aber ich habe ein Radio.

Computer, *m*	CDs, Compact-Discs, *pl*
Schreibmaschine, *f*	Schallplatten, *pl*
Walkman, *m*	Fernseher, *m*
Radio, *n*	Videokamera, *f*
Stereoanlage, *f*	Fotoapparat, *m*
Cassettenrecorder, *m*	Auto, *n*
Videorecorder, *m*	Fahrrad, *n*
Musikcassetten, *pl*	Anrufbeantworter, *m*

• Negation with **nicht** •

Nicht is used to negate a sentence or part of a sentence.

Ich hätte gern Reisetabletten, damit es mir beim Fliegen **nicht** so schlecht wird.	*I would like to have motion sickness pills so that I don't get so sick while flying.*
Ich habe **nicht** soviel Zeit.	*I don't have that much time.*
Der Rucksack darf **nicht** zu groß sein.	*The backpack can't be too big.*

The Position of nicht

The position of **nicht** in a sentence varies considerably. Here are some guidelines:

1. When **nicht** negates an entire sentence, it usually

- *follows* the subject, inflected verb, dative and accusative objects, adverbs of time, and some other adverbs.

Ich gehe nicht einkaufen.	*I'm not going shopping.*
Der Rucksack gefällt mir nicht.	*I don't like the backpack.*
Das haben wir leider nicht.	*Unfortunately, we don't have that.*
Gehst du heute nicht einkaufen?	*Aren't you going shopping today?*
Das kann ich Ihnen leider auch nicht sagen.	*Unfortunately, I can't tell you that either.*

- *precedes* predicate adjectives, predicate nouns, and prepositional phrases.

Der Rucksack ist nicht teuer.	*The backpack isn't expensive.*
Das ist nicht meine Tasche.	*That's not my bag.*
Das haben wir leider nicht auf Lager.	*Unfortunately, we don't have that in stock.*

2. When **nicht** negates a specific element, it precedes this element.

Ich habe nicht soviel Zeit.	*I don't have that much time.*
Ich gehe nicht heute einkaufen, sondern morgen.	*I'm not going shopping today, but tomorrow.*

Übungen

TASK—Negation with **nicht**.

A. Ich bin anderer Meinung. Contradict the shopaholic's statements.

> **Beispiel:** Ich kaufe gern ein.
> Ich kaufe nicht gern ein.

1. Ich gehe gern einkaufen.

2. Ich kaufe oft in Kaufhäusern ein.

3. Die Atmosphäre in den Kaufhäusern gefällt mir.

4. Ich finde Einkaufszentren interessant.

5. Eine große Auswahl ist wichtig für mich.

6. Ich gehe jeden Tag einkaufen.

TASK—Negation with **nicht**.

B. Fragen und Anworten. Frau Weber hat viele Fragen für ihre neue Nachbarin. Answer them in the negative.

> **Beispiel:** Kommen Sie aus Norddeutschland?
> Nein, ich komme nicht aus Norddeutschland.

1. Sind Sie mit Ihrer Wohnung zufrieden?

2. Ist Ihre Wohnung groß?

3. Fahren Sie mit dem Auto zur Arbeit?

4. Stört Sie der Lärm?

5. Kennen Sie Frau Müller?

C. Was machen Sie gern? Was machen Sie nicht gern? Tell your fellow students what you do and don't like to do.

> **Beispiel:** Ich gehe nicht gern in Bars. Aber ich gehe gern ins Kino.

to take it easy

joggen	einkaufen gehen
ins Fitness-Studio gehen	Deutsch lernen
faulenzen	in der Bibliothek lernen
Musik hören	lesen
ins Konzert/Kino/Museum gehen	mit Freunden reden
Fußball/Baseball/Basketball anschauen	Karten spielen

D. Wissen Sie Bescheid? Nicole Knecht ist vor kurzem nach München gezogen. Sie stellt einer Nachbarin viele Fragen. Assume the neighbor's role and answer her questions in the negative, using **kein** or **nicht**, as appropriate

> **Beispiel:** Haben Sie eine Garage?
> Nein, ich habe keine Garage.

1. Haben Sie einen Fahrplan für die U-Bahn?

2. Ist die Bushaltestelle weit von hier?

3. Gibt es in der Nähe eine Buchhandlung?

4. Kennen Sie die anderen Leute im Haus?

super

5. Ist der **Hausmeister** nett?

E. Entschuldigung, können Sie mir helfen? Ein Tourist stellt Ihnen viele Fragen. Beantworten Sie seine Fragen mit **nicht** oder **kein**.

> **Beispiel:** Fährt der Bus zum Bahnhof?
> Nein, der Bus fährt nicht zum Bahnhof.

1. Fährt die Straßenbahn ins Stadtzentrum?

2. Ist das der Königsplatz?

3. Wissen Sie, wo die Ulrichskirche ist?

4. Gibt es hier einen McDonald's?

5. Sind die Banken heute offen?

6. Können Sie mir helfen?

7. Ist die Post weit von hier?

8. Kann ich hier parken?

9. Haben Sie Kleingeld?

10. Gibt es hier einen Flohmarkt?

buying frenzy

F. Die Ex-DDR im *Kaufrausch*? *Jugendmagazin*-Mitarbeiterin Sissi Tränkner interviewte junge Leute in der Ex-DDR. Ergänzen Sie **nicht** oder **kein**.

Susannne (18)

Ich bekomme bestimmt ____ Kaufrausch, weil ich ____ viel Geld habe.

Florian (16)

Schön, daß es „die gute alte DDR" ____ mehr gibt. Ich gehe sgern ins Kaufhaus, einfach so. Aber ich kaufe ____ viel. Ich bin sehr optimistisch. Schlechter kann es gar ____ werden. Ich habe ____ Angst vor der Zukunft.

Sabine (22)

nothing

Ich bin ____ pessimistisch. Aber ich warte erst einmal ab. Ich kaufe mir **nichts**, denn ich habe ____ Geld.

Expressing Future Time

As you learned in *Kapitel 1*, the present tense is frequently used to express future time in German, especially when a sentence contains a time expression indicating future meaning.

In einer Woche fliegt Peter nach Minneapolis.	*Peter is flying to Minneapolis in one week.*
Sie bekommen das Buch morgen, spätestens aber übermorgen.	*You'll get the book tomorrow, at the very latest the day after tomorrow.*

• Use of the Future Tense •

If a sentence contains no time expression indicating future time, the future tense is often used to avoid ambiguity.

Present:	Er studiert in Wien.	*He is studying in Vienna.*
Future:	Er wird in Wien studieren.	*He is going to study in Vienna.*

• Formation of the Future Tense •

The future tense is formed with a present tense form of the auxiliary verb **werden** and the infinitive of the main verb. Notice the stem vowel change.

werden	
ich werde	wir werden
du wirst	ihr werdet
er, sie, es wird	sie werden

As with the modal verbs, the inflected verb and the infinitive of the main verb form a sentence bracket.

Wie lange wird das denn dauern?   *How long is this going to take?*

Übungen

A. Präsens und Futur. Junge Leute aus der Ex-DDR erzählen in der Zeitschrift *Jugendmagazin* über ihre Zukunftspläne. Look at the verbs. What is the tense of each of the verbs?

clothes (slang)

Susanne (18)

Jetzt gibt's bei uns schicke **Klamotten** und Reise-Möglichkeiten. Aber da ist auch die Angst: Was wird kommen? Ich werde erst einmal verreisen. Mein Ziel ist Griechenland.

Florian (16)

the wages will increase

Ich will für eine gute Zukunft arbeiten. Wer das tut, hat eine Chance. Mit der Zeit **werden** auch **die Löhne steigen**.

Annette (23)

Wie die Zukunft aussieht? Das weiß ich nicht. Ich hoffe, es wird besser. Ich suche Arbeit. Vielleicht gehe ich in den Westen. Dort liegen die Jobs auf der Straße.

B. Im Jahr 2000. Stellen Sie Prognosen für das Jahr 2000 auf. Make predictions for the year 2000, using the future tense.

> **Beispiel:** Aids ist (nicht) heilbar.
> Aids wird heilbar sein.

1. Die Metropolen sind noch größer.

2. Es gibt mehr Menschen auf der Welt.

more environment-friendly

3. Die Autos sind (nicht) **umweltfreundlicher**.

4. Es geht uns besser/schlechter.

war

5. Wir haben Frieden/**Krieg**.

C. In einer Woche geht's los. Peter Meister erzählt einem Bekannten von seiner bevorstehenden Amerika-Reise. Complete what he is saying. Decide whether to use the present or the future tense. In some cases both are appropriate.

> **Beispiel:** In einer Woche _____ ich nach Minneapolis. (fliegen)
> In einer Woche fliege ich nach Minneapolis.

1. Zuerst _____ ich meine Schwester Sabine. (besuchen)

2. Sie _____ in Minneapolis. (wohnen)

3. Ich _____ zwei Wochen bei Sabine. (bleiben)

4. Aber ich _____ nicht nur im Mittelwesten. (bleiben)

5. Eine Woche _____ ich in New York. (verbringen)

6. Von New York _____ ich wieder nach München. (zurückfliegen)

7. Nach meiner Rückkehr _____ ich nach Wien. (fahren)

8. Ich _____ in Wien. (studieren)

LESEN

A. Einkaufen in Zürich. Sehen Sie sich die Anzeigen von verschiedenen Geschäften in Zürich an.

1

Graziella
DORIS DERUNGS

Grösste Auswahl an
exklusiven Damenschuhen
ab Grösse 33

Löwenstrasse 30
8001 Zürich
☎ 221 11 93
⊏ ▭ D E V   M12

2

Gleich's

Tee-Geschäft

Wo wächst der beste
Darjeeling?
Wo erhalten Sie
diesen Tee?

Besuchen Sie uns und
Sie wissen es!
Per Luftfracht einge-
troffen: zwei aussorge-
wöhnliche Darjee-
lings.
Verkauf direkt aus
der Originalkiste!

Augustinergasse 34

3

Der Strand
beginnt
in unserem
Bade-Shop

4

Spezialisiert in Outdoor-Mode:
Schirme, Regenmäntel, modische Accessoires.
Eigenes Schirmatelier.

pluvina
modisch unterwegs

Münsterhof 14 und Limmatquai 64, Tel. 221 11 14 und 251 21 30

5

Lenhard
Parfumerie – Boutique

◫ SWAROVSKI
Crystal

Bahnhofstrasse 39   8001 Zürich
Telefon 211 99 31

ICH WEISS, WAS ICH WILL:
VILLEROY & BOCH.

Zürich's neue Top-Adresse für
Internationale Tischkultur und
ausgefallene Geschenkideen:

Gassmann
MODE AM PARADE ZÜRICH

Haus zum Engel
∘ 1. Salle de vente in Zürich ∘
Antiquitäten
Kirchgasse 2A

Antiquitäten, alte Spielsachen
Gepflegte Ausstellung von Möbeln, Porzellan,
Glas und vieles mehr. 17. JH. – Art Deco.
Di-Fr 11-18.30, Sa 10-16.00
☎ 01/251 30 31 / 251 36 54

Coiffure pour Dames

WebeR
Eingang
Parfumerie Lenhard
Bahnhofstrasse 39
8001 Zürich   Telefon 211 97 31

Villeroy&Boch
CRÉATION

Gerbergasse/Ecke Seidengasse,
8001 Zürich, Telefon (01) 221 29 67

6   **7**   **8**

• Textarbeit •

Wo findet man was? Wohin sollten folgende Leute gehen?

_____ Eine junge Frau möchte sich einen Badeanzug kaufen.
_____ Es regnet, und ein amerikanischer Tourist hat keine Regenkleidung mitgenommen.

_____ Eine Touristin aus Deutschland begeistert sich für extravagante Schuhe.

_____ Eine Studentin möchte sich die Haare schneiden lassen.

_____ Ein Ehepaar aus Österreich möchte Souvenirs kaufen.

_____ Ein Tourist aus Kanada interessiert sich für Möbel aus dem 18. Jahrhundert.

_____ Eine junge Frau möchte einen Lippenstift kaufen.

_____ Ein älterer Herr trinkt gerne Tee.

B. Im KaDeWe. Das **Ka**ufhaus **des We**stens in Berlin ist ein Einkaufsparadies. Sehen Sie sich den Etagenplan an.

KAUFHAUS DES WESTENS

Wo finde ich was?

KaDeWe Etagenplan

Erdgeschoß	= Ⓔ
1. Etage	= ①
2. Etage	= ②
3. Etage	= ③
4. Etage	= ④
5. Etage	= ⑤
6. Etage	= ⑥

A

Absatzbar Mister Minit	③
Alles für das Bad	④
Alles für das Kind	①
Ann Christine-Shop	②
Antiquitäten-Shop	⑤
Auslegeware	⑤
Autozubehör	④
Autoradios	④

B

Babybekleidung	①
Babywickeltisch	②
Bade- und Strandmoden	①
Bank (BHI)	①
Beleuchtungsabteilung	⑤
Berlinsouvenirs	④
Berufsbekleidung	①
Bettenabteilung	⑤
Bettwasche	⑤
Bilder-Automat	③Ⓔ
Bilder, Bilderrahmen	③④
Bilderdienst	③
Bodenbeläge	⑤
Briefmarkenautomat	①③
Bücher	③
Bürotechnik	③

C

Café	Ⓔ
Campingartikel	①
CD-Platten	③
Charles Jourdan	Ⓔ
Christ (Uhren/Schmuck)	Ⓔ
Computer	③
Confiserie	Ⓔ

D

Damenbademoden	①
Damenhüte	②
Damenkonfektion	②
Damenlederbekleidung	②
Damenstrümpfe	Ⓔ
Damenwäsche	①
Davidoff	Ⓔ
Devisenschalter (BHI)	①

E

Echte Teppiche	⑤
Elektrogroß- und -kleingeräte	⑤
Erste Hilfe	②
Escada-Moden	Ⓔ
Esprit	②

F

Fahrräder	Ⓔ
Feinschmecker-Étage	⑥
Feinschmecker-Service	⑥
Fernseher	③
Fernsprecher	①③⑤⑥
Fogal - Strümpfe	Ⓔ
Fotoabteilung	③
Fotokopierer	③
Frisiersalon	①
Frottierwaren	①
Fundbüro	①

G

Garderobe	②
Gardinen	⑤
Gardinenzubehör	⑤
Garne	①
Gartencenter	④
Geldautomat EC	②
Geschenkartikel	④
Glasabteilung	④

H

Handarbeiten	①
Handschuhe	Ⓔ
Haushaltwaren	④
Heimtextilien	⑤
Heimtierbedarf	④
Herrenartikel	Ⓔ
Herrenbademoden	①
Herrenhüte	Ⓔ

Herrenkonfektion	②
Herrenstrickmoden	Ⓔ
Herrenstrümpfe	Ⓔ
Herrentrikotagen	Ⓔ
Herrenwäsche	Ⓔ
HiFi-Geräte	③
Hochzeits-Boutique	①
Hochzeits-Service	①
Hobby- und Heimwerker	④
Hundeaufbewahrung	Ⓔ
Hundesalon	Ⓔ

I

Informationsstand	Ⓔ

J

Jeansshop	②
Journale	Ⓔ⑥
Junge Mode	②

K

Kleinmöbel	⑤
Küchenstudio	⑤
Kinderkonfektion	①
Kinderwagen	③
Kinderschuhe	①
Knabenbekleidung	①
Körbwaren	Ⓔ
Kosmetikabteilung	Ⓔ
Kosmetikstudio	Ⓔ
Kreditvermittlung	①
Kristallwaren	④
Kuchenstand	Ⓔ⑥
Kundendienstcenter	①
Kundengarderobe	②
Kunstgewerbe	④
Künstliche Blumen	④
Kurzwaren	①

L

Lampen	⑤
Laura Ashley	②
Lebensmittel	⑥
Lebensmittel-Bestellannahme	⑥
Lederwaren	Ⓔ
Lotto- und Totoannahme	①
Louis Feraud	②

M

Malschule Liebenau	Ⓔ
Mädchenbekleidung	①
Mehrwertsteuer- rückerstattung	①
Miederwaren	①
Mister-Minit-Service	③
Modewaren	Ⓔ②
Modeschmuck	Ⓔ②
Mondi-Shop	②
Musikinstrumente	③

N

Nachtwäsche	①
Nähmaschinen	①

O

Optik	③
Optiker Bode	Ⓔ
Orient-Teppiche	⑤

P

Parkhausübergänge:	
Parkhaus 1	②③
Parkhaus 2	
Aufzüge	①②③④⑤⑥
Parfümerie	Ⓔ
Partyservice	⑥
Paßbilderautomat	Ⓔ ③
Pelze	②
Perücken	③
Pflanzen	Ⓔ④
Porzellan	④
Principales	②
Putz- und Raumpflegemittel	④

R

Radios	③
Reisebüro	①
Restaurants	③⑤

S

Sammelkasse	②
Samsonite	Ⓔ
Sanitärartikel	④
Schallplatten	③
Schirme	①
Schmuck (Fa. Christ)	Ⓔ

Schnittmuster	①
Schreibwaren	③
Funny Paper	①
Schürzen	①
Schuhabteilung	Ⓔ
(Kinderschuhe)	①
Silberterrasse	⑤
Sonnenbrillen	Ⓔ
Optiker Bode	Ⓔ
Spiegelshop	⑤
Spielwaren	③
Sportartikel	③
Stoffe	①
Süßwaren	Ⓔ⑥

T

Tabakwaren	Ⓔ⑥
Teppiche	⑤
Theaterkasse	①
Tischwäsche	⑤
Toiletten	①②③④⑤
Totoannahme	①
Triangle-Shop	②

U

Uhren	Ⓔ ③
Umstandsmoden	②

V

Verpackungsservice	③
Versicherungen	①
Verzehrstände	⑥
Videogeräte	③

W

Wallis Shop	②
Wiener Café	Ⓔ
Wolle	①

Z

Zeitschriften/ Zeitungen	Ⓔ⑥
Zigaretten/Zigarren	Ⓔ⑥
Zille-Stube - SB-Restaurant	③

WC ♿ Toiletten im Übergang, Parkhaus 1, 3. Etage

• Textarbeit •

1. **Gruppenarbeit**: Wo finde ich was?

   a. Sie suchen T-Shirts.

   b. Sie möchten Schokolade kaufen.

   c. Sie suchen Mode für junge Leute.

   d. Sie wollen Ihrer Großmutter ein Souvenir von Berlin mitbringen.

   e. Sie brauchen Haarspray.

   f. Sie wollen Dollar in DM umtauschen.

   g. Sie möchten Karten für eine Theatervorstellung bestellen.

   h. Sie wollen Ansichtskarten schreiben.

   i. Das KaDeWe ist voll, und Sie haben Ihren Hund **dabei**.

   j. Sie haben Hunger und wollen schnell eine Kleinigkeit essen.

   k. Sie müssen telefonieren.

   l. Sie können einen bestimmten Artikel nicht finden.

2. Was können Sie im KaDeWe finden, das es in einem typischen amerikanischen Kaufhaus nicht gibt?

with you

SCHREIBEN

A. **Annonce.** In welchem Geschäft kaufen Sie besonders gern ein? Schreiben Sie eine Zeitungsannonce für Ihr Lieblingsgeschäft.

B. **Nicht vergessen!** Machen Sie sich eine Liste mit Dingen, die Sie unbedingt erledigen müssen, wenn Sie eine Europa-Reise machen wollen. When Germans write lists with reminders, they usually use the infinitive form of the verb, and the German infinitive, as you now know, is in the last position.

Beispiel: Reisepaß besorgen

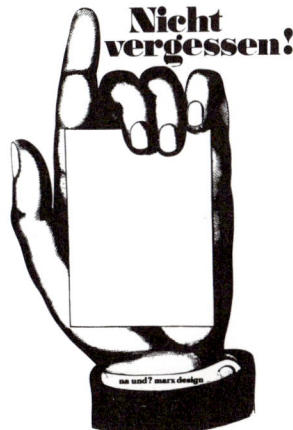

Nicht vergessen!

na und? marx design

KULTUR

Einkaufskultur

In diesem Kapitel haben Sie gesehen, daß viele Deutsche immer noch gern in kleinen Fachgeschäften einkaufen. Diese kleinen Geschäfte befinden sich im Stadtzentrum und sind bequem mit den öffentlichen Verkehrsmitteln zu erreichen.

Doch auch in Deutschland ist der Trend **unübersehbar**: Immer mehr Kunden kaufen in großen Supermärkten und **Verbrauchermärkten** ein. Diese Märkte sind so groß, daß sie im Stadtzentrum keinen Platz haben. Sie liegen am Stadtrand und sind meistens nur mit dem Auto zu erreichen.

evident
huge discount stores
(warehouse style)

- Ist größer also besser? Machen Sie eine Liste von Vor- und Nachteilen der kleinen Fachgeschäfte und der großen Verbrauchermärkte.

	Vorteile	**Nachteile**
Fachgeschäft	gute Qualität	teuer
	. . .	. . .
Verbrauchermarkt	. . .	. . .

- Wo kaufen Sie ein, im Fachgeschäft oder im Verbrauchermarkt? Im Stadtzentrum oder im Shopping-Center am Stadtrand?
- Warum?

Leben in der Stadt

Das Leben in der Stadt

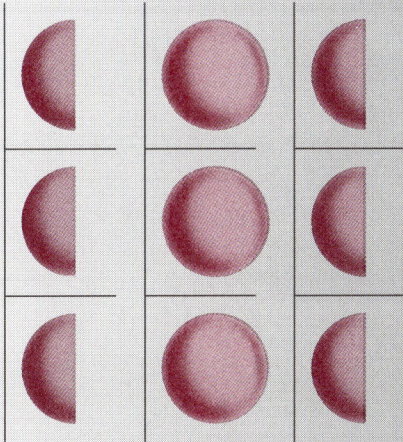

LERNZIELE

In this chapter you will learn about city life in Austria, Germany and Switzerland and how one gets around in the cities. You will acquire some skill in asking directions to find places in a German city, and you will be able to describe events that happened in the past.

Beryl Goldberg

Lesehilfen

• Bildwörterbuch •

Peter Menzel/Stock, Boston

Ulrike Welsch/Photo Researchers

Klaus Lehnartz/Bilderdienst
Süddeutscher Verlag

Beryl Goldberg

Im Englischen Garten in
München

Ein Biergarten in
München

Das Nationaltheater in München

Kino

• Globalstrategien •

Was erwarten Sie?

Um welchen Texttyp handelt es sich bei dem folgenden Text? Sehen Sie sich
das Format an. Wer ist der Absender des Briefes? Wer ist der Empfänger?
Welche Information erwarten Sie in einem persönlichen Brief?

Das wissen Sie schon!

Dieses Kapitel handelt auch vom kulturellen Leben in der Stadt. Denken Sie
darüber nach, welche Aktivitäten und Veranstaltungen man zum kulturellen
Leben zählt. Was kann man in Großstädten wie München alles unternehmen?

• Detailstrategien •

Kultur im Kontext

Im Text werden einige Sehenswürdigkeiten von München erwähnt. Im Nationaltheater werden Schauspiele aufgeführt. Der Englische Garten ist der
älteste Stadtpark der Welt. Er wurde als „englischer" Park konzipiert, in dem

die Pflanzen natürlich wachsen, im Gegensatz zu einem formalen „französischen" Park.

Das Buch *Herbstmilch*, die Lebenserinnerungen der Bäuerin Anna Wimschneider, war jahrelang ganz oben in der Bestseller-Liste. Auch der Film wurde ein großer Erfolg.

Franz Xaver Kroetz ist einer der meistgespielten zeitgenössischen Dramatiker. In seinen frühen gesellschaftskritischen Stücken, zu denen auch *Stallerhof* zählt, **setzt er sich mit Abhängigkeit und Unterdrückung auseinander.**

he deals with dependency and suppression

Grammatik im Kontext

Im Text kommen Verbformen vor, die bisher noch nicht erklärt worden sind. Einige dieser Formen können Sie wahrscheinlich erkennen, weil sie im Deutschen und Englischen ähnlich sind. Maria Meister schreibt über vergangene Ereignisse. Dabei benutzt sie ein Tempus der Vergangenheit, das Perfekt. Im Grammatikteil erfahren Sie mehr über das Perfekt.

Lieber Wolfgang,

vielen Dank für deinen Brief. Es tut mir leid, daß ich so lange nicht geschrieben habe. Christinas Kinder waren einige Tage bei uns, weil Christina und Helmut nach Zürich gefahren sind, um eine Wohnung zu suchen. Im Herbst ziehen sie um. Die Kinder sind lieb, aber ziemlich anstrengend. Christina hat sie am Freitag nachmittag wieder abgeholt. Danach habe ich mich erst einmal erholt, und dann haben Edith und ich viel unternommen. Am Samstag abend sind wir zum Essen gegangen und anschließend haben wir uns endlich!! den Film „Herbstmilch" angeschaut. Der Film war ausgezeichnet, aber das Kino war übervoll und wir mußten lange **an der Kasse anstehen.** Am Sonntag abend haben wir im Nationaltheater „Stallerhof" von Franz Xaver Kroetz gesehen. Unsere Nachbarn hatten Karten für die Vorstellung, aber sie waren verhindert und haben uns die Karten angeboten. Das Stück ist nicht gerade mein Geschmack, aber die **Inszenierung** war gut.

an der Kasse anstehen—stand in line (for tickets)

Inszenierung—*production*

Für heute nachmittag haben wir auch schon Pläne. Im Englischen Garten gibt's ein Konzert, und danach setzen wir uns in einen Biergarten, weil das Wetter so schön ist. Seit Wochen haben wir schon herrliches Wetter. Ich muß Schluß machen, weil wir gleich los müssen. Wir sehen uns ja in ein paar Wochen. Mein Zug kommt um 16.35 Uhr in Leipzig an. Ich rufe Dich aber vor meiner Abreise noch an.

Herzliche Grüße an Renate und Günter,

Mama

• Textvorschau •

In diesem Text berichtet Maria Meister ihrem Sohn Wolfgang, was sie am Wochenende alles unternommen hat und was sie noch unternehmen will.

• Textarbeit •

1. **Maria und Edith Meister unternehmen am Wochenende viel.** Bestimmen Sie die richtige Reihenfolge.

   _____ Am Sonntag abend haben wir im Nationaltheater *Stallerhof* von Franz Xaver Kroetz gesehen.

   _____ Ich habe mich erst einmal erholt.

   _____ Und anschließend haben wir uns endlich!! den Film *Herbstmilch* angeschaut.

   _____ Christina hat die Kinder am Freitag nachmittag wieder abgeholt.

   _____ Und danach setzen wir uns in einen Biergarten.

   _____ Wir mußten lange an der Kasse anstehen.

   _____ Im Englischen Garten gibt's ein Konzert.

   _____ Am Samstag abend sind wir zum Essen gegangen.

2. **Analyse.** Persönliche Briefe.

   a. Wie fängt man einen persönlichen Brief an?

   b. Was kann man sagen, wenn man zum Ende kommen will?

   c. Wie beendet man einen Brief?

3. **Wortfeld „kulturelles Leben''.** Schreiben Sie alle Wörter und Ausdrücke im Text auf, die zum Wortfeld „kulturelles Leben'' gehören.

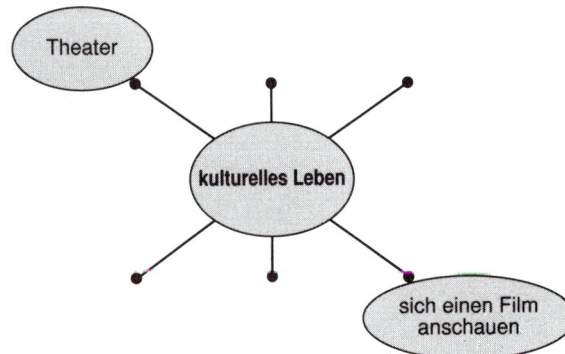

Sprechen

1. **Machst du das gern? Partnerarbeit.** Stellen Sie sich gegenseitig Fragen.

   Beispiel: A: Gehst du gern in die Oper?
   B: Nein, Opern finde ich langweilig.

• Miniwörterbuch •

in die Oper			

in die Oper
ins Konzert/Theater/Kino
in den Biergarten
in die Kneipe
in die Fußgängerzone
in Ausstellungen *exhibits*
ins Museum

} gehen | ...finde ich
...sind/ist

{ interessant
langweilig
gut
toll
?

2. Wo ist...? Partnerarbeit. Sehen Sie sich den Stadtplan von Zürich an und fragen Sie sich gegenseitig, wo die folgenden Gebäude sind: das Kunsthaus, die Oper, die Universität, die Zentralbibliothek, das Grossmünster, das Fraumünster.

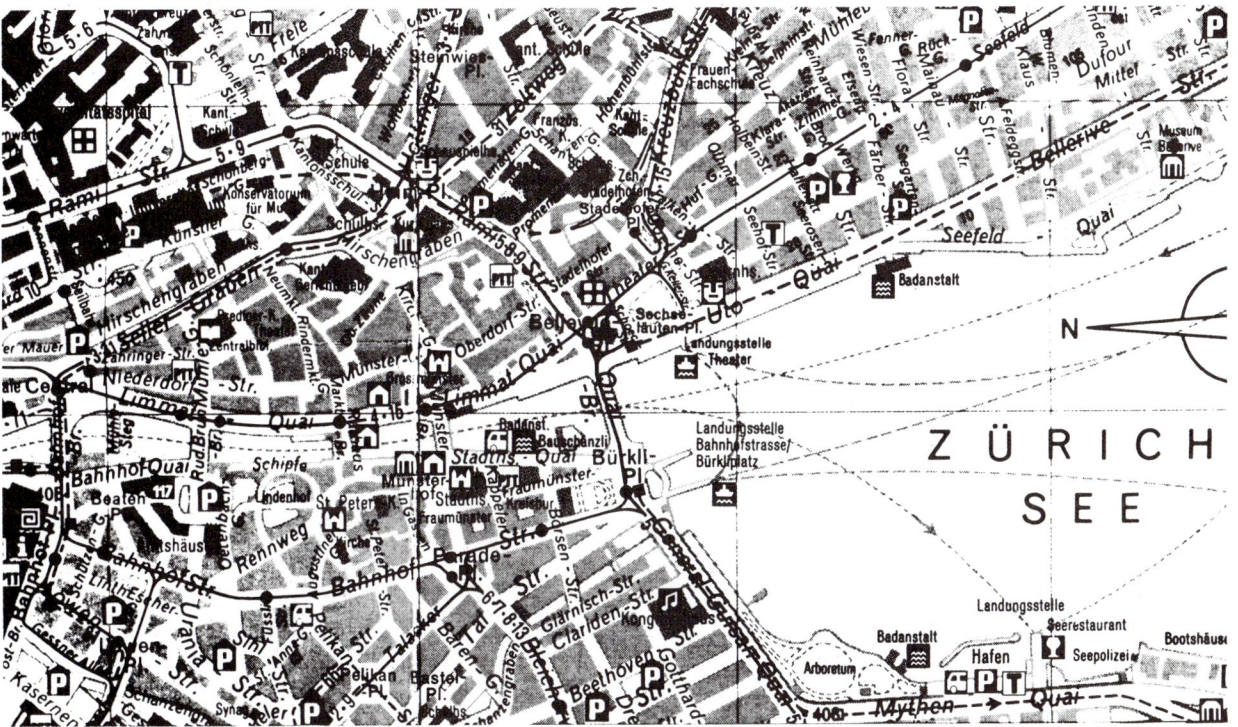

Beispiel: A: Wo ist das Fraumünster?
B: In der Münsterstraße, nicht weit von der Limmat.

• Miniwörterbuch •

am...Platz	*on...Square*
in der...Straße	*on...Street*
nicht weit von...	*not far from...*
in der Nähe von...	*in the vicinity of...*
(direkt) gegenüber...	*(directly) across from...*
die Limmat	*ein Fluß durch die Stadtmitte Zürichs*

HÖREN

A. **Wie war's in Zürich**? Christina erzählt ihrer Großmutter von ihrer Reise nach Zürich. Hören Sie sich das Gespräch an und konzentrieren Sie sich darauf, was Christina in Zürich gemacht hat.

• Textarbeit •

Information. Beantworten Sie folgende Fragen.

1. Warum sind Christina und Helmut nach Zürich gefahren?

2. In welchem Hotel haben sie übernachtet?

3. Wo liegt das Hotel?

4. Was haben sie in Zürich gemacht?

5. Wofür hatten sie keine Zeit?

6. Was sagt Christina über Zürich?

acrobats

B. **Auf der Zeil**. Die Zeil in Frankfurt ist die längste und umsatzstärkste Einkaufsstraße in Deutschland. Aber die Zeil ist noch mehr: Es gibt Straßencafés und Straßentheater, **Artisten** und Musiker aller Art.

Ulrike Welsch

Auf der Zeil

Hören Sie an, was Sabine Herbold (19) über Frankfurt und die Zeil sagt.

• Textarbeit •

1. **Information**. Sabine Herbold spricht in dem Interview über ihre Eindrücke von Frankfurt.

   a. Woher kommt sie?

b. Was macht sie in Frankfurt?

c. Wie sieht sie Frankfurt im Vergleich zu ihrem Heimatort?

	Frankfurt	Sabines Heimatort
positiv		
negativ		

d. Was überrascht sie an Frankfurt?

e. Warum ist sie heute auf die Zeil gegangen?

2. Analyse. Gibt es Unterschiede zwischen typisch amerikanischen Einkaufs-straßen und deutschen Einkaufsstraßen wie der Zeil?

GRAMMATIK

The Present Perfect Tense

• Use of the Present Perfect Tense •

In German there is no difference in meaning between the following two sentences:

present perfect:	Wir **haben** schönes Wetter **gehabt**.	*We had nice weather.*
simple past:	Wir **hatten** schönes Wetter.	

Both the present perfect tense and the simple past tense refer to a completed action or state in the past. The difference between German present perfect tense and simple past tense is mainly one of usage. The present perfect tense is usually used for more informal situations, for example in casual conversation or informal writing, particularly if the speaker/writer wants to personalize an event and make it more immediate. The simple past tense is used in more formal situations, in written as well as in spoken German. Radio and T.V. news, for example, are mostly in the simple past tense. The verbs **sein**, **haben** and the modal verbs, however, are usually in the simple past, both for formal and informal German.

Christinas Kinder **waren** zwei Wochen lang bei uns.	*Christina's children stayed with us for two weeks.*
Unsere Nachbarn **hatten** Karten.	*Our neighbors had tickets.*
Wir **mußten** lange an der Kasse anstehen.	*We had to wait a long time at the box office.*

Formation of the Present Perfect Tense

The present perfect tense is formed with the inflected form of **haben** or **sein** and the past participle of the main verb. The inflected verb and the past participle form a sentence bracket.

Wir **haben** viel **unternommen**.	*We did a lot of things.*
Sie **sind** nach Zürich **gefahren**.	*They went to Zurich.*

Use of haben or sein

Most verbs use the auxiliary verb **haben** to form the present perfect tense:

Christina **hat** sie am Freitag wieder **abgeholt**.	*Christina picked them up again on Friday.*
Wir **haben** uns erst einmal **erholt**.	*First of all, we relaxed.*
Sie **haben** uns die Karten **angeboten**.	*They offered us the tickets.*

A few verbs use the auxiliary verb **sein** to form the present perfect tense. These are verbs that indicate a change of location or condition and do not have an accusative object.

Sie **sind** nach Zürich **gefahren**.	*They went to Zurich.*
Am Samstag abend **sind** wir zum Essen **gegangen**.	*We went out to eat Saturday evening.*
Wir **sind** spät **aufgewacht**.	*We woke up late.*
Die Kinder **sind** wirklich groß **geworden**.	*The children have really gotten big.*

The verbs **sein** (to be) and **bleiben** (to stay, to remain) also use **sein** in the present perfect:

Christinas Kinder **sind** zwei Wochen lang bei uns **gewesen**.	*Christina's children were with us for two weeks.*
Sie **sind** zwei Wochen lang bei uns **geblieben**.	*They stayed with us for two weeks.*

Übung

TASK — Supply appropriate auxiliary for the present perfect tense.

Haben oder sein? Die folgenden Sätze aus dem Text *Wir haben viel unternommen* sind im Präsens. In the sentences below decide whether the verbs take **haben** or **sein** as auxiliary verbs. Base your decision on the criteria just described.

Beispiel: Die Kinder machen viel Arbeit.
haben: the verb has an accusative object

1. Es tut mir leid.

2. Die Kinder sind lieb.

3. Im Herbst ziehen sie um.

4. Im Englischen Garten gibt's ein Konzert.

5. Dann setzen wir uns in einen Biergarten.

6. Der Zug kommt um 16.35 Uhr in Leipzig an.

The Past Participle

In German, as well as in English, there are two basic groups of verbs: weak verbs and strong verbs. They are distinguished by the way they form the simple past and the past participle.

Past Participle of Weak Verbs. In German, the past participle of weak verbs is formed by adding the prefix **ge-** and the suffix **-t** to the verb stem:

infinitive	verb stem	past participle
suchen	such-	**ge**such**t**

Verbs with stems ending in **-d** or **-t** insert an **-e-** between the stem and the suffix to facilitate pronunciation:

   arbeiten   arbeit-   **ge**arbeite**t**

Verbs ending in **-ieren** do not add the prefix **ge-**:

   studieren   studier-   studier**t**

Übungen

TASK — Supply the appropriate auxiliary for the present perfect tense.

A. Bei uns war viel los. Eine Nachbarin erzählt Maria Meister, was sie am Wochenende gemacht hat. Supply the correct form of **haben** or **sein**.

1. Unser Sohn Boris _____ am Freitag geheiratet.

2. Katharina und er _____ die Hochzeit lange geplant.

3. Wir _____ hier in München gefeiert.

4. Alle unsere Verwandten _____ gekommen.

5. Aber wir _____ viel Arbeit gehabt.

TASK — Supply appropriate present perfect tense forms.

B. Viel zu tun! Maria Meister erzählt ihrem Sohn, was sie am Wochenende alles gemacht hat. Supply the present perfect tense form of the verbs.

KURT: Was (machen) du denn am Wochenende?

MARIA: Ich (planen) meine Reise nach Leipzig. Ich (holen) mir meine Fahrkarte. Dieses Mal (kaufen) ich eine Fahrkarte 1. Klasse. Sie (kosten) gar nicht soviel. Dann (besorgen) ich mir eine Reiselektüre für die lange Fahrt.

KURT: Ich (schicken) dir einen interessanten Artikel über Leipzig. (kriegen) du ihn schon?

C. Ausgehen. Supply the correct present perfect tense form of the verb.

CARLA: (reservieren) du einen Tisch?
MAX: Ja, das (machen) ich schon am Vormittag.

KELLNER: (schmecken) es Ihnen?
GAST: Ja, sehr gut.

GAST: Herr Ober, wo bleibt mein Bier? Ich (bestellen) es schon vor einer Viertelstunde.
KELLNER: Entschuldigung, aber ich (hören) Ihre Bestellung nicht.

Past Participle of Strong Verbs. The past participle of strong verbs is formed by adding the prefix **ge-** and the suffix **-en** or **-n** to the verb stem. Many strong verbs change their stem vowel and occasionally some of the consonants.

Infinitive	Past Participle
fahren	gefahren
schreiben	geschrieben
gehen	gegangen

In addition to the infinitive form, an appendix in the back of this text also gives the simple past and the past participle forms of strong verbs.

Übungen

A. Partizip Perfekt. Die folgenden Partizipien kommen in Maria Meisters Brief vor. Provide the infinitive forms. Use your glossary, if necessary.

geschrieben
gefahren
gegangen
gesehen

B. Auf der Zeil. Sabine Herbold erzählt ihrer Tante, was sie auf der Zeil gesehen hat. Complete what she is saying with an appropriate past participle from the following list: **geblieben, gefallen, gegangen, gesehen, gesessen, getrunken, zugesehen.**

Heute hat es mir auf der Zeil so gut _____, daß ich den ganzen Nachmittag dort _____ bin. Es war wirklich was los. Ich habe sogar einen Feuerschlucker _____. Dann bin ich in ein Café _____ und habe ein Kännchen Kaffee _____. Ich habe einfach _____ und habe allem _____.

Past Participle of Mixed Verbs. A few verbs form their past participles with the suffix **-t** but also change their stem vowel (and some consonants):

Infinitive	Past Participle
bringen	gebracht
kennen	gekannt
wissen	gewußt

Past Participle of Verbs with Prefixes. The past participle of (strong and weak) verbs with <u>inseparable</u> prefixes is formed without the prefix **ge-**:

Infinitive	Past Participle
erholen	erholt
unternehmen	unternommen

Am Wochenende haben wir uns erst einmal **er**holt
Dann haben wir viel **unter**nommen.

The first thing we did on the weekend was relax.
Then we did a lot of things.

The past participle of (strong and weak) verbs with <u>separable</u> prefixes is formed by inserting **-ge-** between the prefix and the verb stem:

Infinitive	Past Participle
abholen	abgeholt
anbieten	angeboten

Christina hat sie am Freitag wieder ab**ge**holt.
Sie haben uns die Karten an**ge**boten.

Christina picked them up again on Friday.
They offered us the tickets.

Übungen

TASK — Supply infinitive forms for past participles.

A. Partizip Perfekt. Die folgenden Partizipien kommen in Maria Meisters Brief vor. Can you give their infinitive forms? Which verbs are weak and which are strong?

> **Beispiel:** geschrieben
> schreiben, *strong*

gefahren
abgeholt
erholt
unternommen
gegangen
angeschaut
gesehen
angeboten

TASK — Produce present perfect tense.

B. Herzliche Grüße aus Leipzig! Maria Meister schreibt ihrer Tochter Edith eine Ansichtskarte aus Leipzig. Complete the postcard with the correct auxiliary verb and past participle.

> Leipzig, 2. Juli
>
> Liebe Edith,
>
> Ich _____ gut in Leipzig _____ (ankommen). Ich _____ mich mit einem netten Ehepaar aus Dresden _____ (unterhalten). Sie _____ bei ihren Verwandten in München _____ (sein). Der Zug _____ pünktlich _____ (abfahren), aber eine Stunde zu spät _____ (ankommen). Günter _____ mich vom Bahnhof _____ (abholen).
>
> Herzliche Grüße von allen,
>
> Mama

TASK — Produce present perfect tense.

C. Schön war's, aber anstrengend. Karin Wagner erzählt einer Bekannten von ihrem Kurzurlaub in Wien. Complete what she is saying with the correct auxiliary verb and past participle.

> **Beispiel:** Wir (fahren) nach Wien.
> Wir sind nach Wien gefahren.

Wir (aufstehen) jeden Morgen sehr früh. Den ganzen Tag (herumlaufen) wir in der Stadt. Wir (ansehen) jede Kirche! Nachmittags (tun) uns die Füße weh. Wir (gehen) jedesmal in ein anderes Café und (essen) jede Menge Torte. Die Sachertorte (schmecken) besonders gut. Am Samstag abend (anschauen) wir „Die Zauberflöte". Nachher (fahren) wir nach **Grinzing**. Es (geben) so viel zu sehen.

a section of Vienna famous for its wine bars

Stadtleben

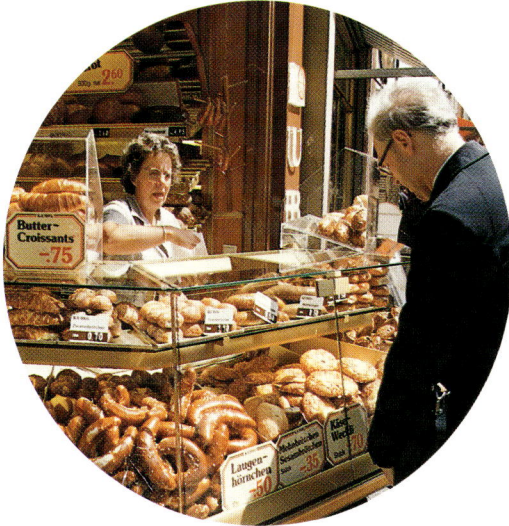

Beim Bäcker—Brot, Brötchen, Hörnchen, Gebäck (Owen Franken/German Information Center)

Rothenberg ob der Tauber—Eine mittelalterliche Stadt (Cameramann)

Markt in Bonn—Auf dem Markt gibt's auch Blumen (J. Douglas Guy)

Türkisches Lebensmit-
telgeschäft in Frankfurt
—In Deutschland leben
über 5 Millionen
Ausländer (Cary
Wolinsky/Stock,
Boston)

Stadtplan in Hamburg
—Wir sind hier
(David R. Frazier)

Berlin—Auf dem Ku'damm
(David R. Frazier)

Das Cranach Haus in Weimar—Touristen-Stop in der ehemaligen DDR (J. Douglas Guy)

Am Geldautomaten— Meistens zahlt man bar (J. Douglas Guy)

Der Kornhauskeller in Bern— Dort gibt es traditionelle Schweizer Küche (Margot Granitsas/The Image Works)

Straßenmusikanten in Wien—In der Fußgängerzone ist immer was los (Tony Freeman/PhotoEdit)

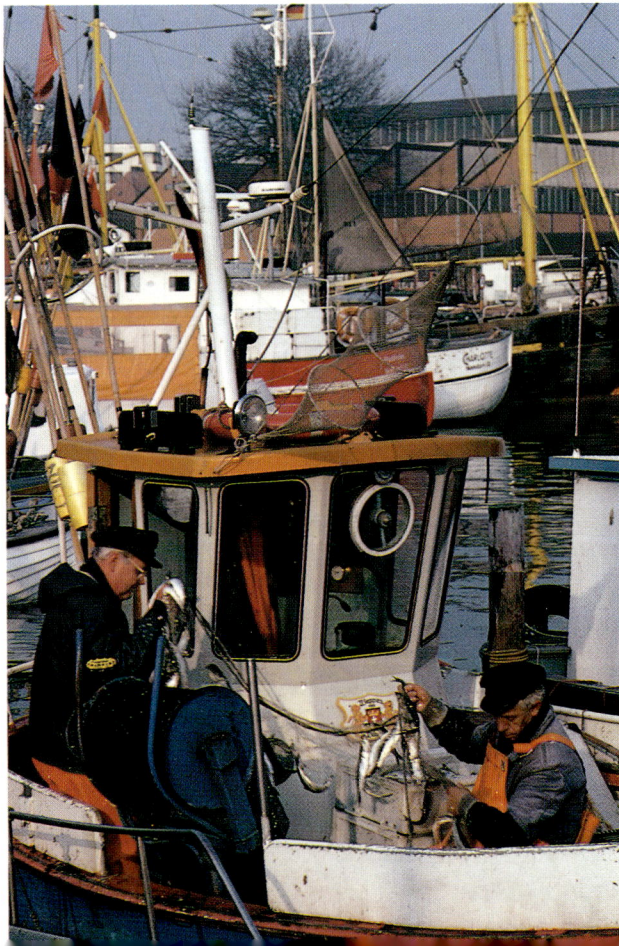

Hafen in Niendorf bei Lübeck—Fischer bei der Arbeit (Ulrike Welsch)

TASK — Produce present perfect tense.

D. Haben Sie das schon gesehen? Ulla und Gerold Siegel sind vor kurzem nach Wien gezogen. Ihre neuen Nachbarn wollen wissen, was sie schon alles gesehen haben. Complete their questions.

> **Beispiel:** den Stephansdom anschauen
> Haben Sie schon den Stephansdom angeschaut?

1. im Prater sein

2. an der Donau entlang spazierengehen

3. die Kapuzinergruft sehen

4. die Albertina besuchen

5. in die Kapuzinergruft gehen

6. eine Vorstellung im Burgtheater anschauen

7. im Café Demel Kuchen essen

TASK — Personalized exercise to produce present perfect tense.

E. Was hast du am Wochenende gemacht? Arbeiten Sie mit einem Partner und erzählen Sie sich gegenseitig, was Sie am Wochenende gemacht haben.

> **Beispiel:** A: Ich bin sehr früh aufgestanden, und dann habe ich gemütlich gefrühstückt....

Hier sind einige Partizipien, die Sie benützen können:

aufgestanden	gelernt	besucht
gefrühstückt	ausgegangen	gesprochen
gelesen	gefahren	angeschaut/angesehen
gearbeitet	weggefahren	angehört

The Simple Past Tense

In German the difference between the present perfect and simple past is mainly one of usage. The simple past is usually used in more formal situations, in written as well as in spoken German. However, even in informal German the verbs **haben** and **sein**, and the modal verbs are used more frequently in the simple past.

• The Simple Past of **haben** and **sein** •

	haben	sein
ich	hatte	war
du	hattest	warst
er, sie, es	hatte	war
wir	hatten	waren
ihr	hattet	wart
sie	hatten	waren

Übungen

TASK — Produce simple past tense.

A. Das war aber anstrengend! Maria Meister erzählt einer Nachbarin über ihre Erfahrungen als Babysitter. Complete what she is saying with the correct simple past tense form of the verbs.

1. Unsere Urenkelkinder (sind) knapp eine Woche bei uns.

2. Meine Enkeltochter und ihr Mann (sind) in Zürich.

3. Ich (haben) viel zu tun.

4. Die Kleine (sein) sehr anstrengend.

5. Die beiden (sein) ja lieb, aber ich (haben) überhaupt keine Ruhe.

TASK — Produce simple past tense.

B. Schön war's! Christina erzählt ihrer Mutter, wie es in Zürich war. Rekonstruieren Sie den Dialog im Präteritum.

> **Beispiel:** (Sein) das Wetter schön?
> War das Wetter schön?

LUISE: Wie (sein) es in Zürich?
CHRISTINA: Schön (sein) es. Wir (haben) herrliches Wetter.
LUISE: (Sein) ihr im Kaufhaus Globus?
CHRISTINA: Nein, wir (haben) leider überhaupt keine Zeit. Wir (sein) die ganze Zeit auf Wohnungssuche.

• The Simple Past of the Modal Verbs •

The modal verbs form the simple past according to this pattern: stem (without the umlaut) + **t** + personal ending.

	dürfen	**können**	**mögen**[1]	**müssen**	**sollen**	**wollen**
ich	durfte	konnte	mochte	mußte	sollte	wollte
du	durftest	konntest	mochtest	mußtest	solltest	wolltest
er, sie, es	durfte	konnte	mochte	mußte	sollte	wollte
wir	durften	konnten	mochten	mußten	sollten	wollten
ihr	durftet	konntet	mochtet	mußtet	solltet	wolltet
sie	durften	konnten	mochten	mußten	sollten	wollten

[1]**mögen** *also has a consonant change*

Übungen

TASK — Express past-to-present time frame.

A. Tagebuch. Petra Kleist schreibt in ihr Tagebuch, was sie von der Klassenfahrt hält, von der sie eben zurückgekommen ist. Setzen Sie die Verben ins Präteritum.

Die Klassenfahrt (sein) eine Katastrophe. Wir (müssen) immer in der Gruppe bleiben. Nichts (dürfen) wir allein unternehmen. Ich (wollen) in ein Falco-Konzert gehen, aber ich (müssen) ein Schauspiel im Burgtheater anschauen. In die Show von André Heller (wollen) sie auch nicht gehen. Dazu (haben) wir keine Zeit!! Aber ich (müssen) alle Museen und Kirchen in Wien anschauen.

TASK — Produce simple past tense.

B. Schön war's! Christina und ihre Mutter unterhalten sich weiter über die Reise nach Zürich. Rekonstruieren Sie den Dialog im Präteritum.

CHRISTINA: Wir (müssen) lang suchen. Wir (wollen) eine Wohnung in einer ruhigen Gegend finden, und sie (sollen) nicht zu teuer sein.
LUISE: (Können) ihr nicht einmal ins Theater gehen?
CHRISTINA: Das (sein) leider nicht möglich. Ich (wollen) zuerst eine Wohnung finden. Das (sein) nicht leicht. Wir (dürfen) keine Zeit verlieren. Viele Wohnungen (mögen) ich nicht, und viele (sein) einfach zu teuer.

TASK — Decide on use of simple past tense or present perfect tense and produce appropriate forms.

to mail

C. Nicht aufgegeben. Margrit Zinggeler hat einer Freundin eine Ansichtskarte aus Wien geschrieben, hat aber vergessen, sie **aufzugeben**. Schreiben Sie die Ansichtskarte noch einmal. Use the present perfect tense or the simple past tense. Review the guidelines for their use, if necessary.

> 10. Juli
>
> Liebe Nicole,
>
> ich bin in Wien. Mir gefällt es ganz ausgezeichnet. Leider kann ich nicht lange bleiben. Am Dienstag muß ich wieder zu Hause sein. Ich sehe mir alle Museen und Galerien an. Jeden Nachmittag gehe ich in ein anderes Café. Das Café Demel mag ich besonders gern. Die Zeit vergeht viel zu schnell.
>
> Bis bald,
>
> Margrit

Past Time Continuing into the Present

The three time frames—before, now, later—can be expressed with different tenses. English and German do not always use the same tenses to refer to a certain time frame. As you have seen, the German present perfect and simple past tense both refer to a completed action or state in the past. In English, only the simple past refers to a completed event in the past.

To refer to an event that began in the past and continues into the present, English uses the present perfect, whereas German uses the present tense and one of the following phrases:

schon (lang) Die Kinder **sind schon** eine Woche **lang** bei uns.
The children have already been with us for a week.
Wie lang **sind** die Kinder **schon** bei euch?
How long have the children been with you?

(schon) seit   Wir **haben schon seit** Wochen herrliches Wetter.
                 We've had gorgeous weather for weeks.
                 Sie **wohnen seit** fünf Jahren in Zürich.
                 They've been living in Zürich for five years.

Übungen

TASK — Identify time frame and tense.

A. Zeit und Tempus. What tense is the verb? What time frame is expressed?

Beispiel: Wir wohnen schon fünf Jahre hier.
               present tense—past time continuing into present

1. Christina und Helmut sind nach Zürich gefahren.

2. Seit Montag sind sie in Zürich.

3. Am Dienstag waren sie auf Wohnungssuche.

4. Sie hatten keine Zeit, ins Theater zu gehen.

5. Sie haben eine nette Wohnung gefunden.

6. Im Herbst ziehen sie um.

7. Am Freitag kommen sie wieder zurück.

TASK — Identify time frame and tense.

B. Zeit und Tempus. Michaela Erdlinger, eine Studentin an der Universität Wien, erzählt von ihrem Studium. Welches Tempus wird benutzt? Welcher Zeitrahmen wird ausgedrückt?

Beispiel: Seit einem Semester studiere ich in London.
               present tense—past time continuing into present

Ich bin in Graz geboren und aufgewachsen. Dort bin ich auch zur Schule gegangen. Seit dem Wintersemester 1989 studiere ich an der Universität Wien. Im letzten Semester habe ich an der London School of Economics studiert. Das war sehr interessant. Nächstes Semester studiere ich an der Harvard Universität. Ich habe ein Stipendium bekommen. In zwei Jahren mache ich mein Diplom. Dann werde ich eine Stelle im Ausland suchen.

TASK — Express past-to-present time frame.

C. Wie lange? Frau Holzer, die neugierige Nachbarin, möchte wieder viel wissen. Übernehmen Sie Frau Meisters Rolle und antworten Sie ihr.

Beispiel: Wie lange ist Karin schon geschieden? (zwei Jahre)
               Sie ist seit zwei Jahren geschieden.

1. Wie lange studiert Sabine schon in den USA? (ein Jahr)

2. Seit wann lebt Karin in Hamburg? (vier Jahre)

3. Wie lange ist Christina schon zu Hause? (drei Jahre)

4. Wie lange sind Christina und ihr Mann schon in Zürich? (drei Tage)

LESEN

A. Wiener Stadtplan. Sehen Sie sich den Stadtplan von Wien an und beantworten Sie dann folgende Fragen:

WIEN

• Textarbeit •

1. Information.

a. Wien hat einen „Ring". Schreiben Sie alle Namen der Ringstraßen auf.

b. Die Universität (56) ist am Burgring. Wo ist
das Parlament (54)?
die Börse (42)?
die Staatsoper (22)?

c. Das Kunsthistorische Museum (14) ist am Maria Theresien Platz. Wo ist
das Rathaus (55)?
die Michaelerkirche (5)?
die Votivkirche (57)?

d. Das Fernsehtheater (29) ist in der Himmelpfortgasse. Wo ist
das alte Rathaus (39)?
das Volkstheater (16)?
das Landhaus (48)?

2. Analyse. Der Plan zeigt das Stadtzentrum von Wien. Welche Unterschiede sehen Sie zwischen dem Stadtzentrum von Wien und dem einer typischen amerikanischen Großstadt?

Ulrike Welsch/Photo Researchers

autogerechten–*built-for-cars*

ersetzt–*to replace*

zweckfreien–*aimless*

B. Leben in den Straßen. Der folgende Text ist ein Auszug aus einem Artikel in *scala*. Bevor Sie den Text lesen, sehen Sie sich das Foto unten an. Es zeigt die Fußgängerzone in Düsseldorf. Was kann man in einer typischen deutschen Fußgängerzone sehen und tun?

Leben in den Straßen

Michael Siluk/The Image Works

Die Fußgängerzone hat in den letzten Jahren überall Karriere gemacht. Von Autos befreit, erlaubt sie mit Brunnen, Bäumen, Musikanten und Pflastermalern den Passanten ein buntes Leben auf der Straße.

Noch in den sechziger Jahren sprachen die Stadtplaner von der „**autogerechten** Stadt''. Das Ergebnis: Lärm, Abgase in den Citys, Fußgänger, die kaum noch die Straßen überqueren konnten. Und abends waren die Innenstädte leer. Außer Autos war hier kaum noch etwas zu sehen. Das hat sich mittlerweile gründlich geändert. Heute spricht man von der „fußgängerfreundlichen Stadt''.

Von Flensburg bis Garmisch-Partenkirchen gibt es Fußgängerzonen, in denen Autos nichts verloren haben. Ladenpassagen, Galerien, Bäume, Laternen, Brunnen, Straßencafés laden zu einem Bummel ein. Die Fußgängerzone wird zur „Piazza'', zum Treff-

punkt für alle, wo es zugeht, wie ganz früher auf Marktplätzen.

Für viele **ersetzt** die Fußgängerzone den Ausflug in die städtischen Waldgebiete. Denn die City sucht keineswegs nur auf, wer hier etwas zu erledigen hat. Meinungsforscher haben festgestellt, daß ein Großteil der Fußgänger „**zweckfreien** Tätigkeiten nachgeht, wie Schaufensterbummel, Spazierengehen usw.''

• Textarbeit •

1. **Information.** Die Innenstadt früher und heute.

   a. Für wen hat man früher die Innenstädte geplant?

   b. Wie sahen sie aus?

   c. Für wen plant man die Innenstädte heute?

   d. Was sieht man in den Citys?

   e. Warum kommen viele Leute in die City?

2. **Wortfeld „Fußgängerzone"**. Schreiben Sie alle Wörter und Ausdrücke im Text auf, die zum Wortfeld „Fußgängerzone" gehören.

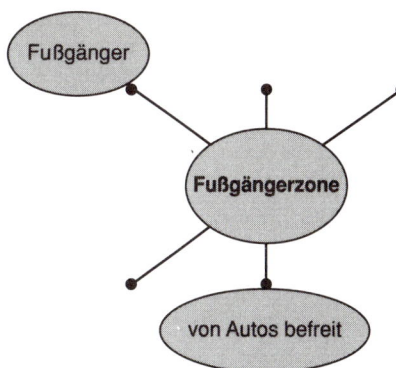

Sprechen

Fremd in Wien. Gruppenarbeit. Wie komme ich am besten von hier zu...? Ein Student in Ihrer Gruppe übernimmt die Rolle eines Touristen, der sich nach dem Weg erkundigt. Die anderen versuchen, ihm den Weg zu erklären. Benützen Sie den Stadtplan von Wien auf Seite 203.

• Miniwörterbuch •

Wie erkundigt man sich auf deutsch nach dem Weg?

Entschuldigung. Wissen Sie, wo...ist?
Excuse me. Do you know where ... is?
Entschuldigen Sie, wie komme ich von hier zu...?
Excuse me. How do I get from here to ...?
Können Sie mir bitte sagen, wo...ist?
Can you please tell me where ... is?

Wie erklärt man auf deutsch den Weg?

geradeaus	*straight ahead*
bis zu	*on up to*
nach links/rechts abbiegen	*to turn left/right*
überqueren	*to cross*
an...vorbeikommen/ vorbeigehen	*to pass*
gegenüber	*across from*
an der Ecke	*at the corner*
an der nächsten Kreuzung	*at the next intersection*
an der zweiten Ampel	*at the second traffic light*
Seitenstraße	*side street*

Beispiel: Sie stehen vor dem Stephansdom (1) und wollen wissen, wie Sie zum Heldenplatz kommen.
A: Entschuldigen Sie bitte, wie komme ich von hier zum Heldenplatz?
B: Gehen Sie geradeaus. An der Opernpassage biegen Sie nach rechts in den Opernring ab. Gehen Sie wieder geradeaus. Sie kommen an der Hofburg vorbei, und dann sehen Sie rechts den Heldenplatz.

1. Sie sind am Heldenplatz und wollen zum Rathaus (55).

2. Sie sind am Michaelerplatz und wollen zum Stephansdom (1).

3. Sie stehen vor dem Stephansdom und wollen zum Prater.

SCHREIBEN

A. Meine Stadt. Was würden Sie einem Fremden in ihrer Stadt zeigen? Stellen Sie einen Plan zusammen.

B. Mein Tagebuch. Legen Sie sich ein Tagebuch an und tragen Sie ein, was Sie letztes Wochenende gemacht haben.

KULTUR

Die Stadt

● Sehen Sie sich die Namen dieser Städte an: Augsburg (Deutschland), Brandenburg (Deutschland), Burgdorf (Schweiz), Hamburg (Deutschland), Magdeburg (Deutschland), Rothenburg (Deutschland), Salzburg (Österreich), Waldenburg (Schweiz). Welches Element haben alle Städte gemein?

indicated / fortress
surrounded / offered
protection / developed
were extended

Im frühen Mittelalter **bezeichnete** das Wort „Burg" **eine Festung**, die von einer Mauer **umgeben** war. Die Festung **bot** den Bewohnern innerhalb und außerhalb der Mauern **Schutz**. Um diese Burgen herum **entwickelten** sich die Städte. Oft **wurden** die Mauern **erweitert**, um die neuen Gebiete einzuschließen. In vielen Städten kann man noch Teile der alten Stadtmauern sehen.

City names ending in **-berg**, **-bad**, **-markt**, **-dorf**, **-bruck**, **-furt**.

● Sehen Sie sich auf einer Landkarte die Städtenamen in den deutschsprachigen Ländern genauer an. Können Sie andere Elemente finden, die viele Städte gemein haben? Woher, glauben Sie, haben diese Städte ihren Namen?

Lesehilfen

• Bildwörterbuch •

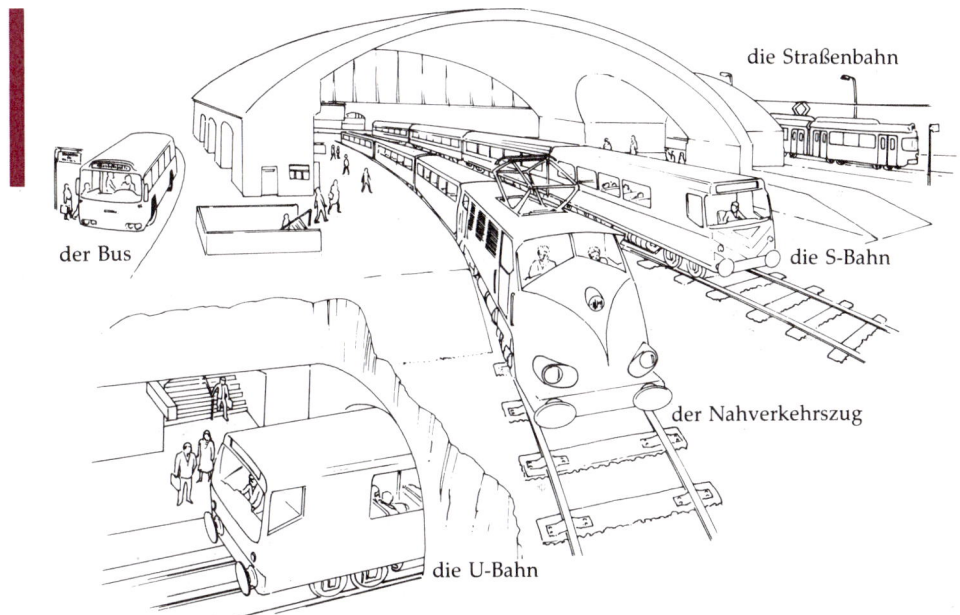

die Straßenbahn

der Bus

die S-Bahn

der Nahverkehrszug

die U-Bahn

• Globalstrategien •

Was erwarten Sie?

Das Format des Textes sagt Ihnen, um welche Textsorte es sich hier handelt. Wer ist der Absender, an welchem Ort schreibt er den Brief? Wer ist der Empfänger? Sehen Sie sich den Titel des Kapitels und das *Bildwörterbuch* an. Wovon, glauben Sie, handelt der Text? Von welcher Perspektive aus wird der Brief wohl geschrieben?

Das wissen Sie schon!

Wie kommen Sie in Ihrer Stadt herum? Kommen Sie aus einer Großstadt oder einer Kleinstadt? Was wissen Sie über das öffentliche Verkehrssystem in einer Stadt wie Minneapolis?

• Detailstrategien •

Wortbildung

In diesem Text kommen viele Komposita vor, die das Element Bahn enthalten. Sehen Sie sich das *Bildwörterbuch* an. Was glauben Sie ist eine U-Bahn, S-Bahn, Straßenbahn?

Kultur im Kontext

inspected

In Deutschland muß jedes Auto alle zwei Jahre zum TÜV (Technischer Überwachungsverein). Dort wird es technisch **überprüft**. Nur Autos, die vom TÜV überprüft sind, dürfen auf den Straßen fahren. Im ersten Teil des Kapitels haben Sie Stadtpläne von verschiedenen europäischen Städten gesehen. Können Sie verstehen, warum Sabine erwähnt, daß die meisten Straßen in Minneapolis gerade verlaufen?

• Textvorschau •

In diesem Brief beschreibt Sabine ihrer Familie ihre ersten Eindrücke von Amerika. Wenn Sie den Text lesen, denken Sie daran, daß Sabine ihre Erfahrungen von einer europäischen Perspektive aus beschreibt.

Wie kommt man hier herum?

Minneapolis, 6. Oktober

Liebe Mutti,

strange

imagine

jetzt bin ich seit fünf Wochen hier, und alles ist immer noch neu und **fremd** für mich. Die Stadt und das Leben hier sind ganz anders als zu Hause. Im Stadtgebiet und in der näheren Umgebung leben mehr als zwei Millionen Menschen. Und **stell Dir vor**, es gibt keine U-oder S-Bahn und keine Nahverkehrszüge. Nicht mal eine Straßenbahn gibt es. Wie kommt man hier herum? Mit dem Auto!! Es gibt zwar Busse, aber die Verkehrsverbindungen sind schlecht. Während des Tages geht es ja noch, aber abends fahren sie nur jede Stunde. Ich wohne in der Nähe der Uni und kann zu Fuß gehen. Aber es ist mühsam, ohne Auto einkaufen zu gehen oder abends wegzugehen. Alles liegt hier so weit auseinander.

get lost

Ich **verlaufe** mich immer noch oft, weil alles so ähnlich aussieht. Minneapolis ist nicht mal 150 Jahre alt, und die meisten Gebäude sind nicht sehr alt, vor allem die im Stadtzentrum. Da habe ich wirklich Probleme, mich zu orientieren, weil jeder Straßenzug wie der andere aussieht. Eigentlich sollte es gar nicht so schwierig sein, denn die meisten Straßen haben Nummern statt Namen und verlaufen von Osten nach Westen und von Norden nach Süden.

Im Stadtgebiet gibt's wunderschöne Seen und riesige Parks. Doch da kommt man natürlich nur mit dem Auto hin. Eine meiner

an old car

> Mitbewohnerinnen hat ein Auto, und wir fahren am Wochen-
> ende oft an einen der Seen. Ohne Auto kommt man hier kaum
> zurecht. Sobald ich etwas mehr Geld habe, kaufe ich mir einen
> alten **Karren**. Hier gibt's keinen TÜV!!
>
> Sonst geht's mir gut. An der Uni kenne ich mich schon ganz gut
> aus. Ich schreibe bald mehr.
>
> > Grüße alle recht herzlich von mir,
> >
> > Sabine

• Textarbeit •

1. **Information.** Sabine lebt erst seit fünf Wochen in Minneapolis. Vieles ist noch neu für sie. Welche Dinge erwähnt sie und wie beschreibt sie sie? Ergänzen Sie die Tabelle.

Was erwähnt sie?	Kommentar
Stadt und Leben	sind ganz anders als zu Hause

2. **Analyse. Gruppenarbeit.**

   • Sabine erwähnt, daß das Leben in den Vereinigten Staaten ganz anders ist. Sie erwähnt, zum Beispiel, daß es in Amerika schwer ist, ohne Auto herumzukommen. Welche Schlußfolgerungen können Sie daraus ziehen? Wie ist es wohl in Deutschland? Suchen Sie die Stellen im Text, aus denen Sie Schlußfolgerungen für Sabines Leben in Deutschland ziehen können.
   • Sabine schreibt, daß sie sich noch oft in Minneapolis verläuft. Wie orientieren Sie sich in einer amerikanischen Stadt? Waren Sie oder Ihre Familie schon einmal in Europa? Haben Sie sich verlaufen? Wie orientiert sich wohl ein Europäer?

3. **Wortfeld „öffentlicher Verkehr" und „Stadt".** Suchen Sie alle Wörter und Ausdrücke im Text auf, die zu den Wortfeldern „öffentlicher Verkehr" und „Stadt" gehören.

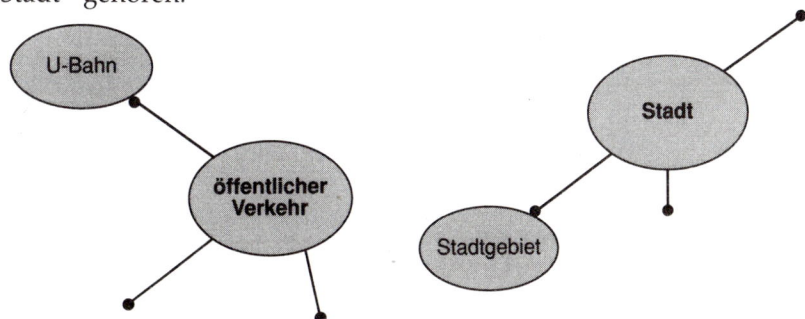

Sprechen

1. **Umfrage: Wie kommst du herum? Gruppenarbeit.** Beantworten Sie folgende Fragen in Ihrer Gruppe und stellen Sie dann eine Statistik für den ganzen Kurs auf.

   a. Hast du ein Auto?

   b. Wenn ja, ist es zuverlässig?

   c. Wenn ja, wozu benutzt du es?

   d. Wie kommst du zur Uni?

   e. Benutzt du die öffentlichen Verkehrsmittel?

2. **Wie komme ich von hier zu . . . ? Partnerarbeit.** Übernehmen Sie die Rollen eines freundlichen Münchners und eines Touristen, der sich mit den Nahverkehrsmitteln nicht auskennt. Sie stehen beide an der U-Bahn-Haltestelle Universität (U6). Der Münchner erklärt dem Touristen, wie er von dort zu seinem Ziel kommt. Nehmen Sie den U- und S-Bahnplan zu Hilfe. Wechseln Sie die Rollen.

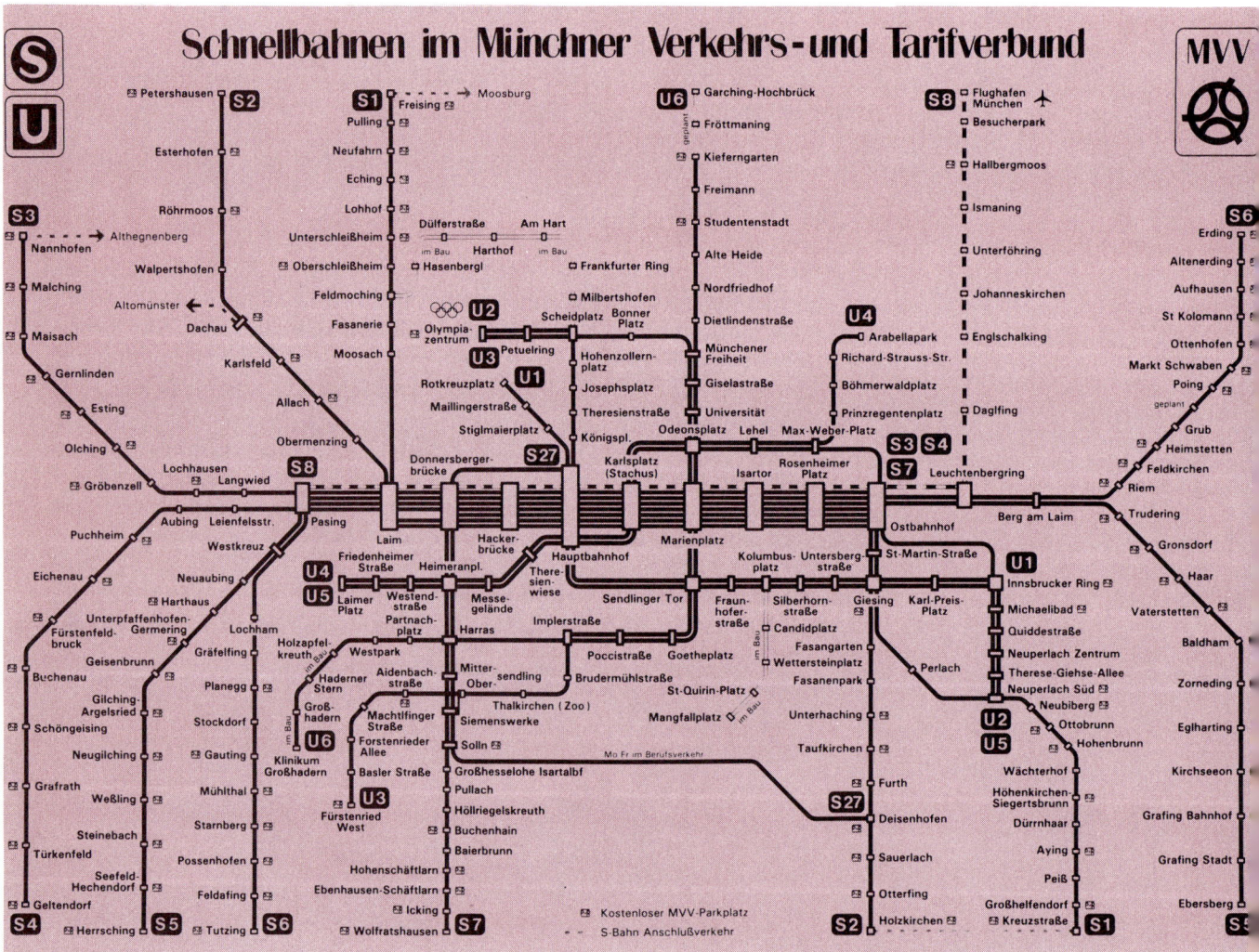

Schnellbahnen im Münchner Verkehrs- und Tarifverbund

a. zum Oktoberfest. Es ist auf der Theresienwiese (U5).

b. zum Flughafen. Er ist in Riem (S6).

c. zum Pferderennen in Daglfing (S3).

d. zum Schloß Oberschleißheim (S1).

e. nach Dachau (S2).

f. zum Gärtnerplatztheater. Es ist in der Nähe der U-Bahnhaltestelle Fraunhoferstaße (U1).

Beispiel: Entschuldigung, wie komme ich von hier nach Pasing?
Steigen Sie in die U6 Richtung Holzapfelkreuth.
Am Marienplatz müssen Sie umsteigen.
Sie können mit der S3, S4 oder S6 nach Pasing fahren.

• Miniwörterbuch •

einsteigen	*to get on, to board*
aussteigen	*to get off*
umsteigen	*to change, transfer*

HÖREN

A. Wie fahren Sie zur Arbeit? Der Verkehr in den Städten wird immer dichter. Oft geht gar nichts mehr, der Verkehr steht. Die *Abendzeitung* fragte Münchner, wie sie zur Arbeit fahren. Im folgenden hören Sie, was vier der Befragten antworteten.

• Textarbeit •

Information. Wie kommen die Befragten zur Arbeit? Füllen Sie die Tabelle aus.

	Mann 1	Frau 1	Frau 2	Mann 2
Wie kommen sie zur Arbeit?				
Welche Gründe nennen sie?				

B. Am Fahrkartenschalter. Sie hören drei Dialoge am Fahrkartenschalter.

• Miniwörterbuch •

einfach	*one way*
hin und zurück	*round trip*
Rückfahrkarte	*round trip ticket*
1. Klasse, 2. Klasse	*first-class, second-class*

• Textarbeit •

Information. Füllen Sie die Tabelle aus.

	Dialog 1	**Dialog 2**	**Dialog 3**
Fahrkarte nach			
wie viele Personen			
1. Klasse / 2. Klasse			
einfach / hin und zurück			
Platzreservierung			
Preis			

GRAMMATIK

Der-Words

The demonstrative adjectives **dieser** (this) and **jeder** (every, each; *plural*: **alle**) and the question word **welcher** (which) have the same endings as the definite article. As with the definite article, the endings agree in gender, number and case with the noun they modify. For that reason, they are often referred to as **der**-words.

Hält dieser Zug in Pasing?	*Does this train stop in Pasing?*
Fährt diese Straßenbahn zum Bahnhof?	*Does this streetcar go to the train station?*
Jeder Straßenzug sieht wie der andere aus.	*Every block looks like the others.*
Auf welchem Bahnsteig fährt der Zug ab?	*From which platform does the train depart?*

Here is a review of **der**-word endings:

	m	*f*	*n*	*pl*
nominative	dieser	diese	dieses	diese
dative	diesem	dieser	diesem	diesen
accusative	diesen	diese	dieses	diese

Übungen

A. Ein Tourist hat viele Fragen. Ergänzen Sie die richtigen Nominativ-Endungen.

TASK—Supply nominative **der**-word endings.

Beispiel: Welch_____ Straßenbahn fährt nach Schwabing?
Welche Straßenbahn fährt nach Schwabing?

1. Welch_____ Bus hält an der Münchner Freiheit?

2. Fährt jed_____ U-Bahn zum Hauptbahnhof?

3. Fährt dies_____ Zug nach Würzburg?

4. Welch_____ Weg ist denn kürzer?

TASK—Supply dative **der**-word endings.

B. Noch mehr Fragen. Ergänzen Sie die richtigen Dativ-Endungen.

Beispiel: Mit welch_____ Bus muß ich fahren?
Mit welchem Bus muß ich fahren?

1. Hält der Zug an jed_____ Station?

2. Kann ich mit dies_____ Straßenbahn nach Schwabing fahren?

3. Von welch_____ Fahrkartenautomaten sprechen Sie?

4. Gibt es Fahrkarten für die U-Bahn an all_____ Fahrkartenautomaten?

TASK—Supply accusative **der**-word endings.

C. Noch mehr Fragen. Ergänzen Sie die richtigen Akkusativ-Endungen.

Beispiel: Welch_____ S-Bahn kann ich nehmen?
Welche S-Bahn kann ich nehmen?

is valid

1. Gilt die Fahrkarte für all_____ öffentlichen Verkehrsmittel?

2. Kann ich dies_____ Straßenbahn nehmen?

3. Welch_____ Bus soll ich nehmen?

4. Kann ich dies_____ Fahrkarte auch für die Straßenbahn benutzen?

TASK—Supply **der**-word endings for accusative, dative and nominative.

D. In München. Eine freundliche Münchnerin hilft einem Touristen. Ergänzen Sie die richtigen Endungen.

Beispiel: Auf welch_____ Gleis fährt die U6 ab?
Auf welchem Gleis fährt die U6 ab?

TOURIST: Welch_____ U-Bahn fährt nach Schwabing?
PASSANTIN: D_____ U6.
TOURIST: An welch_____ Haltestelle muß ich aussteigen?
PASSANTIN: Sie können an d_____ Giselastraße oder an d_____ Münchner Freiheit aussteigen.
TOURIST: Kann ich dies_____ Fahrkarte hier benutzen?
PASSANTIN: Nein, dies_____ Fahrkarte gilt nur für d_____ Zug. Fahrkarten für all_____ öffentlichen Verkehrsmittel können Sie in dies_____ Fahrkartenautomaten bekommen.
TOURIST: Kann ich mit dies_____ Fahrkarte mit jed_____ öffentlichen Verkehrsmittel fahren?
PASSANTIN: Ja, mit d_____ Straßenbahn, d_____ U- und S-Bahn und mit d_____ Bus.

TASK—Supply **der**-word endings for accusative, dative and nominative.

E. In Wien. Gesa und Jens Zinn machen Urlaub in Wien. Sie überlegen, in welches Café sie dieses Mal gehen sollen. Ergänzen Sie die richtigen Endungen.

JENS: In welch_____ Kaffeehaus sollen wir denn heute gehen?
GESA: Zum Demel.
JENS: In d_____ Kaffeehaus waren wir doch schon.
GESA: Müssen wir wirklich in jed_____ Kaffeehaus in Wien gehen?
JENS: Ja, ich möchte all_____ sehen.
GESA: Wir können gar nicht in all_____ Kaffeehäuser gehen. Es gibt zu viele. Schau mal, dies_____ Café hier sieht sehr nett aus.
JENS: Welch_____ Café meinst du?

Weak Nouns

Some masculine nouns add **-en**[1] in all cases except the nominative singular.

Die Passantin hilft dem Touris**ten**.	*The passer-by helps the (male) tourist.*
Frag doch den Passant**en** da.	*Why don't you ask that (male) passer-by?*

Many nouns that denote male beings and take the following suffixes are weak nouns.

1. **-ent**   der Student
          der Präsident

2. **-ist**   der Tourist
          der Polizist

3. **-at**   der Kandidat

4. **-e**   der Kollege
          der Kunde

5. **-ant**   der Passant

Some other weak nouns are **Herr**[2], **Mensch**, **Nachbar**[3], **Automat**.

Übung

TASK–Weak nouns.

Vor dem Fahrkartenautomaten. Ergänzen Sie die korrekte Form der Nomen.

Ein _____ (Tourist) steht etwas ratlos vor dem _____ (Fahrkartenautomat). Schließlich fragt er einen _____ (Passant): „Wie komme ich von hier nach Daglfing?" „Tut mir leid", antwortet der _____ (Passant). „Ich kenne mich hier auch nicht aus." Der Tourist fragt einen anderen _____ (Passant). „Ich habe keine Zeit", antwortet dieser. „Fragen Sie doch den _____ (Polizist) dort." Der _____ (Polizist) ruft einen _____ (Kollege). Der kann dem _____ (Tourist) helfen.

---

[1]**-n** if the noun ends in **-e**

[2]adds **-n** in singular, **-en** in plural

[3]adds **-n**

Genitive

• Use of the Genitive Case •

A noun phrase in the genitive case modifies another noun. The genitive often indicates possession or a close relationship.

das Auto **meiner Mitbewohnerin**	*my roommate's car*
in der Nähe **der Universität**	*in the vicinity of the university*

German uses the genitive for both persons and things:

das Auto **seines Vaters**	*his father's car*
am Ende **der Straße**	*at the end of the street*

In spoken German a prepositional phrase with **von** (+ *dative*) is frequently substituted for the genitive.

das Auto **von meiner Mitbewohnerin**	*my roommate's car*
in der Nähe **von der Universität**	*in the vicinity of the university*

• Formation of the Genitive Case •

You have learned that the case of a noun-phrase is signaled by the form of the **der-/ein**-word preceding the noun, and sometimes by the form of the noun itself.

der-Words and ein-Words in the Genitive

The genitive endings of **der**-words and **ein**-words are identical:

m	f	n	pl
des	der	des	der
keines	keiner	keines	keiner

Nouns in the Genitive

Masculine and neuter nouns add the ending -(**e**)**s** in the genitive; -**es** is usually used if the noun has one syllable only or ends in -**s**, -**ß** or -**z**, and -**s** is used if the noun has more than one syllable.

kurz vor Abfahrt des Zug**es**	*shortly before the departure of the train*
in der Nähe des Bahnhof**s**	*in the vicinity of the train station*

Weak nouns add the ending -(e)**n** in the genitive, as well as in the dative and accusative.

in der Nähe des Fahrkartenautomat**en**   *in the vicinity of the ticket vending machine.*

Feminine and plural nouns have no ending in the genitive:

in der Nähe der Universität   *in the vicinity of the university*
eine meiner Mitbewohnerinnen   *one of my roommates*

Most dictionaries, including the glossary in the back of this text, provide the genitive form of a noun following the gender marker.

Zug *m* (-(e)s/ ̈ e)   → des Zuges
Automat *m* (-en/-en)   → des Automaten
Bahn *f* (-/-en)   → der Bahn

Übung

Genitiv. Finden Sie die Genitivphrasen in den folgenden Filmtiteln.

FILME

Residenz, Schillerstraße 30—32: Robin Hood — König der Diebe. 13.30, 16.45, 20 Uhr, ab 12 J.
Prinzess, Schillerstraße 30—32: Die nackte Kanone 2 1/2. 15.45, 18.15, 20.45 Uhr, ab 12 J.
Rex, Am Markt 11: Rex A: Switch — Die Frau im Manne. 15, 17.30, 20 Uhr, ab 12 J. / Rex B: Backdraft — Männer, die durchs Feuer gehen. 14.30, 17.30, 20.30 Uhr, ab 16 J. / Rex C: Gefährliche Brandung. 15.15, 17.45, 20.15 Uhr, ab 16 J. / Rex D: Boy Soldiers. 15.15, 17.45, 20.15 Uhr, ab 16 J.
Broadway, Neubrunnenstraße 1: Oscar. 15.30, 18, 20.30 Uhr, ab 6 J.
City, Spritzengasse 4: Tödliche Gedanken. 16, 18.30, 21 Uhr, ab 16 J.
Capitol, Neubrunnenstraße 9: Bis ans Ende der Welt. 15, 20 Uhr, ab 12 J. / Leningrad Cowboys go America. 18.15 Uhr, ab 18 J. / Die Ritter der Kokosnuß. 23.15 Uhr, ab 16 J.
CC, Große Bleiche 17: CC 1: Manta — Der Film. 15.30, 18, 20.30 Uhr, ab 6 J. / CC 2: Manchmal kommen sie wieder. 15.45, 18.15, 20.45 Uhr, ab 16 J. / CC 3: Lieblingsfeinde — Eine Seifenoper. 15.45, 18.15, 20.45 Uhr, ab 12 J. / CC 4: Der mit dem Wolf tanzt. 15.30, 19.30 Uhr, ab 12 J. / CC 5: Stone Cold. 15.30, 18, 20.30 Uhr, ab 18 J. / CC 6: Das Schweigen der Lämmer. 15.30, 18, 20.30 Uhr, ab 16 J. / CC 7: Das Leben stinkt. 15.45, 18.15, 20.45 Uhr, ab 12 J.

TASK—Identify genitive case and note word order with the genitive.

Analyse. An welcher Position steht die Genitivphrase im Deutschen?

Position of the Genitive Phrase

The genitive phrase usually follows the noun it modifies:

das Auto **meiner Mitbewohnerin**   *my roommate's car*
in der Nähe **der Universität**   *in the vicinity of the university*

Proper names, however, usually precede the noun they modify. They add
-s (without an apostrophe) in the genitive[1].

Sabines Mitbewohnerin   *Sabine's roommate*
Frau Meisters Wohnung   *Mrs. Meister's apartment*
Herrn Meisters Auto[2]   *Mr. Meister's car*

Übungen

TASK—Supply genitive
phrases.

A. Wo ist die nächste Telefonzelle? Antworten Sie mit einer Genitivphrase.

Beispiel: am Ende/diese Straße
am Ende dieser Straße

1. in der Nähe/das Olympiastadion
2. in der Nähe/der Bahnhof
3. in der Mitte/der Platz
4. im ersten Stock/das Gebäude
5. im Untergeschoß/das Kaufhaus
6. am Ende/diese Gasse

TASK—Supply genitive
phrases.

B. Wann wirst du damit fertig? Antworten Sie mit einer Genitivphrase.

1. am Anfang/die Woche
2. zu Beginn/das Semester
3. am Ende/das Jahr
4. in der Mitte/die Woche
5. gegen Ende/der Monat

TASK—Supply genitive
phrases.

C. Besitzverhältnisse. Jochen Schwagers leiht sich alles. Ergänzen Sie die
Sätze mit einer Genitivphrase

1. Jochen fährt mit dem Auto/sein Vater.
2. Er benutzt den Computer/sein Zimmerkollege
3. Er leiht sich das Fahrrad/seine Freundin aus.
4. Er hat den Fernseher/seine Großmutter.
5. Er raucht die Zigaretten/seine Freunde.

---

[1]Proper names ending in -s, -ß or -z add an apostrophe only. Frequently, the prepositional phrase **von** (+ dative) is substituted.

Johann Strauß' Walzer
die Walzer von Johann Strauß

[2]note the two genitive markers.

LESEN

A. Das neue Auto.

Fritz Wolf

BILDER AUS DER PROVINZ

DAS NEUE AUTO

1. Im Frühling ist die Sehnsucht nach einem neuen Auto . . .

2. . . . besonders ausgeprägt . . .

3. . . . und durch viele Männerträume geistern die neuesten Modelle.

4. »Ein Vorwand für die Anschaffung eines neuen Autos . . .

5. . . . läßt sich immer finden . . .

6. . . . und die Abstimmung mit der Frühjahrsgarderobe sollte auch kein Problem sein.

7. Kaufentscheidungen werden in der Regel am Stammtisch getroffen . . .

8. . . . und wer Schwierigkeiten hat, sein altes Auto in Zahlung zu geben . . .

9. . . . der sollte froh sein, wenn es ihm rechtzeitig geklaut wird.

• Miniwörterbuch •

der Gebrauchtwagen	*used car*
der Vorwand	*pretense*
die Abstimmung	*vote*
der Trabbi	*in der Ex-DDR produziertes Auto mit wenig PS*
die Bestattungskosten	*funeral expenses*
der Friedhof	*graveyard*
die Versicherung	*insurance*
klauen	*stehlen*

• Textarbeit •

1. Information.

   a. Bilder 1–3: Sehen Sie sich die drei Ehepaare an.

- Wer möchte jeweils ein neues Auto kaufen?
- Warum wohl im Frühling?
- Wie reagiert der Partner auf den Autowunsch?

   b. Bilder 4–6

- Welche Gründe bringen sie vor?

   c. Bilder 7–9

- Wo werden Kaufentscheidungen getroffen?
- Welche Kriterien spielen dabei eine Rolle?
- Welche Probleme ergeben sich oft beim Kauf eines neuen Autos?
- Was ist die beste Lösung?

2. Analyse.

- Über wen oder was macht sich Fritz Wolf lustig?
- Finden Sie die Karikatur lustig? Warum? Warum nicht?
- Was meinen Sie, welche Rolle spielt das Auto in Deutschland?
- Spielt das Auto Ihrer Meinung nach eine ähnliche Rolle in Nordamerika?

B. Der Kampf ums Dasein. Der folgende Text ist ein Auszug aus einem *Stern*-Artikel, in dem die Redakteurin Stefanie Rosenkranz berichtet, was sie mit ihrer „Ente" auf der Autobahn erlebte. Bevor Sie den Text lesen, überlegen Sie sich folgendes:

- Welche Erfahrungen, glauben Sie, machte die Redakteurin mit einem langsamen Auto auf der Autobahn?
- Welches Vokabular erwarten Sie in einem solchen Text? Im Text kommen viele unbekannte Wörter vor, deren Bedeutung Sie vielleicht aus dem Kontext erkennen können.
- Der Text ist im Präteritum geschrieben, aber die meisten Verbformen können Sie leicht erkennen.

• Miniwörterbuch •

die Ente	*Name für den 2 CV von Citroën, ein Kleinwagen mit wenig PS*
der Wagen	*das Auto*
der Renault 4	*ein französischer Kleinwagen mit wenig PS*
der Laster	*truck*
den Vogel zeigen	*a gesture—tapping the side of one's head with the index finger; communicates to another driver that one considers him/her to be out of his/her mind*

Einfädeln–*merging*

Reißverschlußsystem–*zipper system-alternation of one car from each of two lanes*

Provinztrottel–*country bumpkin*

wurde bestraft–*to be punished*

Der Kampf ums Dasein begann schon beim **Einfädeln** auf die Autobahn. Alle Autos wurden im **Reißverschlußsystem** eingelassen, nur ich nicht. Keiner hielt, auch nicht die Wagen mit dem Aufkleber „Vorsicht! Ich bremse für Tiere". Nach einer Minute hupte es hinter mir ganz schrecklich—ein Benz. Zum Glück ließ mich ein Renault 4 rein. Zwar konnte zwei Stunden lang keiner schneller fahren als 30, und im Stau sind alle Autos gleich, aber ich fühlte mich trotzdem wie ein **Provinztrottel**.

Dann lichtete sich der Stau, und meine Ente schnaufte mit ihrer Höchstgeschwindigkeit von 110 Stundenkilometern glücklich in Richtung Osnabrück. Bis vor uns das Unglück in Form eines riesigen Lasters mit Anhänger auftauchte, der 80 fuhr. Im Rückspiegel war weit und breit nichts zu sehen. Also setzte ich zum Überholen an. Als mein Auto gerade die erste Hälfte des Anhängers hinter sich hatte, bemerkte ich hinter mir einen BMW, der auf mich zuraste. Der BMW-Fahrer betätigte die Lichthupe, dann die echte Hupe. Seine Frau zeigte mir den Vogel. Endlich war ich am Laster vorbei und wieder auf der rechten Spur. Die wollte ich nie mehr verlassen. Doch da kam das nächste Unglück—ein Trabbi, der noch langsamer fuhr als ich. Da wagte ich mich wieder auf die Überholspur—und **wurde** prompt **bestraft**. Ein Mercedes-Fahrer begann wie wild zu blinken.

• Textarbeit •

1. **Information.**

   a. Welche schnellen und welche langsamen Fahrzeuge erwähnt die Redakteurin?

   b. Wie beschreibt sie das Verhalten der Fahrer schneller Autos?

   c. Was sagt sie über langsamere Autos?

2. **Analyse.**

   a. Wie würden Sie die Haltung der Redakteurin bezeichnen?

   b. Unterscheidet sich das Verhalten der deutschen Autofahrer von dem der Autofahrer in Ihrer Stadt? Warum? Warum nicht?

SCHREIBEN

A. **Statussymbol oder Transportmittel?** Beantworten Sie kurz die Frage eines Meinungsforschungsinstituts, was ein Auto für Sie bedeutet.

B. **Wir nicht. Gruppenarbeit.** Mit folgender Annonce wirbt der Verband Deutscher Verkehrsbetriebe für die öffentlichen Verkehrsmittel. Welche Argumente würden Sie anführen? Schreiben Sie eine kurze Annonce, die die Menschen zum Umsteigen auf öffentliche Verkehrsmittel überzeugen soll.

Mit der wachsenden Motorisierung ist die Zahl der Unfälle im Straßenverkehr immer weiter gestiegen. Obwohl im Jahre 1989 die Unfallzahlen leicht rückläufig waren, sind es immer noch fast 2,0 Mio. polizeilich erfaßte Unfälle mit 8.000 Toten und 450.000 Verletzten. Können wir bei diesen Zahlen einfach zur Tagesordnung übergehen? Sicherheitstechnische Maßnahmen allein reichen offenbar nicht aus.

Wir alle müssen umdenken und lernen, unsere Verkehrsmittel sinnvoller und überlegter zu gebrauchen. Und wesentlich häufiger Busse und Bahnen zu nutzen. Denn sie sind 40mal sicherer als jedes andere Verkehrsmittel. Täglich 18 Millionen Fahrgäste verlassen sich schon heute darauf.

Je mehr Menschen umdenken, desto besser für uns alle. Denn die Sicherheit der Menschen im Verkehr soll auch in Zukunft eine Zukunft haben.

Mit fast 2 Millionen Verkehrsunfällen im Jahr haben viele gelernt zu leben.

Wir nicht.

**ZEIT ZUM UMDENKEN
BUSSE & BAHNEN**

Eine Initiative des Verbandes Deutscher Verkehrsunternehmen und der Deutschen Bundesbahn.

KULTUR

Auto–ja oder nein?

Das Automobil hat das Leben der Menschen dramatisch verändert—aber nicht nur zum Vorteil.

Gruppenarbeit. Machen Sie eine Liste von Vor- und Nachteilen des privaten Autoverkehrs und beantworten Sie dann die Fragen unten.

Vorteile	Nachteile
Unabhängigkeit	Lärm
…	…

- Gibt es in Ihrer Stadt ein dichtes Netz öffentlicher Verkehrsmittel?
- Benutzen Sie die öffentlichen Verkehrsmittel in Ihrer Stadt? Warum? Warum nicht?
- Haben Sie ein eigenes Auto? Wenn ja, wozu benutzen Sie Ihr Auto?
- Könnten Sie auf ein eigenes Auto verzichten? Warum? Warum nicht?

Beryl Goldberg

Das Klima in Deutschland ist relativ feucht und kühl

InterNationes/Associated Press/German
Information Center

Auch im Winter gibt es Volksmärsche

Kleidung und Wetter

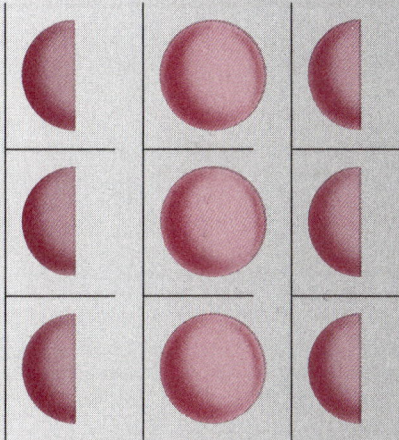

LERNZIELE

In this chapter you will learn about clothing, how you shop for it, and how you plan for clothing needs in various kinds of weather. You will also learn to understand printed and broadcast information about weather. Finally you will develop skill in describing clothing you are interested in buying or that someone is wearing.

Lesehilfen

• Bildwörterbuch •

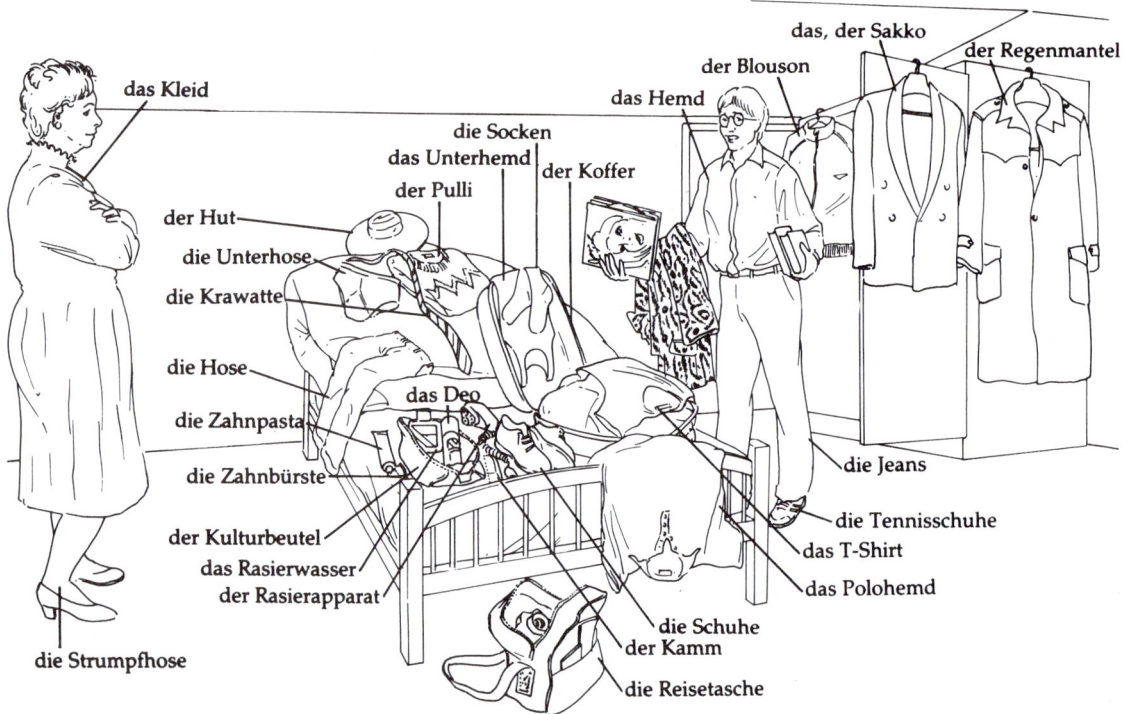

• Globalstrategien •

Was erwarten Sie?

Sehen Sie sich das *Bildwörterbuch* und die Text-Überschrift an. Wovon, glauben Sie, handelt der Text?

Das wissen Sie schon!

Was packen Sie ein, wenn Sie auf eine große Reise gehen? Zuviel oder zuwenig? Vor welchen Problemen und Entscheidungen steht man oft beim Kofferpacken?

• Detailstrategien •

Verwandte Wörter

Überfliegen Sie den Text und versuchen Sie, verwandte Wörter zu erkennen. Es gibt viele, im Text und im *Bildwörterbuch*.

Im Kontext

Sie können oft die ungefähre Bedeutung unbekannter Wörter und Ausdrücke aus dem Kontext erschließen. Sehen Sie den Kontext an, in dem der Satz **Der Koffer geht nicht zu** steht. Was, glauben Sie, bedeutet der Ausdruck?

Grammatik im Kontext

Wie Sie sehen können, haben die Adjektive unterschiedliche Endungen. Im Grammatikteil erfahren Sie mehr über die Form der Adjektive im Deutschen.

Kultur im Kontext

Warum will Peter wohl einen dicken Pullover mitnehmen? In Deutschland ist das Wetter im Sommer manchmal so kühl, daß man auch im Sommer wärmere Sachen braucht. Im zweiten Teil dieses Kapitels erfahren Sie mehr über das Wetter in Europa.

• Textvorschau •

Peter Meister packt gerade zum dritten Mal seinen Koffer. Seine Mutter versucht, ihm beim Einpacken zu helfen. Achten Sie beim Lesen darauf, was Peter mitnimmt und was er zu Hause läßt.

Kofferpacken

PETER: Wozu braucht Sabine denn das ganze Zeug? Jetzt packe ich den Koffer schon zum dritten Mal, und er geht noch immer nicht zu.

MUTTER: Dann nimm doch noch einen Koffer mit.

PETER: Ich habe ja schon die Reisetasche dabei. Ich will nicht zwei Koffer und eine Reisetasche durch den Zoll in New York schleppen.

MUTTER: Laß mal sehen, mußt du denn wirklich soviel zum Anziehen mitnehmen? Die grauen Schuhe hier, brauchst du die wirklich?

PETER: Vielleicht hast du recht, ich habe ja die schwarzen. Die sind auch bequemer.

MUTTER: Und was ist mit den zwei Sakkos?

PETER: Eigentlich wollte ich beide mitnehmen. Wahrscheinlich brauche ich nur eines, weil ich nicht so oft ausgehen werde. Welches soll ich denn mitnehmen, das karierte oder das einfarbige?

it looks better on you

MUTTER: Mir gefällt das einfarbige besser, das weißt du ja. Und **es steht dir** auch **besser**.

PETER: Wenn ich das karierte Sakko hier lasse, dann brauche ich auch die dazu passende Hose und Krawatte nicht.

	MUTTER: Glaubst du nicht, daß zwei Jeans genug sind? Auf die Reise ziehst du doch auch eine Jeans an, oder nicht?
to be enough *superfluous*	PETER: Du hast recht, drei Jeans **reichen**. Der Regenmantel ist eigentlich auch **überflüssig**, weil ich ja den Blouson mitnehme.
to stuff	MUTTER: Die Polo-Shirts und die T-Shirts brauchst du wohl alle. Aber schau mal, die Unterhosen und die Socken kannst du in die Schuhe **stopfen**, dann nehmen sie nicht soviel Platz weg. Und was ist mit den gestreiften Hemden? Und den weißen?
	PETER: Ein weißes Hemd und ein gestreiftes, das ist wohl genug. Legst du die anderen bitte wieder in den Schrank zurück? Glaubst du, daß ich den dicken beigen Pulli brauche?
complains	MUTTER: Sabine **klagt** doch immer, daß es im Sommer im Mittelwesten so heiß ist. Ich glaube nicht, daß du ihn brauchst.
	PETER: Wenn ich den Kulturbeutel in die Reisetasche tue, dann geht der Koffer zu. Glaubst du, daß ich wirklich genug dabei habe? Laß mal sehen, ob ich nichts vergessen habe.

• Textarbeit •

1. Information. Peter Meister packt seinen Koffer mehrmals. Was nimmt er mit, was läßt er zu Hause? Füllen Sie die Tabelle aus.

nimmt mit	läßt zu Hause
die schwarzen Schuhe	die grauen Schuhe

2. Kategorien. Welche Wörter aus dem Text passen zu folgenden Kategorien?

Kleidung	Farben	Stil

Sprechen

	Männer								Frauen							
										Hosen, Kleider, Röcke, Blusen, Mäntel						
	Anzüge, Sakkos, Mäntel															
Amerika	34	36	38	40	42	44	46		*Amerika*	8	10	12	14	16	18	20
Deutschland	44	46	48	50	52	54	56		*Deutschland*	36	38	40	42	44	46	48
	Hemden															
Amerika	14	$14\frac{1}{2}$	15	$15\frac{1}{2}$	$15\frac{3}{4}$	16	$16\frac{1}{2}$									
Deutschland	36	37	38	39	40	41	42									

A. Welche Größe? Partnerarbeit. Welche Größe brauchst du in Deutschland? Stellen Sie sich gegenseitig Fragen. Benutzen Sie die Tabelle auf Seite 226.

> **Beispiel:** A: Welche Hemdengröße brauchst du?
>
> B: Ich brauche Größe 39.

B. Wer trägt was? Beschreiben Sie, was Ihre Nachbarin/Ihr Nachbar trägt.

> **Beispiel:** Heidi trägt eine Jeans und ein T-Shirt. Das T-Shirt ist weiß. Sie hat Tennisschuhe an. Sie sind weiß.

Die Farben

Die meisten Wörter für Farben sind im Deutschen und Englischen ähnlich. Können Sie diese Farben erkennen?

rot, grün, blau, weiß, braun, grau, orange, beige.

Ein paar Wörter für Farben sind nicht so leicht zu erkennen.

gelb	*yellow*	**lila**	*purple*
rosa	*pink*	**schwarz**	*black*

HÖREN

A. Yasmin und Ulla kaufen ein. Yasmin Gürlük und ihre Freundin Ulla Siegel schauen sich bei Wöhrl Jacken an. Hören Sie an, ob sie eine passende Jacke finden.

• Miniwörterbuch •

Wie gefällt dir ... ?	*How do you like ... ?*
Wie finden Sie ... ?	*What do think about ... ?*
... ist witzig	*neat*
flott	*stylish*
schick	*chic*
langweilig	*boring*
Ich probiere ... mal an.	*I'll just try ... on.*
Ankleidekabine, *f*	*dressing room*
... steht mir/nicht	*... looks good on me/doesn't*
... paßt mir/nicht	*... fits me well/doesn't*
... ist mir zu eng/zu weit/	*... is too tight for me/to loose/*
... ist zu klein/zu groß	*... is too small/too big*
... gefällt mir/nicht	*... I like ... /don't*
... ist mir zu teuer	*... is too expensive for me*
reduziert	*reduced*
Sonderangebot, *n*	*special offer*
Sonderpreis, *m*	*special price*

● Textarbeit ●

1. **Information.** Ulla probiert drei verschiedene Jacken an. Was gefällt ihr, was gefällt ihr nicht?

	positiv	**negativ**
Jacke 1		
Jacke 2		
Jacke 3		

2. Wofür entscheidet sie sich? Warum?

B. **Der kleine Christoph ist verschwunden.** Herr Brandt ist mit seinem Sohn zum Einkaufen gegangen. Plötzlich ist der kleine Christoph verschwunden. Hören Sie das Gespräch zwischen Herrn Brandt und dem Hausdetektiv an.

● Textarbeit ●

1. Füllen Sie Christoph Brandts „Steckbrief" aus.

Name	
Alter	
Größe	
Statur	
Haarfarbe	
Kleidung	
besondere Kennzeichen	

2. Wo ging Christoph verloren?

3. Wie endet die Geschichte?

GRAMMATIK

Adjectives

Adjectives modify a noun or a pronoun.

die **kleine** Reisetasche	*the small carry-on bag*
Der Koffer ist **voll**.	*The suitcase is full.*
Er ist **ärgerlich**.	*He is angry.*

• Predicate Adjectives and Attributive Adjectives •

Adjectives may be used in two different positions:

1. Predicate adjectives follow the noun they modify, and in German they have no endings. They accompany the verbs **sein, werden,** and **bleiben.**

> Der Koffer ist noch immer ziemlich **voll**.   *The suitcase is still quite full.*

2. Attributive adjectives precede the noun they modify and in German take endings according to the gender, number, and case of the noun.

> Er packt gerade die **kleine** Reisetasche.   *He is just packing the small carry-on bag.*

Übung

Adjektive. Suchen Sie alle attributiven und prädikativen Adjektive im Text Kofferpacken und machen Sie eine Liste.

attributive adjectives	predicate adjectives
kleine	praktisch

Attributive Adjective Endings

Attributive adjectives use two different sets of endings, strong and weak:

| strong: | ein blau**es** Sakko |
| weak: | das blau**e** Sakko |

Strong Adjective Endings. The strong adjective endings are identical to the endings of **der**-words, except for the genitive masculine and neuter singular form, which is **-en** instead of **-es**.

der-words

	Masculine	Singular Feminine	Neuter	Plural
N	dieser	diese	dieses	diese
G	dieses	dieser	dieses	dieser
D	diesem	dieser	diesem	diesen
A	diesen	diese	dieses	diese

strong adjective endings

	Singular			Plural
	Masculine	**Feminine**	**Neuter**	
N	blauer	blaue	blaues	blaue
G	blauen	blauer	blauen	blauer
D	blauem	blauer	blauem	blauen
A	blauen	blaue	blaues	blaue

Übungen

A. Adjektive. Identifizieren Sie die attributiven Adjektive und die Nomen und füllen Sie die Tabelle aus.

Schöne Sachen fürs Baby

Sportliche Pullis in vier Farben

STUDIO LINE
GLEICHER SCHNITT. NEUER LOOK.

FÜR HEISSE TAGE – SPIELHÖSCHEN AUS REINER BAUMWOLLE.

Adjektive	Starke Endung	Nomen	Genus	Kasus	Numerus
heiße	-e	Tage	m	A	pl

B. Nur das Beste! Nur das Beste ist gut genug für die Knechts. Construct sentences, using **Sie kaufen nur** … .

> **Beispiel:** ägyptisch/Baumwolle, *f*
> Sie kaufen nur ägyptische Baumwolle.

1. deutsch/Autos, *pl*
2. italienisch/Anzüge, *pl*
3. französisch/Parfüm, *n*
4. italienisch/Leder, *n*
5. chinesisch/Seide, *f*
6. kalifornisch/Wein, *m*

C. Ist das … **?** Die Knechts sind bei Freunden eingeladen und wollen wissen, woher die Spezialitäten kommen. Konstruieren Sie Sätze mit **Ist das** … **?** oder **Sind das** … **?**

> **Beispiel:** englisch/Tee, *m*
> Ist das englischer Tee?

1. portugiesisch/Wein, *m*
2. bayrisch/Wurst, *f*
3. griechisch/Trauben, *pl*
4. russisch/Kaviar, *m*

5. ungarisch/Salami, *f*
6. tschechisch/Bier, *n*
7. spanisch/Orangen, *pl*
8. belgisch/Schokolade, *f*

TASK—Produce strong adjective endings in the nominative.

D. **Reklame.** Die neue Sommermode. Kombinieren Sie passende Adjektive und Nomen.

Beispiel: Witzige Drucke!

sportlich	Qualität, *f*
niedrig	Baumwolle, *f*
aktuell	Auswahl, *f*
rein	Preis, *m*
ausgefallen	Muster, *pl*
witzig	Shirts, *pl*
hervorragend	**Drucke**, *pl*
unglaublich	Farben, *pl*

unusual

prints

TASK—Produce strong adjective endings in the dative.

E. **Verwöhnen Sie sich!** Kaufhof wirbt für Produkte aus aller Welt. Schreiben Sie eine Zeitungsanzeige. Beginnen Sie jeden Satz mit **Verwöhnen Sie sich mit ...**

Beispiel: schottisch/Whiskey
Verwöhnen Sie sich mit schottischem Whiskey!

1. englisch/Tee, *m*
2. amerikanisch/Zigaretten, *pl*
3. türkisch/Kaffee, *m*
4. italienisch/Eis, *n*

5. dänisch/Butterkekse, *pl*
6. englisch/Marmelade, *f*
7. französisch/Mineralwasser, *n*
8. amerikanisch/Erdnußbutter, *f*

TASK—Produce strong adjective endings in the dative.
easy-care

F. **Aus pflegeleichtem Rayon.** Aus welchem Material sind die Kleidungsstücke?

Beispiel: Hemden/**pflegeleicht**/Rayon, *n*
Hemden aus pflegeleichtem Rayon

1. Shirts/rein/Baumwolle, *f*
2. Hemden/pflegeleicht/Baumwollmischung, *f*
3. Hosen/kühl/Leinen, *n*
4. Blusen/echt/Seide, *f*
5. Röcke/leicht/Viskose, *f*

Weak Adjective Endings. There are only two weak adjective endings: **-e** and **-en**; **-e** is used in the nominative singular in all three genders and in the feminine and neuter accusative singular. The ending **-en** is used in all other circumstances.

	Singular			Plural
	Masculine	**Feminine**	**Neuter**	
N	blaue	blaue	blaue	blauen
G	blauen	blauen	blauen	blauen
D	blauen	blauen	blauen	blauen
A	blauen	blaue	blaue	blauen

Übungen

A. Reklame. Identifizieren Sie die attributiven Adjektive und die Nomen und füllen Sie die Tabelle aus.

TASK—Identify attributive adjectives, weak endings.

DAS ORIGINAL

Der leichte Wander- und Freizeitschuh für alle, die neben dem Spass am Laufen grossen Wert auf Komfort legen.
Für Damen und Herren.

Für den ganzen Mann.

Zum sportlichen Erfolg gehört professionelle Sportswear, die gegen Wind und Regen schützt.

DER DYNAMIK-SCHUH

Der unkonventionelle Schuh im lässig-jungen Look.

NACH DER NEUEN MODE!

Adjektive	Schwache Endung	Nomen	Genus	Kasus	Numerus
ganzen	-en	Mann	m	A	sg

TASK—Produce weak adjective endings in the accusative.

B. Was soll ich denn anziehen? Herr Meister fragt seine Frau was er anziehen soll. Übernehmen Sie ihre Rolle und machen Sie Vorschläge.

Beispiel: Was soll ich denn anziehen? Anzug, *m*/grau
Vielleicht den grauen Anzug?

1. Hemd, *n*/weiß

2. Krawatte, *f*/gestreift

3. Socken, *pl*/grau

4. Gürtel, *m*/schwarz

5. Schuhe, *pl*/leicht

6. Hut, *m*/grün

TASK—Produce weak adjective endings in the nominative.

C. Was gefällt dir besser? Frau Meister kauft ihrem Enkel Sommersachen. Sie fragt ihn, was ihm besser gefällt. Antworten Sie für ihn.

Beispiel: Hose, *f*/bunt
Welche Hose gefällt dir besser? Die bunte Hose.

1. Jeans, *f*/weiß
2. T-Shirt, *n*/bunt
3. Schuhe, *pl*/rot
4. Sweatshirt, *n*/gelb
5. Socken, *pl*/gestreift
6. Jacke, *f*/blau

TASK—Produce weak adjective endings in the dative.

D. Und was ist mit dem hier? Frau Meister hilft Peter beim Packen. Übernehmen Sie ihre Rolle.

> **Beispiel:** Sakko, *m*/kariert
> Und was ist mit dem karierten Sakko?

1. Pulli, *m*/dick
2. Hemd, *n*/gemustert
3. Polohemd, *n*/dunkelblau
4. Leinenhose, *f*/leicht
5. Frotteesocken, *pl*/weiß
6. Tennisschuhe, *pl*/alt

TASK—Produce weak adjective endings in the nominative and the dative.

E. Das paßt aber nicht zusammen! Julian Wagner hat sich selbst angezogen. Übernehmen Sie die Rolle seiner Mutter und sagen Sie ihm, was nicht zusammenpaßt.

> **Beispiel:** Pulli, *m*/dick; Hose, *f*/leicht
> Der dicke Pulli paßt aber nicht zu der leichten Hose.

1. T-Shirt, *n*/gemustert; Hose, *f*/gestreift
2. Socken, *pl*/grau; Sandalen, *pl*/braun
3. Hut, *m*/rot; Jacke, *f*/violett

TASK—Produce weak adjective endings in the nominative, the dative and the accusative.

F. Hast du alles? Peter Meister und seine Mutter packen seinen Koffer. Ergänzen Sie die entsprechenden schwachen Adjektivendungen.

> **Beispiel:** Was ist mit den grau _____ Schuhen?
> Was ist mit den grauen Schuhen?

LUISE: Was ist mit der blau_____ Hose?
PETER: Ich habe schon die kariert_____ und die beig_____ Leinenhose eingepackt.
LUISE: Was willst du denn zu der beig_____ Hose anziehen?
PETER: Das weiß_____ Hemd hier.
LUISE: Die grau_____ Schuhe passen aber nicht zu der beig_____ Hose.
PETER: Du hast recht, vielleicht nehme ich doch die braun_____ Schuhe mit. Wo ist denn der hellbraun_____ Gürtel?
LUISE: Welcher hellbraun_____ Gürtel? Meinst du den alt_____ hier?
PETER: Nein, ich habe vorgestern einen neu_____ gekauft.

TASK—Produce weak adjective endings in the nominative, the dative and the accusative.

G. Die neue Sommermode. Christina Bachmann sieht sich die neue Sommermode an. Ergänzen Sie die entsprechenden schwachen Adjektivendungen.

CHRISTINA: Guten Tag, können Sie mir helfen? Ich suche einen leicht_____ Sommerrock und eine dazu passend_____ Bluse.
VERKÄUFERIN: Soll es eine bestimmt_____ Farbe sein?

CHRISTINA: Eigentlich nicht.
VERKÄUFERIN: Wir haben gerade die neu_____ Sommeroutfits bekom-
                men. Sie hängen auf dem rund_____ Ständer dort.
CHRISTINA: Ich nehme den gestreift_____ und den bedruckt_____ Rock
                mit in die Ankleidekabine. Und den mit den
                weiß_____ Punkten.
VERKÄUFERIN: Haben Sie das dazu passend_____ T-Shirt gesehen?

When to Use Strong or Weak Endings. In a noun phrase, either the **der/ein-**word or the adjective must show a strong ending such as ein blaues Sakko or das blaue Sakko in order to provide information about the gender, number, and case of the noun. If a **der/ein-**work has a strong ending, the adjective that follows takes a weak ending:

dies**es** blau**e** Sakko   mein**e** bequem**e** Jeans   bei d**em** heiß**en** Wetter

In the examples above, the **der/ein-**word carries a strong ending (dies**es**, ein**e**, d**em**), and the adjective, therefore, takes a weak ending (blau**e**, bequem**e**, heiß**en**).

If no strong ending precedes the adjective, the adjective itself takes a strong ending:

ein blau**es** Sakko   bequem**e** Jeans   bei heiß**em** Wetter

There is no strong ending preceding the above adjectives. In the first example, the indefinite article has no ending; in the second and third examples, there is no **der/ein-**word altogether. Therefore the adjective itself takes the strong ending (blau**es**, bequem**e**, heiß**em**).

The following chart shows the strong and weak adjective endings. The strong endings appear in the first column, the weak endings in the second.

	Singular						Plural	
	m		**f**		**n**			
N	-er	-e	-e	-e	-es	-e	-e	-en
G	-en	-en	-er	-en	-en	-en	-er	-en
D	-em	-en	-er	-en	-em	-en	-en	-en
A	-en	-en	-e	-e	-es	-e	-e	-en

Übungen

TASK—Identification exercise.

TASK—Produce strong and weak adjective endings in the nominative, the dative and the accusative.

A. Starke oder schwache Adjektivendung? Sehen Sie sich die attributiven Adjektivendungen im Text *Kofferpacken* an. Entscheiden Sie, ob sie stark oder schwach sind.

B. Brauchst du wirklich das ganze Zeug? Ilke Mann spricht mit ihrem Vater darüber, was sie auf ihre Radtour durch Norddeutschland mitnehmen soll. Ergänzen Sie die entsprechenden Adjektivendungen.

VATER: Brauchst du wirklich das ganz_____ Zeug? Das paßt doch nicht in den klein_____ Rucksack.

ILKE: So viel_____ Sachen habe ich doch nicht mit.

VATER: Drei Jeans, zwei dick_____ Pullis sind doch genug. Mußt du wirklich die elegant_____ Hose mitnehmen? Und was ist mit den schwarz_____ Schuhen?

TASK—Produce strong and weak adjective endings.

C. Die neuen Shirts. In der folgenden Anzeige fehlen die Adjektivendungen. Ergänzen Sie sie.

Kennen Sie schon unsere neu_____ Shirts? Die aktuell_____ Motive? Die ausgefallen_____ Farben? Ob witzig_____ Drucke oder klar_____ Unis, leicht_____ Viskose oder frisch_____ Baumwolle—dies sind echt_____ **Volltreffer!** Wählen Sie Ihr Lieblings-Shirt!

bull's eye

1. Shirt, raffiniert _____ Allover-Druck aus pflegeleicht _____ Baumwollmischung **25,-** Dazu passend _____ Bermuda (*f*) **19,90**

2. Die neu _____ T-Shirts mit den aktuell _____ Druckmotiven. Aus rein _____ Baumwolle in unglaublich _____ Farbauswahl! Je **19,90**

3. Uni-T-Shirts, rein _____ Baumwolle, in den beliebt _____ Sommerfarben, je **11,90**

4. Witzig _____ Halbarm-Shirt **19,90**

TASK — Produce strong and weak adjective endings.

D. Freizeit. In der folgenden Anzeige fehlen die Adjektivendungen. Ergänzen Sie sie.

Freizeit

Modisch_ Sportjacken in verschieden_ Formen und Farben **160,-**

Sportlich_ Longjackets in aktuell_ Ausführungen und modisch_ Farben **180,-**

Modisch_ Thermoblousons in aktuell_ Farben **200,-**

Sportlich_ Lederblousons in verschieden_ Qualitäten und Formen **450,-**

Mäntel

Sportlich_ Daunenmäntel in aktuell_ Formen und Farben **200,-**

Sportiv_ Warmcoat in aktuell_ Trenchform, rein_ Baumwolle, mit austrennbar_ Wollplaid **250,-**

Kauf was Gutes, kauf bei HIRMER

Wollplaid is neuter, sometimes masculine

E. Die neue Sommermode. Christina Bachmann kauft neue Sommersachen. Setzen Sie die korrekte Form der Adjektive ein. Remember, predicate adjectives follow the noun they modify and have no endings. Attributive adjectives precede the noun and must agree with it in gender, number and case.

CHRISTINA: Entschuldigung, haben Sie die _____ (gestreift) Hose in Größe 40? In 38 ist sie mir zu _____ (eng).

VERKÄUFERIN: Einen Augenblick, ich sehe mal nach. Tut mir leid, die _____ (gestreift) Hose ist nur noch in Größe 44 hier. Aber die _____ (bedruckt) haben wir noch in Größe 40. Soll ich sie Ihnen bringen?

CHRISTINA: Nein, danke. Die steht mir nicht.

VERKÄUFERIN: Wie gefällt Ihnen diese Bermuda? Sie ist _____ (witzig) und _____ (superbequem). Wir haben sie in allen _____ (aktuell) Sommerfarben.

CHRISTINA: Haben Sie ein dazu _____ (passend) T-Shirt?

VERKÄUFERIN: Ja, wir haben _____ (flott) Halbarm-Shirts, und die _____ (weit) Shirts passen auch dazu.

Sprechen

Wer ist das? Die Kursmitglieder beschreiben einen Studenten/eine Studentin aus dem Kurs. Zwei Studenten, die zuvor den Raum verlassen haben, müssen raten, um wen es sich handelt.

   Beispiel: Sie ist blond. Sie trägt Jeans und ein weißes Sweat-Shirt . . . .

Adjectives in a Series

If two or more adjectives occur in a noun phrase, they all take the same ending:

Er nimmt den dick**en** weiß**en**   *He's taking the heavy white*
   Pulli mit.   *sweater along.*

Übung

Adjektivendungen. In den folgenden Anzeigen fehlen die Adjektivendungen. Ergänzen Sie sie.

1. Sand-washed, rein_____ Baumwolle: Der neu_____ sportlich_____ Uni-Hemden-Typ **45,-**

2. Bunt_____ Bermudas, auch in weiter_____ interessant_____ Farben, je **39,90**

3. Für Sonne & Strand: Sommerhemd aus weich_____ bedruckt_____ Viskose, sand-washed **39,90**
   Auf der Rückseite sehen Sie weiter_____ attraktiv_____ Farbkombinationen.

Adjectives Where the Noun Is Omitted

The noun may be omitted in a noun phrase when it is clearly understood from the context. The adjective must still agree in gender, number and case with the omitted noun.

> Welcher Pulli gefällt dir besser? Der blaue oder der weiße?
> *Which sweater do you like better? The blue one or the white one?*
> Ich nehme doch den schwarzen.
> *I'll take the black one after all.*

Übungen

TASK—Mixed drill, adjective endings.

A. Etwas Neues zum Anziehen. Setzen Sie die korrekten Formen der Adjektive ein.

KARIN: Julian, wir müssen zum Einkaufen gehen. Du brauchst _____ (neu) Tennisschuhe.

JULIAN: Ich will aber keine _____ (neu) Tennisschuhe. Ich mag meine _____ (alt).

KARIN: Die _____ (alt) sind zu _____ (schmutzig).

HELMUT: Du, ich habe einen _____ (schön, leicht) Sommersakko bei Wöhrl gesehen.

CHRISTINA: Brauchst du denn einen _____ (neu) Sakko? Was ist denn mit dem _____ (blau) vom _____ (vorig) Jahr? Der ist doch noch _____ (gut), oder?

HELMUT: Der _____ (blau) paßt nicht zu den _____ (neu) Sommerfarben.

ILKE: Ich habe eine ganz _____ (witzig) Jacke im Jeansladen gesehen.

VATER: Schau mal in deinen Schrank, da hängen _____ (viel, witzig) Jacken.

ILKE: Die _____ (alt) sind doch alle _____ (langweilig). Jetzt gibt's so _____ (toll) Farben.

VATER: Und im nächsten Jahr sind die _____ (toll) Farben wieder _____ (unmodern).

TASK—Produce weak adjective endings, noun omitted.

B. Umfrage: Was gefällt dir besser? Partnerarbeit. Sehen sie sich die Zeichnungen an und sagen Sie, was Ihnen besser gefällt.

Beispiel: das T-Shirt (weit, eng)
Welches T-Shirt gefällt dir besser?
Das weite.

die Krawatte

elegant   bequem

Die Schuhe

dezent

gemustert

die Hose

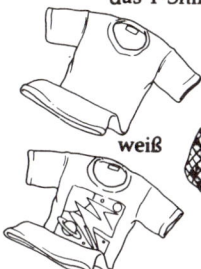

das T-Shirt

weiß

das Hemd

der Anzug

das Hemd

gestreift

der Rock

bedruckt

gestreift

bedruckt

kariert

elegant

sportlich

lang

kurz

LESEN

A. **Sport-Scheck.** Von einer Reklame in einer Tageszeitung kann man bestimmte Informationen erwarten, z.B. Name des Geschäfts, Adresse, Telefonnummer, Verkaufsartikel, Preise.

Sport-Scheck

Postfach 33 08 80 · Sendlinger Straße 85 · 8000 München 33 · Tel. (0 89) 21 66-0

Trimm-Scheck

Marken-Sweat-Shirts	20,–
Marken-Jogginghose	20,–
Marken-Jogginganzüge	50,–
Marken-Sporttaschen	25,–
Fruit of the Loom T-Shirts, weiß; 3 Stück	25,–
Fruit of the Loom Athletic-Socken; 6 Paar	24,–

Tennis-Scheck

Tennis-T-Shirt für Damen und Herren	15,–
Damen-Tennis-Shorts	20,–
Damen- und Herren-Tennis-Anzüge	69,–
Damen-Blouson	40,–

Fahrrad-Scheck

LÖFFLER-Trikot	69,–
SEB-Trikot	39,–

Surf-Scheck

AQUATA Markensegel Hit Line 6,0 qm, 5,6 qm, 4,9 qm und 4,4 qm	299,–
BOARDS (Einzelstücke): MISTRAL Challenge Flex semi, Mod. 88	1.490,–
ALPHA Speed 110 semi, Mod. 88	750,–
LIPSTICKS 285, Custom-Made-Board semi	1.390,–
O'NEILL T-Shirts, aktuelle Farben und Design 89, lila, aqua	29,90
RONNY Top-Steamer (Semi-Trockenoverall) für Damen und Herren, Mod. 89	250,–

Wander-Scheck

K 2 Wanderblouson, Breedotech-Qualität, für Damen und Herren	249,–

• Textarbeit •

1. Können Sie diese Informationen finden?
   - Name des Geschäfts
   - Was für ein Geschäft ist das?
   - Welche Verkaufsartikel werden annonciert?

2. Die angebotenen Artikel sind in verschiedene Kategorien eingeteilt: Sehen
   Sie die Artikel unter den verschiedenen Kategorien an. Für welche
   Sportarten sind diese Artikel?

3. Was würden Sie bei Sport-Scheck kaufen, wenn Sie 300 Mark zur Verfügung hätten? Warum?

B. Weibsbilder. Die folgende Karikatur stammt aus der Serie *Weibsbilder*, die

deals with

sich mit Frauen-Fragen **auseinandersetzt**. Sie kennen Karikaturen aus amerikanischen Zeitschriften. Was ist Ihre Lieblingskarikatur? Was ist die Intention vieler Karikaturen?

Weibsbilder

• Textarbeit •

1. Was fragt sich die Frau am Anfang und welche Antwort hat sie am Ende?

2. Sehen Sie die Adjektive an, die die einzelnen Kleidungsstücke beschreiben. Welche Adjektive könnte man folgenden Kategorien zuordnen?

bieder *simple*	**übertrieben** *overdone*	**elegant** *elegant*

3. Zeigt die Karikatur Ihrer Meinung nach ein stereotypes Bild der Frau? Begründen Sie Ihre Meinung.

The cartoonist is a woman, a noted feminist.

4. Was glauben Sie, von wem stammt die Karikatur? Von einem Mann oder einer Frau?

Sprechen

Kleidungsstil. Gruppenarbeit. Wählen Sie einen Studenten/eine Studentin und beschreiben Sie seinen/ihren Kleidungsstil. Tragen Sie Ihre Beschreibung den anderen Studenten vor. Sind sie auch Ihrer Meinung?

SCHREIBEN

A. Mein Koffer ist nicht hier. Stellen Sie sich vor, Sie sind gerade in Frankfurt gelandet. Ihr Koffer ist verlorengegangen. Beschreiben Sie den Inhalt für die Versicherungsgesellschaft und geben Sie den Wert der verlorenen Gegenstände an.

B. Reisecheckliste. Wählen Sie eines der folgenden Reiseziele und machen Sie eine Liste der Dinge, die Sie unbedingt mitnehmen müssen.

1. Skiferien in den Schweizer Alpen im Februar (2 Wochen)
2. Urlaub an der Nordsee im Juli (1 Woche)
3. Besuch der Salzburger Festspiele im August (1 Woche)
4. Städtereise durch Deutschland und Österreich im November (10 Tage)
5. Fahrradtour den Rhein entlang von Koblenz bis Konstanz im Mai (2 Wochen)

Allow students only a limited amount of time — ca. 5 minutes — to develop these lists.

Lesen Sie Ihre Liste den anderen Studenten vor. Ist allen klar, wohin Sie fahren?

Sprechen

unable to make it

A. Ich bin leider verhindert. Partnerarbeit. Sie haben sich mit einer Freundin in einem Restaurant verabredet, aber Sie sind leider **verhindert**. Rufen Sie das Restaurant an und beschreiben Sie dem Kellner Ihre Freundin, damit er ihr Bescheid geben kann.

• Miniwörterbuch •

ist	groß klein mittelgroß	*tall short medium height*
	schlank vollschlank	*slender plump*
	blond schwarzhaarig	*blond has black hair*
	braunhaarig rothaarig	*has dark hair redheaded*
	trägt eine Brille	*wears glasses*
	hat Sommersprossen	*has freckles*
	hat eine Stupsnase / lange Nase	*has a button-nose / long nose*
	hat eine Narbe im Gesicht	*has a scar on her face*

B. Ein Phantombild. Partnerarbeit. Sie haben ein Verbrechen beobachtet. Beschreiben Sie dem Polizisten (Ihrem Partner), wie der Täter aussah und was er anhatte. Ihr Partner zeichnet ein Phantombild nach Ihren Angaben.

KULTUR

Typisch amerikanisch?
Typisch deutsch?

Sehen Sie folgende Figuren aus Reise-Broschüren an.

Analyse.

- Wie finden Sie diese Figuren? Informativ? Lustig? Stereotyp?
- Sehen Sie sich die Kleidung genauer an. Welches Image kreieren diese Broschüren?
- Warum, glauben Sie, wird in den Figuren dieses Image präsentiert?

Lesehilfen

• Bildwörterbuch •

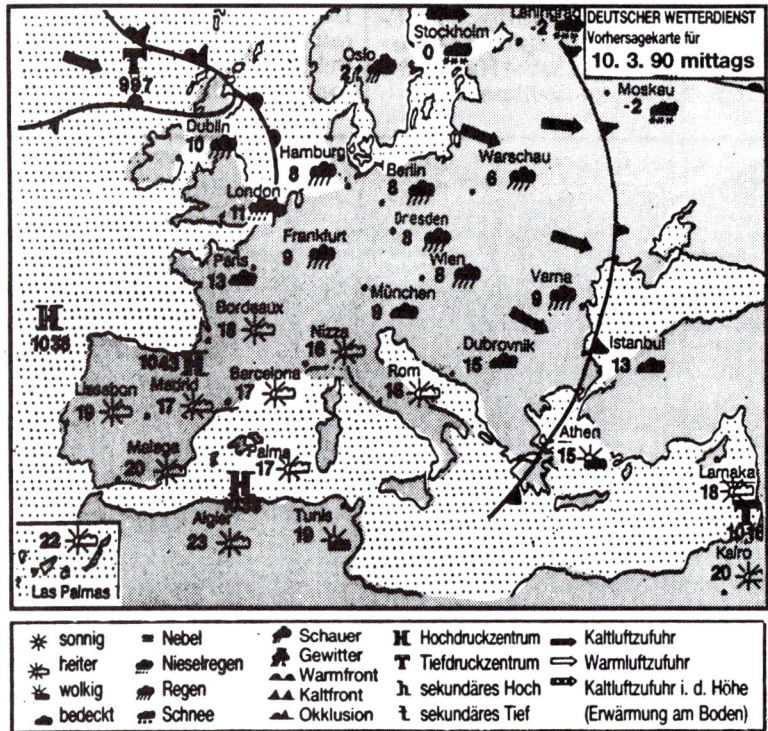

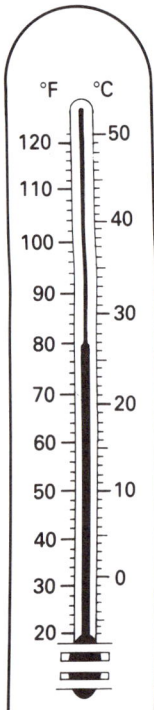

DEUTSCHER WETTERDIENST
Vorhersagekarte für
10. 3. 90 mittags

☀	sonnig	≡	Nebel	🌧 Schauer	Ⓗ Hochdruckzentrum	➡ Kaltluftzufuhr

☀	sonnig	≡	Nebel	Schauer	H Hochdruckzentrum	Kaltluftzufuhr
☀	heiter	🌫	Nieselregen	Gewitter	T Tiefdruckzentrum	Warmluftzufuhr
☀	wolkig	🌧	Regen	Warmfront	ℏ sekundäres Hoch	Kaltluftzufuhr i. d. Höhe
☁	bedeckt	❄	Schnee	Kaltfront	↳ sekundäres Tief	(Erwärmung am Boden)
				Okklusion		

• Globalstrategien •

Das wissen Sie schon!

Hören Sie sich den Wetterbericht an, bevor Sie aus dem Haus gehen? Welche Entscheidung treffen Sie, nachdem Sie den Wetterbericht gehört haben? Was ziehen Sie an, wenn es regnet, sehr warm oder sehr kalt ist?

Kultur im Kontext

In Europa mißt man die Temperatur in Celsius.

• Detailstrategien •

Wortbildung

root

part of speech

Wenn Sie lernen, Präfixe und Suffixe zu erkennen, können Sie die **Wurzel** eines Wortes bestimmen und oft die Bedeutung erkennen, ohne im Wörterbuch nachschlagen zu müssen. Suffixe ändern die **Wortart**. (Häufig wird der Wurzelvokal umgelautet.) Folgende Adjektive kommen im Text *Wie wird das Wetter?* vor: **wolkig, sonnig, windig, nächtlich, unbeständig, nordöstlich, nötig**. Welche Adjektivsuffixe können Sie erkennen? Weitere Adjektivsuffixe sind: **-isch, -bar, -haft, -sam, -al, -ant, -ent, -iv**. Können Sie das Nomen bestimmen, von dem die folgenden Adjektive abgeleitet sind? **regnerisch, wolkig, sonnig, windig, neblig, gewittrig, nächtlich, nordöstlich?**

Im Kontext

Der Text *Wie wird das Wetter?* enthält viele Komposita, die mit „Wetter" beginnen. Benutzen Sie den Kontext, um ihre Bedeutung zu erschließen. Sehen Sie auch die Illustrationen an.

Kultur im Kontext

greenhouse effect

Hat sich das Wetter in Ihrer Gegend in den letzten Jahren geändert? Ist es gleich geblieben? Europa leidet seit einigen Jahren unter extremem Wetter. Viele Deutsche meinen, die Naturkatastrophen seien eine Folge des **Treibhauseffekts**.

• Textvorschau •

Wie wird das Wetter? Und wie wirkt es sich auf das tägliche Leben der Meisters aus?

Wie wird das Wetter?

Es ist sieben Uhr morgens. Günter Meister hört sich den Wetterbericht an.

GÜNTER: Mama, stell das Radio bitte lauter! Ich will den Wetterbericht hören.

to stretch
temporarily
to push forward

alternating

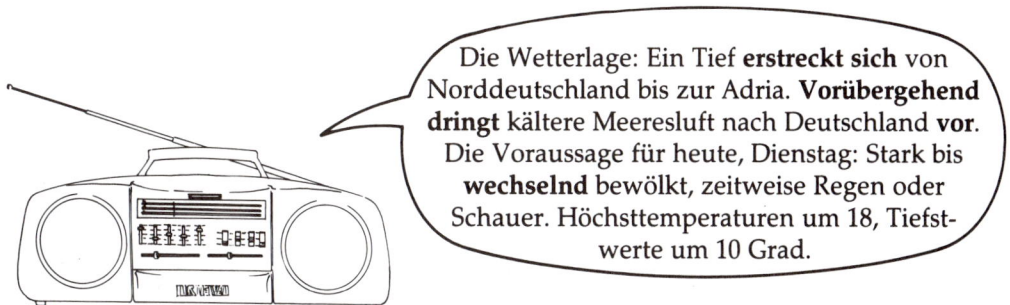

Die Wetterlage: Ein Tief **erstreckt sich** von Norddeutschland bis zur Adria. **Vorübergehend dringt** kältere Meeresluft nach Deutschland **vor**. Die Voraussage für heute, Dienstag: Stark bis **wechselnd** bewölkt, zeitweise Regen oder Schauer. Höchsttemperaturen um 18, Tiefstwerte um 10 Grad.

uncertain

RENATE: Nimm lieber die Straßenbahn! Das Wetter ist zu **unbeständig**.
GÜNTER: Ich überlege es mir noch. Vielleicht fahr ich doch mit dem Rad.

Maria und Edith Meister schauen sich den Wetterbericht im Fernsehen an.

highs
cooling off
forecast
increasingly
continuing

> Das Wetter morgen: teils heiter, teils wolkig und trocken. **Höchstwerte** um 28 Grad, nächtliche **Abkühlung** auf 18 bis 15 Grad. Die weiteren **Aussichten** bis Montag: **zunehmend** sonnig und **weiterhin** trocken. Schwacher Wind aus nordöstlicher Richtung.

MARIA: Noch immer kein Regen in Aussicht.

EDITH: Meiner Meinung nach sind das die Folgen des Treibhauseffekts.

hurricanes Zuerst der milde Winter ohne Schnee, dann die **Orkane** im Frühjahr
drought und jetzt die **Dürre**.
argue

MARIA: Darüber **streiten sich** noch die Experten.

EDITH: Früher waren diese Wetterkatastrophen doch nicht der Normalfall!

Karin Wagner und ihre Kinder müssen sich beeilen, weil sie verschlafen haben.

hurry
miss

KARIN: **Beeilt** euch, sonst **versäumen** wir den Bus! Julian, zieh dir den Regenmantel und die Gummistiefel an!

JULIAN: Ich will die Gummistiefel aber nicht anziehen.

KARIN: Sei lieb und zieh die Gummistiefel an. Du wirst sonst ganz naß und erkältest dich. Es regnet doch in Strömen.

KARIN: Julian, such doch bitte den Regenschirm, während ich Thomas fertig anziehe.

Herr Meister hofft auf Regen.

caught a cold
hayfever

causes difficulties

drizzle
pollen

KOLLEGE:	Haben Sie **sich erkältet?**
HERR M.:	Nein, ich habe **Heuschnupfen** und ich fühle mich ziemlich schlecht. Wenn es so warm und windig ist, **macht** mir der Heuschnupfen wirklich **zu schaffen.**
KOLLEGE:	Gehen Sie doch nach Hause, wenn Sie sich schlecht fühlen.
HERR M.:	Ich glaube, das ist nicht nötig. Der Wetterbericht hat für heute nachmittag Regen vorhergesagt.
KOLLEGE:	Sehen Sie! Es fängt schon an zu **tröpfeln.**
HERR M.:	Sobald der **Blütenstaub** aus der Luft gewaschen ist, geht's mir auch wieder besser.

• Textarbeit •

1. **Wie wird das Wetter?** Einige Mitglieder der Familie Meister hören den Wetterbericht an, bevor sie aus dem Haus gehen. Wie wirkt sich die Wettervorhersage auf ihr tägliches Leben aus?

	Wettervorhersage	Auswirkungen
Günter Meister		
Karin Wagner		
Herr Meister		

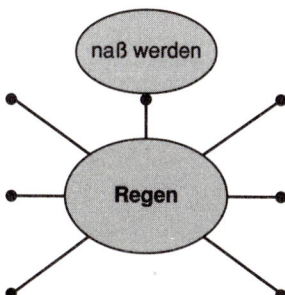

2. **Wortfeldübung „Regen''.** Schreiben Sie alle Wörter und Ausdrücke im Text auf, die zum Wortfeld „Regen'' gehören.

3. **Meinungen.** Edith Meister ist überzeugt, daß wir schon jetzt unter den Folgen des Treibhauseffekts leiden. Welche Argumente führt sie an? Finden Sie ihre Argumente überzeugend, oder sind Sie anderer Meinung?

Sprechen

1. **Wie ist das Wetter heute? Wie wird es morgen?** Geben Sie den Student/innen in Ihrem Kurs einen Wetterbericht.

2. **Das ideale Wetter. Gruppenarbeit.** Beschreiben Sie die idealen Wetterbedingungen für eine der folgenden Aktivitäten und erklären Sie den anderen Gruppen warum.

   a. ein Footballspiel   **b.** eine Grillparty   **c.** Hausputz   **d.** Camping

HÖREN

A. An der Nordsee. Die Bachmanns verbringen ihre Ferien an der Nordsee. Frau Meister und Christina sprechen gerade am Telefon über das Wetter. Wie ist das Wetter? Wie sind die Wetteraussichten bis zum Wochenende?

An der Nordsee

• Textarbeit •

1. Wie ist das Wetter? Christina und ihre Mutter sprechen über das Wetter an der Nordsee.

   a. Wie ist das Wetter?

   b. Wie wird das Wetter morgen?

   c. Und am Wochenende?

2. Was halten folgende Familienmitglieder von kühlem, regnerischem Wetter?

	Meinung
Christina	
Helmut	
die Kinder	
Frau Meister	

B. Die Wettervorhersage für morgen, den 3. März. Hören Sie die Wetter-vorhersage im Radio an.

• Textarbeit •

Machen Sie Ihre eigene Wetterkarte für den Süden und den Norden Deutschlands. Gebrauchen Sie die Wettersymbole der Wetterkarte im Bildwörterbuch.

Sprechen

Das Wetter bei uns zu Hause. Woher kommen Sie? Beschreiben Sie das Wetter in Ihrem Heimatstaat.

• Miniwörterbuch •

im Frühling	*in spring*	trocken	*dry*
Sommer	*summer*	**schwül**	*humid*
Herbst	*fall*	**feucht**	*damp*
Winter	*winter*	naß	*wet*
		regnerisch	*rainy*
schön	*nice*	kalt	*cold*
schlecht	*bad*	heiß	*hot*
ausgeglichen	*temperate*	kühl	*cool*
extrem	*extreme*	warm	*warm*
		mild	*mild*

Beispiel: Ich komme aus Minnesota. Im Winter ist es bei uns furcht-bar kalt. Im Sommer ist es oft sehr heiß und schwül.

GRAMMATIK

Reflexive Verbs

A verb with an object that refers to the same person or thing as its subject is called a reflexive verb. In the sentences below, the subject and object refer to the same person.

Sie zieht **sich** an   *She gets dressed.*
   ↓   ↓
subject   accusative object

Sie zieht **sich** den Mantel an.   *She puts her coat on.*
  ↓   ↓
subject   dative object   accusative object

Some verbs may be used either reflexively or non-reflexively:

Sie wäscht **sich**.   **Sie** wäscht **ihn**.
She washes (herself).   *She washes him.*

Sie zieht **sich** an.   **Sie** zieht **ihn** an.
She is getting dressed.   *She is dressing him.*

A few verbs, however, are always reflexive:

Er **beeilt sich**.   *He hurries up.*
Sonst **erkältest du dich.**   *Otherwise you'll catch cold.*

Dictionaries usually indicate reflexive verbs by showing the third-person reflexive pronoun **sich** before the infinitive:

sich beeilen   *to hurry*
sich freuen   *to be happy, to be glad*

• Forms of the Reflexive Pronoun •

In German, reflexive pronouns occur both in the accusative and dative case. The forms of the reflexive pronoun are:

		Singular dat.	Singular acc.	Plural dat.	Plural acc.
1st		mir	mich	uns	uns
2nd	familiar	dir	dich	euch	euch
	formal	sich	sich	sich	sich
3rd		sich	sich	sich	sich

Notice that the forms of the reflexive pronouns are identical to the accusative and dative forms of the personal pronoun, except for the third person and the second person formal.

Übungen

A. Reflexive Verben. Identifizieren Sie alle reflexiven Verben im Text *Wie wird das Wetter?*

B. Reflexiv oder nicht reflexiv. Sehen Sie sich die folgenden Sätze an und entscheiden Sie, ob die Verben reflexiv sind oder nicht.

1. Du mußt dich beeilen, sonst versäumst du den Zug.
2. Haben Sie sich erkältet, Herr Meister?
3. Das freut mich sehr.
4. Er freut sich schon auf den Urlaub.
5. Sie zieht sie an.
6. Ich ziehe den Regenmantel an.
7. Das kann ich mir nicht vorstellen.
8. Habt ihr euch schon gewaschen?
9. Ich kann mich nicht entscheiden.
10. Das kann er doch nicht allein entscheiden.

Use of the Dative or Accusative

If a reflexive verb has only the reflexive pronoun as its object, the reflexive pronoun is usually in the accusative.

Ich muß **mich** umziehen.	*I must change.*
Aber ich beeile **mich** doch.	*But I am hurrying.*

Remember, a few verbs take objects in the dative. When they are used reflexively, the reflexive pronoun is in the dative case.

Hilf **dir** selbst!   *Help yourself.*

When a verb has a reflexive pronoun as its object and another object, the reflexive pronoun is in the dative and the other object is in the accusative case.

Ich ziehe **mich** an.	*I'm getting dressed.*
Ich ziehe **mir** den Regenmantel an.	*I'm putting on the raincoat.*

Übungen

A. Dativ oder Akkusative. Sehen Sie sich die reflexiven Verben im Text *Wie wird das Wetter?* an und entscheiden Sie, ob das Reflexivpronomen im Akkusativ oder Dativ ist.

B. Krista freut sich auf die Party. Hoffentlich macht das Wetter mit! Ergänzen Sie die entsprechenden Dativ- oder Akkusativformen des Reflexivpronomens.

KRISTA: Ich freue _____ schon auf die Gartenparty.

VERENA: Hoffentlich macht das Wetter mit! Hast du _____ den Wetter-bericht angehört?

KRISTA: Ja, über ganz Deutschland erstreckt _____ ein Hochdruckgebiet. Es regnet bestimmt nicht. Ich habe _____ extra für die Party ein neues Outfit gekauft.

TASK—Supply the dative or accusative form of the reflexive pronoun.

C. Kommst du mit ins Kino? Cordula und Eckehart laden Anke ins Kino ein. Ergänzen Sie die entsprechenden Reflexivpronomen.

CORDULA: Kommst du heute abend mit ins Kino?

ANKE: Was wollt ihr _____ denn anschauen?

ECKEHART: Den neuen Film von David Lynch.

ANKE: Das muß ich _____ noch überlegen. Seine Filme sind so gewalttätig.

CORDULA: Aber sie sind gut. Du interessierst _____ doch auch für seine Thematik.

ANKE: Also gut, treffen wir _____ um acht vor dem Kino.

TASK—Supply the dative or accusative form of the reflexive pronoun.

D. Wir streiten uns nur noch. Angelika spricht mit Stefanie über ihre Pro-bleme. Ergänzen Sie die entsprechenden Reflexivpronomen.

ANGELIKA: Störe ich dich?

STEFANIE: Überhaupt nicht, ich mache _____ gerade etwas zu essen. Komm doch rein. Wir können _____ unterhalten, während ich koche. Möchtest du _____ setzen?

ANGELIKA: Ich helfe dir. Ich wasche _____ nur schnell die Hände.

STEFANIE: Du siehst gar nicht gut aus. Fühlst du _____ nicht wohl?

ANGELIKA: Ich fühle _____ ganz elend. Ich habe Probleme mit Klaus. Wir streiten _____ nur noch.

STEFANIE: Ihr habt _____ doch immer so gut verstanden. Worüber streitet ihr _____ denn?

ANGELIKA: Über alles. Ich ärgere _____ über alles, was er sagt und tut.

TASK—Supply the dative or accusative form of the reflexive pronoun.

E. Wir müssen uns beeilen. Ergänzen Sie die entsprechenden Reflexiv-pronomen.

Karin und ihre Kinder haben heute verschlafen. „Beeilt _____ , sonst versäumen wir den Bus", sagt Karin. Sie zieht _____ selbst an und dann hilft sie dem Kleinen. „Julian, wasch _____ , kämm _____ und putz _____ die Zähne! Ich muß Thomas helfen. Er kann _____ noch nicht selbst anziehen." Aber Julian meint: „Ich will _____ die Zähne nicht putzen." Karin ärgert _____ und schreit ihn an: „Beeil _____ doch!" Daraufhin fängt Julian an zu weinen. „Tut mir leid", entschuldigt _____ Karin bei ihm. „Komm, **vertragen** wir _____ wieder!"

let's make up

Sprechen

Meine Morgenroutine. Partnerarbeit. Beschreiben Sie Ihrem Partner Ihre Morgenroutine. Beginnen Sie mit **zuerst**, und fahren Sie mit **dann, danach, anschließend** oder **später** fort.

Beispiel: A: Ich stehe früh auf. Zuerst dusche ich mich, dann . . . .
B: Ich stehe spät auf.

früh/spät aufstehen	die Zeitung lesen
sich duschen	sich beeilen müssen
sich baden	sich anziehen
joggen	sich eine Tasse Kaffee/Tee machen
Morgengymnastik machen	mit dem Auto/Bus zur Uni fahren
sich die Haare kämmen	zu Fuß zur Uni gehen
sich die Zähne putzen	lernen
frühstücken	wieder einschlafen

Commands and Requests

The imperative forms of the verb are used to give commands and to make requests, and also to give instructions and to make suggestions.

Genießen Sie Ihren Urlaub.

SCHICKEN SIE DIE WETTERKARTE IN DIE WÜSTE.

Schreib mal wieder . . .

STOPPT DEN SAUREN REGEN! ROBIN WOOD RETTET DEN WALD!

Analyse.

- Look at the verb forms. Which forms are unfamiliar to you?
- Where do they stand in the sentence?

The imperative forms of the verb are in first position. In German there are three second-person imperative forms, corresponding to the pronouns **du**, **ihr**, and **Sie**:

du	**Zieh** dich warm an!	*Dress warmly.*
ihr	**Zieht** euch warm an!	*Dress warmly.*
Sie	**Ziehen Sie** sich warm an!	*Dress warmly.*

Notice that in written German, an imperative form is often followed by an exclamation point.

Softening a Command, Making a Suggestion

The flavoring particles **doch** or **mal** are used to soften a command or request or to make a suggestion:

Nehmen Sie doch meinen Regenschirm!	*Do take my umbrella.*
Gehen Sie doch nach Hause.	*Why don't you go home.*

• Familiar Imperative Forms •

Notice that the pronouns **du** and **ihr** are omitted in familiar commands and requests:

Zieh den Regenmantel an!	*Put your raincoat on!*
Zieht die Gummistiefel an!	*Put the rubber boots on!*

The imperative of the second-person singular is formed with the verb stem:

    kommen → **komm!**   **Komm** jetzt!   *Come now!*

Verbs with a stem vowel change from **e** to **i** or **ie** use the changed stem:

    helfen → **hilf!**   **Hilf** mir!   *Help me.*

Verbs with a stem ending in **-d** or **-t** add an **-e** to the stem:

    Antworte mir doch!   *Do answer me!*

The imperative form of the second person plural is identical with the corresponding present-tense form of the verb:

Warum **beeilt** ihr euch nicht?	*Why don't you hurry up?*
Beeilt euch doch!	*Do hurry up!*

Warum **antwortet** ihr mir nicht?	*Why don't you answer me?*
Antwortet mir doch!	*Do answer me!*

Übungen

TASK—Identification exercise.

A. Imperativ. Finden Sie die Imperative in den folgenden Karikaturen und bestimmen Sie die entsprechenden Infinitive.

TASK—Supply fam. 2nd person imperative.

B. Dominik geht Helmut auf die Nerven. Übernehmen Sie Helmuts Rolle und sagen Sie, was er tun soll.

> **Beispiel:** spielen/in deinem Zimmer
> Spiel in deinem Zimmer!

1. schreien/nicht so
2. werfen/den Ball nicht in der Wohnung
3. geben/mir den Ball
4. gehen/in dein Zimmer
5. lassen/mich in Frieden
6. sein/lieb

TASK—Produce familiar 2nd person sg imperatives.

C. Peter Meister ist startbereit. Übernehmen Sie die Rolle seiner Mutter und geben Sie ihm gute Ratschläge für die Reise.

> **Beispiel:** gesund bleiben
> Bleib gesund!

1. vorsichtig fahren
2. vernünftig essen
3. die Vitamintabletten nehmen
4. sich nicht überanstrengen
5. Oma eine Karte schreiben
6. die Regenhaut nicht vergessen

TASK—Form imperative of familiar second person plural.

D. Karin wird ungeduldig mit den Kindern. Übernehmen Sie ihre Rolle und sagen Sie ihnen, was sie tun sollen.

> **Beispiel:** sich beeilen
> Beeilt euch!

1. sich waschen
2. sich die Zähne putzen
3. sich kämmen
4. den Regenschirm suchen
5. schneller essen
6. sich nicht streiten

• Formal Imperative Forms •

In formal commands and requests the pronoun **Sie** is not omitted. The verb form is identical in form with the present tense form:

> Sie **arbeiten** zu viel.   *You are working too much.*
> **Arbeiten** Sie nicht zu viel!   *Don't work too much.*

Übungen

TASK—Produce formal imperative and add **doch** to soften the command.

A. Gute Ratschläge. Herr Meister hat sich erkältet. Ein Kollege gibt ihm gute Ratschläge.

> **Beispiel:** nach Hause gehen
> Gehen Sie doch nach Hause!

1. sich ins Bett legen
2. etwas länger schlafen
3. eine Hühnersuppe essen
4. auch morgen zu Hause bleiben
5. vorsichtig fahren
6. einen Kamillentee trinken

TASK—Supply appropriate
imperatives.

B. Gehen Sie geradeaus! Sie kennen sich in Berlin aus. Helfen Sie den Touristen!

> **Beispiel:** Wo ist die Kaiser-Wilhelm-Gedächtniskirche?
> einfach geradeaus gehen
> Gehen Sie einfach geradeaus!

1. Wie kommen wir am besten zum Brandenburger Tor?
   mit dem Bus fahren

2. Wie kommen wir zum KaDeWe?
   diesen Bus bis zum Wittenbergplatz nehmen

3. Wo ist die Technische Universität?
   einfach die Hardenbergstraße entlanggehen

4. Wie kommen wir am besten zum Flughafen Tegel?
   mit dem Taxi fahren

5. Können Sie ein gutes Restaurant empfehlen?
   bei Hartke essen

Imperative of Verbs with Separable Prefixes

In the imperative the separable prefix is separated from the verb and placed in last position.

> **Bringen** Sie einen Regenschirm **mit!**   *Bring an umbrella along!*
> **Schrei** mich nicht **an!**   *Don't shout at me!*

Übungen

TASK—Produce familiar
2nd person imperative and
add **doch** to appear to be
more polite.

A. Probleme. Frau Schikaneder hat Probleme mit ihrer 15jährigen Tochter. Übernehmen Sie ihre Rolle und sagen Sie ihr, was sie tun soll.

> **Beispiel:** anhören/nicht immer diese Punkmusik
> Hör doch nicht immer diese Punkmusik an!

1. aufräumen/dein Zimmer

2. ausschalten/den Fernseher

3. aufbleiben/nicht so lang

4. vorbereiten/dich auf die Klassenarbeit

5. anrufen/nicht ständig deine Freundinnen

TASK—Produce 2nd person
sg imperatives, verbs with
sep. prefixes.

B. Ratschläge. Frau Meister gibt Peter noch mehr Ratschläge. Übernehmen Sie ihre Rolle.

> **Beispiel:** sich vernünftig anziehen
> Zieh dich vernünftig an!

1. gut auf sich aufpassen

2. oft anrufen

3. den Helm aufsetzen

4. sich die Landkarte genau anschauen

5. die Regenhaut mitnehmen

The Imperative Forms of sein

The imperative forms of the verb **sein** are irregular:

Sei lieb!	*Be kind.*
Seid doch vernünftig!	*Be reasonable.*
Seien Sie doch vernünftig!	*Be reasonable.*

Übung

TASK—Supply appropriate imperative.

Minidialoge. Ergänzen Sie die Imperative.

FRAU MEISTER:	Karin, grüß dich. Ich bin's ...
KARIN:	Moment mal, Mama. Julian, Thomas! (sein) nicht so laut!
CHRISTINA:	Dominik, (sein) lieb und (anziehen) die Gummistiefel!
DOMINIK:	(helfen) mir!
MARIA MEISTER:	(sein) Sie so nett und (bringen) Sie mir ein Glas Wasser, bitte.
BEDIENUNG:	Selbstverständlich. Kann ich Ihnen sonst noch etwas bringen?

• Commands and Requests Using wir •

The first-person imperative is used to make suggestions. The pronoun is stated, and the verb form is identical with the present tense form.

Wir gehen nach Hause.	*We are going home.*
Gehen wir doch nach Hause!	*Let's go home.*

Übung

TASK—Produce first-person plural imperative.

Vorschläge. Herr und Frau Meister machen ein paar Tage Urlaub in Wien. Übernehmen Sie Herrn Meisters Rolle und machen Sie Vorschläge.

> **Beispiel:** sich ansehen/die Kapuzinergruft
> Sehen wir uns die Kapuzinergruft an!

1. sich anschauen/zuerst/den Stephansdom/

2. sich nehmen/ein Taxi/

3. gehen/ins Café Demel

4. spazierengehen/im Prater

5. sich setzen/an die Donau

LESEN

A. Das Wetter Die Wetterkarte ist aus einer deutschen Zeitung. Warum, glauben Sie, zeigt die Karte das Wetter für ganz Europa?

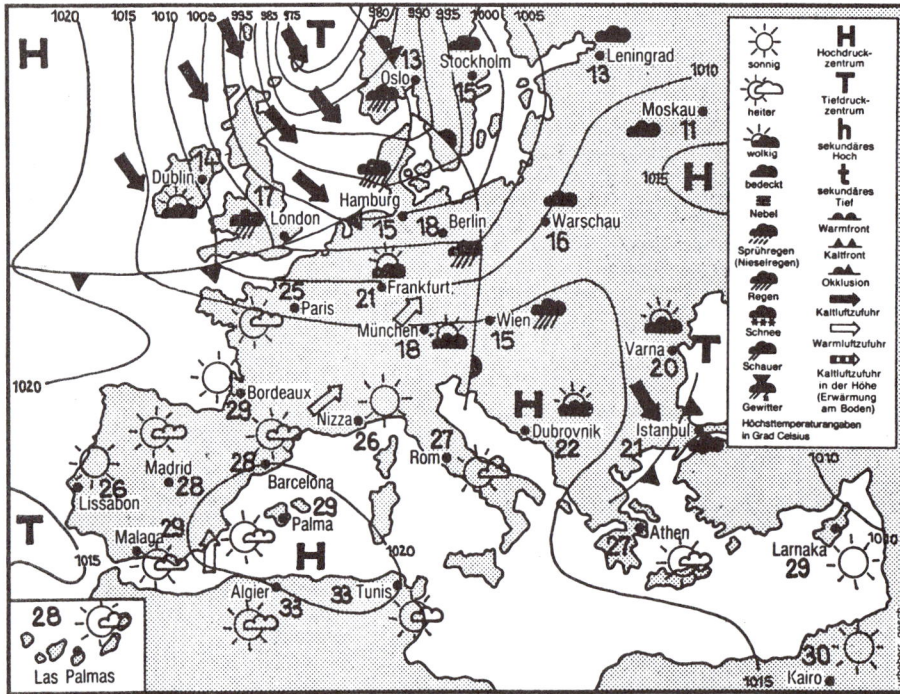

Deutscher Wetterdienst Vorhersagekarte für 19. September 1990 12 Uhr (UTC)

Lage: Mit der Warmfront eines Sturmtiefs über der Nordsee fließt vorübergehend milde Luft nach Deutschland. Die zugehörige Kaltfront überquert am Donnerstag das Gebiet.

Vorhersage: Stark bewölkt und vor allem im Norden und Osten zeitweise Regen oder Sprühregen. Im Tagesverlauf im Südwesten wolkig mit Aufheiterungen. In der Nacht auch hier aufkommender Regen. Höchsttemperaturen 15 bis 19 Grad, im Südwesten bis 23 Grad. Tiefsttemperaturen 7 bis 12 Grad. Mäßiger bis frischer, im Norden starker bis stürmischer Wind um Südwest.

Aussichten: Durchzug eines Regengebietes. Temperaturrückgang. Sehr windig.

Wetter und Temperaturen in Grad Celsius vom Dienstag

Deutschland:			Ausland:							
						Kairo	leicht bew.	29	Prag	leicht bew. 12
	Kempten	bedeckt 10				Konstanza	leicht bew.	22	Rom	wolkig 25
	Köln/Bonn	wolkig 14				Kopenhagen	wolkig	15	Stockholm	wolkig 14
Bad Hersfeld	wolkig 17	Konstanz	stark bew. 15	Algier	wolkig 33	Larnaka	leicht bew.	28	Tel Aviv	wolkenlos 27
Bendorf/Rh.	stark bew. 15	Leipzig	wolkig 15	Amsterdam	Regen 13	Las Palmas	leicht bew.	26	Tokio	leicht bew. 27
Berlin	Regen 13	Lübeck	stark bew. 14	Ankara	wolkig 19	Lissabon	leicht bew.	26	Tunis	wolkig 31
Cuxhaven	wolkig 15	Magdeburg	wolkig 15	Athen	leicht bew. 24	Locarno	leicht bew.	24	Varna	leicht bew. 21
Dresden	wolkig 13	München	bedeckt 14	Barcelona	leicht bew. 24	London	bedeckt	17	Venedig	wolkig 22
Düsseldorf	leicht bew. 16	Norderney	wolkig 15	Belgrad	Regen 13	Madrid	leicht bew.	25	Warschau	stark bew. 12
Emden	stark bew. 15	Nürnberg	wolkig 14	Bordeaux	leicht bew. 25	Malaga	bedeckt	26	Wien	bedeckt 13
Feldb./Schw.	stark bew. 5	Oberstdorf	Regen 9	Bozen	wolkig 24	Mallorca	leicht bew.	29	Zürich	wolkig 18
Feldberg/Ts.	wolkig 10	Passau	stark bew. 12	Brüssel	stark bew. 15	Moskau	Regensch.	9		
Frankfurt/M.	stark bew. 16	Saarbrücken	wolkig 15	Budapest	bedeckt 16	Neapel	wolkig	24		
Freiburg	leicht bew. 16	Schleswig	wolkig 15	Bukarest	leicht bew. 22	New York	leicht bew.	13	**Heute:**	
Freudenstadt	wolkig 11	Stuttgart	wolkig 15	Casablanca	bedeckt 24	Nizza	leicht bew.	25	Sonnenaufgang:	7.02 Uhr
Garmisch	bedeckt 9	Sylt	wolkig 15	Dublin	Sprühre. 16	Oslo	leicht bew.	12	Mondaufgang:	7.34 Uhr
Greifswald	bedeckt 12	Trier	wolkig 14	Dubrovnik	bedeckt 22	Ostende	bedeckt	16		
Hamburg	wolkig 15	Weinbiet	wolkig 15	Helsinki	stark bew. 12	Paris	leicht bew.	18	Sonnenuntergang:	19.29 Uhr
Hannover	wolkig 15	Zugspitze	Schneefall −4	Innsbruck	Regen 12	Peking	wolkenlos	19	Monduntergang:	19.09 Uhr
Helgoland	wolkig 15			Istanbul	wolkig 22					

• Textarbeit •

1. Beat Knecht muß am Mittwoch, 19. September, für drei Tage geschäftlich nach Berlin. Bevor er abfährt, liest er den Wetterbericht.

a. Wie war das Wetter in Berlin am Dienstag? Und die Temperatur?

b. Wie wird das Wetter am Mittwoch? Lesen Sie die Vorhersage durch und sehen Sie auf der Karte an, wo Berlin liegt.

c. Wie sind die Aussichten für die folgenden Tage? Die Wettervorhersage ist nicht sehr spezifisch.

2. Welche Kleidung sollte Beat Knecht Ihrer Meinung nach mitnehmen? Warum?

B. **Rekordtemperaturen.** Der folgende Artikel stammt aus der *Welt am Sonntag*, einer deutschen Zeitung. Sehen Sie zuerst die Schlagzeile an. Sie können sie verstehen, ohne im Wörterbuch nachzuschlagen. Zeitschriftenartikel sind oft so organisiert, daß der erste (**fettgedruckte**) Abschnitt den ganzen Artikel zusammenfaßt. Worum geht es in diesem Artikel?

bold print

Seen, Flüsse und Brunnen trocknen aus,
Pflanzen und Tiere dürsten

Europa leidet unter der Hitze
Rekordtemperaturen bis 44 Grad

dpa/AP Frankfurt
Eine Hitzewelle überrollt Europa: Der Wassermangel ist in weiten Gebieten katastrophal. Am schlimmsten ist die Situation in Südeuropa, wo inzwischen Trinkwasser rationiert werden muß.

Deutschland brachte gestern das Hoch „Detlev" Temperaturen bis zu 37 Grad. Auf vielen Feldern verdorren die Rüben. Die Gemüsebauern müssen seit Tagen ihre Felder bewässern. In einigen Regionen ist das Grünfutter auf den Weiden vertrocknet.

In Frankreich hat die Dürre nach zwei regenlosen Wintern teilweise dramatische **Ausmaße** erreicht. In den meisten Départements wurde das Trinkwasser rationiert. Es wird mit schweren **Verlusten** bei der **Getreideernte** gerechnet.

In der Tschechoslowakei ist in fast ganz **Mähren** das Trinkwasser rationiert worden. Griechenland wird von der größten Dürre seit hundert Jahren heimgesucht. Dort erwägt man den Einsatz von Großtankern zur Wasserversorgung der Bevölkerung.

Italiens Norden brennt. Wälder und Häuser stehen in den Bergen zwischen Genua und San Remo in Flammen. Ein Feuerwehrmann starb. Auf Livorno (Toskana) wälzt sich eine Feuerfront zu. In Spanien und Portugal gibt es immer wieder Waldbrände bei Temperaturen bis zu 44 Grad.

Großbritannien erlebte am Freitag mit 37 Grad den heißesten Tag, seitdem dort Temperaturen aufgezeichnet werden. Flugzeuge werden auf dem Londoner Flughafen Heathrow umgeleitet, weil sich eine der Landebahnen in der Hitze gewölbt hatte.

Mähren—*a region of Czechoslovakia*

Ausmaße—*dimensions*
Verlusten—*losses*
Getreideernte—*grain harvest*

• Textarbeit •

1. **Worum geht es?**

a. extreme Temperaturschwankungen in Europa

b. Auswirkungen der Hitzewelle in Europa

c. Wettervorhersage für die nächsten Tage

d. Reisewetterbericht für ganz Europa

2. Information. Ganz Europa leidet unter der Hitze. Welche Folgen hat die Hitzewelle in . . .

Länder	Folgen
Deutschland	
Frankreich	
Tschechoslowakei	
Italien	
Spanien, Portugal	
Großbritannien	

3. Wortfeld „Hitze". Schreiben Sie alle Wörter und Ausdrücke im Artikel auf, die zum Wortfeld „Hitze" gehören.

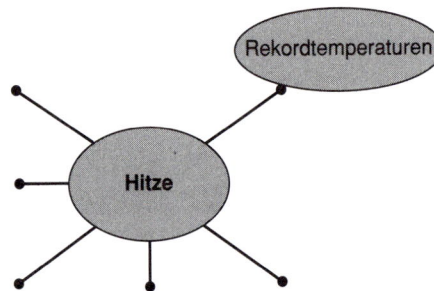

SCHREIBEN

A. Wie wird das Wetter? Ein Freund/eine Freundin aus Deutschland wird Sie im Sommer besuchen. Er/sie hat viel über das extreme Wetter in Nordamerika gehört. Schreiben Sie ihm/ihr, wie das Wetter tatsächlich ist.

B. Ferien an der Nordsee. Helmut Bachmann verbringt seine Sommerferien in diesem Jahr an der Nordsee. Er wäre lieber in den Süden gefahren, wo es warm und sonnig ist. Schreiben Sie an seiner Stelle eine Ansichtskarte an einen Freund, in der Sie sich über das Wetter beklagen.

KULTUR

Das Wetter

Die folgende Tabelle zeigt die Durchschnittstemperaturen für verschiedene Städte in Deutschland, Österreich und der Schweiz.

Durchschnittstemperaturen

	Jan	März	Mai	Jul	Sept	Nov
Deutschland						
Sylt	1,0	2,5	11,5	17,0	14,5	6,0
Berlin	−1,0	4,0	13,5	18,5	14,5	4,5
Frankfurt / Main	0,0	5,0	14,0	18,5	15,0	5,0
München	−1,5	3,5	11,5	17,5	14,0	3,5
Warnemünde	0,4	3,1	11,6	17,5	14,1	4,9
Potsdam	−0,7	3,6	13,4	18,1	13,8	3,6
Fichtelberg	−5,3	−2,3	6,5	11,3	8,1	−1,2
Österreich						
Innsbruck	−2,5	5,5	14,0	19,0	15,5	4,0
Wien	−1,5	4,5	14,5	20,0	15,5	3,5
Schweiz						
Lugano	2,0	8,5	16,0	22,0	18,5	7,0

Wie Sie sehen, variieren die Temperaturen nur zwischen −5° und 22°C. Obwohl Deutschland auf der gleichen Höhe liegt wie Teile Kanadas, ist das Klima in Mitteleuropa relativ gemäßigt. Extremes Wetter und extreme Temperaturschwankungen sind selten: Die Temperaturen steigen im Sommer kaum über 30°C, meistens bleiben sie um 20°C. Im Winter fallen sie selten unter −10°C. Das Klima in Mitteleuropa ist mild, doch relativ feucht. Oft ist es stark bewölkt oder bedeckt, und Schlechtwetterperioden ohne Sonnenschein sind nicht ungewöhnlich.

Wie empfinden Mitteleuropäer wohl das Wetter in folgenden US-Bundesstaaten?

- Kalifornien
- Louisiana
- Minnesota
- Arizona

Welche Rolle spielt Ihrer Meinung nach der Wetterbericht in den Nachrichten in Mitteleuropa?

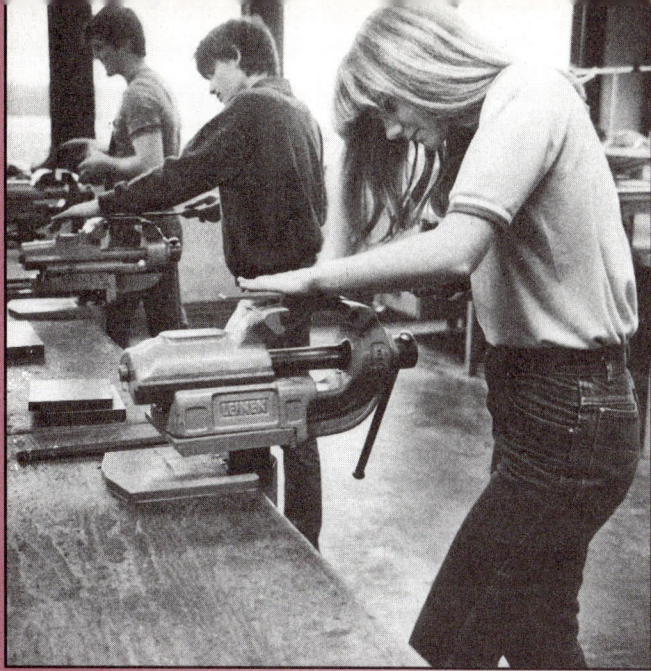

Immer mehr Frauen erlernen traditionelle „Männerberufe"

Margot Granitsas/The Image Works

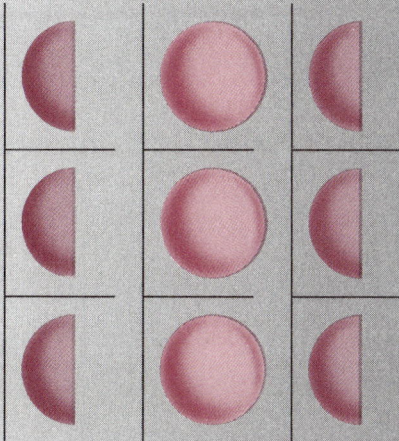

Ausbildung

LERNZIELE

You will learn about student life and about students' opinions on their various educational experiences. You will read about the structure of the educational system and about issues relating to vocational training, adult education and difficult decisions facing students in a system with a compulsory military draft. You will also practice putting together class schedules.

Lesehilfen

• Bildwörterbuch •

Bildungssystem der Bundesrepublik Deutschland (vereinfachte Darstellung)

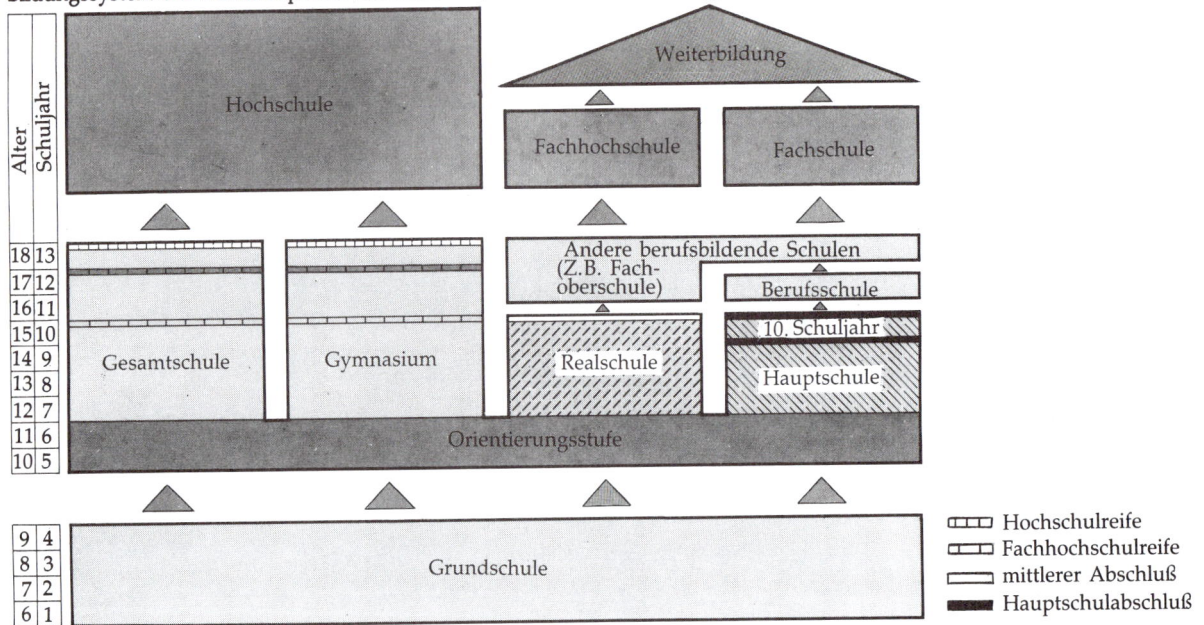

Alter	Schuljahr				
		Hochschule		Weiterbildung	
				Fachhochschule	Fachschule
18	13			Andere berufsbildende Schulen (Z.B. Fachoberschule)	
17	12	Gesamtschule	Gymnasium		Berufsschule
16	11				
15	10			Realschule	10. Schuljahr
14	9				Hauptschule
13	8				
12	7				
11	6	Orientierungsstufe			
10	5				
9	4	Grundschule			
8	3				
7	2				
6	1				

Legende:
- Hochschulreife
- Fachhochschulreife
- mittlerer Abschluß
- Hauptschulabschluß

Das Bildungssystem unterscheidet sich von Bundesland zu Bundesland. Aber alle (alten) Bundesländer haben das traditionelle dreigliedrige Schulsystem.

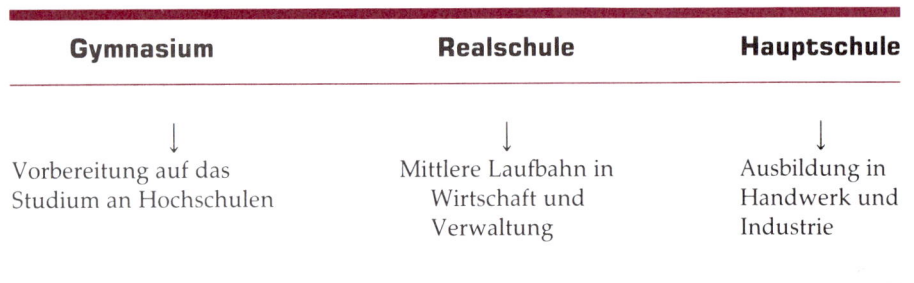

Gymnasium	**Realschule**	**Hauptschule**
↓	↓	↓
Vorbereitung auf das Studium an Hochschulen	Mittlere Laufbahn in Wirtschaft und Verwaltung	Ausbildung in Handwerk und Industrie

Alle Kinder besuchen gemeinsam die **Grundschule**. Nach der 4. bzw. 6. Klasse muß man sich für einen bestimmten Schultyp entscheiden. Das drei-

The German states which were formerly a part of the GDR are slowly integrating their educational system into that depicted above for the FRG.

gliedrige Schulsystem wird oft kritisiert, weil man sich schon so früh entscheiden muß, und weil es später schwer ist, eine falsche Entscheidung zu korrigieren. An vielen Schulen gibt es jetzt die **Orientierungsstufe** (Klasse 5 und 6), in der die Schüler ihre Entscheidung für einen bestimmten Schultyp leicht ändern können. Die **Gesamtschule** faßt die getrennten Schulformen zusammen.

Wer Ausbildungschancen versäumt hat, kann sie auf dem Zweiten Bildungsweg nachholen. In **Abendschulen** kann man sich auf die Schulabschlüsse vorbereiten.

• Globalstrategien •

Was erwarten Sie?

Sehen Sie den Titel des Textes und das *Bildwörterbuch* an. Karin Wagner will den Beruf wechseln. Womit ist ein Berufswechsel meistens verbunden?

Das wissen Sie schon!

Haben Sie in der *High School* schon gewußt, was Sie einmal studieren werden? Haben Sie alle Voraussetzungen, die Sie für Ihr Studium brauchen? Wenn nicht, können Sie sich gut in Karins Lage versetzen.

• Detailstrategien •

Verwandte Wörter

Sie haben gelernt, einen Text auf verwandte Wörter hin durchzusehen. In diesem Text finden Sie viele Wörter, die mit Schule und Studium zu tun haben. Aber passen Sie auf! Einige dieser Wörter haben im Deutschen eine andere Bedeutung. Können Sie mit Hilfe des Wörterbuchs die Bedeutung dieser „falschen Freunde" verstehen?

deutsch	englisch
Kindergarten	
Gymnasium	
Hochschule	

Direct the students to come up with English equivalents, not translations.

Wortbildung

Folgende Verben mit Präfixen kommen im Text *Berufswechsel* vor: sich **ab**mühen, **auf**hören, **nach**machen, **er**klären, **ver**dienen, **ver**lassen, **be**zahlen, **be**suchen, **ent**schließen, **über**legen, **wieder**holen. Wenn Sie lernen, Präfixe zu erkennen, können Sie auch das Basisverb erkennen. Das brauchen Sie, um die **Stammformen** starker Verben nachschlagen zu können. Die meisten Listen starker Verben führen nur die Basisverben an.

principal parts

Grammatik im Kontext

Der erste Absatz dieses Textes beschreibt Karins derzeitige Situation. Die Verben sind im Präsens.

> Eigentlich **macht** ihr der Beruf Spaß.

Der zweite Absatz berichtet von Karins schulischer und beruflicher Ausbildung, also von der Vergangenheit. Die Verben sind im Präteritum.

> Karin **ging** auf ein mathematisch-naturwissenschaftliches Gymnasium.

Im dritten Absatz sind die Verben wieder im Präsens, bzw. im Futur—welche Schlußfolgerungen können Sie ziehen? Im Grammatikteil erfahren Sie mehr über die Vergangenheitsformen von Verben.

Kultur im Kontext

grade average on comprehensive exams
pressure to perform well

In Deutschland sind die meisten Schulen und Universitäten staatlich und kostenlos. Die Schüler bzw. ihre Eltern müssen sich aber schon früh für einen bestimmten Schultyp entscheiden. Man kann den Schultyp später wechseln, aber das ist nicht leicht. Über die Zulassung zum Studium in besonders beliebten Fächern (wie Medizin, Jura, Psychologie) entscheidet der **Abiturnotendurchschnitt**. Schauen Sie sich die Karikatur an, die sich mit dem frühen **Leistungsdruck** auseinandersetzt.

»*Streng dich an, Fritzchen, da drüben will dir schon wieder einer deinen Studienplatz streitig machen!*«

• Textvorschau •

Karin Wagner arbeitet als Kindergärtnerin, aber sie möchte den Beruf wechseln. Sie hat ambivalente Gefühle ihrem Beruf gegenüber. Was empfindet sie als positiv, was als negativ? Welche Probleme bringt der Berufswechsel für sie?

Berufswechsel

● *Jugendmagazin*-Mitarbeiter Gerhard Peters sprach mit jungen Deutschen, die sich für einen Berufswechsel entschieden haben. Was hat sie zu dieser Entscheidung gebracht? Welche Wünsche und Hoffnungen verbinden sie mit dem Berufswechsel? Mit welchen Problemen müssen sie fertig werden?

Karin Wagner (27), Kindergärtnerin

Eigentlich **macht ihr** der Beruf **Spaß**. Warum will sie ihn dann aufgeben? „Der Beruf der Kindergärtnerin ist anstrengend und wird schlecht bezahlt", sagt sie, „und **Aufstiegsmöglichkeiten** gibt es so gut wie keine." Karin möchte Grundschullehrerin werden, denn „Grundschullehrer verdienen mehr und haben dazu längere Ferien." Aber das ist in ihrem Fall nicht so einfach, denn bevor sie überhaupt mit dem Studium beginnen kann, muß sie erst das Abitur nachmachen. Sie hat nämlich nur die mittlere Reife.

Karin ging auf ein mathematisch-naturwissenschaftliches Gymnasium, aber sie hatte Probleme mit Mathematik und Physik und mußte die 10. Klasse wiederholen. „Ich hatte damals einfach keine Lust mehr, mich mit diesen Fächern abzumühen, und für einen Schulwechsel war es zu spät", erklärt sie. „Außerdem wollte ich mit Kindern arbeiten." Deshalb entschloß sie sich, nach der 10. Klasse mit der mittleren Reife die Schule zu verlassen und eine **Ausbildung** als **Erzieherin** zu beginnen. Nach einem einjährigen Praktikum besuchte sie zwei Jahre lang die Fachakademie für Sozialpädagogik. Nach einem weiteren einjährigen Praktikum war sie mit ihrer Berufsausbildung fertig. Kurz danach heiratete sie. Sie arbeitete als Kindergärtnerin, bis ihr erstes Kind geboren wurde. Das zweite kam ein Jahr später. „Zu der Zeit," so Karin, „begannen auch unsere Eheproblem, und als der Kleine gerade drei war, ließen wir uns scheiden. Von den **Unterhaltszahlungen** konnten die Kinder und ich nicht leben, ich mußte also wieder arbeiten."

Für Karin wird es nicht leicht werden, den Beruf zu wechseln, denn das Arbeitsamt bezahlt ihr die **Umschulung** nicht. „Es gibt zu wenige Erzieherinnen, deshalb bekomme ich keinen Pfennig vom Arbeitsamt," erklärt sie. „Für mich kommt daher nur das Abendgymnasium in Frage, weil ich ja Geld verdienen muß." Karin weiß genau, was die nächsten Jahre bringen werden: Viel Arbeit, wenig Geld und keine Freizeit, aber auch die **Aussicht** auf einen Beruf, der besser bezahlt wird und nicht so anstrengend ist.

Ausbildung–*education*
Erzieherin–*teacher*

macht ihr ... Spaß–*she enjoys*

Unterhaltszahlungen–*child support payments*

Aufstiegsmöglichkeiten–*career advancement*

Umschulung–*retraining*
Aussicht–*prospect*

The Arbeitsamt will finance retraining if a candidate can not be employed because of a glut in his/her profession. On the other hand, as in Karin's case, people must pay their own way if they want to move out of a profession with a shortage of workers.

● Textarbeit ●

1. **Information.** Karin hat ambivalente Gefühle ihrem Beruf gegenüber. Ein Berufswechsel bringt ebenfalls Probleme mit sich. Was empfindet sie als positiv, was als negativ? Füllen Sie die Tabelle aus.

Beruf	positiv	negativ
Kindergärtnerin		
Grundschullehrerin		

2. **Analyse.** Unterschiede in der Ausbildung.

   - Wie wird man Kindergärtner(in) in Deutschland?
   - Wie wird man Grundschullehrer(in)?
   - Wie unterscheidet sich die Ausbildung in Nordamerika von der in Deutschland?

3. **Wortfeld „Ausbildung".** Machen Sie eine Liste aller Wörter und Ausdrücke im Text, die zum Wortfeld „Ausbildung" gehören.

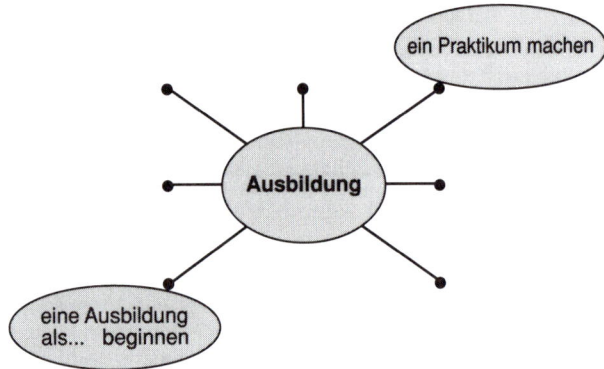

HÖREN

A. **Ich will das Abitur nicht machen.** *Jugendmagazin*-Reporterin Sissi Tränker fragt junge Deutsche nach ihren Berufsplänen. Hören Sie an, was Boris Neudorfer antwortet.

• Textarbeit •

A. **Information.** Boris und seine Eltern haben unterschiedliche Pläne für seine Zukunft. Welche Gründe nennen sie? Füllen Sie die Tabelle aus.

	Pläne für die Zukunft	Gründe
Boris seine Eltern		

B. **Wer nicht hören will, muß fühlen.** Hören Sie an, was Wilma Reckert über ihre Schulzeit sagt.

• Textarbeit •

1. **Entscheidungen!** Nennen Sie Wilma Reckerts Gründe für ihre Entscheidungen.

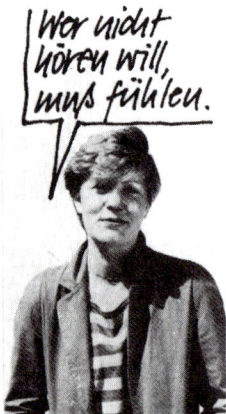

Wer nicht hören will, muß fühlen.

Wilma Reckert (23)
Beamtin bei der
Bundespost

advised

- Sie ging auf die Realschule, weil...

  a. der Lehrer es ihr **riet**.

  b. ihre Freundin auch auf die Realschule ging.

  c. die Eltern es ihr rieten.

- Sie ging nicht aufs Gymnasium, weil...

  a. sie nicht intelligent genug war.

  b. der Lehrer davon abriet.

  c. sie nicht wollte.

- Sie schaffte gerade die Mittlere Reife, weil...

  a. sie sich nicht bemühte.

  b. sie nicht intelligent genug war.

  c. sie sich sehr bemühte.

- Sie entschloß sich, auf die Abendschule zu gehen, weil...

  a. sie keine Stelle finden kann.

  b. sie bessere Berufschancen hat.

  c. die Eltern es ihr rieten.

2. Idiomatische Wendungen. Was paßt zusammen? Verbinden Sie die Satzteile. Können Sie erklären, was diese Wendungen bedeuten?

A. wer nicht hören will,...

B. heute macht sie...

C. sie schlägt die Ratschläge...

D. sie hatte das Zeug...

E. ihr wird nichts...

1. geschenkt.

2. in den Wind.

3. fürs Gymnasium.

4. muß fühlen.

5. die Ochsentour.

GRAMMATIK

The Simple Past

• Use of the Simple Past Tense •

As you have seen, in German both the present perfect tense and the simple past tense refer to a completed action or state in the past. The difference is mainly one of usage. The present perfect is usually preferred in more informal German. The simple past is usually preferred in formal German. It is also frequently used in informal German with the verbs **haben** and **sein**, and with the modal verbs.

• Formation of the Simple Past Tense •

Simple Past of Weak Verbs

The simple past of weak verbs is formed by adding **-t-** plus a personal ending to the verb stem. It is the same pattern the modal verbs use to form the simple past.

machen			
ich	mach**te**	wir	mach**ten**
du	mach**test**	ihr	mach**tet**
er, sie, es	mach**te**	sie	mach**ten**

Variations. Verbs with stems ending in **-d** or **-t** or certain consonant clusters insert an **-e-** between the stem and the simple past tense marker **-t-**:

arbeiten	sie arbeit**e**ten
enden	es end**e**te
regnen	es regn**e**te

Some weak verbs also change the stem vowel and occasionally some of the consonants in the simple past.

bringen	ich br**ach**te
denken	er d**ach**te
kennen	sie k**a**nnte
wissen	du w**uß**test

Übungen

TASK — Recognize the simple past tense marker -t-.

A. Präsens oder Präteritum? Entscheiden Sie, ob die folgenden Sätze im Präsens oder Präteritum sind.

1. Sie arbeitete jeden Tag von 8 Uhr morgens bis halb 6 Uhr abends.
2. Außerdem wollte sie mit Kindern arbeiten.
3. Sie besuchte zwei Jahre lang die Fachakademie für Sozialpädagogik.
4. Da es zu wenige Erzieherinnen gibt, bezahlt das Arbeitsamt die Umschulung nicht.
5. Sie hörte zu arbeiten auf.
6. Aber das wußte sie nicht.
7. Du mußt härter arbeiten, wenn du das Abitur bestehen willst.
8. Wie lange arbeitet ihr?

TASK—Supply the simple past tense of weak verbs, modal verbs, **haben** or **sein**.

B. Er will nach der 10. Klasse aufhören. Burckhart Neundorfers Mutter erzählt einer Bekannten, warum er nach der 10. Klasse aufhören will.

„Er hat Probleme mit Mathe und muß die 10. Klasse wiederholen. Für Mathe interessiert er sich nicht. Er will Koch werden. Dafür braucht er keine Mathematik. Es zu spät, die Schule zu wechseln. Er hört nach der 10. Klasse mit der Schule auf."

Es ist 10 Jahre später, und Frau Neundorfer erzählt einer anderen Bekannten dasselbe. Übernehmen Sie ihre Rolle und erzählen Sie die Geschichte im Präteritum.

TASK—Supply the simple past tense of weak verbs, modal verbs, **haben** or **sein**.

C. Schulwechsel. Karin Meiners erinnert sich an eine schwierige Entscheidung. Ergänzen Sie, was Karin sagt, mit den korrekten Verben im Präteritum.

Mit 16 Jahren _____ (haben) ich in der Schule Probleme mit Englisch und vor allem mit Französisch. Damals _____ (besuchen) ich ein neusprachliches Gymnasium, aber ich _____ (interessieren) mich nicht für Fremdsprachen. Ich _____ (müssen) die 9. Klasse wiederholen. Meine Eltern _____ (sein) für einen Schulwechsel. Ich _____ (wissen), daß ein Schulwechsel viel Arbeit _____ (bedeuten). Da ich mich nicht mehr mit Französisch abmühen _____ (wollen), _____ (wechseln) ich auf ein naturwissenschaftliches Gymnasium. Das _____ (sein) die richtige Entscheidung.

Simple Past of Strong Verbs

In the simple past, strong verbs change the stem vowel and occasionally some of the consonants. Notice that the first and third persons singular have no ending.

gehen			
ich	ging	wir	gingen
du	gingst	ihr	gingt
er, sie, es	ging	sie	gingen

Variations. Verbs with stems ending in **-d**, or **-t** insert an **-e-** between the stem and the second person endings to facilitate pronunciation.

finden	du fandest	ihr fandet
halten	du hieltest	ihr hieltet
werden	du wurdest	ihr wurdet

The verb **werden** takes the ending **-e** in the first and third persons singular:

werden

ich wurd**e**	wir wurden
du wurdest	ihr wurdet
er, sie, es wurd**e**	sie wurden

Übungen

TASK—Produce the infinitive of strong verbs.

A. Infinitiv. Die folgenden Verben im Präteritum kommen im Text *Berufswechsel* vor. Geben Sie ihre Infinitive an. Wenn nötig, benützen Sie das Glossar oder die Tabelle im Grammatikanhang.

> **Beispiel:** sie ging → gehen

er sprach, sie fand, sie entschloß sich, er kam, sie begannen, sie ließen sich

TASK—Recognize the simple past of weak and strong verbs.

B. Fragen eines lesenden Arbeiters. Sehen Sie sich das Gedicht von Bertolt Brecht an. Machen Sie eine Liste aller Verben im Präteritum und bestimmen sie, ob die Verben stark oder schwach sind.

Fragen eines lesenden Arbeiters

German Information Center

Bertolt Brecht (1898–1956)

Wer baute das siebentorige Theben?
In den Büchern stehen die Namen von Königen.
Haben die Könige die Felsbrocken herbeigeschleppt?
Und das mehrmals zerstörte Babylon—
Wer baute es so viele Male auf? In welchen Häusern
Des goldstrahlenden Lima wohnten die Bauleute?
Wohin gingen an dem Abend, wo die Chinesische Mauer fertig war,
Die Maurer? Das große Rom
Ist voll von Triumphbögen. Wer errichtete sie? Über wen
Triumphierten die Cäsaren? Hatte das vielbesungene Byzanz
Nur Paläste für seine Bewohner? Selbst in dem sagenhaften Atlantis
Brüllten in der Nacht, wo das Meer es verschlang,
Die Ersaufenden nach ihren Sklaven.
Der junge Alexander eroberte Indien.
Er allein?
Cäsar schlug die Gallier.
Hatte er nicht wenigstens einen Koch bei sich?
Philipp von Spanien weinte, als seine Flotte
Untergegangen war. Weinte sonst niemand?
Friedrich der Zweite siegte im Siebenjährigen Krieg. Wer
Siegte außer ihm?
Jede Seite ein Sieg.
Wer kochte den Siegesschmaus?
Alle zehn Jahre ein großer Mann.
Wer bezahlte die Spesen?

So viele Berichte.
So viele Fragen.

Simple Past of Verbs with Separable Prefixes

In the simple past tense separable prefixes are separated from the inflected verb and placed in last position.

Sie **hörte** zu arbeiten **auf**.	*She quit working.*
Sie **fing** wieder zu arbeiten **an**.	*She began to work again.*

Inseparable prefixes cannot stand on their own, and are never separated from the verb.

Sie **verließ** die Schule nach der 10. Klasse.
She quit school after the 10th grade.
Sie **besuchte** die Fachakademie für Sozialpädagogik.
She attended the Institute for Social Sciences.

Übungen

TASK—Produce the simple past of verbs with prefixes.

A. Präteritum. Die folgenden Verben mit Präfixen kommen im Text *Berufswechsel* vor. Geben Sie ihre Präteritumformen an.

> **Beispiel:** aufhören → sie hörte auf

verdienen, überlegen, sich abmühen, sich entschließen, beginnen, bezahlen, nachmachen, herausfinden

TASK—Produce the simple past tense of verbs with and without prefixes.

B. Eckehart Schröders Berufswechsel. Ergänzen Sie Eckeharts Geschichte im Präteritum.

1. Eckehart Schröder (besuchen) eine Realschule in Hamburg.

2. Nach der Mittleren Reife (beginnen) er eine Lehre als Industriekaufmann.

3. Er (abschließen) die Lehre mit „sehr gut".

4. Dann (anfangen) er bei AEG zu arbeiten.

5. Aber seine Arbeit (gefallen) ihm nicht.

6. Sie (interessieren) ihn nicht.

7. Er (wollen) mehr wissen.

8. Deshalb (beschließen) er zu studieren.

9. Aber zuerst (müssen) er das Abitur machen.

TASK—Provide the simple past form of strong and weak verbs.

C. Kurzbiographie. Ergänzen Sie die Kurzbiographie von Bertolt Brecht im Präteritum.

Bertolt Brecht (werden) 1898 in Augsburg geboren. Dort (gehen) er auch zur Schule. Er (beginnen) mit dem Medizinstudium in München. 1918 (arbeiten) er als Sanitätssoldat im Militärlazarett. 1920 (werden) er Dramaturg an den Münchner Kammerspielen, 1924 (ziehen) er nach Berlin und (sein) Regisseur und Dramaturg bei Max Reinhardt am Theater. 1928/29 (besuchen) er die

Marxistische Arbeiterschule. Nach der Machtergreifung der Nationalsozialisten (müssen) er aus Deutschland fliehen. Er (emigrieren) über Wien und die Schweiz nach Dänemark. Zusammen mit L. Feuchtwanger und W. Bredel (herausgeben) er die in Moskau erscheinende Zeitschrift „Das Wort". 1940 (fliehen) er über Schweden nach Finnland, 1941 über Moskau nach Kalifornien. Während der McCarthy-Zeit (bekommen) er Schwierigkeiten, und 1948 (zurückkehren) er nach Deutschland. Er (sich niederlassen) in Ost-Berlin, wo er das Berliner Ensemble im Theater am Schiffbauerdamm (gründen). Er (sterben) 1956 in Ost-Berlin.

TASK—Produce the simple past tense of strong and weak verbs.

D. Auf Umwegen zum Beruf. Walter Brehm erzählt einem Reporter über seine Ausbildung auf Umwegen im Perfekt. Übernehmen Sie die Rolle des Reporters und schreiben Sie über Walter Brehms Ausbildung im Präteritum.

> **Beispiel:** Walter Brehm besuchte ein neusprachliches Gymnasium. Aber ...

Ich habe ein neusprachliches Gymnasium besucht. Aber ich habe Probleme mit Englisch und Französisch gehabt. Also habe ich die Schule gewechselt und die 11. Klasse wiederholt. Dann bin ich auf ein mathematisch-naturwissenschaftliches Gymnasium gegangen. Ich habe das Abitur bestanden und in München zu studieren angefangen. Aber das Studium hat mir nicht gefallen. Nach zwei Semestern habe ich das Studium abgebrochen und eine Lehre als Gärtner angefangen. Nach drei Jahren bin ich mit meiner Ausbildung fertig gewesen.

The Principal Parts of the Verb

The simple past form is the last basic verb form you need to know in order to form all tenses. The basic verb forms are *the infinitive*, *simple past*, and *past participle*. They are referred to as the principal parts of the verb.

infinitive	simple past	past participle
kommen	kam	gekommen
beginnen	begann	begonnen
machen	machte	gemacht
bringen	brachte	gebracht

The appendix in the back of this text gives the principal parts of strong and irregular weak verbs only, since the forms of weak verbs follow a regular pattern.

Übung

TASK—Produce the principal parts of verbs.

Stammformen des Verbs. It is important to learn the principal parts of a verb so that you will be able to form all tense forms. Provide the missing principal parts for the following verbs from the text *Berufswechsel*.

infinitive	simple past	past participle
kommen	kam	gekommen
bringen		
	sprach	
heiraten		
		entschieden
	wurde	
		gegeben
können		
	verließ	
	gab auf	
		entschlossen

Sprechen

Wer ist das? Gruppenarbeit. Stellen Sie eine Kurzbiographie einer berühmten Person zusammen. Lesen Sie die Kurzbiographie vor, ohne den Namen der berühmten Person zu nennen, denn die anderen Kursteilnehmer sollen den Namen erraten.

Conjunctions

Conjunctions are words that join units of language together:

words:	Julian **und** Thomas	
	Julian and Thomas	
phrases:	Sie fand eine Stelle **und** zwei Kindergartenplätze.	
	She found a job and two places at a preschool.	
clauses:	Julian wurde geboren, **und** sie hörte zu arbeiten auf.	
	Julian was born, and she quit work.	

Two or more clauses joined by a conjunction form a compound sentence. There are two different types of conjunctions in German, coordinating conjunctions and subordinating conjunctions. Coordinating conjunctions connect clauses without making one subordinate to the other.

Karin hatte Probleme mit Mathe, **und** sie mußte die 10. Klasse wiederholen.
Karin had problems with math and had to repeat the 10th grade.

Ihr Beruf macht ihr Spaß, **aber** er ist auch sehr anstrengend.
She likes her job, but it is also very demanding.

Subordinating conjunctions join two clauses together by making one subordinate to the other.

Sie mußte die 10. Klasse wiederholen, **weil** sie Probleme mit Mathe
    hatte.
She had to repeat the 10th grade since she had problems with math.
Sie findet, **daß** ihr Beruf zu anstrengend ist.
She thinks that her job is too demanding.

• Coordinating Conjunctions •

Word Order

Coordinating conjunctions do not count as sentence elements and, therefore, do not affect word order.

Das ist nicht so einfach, **denn sie muß zuerst** das Abitur machen.
               1st 2nd 3rd
Das ist nicht so einfach, **denn zuerst muß sie** das Abitur machen.
               1st   2nd 3rd
That is not so easy, because she first has to take the comprehensive exams.

Coordinating Conjunctions

und	*and*	Sie hatte Probleme mit Mathe, und sie mußte die 10. Klasse wiederholen. *She had problems with math and had to repeat the 10th grade.*
oder	*or*	Kann sie gleich mit dem Studium beginnen, oder muß sie noch das Abitur machen? *Can she begin college right away, or does she still have to do the comprehensive exams?*
aber	*but,* *however,* *nevertheless*	Sie möchte studieren, aber zuerst muß sie das Abitur machen. *She would like to go to college, but first she has to pass the comprehensive exams.*
sondern	*but rather*	Sie wollte nicht studieren, sondern Kindergärtnerin werden. *She didn't want to go to college, but become a preschool teacher instead.*
denn	*for, because*	Sie mußte die 10. Klasse wiederholen, denn sie hatte Probleme mit Mathematik. *She had to repeat the 10th grade because she had problems with math.*

The conjunctions **aber** and **sondern** both express a contrast, but they are not interchangeable. **Aber** may follow a positive or a negative clause and is used in the sense of *however* or *nevertheless*.

Sie ist Kindergärtnerin, **aber** sie möchte Grundschullehrerin werden.

She is a preschool teacher but she would like to become an elementary teacher.

Ihr Beruf macht ihr keinen Spaß, **aber** sie muß Geld verdienen.

She does not enjoy her job, but she must earn money.

Sondern can only follow a negative clause and is used in the sense of *but on the contrary.*

Er studiert nicht mehr, **sondern** er arbeitet.

He no longer studies, but is working instead.

When two clauses joined by **sondern** have elements in common, these elements are often omitted in the clause following **sondern**.

Sie wollte nicht studieren. **Sie wollte** Kindergärtnerin werden.
Sie wollte nicht studieren, **sondern** Kindergärtnerin werden.

She didn't want to go to college, but become a kindergarden teacher instead.

Übungen

TASK—Produce compound sentences with coordinating conjunctions.

A. Eckehart Schröder möchte studieren. Bilden Sie Sätze, indem Sie Hauptsätze aus beiden Spalten verbinden.

Beispiel: Eckehart hat eine gute Stelle, aber sein Beruf macht ihm keinen Spaß

Eckehart hat eine gute Stelle,	und	er will mehr wissen
Er will nicht mehr arbeiten,	aber	dann kann er mit dem Studium beginnen
Er möchte studieren,	denn	soll er eine Tagesschule besuchen
Zuerst muß er das Abitur machen,	sondern	sein Beruf macht ihm keinen Spaß
Soll er arbeiten und eine Abendschule besuchen,	oder	Wirtschaftswissenschaft studieren

TASK—Supply appropriate coordinating conjunctions.

coordinating

B. Das ist das Problem. Karin diskutiert ihre Situation mit ihrem kanadischen Freund Bob. Ergänzen Sie die fehlenden **nebenordnenden** Konjunktionen.

KARIN: Nein, ich habe keine großen Probleme, _____ ich möchte längere Ferien haben und mehr verdienen.

BOB: Kannst du gleich mit dem Studium beginnen, _____ mußt du zuerst irgendwelche Prüfungen machen?

KARIN: Das ist das Problem. Ich kann nicht mit dem Studium beginnen, _____ ich habe kein Abitur. Zuerst muß ich das Abitur nachmachen _____ dann kann ich erst an der Uni studieren.

TASK—Supply appropriate
coordinating conjunctions.

assumptions

C. Was macht Ihre Tochter jetzt? Frau Meiners berichtigt falsche **Annah-men**. Ergänzen Sie die fehlenden nebenordnenden Konjunktionen.

Sie studiert nicht Mathe, _____ Physik. Zur Zeit studiert sie noch hier in Hamburg, _____ sie möchte in den USA studieren. Das ist nicht so leicht, _____ sie spricht nicht gut Englisch. Es gibt aber noch größere Probleme. Die Studiengebühren sind in den USA astronomisch hoch, _____ sie weiß nicht, wie sie das bezahlen soll.

TASK—Supply appropriate
coordinating conjunctions.

D. Karin Wagner. Sie erfahren mehr über Karin Wagner. Verbinden Sie die Sätze mit nebenordnenden Konjunktionen.

> **Beispiel:** Karin heiratete. Sie zog mit ihrem Mann nach Hamburg.
> Karin heiratete, und zog mit ihrem Mann nach Hamburg.

1. Karin mußte die 10. Klasse wiederholen. Sie hatte Probleme mit Mathe.

2. Sie wollte sich nicht mehr mit Mathe abmühen. Sie verließ die Schule.

3. Sie wollte nicht studieren. Sie wollte Kindergärtnerin werden.

4. Ihr Beruf macht ihr Spaß. Er ist auch sehr anstrengend.

5. Jetzt will Karin das Abitur nachmachen. Das ist nicht leicht.

LESEN

A. Stundenplan. Sehen Sie sich den Stundenplan für die elfte Klasse eines Wirtschaftsgymnasiums an.

Montag	Dienstag	Mittwoch	Donnerstag	Freitag	Samstag
Betriebs-wirtschaft	Wirtschaftslehre	Betriebs-wirtschaft	Deutsch	Französisch	–
Englisch	Geschichte	Deutsch	Chemie	Erdkunde	–
Französisch	Französisch	Mathe	Wirtschaftslehre	Physik	–
Französisch	Englisch	Deutsch	Deutsch	Sport	–
Geschichte	Deutsch	Musik	Mathe	Sport	–
Wirtschaftsl.	Physik	Chemie	Englisch	Mathe	–
				Kunst	
	Ethik		Betriebs-wirtschaft		

• Textarbeit •

Analyse. Welche Unterschiede finden Sie zwischen diesem Stundenplan und einem typischen amerikanischen für die elfte Klasse?

Sprechen

Umfrage: Fremdsprachen in den USA? Gruppenarbeit. Interviewen Sie drei Mitstudenten und teilen Sie das Ergebnis allen Kursteilnehmern mit.

	Student 1	**Student 2**	**Student 3**
Sprechen Sie eine Fremdsprache?			
Wenn ja, wo haben Sie sie gelernt?			
Warum lernen Sie eine Fremdsprache?			
Warum lernen Sie Deutsch?			

B. Der „Zweite Bildungsweg". In Deutschland muß man sich schon früh für einen bestimmten Schultyp entscheiden. Wer studieren will, braucht das Abitur, die Abschlußprüfung des Gymnasiums. Was aber machen diejenigen, die sich erst später im Leben zu einem Studium entschließen und kein Abitur haben? Wie Sie im Text *Berufswechsel* gesehen haben, steht Karin Wagner vor diesem Problem. Der folgende Text aus der Zeitschrift *Jugendskala* informiert über den „Zweiten Bildungsweg".

Der Zweite Bildungsweg

Niemand redet vom „Ersten Bildungsweg". Dieser Bildungsweg führt vom Kindergarten über die Grundschule zur Hauptschule oder zur Realschule oder zum Gymnasium. Das Gymnasium ist der traditionelle Weg zum Abitur und anschließend zu einem Universitätsstudium. Was aber machen zum Beispiel junge Leute, die nach der Hauptschule eine Lehre abgeschlossen haben und dann feststellen, daß sie mit ihrem Beruf nicht zufrieden sind? Was machen „Spätzünder", die sich erst später im Leben entschließen zu studieren? Für sie gibt es den „Zweiten Bildungsweg", über den sie einen höheren Abschluß erreichen können. In besonderen Schulen und Kollegs können sie sich darauf vorbereiten. Es gibt Tages- und Abendschulen. Viele müssen aber Geld verdienen und können daher nur die Abendschule besuchen. Für niemand ist es einfach, über den „Zweiten Bildungsweg" einen höheren Abschluß zu erreichen. Für alle bedeutet es weniger Geld und kaum Freizeit.

• Textarbeit •

1. **Kategorien.** Welche Wörter und Ausdrücke im Text lassen sich folgenden Kategorien zuordnen?

   Erster Bildungsweg   Zweiter Bildungsweg

2. **Analyse.** Schulabschlüsse.

   a. Wie kann man in Deutschland einen versäumten Abschluß nachmachen?

   b. Wie macht man das in Nordamerika? Gibt es Unterschiede?

SCHREIBEN

A. **Stundenplan.** Stellen Sie Ihren Stundenplan für dieses Semester auf.

B. **Was ich dieses Semester alles mache.** Schreiben Sie einen Brief an Freunde in Österreich, und erzählen Sie ihnen, was Sie in diesem Semester machen. Welche Kurse gefallen Ihnen dieses Semester besonders gut? Welche nicht? Betreiben Sie irgendwelche interessanten Aktivitäten? Arbeiten Sie? Was machen Sie in Ihrer Freizeit?

Sprechen

Umfrage: Meine High School. Gruppenarbeit. Füllen Sie folgende Tabelle aus und teilen Sie das Ergebnis Ihrer Umfrage den anderen Student/innen mit.

• Miniwörterbuch •

Meine High School war...	sehr gut/gut/mittelmäßig/schlecht/sehr schlecht	
Fächer/Kurse	Mathematik	Sport
	Biologie	Kunst
	Chemie	Hauswirtschaft
	Deutsch	Sozialkunde
	Französisch	Physik
	Chinesisch	Wirtschaftslehre
	Russisch	Betriebswirtschaftslehre
	Japanisch	Geographie
	Englisch	Religion
	Musik	Buchführung
	Latein	Textverarbeitung
	Geschichte	

	Student 1	Student 2	Student 3
Welche Kurse hast du belegt?			
Welche Kurse gab es nicht, (die du gern belegt hättest)?			
Findest du, daß du gut für das College vorbereitet bist?			
Wie würdest du deine High School bewerten?			

KULTUR

Das dreigliedrige Schulsystem

Etwa ein Drittel aller Schüler besucht nach der Grundschule die Hauptschule. Nach dem Abschluß der Hauptschule beginnen die meisten Schüler eine Berufsausbildung (in Handwerk und Industrie) und besuchen nebenbei eine **Berufsschule**.

vocational school

Ein Drittel der Schüler etwa geht auf die Realschule, deren Abschluß Voraussetzung für den Besuch einer **berufsbildenden** Schule ist. Diese Ausbildung führt oft zu einer mittleren **Laufbahn** in Wirtschaft und Verwaltung.

job-training
career
entitles (one)

Das Abschlußzeugnis des Gymnasiums, das Abitur, **berechtigt** zum Studium an wissenschaftlichen Hochschulen.

1. Was halten Sie von einem dreigliedrigen Schulsystem?

positive Aspekte	negative Aspekte
. . .	. . .

2. In Deutschland muß man sich früh entscheiden, welche Schulform man besucht. Ein späterer Wechsel ist möglich, aber nicht leicht. Was halten Sie von dieser frühen Entscheidung? Denken Sie an Ihre eigene Situation. Wie **hätten** Sie sich damals **entschieden?**

would . . . have decided

3. Deutsche Schüler schneiden im internationalen Vergleich relativ gut ab, amerikanische dagegen relativ schlecht. Liegt das am unterschiedlichen Schulsystem, oder spielen auch andere Faktoren eine Rolle?

Sam C. Pierson, Jr./Photo Researchers

Lesehilfen

• Bildwörterbuch •

Zivildienst

Bundeswehr

Studium im Ausland

• Globalstrategien •

Was erwarten Sie?

Sehen Sie sich die Überschrift des Textes und das Bildwörterbuch an. Wovon, glauben Sie, handelt der Text?

Kultur im Kontext

In Deutschland besteht die allgemeine Wehrpflicht für Männer. Wer den Militärdienst (12 Monate) ablehnt, kann stattdessen Zivildienst (15 Monate) leisten. Als Deutschland noch geteilt war, hatten junge Männer aus der Bundesrepublik die Möglichkeit, nach West-Berlin zu ziehen. Wer dort lebte, mußte nicht zum Militär.

• Detailstrategien •

Verwandte Wörter

Überfliegen Sie den Text und versuchen Sie, verwandte Wörter zu erkennen. Es gibt viele!

Wortbildung

impart

Trennbare Präfixe (Adverbien, Präpositionen, Verben) **übertragen** ihre Bedeutung oft auf das Basisverb. Können Sie die Bedeutung folgender Verben mit trennbaren Präfixen herausfinden: **ein**ziehen (**ein**-in), **ein**sehen, **ab**schaffen, **ab**warten, **an**greifen? Präfixe, die nicht allein stehen können (untrennbare Präfixe wie **be-, ent-, ver-, zer-, er-, ge-**), ändern die Bedeutung der Basisverben nicht einheitlich. Die folgenden Bedeutungen und Funktionen von untrennbaren Präfixen kommen jedoch relativ häufig vor:

be-	makes intransitive verbs transitive: antworten, **be**antworten
ver-	making an error, motion away from, coming to an end, intensification: sich **ver**fahren, **ver**reisen, **ver**gehen
zer-	into pieces: **zer**stören, **zer**brechen
ent-	opposition to, to undo: **ent**gegnen, **ent**decken, **ent**hüllen

Können Sie die Bedeutung einiger Verben mit untrennbaren Präfixen im Text erraten? Der Kontext kann Ihnen dabei helfen.

Kultur im Kontext

Peter Meister erwähnt, daß die Studienbedingungen in Österreich viel besser sind als in Deutschland. Im Kulturteil dieses Kapitels werden Sie mehr über die Studienbedingungen an den großen deutschen Universitäten erfahren.

• Textvorschau •

There are more options — 1. serving time in prison; only a few young men choose this option; 2. getting non-existent health problems certified by a doctor; or 3. using political influence.

Peter Meister hat sich entschieden, in Österreich zu studieren. In Deutschland will er nicht bleiben, weil er sont zur Bundeswehr müßte. In Österreich besteht die allgemeine Wehrpflicht, ebenso wie in Deutschland, aber als Ausländer kann er in Österreich nicht eingezogen werden.

verteidigen–*to defend*
angegriffen wird–*to be attacked*

Bundeswehr, Zivildienst oder Studium im Ausland?

Vor dieser Frage stehen viele Abiturienten. Der Augsburger Peter Meister ist einer von ihnen.

zunächst–*for the time being*

Peter (19) lehnt den Wehrdienst ab. Seiner Meinung nach ist die Bundeswehr jetzt, nachdem der Kalte Krieg vorbei ist, funktionslos geworden. ,,Ich sehe nicht ein, warum man lernen soll, sich zu **verteidigen**, wenn man nicht **angegriffen wird**'', meint er. Aber er hat auch keine Lust, 15 Monate lang in einem Krankenhaus oder Altersheim Zivildienst zu leisten. ,,Leider fällt die Möglichkeit nach Berlin zu ziehen jetzt ja weg'', sagt Peter. Deshalb hat er beschlossen, **zunächst** im Ausland zu studieren und abzuwarten. Es kann sein, daß er lange warten muß, denn zur Zeit

→

eingezogen werden–*to be inducted*

abgeschafft wird–*to be abolished*
Drückeberger–*draft-doger*
Zulassungsbescheid–*acceptance-notice*

notwendigen–*necessary*

können Männer in Deutschland bis zum 32. Lebensjahr **eingezogen werden**. Aber so weit will er jetzt noch nicht planen: „Ich hoffe, daß die Wehrpflicht bald **abgeschafft wird**." Der Vorwurf, ein **Drückeberger** zu sein, trifft ihn nicht: „Ich bin gegen den Wehrdienst, aber warum soll ich deswegen 15 Monate lang in einem Altersheim schuften? Ich sehe da keinen **notwendigen** Zusammenhang."

Peter hat sich für die Unversität Wien entschieden: „Wenn ich es mir recht überlege, bringt mir das Studium in Österreich nur Vorteile. Ich muß nicht zum Bund, und die Studienbedingungen sind wesentlich besser als an den großen Unis in Deutschland." Sobald er den **Zulassungsbescheid** bekommt, will er nach Wien fahren, um sich mit der Universität vertraut zu machen. „Wenn ich so viel wie möglich vor Semesterbeginn erledige, ist der Studienanfang nicht so überwältigend." Doch zur Zeit wartet er noch auf seinen Zulassungsbescheid.

• Textarbeit •

1. **Information.** Peter Meister mußte eine Entscheidung treffen. Geben Sie seine Gründe für oder gegen folgende Möglichkeiten an:

Möglichkeit	Gründe
zur Bundeswehr gehen	
Zivildienst leisten	
ins Ausland gehen	

2. **Wortfeld „Militär."** Schreiben Sie alle Wörter und Ausdrücke im Text auf, die zum Wortfeld „Militär" gehören.

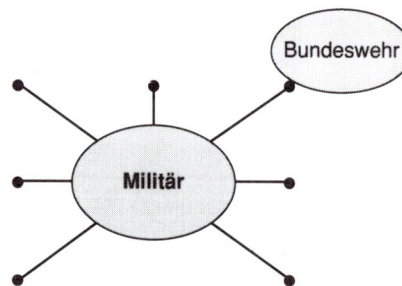

3. **Wortfamilie.** Wenn Sie lernen, Wortfamilien zu erkennen, können Sie die Bedeutung unbekannter Wörter oft auch ohne Wörterbuch erkennen. Die Wörter in der linken Spalte der Tabelle kommen im Text vor. Können Sie andere Wörter im Text finden, die zur gleichen Wortfamilie gehören? Nehmen Sie Ihr Wissen über Präfixe und Suffixe zu Hilfe, um sie zu verstehen.

Wort im Text	Nomen	Verben

entscheiden
warten
Studium

4. Fragen zum Nachdenken.

on grounds of conscience

- In Deutschland besteht die allgemeine Wehrpflicht für Männer. Wer den Militärdienst **aus Gewissensgründen** verweigert, kann stattdessen Zivildienst leisten. Peter Meister will nicht 15 Monate lang in einem Altersheim oder Krankenhaus arbeiten. Er geht ins Ausland. Wie finden Sie seine Haltung?
- In Deutschland besteht die Wehrpflicht nur für Männer. Finden Sie das sexistisch?
- Was halten Sie von der Wehrpflicht? Was halten Sie von einer Freiwilligen-Armee?

HÖREN

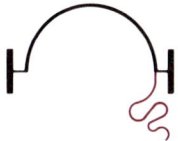

man doing alternate service
nursing home

A. „**Ich kann nicht alle lieben.**" Rolf Blandow, 25 Jahre, ist **Zivildienstler** in den Riehler Tagesstätten, einem **Pflegeheim** in Köln. Hören Sie sich an, was er über seine Arbeit im Pflegeheim erzählt.

• Miniwörterbuch •

Pflegeheim	*nursing home*
Klo	*toilet*
Frust	*frustration*
auf j–n zugehen	*to reach out to someone*

• Textarbeit •

1. Welche Aufgaben hat Rolf Blandow in den Riehler Heimstätten?

- die alten Leute wecken
- . . .

2. Würden Sie seine Einstellung der Arbeit gegenüber als eher positiv, negativ oder neutral bezeichnen? Welche Aussagen von Rolf Blandow bestätigen Ihre Einschätzung?

B. Was sagen Sie zum Studentenprotest? Mehr als 30 000 Münchner Studenten demonstrierten gegen die katastrophale Situation an den Münchner Hochschulen. Die *Münchner Abendzeitung* fragte Passanten nach ihrer Meinung zum Studenten-Protest. (Im Kulturteil dieses Kapitels erfahren Sie mehr über die Situation an deutschen Universitäten.) Hören Sie sich an, was Jochen Frauenstein (61), Konstrukteur, Magdalena Ortner (52), Hausfrau, Kurt Lärch, (57) Bahnarbeiter, und Helga Maier (52), Hausfrau, antworten.

• Textarbeit •

Information. Was halten die Befragten von den Studentenprotesten? Füllen Sie die Tabelle aus.

	J. Frauenstein	M. Ortner	K. Lärch	H. Maier
Haben sie Kinder, die studieren?				
Zeigen sie Verständnis für Studenten?				
Welche Gründe führen sie an?				

GRAMMATIK

Subordinating Conjunctions

In the previous grammar section you learned that coordinating conjunctions join two clauses together without making one subordinate to the other.

> Er lehnt den Militärdienst ab, **aber** er hat keine Lust, Zivildienst zu leisten.
> *He refuses military service, but he has no desire to do alternative service.*

Subordinating conjunctions join two clauses together by making one subordinate to the other. Clauses introduced by a subordinating conjunction cannot stand alone, they depend on the main clause.

> Sie möchte ihren Beruf aufgeben, **weil** er zu anstrengend ist.
>   main clause   subordinate clause
> *She wants to quit her job because it is too demanding.*

> **Bevor** sie mit dem Studium beginnen kann, muß sie das Abitur machen.
>   subordinate clause   main clause
> *Before she can begin her studies she must pass the finals.*

Subordinating Conjunctions

daß	*that*	Er hofft, daß die Wehrpflicht abgeschafft wird.
		He hopes that the draft will be abolished.
als[1]	*when*	Als er den Zulassungsbescheid bekam, fuhr er nach Wien.
		When he got his acceptance, he went to Vienna.
wenn[2]	*when, if, whenever*	Wenn er sich schon vorher mit der Universität vertraut macht, ist der Studienanfang nicht so überwältigend.
		If he familiarizes himself with the university ahead of time, the beginning of classes won't be so overwhelming.
bevor	*before*	Bevor sie zu studieren anfangen kann, muß sie das Abitur machen.
		Before she can start college, she has to pass the comprehensive exams.
bis	*until*	Er muß warten, bis er seinen Zulassungsbescheid bekommt.
		He has to wait until he gets his acceptance.
sobald	*as soon as*	Sobald er den Zulassungsbescheid bekommt, will er nach Wien fahren.
		As soon as he gets his acceptance, he wants to go to Vienna.
seit, seitdem	*since (time)*	Seit er als Zivildienstler arbeitet, sieht er vieles anders.
		Since he has been doing alternative service, he sees many things differently.
nachdem	*after*	Er begann mit dem Studium, nachdem er den Zivildienst abgeleistet hatte.
		He began college after he had completed his alternative service.
während	*while*	Der Zulassungsbescheid kam, während er in Urlaub war.
		His acceptance came while he was on vacation.
weil[3]	*because*	Er will nicht in Deutschland bleiben, weil er sonst zur Bundeswehr müßte.
		He doesn't want to stay in Germany because then he would have to do his military service.
da[4]	*since, because*	Da in Deutschland die allgemeine Wehrpflicht besteht, will er ins Ausland gehen.
		Since there is universal military draft in Germany, he wants to leave the country.
damit	*so that*	Er geht ins Ausland, damit er nicht zur Bundeswehr muß.
		He leaves the country so that he won't have to join the army.
obwohl	*although*	Er ging zur Bundeswehr, obwohl er gegen den Wehrdienst war.
		He joined the army although he was against military service.

[1] refers to single past events
[2] refers to present or future events, or to recurring events
[3] used when the reason is not known
[4] used when the reason is known

ob[5]   *whether, if*   Er weiß nicht, ob er den Wehrdienst verweigern
                                      soll.
                                      He doesn't know whether he should refuse to do
                                      military service.

Nebensätze. Suchen Sie alle Nebensätze im Text *Bundeswehr—Zivildienst—*
Studium im Ausland?

• Word Order in Subordinate Clauses •

Position of the Inflected Verb

In subordinate clauses, the inflected verb is normally in last position.

> Er hat sich für die Universität Wien entschieden, weil die wirt-
> schaftswissenschaftliche Fakultät dort ausgezeichnet **ist**.
> *He decided to go to the University of Vienna because the Economics De-*
> *partment there is excellent.*
> Wenn er sich schon vorher mit der Universität vertraut **macht**, ist
> der Studienanfang nicht so überwältigend.
> *If he familiarizes himself with the university ahead of time, getting started*
> *isn't so overwhelming.*

Position of Separable Prefixes

In a main clause, separable prefixes are separated from the verb and placed
in last position in the present and simple tenses.

> Peter **lehnt** den Wehrdienst **ab**.
> *Peter refuses to serve in the military.*
> Er **fand** sich bald in Wien **zurecht.**
> *He soon found his way around Vienna.*

In a subordinate clause, however, the separable prefix remains attached to
the verb.

> Peter sagt, daß er den Militärdienst **ab**lehnt.
> *Peter says that he refuses to serve in the military.*
> Es dauerte eine Weile, bis er sich an der Universität **zurecht**fand.
> *It took some time before he found his way around the university.*

Position of Modal Verbs with a Dependent Infinitive

When the subordinate clause contains both a modal verb and an infinitive,
the inflected modal verb is in last position, and the infinitive of the main verb
immediately precedes it.

---

[5]used to introduce indirect questions

Er wußte, daß er nicht in Deutschland **bleiben konnte**.
He knew that he could not remain in Germany.
Er fuhr nach Wien, weil er sich mit der Uni vertraut **machen wollte**.
He went to Vienna because he wanted to familiarize himself with the university.

Position of Past Participles

When the subordinate clause is in the present perfect tense, the inflected auxiliary verb **haben** or **sein** is in last position, and the past participle immediately precedes it.

Er ist froh, daß er viel vor Semesterbeginn **erledigt hat**.
He's happy that he got a lot done before the beginning of the semester.
Sein Vater ist enttäuscht, weil er nicht zur Bundeswehr **gegangen ist**.
His father is disappointed because he didn't do his military service.

Übungen

TASK—Construct compound sentences; verb-last word order is provided.

A. Studium im Ausland. Peter Meister hat sich entschieden, im Ausland zu studieren, weil er nicht zum Bund will. Bilden Sie Sätze, indem Sie jeweils einen Haupt-und einen Nebensatz aus den beiden Spalten verbinden.

Beispiel: Peter Meister geht ins Ausland, da in Deutschland die Wehrpflicht besteht.

Peter Meister geht ins Ausland	bevor	der Wehrdienst abgeschafft wird
Er will den Zivildienst nicht leisten	damit	er den Zulassungsbescheid bekommt
Er will nach Wien fahren	daß	in Deutschland die Wehrpflicht besteht
Er hofft	weil	das Semester beginnt
Er möchte sich mit der Uni vertraut machen	da	das harte Arbeit ist
Er will viel erledigen	sobald	der Studienbeginn nicht so überwältigend ist

TASK—Produce verb-last word order.

B. Ein Drückeberger? Peter Meisters Vater hält Peter für einen Drückeberger. Bilden Sie Sätze und benutzen Sie dabei die entsprechenden unterordnenden Konjunktionen.

Beispiel: Mein Vater sagt. (daß) Ich bin ein Drückeberger.
Mein Vater sagt, daß ich ein Drückeberger bin.

1. Mein Vater ist enttäuscht. (weil) Ich gehe ins Ausland.

2. Ich soll Zivildienst leisten. (wenn) Ich verweigere den Wehrdienst.

3. Er findet es nicht richtig. (daß) Ich studiere. (während) Andere müssen 15 Monate lang hart arbeiten.

4. Warum soll ich in einem Altersheim arbeiten? (wenn) Ich bin gegen die Wehrpflicht.

5. Ich bleibe im Ausland. (bis) Es gibt die Wehrpflicht nicht mehr.

TASK—Produce verb-last word order.

C. Was machte Karin, bevor sie geschieden wurde? Bilden Sie Sätze und benutzen Sie dabei die entsprechenden unterordnenden Konjunktionen.

> **Beispiel:** Was machte Karin? (bevor) Sie wurde geschieden.
> Was machte Karin, bevor sie geschieden wurde?

1. Karin arbeitete als Kindergärtnerin. (bevor) Sie lernte ihren Mann kennen.
2. Sie zog mit ihrem Mann nach Hamburg. (weil) Er bekam dort eine gute Stelle.
3. Es dauerte nicht lange. (bis) Sie fand eine neue Stelle.
4. Aber sie hörte zu arbeiten auf. (als) Julian wurde geboren.
5. Sie blieb zu Hause. (während) Ihr Mann machte Karriere.
6. Doch die Ehe wurde geschieden. (als) Das zweite Kind war 3 Jahre alt.

TASK — Produce verb-last word order.

D. Was macht Karin, seit sie geschieden ist? Bilden Sie Sätze und benutzen Sie dabei die entsprechenden unterordnenden Konjunktionen.

> **Beispiel:** Was macht Karin? (seit) Sie ist geschieden.
> Was macht Karin, seit sie geschieden ist?

1. Karin wohnt mit ihren Kindern in einer kleinen Wohnung. (seitdem) Sie ist geschieden.
2. Sie arbeitet wieder als Kindergärnterin. (weil) Sie muß Geld verdienen.
3. Ihr Beruf macht ihr Spaß. (obwohl) Er ist sehr anstrengend.
4. Manchmal überlegt sie. (ob) Soll sie den Beruf wechseln?
5. Sie möchte Grundschullehrerin werden. (weil) Sie verdient dann besser.
6. Sie muß das Abitur machen. (bevor) Sie kann mit dem Studium beginnen.

TASK — Meaning of subordinating conjunctions.

E. Drei Zivis. Drei junge Männer berichten von ihrer Entscheidung. Ergänzen Sie, was sie sagen, mit einer der folgenden Konjunktionen: **daß, ob, wenn, seit, weil, da, damit, obwohl.**

> **Beispiel:** Ich wußte nur, _____ ich nicht zum Bund wollte.
> Ich wußte nur, daß ich nicht zum Bund wollte.

Rolf Blandow, 25 Jahre:

1. Ich bin überzeugt, _____ ich die richtige Entscheidung getroffen habe.
2. Ich habe den Wehrdienst verweigert, _____ ich keine Waffe tragen will.
3. Im Altersheim tue ich etwas Sinnvolles, _____ die Arbeit oft frustrierend ist.

Josef Rielke, 20 Jahre:

1. Ich bin zur Bundeswehr gegangen, _____ ich den Waffendienst ablehne.

2. Ich habe mich für den Wehrdienst entschieden, _____ er nur 12 Monate dauert.

3. Jetzt bin ich nicht sicher, _____ das die richtige Entscheidung war.

4. Ich bin deprimiert, _____ ich bei der Bundeswehr bin.

5. Ich bin immer total fertig, _____ man mich anbrüllt.

Klaus Feldgen, 23 Jahre:

1. Die letzten 45 Jahre haben gezeigt, _____ wir die Bundeswehr brauchen.

2. Wir brauchen sie, _____ sie den Frieden garantiert.

3. Ich gehe zur Bundeswehr, _____ wir auch weiterhin Frieden haben.

TASK — Meaning of subordinating conjunctions.

F. Drei Studentinnen. Drei Studentinnen erzählen von ihren Erfahrungen in Heidelberg. Ergänzen Sie, was sie sagen, mit einer der folgenden Konjunktionen: **daß, seit, als, bis, während, wenn, weil, damit, obwohl.**

Heidrun Wassner, Studentin der Informatik, 26 Jahre:

1. _____ ich mit dem Studium begann, wollte ich Lehrerin werden.

2. Aber dann wurde mir klar, _____ ich nicht unterrichten wollte.

3. Ich beschloß, das Studienfach zu wechseln, _____ ich schon im 8. Semester war.

Caroline Rauch, Studentin der Germanistik und Romanistik, 23 Jahre:

1. Ich furchtbar gestreßt, _____ ich Ende des Semesters die Zwischenprüfung machen muß.

2. Ich sitze über meinen Büchern, _____ ich todmüde bin.

3. _____ ich die Zwischenprüfung bestehen will, muß ich noch viel arbeiten.

Krista Meiners, Studentin der Mathematik im 1. Semester, 20 Jahre:

1. _____ ich studiere, habe ich keine Freizeit mehr.

2. _____ ich aufs Gymnasium ging, hatte ich jede Menge Freizeit.

3. Jetzt muß ich hart arbeiten, _____ ich alles verstehe.

Sprechen

Umfrage: Mein Studium. Gruppenarbeit. Stellen Sie drei Mitstudent/innen folgende Fragen. Schreiben Sie die Antworten auf und berichten Sie den Kursteilnehmer/innen jeweils von den interessantesten Ergebnissen jeder Frage.

> Was ist dein Hauptfach?
> Was ist dein Nebenfach?
> Im wievielten Semester/Jahr bist du?
> Wie viele Kurse belegst du dieses Semester?
> Warum studierst du an dieser Uni?
> Was machst du nach dem Studium?

• Order of Clauses in Complex Sentences •

Subordinate clauses may either follow or precede the main clause.

> Er will nach Wien fahren, **sobald er den Zulassungsbescheid bekommt**.
> *He wants to go to Vienna as soon as he gets admitted.*
> **Sobald er den Zulassungsbescheid bekommt**, will er nach Wien fahren.
> *As soon as he gets admitted he wants to go to Vienna.*

When the subordinate clause precedes the main clause, the subordinate clause functions as the first element of the entire sentence, and the inflected verb of the main clause follows immediately in second position.

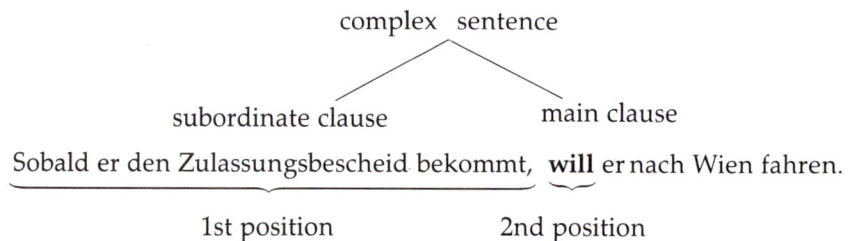

complex   sentence

subordinate clause   main clause

Sobald er den Zulassungsbescheid bekommt, **will** er nach Wien fahren.

1st position   2nd position

Übungen

TASK — Determine main clause and subordinate clause.

A. Hauptsatz und Nebensatz. Sehen Sie sich Peter Meisters Pläne für die nahe Zukunft an. Bestimmen Sie Haupt- und Nebensätze.

1. Sobald er den Zulassungsbescheid bekommt, will er nach Wien fahren.

2. Wenn er sich schon vorher mit der Universität vertraut macht, ist der Studienanfang nicht so überwältigend.

3. Obwohl die Wartelisten lang sind, will er sich um einen Platz im Studentenheim bewerben.

4. Er hofft, daß die Wehrpflicht bald abgeschafft wird.

5. Bevor das Semester anfängt, will er sich mit der Uni vertraut machen.

TASK — Word order in complex sentences.

B. Ich habe die richtige Entscheidung getroffen. Rolf Blandow, ein Wehrdienstverweigerer, spricht mit einem Reporter vom *Stern*. Rekonstruieren Sie, was er sagt.

> **Beispiel:** ich/bin/überzeugt//daß/ich/habe getroffen/die richtige Entscheidung/.
> Ich bin überzeugt, daß ich die richtige Entscheidung getroffen habe.

1. als/ich/anfing//ich/war/ziemlich/schockiert/.
2. ich/verstand/nicht//daß/die anderen Pfleger/waren/so gefühllos/.
3. heute/ich/weiß//daß/der Tod/ist/etwas ganz Normales/.
4. wenn/man/arbeitet/länger/hier//man/wird/anders/.
5. seit/ich/arbeite/hier//ich/sehe/viele Dinge/anders/.

TASK — Identification exercise; decide whether the following sentences consist of two main clauses or of a main clause and a subordinate clause.

C. Hauptsätze und Nebensätze. Bestimmen Sie, ob die folgenden Sätze aus zwei Hauptsätzen oder aus einen Hauptsatz und einem Nebensatz bestehen.

> **Beispiel:** Wenn er im Ausland bleibt, muß er nicht zum Militär.
>   Nebensatz   Hauptsatz

1. Er will nicht in Deutschland bleiben, weil er sonst zur Bundeswehr müßte.
2. Er kann Zivildienst leisten, aber er will keine Zeit verlieren.
3. Da der Kalte Krieg vorbei ist, hofft er, daß die Wehrpflicht bald abgeschafft wird.
4. Es kann sein, daß er lange warten muß, denn derzeit können Männer in Deutschland bis zum 32. Lebensjahr eingezogen werden.
5. Er will im Ausland bleiben, bis er nicht mehr wehrpflichtig ist.

TASK — Word order in subordinate and coordinate clauses.

D. Caroline Rauch erzählt von ihrer Prüfungsangst. Bilden Sie Sätze mit entsprechenden Elementen aus jeder Spalte.

> **Beispiel:** Ich bin gestreßt, denn ich muß am Ende des Semesters die Zwischenprüfung machen.

Ich bin gestreßt	ich gute Noten habe	wenn
Mir wird ganz schlecht	ich bin viel zu nervös	bis
Ich habe Angst vor der Zwischenprüfung	ich todmüde ins Bett falle	damit
Ich muß hart arbeiten	ich muß am Ende des Semesters die Zwischenprüfung machen	obwohl
Jeden Abend lerne ich	ich über den Büchern sitze	denn
Meine Freunde gehen in die Kneipe	ich die Prüfung bestehe	aber
Ich sollte mitgehen	ich daran denke	während

TASK — Supply the appropriate subordinating or coordinating conjunction.

E. Mathe. Krista Meiners studiert im 1. Semester Mathematik. Gerade wird sie von einem Reporter des *Stern* interviewt. Ergänzen Sie, was sie sagt, mit einer der folgenden Konjunktionen: **und, aber, denn, weil, als, obwohl**.

_____ ich noch in der Grundschule war, habe ich mich schon für Mathematik interessiert. Ich bin auf ein mathematisch-naturwissenschaftliches Gymnasium gegangen, _____ Mathematik war mein Lieblingsfach. Auf dem Gymnasium habe ich mich dann auch für andere Fächer interessiert, _____ Mathematik ist immer mein Lieblingsfach geblieben. Jetzt studiere ich im ersten Semester Mathematik, _____ das Studium macht mir Spaß. Ich habe mich für die Universität Heidelberg entschieden, _____ die mathematische Fakultät ausgezeichnet ist. _____ Mathematik immer noch eine männliche Domäne ist, gibt es jedes Jahr mehr Mathematik-Studentinnen.

• Question Words as Subordinating Conjunctions •

Question words, such as **wer, was, wo, wann**, function as subordinating conjunctions when they introduce an indirect informational question.

DIRECT QUESTION	INDIRECT QUESTION
„Wo **studiert** Peter?"	„Weißt du, **wo** Peter **studiert**?"
Where's Peter going to college?	*Do you know where Peter's going to college?*
„Wann **fängt** das Semester **an**?"	„Kannst du mir sagen, **wann** das Semester **anfängt**?"
When does the semester start?	*Can you tell me when the semester starts?*

Indirect yes/no-questions are introduced by the subordinating conjunction **ob**.

DIRECT QUESTION	INDIRECT QUESTION
„**War** das die richtige Entscheidung?"	Ich frage mich, **ob** das die richtige Entscheidung **war**.
Was that the right decision?	*I wonder if that was the right decision.*
„**Findet** die Vorlesung heute **statt**?"	„Weißt du, **ob** die Vorlesung heute **stattfindet**?"
Does the lecture take place today?	*Do you know whether the lecture takes place today?*

Übungen

TASK — Produce indirect informational questions.

A. Kannst du mir sagen, . . . ? Alois Gruber kommt aus einer Kleinstadt in den Alpen. Er ist Studienanfänger an der Universität Wien. Übernehmen Sie seine Rolle und stellen Sie Fragen. Leiten Sie die Fragen mit **Weißt du, . . .** oder **Kannst du mir sagen, . . .** ein.

Beispiel: Wann fängt das Semester an?
Kannst du mir sagen, wann das Semester anfängt?

1. Wer hält das Seminar über Brecht?

2. Warum fällt die Vorlesung heute aus?

3. Wo ist das Audimax?

4. Wie komme ich am besten zur Bibliothek?

5. Was sollen wir bis zum nächsten Mal lesen?

B. Mehr Fragen. Alois hat noch mehr Fragen. Leiten Sie die Fragen mit **Weißt du**,... oder **Kannst du mir sagen**,... ein.

> **Beispiel:** Müssen wir eine Klausur schreiben?
> Weißt du, ob wir eine Klausur schreiben müssen?

1. Ist das der Hörsaal 106 B?

2. Findet die Vorlesung heute statt?

3. Ist der Professor gut?

4. Sind seine Vorlesungen interessant?

5. Kann man nach der Vorlesung Fragen stellen?

6. Darf man den Professor während der Vorlesung unterbrechen?

C. Weißt du,...? Nathalie Herremann aus Genf studiert ein Semester an der Universität München. Sie kennt sich nicht aus und stellt einer Studentin aus dem Wohnheim viele Fragen. Leiten Sie die Fragen mit **Weißt du**,... oder **Kannst du mir sagen**,... ein.

> **Beispiel:** Wo ist das Audimax?
> Weißt du, wo das Audimax ist?

1. Wo ist die Uni-Bibliothek?

2. Wie lange ist die Staatsbibliothek offen?

3. Wann fangen die Vorlesungen an?

4. Gibt es hier eine Waschmaschine?

5. Kann man ein Telefon haben?

6. Ist die Mensa noch offen?

7. Wann macht sie zu?

D. Wenn, als, wann? Angelika und Klaus versuchen Stefanie zu überreden, eine Pause zu machen. Ergänzen Sie den Dialog mit **wenn**, **als** oder **wann**. **Wenn** und **als** sind Konjunktionen; **wann** ist ein Fragewort.

ANGELIKA: Das hilft doch nichts, _____ du bis spät in die Nacht lernst. Du kannst dich doch gar nicht mehr konzentrieren.

STEFANIE: _____ ich hier so sitze und büffle, frage ich mich, ob ich das richtige Fach gewählt habe. _____ ich noch auf dem Gymnasium war, hatte ich nie Probleme mit deutscher Literatur.

KLAUS: Angelika hat recht. _____ du willst, gehen wir zusammen auf ein Bier. Oder wir könnten ins Kino gehen. Im Tivoli läuft „Männer".

STEFANIE: _____ fängt denn die Spätvorstellung an?
ANGELIKA: Um halb 10. _____ wir uns beeilen, kommen wir noch rechtzeitig.

Sprechen

Rollenspiel. Neu an der Uni. Ein Student/eine Studentin ist neu an der Uni und stellt Ihnen viele Fragen. Antworten Sie ihm/ihr.

• Miniwörterbuch •

Kannst du mir sagen, wo…
 Weißt du, wo…
	die Bibliothek
	 die Mensa
	 die Studentenkanzlei
	 das Büro des
	    Deutschprofessors/
	    der Deutschprofessorin
	 das Sekretariat
	 das Sprachlabor
		ist?

LESEN

A. Das Vorlesungsverzeichnis

• Miniwörterbuch •

Grundstudium	*upper division undergraduate studies (first two years)*
Hauptstudium	*post B.A. Studies (no B.A. Given) in German System*
Hauptfach—Nebenfach	*major—minor*
Übung	*applied course*
Einführung	*introductory course*
Proseminar—Hauptseminar	*beginning seminar—major seminar*
Oberseminar	*advanced seminar*
Vorlesung	*lecture course*

Albert–Ludwigs Universität Freiburg

Klassische Philologie: Griechisch

Vorbemerkung

Über die Voraussetzungen für den Besuch der Übungen und Seminare unterrichtet ein Anschlag am Informationsbrett des Seminars für Klassische Philologie.
Der schriftliche Teil der Zwischenprüfung findet in der letzten Woche der Semesterferien statt.

Vorlesung

Homer, Ilias—Di, Fr 11—12 HS 1019   Kullmann

Grundübungen

A—Griechische Texteinführung: Platon, Phaidon—Mo 9—11, Do 15—17 HS 1222   Kühn
A—Griechische Grammatik—Di 18—20 HS 1222   N.N.

Einführung

A—Einführung in das Studium der griechischen Philologie—Do 16—18 HS 1234
                                                       Heldmann

Proseminar

Euripides, Herakles—Do 11—13 HS 1222   Kullmann

Hauptseminar

Epikur, Briefe—Mi 18—20 HS 1234   Kullmann

Stilübungen

Griechische Stilübungen I/II—Mo 10—12 HS 1234   Erren
Griechische Stilübungen III—Fr 9—11 HS 1222   Kühn

Lektüreübungen

Homer, Ilias—Mi 14—16 HS 1234   Günther
Oberstufe: Menander—Di 16—18 HS 1222   Heldmann

Klassische Philologie: Latein

Vorbemerkung

Über die Voraussetzungen für den Besuch der Übungen und Seminare unterrichtet ein Anschlag am Informationsbrett des Seminars für Klassische Philologie.
Der schriftliche Teil der Zwischenprüfung findet in der letzten Woche der Semesterferien statt.

Vorlesungen

Plautus—Di, Mi 10—11 HS 3042   Lefèvre
Horaz, Oden—Mi, Fr 9—10 HS 1142   Erren
Tacitus—Di 9—10 HS 1023   Christes
Historische lateinische Lautlehre, siehe: Seminar für vergleichende
Sprachwissenschaft—   Rix

• Textarbeit •

1. **Information.** Dieter Höltersheim ist Studienanfänger im Fachbereich Klassische Philologie mit Hauptfach Griechisch und Nebenfach Latein. Wo kann er sich über die Voraussetzungen für den Besuch einzelner Veranstaltungen informieren?

2. **Stundenplan.** Stellen Sie seinen Stundenplan für das erste Semester zusammen. Er möchte nicht mehr als 12 Wochenstunden belegen und mindestens einen freien Tag haben. Auf jeden Fall möchte er einen Einführungskurs und eine Grundübung belegen.

3. **Analyse.** Sehen Sie die Kurse für Studienanfänger an. Wie unterscheiden sich diese Kurse von typischen Anfängerkursen an amerikanischen Universitäten?

Students should be encouraged to recognize that all the "beginning" courses are already fairly advanced compared with beginning language courses at an American university; the German university expects considerable language study **before** entrance.

B. Goethe-Institut München. Carol McDonald, eine Studentin an der Universität Minnesota, möchte während der Sommerferien (2.8.93–28.9.93) ihr Deutsch verbessern. Sie vergleicht Broschüren von verschiedenen Sprachinstituten.

Intensiv Deutsch lernen

Goethe-Institut München

Vormittagskurse   (37 Unterrichtstage)

Anmeldung/Auskünfte: GOETHE-INSTITUT
                        Zentralverwaltung
                        Lenbachplatz 3 · 8000 München 2
                        Telefon 089-59 99-200

Unterricht: Montag bis Donnerstag 8.15 Uhr–12.45 Uhr
            Freitag   8.15 Uhr–11.45 Uhr
Umfang: 182 Unterrichtsstunden à 45 Minuten
Kursstufen: Grundstufe bis Oberstufe

Kurs-Nr.	Kurstermine
887	07.07.93-29.08.93
889	02.09.93-25.10.93
891	29.10.93-23.12.93
981	05.01.94-27.02.94
983	04.03.94-29.04.94
985	05.05.94-01.07.94

Kursgebühren	DM
Unterricht	2.480.–
+Unterkunft	3.280.–
+Unterkunft + Frühstück	3.480.–
+Unterkunft + Halbpension	3.880.–
+Unterkunft + Vollpension	4.280.–

• Textarbeit •

1. Information. Carol McDonald stellt eine Tabelle mit wichtigen Informationen zusammen. Füllen Sie die Tabelle für die Sprachkurse des Goethe-Instituts in München aus.

Information	Goethe-Institut München
Kurstermine	
Anzahl der Unterrichtsstunden	
Anzahl der Unterrichtstage	
Unterrichtszeiten	
Gebühren	
für Unterricht allein	
für Unterricht und Unterkunft	
für Unterricht, Unterkunft, Vollpension	
Adresse	
Telefonnummer	

Give your students the current exchange rate.

2. Meinung. Rechnen Sie aus, wieviel die Kursgebühren (Unterricht, Unterkunft und Vollpension) und der Flug nach München und zurück ungefähr kosten. Rufen Sie ein Reisebüro an. Würden Sie sich für den Kurs in München entscheiden?

SCHREIBEN

If there are native speakers on your campus, bring one for students to interview as a follow-up.

A. Studium im Ausland. Möchten Sie gerne einmal im Ausland studieren? Wenn ja, wo möchten Sie studieren und warum? Wenn nein, warum nicht?

B. Fragen zum Studium im Ausland. Gruppenarbeit. Was möchten Sie gern über das deutsche Studentenleben erfahren? Stellen Sie eine Liste von Fragen zusammen, die Sie einer Studentin/einem Studenten aus Deutschland, Österreich oder der Schweiz stellen würden.

KULTUR

Deutschland—ein Paradies für Studenten?

would . . . change
were

Wie Sie gesehen haben, brauchen Studenten in Deutschland, wie auch in Österreich und in der Schweiz, keine Studiengebühren zu bezahlen. Wie **würde** sich Ihre Situation **ändern**, wenn es in den USA keine Studiengebühren **gäbe**?

Ist das Studentenleben in Deutschland also paradiesisch? Sehen Sie sich folgende Auszüge aus einem Artikel über eine Studentendemonstration in der *Münchner Abendzeitung* an.

TU–*Technische Universität*

BAföG—*scholarships and loans*

raufen—*fight*

Student sein in München

Volle Uni, leere Kasse, keine Bude—wie kann man da noch etwas lernen?

Ludwig Hübl/Bilderdienst Süddeutscher Verlag

Wogegen demonstrieren die Studenten?

● Hoffnungslos überfüllte Hörsäle, Institute und Labors: ,,Zwei Studierende müssen sich einen Stuhl teilen'', klagt die **TU**-Vertretung.

● Zu viele Studenten, zu wenige Professoren: Bei den Betriebswirtschaftlern, zum Beispiel, kommen auf jeden Professor 500 Studenten.

● Nur 19 Prozent der Studenten bekommen **BAföG**.

● Katastrophale Wohnsituation: Für 110 000 Bewerber gibt es 8100 Wohnheimplätze, Wartezeiten von bis zu acht Semestern sind normal.

● Horrende Mieten auf dem privaten Markt: Mehr als 30 Mark pro Quadratmeter sind keine Seltenheit.

● Veraltete Geräte, Labors: TU-Präsident Professor Otto Meitinger: ,,Bald können wir in direkte Konkurrenz zum Deutschen Museum treten.''

● Mangel überall: an Lehrmaterial, Platz, Ausstattung der Bibliotheken. Um ein Buch müssen sich oft ganze Scharen von Studenten **raufen**.

Wo würden Sie lieber studieren, wenn Sie die Wahl hätten: An einer deutschen Universität oder an einer amerikanischen Universität? Machen Sie eine Liste von Vor- und Nachteilen.

Lehrer

Arbeit und Beruf

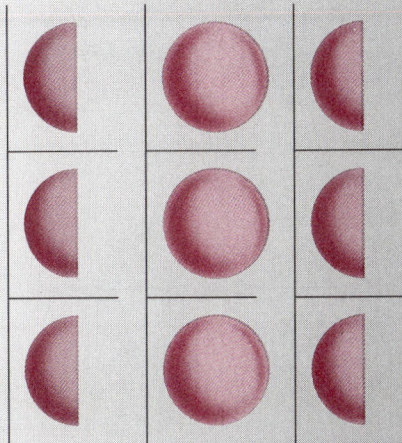

You will learn about vocational training and about trainees' opinions of their education and apprenticeships. Other issues will include the status of non-ethnic Germans, recent immigrants and women in the job market as well as job-related problems in the eastern part of the country. You will also practice applying for jobs, a process which will put you through a brief job interview.

Ulrike Welsch

Lesehilfen

• Bildwörterbuch •

Beginnen Sie doch eine Ausbildung als technische Zeichnerin.

Ein Beruf Zweiter Wahl ist besser als kein Beruf.

Du wirst es noch bereuen!

• Globalstrategien •

Was erwarten Sie?

Sehen Sie die Überschrift und das *Bildwörterbuch* an. Können Sie passende Untertitel zu den Bildern finden?

Das wissen Sie schon!

Haben Sie sich schon für einen Beruf entschieden? Wenn ja, für Ihren Traumberuf oder für einen Kompromiß? Welche Überlegungen haben Sie angestellt?

Kultur im Kontext

vocational training

In Deutschland gibt es verschiedene Wege der **beruflichen Bildung**. Die meisten Jugendlichen machen eine Lehre. Die Lehre besteht aus einer praktischen Ausbildung im Betrieb und einer theoretischen Ausbildung in der Berufsschule. Eine Lehre dauert je nach Beruf und Schulabschluß zwei bis dreieinhalb Jahre, meistens jedoch drei Jahre. Seit einigen Jahren gibt es wieder mehr Lehrstellen als Lehrlinge. Nur in besonders beliebten Berufen gibt es mehr Bewerber als Stellen.

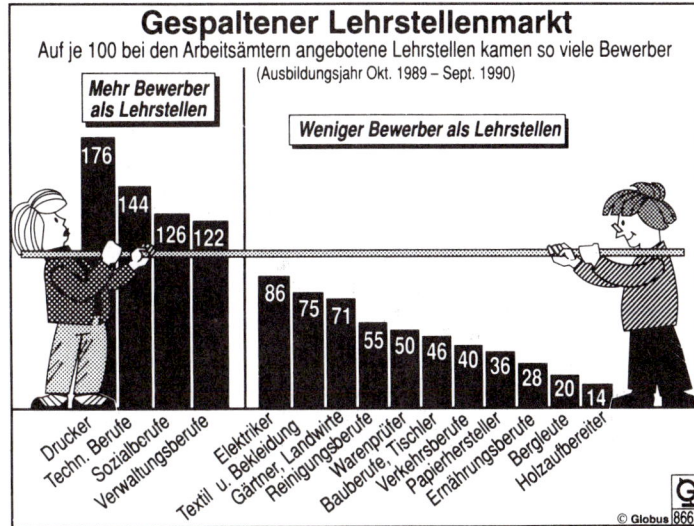

Gespaltener Lehrstellenmarkt

Auf je 100 bei den Arbeitsämtern angebotene Lehrstellen kamen so viele Bewerber
(Ausbildungsjahr Okt. 1989 – Sept. 1990)

Mehr Bewerber als Lehrstellen

Weniger Bewerber als Lehrstellen

176 144 126 122

86 75 71 55 50 46 40 36 28 20 14

Drucker | Techn. Berufe | Sozialberufe | Verwaltungsberufe

Elektriker | Textil u. Bekleidung | Gärtner, Landwirte | Reinigungsberufe | Warenprüfer | Bauberufe, Tischler | Verkehrsberufe | Papierhersteller | Ernährungsberufe | Bergleute | Holzaufbereiter

© Globus 8661

• Detailstrategien •

Grammatik im Kontext

futile
order

Der Text handelt von Yasmin Gürlüks **vergeblicher** Suche nach einer Lehrstelle. Der Text wird nicht in chronologischer **Reihenfolge** erzählt. Deswegen ist es wichtig, die Verbformen genau anzuschauen. Achten Sie auf temporale Adverbien/Präpositionen/Konjunktionen. Sie helfen, die Ereignisse chronologisch einzuordnen. Der Grammatikteil dieses Kapitels gibt einen Überblick über die **Tempusformen** im Deutschen und den **Zeitrahmen**, den sie ausdrücken.

tense forms
time frame

Im Kontext

Yasmin, ihre Eltern, der Berufsberater—alle drücken ihre Meinung über Yasmins Zukunft aus. Die Verben vor oder nach den Zitaten („...") sind Verben der Meinungsäußerung. Versuchen Sie, ihre genauere Bedeutung aus dem Kontext zu erschließen.

compound words

Der Text behandelt das Thema der Berufsausbildung. Im Text kommen viele **Komposita** vor, die die Elemente „Beruf" oder „Ausbildung" enthalten. Nehmen Sie den Kontext zu Hilfe, um ihre Bedeutung zu erschließen.

• Textvorschau •

a person who restores
works of art

Yasmin Gürlik möchte **Restauratorin** werden, aber sie kann keine Lehrstelle finden. Der Berufsberater und ihre Eltern geben ihr Ratschläge. Befolgt sie einen dieser Ratschläge?

Zeichnerin–*a female draftsperson*

Kohle machen–*to make money*

Berufsaussichten–*career prospects*

Bereichen–*sectors*

Der Traumberuf

Für viele junge Menschen von heute stehen Arbeit und Beruf ganz oben auf der Liste der wichtigen Dinge im Leben. Das haben Meinungsforscher in ihrer neuesten Umfrage festgestellt. Aber der Beruf ist nicht nur Mittel zum Geldverdienen. Man möchte sich mit dem Beruf auch identifizieren.

● *Jugendmagazin*-Mitarbeiter Hannes Frank fragte Jugendliche in der Bundesrepublik nach ihrem Traumberuf.

Für manche Jugendlichen steht der Traumberuf seit langem fest— doch bei der Suche nach einer Lehrstelle fängt oft die Enttäuschung an. Yasmin Gürlük (17), zum Beispiel, möchte Restauratorin werden. Obwohl sie schon früh zu suchen anfing, war bisher alles vergeblich. Von der Berufsberatung des Arbeitsamts ist sie enttäuscht. „Das hatte ich mir ganz anders vorgestellt'', beklagt sie sich, „ich wollte mit dem Berufsberater über den Ausbildungsgang und die **Berufsaussichten** reden, und er hat mir geraten, einen anderen Beruf zu wählen.''

Heute gibt es in den meisten **Bereichen** wieder mehr Lehrstellen als Lehrlinge, nur in besonders begehrten Berufen herrscht Lehrstel-lenmangel. Hierzu zählt auch der Beruf des Restaurators. Ohne Abitur hat man kaum noch Chancen. „Leute mit abgeschlossenem Kunststudium finden keine Lehrstelle'', erklärte der Berufsberater. Deshalb schlug er Yasmin vor, eine Ausbildung als **technische Zeichnerin** zu beginnen. „In dem Berufsfeld gibt es mehr Stellen als Bewerber'', meinte er.

Yasmin weiß noch nicht, was sie tun wird. Sie hat keine Lust, einen Beruf zu erlernen, der ihr keinen Spaß macht. „Ich will kreativ arbeiten'', sagt sie, „wenn ich nur **Kohle machen** will, dann kann ich das auch ohne Berufsausbildung tun.'' Seit dem Abschluß der Realschule jobbt sie im Restaurant ihrer Eltern.

Und was sagen Yasmins Eltern? Ihre Mutter glaubt, daß sie es später einmal bereuen wird, wenn sie keine Berufsausbildung hat. Und ihr Vater findet, eine Ausbildung in einem Beruf zweiter Wahl ist besser als keine Ausbildung. „Sie haben schon recht'', gibt Yasmin zu, „ohne abgeschlossene Berufsausbildung hat man auf dem Arbeitsmarkt bald keine Chancen mehr.'' Bedeutet das, daß sie nun doch eine Ausbildung in einem anderen Beruf beginnen wird? „Nein, nein'', wehrt sie ab, „so schnell gebe ich die Hoffnung auf einen Ausbildungsplatz als Restauratorin nicht auf.''

● Textarbeit ●

1. **Information.** Yasmin Gürlük, ihre Eltern und der Berufsberater sind unterschiedlicher Meinung. Suchen Sie folgende Informationen im Text.

   a. Welcher Beruf ist Yasmins Traumberuf?

   b. Nennt sie Gründe?

   c. Welchen Schulabschluß hat sie?

   d. Warum kann sie keine Lehrstelle finden?

   e. Warum will sie keinen anderen Beruf erlernen?

   f. Was macht sie zur Zeit?

   g. Welchen Beruf schlägt der Berufsberater vor?

   h. Warum?

   i. Wie denken Yasmins Eltern über ihren Entschluß?

   j. Welche Argumente führen sie an?

einen Beruf erlernen

Berufsausbildung

Berufsaussichten

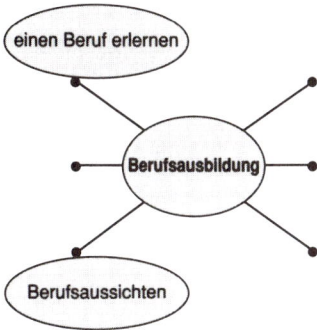

2. Analyse. Unterschiede in der Berufsausbildung.

a. Wie erlernt man einen Beruf wie Restaurator oder technischer Zeichner in Nordamerika?

b. Welche Unterschiede gibt es zwischen den beiden Systemen?

c. Welches System der Berufsausbildung finden Sie besser?

3. Wortfeld „Berufsausbildung". Schreiben Sie alle Wörter und Ausdrücke im Text auf, die zum Wortfeld „Berufsausbildung" gehören.

4. Wortfamilie. Die Wörter in der linken Spalte der Tabelle kommen im Text vor. Können Sie andere Wörter im Text finden, die zur gleichen Wortfamilie gehören? Nehmen Sie Ihr Wissen über Präfixe und Suffixe zu Hilfe.

Wort im Text	Nomen	Verben (Stammformen)	Adjektive/Adverbien
Berufs**beratung**			
Ab**schluß**			
suchen			
Ent**täuschung**			

Sprechen

Welche Überlegungen sind für Sie bei der Berufswahl wichtig? Stellen Sie eine Klassenstatistik auf. Jeder kann so oft antworten wie er möchte. Was ist der häufigste Grund für eine Berufswahl?

• Miniwörterbuch •

gute Zukunftschancen	*good prospects for the future*
viel Geld verdienen	*earn lots of money*
muß Spaß machen	*must be fun*
kreative Arbeit	*to work creatively*
Prestige haben	*to have prestige*
muß mich fordern	*must challange me*
anderen helfen	*to help others*
Kontakt mit Menschen	*contact with others*
viel Freizeit	*lots of free time*
viel Verantwortung	*lots of responsibility*
selbstständig arbeiten	*to work independently*

Beispiel: Ich möchte Kontakt mit Menschen haben.
Ich will selbstständig arbeiten.

HÖREN

A. Der Traumberuf. Die Zeitschrift *Jugendskala* fragte junge Deutsche nach ihrem Traumberuf. Hören Sie sich an, was Sebastian (20), Silke (20), Marianne (18) und Tonja (19) antworteten.

• Textarbeit •

Information. Haben die Befragten einen Traumberuf? Füllen Sie die Tabelle aus.

	Sebastian	Silke	Marianne	Tonja
Haben sie einen Traumberuf?				
Wenn ja, welchen?				
Nennen sie Gründe?				
Arbeiten sie in ihrem Traumberuf bzw. glauben sie, ihn einmal ausüben zu können?				
Nennen sie eine Alternative zu ihrem Traumberuf?				

B. Berufe testen. In Deutschland haben Schüler der vorletzten Klassen (die 8. Klasse in der Hauptschule und die 9. Klasse in der Realschule) die Möglichkeit, in einem dreiwöchigen Praktikum Berufe und das Arbeitsleben kennenzulernen. Die Zeitschrift *Jugendskala* sprach mit Schülern einer Realschulklasse über ihre Erfahrungen. Hören Sie sich an, was Bärbel, Susi und Bernd über ihr Berufspraktikum sagen.

• Textarbeit •

Die Schüler der Realschule machten unterschiedliche Erfahrungen mit ihrem Berufspraktikum. Füllen Sie folgende Tabelle so vollständig wie möglich aus.

	Bärbel	Susi	Bernd
Beruf			
Reaktion auf das Praktikum			
Aufgaben am Arbeitsplatz			
Folgen für Berufswahl			

Sprechen

Haben Sie einen Job? Wenn ja, berichten Sie den anderen Kursteilnehmern von Ihren Erfahrungen. Machen Sie sich kurze Notizen. Wo arbeiten Sie? Was machen Sie dort? Macht Ihnen die Arbeit Spaß? Was würden Sie anderen Student/innen empfehlen, die dort arbeiten wollen?

GRAMMATIK

Tenses: Review and Expansion

Time and Tense

As you have seen, there are three time frames (before, now, later) which are grammatically expressed by a greater number of tenses. In German there are six tenses: present, present perfect, simple past, past perfect, future, and future perfect. You have also seen that the use of a tense form does not necessarily coincide with the time frame being expressed. The table below illustrates the relationship between time and tense in German.

Time Frame			Tense
before	now	later	
	—		present
		→	1. present (+ adverbial expression indicating future time) 2. future
		—→	1. future perfect 2. present perfect (+ adverbial indicating future time)
——→			present (+ adverbial phrase)
—			1. present perfect (more informal) 2. simple past (more formal)
——			past perfect

• The Present Tense •

1. The present tense expresses present time. It is used for timeless facts and habitual actions as well as for actions in progress.

In diesem Berufsfeld **gibt** es nur wenige Ausbildungsplätze.
In this occupational field, there are only a few training jobs.

Sie **arbeitet** im Restaurant ihrer Eltern.
She works at her parents' restaurant.

Er **macht** eine Lehre als technischer Zeichner.
He is doing an apprenticeship as a technical draftsman.

The context usually indicates which meaning is applicable. To indicate that an action is in progress, the adverb **gerade** may be added.

Was **macht** sie **gerade**? *What is she doing right now?*

2. The present tense may also express future time, particularly when the sentence contains an adverbial expression referring to future time.

Sie hofft, daß sie **bald** eine Stelle **findet**.
She hopes she will find a job soon.

Morgen geht sie wieder auf das Arbeitsamt.
Tomorrow she's going back to the Bureau of Jobs and Training.

3. To express an action or state that began in the past but is continuing into the present, German uses the present tense and one of the following adverbial phrases:

schon (+ accusative) (**lang**)	Sie **arbeitet** schon 15 Jahre lang bei BMW.
	She has been working at BMW for 15 years.
	Er **ist** schon ein Jahr arbeitslos.
	He has been unemployed for a year.
(**schon**) **seit** (+ dative):	Seit drei Monaten **arbeitet** sie hier.
	She has been working here for three months.
	Schon seit einem Jahr **sucht** sie eine Lehre.
	She has been looking for an apprenticeship for one year

Übungen

TASK — Identification exercise.

A. **Zeit und Tempus.** Welcher Zeitrahmen wird ausgedrückt? Welches Tempus wird benutzt?

Beispiel: Seit dem Abschluß der Realschule arbeitet sie im Restaurant ihrer Eltern.
past time continuing into present—present tense

1. Yasmin sucht schon seit einem Jahr eine Lehrstelle.

2. Die Zahl der Lehrlinge nimmt ab.

3. Die Zahl der Lehrlinge wird wieder zunehmen.

4. In ein paar Jahren sieht die Situation ganz anders aus.

5. Wie lange sucht sie schon eine Lehrstelle?

6. Später bereust du es einmal.

7. Du wirst es noch bereuen.

TASK — Produce present-tense forms.

abbreviation for Auszubildende/r = apprentice

B. „Wir sind die **Azubis**." In der Zeitschrift *Jugendmagazin* berichten junge Leute von ihren Erfahrungen und Hoffnungen für ihre berufliche Ausbildung. Ergänzen Sie die Verben im Präsens.

Heincke

Ich (sein) im dritten Lehrjahr. Ich (werden wollen) Bürokauffrau. Ich (haben) schon eine abgeschlossene Berufsausbildung als Köchin. Aber diesen Beruf (machen können) ich nicht mehr, weil ich Allergien (haben). Das Arbeitsklima (gefallen) mir. Ich (vorhaben), nach der Ausbildung hier zu bleiben.

Tanja

Ich (werden) Industriemechanikerin, weil ich gerne mit Maschinen (arbeiten). Ein typischer Frauenberuf wie Frisörin oder Verkäuferin (interessieren) mich nicht. Ich (finden) es nicht gut, daß man in der Schule zuviel Theorie (lernen).

Michael

Ich (arbeiten) als Krankenpfleger, aber ich (wechseln wollen) meinen Beruf. Genug Geld (verdienen) ich schon, doch ich (wissen), daß ich die Arbeit im Krankenhaus nicht länger (aushalten).

Thomas

Ich (lernen) Mechaniker. Es (sein) nicht leicht, aber die Arbeit (machen) mir Spaß. Die Umstellung von Schule auf Beruf (fallen) mir trotzdem schwer.

TASK — Produce present tense.

C. Was macht Andrea jetzt? Yasmin hat vor kurzem ihre frühere Klassenkameradin Andrea getroffen. Jetzt erzählt sie ihrer Freundin Ulla, wie es Andrea geht. Ergänzen Sie die Verben im Präsens.

Andrea (gehen) es viel besser. Sie (haben) jetzt ein Ziel. Stell dir vor, sie (nachholen) ihren Hauptschulabschluß. Danach (anfangen wollen) sie eine Lehre als Floristin. Die Berufsberaterin (sagen), daß es genug Lehrstellen (geben). Andrea (einsehen), daß man ohne Schulabschluß keine sinnvolle Beschäftigung (finden). Es ist kaum zu glauben, aber sie (führen) jetzt ein ganz geregeltes Leben. Morgens (aufstehen) sie früh, und abends (ausgehen) sie kaum mehr.

TASK — Produce present tense.

D. Axels Dienst. Die Zeitschrift *Jugendmagazin* berichtet über Axel Brodde, einen Wehrdienstverweigerer, der gerade seinen Zivildienst in einem Altersheim leistet.

Axel Brodde, 20 Jahre alt, (ablehnen) den Wehrdienst. Statt dessen (leisten) er Zivildienst. Seit sieben Monaten (arbeiten) Axel in einem Altenpflegeheim in Dortmund. Er (aufstehen müssen) jeden Tag um 6 Uhr, weil sein Dienst (anfangen) um 6.30 Uhr. Zuerst (helfen) er den alten Menschen beim Waschen und Anziehen. Um 9 Uhr (geben) es dann Frühstück, und Axel (füttern) die Kranken und Schwachen. Er (reden) gern mit den alten Leuten. Sie (erzählen) ihm viel von früher. Um 1 Uhr nach dem Mittagessen (enden) sein Dienst. Axel (nehmen) seine Arbeit im Heim sehr ernst, denn er (halten) den Sozialdienst für wichtig.

TASK — Produce present tense for actions in progress, 3rd person.
excuses

E. Herr Dr. Feuerstack ist gerade in einer Konferenz. Dr. Feuerstack, Edith Meisters Chef, möchte nicht gestört werden. Übernehmen Sie Edith Meisters Rolle und denken Sie sich **Ausreden** aus. Benutzen Sie **gerade**, um zu zeigen, daß Dr. Feuerstack im Moment keine Zeit hat.

Beispiel: in einer Konferenz sein
Herr Dr. Feuerstack ist gerade in einer Konferenz.

1. am Telefon sprechen
2. auf Geschäftsreise sein
3. mit Kunden verhandeln
4. eine Rede halten
5. an der neuen Marketing-Strategie arbeiten
6. …

TASK — Use present tense for actions in progress.

F. Ich habe gerade keine Zeit. Ein Freund möchte, daß Sie ihm beim Autowaschen helfen. Sie haben aber keine Lust und haben allerlei Ausreden. Benutzen Sie **gerade**, um zu zeigen, daß Sie im Moment keine Zeit haben. Fallen Ihnen noch bessere Ausreden ein?

Beispiel: ein Bad nehmen
Ich nehme gerade ein Bad.

1. für eine Klausur lernen
2. einen Vortrag für morgen vorbereiten
3. eine Seminararbeit tippen
4. die Wohnung aufräumen
5. Besuch haben
6. …

TASK — Use present tense for habitual actions.

G. Ein typischer Tag. Beschreiben Sie, was Sie an einem typischen Wochentag während des Semesters machen. Wählen Sie einen Ausdruck aus jeder Spalte und bilden Sie Sätze.

Beispiel: Ich stehe morgens um 6 Uhr auf.

früh	aufstehen
spät	zur Uni gehen, fahren
um…? Uhr	frühstücken
bis um…? Uhr	sich auf die Kurse vorbereiten
morgens, am Morgen	Kurse haben
vormittags, am Vormittag	in die Bibliothek gehen
mittags, am Mittag	lernen
nachmittags, am Nachmittag	in der Mensa essen
abends, am Abend	Aufgaben machen
dann	Zeitung lesen
später	mit Freunden sprechen, telefonieren
anschließend	ins Bett gehen

TASK — Express future time with present tense.

H. Was machst du heute noch? Es ist Freitag nachmittag, und Sie haben gerade Ihre letzte Klausur geschrieben. Erzählen Sie einem Mitstudenten/einer Mitstudentin Ihre Pläne für den Rest des Tages. Wählen Sie einen Ausdruck aus jeder Spalte und bilden Sie Sätze.

Beispiel: Jetzt gehe ich ein Bier trinken.

jetzt	nach Hause gehen
dann	mit Freunden feiern
danach	ein Bier trinken
anschließend	sich ausruhen
später	ein tolles Essen kochen

TASK — Produce present tense for present and future time.

I. Beim Berufsberater. Yasmin spricht mit einem Berufsberater. Ergänzen Sie die Verbformen.

BERUFSBERATER: (wissen) Sie schon, für welches Berufsfeld Sie (sich interessieren)?

YASMIN: Ja, ich (werden wollen) Restauratorin, und ich (sein) ziemlich gut über den Ausbildungsgang informiert.

BERUFSBERATER: Womit (helfen können) ich Ihnen?

YASMIN: (helfen können) Sie mir bei der Suche nach einer Lehrstelle helfen?

BERUFSBERATER: (sein) Sie sich darüber im klaren, daß die Berufsaussichten in diesem Feld sehr schlecht (sein)? Ich (raten) Ihnen, einen anderen Beruf zu wählen, zum Beispiel technische Zeichnerin. Zur Zeit (geben) es genug Lehrstellen, aber das (sich ändern) sicher bald.

TASK — Produce present tense for present and future time.

J. Wie geht es dir denn jetzt? Yasmin und Andrea sprechen über ihre Zukunftspläne. Ergänzen Sie die Verbformen.

YASMIN: Wie (gehen) es dir denn jetzt?

ANDREA: Danke, gut. Ich (nachholen) zur Zeit meinen Hauptschulabschluß.

YASMIN: Das (freuen) mich, daß du wieder zur Schule (gehen). (haben) du schon Pläne für später?

ANDREA: Ja, ich (machen wollen) eine Lehre als Floristin. Und was (machen) du? (arbeiten) du?

TASK — Express past time continuing into present with present tense.

K. Seit wann suchen Sie denn schon eine Lehrstelle? Partnerarbeit. Dieses Mal spricht Yasmin mit einer Berufsberaterin über ihren Berufswunsch. Einer von Ihnen übernimmt die Rolle der Berufsberaterin, der andere Yasmins Rolle. Bilden Sie Sätze.

> **Beispiel:** Wie lange schon/eine Lehrstelle suchen/?
> —seit/ein Jahr
>
> > A: Wie lange suchen Sie schon eine Lehrstelle?
> > B: Seit einem Jahr suche ich eine Lehrstelle.

1. seit wann/sich interessieren für diesen Beruf/?
   schon seit/viele Jahre

2. seit wann/einen Ausbildungsplatz suchen/?
   seit/über ein Jahr

3. wie lange schon/jobben/?
   seit/der Abschluß der Realschule

4. seit wann/Hilfe suchen/?
   seit/ein paar Monate

5. wie lange schon/in Deutschland leben/?
   seit/meine Geburt

• The Future Tense •

1. When a sentence contains no adverbial expression indicating future time, the future tense is used to make future meaning explicit.

present: Sie bereut es.   *She regrets it.*
future: Sie wird es bereuen.   *She is going to regret it.*

2. The future tense may also express present probability or likelihood. Adverbs like **wohl** (*probably*) or **sicher** (*surely*) often enhance this meaning.

Und ihre Eltern? Sie werden wohl Druck auf sie ausüben.
And her parents? They are probably putting pressure on her.
Was macht denn Yasmin jetzt? Sie wird wohl immer noch
    eine Lehrstelle suchen.
*What is Yasmin doing now? She is probably still looking for an
    apprenticeship.*

Übungen

TASK — Identification exercise.

A. Irgendwann werde ich meinen Wunschberuf ausüben. Yasmin denkt über ihre Zukunft nach. Bestimmen Sie, welchen Zeitrahmen Yasmin ausdrückt und welches Tempus sie dabei benützt.

> **Beispiel:** Nächste Woche gehe ich wieder zum Arbeitsamt.
> *future time—present tense*

Nächste Woche gehe ich wieder zum Arbeitsamt, obwohl ich weiß, was der Berufsberater sagen wird. „Bald wird man ohne abgeschlossene Berufsausbildung keine Chance auf dem Arbeitsmarkt mehr haben." Er wird wohl recht haben, aber technische Zeichnerin werde ich nicht. Ich werde mich bestimmt nicht über den Ausbildungsgang und die Berufsaussichten als Grafikerin informieren. Ich will kreativ arbeiten.

TASK — Express future time with present tense + adverbial expression.

B. Gute Vorsätze. Andrea möchte ihr Leben wieder in Ordnung bringen. Deshalb hat sie sich entschieden, bestimmte Dinge zu einem bestimmten Zeitpunkt zu erledigen. Schreiben Sie die Sätze im Präsens und benutzen Sie den adverbiellen Ausdruck in Klammern.

> **Beispiel:** Ich werde den Berufsberater anrufen. (morgen)
> Morgen rufe ich den Berufsberater an.

1. Ich werde früh aufstehen und abends nicht mehr ausgehen. (von jetzt an)

2. Ich werde einen Termin mit dem Berufsberater vereinbaren. (gleich morgen)

3. Ich werde wieder in die Schule gehen. (so bald wie möglich)

4. Ich werde eine Lehre als Floristin beginnen. (nach dem Schulabschluß)

5. Ich werde aufhören zu rauchen. (sofort)

TASK — Produce future tense 1st person singular.

C. Gute Vorsätze. Sie haben sich vorgenommen, Ihr Leben zu ändern. Erklären Sie, was Sie machen wollen. Benutzen Sie das Futur.

1. mehr lernen
2. immer ins Seminar gehen
3. alle Seminararbeiten pünktlich abgeben
4. ein gesünderes Leben führen
5. keinen Alkohol mehr trinken
6. mehr lesen
7. weniger fernsehen

Beispiel: Ich werde weniger fernsehen.

TASK — Produce future tense 2nd person singular formal.

female fortuneteller

D. Ein Blick in die Zukunft. Arbeiten Sie in kleinen Gruppen. Einer von Ihnen übernimmt die Rolle einer **Wahrsagerin** und versucht, die Zukunft der anderen vorauszusagen. Benutzen Sie das Futur in Ihren Aussagen. Erzählen Sie den anderen Kursteilnehmern was bei der Wahrsagerei herausgekommen ist.

Beispiel: Sie werden eine Weltreise machen.

E. Das wirst du schon noch verstehen. Osman versucht, mit seiner Schwester zu reden. Schreiben Sie die Sätze noch einmal im Futur ohne die kursiv gedruckten Zeitausdrücke.

Beispiel: *Später* bereust du deine Entscheidung bestimmt.
Du wirst deine Entscheidung bestimmt bereuen.

1. Gehst du *noch diese Woche* zur Berufsberatung?
2. Hörst du *dieses Mal* auf den Berufsberater?
3. Fängst du *noch in diesem Jahr* mit einer Berufsausbildung an?
4. Ohne Berufsausbildung hast du *bald* keine Chancen mehr.
5. *In ein paar Jahren* gibst du mir recht.

TASK — Produce future tense.

TASK — Express future time with future tense, verb last.

F. Prognosen für das Jahr 2000. Wie, glauben Sie, wird unsere Gesellschaft im Jahr 2000 aussehen? Machen Sie Voraussagen für das Jahr 2000. Benutzen Sie dabei den Ausdruck: „Ich glaube (nicht), daß ..." und das Futur.

Beispiel: Aids ist heilbar.
Ich glaube, daß Aids heilbar sein wird.

1. Wir haben bessere Schulen.
2. Unser Lebensstandard ist höher.
3. Wir verbrauchen weniger Energie.
4. Die Städte sind wieder menschenfreundlicher.
5. Uns geht es besser.
6. Die Arbeitslosigkeit geht zurück.
7. Die Umweltzerstörung geht weiter.
8. ...

TASK — Decide on future or present tense and supply the appropriate verb form.

G. Lange halte ich es hier nicht mehr aus! Michael Reben, der zur Zeit als Krankenpfleger arbeitet, erklärt seinen Eltern, warum er den Beruf wechseln will. Setzen Sie die Verben ins Präsens oder Futur (manchmal passen beide).

> **Beispiel:** Ich (aufgeben) meinen Beruf.
> Ich werde meinen Beruf aufgeben.

1. Lange (aushalten) ich die Arbeit als Krankenpfleger nicht mehr.
2. Die Arbeit (sein) zu hart. Ich (verkraften) das emotional nicht mehr.
3. Und in ein paar Jahren? Was (tun) ich dann?
4. Jetzt (sein) ich noch jung. Ich (erlernen können) einen neuen Beruf.
5. Ich (wissen) noch nicht, was ich (machen).
6. Vielleicht (gehen) ich zuerst einmal zur Berufsberatung.
7. Dort (sich informieren) ich über die Situation auf dem Arbeitsmarkt.

TASK — Express present probability by using future tense and **wohl**.

H. Wie geht's den Bachmanns denn in der Schweiz? Die neugierige Frau Holzer spricht (wieder einmal) über die Bachmanns. Antworten Sie für die Nachbarin. Benutzen Sie das Futur und **wohl**, um Wahrscheinlichkeit auszudrücken.

> **Beispiel:** Ich möchte wissen, wie es den Bachmanns geht.
> es/gut gehen
> Es wird ihnen wohl gut gehen.

1. Was macht Christina in der Schweiz?
   sie/weiterhin zu Hause bleiben
2. Warum sind sie denn in die Schweiz gezogen?
   Helmut/mehr Geld verdienen
3. Frau Müller von nebenan sagt, er hat seine Stelle in Frankfurt verloren.
   sie/recht haben
4. Warum hat sie mir noch keine Karte geschrieben?
   sie/viel zu tun haben
5. Glaubst du, daß die Kinder schon Schweizerdeutsch sprechen?
   sie/immer noch Hochdeutsch sprechen

The Future Perfect

The future perfect is included for reference. It may be omitted.

The future perfect expresses the anticipated completion of an action by a certain time in the future.

> In einem Jahr werde ich bestimmt eine Lehrstelle gefunden haben.
> *I will certainly have found an apprenticeship position within a year.*

It is formed with the auxiliary **werden** plus the past participle of the main verb followed by the infinitive of the auxiliary **haben** or **sein**.

> Bis dahin **wird** sie hoffentlich eine Stelle **gefunden haben**.
> *Hopefully by then she will have found a job.*

Bis dahin **wird** sie bestimmt **zurückgekommen sein**.
By then she will certainly have come back.

Since the future perfect is rarely used, you only need to be able to recognize its form and meaning. Frequently, the present perfect plus an adverbial expression indicating future time is substituted.

In einem Jahr habe ich bestimmt eine Lehrstelle **gefunden**.
I will certainly have found an apprenticeship position within a year.

Übung

Zeit und Tempus. Sehen Sie sich die Sätze an. Welcher Zeitrahmen wird ausgedrückt, und welches Tempus wird dabei benutzt?

Beispiel: Yasmin hat eine Lehrstelle gefunden.
past time—present perfect tense

1. Bis dahin hat sie bestimmt eine Lehrstelle gefunden.
2. Sie wird wohl immer noch eine Lehrstelle suchen.
3. Die Zahl der Lehrstellen wird wieder sinken.
4. Bis zum Jahr 2000 werden die Berufsaussichten für Ungelernte noch schlechter geworden sein.
5. In der Zukunft wird man besser qualifizierte Arbeitskräfte brauchen.
6. Bald gibt es keine Chancen mehr für unqualifizierte Arbeitskräfte.
7. Seit ein paar Jahren gibt es wieder mehr Lehrstellen.
8. Mitte der achtziger Jahre hat es noch einen Lehrstellenmangel gegeben.

LESEN

A. Haben Sie wirklich schon alles probiert, um Lehrlinge zu finden? Folgende Anzeige erschien in dem Nachrichtenmagazin *Der Spiegel*. Wie Sie vom Text *Der Traumberuf* her bereits wissen, gibt es zur Zeit mehr Lehrstellen als Lehrlinge. Sehen Sie sich die Überschrift an. Sie ist in Form einer Frage. An wen wendet sich die Anzeige?

• Miniwörterbuch •

Aussiedler	*ethnic Germans from East European countries—Romania, Poland, Czechoslovakia, (former) USSR*
Umsiedler	*East Germans resettling in West Germany*
Ausländer	*foreigners, including "guest" workers*
Gastarbeiter	*foreign "guest" workers from Turkey, Yugoslavia, Italy, Greece, Spain, Portugal*
Asylanten	*political refugees, mainly from Asia and Africa*

• Textarbeit •

Information. Lesen Sie die Anzeige auf folgende Informationen hin durch.

- Wer inseriert? An wen richtet sich die Anzeige?
- Warum können, laut Anzeige, manche Betriebe ihre Ausbildungsplätze besetzen?
- Der Anzeigentext beantwortet die Frage, die in der Überschrift gestellt wird. Welche Lehrlinge stellten die Betriebe bevorzugt ein? Wer kam bisher nicht in Frage? Ergänzen Sie folgende Tabelle.

German grades go from 1 to 6, with 1 being the best.

Traditionelle Lehrlinge	Gruppen, die bisher nicht in Frage kamen
Einserschüler	Jugendliche, die eine Ausbildung abgebrochen haben

FRAU am Bau?

Da kämpfen wir Frauen seit Jahren um den Zugang von Frauen zu AL-LEN Berufen, und jetzt will ausgerechnet die Gewerkschaft einen Fortschritt verhindern! Die Frau am Bau soll, so will es die Bundesregierung, bald möglich sein. Sie entwarf ein neues Arbeitszeitgesetz, das das „Beschäftigungsverbot für Frauen im Bauhauptgewerbe" aufheben soll. Prompt protestierten die Frauen von der IG Bau Steine Erden. Argument: „Bevor nicht die Arbeitsbedingungen geändert werden, kann keiner Frau empfohlen werden, in einem Bauberuf zu arbeiten." Da sei das Heben angeblich zu schwer fürs schwache Geschlecht. - Aber als Krankenschwe-

Frauen — zu schwach für den Bau?

stern die Kranken hieven, das dürfen wir weiter? Als Hausfrauen die Tüten schleppen ebenfalls? Und die Arbeitsbedingungen klassischer Frauenberufe wie Prostituierte oder Hausfrau sind auch ok? Na klar. Denn, finden auch die Frauen der IG Bau Steine Erden, im „Baunebengewerbe" wie dem „Gebäudereinigerhandwerk" ist das was anderes... Oh Göttin! Da kann frau nur mit Lie Selter, der Kölner Frauenamts-Leiterin, stöhnen: „Unmöglich!" Emma forderte schon 1982 in ihrem Entwurf für ein Antidiskriminierungs-Gesetz die Abschaffung aller „Schutzgesetze" für Frauen im Beruf, die „nicht mittelbar oder unmittelbar mit der biologischen Mutterschaft" zusammenhängen. Und ansonsten gilt: Was Frauen krank macht, macht auch Männer krank. — Aber darum geht es vermutlich gar nicht. Dürfen wir mal raten, worum es wirklich geht, Genossinnen? Darum, den Jungs vom Bau die neue Konkurrenz vom Hals zu halten!

Assist your students with the feminization of traditionally male expressions — Oh Göttin vs. Oh Gott; frau vs. man; Genossinnen vs. Genossen.

You might get this started by introducing the issue of women in combat.

B. FRAU am Bau? Der folgende Text erschien in *Emma*, einer feministischen Zeitschrift. Sehen Sie die Überschrift und das Photo an. Worum, glauben Sie, geht es in diesem Artikel? Von welcher Perspektive aus ist dieser Artikel wohl geschrieben? In dem Artikel wird diskutiert, ob die Bundesregierung das Beschäftigungsverbot für Frauen am Bau aufheben soll. Welche Position vertritt die IG Bau Steine Erden? Wie reagiert *Emma* auf die Argumente der IG?

• Miniwörterbuch •

Gesetz	*law*
Gewerkschaft	*trade union*
IG-Industriege- werkschaft	*industrial trade union*
IG Bau Steine Erden	*Trade Union of Construction Workers and Miners*
Bauhauptgewerbe	*construction trade*
Baunebengewerbe	*unskilled (and low-paying) labor working as a support system for skilled (and high-paying) labor in the construction trade*

• Textarbeit •

1. **Ansichten.** Bestimmen Sie die Positionen der IG Bau Steine Erden und Emmas.

	IG Bau Steine Erden	**Emma**
für oder gegen das Beschäftigungsverbot		
Argumente		

2. **Information.** Suchen Sie folgende Informationen im Artikel.

   a. Wofür kämpfen, laut Emma, die Frauen seit Jahren?

   b. Welche Erklärung gibt Emma für die Position der IG Bau Steine Erden?

   c. Können Sie Wörter finden, die den Text als feministischen Text kennzeichnen?

3. **Analyse.** „Schutzgesetze" für Frauen.

   a. Gibt es in den USA, beziehungsweise in Kanada, „Schutzgesetze" für Frauen?

   b. Diskriminieren „Schutzgesetze" für Frauen in Wirklichkeit gegen die Frauen?

SCHREIBEN

A. Lebenslauf Wenn Sie sich um eine Stelle bewerben, müssen Sie gewöhnlich einen tabellarischen Lebenslauf mitschicken. Bewerben Sie sich um einen der annoncierten Ferienjobs.

Nehmen Sie dabei folgendes Muster zu Hilfe.

Lebenslauf

Persönliche Daten

Name:	Peter Micheler
Geburtsdatum:	17. Juni 1965
Geburtsort:	Hannover
Staatsangehörigkeit:	Deutsch
Familienstand:	ledig

Ausbildungsgang

1971–1975:	Grundschule, Hannover
1975–1984:	Johannes-Kepler-Gymnasium, Hannover, Abitur 1984
1984–1986:	Ersatzdienst, Westkrankenhaus, Hannover
Seit Wintersemester 1986:	Studium der Informatik, TU-Berlin

Arbeitserfahrung

1984–86:	Pfleger im Westkrankenhaus, Hannover
1987–89:	Programmierer, AEG, München

Besondere Kenntnisse: Englisch, Französisch in Wort und Schrift

B. Stellengesuch. Sie möchten Ihr Deutsch verbessern und suchen deshalb eine Stelle in einem deutschsprachigen Land. Setzen Sie ein Stellengesuch auf. Nehmen Sie folgende Stellengesuche zu Hilfe.

Sprechen

Ein Vorstellungsgespräch. Gruppenarbeit. Bilden Sie insgesamt vier Gruppen. Entscheiden Sie sich, welche Rolle Sie übernehmen wollen: die der Interviewer (Herr Katterbach / Frau Zell) oder die der Bewerber. Erarbeiten Sie in Ihrer Gruppe entweder eine Liste von Fragen, die Sie dem Bewerber stellen möchten, oder eine Liste möglicher Antworten. Wählen Sie ein Mitglied Ihrer Gruppe, das dann die Rolle des Interviewers beziehungsweise des Bewerbers spielt.

KULTUR

Leben und Arbeiten—
Fakten und Meinungen

Die Vereinigten Staaten und Kanada gehören zu den führenden Wirtschaftsmächten der Welt. Wie schätzen Sie den allgemeinen Lebensstandard und die Lebensqualität in Nordamerika ein? Wie ist der Lebensstandard in Nordamerika im Vergleich zum Lebensstandard in Mitteleuropa (Deutschland, Österreich, Schweiz)? Versuchen Sie, in Gruppenarbeit, folgende Fragen zu beantworten.

- Der Lebensstandard in Nordamerika ist
  ☐ höher   ☐ niedriger   ☐ gleich
- Die durchschnittliche Wochenarbeitszeit ist
  ☐ länger   ☐ kürzer   ☐ gleich
- Die Anzahl der bezahlten Urlaubstage ist
  ☐ höher   ☐ niedriger   ☐ gleich
- Die Arbeitslosenquote ist
  ☐ höher   ☐ niedriger   ☐ gleich
- Die Inflationsrate ist
  ☐ höher   ☐ niedriger   ☐ gleich
- Die soziale Sicherheit ist
  ☐ größer   ☐ geringer   ☐ gleich
- Die Steuern sind
  ☐ höher   ☐ niedriger   ☐ gleich
- Die Qualität der Warenproduktion ist
  ☐ höher   ☐ niedriger   ☐ gleich
- Die Bildungskosten sind
  ☐ höher   ☐ niedriger   ☐ gleich
- Die Ausgaben für die medizinische Versorgung sind
  ☐ höher   ☐ niedriger   ☐ gleich

Sehen Sie sich folgende Statistiken zum Lebensstandard in den deutschsprachigen Ländern an. Stimmen Ihre Antworten oben mit den Statistiken überein?

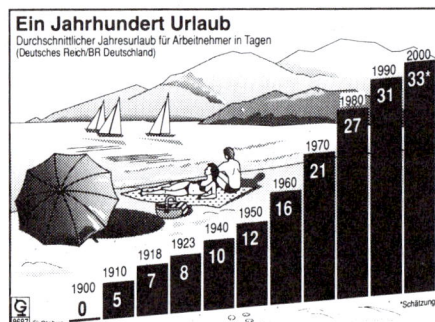

Spiegelbild des Lebensstandards

Arbeitszeiten im Vergleich

Ein Jahrhundert Urlaub

Lesehilfen

• Bildwörterbuch •

Wir müssen Ballast abwerfen

So haben wir uns das nicht vorgestellt!

• Globalstrategien •

Was erwarten Sie?

Der folgende Text ist ein Auszug aus einem Artikel in einer Wochenzeitung. Welche Art von Information können Sie normalerweise in einer Wochenzeitung finden? Sehen Sie die Überschrift an und denken Sie darüber nach, ob es auch Positives in der DDR gab.

Some positive aspects were the virtually free day-care, free medical care, low or non-existent unemployment, low crime rate, extremely low rent and inexpensive food staples.

Das wissen Sie schon!

Seit den dramatischen Ereignissen in den Ostblock-Ländern berichten die Medien immer wieder über die Probleme, die sich bei der Umstellung der Wirtschaft von der Planwirtschaft auf die Marktwirtschaft ergeben. Denken Sie darüber nach, was Sie über die positiven und negativen Erfahrungen der Arbeiter mit der Marktwirtschaft gelesen oder gehört haben.

Kultur im Kontext

infant day care

VEB-**V**olks**e**igener **B**etrieb, ein staatlicher Betrieb. Für die Arbeiter war der Betrieb mehr als nur ein Arbeitsplatz. Alle großen Betriebe hatten ihre eigene Klinik, Kantine, **Krippe** und ihren Kindergarten. Zum Teil wohnten die Arbeiter auch in betriebseigenen Wohnungen. In den einzelnen Betrieben fanden regelmäßig kulturelle Veranstaltungen statt. Was, glauben Sie, geschieht mit den sozialen Einrichtungen in einem kapitalistischen System?

Die folgenden Schaubilder zeigen den Zustand der DDR-Wirtschaft kurz vor der Wirtschafts- und Sozialunion mit der Bundesrepublik.

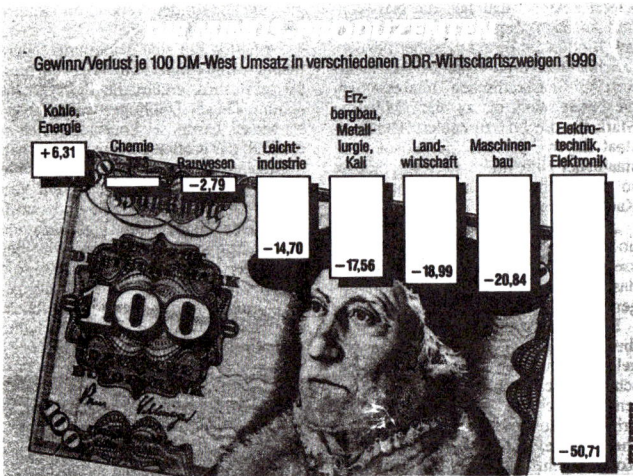

Gewinn/Verlust je 100 DM-West Umsatz in verschiedenen DDR-Wirtschaftszweigen 1990

Kohle, Energie +6,31 / Chemie / Bauwesen −2,79 / Leichtindustrie −14,70 / Erzbergbau, Metallurgie, Kali −17,56 / Landwirtschaft −18,99 / Maschinenbau −20,84 / Elektrotechnik, Elektronik −50,71

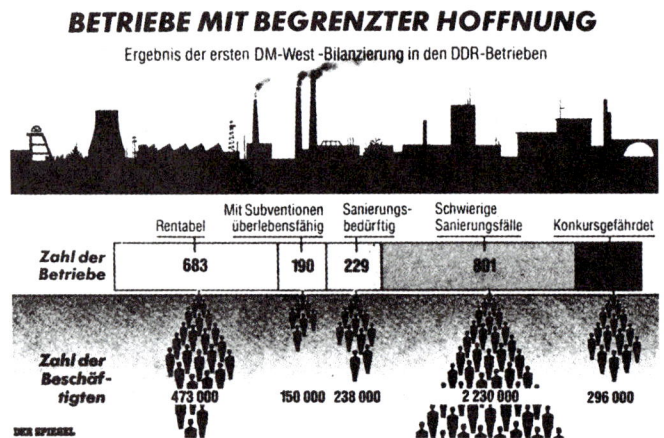

BETRIEBE MIT BEGRENZTER HOFFNUNG

Ergebnis der ersten DM-West -Bilanzierung in den DDR-Betrieben

	Rentabel	Mit Subventionen überlebensfähig	Sanierungsbedürftig	Schwierige Sanierungsfälle	Konkursgefährdet
Zahl der Betriebe	683	190	229	891	
Zahl der Beschäftigten	473 000	150 000	238 000	2 230 000	296 000

DER SPIEGEL

• Detailstrategien •

Wortbildung

to derive

Wie Sie gesehen haben, kann man mit Hilfe von Suffixen andere Wortarten **ableiten**. Mit dem Suffix **-ung** kann man von einem Basiswort Nomen aus Verben ableiten. Von welchen Verben sind folgende Nomen abgeleitet: **Einrichtung, Schließung, Umstellung, Sozialleistung, Beibehaltung, Einführung, Meinung, Umstrukturierung**?

Mit den Suffixen **-heit** und **-(ig)keit** kann man Nomen aus Adjektiven ableiten. Von welchem Basiswort sind folgende Nomen abgeleitet: **Arbeitslosigkeit, Berufstätigkeit**?

Wenn man das Suffix **-er** an Verben anhängt, entsteht ein Nomen mit der allgemeinen Bedeutung: ‚jemand, der das tut, was das Verb ausdrückt‘. Was, glauben Sie, macht ein **Führer**? Das Suffix **-in** bezeichnet, wie Sie gesehen haben, eine weibliche Person. Was ist eine **Geschäftsführerin**?

Grammatik im Kontext

Der folgende Artikel ist nicht in chronologischer Reihenfolge geschrieben. Schauen Sie die Verbformen genau an. Das Tempus der Verben hilft Ihnen, die Ereignisse chronologisch einzuordnen. Können Sie andere zeitliche Hinweise im Text finden, die Ihnen bei der chronologischen Einordnung helfen?

• Textvorschau •

financial cut-backs

Die Umstellung auf die Marktwirtschaft hat für viele Menschen in der ehemaligen DDR große Probleme gebracht. Um rentabler zu wirtschaften, hat der ehemalige VEB Polygraph **Sparmaßnahmen** angekündigt. In dem Artikel werden zwei unterschiedliche Positionen gegenüber den Sparmaßnahmen gezeigt. Welche Position vertritt Direktor Böge und welche Renate Meister?

konkurrenzfähig–*competitive*
abwerfen–*to get rid of*
rentabler–*more profitably*
hat angekündigt–*has given notice*
gefährdet–*threatened*
Sozialleistungen–*social contributions*
hat sich eingesetzt–*has stood up for*
empörten–*outraged*
streichen–*to cancel*
Einrichtungen–*institutions*
gewesen wäre–*would have been*
vorübergehende–*transitional*
zwangsläufig–*of necessity*
hegt Zweifel–*to harbor doubt*

In Leipzig, demonstrations were held on Monday evenings to bring about change.

Was bleibt von der DDR?

Der Abbau hat begonnen
Von Gisela Riepl

„Wir müssen jetzt alle umdenken", meint Wolfgang Böge, Ökonom und Direktor bei Polygraph in Leipzig. „Wenn wir auf dem internationalen Markt **konkurrenzfähig** sein wollen, müssen wir Ballast **abwerfen**." Um **rentabler** zu arbeiten, **hat** Polygraph die Schließung des Kindergartens **angekündigt**.

Die Umstellung auf die Marktwirtschaft brachte auch für die Beschäftigten des ehemaligen VEB Polygraph Leipzig soziale Härten. Sechs Mitarbeiter verloren ihren Arbeitsplatz bereits kurz nach der Einführung der D-Mark, jetzt sind zehn weitere Arbeitsplätze **gefährdet**. Menschen, die noch nie Arbeitslosigkeit erfahren hatten, mußten plötzlich lernen, mit der Arbeitslosigkeit umzugehen.

Renate Meister, Geschäftsführerin bei Polygraph, ist gegen den Abbau von **Sozialleistungen** und **hat sich** für die Beibehaltung des Kindergartens **eingesetzt**. „Wir Mütter waren die ersten, die zur Montagsdemo gegangen sind",

hört sie von **empörten** Müttern: „So haben wir uns das nicht vorgestellt . . ." Der Abbau an Sozialleistungen trifft vor allem die berufstätigen Mütter. Renate Meisters Meinung nach gab es im alten System auch Positives, das man nicht einfach **streichen** darf. Sie hat im alten Regime Karriere gemacht, was ohne die staatlichen **Einrichtungen**, die es den Frauen ermöglichten, Mutterschaft und Berufstätigkeit miteinander zu vereinbaren, nicht möglich **gewesen wäre**.

Vorübergehende soziale Härten, so Wolfgang Böge, sind ein mit der Umstrukturierung der Wirtschaft **zwangsläufig** verbundenes Problem. „Wir haben den Frauen zuviel abgenommen. Jetzt brauchen wir mehr Eigeninitiative." Doch Renate Meister **hegt Zweifel**: „Wie kann man Eigeninitiative entwickeln", fragt sie, „wenn das Selbstbewußtsein und auch die Motivation durch die Zukunftsängste blockiert werden?"

• Textarbeit •

1. Information. Suchen Sie folgende Informationen in dem Artikel.

   a. Welche Sparmaßnahmen hat Polygraph bereits getroffen, welche hat der Betrieb angekündigt?

   b. Wolfgang Böge und Renate Meister sind verschiedener Meinung, wenn es um die Schließung des Kindergartens geht. Mit welchen Argumenten vertreten sie ihre Position? Füllen Sie die Tabelle aus.

	Wolfgang Böge	Renate Meister
für oder gegen Schließung des Kindergartens Argumente		

2. Analyse. Renate Meisters Position.

a. Welche Erklärung wird im Text für Renate Meisters Position gegeben?

b. Welcher Meinung sind Sie?

HÖREN

A. Erfahrungen mit der Marktwirtschaft. Die Journalistin Gisela Riepl sprach mit ehemaligen DDR-Bürgern über ihre Erfahrungen mit der Marktwirtschaft. Hören Sie das Interview an.

• Miniwörterbuch •

Kombinat	*conglomerate*
Verwaltungsleiter	*managing director*
Facharbeiter	*skilled worker*
Wende	*change, turning point*
rausfliegen	*to get fired*

• Textarbeit •

Information. Die Befragten machten unterschiedliche Erfahrungen bei der Umstellung auf die Marktwirtschaft. Füllen Sie die Tabelle so vollständig wie möglich aus.

	Egon Kreutzer	Michael Podzsus	Ingrid Schorch	Hans-Peter Koch
Arbeit / Beruf vor der Wende				
Arbeit / Beruf nach der Wende				
Situation heute: besser / schlechter? warum?				
Zukunftsaussichten				

B. Ein Ferienjob. Katarina Mayr erkundigt sich telefonisch nach einem Ferienjob in einer Alpenvereinshütte. Hören Sie sich das Telefongespräch an, und achten Sie dabei auf Form und Inhalt des Gesprächs.

• Textarbeit •

1. Am Telefon. Wie beginnen und beenden Katarina Mayr und Wolfgang Ruech das Telefongespräch?

	Katarina Mayr	Wolfgang Ruech
Anfang		
Ende		

2. Inhalt des Gesprächs.

    a. Für welche Stelle interessiert sich Katarina Mayr?

    b. Welche Fragen hat sie?

    c. Welches Problem hat sie?

    d. Wie reagiert Herr Ruech darauf?

    e. Zu welchem Ergebnis führt das Gespräch?

GRAMMATIK

Tenses: Review and Expansion

In German three tenses are used to express past time. As you have seen, both the present perfect and the simple past tense refer to a completed action or state in the past. The difference is mainly one of usage. The past perfect tense refers to an event in the past that occurred prior to some other past event.

• The Present Perfect Tense •

Use of the Present Perfect Tense

1. The choice between the present perfect tense and the simple past tense depends on a number of factors. The present perfect tense is more likely to occur in informal discourse situations and informal discourse types. It is used if the speaker wants to personalize past experience; an utterance in the present perfect tense becomes more immediate.

So **haben** wir uns das nicht **vorgestellt**.	*We didn't think it would be like that.*
Wir **sind** zur Montagsdemo **gegangen**.	*We went to the Monday demonstrations.*

2. The present perfect tense is sometimes substituted for the future perfect.

Bis dahin **haben** wir die Probleme sicher **gelöst**.
We will certainly have solved the problems by then.

Formation of the Present Perfect Tense[1]

Use of auxiliary verb		
haben	most verbs	So haben wir uns das nicht vorgestellt. Er hat die Schließung des Kindergartens angekündigt.
sein	verbs that indicate a change of location or condition and that do not have an accusative object; **sein, bleiben, gelingen, geschehen, passieren**	Wir sind auf die Montagsdemo gegangen. Es ist nicht möglich gewesen. Ich bin zu spät gekommen. Wir sind zu Hause geblieben.

Formation of the past participles			
verb	formation	past participle	infinitive
weak verbs	ge- verb stem -t	gesagt	sagen
		gemeint	meinen
	stems ending in -d, -t: -e-	gearbeitet	arbeiten
		geredet	reden
	verbs ending: in -ieren: no ge-	blockiert	blockieren
		demonstriert	demonstrieren
mixed verbs	ge- changed stem -t	**gedacht**	denken
		gebracht	bringen
strong verbs	ge- changed stem -(e)n	**geworfen**	werfen
		getroffen	treffen
verbs with separable prefixes	prefix -ge- stem	angekündigt	ankündigen
		umgegangen	umgehen
verbs with inseparable prefixes	no ge-	gefährdet	gefährden
		verloren	verlieren

[1]For more detailed discussion of the formation of the present perfect tense, see *Kapitel 5.*

Modal Verbs in the Present Perfect Tense

When referring to past time, the modal verbs are most often used in the simple past tense, in written as well as in spoken German.

> Sie **mußten** plötzlich lernen, mit der Arbeitslosigkeit umzugehen.
> *They suddenly had to learn to deal with unemployment.*
>
> Ich **mußte** wieder von vorne anfangen.
> *I had to start over again.*

In informal spoken German, the modal verbs may also be used in the present perfect tense. When used with a main verb infinitive, the modal verb appears in the infinitive instead of the past participle form. This construction is often referred to as a double infinitive construction:

> Ich habe wieder von vorne **anfangen müssen**.
> *I had to start over again.*

The modal verbs always use the auxiliary **haben** in the present perfect tense.

> Wir **haben** lernen müssen, mit der Arbeitslosigkeit umzugehen.
> *We had to learn to deal with unemployment.*
>
> Ich **habe** nicht kommen können.
> *I wasn't able to come.*

Übungen

TASK — Recognize present perfect tense.

TASK — Identification exercise: time and tense.

A. Perfekt. Suchen Sie alle Sätze im Text *Was bleibt von der DDR?*, die im Perfekt stehen und geben Sie die Infinitive der Verben an.

> **Beispiel:** ..., hat Polygraph die Schließung des Kindergartens angekündigt. Infinitiv: ankündigen

B. Jeder dritte fliegt raus. Der *Stern* sprach mit ehemaligen DDR-Bürgern über ihre Erfahrungen mit der Marktwirtschaft. Identifizieren Sie den Zeitrahmen und das Tempus.

Egon Kreutzer, Industriemechaniker

Ich habe 17 Jahre lang beim VEB Polygraph gearbeitet. Seit einem halben Jahr bin ich arbeitslos. Natürlich habe auch ich mich gefreut, als das alte System kaputt gegangen ist. Aber jetzt stehe ich vor dem Nichts. Auf dem Arbeitsamt hat man mir gesagt, daß ich mit 47 schon zu alt für eine Umschulung bin.

Michael Podszus, Qualitätskontrolleur

Seit Januar arbeite ich hier bei Sachsenring. Vorher habe ich als Chemiefacharbeiter bei Wismut gearbeitet. Aber unser Betrieb hat ein Drittel aller Beschäftigten entlassen. Nun fürchte ich, daß ich bald wieder rausfliege. Die Neuen kommen immer zuerst dran.

Heidelinde Podszus, Fahrzeugschlosserin

So habe ich mir die soziale Marktwirtschaft nicht vorgestellt. Gleich nach der Einführung der D-Mark habe ich meine Stelle verloren. Man hat mir **Schichtdienst** angeboten, aber wegen der Kinder geht das nicht. Seitdem bin ich zu Hause.

Wolfgang Böge, Direktor bei Polygraph

Natürlich hat die Umstellung auf die Marktwirtschaft auch uns hart getroffen. Aber wir haben Ballast abgeworfen und arbeiten schon seit einigen Monaten rentabel. Ich bin sicher, daß wir alle Probleme in kurzer Zeit gelöst haben.

C. Was für ein Tag! Renate Meister erzählt ihrer Mutter am Telefon, warum sie so erschöpft ist. Ergänzen Sie die **Hilfsverben**.

Der Tag _____ schon schlecht angefangen. Wolfgang und ich _____ beide verschlafen. Ich _____ nicht mal frühstücken können. Ich _____ zur Bushaltestelle gerannt, aber den Bus _____ ich trotzdem versäumt. Dann _____ ich natürlich zu spät zur Arbeit gekommen. Den ganzen Morgen _____ ich am Telefon verbracht, und mittags _____ sich die Direktion mit einigen berufstätigen Müttern getroffen. Sie _____ uns von ihren Problemen berichtet, und ich _____ mich wirklich über Wolfgang Böge geärgert. Du kannst dir ja denken, was er gesagt _____: „Wir müssen Ballast abwerfen, wenn wir konkurrenzfähig sein wollen." Den ganzen Nachmittag _____ ich in Besprechungen gewesen, und es _____ mir nicht gelungen, die Schließung des Kindergartens aufzuschieben.

D. Wir haben noch nicht umgedacht. Direktor Böge sagt während einer Sitzung seine Meinung. Ergänzen Sie die Verben im Perfekt.

> **Beispiel:** Wir (umdenken) noch nicht.
> Wir haben noch nicht umgedacht.

1. Viele von uns (verstehen) noch nicht, daß mit der Umstrukturierung der Wirtschaft harte Zeiten (anfangen).

2. Wir (treffen) Entscheidungen, die für viele soziale Härten (bringen).

3. Vor allem die Frauen (leiden) darunter.

4. Viele (erfahren) zum erstenmal Arbeitslosigkeit.

5. Die Entscheidung, den Kindergarten zu schließen, (sein) nicht leicht.

6. Aber früher (abnehmen) wir den Frauen zuviel.

E. Was hast du denn den ganzen Tag gemacht? Renates Mutter versucht vergeblich, Renate telefonisch zu erreichen. Als sie sie schließlich doch erreicht, erzählt Renate, was passiert ist. Ergänzen Sie die Verben im Perfekt.

1. Ich (weggehen) schon um 7 von zu Hause.

2. Ich (sich treffen) mit einigen Kollegen zum Frühstück.

3. Danach (diskutieren) wir wieder über die Automatisierung des Betriebs.

4. Den ganzen Morgen (kommen) ich überhaupt nicht in mein Büro.

5. Mittags (gehen) ich mit Kunden zum Essen.

6. Anschließend (zeigen) wir Investoren aus dem Westen den Betrieb.

7. Das (dauern) zwei Stunden.

8. Dann (beantworten) ich wichtige Telefonanrufe.

9. Danach (sprechen) ich mit meinem Assistenten.

10. Und von 5 bis halb 7 (sein) ich wieder in einer Besprechung.

TASK — Personalized exercise to produce present perfect tense.

F. Was hast du denn gestern gemacht? Wie sieht ein typischer Tag für Sie aus? Erzählen Sie, was Sie gestern gemacht haben. Bilden Sie Sätze im Perfekt mit jeweils einem Element aus jeder Spalte.

Beispiel: Ich bin um 6 Uhr aufgestanden.

	aufstehen
	frühstücken/zu Mittag essen/ zu Abend essen
um...? Uhr	Zeitung lesen
von...? bis	zur Universität gehen/fahren
am Vormittag/Nachmittag/ Abend	lernen
am Nachmittag	Kurse haben
dann, anschließend, danach	nach Hause gehen
	in der Bibliothek sein
	sich auf Kurse vorbereiten
	...

TASK — Produce present perfect tense.

G. Mensch, wir haben uns lange nicht gesehen! Yasmin hat gerade ihre ehemalige Klassenkameradin getroffen. Ergänzen Sie, was sie sagen, mit den korrekten Verbformen im Perfekt.

Beispiel: Mensch, wir (sich sehen) lange nicht.
Mensch, wir haben uns lange nicht gesehen.

YASMIN: Was (machen) du denn die ganze Zeit? Seitdem du mit der Schule (aufhören), (sehen) ich dich nicht mehr.

ANDREA: Zuerst (finden) ich meine neue Freiheit ganz toll. Ich (gehen) jeden Abend in Bars oder Kneipen. Oft (kommen) ich erst in den frühen Morgenstunden nach Hause. Und dann (schlafen) ich bis Mittag. (trinken und rauchen) ich schon, als ich noch zur Schule (gehen). Dann aber (anfangen) ich Haschisch zu rauchen. Und ich (probieren) härtere Sachen wie Kokain und Heroin. Bald (merken) ich, daß mein Leben nicht mehr so cool war. Na ja, ich (haben) aber Glück. Ich (kennenlernen) einen Jungen, der mich (überreden), zur Drogenberatung zu gehen.

Sprechen

Was hast du denn die ganze Zeit gemacht? **Partnerarbeit**. Stellen Sie sich vor, Sie treffen eine Freundin, die Sie ein Jahr lang nicht gesehen haben. Erzählen Sie sich gegenseitig, was Sie während dieser Zeit gemacht haben.

Mensch, dich habe ich lange nicht gesehen. Was hast du denn die ganze Zeit gemacht?

Ich habe... Ich bin...

• The Simple Past Tense •

Use of the Simple Past Tense

1. The simple past tense is more likely to occur in formal discourse situations and formal discourse types. It is also used if the speaker has more distance to the past events he is talking about.

   Es **gab** auch Positives im alten System.
   There were also positive things about the old system.

   Die Umstellung auf die Marktwirtschaft **brachte** soziale Härten.
   Sechs Mitarbeiter **verloren** ihren Arbeitsplatz bereits kurz nach der Einführung der D-Mark.
   The change to a market economy brought social hardship. Six fellow workers lost their jobs just shortly after the introduction of the Deutschmark.

2. It is also frequently used in informal German with the verbs **sein** and **haben**, and with the modal verbs.

   Wir **waren** die ersten, die zur Montagsdemo gegangen sind.
   We were the first to go to the Monday demonstrations.

   Wir **hatten** unseren Arbeitsplatz.
   We had our jobs.

   Sie **mußten** plötzlich lernen, mit der Arbeitslosigkeit umzugehen.
   Suddenly they had to learn to deal with unemployment.

Formation of the Simple Past Tense[1]

verb	formation	simple past (3rd person singular)	infinitive
weak verbs	infinitive stem **-t**	sagte	sagen
	stems ending in **-d, -t: -e-**	redete	reden
		arbeitete	arbeiten
mixed verbs	changed stem **-t**	**dachte**	denken
modal verbs	infinitive stem (w/o umlaut) **-t**	**mußte**	müssen
strong verbs	changed stem	**kam**	kommen

[1]For a more detailed discussion of the formation of the simple past tense, see *Kapitel 6.*

Simple Past Personal Endings		
	weak verbs	**strong verbs**
ich	sagte	kam
du	sagtest	kamst[2]
er, sie, es	sagte	kam
wir	sagten	kamen
ihr	sagtet	kamt[2]
sie	sagten	kamen

[2]Simple past tense stems ending in **-d, -t** insert **-e-**: du fand**e**st, ihr hielt**e**t.

Übungen

TASK — Recognize the simple past tense.

A. Präteritum. Suchen Sie alle Sätze im Text *Was bleibt von der DDR?*, die im Präteritum stehen und geben Sie die Infinitive der Verben an.

> **Beispiel:** Die Umstellung auf die Marktwirtschaft *brachte* auch für die Beschäftigten des ehemaligen VEB Polygraph Leipzig soziale Härten. Infinitiv: bringen

TASK — Recognition exercise.

B. Als die Menschen durch die Mauer kamen. Die *Stern*-Reporterin Tatjana Gräfin Dönhoff sprach mit Menschen, die die Öffnung der Mauer am 9. November miterlebt hatten. Identifizieren Sie alle Verben im Präteritum und geben Sie die Infinitive an.

> **Beispiel:** kamen–kommen

>>Da hab' ich überlegt, was machste nun<<

Günther Moll, 47, Kommandant der DDR-Grenztruppen am Checkpoint Charlie, öffnete am 10. November 1989 kurz nach Mitternacht den Grenzübergang

>>Trotzdem glaube ich an den Sozialismus<<

Uwe Helms, 20, wollte Berufsoffizier werden. Nach dem Abitur verpflichtete er sich auf 25 Jahre beim Grenzschutz. Nur drei Monate war er Paßkontrolleur

>>Wir hatten ja immer noch Angst<<

Nach fünf Jahren Berufsverbot packte der Mechaniker Manfred Fenn, 54, die Koffer–zu einer Reise mit Wiederkehr

ZEITZEUGEN

ALS DIE MENSCHEN DURCH DIE MAUER KAMEN

Vor einem Jahr, am 9. November 1989, hatte die bedrängte SED-Führung dem Volk einen langersehnten Traum erfüllt: Reisefreiheit für alle. Bilder grenzenloser Freude gingen um die Welt. STERN-Reporterin Tatjana Gräfin Dönhoff und Fotograf Uli Reinhardt sprachen mit Menschen, die in dieser Nacht und den Tagen darauf plötzlich im Rampenlicht standen

>>Ich hätte die Welt umarmen können<<

Brigitte Wiede, 47, Verkaufsstellenleiterin, ging kurz nach Mitternacht am 10. November 1989 am Checkpoint Charlie nach Westberlin

>>Mit dem volkseigenen Taxi nach Hamburg<<

Frank Roloff, 30, Taxifahrer, fuhr in der Nacht vom 9. auf den 10. November 1989 Kunden von Schwerin nach Hamburg

>>Der faulende Kapitalismus war ganz schön munter<<

Horst Machunsky, 46, Major der DDR-Grenztruppe, ließ in der Nacht zum 11. November 1989 ein Loch in die Mauer am Potsdamer Platz schlagen

TASK — Produce simple past tense.

C. Die Azubis. Der Journalist Wilfried Vogler sprach mit jungen Menschen über ihre Ausbildung. Nun schreibt er seinen Artikel im Präteritum und benutzt natürlich die 3. Person Singular. Schreiben Sie den Artikel für ihn.

Beispiel: Ulrike interessierte sich schon früh für Chemie.

Ulrike

Ich habe mich schon früh für Chemie interessiert. Nach der Schule habe ich sofort eine Lehrstelle bekommen. Die Ausbildung ist nicht immer einfach gewesen, aber ich habe von Anfang an gewußt, daß ich als Frau mehr leisten muß als ein Mann.

Thomas

Ich habe in einem kleinen Betrieb eine Lehre als Mechaniker gemacht, aber ich bin gleich nach dem Abschluß von dort weggegangen. Das Betriebsklima hat mir nicht gefallen. Ich habe sofort eine neue Stelle gefunden.

D. 1990. Was ereignete sich im Jahr 1990? Erinnern Sie sich noch daran? Schreiben Sie über die Ereignisse im Präteritum.

TASK — Produce simple past tense.

Beispiel: Nelson Mandela kam aus dem Gefängnis frei.

Nelson Mandela kommt aus dem Gefängnis frei.

Gorbatschow bekommt den Friedensnobelpreis.

Die Berliner Mauer verschwindet.

Deutschland gewinnt die Fußballweltmeisterschaft.

Die Einigung Deutschlands findet statt.

Helmut Kohl wird „Kanzler aller Deutschen".

1990

Die kommunistischen Regime in Osteuropa brechen zusammen.

Der Irak marschiert in Kuwait ein.

Margaret Thatcher tritt zurück.

Die USA geraten in eine Rezession.

Friedrich Dürrenmatt stirbt.

TASK — Produce simple past and present perfect tenses.

E. Ich hätte die ganze Welt umarmen können. Im folgenden berichtet Frau Dönhoff, wie Brigitte Wiede die Öffnung der Mauer erlebte. Setzen Sie die Verben ins Perfekt oder ins Präteritum.

Brigitte Wiede (sein) schon im Bett, als ihre Freundin (anrufen): „Kommst du mit? Ich gehe jetzt rüber. Die machen die Grenze auf." Brigitte Wiede (springen) aus dem Bett und in ihre Sachen. „Nicht mal die Haare (kämmen) ich." Als die beiden Frauen am Checkpoint Charlie (ankommen), (sein) noch alles zu. Aber immer mehr Leute (kommen). Die Grenzpolizisten (wissen) nichts. Mal (heißen) es „ja", dann wieder „nein". Aber dann (aufmachen) sie plötzlich. „Und dann (haben) ich plötzlich Angst. Ich (denken), nachher **kriege ich zehn Jahre**. Aber hinter mir (schimpfen) sie." Ein Grenzpolizist (beruhigen) sie, und dann (gehen) sie hinüber. Drüben (anrufen) sie einen Westfreund, der sie (abholen). Die ganze Nacht (spazierenfahren) sie in Westberlin. „Ich hätte die ganze Welt umarmen können."

I'll get 10 years (in prison).

TASK — Produce simple past and present perfect tenses.

F. Wir sind erst mal von Kneipe zu Kneipe gezogen. Und so erlebte der Maurer Peter Pauer die Öffnung der Grenze. Setzen Sie die Verben ins Perfekt oder ins Präteritum.

Skat tournament; Skat is one of Germany's favorite card games

Peter Pauer (kommen) vom **Preisskat** im Club des Außenhandels in der Schillerstraße, als es (losgehen). Leute (laufen) hin und her. „Plötzlich (schreien) einer, daß alle Grenzen offen sind. Ich (rennen) zum Checkpoint Charlie. In der Kochstraße auf der anderen Seite (gehen) wir in eine

welcome money

Türkenkneipe. Die Barfrau (merken) gleich, daß wir aus dem Osten sind und (ausgeben) jedem ein Bier. Die zweite Runde (bezahlen) ein Türke. Am Zoo (sich holen) wir dann die 100 Mark **Begrüßungsgeld**. Den ganzen Tag (laufen) ich durch Berlin. Ich (sich kaufen) eine Jeans. Abends um halb fünf (ankommen) ich wieder zu Hause.

TASK — Produce simple past tense.

G. Heinrich Böll. Schreiben Sie eine Kurzbiographie über Henrich Böll im Präteritum.

> **Beispiel:** Heinrich Böll wurde am 21.12.1917 in Köln geboren.
> Er besuchte die Volksschule und das Gymnasium in Köln.
> 1937 machte er . . .

Grundschule

Heinrich Böll (1917–1985)

1917	ist am 21.12. in Köln geboren
1924–1937	besucht die **Volksschule** und das Gymnasium in Köln
1937	macht das Abitur und beginnt eine Buchhändlerlehre
1938	muß zum Reichsarbeitsdienst
1939	studiert Germanistik und Altphilologie; bekommt bei Kriegsbeginn die Einberufung zur Wehrmacht
1939–1945	ist Soldat im 2. Weltkrieg
1942	heiratet
1945	kehrt nach dem Krieg nach Köln zurück
1947	nimmt das Studium wieder auf publiziert die ersten Kurzgeschichten
1950–1985	veröffentlicht Erzählungen (u.a. *Die verlorene Ehre der Katharina Blum*), Romane (u.a. *Wo warst du, Adam?, Billard um halb zehn, Ansichten eines Clowns, Gruppenbild mit Dame*), Hörspiele, Satiren, Aufsätze, Kritiken und Reden; setzt sich mit den Generationserfahrungen des Krieges und der Nachkriegszeit auseinander; engagiert sich, kritisiert Staat und Gesellschaft der Bundesrepublik Deutschland
1951–1984	erhält zahlreiche Preise und Ehrungen, 1972 Nobelpreis für Literatur
1970–1972	ist Präsident des PEN-Zentrums in der Bundesrepublik Deutschland
1971–1974	ist Präsident des internationalen PEN
1985	stirbt am 16.7. in Bornheim/Merten bei Bonn

• The Past Perfect Tense •

Use of the Past Perfect Tense

The past perfect tense refers to an event in the past that occurred prior to some other past event.

> Menschen, die noch nie Arbeitslosigkeit **erfahren hatten, mußten** plötzlich lernen, mit der Arbeitslosigkeit umzugehen.
> *People who had never experienced unemployment suddenly had to learn how to deal with unemployment.*

The two past events expressed in the sentence above did not occur at the same time. The main clause is in the simple past and refers to an action in the past: *Suddenly, people had to learn to deal with unemployment.* The subordinate clause is in the past perfect. It refers to a more distant past where people had not experienced unemployment.

Formation of the Past Perfect Tense

Just like the present perfect tense, the past perfect tense is formed with the auxiliary **haben** or **sein** and the past participle of the main verb. With the past perfect tense, the auxiliary verbs **haben** and **sein** are in the simple past tense.

> Die Mütter protestierten, weil Polygraph die Schließung des Kindergartens **angekündigt hatte**.
> *The mothers protested because Polygraph had announced the closing of its child care facility.*

> Er wurde arbeitslos, nachdem sein Betrieb in Konkurs **gegangen war**.
> *He became unemployed after his factory had gone bankrupt.*

Übungen

TASK — Identification exercise: time and tense.

A. Der 9. November 1989. Konrad Weiß, Filmregisseur und Sprecher der vor der Wende gegründeten Initiative „Demokratie jetzt", berichtet im *Stern*, wie er den 9. November 1989 erlebte. Herr Weiß erzählt nicht in chronologischer Reihenfolge. Identifizieren Sie die Tempusformen und bestimmen Sie die chronologische Reihenfolge.

Ich war unter denen, die an der Bornholmer Brücke den Durchbruch der Mauer erlebten. Ungläubig hatte ich die Nachricht gehört, hatte mich auf den Weg gemacht. Ich war gekommen, um die Befreiung selbst zu erleben. Diese Nacht vergesse ich nie. Es war die erste Nacht des Friedens für die Deutschen seit 1933. Die Menschen waren sich nah. Das Glück der einen war laut und lärmend, andere weinten und lachten sich frei. Zu lange hatte das Volk geschwiegen.

TASK — Produce past perfect tense.

B. Was war vorher? Erzählen Sie, was vor der Öffnung der Grenzen in der DDR war.

> **Beispiel:** Bevor die DDR die Grenze öffnete, hatten Massendemonstrationen stattgefunden.

Ungarn öffnete die Grenze zu Österreich.

Erich Honecker trat nach 18 Jahren zurück.

Massendemonstrationen fanden statt.

Die Stasi überwachte die Bevölkerung.

Bevor die DDR die Grenze öffnete, ...

Viele prominente Dissidenten verließen das Land.

Die wirtschaftliche Situation verschlechterte sich.

Tausende von DDR-Bürgern flohen in den Westen.

Die meisten Bürger konnten nicht frei reisen.

TASK — Produce past perfect tense and simple past.

past perfect

C. Ein hektischer Tag. Renate Meister hatte wieder einmal einen hektischen Arbeitstag. Setzen Sie die Ereignisse in die richtige Reihenfolge. Benutzen Sie **nachdem** und das **Plusquamperfekt** für das Ereignis, das zuerst passiert ist.

Beispiel: sich duschen/sich anziehen
Nachdem sie sich geduscht hatte, zog sie sich an.

1. sich mit einigen Kollegen zum Frühstück treffen/in ihrem Büro arbeiten

2. mit berufstätigen Müttern sprechen/die Situation der Mütter mit Direktor Böge besprechen

3. mit Kunden zum Mittagessen gehen/am Nachmittag Investoren aus dem Westen den Betrieb zeigen

4. Investoren aus dem Westen den Betrieb zeigen/wichtige Telefonanrufe beantworten

5. die Korrespondenz erledigen/nach Hause fahren

• Overview of Tense Use •

Tense	Time expressed	
present	1. present time	Der Betrieb ist in Schwierigkeiten.
	2. future time	Der Betrieb geht bald in Konkurs.
	3. past time continuing into present	Seit zwei Jahren ist der Betrieb in Schwierigkeiten.
present perfect	past time (completed)	Der Betrieb ist in Konkurs gegangen.
	future time (to be completed by a certain time in the future)	Bis dahin ist er in Konkurs gegangen.
simple past	past time (completed)	Der Betrieb ging in Konkurs.
past perfect	past time (preceding another past time)	Der Betrieb war in Konkurs gegangen.
future	1. future time	Der Betrieb wird in Konkurs gehen.
	2. present probability	Er wird wohl schon in Konkurs sein.
future perfect	future time (to be completed by a certain time in the future)	Bis dahin wird der Betrieb in Konkurs gegangen sein.

Übung

TASK — Recognize present perfect, simple past and past perfect.

Es wird etwas geschehen. Der folgende Text ist ein Ausschnitt aus Heinrich Bölls Satire auf die deutsche Arbeitsethik *Es wird etwas geschehen*. Bestimmen Sie den Zeitrahmen und das Tempus der unterstrichenen Verben. Können Sie den Gebrauch der unterschiedlichen Tempusformen erklären?

Ich bekam die Stelle. Tatsächlich fühlte ich mich sogar mit den neun Telefonen nicht ganz ausgelastet. Ich rief in die Muscheln der Hörer: „Handeln Sie sofort!" oder: „Tun Sie etwas! – Es muß etwas geschehen – Es wird etwas geschehen – Es ist etwas geschehen – Es sollte etwas geschehen." Doch meistens – denn das schien mir der Atmosphäre gemäß – bediente ich mich des Imperativs.

Interessant waren die Mittagspausen, wo wir in der Kantine, von lautloser Fröhlichkeit umgeben, vitaminreiche Speisen aßen. Es wimmelte in Wundsiedels Fabrik von Leuten, die verrückt darauf waren, ihren Lebenslauf zu erzählen, wie eben handlungsstarke Persönlichkeiten es gern tun. Ihr Lebenslauf ist ihnen wichtiger als ihr Leben.

Wundsiedels Stellvertreter war ein Mann mit Namen Broschek, der seinerseits einen gewissen Ruhm erworben hatte, weil er als Student sieben Kinder und eine gelähmte Frau durch Nachtarbeit ernährt, zugleich vier Handelsvertretungen erfolgreich ausgeübt und dennoch innerhalb von zwei Jahren zwei Staatsprüfungen mit Auszeichnung bestanden hatte. Wundsiedels Sekretärin hatte einen gelähmten Mann und vier Kinder durch Stricken ernährt, hatte gleichzeitig in Psychologie und Heimatkunde promoviert, Schäferhunde gezüchtet und war als Barsängerin unter dem Namen *Vamp 7* berühmt geworden.

LESEN

A. Bewerbungsschreiben. Annette Müller, eine Studentin aus Stuttgart, antwortet auf ein Stellenangebot in der *Kleinen Zeitung*. Lesen Sie ihr Bewerbungsschreiben durch.

Annette Müller
Ratiborerstr. 7
D 7000 Stuttgart
Tel: 0711/672312

Betrifft: Annonce in der *Kleinen Zeitung* vom 17. 4. 91

Sehr geehrte Damen und Herren,
mit diesem Brief möchte ich mich um die in der *Kleinen Zeitung* annoncierte Stelle als Aushilfsbedienung bewerben.

Ich studiere im 6. Semester Wirtschaftswissenschaft an der Universität Stuttgart. In den letzten beiden Jahren habe ich während der Semesterferien in Hotels in Tirol und Graubünden als Zimmermädchen bzw. als Abwäscherin gearbeitet. Während meiner Schulzeit war ich mehrmals Betreuerin in einem Ferienlager.

Ich spreche Englisch und Französisch und kann gut mit Menschen umgehen. In der Anlage finden Sie einen tabellarischen Lebenslauf. Ich würde mich freuen, bald von Ihnen zu hören.

Mit freundlichen Grüßen,

Annette Müller

• Textarbeit •

1. **Analyse.** Formeln für Geschäftsbriefe.

   a. Welche Anrede benutzt Annette Müller? Warum wohl?

   b. Mit welcher Formel beendet sie den Brief?

2. **Information.** Suchen Sie folgende Informationen.

   a. Für welche Stelle bewirbt sie sich?

   b. Welche persönlichen Daten erwähnt sie?

   c. Welche besondere Qualifikationen erwähnt sie?

   d. Welche Arbeitserfahrungen hat sie?

   e. Was schickt sie zusammen mit dem Bewerbungsschreiben?

B. Eine echte Ossi. Die folgende Karikatur stammt aus der Serie *Weibsbilder*. Wie Sie im Text *Was bleibt von der DDR?* gesehen haben, trifft die Arbeitslosigkeit in der Ex-DDR vor allem die Frauen. Auch die „Ossi" in folgender Karikatur ist arbeitslos. Die Wessis geben ihr Ratschläge, wie sie Arbeit finden kann. Lesen Sie den Text und achten Sie dabei auch auf den Gesichtsausdruck und die Körperhaltung der Personen.

• Miniwörterbuch •

Ossi	*umgangssprachlich für Menschen aus der ehemaligen DDR*
Wessi	*umgangssprachlich für Menschen aus der früheren Bundesrepublik*
drüben	*im Osten oder im Westen, vom Standort abhängig*

• Textarbeit •

Peter Stuyvesant cigarettes uses the ''come together'' theme as an advertising campaign.

1. Wie sind die Ossi und die Wessis gekleidet? Beschreiben Sie ihre Kleidung in Stichpunkten.

2. Warum, glauben Sie, ist die Ossi so gekleidet? Warum trägt sie wohl ein Sweat-Shirt mit der Aufschrift „COME TOGETHER"?

3. Schauen Sie den Gesichtsausdruck der Ossi genau an. Wie verändert er sich von Bild zu Bild? Sehen Sie die Körperhaltung der Ossi und der Wessis an. Wie fühlt sich die Ossi wohl auf der Party?

4. Was meinen Sie, warum hat die Gastgeberin, Gaby, die Ossi zu ihrer Party eingeladen? Was können Sie daraus schließen?

5. Im Gespräch mit der Ossi benutzen die Wessis folgende idiomatische Ausdrücke. Können Sie die Bedeutung erklären?

idiomatischer Ausdruck	Bedeutung
zur Krönung der Party	
dreckige Wäsche waschen	
Kopf hoch	
unter die Arme greifen	

6. Wie verhalten sich die Wessis der Ossi gegenüber? Welche Ratschläge geben sie ihr? Wie reagieren sie auf ihre eigenen Ratschläge? Reagieren alle Wessis gleich? Ergänzen Sie die Tabelle.

	Ratschlag 1	Ratschlag 2	Ratschlag 3
Inhalt	eine Wäscherei aufmachen		
Wer gibt den Ratschlag?		Mann	
Reaktion?			
Mann			lacht laut
seine Frau			
andere Frau			

7. Wie behandelt der Mann die Ossi?

    a. Welche Art von Ratschlägen gibt er?

    b. Welche Form der Anrede benützt er? Am Anfang? Am Ende?

    c. Er sagt, sie werden ihr unter die Arme greifen. Er nimmt das Greifen wörtlich. Wo aber greift er hin?

8. Wie reagiert die Ossi auf das Verhalten der Wessis? Was sagt sie? Was tut sie?

9. Wie würden Sie das Verhalten der Wessis der Ossi gegenüber bezeichnen?

10. Wie sieht die Karikaturistin das Verhältnis der Deutschen in West und Ost? Stimmen Sie ihr zu, oder sind Sie anderer Meinung?

Sprechen

A. Berufsassoziationen. Gruppenarbeit. Was assoziieren Sie mit folgenden Berufen? Vergleichen Sie Ihr Ergebnis mit dem der anderen Gruppen. Haben sie alle die gleiche Meinung?

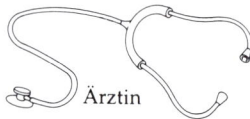

Ärztin

Fußballspieler

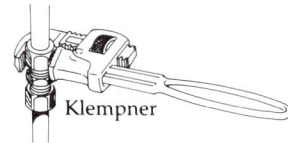

Klempner

Fernfahrer

Schauspielerin

Anwältin

Gärtner

Bibliothekar

Grundschullehrer

Buchhalter

• Miniwörterbuch •

viel/wenig Geld	*lots of/little money*
hohes/niedriges Prestige	*high/low prestige*
viel/keine Freizeit	*lots of/little free time*
viel/wenig Streß	*lots of/little stress*
Langeweile	*boredom*
große Verantwortung	*lots of responsibility*
frische Luft	*fresh air*
keine/gute	*no/good opportunities*
Aufstiegsmöglichkeiten	*for advancement*
Kreativität	*creativity*
Ruhm	*reknown*
Möglichkeit zu reisen	*the possibility to travel*
Möglichkeit andern zu helfen	*the possibility to help others*

Beispiel: Klempner—viel Geld, harte Arbeit, niedriges Prestige,...

B. **Umfrage: Welchen Beruf möchten Sie nie ausüben? Gruppenarbeit.** Nennen Sie wenigstens zwei Gründe. Vergleichen Sie Ihr Ergebnis mit dem der anderen Gruppen. Gibt es Mehrfachnennungen?

	Student 1	Student 2	Student 3
Beruf			
Gründe			

SCHREIBEN

A. **Bewerbungschreiben.** Bewerben Sie sich für einen der Ferienjobs auf Seite 316. Setzen Sie ein Bewerbungsschreiben auf. Nehmen Sie dabei Annette Müllers Bewerbungsschreiben auf Seite 335 zu Hilfe.

B. **Kurzbiographie.** Schreiben Sie eine Kurzbiographie über eine berühmte Person. Nehmen Sie dabei die Kurzbiographie Heinrich Bölls auf Seite 332 zu Hilfe.

KULTUR

Zusammenbruch des Kommunismus-Sieg des Kapitalismus?

Students may need help to come up with positive traits — **kostenlose medizinische Versorgung, niedrige Mieten, niedrige Kriminalität, sicherer Arbeitsplatz, sichere Altersversorgung**, etc.

Bedeutet der Zusammenbruch der sozialistischen Planwirtschaft den Sieg der kapitalistischen Marktwirtschaft? Die osteuropäischen Staaten machen zur Zeit den—oft harten—Prozeß der Umstellung von der Planwirtschaft auf die Marktwirtschaft durch. Ist die kapitalistische Wirtschaftsordnung die bestmögliche Wirtschaftsordnung, oder gibt es auch Probleme? Gab es nur Negatives in der Planwirtschaft oder auch Positives? Erstellen Sie ein Assoziogramm.

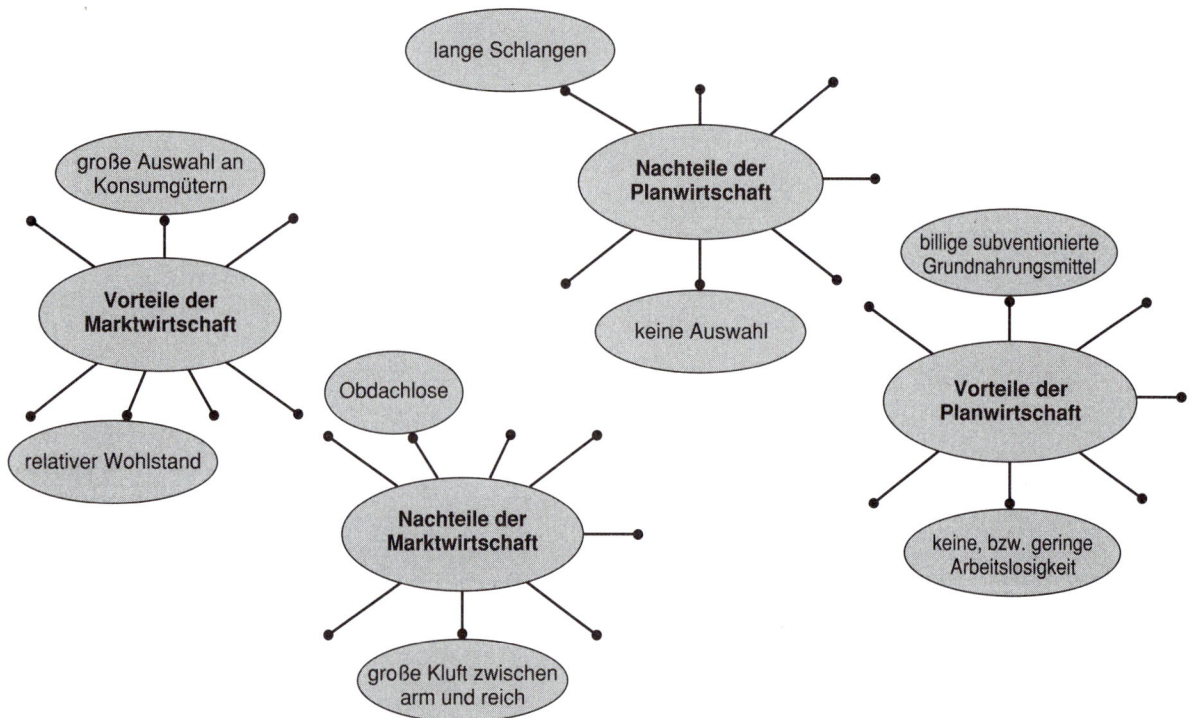

K·A·P·I·T·E·L
10

Beryl Goldberg

Radfahren im Englischen Garten

Owen Franken / German Information Center

Im Fernsehen kommen oft Interviews

Freizeit

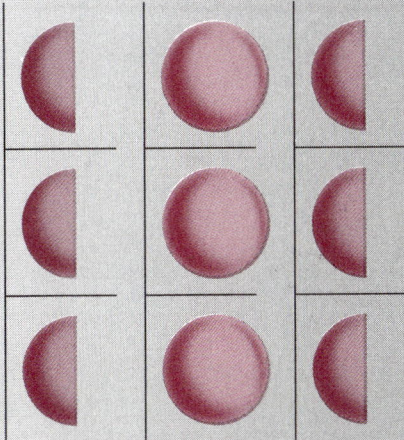

LERNZIELE

You will learn about leisure time activities, especially those related to TV, film and sports. You will also practice ordering recreational equipment and preparing party invitations and will attempt to persuade others to take up your favorite sport.

Lesehilfen

• Bildwörterbuch •

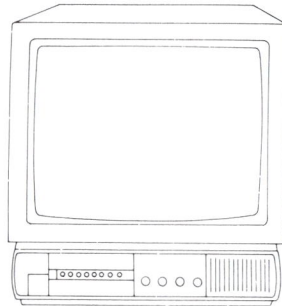

der Fernseher
das Fernsehgerät

die Mattscheibe*
die Glotze*
der Kasten*
die Röhre*

* Umgangssprache

die Fernbedienung

• Globalstrategien •

Das wissen Sie schon!

Wenn Sie über ein Thema Bescheid wissen, können Sie oft die ungefähre Bedeutung unbekannter Wörter, Ausdrücke und Abkürzungen erkennen, auch wenn Sie keine genaue Definition geben können. Nehmen Sie Ihr Wissen über das Fernsehen zu Hilfe. Was bedeuten wohl die Abkürzungen *ARD, ZDF, SAT 1*, etc.?

Was erwarten Sie?

flow of the text

Wenn Sie erkennen, wie ein Text organisiert ist, können Sie oft den **Textverlauf** vorhersagen. Lesen Sie den Text durch und achten Sie auf Konjunktionen, Präpositionen und Adverbien. Sie werden bemerken, daß Wörter wie **aber**, **doch**, **sondern** und **dagegen** oft vorkommen. Was sagen diese Wörter über die Textstruktur aus?

Welche umgangs- beziehungsweise vulgärsprachlichen Ausdrücke gibt es im Englischen für das Fernsehen? Was sagen sie über die Einstellung gegenüber dem Fernsehen aus? Frau Meister gebraucht das Wort „Glotze". Was glauben Sie, welche Einstellung hat sie gegenüber dem Fernsehen?

Kultur im Kontext

public broadcasting institutions
user fees
advertising

Public Radio and TV is financed primarily through fees for every set owned. **Schwarzhörer** / **Schwarzseher** can be fined when caught.

Bis in die 80er Jahre hatten die **öffentlich-rechtlichen Rundfunkanstalten** das Monopol, Hörfunk -und Fernsehprogramme zu produzieren. Die öffentlich-rechtlichen Anstalten finanzieren sich aus den **Gebühren**, die man für Radio und Fernsehen bezahlen muß, und aus der **Werbung**. Die Werbung darf die Sendungen nicht unterbrechen, sie kommt im Block, entweder vor oder nach einer Sendung. Und ab 8 Uhr abends darf keine Werbung mehr gesendet werden. Seit Mitte der 80er Jahre dürfen auch private Sender Programme ausstrahlen, die man über Kabel oder Satellit empfangen kann. Für sie muß man zusätzlich bezahlen. Jede Sendung darf einmal durch Werbung unterbrochen werden.

Fernsehen am Samstag

TV intern

Die Fans von Rechtsanwalt Robert Liebling (Manfred Krug) dürfen sich freuen. Montag beginnen in Berlin die Dreharbeiten für 8 neue Folgen der Serie „Liebling-Kreuzberg". Wieder mit dabei: Michael Kausch, Corinna Genest, Diana Körner. Drehbuch: Jurek Becker.

TV-Hits

Fernseheinschaltquoten von Donnerstag
1. „Die Männer vom K3 (5)" .... ARD, 11,96 Mio.
2. „Ihr Einsatz bitte . . ." ....ZDF, 9,82 Mio.
3. „heute" ....ZDF, 6,72 Mio.
4. „Tagesthemen" ....ARD, 5,34 Mio.
5. „Gesundheitsmagazin Praxis" ZDF, 5,18 Mio.

Video-Hits der Woche*

1. „Crocodile Dundee II" (107 Min., ab 12)
2. „Platoon Leader" (92 Min., ab 16)
3. „Action Jackson" (91 Min., ab 12)
4. „Mörderischer Vorsprung" (105 Min., ab 16)
5. „Good Morning, Vietnam" (105 Min., ab 12)
*Ermittelt von rundy

1. Programm	2. Programm	3. Programme	SAT 1	RTL plus
10.00 heute 10.03 **Sportschau** 11.05 **Na siehst!** 11.50 Umschau 12.10 **Plusminus** 12.55 **Presseschau** 13.00 heute 13.45 **Schaufenster der Welt** 14.30 **Sesamstraße** 15.00 **Formel Eins** 15.45 **Madrid, Madrid, Madrid** ● Königin Sofia / Kunst / Frauen / Hunderasse „Mastin" 16.30 **Tischtennis-WM** Einzelwettbewerbe 17.25 **Duck Tales** 65teilige Walt-Disney-Serie Das geheimnisvolle Schiff 17.55 **Tagesschau** 18.00 **Sportschau** 19.00 **Wundersame Tierwelt** Nadelkissen auf vier Beinen und Katzenfeind 19.26 **Sportshop** 19.43 **Landesschau** 20.00 **Tagesschau** 20.15 **Baby – Das Geheimnis einer verlorenen Legende.** Fantasyfilm 21.45 **Lottozahlen** 21.50 **Tagesschau** 22.00 **Wortzum Sonntag** 22.05 **Zwei Paar Schuh** Kabarett aus Frankfurt 23.10 **Revolte in der Unterwelt.** Krimi 0.30 **Tagesschau** 0.35 **Nachtgedanken**	10.00 heute 10.03 **Sportschau** 11.05 **Na siehst!** 11.50 Umschau 12.10 **Nachbarn in Europa** 13.40 **Diese Woche** 14.00 Peter Ustinovs Rußland 14.45 **Ratschlag für Kinogänger** 14.50 **Tandem** Spielzeit für Partnerstädte mit Ilona Christen. Gast: Franz Lambert 16.05 **mittendrin** 16.30 **Im Land der Mongolen** 17.00 heute 17.05 **Unter der Sonne Kaliforniens** 18.00 **Länderspiegel** Live-Interview mit Oskar Lafontaine / Ein Stammtisch in Oggersheim 19.00 heute 19.30 **Rivalen der Rennbahn** (3): Partner Serie mit Thomas Fritsch 20.15 **Wetten, daß . . ?** 22.00 heute 22.05 **Aktuelles Sport-Studio** mit Karl Senne 23.25 **P.I.T –Pop aus Australien.** Mit BeeGees, Olivia Newton-John, INXS, AC/DC, Kylie Minogue, The Other Ones, John Farnham 0.25 heute	**Südw.** 19.00 ebbes 19.26 **Sandmännchen** 19.30 **Schatten der Vergangenheit** 20.15 Wenn der Wind weht 21.40 Neues 21.45 Omnibus 18.31 Überall ist **Hessen** Kabbala 19.00 Sport 19.30 **Hessenschau** 20.00 **Monsieur Verdoux** 21.55 **Einer will nicht mehr mitmachen** 22.40 Premiere 23.10 Dimitri Schostakowitsch: Sinfonie Nr. 9 **Bayern** 18.00 **Hobbythek** 19.00 **Wildschweine** 19.45 **Sport** 20.15 Sir Georg Solti dirigiert 22.05 **Die Brücke von Arnheim** **West** 19.00 **Aktuelle Stunde** 19.35 Sport 20.00 **Yan Tan Tethera** 21.25 **Eberhard Möbius** 22.10 **Alfred Hitchcock** 23.10 Auf Achse mit „Kiss me, Kate" **NDR** 18.45 **Lindenstraße** 19.15 **Arktis** 20.15 **Dortmunder Roulette** 21.00 **Indien, Mutter Erde** 22.30 **Musikstadt Berlin** 23.30 13. **Jazzfestival Hamburg**	6.00 **Guten Morgen mit SAT 1** ● 9.00 **Blick** 9.05 Teleshop 9.30 Wirtschaft 10.05 **Die Waltons** 10.50 Teletip 11.05 **Im Schatten des Korsen** 12.35 . . .heute abend bei mir 14.10 **Familie Feuerstein** 14.45 **Tennis-Daviscup** Live-Übertragung aus Prag, Doppel 17.35 SAT 1 **Blick** 17.50 **Justitias kleine Fische:** Wenn der Hahn kräht 18.15 **Mini Max** 18.45 SAT 1 **Blick** 19.00 **Kino-News:** „Mississippi Burning", „D.O.A. – Bei Ankunft Mord", „High Spirits" Moderation: Ilka Petersson 19.30 **MacGyver.** Serie 20.25 SAT 1 **Wetter** 20.30 **Make-up und Pistolen: Zwei Generationen** 21.25 SAT 1 **Sport** 21.30 **Und Jimmy ging zum Regenbogen.** Spielfilm u.a. mit Doris Kunstmann und Ruth Leuwerik 23.50 SAT 1 **Blick** 0.00 **Happy Weekend** Deutsche Disco-Klamotte	8.00 **Konfetti** 8.25 **Gullivers Reisen** 9.45 **Klack** 10.15 **California Clan** 11.00 **Explosiv – Global** 11.45 **Bornemanns Nähkästchen** 12.00 **Die Welt der Schnorchel** 12.30 **Klassik** 13.10 **Die Welt der Schnorchel** 13.35 **Lieber Onkel Bill** 14.00 **Rapido** Jugendmusikmagazin u.a. mit Knight-Rider-Star David Hasselhoff 14.55 **Tammy.** Serie 15.25 **Computer Kids** 16.20 **Animal Express** Besuch im Zoo San Diego 16.50 **Spiegelei.** Spiel 17.25 **Dance.** Tanzshow 17.55 **Die Zeitreisenden: Unschuldig vor Gericht** 18.45 RTL-**aktuell** 19.00 **Anpfiff – Bundesliga total** mit Burkhard Weber Reportagen und Kommentare von vier Spielen 21.20 **Alfred Hitchcock zeigt: 5. Fall: Vogelfrei** 21.50 **Box-EM im Halbschwergewicht: Ralf Rocchigiani – Jan Lefeber** 23.00 **Flotte Teens und heiße Jeans.** Ital. Sex-Komödie mit Gloria Guida 0.30 **Betthupferl**

Die mit einem schwarzen Punkt gekennzeichneten Sendungen sind Programmänderungen aktuelle Themen

3 SAT 19.30 Orontea. Oper 22.30 Aspekte 23.10 Genoveva oder Die weiße Hirschkuh. Ein hannöversches Drama von Julie Schrader mit Kurt Moll, Elke Adiel 0.00 Mitternachtsfußball

Eins Plus 20.15 Eigener Herd ist Goldes wert (3): Die Wasserader / Onkel Johann. Serie mit Marie-Luise Marjon, Stephan Orlac 21.05 Wenn wir verheiratet sind. Komödie mit Hans Korte, Christiane Hörbiger, Gert Hauck 22.45 Nachtca-

té: Adel heute – Blaues Blut wieder hoch im Kurs? Talkshow

Tele 5 19.30 Computerbox 20.00 Cartoons 21.00 Sport 22.00 Ziggy Marley and The Melody Makers 23.00 Made in Germany 1.00 Tanz House 2.00 Eddie and The Cruisers 3.30 Backstage 4.30 Videos

Pro 7 18.35 Mit Schirm, Charme und Melone: Diesmal mit Knalleffekt 19.30 Himmel ohne Sterne. Liebesfilm mit Erik Schumann 21.10 Banyon: Chris Adler ist ver-

schwunden 22.05 Kino 22.15 Julia und die Geister. Film von Frederico Fellini mit Giuletta Masina

Super 19.30 Videofashion 20.00 She wore a yellow ribbon 22.00 Twilight Zone 22.30 Roving report 23.00 The invisible man 23.30 In cold blood 1.30 Music mix

TV 5 20.00 C'est a voir 20.50 Cargo de nuit 21.30 L'art dans le metro 22.00 Journal Televise 22.35 Dtes-mol 23.30 Lunettes noirs pour les nuits blanches

Sky 19.00 Eurosport Programm 1.30 Arts Channel Programm 4.30 Landscape Channel Programm

DDR 1 20.00 Klock 8, achtern Strom 21.15 Astragal 23.10 Cracker Jack Engl. Spielfilm

DDR 2 19.30 Von Fall zu Fall 20.00 Meuterei auf der Bounty. Engl. Spielfilm 23.20 Die Carmen der Olivera Miljakovic. Bekannte Arien und Buette aus der Oper „Carmen"

• Detailstrategien •

Grammatik im Kontext

Im Text kommen Verbformen vor, die noch nicht erklärt worden sind, zum Beispiel: **wir hätten, wir könnten, man würde, er möchte**. Einige dieser Konjunktiv II-Formen kennen Sie schon als Höflichkeitsformen: **Ich hätte gern**..., **Könnten Sie mir sagen**..., **Wir möchten**.... Der Konjunktiv II wird im Grammatikteil dieses Kapitels genauer erklärt. Wenn Sie den Text lesen, brauchen Sie nur zu wissen, daß der Konjunktiv II – neben Höflichkeit – vor allem Irrealität, Unmöglichkeit oder Unerfüllbarkeit einer **Bedingung** ausdrückt.

condition

• Textvorschau •

Kurt und Luise Meister haben unterschiedliche Einstellungen gegenüber dem Fernsehen im allgemeinen und dem Kabelfernsehen im besonderen. Wenn Sie den Text lesen, achten Sie auf ihre unterschiedlichen Positionen.

Vor der Glotze

Auch heute abend sitzt Kurt Meister mit der Fernbedienung vor der Glotze. Ziemlich lustlos schaltet er durch die Programme. „Wenn wir Kabelfernsehen hätten", beschwert er sich, „dann könnten wir jetzt zwischen mehreren Spielfilmen wählen: auf SAT 1 kommt ein amerikanischer Film, in RTL plus ein französischer und..." „Und dich würde man überhaupt nicht mehr von der Glotze wegbringen", unterbricht ihn seine Frau.

to purchase
relaxes

Seit einiger Zeit schon gibt es bei den Meisters lange Diskussionen, weil Kurt sich Kabelfernsehen **anschaffen** möchte und Luise dagegen ist. Nach der Arbeit **entspannt sich** Kurt Meister am liebsten vor dem Fernseher. Aber im öffentlich-rechtlichen Fernsehen gibt es keine große Auswahl: ARD, ZDF und ein oder zwei regionale Sender, das ist alles. Wenn die Meisters ihr Haus verkabeln ließen, könnten sie fast 30 Kabel- und Satellitenprogramme **empfangen**.

to receive
increased

Doch Luise Meister findet, daß das **erhöhte** Programmangebot der Kommerzsender in Wirklichkeit keine Vielfalt von Programmen bringt, sondern immer wieder das gleiche: Krimi-, Action-, Science-fiction- und Western-Serien, Sex-Filme und Musikvideos. „Im übrigen würde es dir gut tun, wenn du dich ein bißchen mehr bewegtest", fährt sie fort. „Den ganzen Tag sitzt du im Büro und abends hockst du vor der Glotze. **Treib doch Sport!** Geh spazieren oder fahr mit dem Rad!"

Why don't you exercise!

Luise Meister sieht kaum fern. Manchmal schaut sie die *Tagesschau* an, aber sie findet, daß die Fernsehnachrichten zu **oberflächlich** sind, und sie informiert sich lieber in der Zeitung. Wenn es nach ihr ginge, dann würde sie den Fernseher abmelden. Doch damit wäre ihr Mann nie einverstanden, denn für ihn ist das Fernsehen weniger ein Informationsmedium, **sondern eher** ein Unterhaltungsmedium, vor allem abends, wenn er müde und **abgespannt** ist.

superficial

but rather
worn-out

• Textarbeit •

1. Information. Kurt und Luise Meister denken unterschiedlich über das Fernsehen im allgemeinen und das Kabelfernsehen im besonderen.

a. Welche Aussagen im Text beschreiben Luises Einstellung gegenüber dem Fernsehen, welche Kurts? Vervollständigen Sie die Tabelle.

	Luise	**Kurt**
Aussagen	Sie sieht kaum fern.	Auch heute abend sitzt er vor der Glotze.

b. Machen Sie eine Liste ihrer Argumente für oder gegen das Kabelfernsehen.

pro (Kurt Meister)	**contra (Luise Meister)**

2. Wortfeld „Fernsehen''. Schreiben Sie alle Wörter und Ausdrücke im Text auf, die zum Wortfeld „Fernsehen'' gehören, und ordnen Sie sie folgenden Kategorien zu:

Nomen	**Verben**	**Adjektive / Adverbien**	**Ausdrücke / Wendungen**
Glotze (ugs)	schalten durch	regional	durch die Programme schalten

Sprechen

Was gibt's denn heute im Fernsehen? Gruppenarbeit. Schauen Sie sich das Abendprogramm für den 16. September an.

ARD

23.05 Spielfilm

»Diese Zwei sind nicht zu fassen«, das muß auch der König des Chicagoer Rauschgifthandels feststellen, als er den Cops Ray Hughes (Gregory Hines) und Danny Costanzo (Billy Crystal) an den Kragen will. Denn die schießen nicht nur mit flotten Sprüchen, wenn nötig, gibt's auch echte Kugeln

ZDF

23.15 Spielfilm

Der Lebenskünstler »Alexis Sorbas« (Anthony Quinn) zeigt dem Engländer Basil griechische Weisheit und eine Gefühlswelt, die dem jungen Mann bis dahin verschlossen war. Basils Affäre mit einer schönen griechischen Witwe (Irene Papas) endet tragisch. Dorfbewohner steinigen die Frau

ARD

10.00 Tagesschau und Tagesthemen 10.23
Die Sport-Reportage 10.50 Dingsda. Quiz
(Nur über ZDF-Sender zu empfangen:) 11.40
Neue Deutsche Heldensagen (2). Johann
Neppermann (Nur über ARD-Sender zu emp-
fangen:) 12.55 Presseschau 13.00 Tages-
schau

11.40 O'zapft is! Oktoberfest-Anstich
Übertragung von der Münchner
Theresienwiese
13.15 Programmvorschau
13.45 Auto '89 in Frankfurt
Live von der Automobilausstellung
Moderation: Uwe Günzler und
Frank Klaas
14.30 Hallo Spencer
15.00 Formel Eins Hitparade
▣ Mit Kai Böcking
15.45 Neues vom Kleidermarkt
Mit Antonia Hilke
● Neue Designer-Kollektionen
● Plüsch und Pelz
● Die Kleider der Bonner Damen
16.40 Gesundheit! Medizin im Ersten
▣ Krebs-Früherkennung
Moderation: Antje-Katrin Kühnemann
und Winfried Göpfert
Nur etwa 30 Prozent der Frauen und
elf Prozent der Männer nutzen in der
Bundesrepublik zur Zeit das Angebot
zur Krebsfrüherkennung
17.25/19.00 Regionalprogramme
17.55 Tagesschau
18.00 Sportschau-Telegramm
18.15 Sportschau
Fußball-Bundesliga
19.58 Programmvorschau

REGIONALPROGRAMME

Bayerisch. Rdf.: 17.25 Unter unserem Himmel
19.00 Bayernstudio 19.10 Einsatz in Manhattan
19.55 Bayernstudio
Hessisch. Rdf.: 17.25 Duck Tales 19.00 Hessen
heute 19.15 Kommissar Freytag
NDR: 17.25 Duck Tales 19.00 Berichte vom Tage
19.15 Die aktuelle Schaubude
Bremen: 17.25 Duck Tales 19.00 Buten & binnen
up'n Swutsch
SFB: 17.25 Duck Tales 19.00 Abendschau Extra
19.22 Berliner Abendschau
Saarländ. Rdf.: 17.25 Duck Tales 18.55 Tele-Ma-
gazin mit SR-Aktuell
Südd. Rdf. u. SWF: 17.25 Duck Tales 19.00 Der
doppelte Eugen 19.26 Sportshop 19.43 Landes-
schau
WDR: 17.25 Hier und heute unterwegs 19.00 Markt
19.30 Duck Tales

20.00 Tagesschau ▣
20.15 Flitterabend mit Michael Schanze
▣ Spiele für Brautpaare
Gäste: Audrey Landers, Julio Iglesi-
as, Philharmonic Sound Orchestra
London, Preston Philipps Dancers,
die jungverheirateten Isabell Varell
und Drafi Deutscher
21.45 Ziehung der Lottozahlen
21.50 Tagesschau
22.00 Das Wort zum Sonntag
▣ spricht O.-G. Holze-Stäblein
22.05 Seit über 40 Jahren
Positiv dagegen Talk & Show
Mit Kay und Lore Lorentz
Gastgeber: Gerhard Schmitt-Thiel
Die Crème der Kabarettschreiber war
im Laufe von 40 Jahren für das Düs-
seldorfer Kom(m)ödchen tätig:
Martin Morlock, Wolfgang Franke
und Eckard Hachfeld
23.05 Diese Zwei sind nicht zu fassen
▣ (Running Scared)
Spielfilm, USA 1986
Ray Hughes . . . . Gregory Hines
Danny Costanzo . . . . . . Billy Crystal
Frank . . . . Steven Bauer
Julio Gonzales . . . . . . Jimmy Smits
Regie: Peter Hyams
»Zum Schluß siegt das Gute, und die
Leiche des Bösewichts fährt Rolltrep-
pe. « (Die Welt)
0.50 Geheimagent (Wh)
▣ (The Secret Agent)
▣ Spielfilm, Großbritannien 1936
Ashenden/Brodie . . . . John Gielgud
Elsa Carrington . . . Madeleine Carroll
Robert Marvin . . . . . . .Robert Young
General . . . . Peter Lorre
Lilli . . . . Lilli Palmer
Regie: Alfred Hitchcock
Die Geschichte eines Spions. der sei-
nen Job haßt: Der britische Schrift-
steller Ashenden soll 1916 einen
deutschen Spionagering in der
Schweiz auffliegen lassen. Mit einer
Kollegin, als Ehefrau getarnt, mietet
sich der Spion in einem Kurhotel ein
»Ich habe mich gefragt: Was gibt es
in der Schweiz? Milchschokolade, die
Alpen, Volkstänze und Seen. Mit diesen Elementen habe ich den Film ge-
füttert«, kommentierte der damals
37jährige Hitchcock sein Werk
2.15 Tagesschau
2.20 Nachtgedanken

ZDF

9.30 Programmvorschau
12.10 Nachbarn in Europa Magazin
13.40 Diese Woche
Schlagzeilen und Bilder
(Mit Untertiteln für Hörgeschädigte)
14.00 Feindbild – Der Jude
» . . . und ich begehr', nicht schuld
daran zu sein«
Von Hella André
Dr. Margarete Mitscherlich analysiert
die Hintergründe der Judenverfol-
gung in Deutschland. Der Frankfurter
Journalist Valentin Senger, selbst Be-
troffener, erzählt aus seinem Leben
14.30 Hinter dem Bretterzaun
▣ (Kalle Bakom)
Kurzspielfilm, Schweden 1984
Regie: Mats Davidson
Hinter dem Bretterzaun, der zwei Hin-
terhöfe trennt, entdeckt der kleine
Tommy die ebenso kleine Frida. Der
fußballbegeisterte Junge muß bald
darauf die erste schwere Entschei-
dung seines Lebens fällen: entweder
Frida oder Kicken
14.50 Tandem Spielzeit für Partnerstädte
Kloster Machern bei Zeltingen/Mosel
– St. Florentin, Frankreich
Gäste: Andrew White, Franz Lambert
Moderation: Ilona Christen
16.05 Kochmos
Muskeln aus Pudding
Von und mit Volker Arzt
Roboter zerlegen eine Spaghettimahl-
zeit in ihre Einzelteile und zeigen, wie
unser Körper die Nahrung in Energie
umsetzt
16.30 Ich trau mir alles zu
Paula – eine Münchnerin aus Portugal
Doris Dörrie porträtierte 1979 die damals zehnjährige Paula, Heike Mund-
zeck besuchte die Erwachsene heute
noch einmal
17.00 Heute
17.05 Unter der Sonne Kaliforniens Serie
Unglaubliche Neuigkeit/
Wieder daheim
(VPS 17.05 und 17.35)
18.10 Länderspiegel
18.58 Programmvorschau

▣◻ Schwarzweiß-Film
▣▣ Stereoton
▣ Videotext für Hörgeschädigte
▣▣ Zweikanalton Fremdsprache – Deutsch
▣ Filmlänge in Minuten
VPS Video-Programm-Service

19.00 Heute
19.30 Mit Leib und Seele Serie
▣ Das alte Kamel
Ein Ehepaar kann sich nicht einigen,
ob seine Tochter getauft werden soll.
Noch größere Sorgen bereitet Pfarrer
Kempfert (Günter Strack) jedoch die
Nachricht, daß dem Stammwerk der
Dannecker AG in Ebersfeld die Stille-
gung droht
20.15 Zwei Nasen tanken Super
▣ Spielfilm, Bundesrepublik 1984
▣ Tommy . . . . . Thomas Gottschalk
Mike . . . . Mike Krüger
Birgit . . . . .Simone Brahmann
Farah . . . . .Sonja Tuchman
Tamara . . . . . Thea Gottschalk
Regie: Dieter Pröttel
Beim dritten Blödel-Nasen-Film gin-
gen dem Duo Gottschalk/Krüger, das
auch für das Buch verantwortlich
zeichnet, hörbar die Sprüche aus. Je-
doch: »In den Kußszenen waren Son-
ja und Thomas so gut eingespielt, daß
sie keine Regieanweisungen mehr
brauchten. « (Quick) Und das, obwohl
Gottschalk-Gattin Thea mitspielte
21.50 Heute
21.55 Das aktuelle Sport-Studio
Mit Bernd Heller
Anschließend: Gewinnzahlen
vom Wochenende (VPS 23.14)
23.15 Alexis Sorbas (Wh)
▣◻ (Zorba, The Greek)
▣ Spielfilm, Griechenland 1964
Alexis Sorbas . . . . . Anthony Quinn
Basil . . . . .Alan Bates
Die Witwe . . . . .Irene Papas
Madame Hortense . . . Lila Kedrova
Mavrandoni . . . . . George Foundas
Regie: Michael Cacoyannis
Der Film erhielt 1964 drei »Oscars«
»Anthony Quinns Alexis Sorbas be-
sitzt in diesem atemberaubenden Film
die ganze Kraft und die Größe, die
Persönlichkeiten der Geschichte und
der Mythologie auszeichnen. Er ist
Adam im Garten Eden, Odysseus auf
dem umtosten Plateau von Troja. Er
ist ein Stück Nijinsky und ein guter
Teil Tom Jones. « (New York Times)
»Cacoyannis hat in seinem neuen
Film den Roman von Nikos Kazantza-
kis heruntergemacht zur bloßen Folk-
lore. « (Die Zeit)
1.30 Heute

Samstag, 16. September

1. Welchen Kategorien lassen sich die Sendungen zuordnen?

Nachrichten/	Spielfilm	Quizsendung	Sportsendung	Serie
Politische		Spielshow		
Sendung/				
Dokumentarfilm				

2. Interview. Welche Sendung würden Sie anschauen? Oder würden Sie
lieber etwas anderes machen? Interviewen Sie die Mitglieder Ihrer Gruppe
und teilen Sie das Ergebnis den anderen Kursteilnehmer/innen mit.

• Miniwörterbuch •

… anschauen	*to watch (TV)*
ins Kino / ins Theater / ins Konzert gehen	*to go to the movies / the theater / a concert*
ein Buch lesen	*to read a book*
sich mit Freunden treffen	*to get together with friends*
Sport treiben	*to exercise*
in eine Kneipe gehen	*to go to a bar*
früh ins Bett gehen	*to go to bed early*
…	

	Student 1	**Student 2**	**Student 3**
welche Sendung?			
etwas anderes			

HÖREN

A. Wenn wir doch Kabelfernsehen hätten! Herr Wengler und seine zwei Söhne, Arno und Michael, diskutieren wieder einmal darüber, ob sie sich Kabelfernsehen anschaffen sollen. Hören Sie ihnen gut zu.

• Textarbeit •

Entscheiden Sie, ob und von wem folgende Aussagen gemacht werden.

Aussagen	**ja / nein**	**von wem?**
die Kinder treiben zu wenig Sport	ja	Vater
das Programm im öffentlich-rechtlichen Fernsehen ist langweilig		
Arno und Michael wollen mehr Sport im Fernsehen sehen		
im öffentlich-rechtlichen Fernsehen gibt es keine große Auswahl		
Arno und Michael treiben zu wenig Sport		
die Kabelkanäle bringen viele Spielfilme		
das Kabelfernsehen ist zu teuer		
Herr Wengler sieht gerne Spielfilme an		
Arno und Michael sollen informative Sendungen anschauen		
Arno und Michael haben keine Zeit fernzusehen		
Arno und Michael möchten ihre Hausaufgaben vor dem Fernseher machen		

B. Wie findet ihr das Fernsehen? Karina und Thorsten, zwei Schüler, berichten in *Jugendscala* über ihre Einstellung und ihr Verhalten dem Fernsehen gegenüber.

● Textarbeit ●

Information. Welche Einstellung und welches Verhalten haben die Befragten gegenüber dem Fernsehen? Füllen Sie die Tabelle aus.

Information	Karina	Thorsten
Wie finden sie das Fernsehprogramm?		
Wie finden sie Serien?		
Wieviel sehen sie fern?		
Wie finden sie Spielfilme?		
Alternativen zum Fernsehen?		

Sprechen

A. Interview. Interviewen Sie drei oder vier Mitstudent/innen über ihre Fernsehgewohnheiten.

1. Wie viele Stunden siehst du fern pro Woche?
2. Welche Sendungen siehst du?
3. Wie findest du das Programm der Networks?
4. Was hältst du von der Werbung?
5. Wie findest du PBS?
6. Wie informierst du dich über politische Ereignisse?

B. Meinung. Thema Fernsehen. Das Thema Fernsehen ist ein umstrittenes Thema. Äußern Sie sich zu folgenden Meinungen:

● Fernsehen macht dumm.
● Fernsehen macht apathisch und passiv.
● Es besteht ein Zusammenhang zwischen Fernsehen und Analphabetismus.
● Es gibt zuviel Gewalt im Fernsehen.
● Es gibt zuviel Sex im Fernsehen.
● Das Fernsehen wirkt sich negativ auf die Konzentrationsfähigkeit aus.
● Das Fernsehen ist ein idealer Babysitter.
● Man kann sich gut vor dem Fernseher entspannen.
● Das Fernsehen ist ein Fenster zur Welt.
● Im Fernsehen kann man sich ausgezeichnet informieren.

• Miniwörterbuch •

Wie reagiert man auf die Meinung anderer?

Das stimmt.	*That's right.*
Das stimmt nicht.	*That's not correct.*
Das ist wahr.	*That's true.*
Das ist nicht richtig.	*That's not right.*
Richtig!	*Right!*
Im Gegenteil, . . .	*On the contrary . . .*
Genau!	*Exactly!*
Nein, ich glaube eher, daß . . .	*No, I'd rather say that . . .*
Das finde ich richtig/ausgezeichnet.	*I think that's right/perfect.*
Das kann ich mir nicht vorstellen.	*I can't imagine that.*
Das klingt überzeugend.	*That sounds convincing.*
Davon bin ich nicht überzeugt.	*I'm not really convinced.*
Der Meinung bin ich auch.	*That's the way I see it too.*
Ich bin anderer Meinung.	*I see it differently.*

Wie drückt man seine Meinung aus?

Ich meine, . . .	*I think . . .*
Ich bin der Meinung/Ansicht, daß . . .	*It's my opinion that . . .*
Meiner Meinung nach . . .	*In my opinion . . .*
Ich glaube, daß . . .	*I think that . . .*

GRAMMATIK

Subjunctive II

• Mood •

The term "mood" describes the manner or mode in which something is expressed. Thus, the mood of a verb indicates the speaker's attitude toward what s/he is saying. In German there are three different moods: indicative, imperative, and subjunctive. You are already familiar with the indicative and the imperative.

The indicative mood is used to express the realm of the actual and factual as well as the possible and realizable:

Seine Frau ist dagegen.	*His wife is against it.*
Wenn wir uns Kabelfernsehen anschaffen, haben wir eine größere Auswahl.	*If we get cable TV we'll have a larger selection.*

The imperative mood is used to give commands or make requests:

Treib doch Sport!	*Get some exercise!*
Geh spazieren!	*Go for a walk!*

In German there are two different subjunctive forms of the verb, subjunctive I and subjunctive II. The subjunctive II expresses the realm of the unreal, the hypothetical or the unlikely.

indicative: Man bringt dich nicht mehr von der Glotze weg.
               It is impossible to get you away from the tube.
subjunctive: Man würde dich nicht mehr von der Glotze wegbringen.
               It would be impossible to get you away from the tube.
indicative: Damit ist er nicht einverstanden.
               He doesn't agree with it.
subjunctive: Damit wäre er nie einverstanden.
               He would never agree with it.

• Real Conditions and Unreal Conditions •

A conditional sentence consists of a condition clause introduced by the subordinating conjunction **wenn** and a conclusion clause.[1] The condition clause states the condition that must be fulfilled in order for the conclusion to take place. If the condition is within the realm of possibility it is in the indicative mood. In the following sentence, the speaker considers it possible to get cable TV. The verbs, therefore, are in the indicative.

indicative: Wenn wir Kabelfernsehen **haben**, **können** wir 30 Programme empfangen.
               If we have cable TV, we can get 30 channels.

If the condition is contrary to fact, or impossible or unlikely to be fulfilled, the verb is in the subjunctive mood.

subjunctive: Wenn wir Kabelfernsehen **hätten**, **könnten** wir 30 Programme empfangen.
               If we had cable TV, we could get 30 channels.
subjunctive: Wenn wir Kabelfernsehen **hätten**, dann **könnten** wir jetzt „Manche mögen's heiß" sehen.[2]
               If we had cable TV, then we could now watch "Some Like it Hot".

Since the speaker does not have cable TV and does not consider getting it within the realm of possibility, the verbs are in the subjunctive II.

• Present Subjunctive II •

Time and Tense

You have learned to distinguish between *time* (a category of human experience) and *tense* (a category of grammar). The German subjunctive II has only

---

[1]Conditional sentences may begin with either the condition or the conclusion clause. Notice the word order: The condition clause, or **wenn**-clause, is a subordinate clause; hence the inflected verb is in last position. The conclusion clause is the main clause, and has verb-second word order.

[2]The conclusion clause may be introduced by **dann**.

two tenses: the present subjunctive II refers to present time and future time, and the past subjunctive II refers to past time.

Formation of the Present Subjunctive II

The present subjunctive II is formed by adding the personal endings of the subjunctive to the simple past indicative stem of the verb.[1]

infinitive	simple past indicative stem
haben	hatt-
können	konnt-

The subjunctive personal endings are:

person	singular	plural
1st	-e	-en
2nd	-est	-et
3rd	-e	-en

The stems of the following verbs are umlauted where possible:

a. strong verbs: er säße

b. irregular weak verbs: ich wüßte

c. modals, except for **sollen** and **wollen**:   er möchte

d. auxiliaries **haben** and **sein**:   du hättest, wir wären

Note that some German verbs have identical simple past indicative and subjunctive II forms.

	infinitive	simple past indicative	present subjunctive II
a. weak verbs	wählen	er wählte	er wählte
b. **sollen** and **wollen**	sollen	sie sollte	sie sollte
c. strong verbs whose stem vowel cannot be umlauted (first and third persons plural)	gehen lassen	wir gingen sie ließen	wir gingen sie ließen

---

[1]A small number of verbs form the subjunctive II irregularly: **kennen: kennte, nennen: nennte, helfen: hülfe, stehen: stünde** (also: **stände**). However, most of these forms are rarely used.

Übungen

TASK — Recognize indicative and subjunctive.

A. Indikativ oder Konjunktiv? Sehen Sie die folgenden Sätze an. Entscheiden Sie, ob sie im Indikativ oder Konjunktiv sind, oder ob sowohl Indikativ als auch Konjunktiv möglich sind.

1. Kurt Meister möchte sich Kabelfernsehen anschaffen.
2. Er ließe sich gern sein Haus verkabeln.
3. Er ließ sich sein Haus verkabeln.
4. Bachmanns ließen sich ihr Haus verkabeln.
5. Wir könnten 20 Kabelprogramme empfangen.
6. Wir haben Kabelfernsehen.
7. Luise Meister meldete den Fernseher ab.
8. Er sähe gern mehr Spielfilme.
9. Er sah einen amerikanischen Spielfilm.
10. Er hätte gern Kabelfernsehen.

TASK — Recognize subjunctive and supply indicative forms.

B. Indikative und Konjunktiv. Die folgenden Verben im Text *Vor der Glotze* stehen im Konjunktiv II Präsens. Geben Sie den Indikativ Präteritum und den Infinitiv dieser Verben an.

wir hätten, wir könnten, sie ließen, er wäre, du bewegtest dich

TASK — Produce present subjunctive II forms of strong verbs.

C. Herr Wengler täte lieber etwas anderes. Herr Wengler muß viel arbeiten. Sagen Sie, was er lieber täte.

> **Beispiel:** ins Theater gehen
> Er ginge lieber ins Theater.

ins Kino gehen
sich mit Freunden treffen
die Zeitung lesen
ausgehen
sich an der **Volkshochschule** einschreiben

community college

länger schlafen
Sport treiben
einen Krimi sehen

depressed
TASK — Produce present subjunctive II of weak verbs and **haben** and **sein**.

D. Wenn mein Leben doch einfacher wäre! Karin Wagner ist **deprimiert** und beklagt sich über ihre Situation. Setzen Sie die Verben in den Konjunktiv II Präsens.

Manchmal denke ich, daß das Leben wirklich schwer ist. Wenn ich abends nur nicht so spät Dienstschluß (haben) und nicht so müde (sein). Alles (sein) einfacher, wenn ich in der Nähe meiner Eltern (leben). Sie (sein) für mich und die Kinder da, wenn ich es (brauchen). Wenn ich nur mehr Geld (verdienen). Dann (kaufen) ich mir ein Auto, und die Hin- und Herfahrt (dauern) nicht mehr so lange.

TASK — Provide present subjunctive II forms of weak verbs, modals, **haben** and **sein**.

E. Wenn ich nur ein Auto hätte! Karin lamentiert weiter über ihre Situation. Setzen Sie die Verben in den Konjunktiv II Präsens.

Ich (wünschen), ich (haben) ein Auto. Mein Leben (sein) nicht so hektisch. Wir (müssen) nicht den Bus und die Straßenbahn nehmen. Abends (können) wir eine halbe Stunde früher zu Hause sein. Das Einkaufen (sein) auch viel leichter. Dann (haben) ich auch mehr Zeit, die Wohnung sauber zu machen. Du (sollen) die Unordnung hier sehen! Du (sein) ganz schön **entsetzt**.

horrified

The würde-Construction

Frequently, the subjunctive II form of the verb is replaced by the subjunctive II of **werden** + the infinitive of the verb in question. The **würde**-construction is especially used to avoid ambiguity when the forms of the indicative and the subjunctive are identical. For example:

> Am liebsten **entspannte** er sich vor dem Fernseher.

The sentence above is ambiguous. The form **entspannte** may be past indicative, meaning "he relaxed," or present subjunctive, meaning "he would relax." The corresponding construction with **würde** + infinitive can clearly be recognized as subjunctive:

> Am liebsten **würde** er sich vor dem Fernseher **entspannen**.
> *Most of all, he would prefer to relax in front of the TV*

In colloquial German, it is rather common to use the **würde**-construction even with those verbs that have different forms in the indicative and the subjunctive.

> Dich **würde man** überhaupt nicht mehr von der Glotze
>   **wegbringen**.
> *It would be impossible to get you away from the tube.*

However, the subjunctive II form of **haben**, **sein**, **wissen**, and of the modal verbs is usually preferred to the **würde**-construction.

The würde-Construction in Conditional Sentences. In written and especially in formal German the **würde**-construction is usually avoided in the condition clause[1]. It is, however, increasingly preferred in the conclusion clause, even for verbs having different subjunctive and past indicative forms. In colloquial German, the **würde**-construction is frequently used in both clauses.

Übungen

TASK — Recognize the subjunctive.

TASK — **würde**-construction in spoken language.

A. Konjunktiv. Identifizieren Sie alle Sätze im Text *Vor der Glotze*, die im Konjunktiv II sind.

B. Ich würde folgendes tun. Maria Meister sagt ihrer Schwiegertochter, was sie tun würde. Benutzen Sie die **würde**-Konstruktion.

---

[1]The würde-construction may be used in the condition-clause when the subjunctive II form of a verb is obsolete (many subjunctive II forms having the stem vowels ö, ü, or ä). However, in written German, it is considered awkward to have the **würde**-construction in both the condition and the conclusion clauses.

Beispiel: ihn die Wohnung verkabeln lassen.
Ich würde ihn die Wohnung verkabeln lassen.

1. sich nicht mit ihm streiten
2. ihn fernsehen lassen
3. ihn nicht ständig kritisieren
4. mehr Verständnis zeigen
5. mit ihm fernsehen
6. ihn in Ruhe lassen

TASK — Produce subjunctive II or the **würde**-construction in spoken language.

C. Wir könnten etwas anderes tun. Frau Meister macht ihrem Mann Vorschläge. Ergänzen Sie die Sätze mit der Konjunktiv II-Form oder mit der **würde**-Konstruktion.

1. Wenn wir Kabelfernsehen (haben), (wegbringen) man dich überhaupt nicht mehr von der Glotze.

2. Du (sollen) dich wirklich mehr bewegen.

3. Es (tun) dir gut.

4. (mögen) du einen Spaziergang machen?

5. Wir (können) um den See laufen.

TASK — Produce **würde**-construction.

D. Was würdest du am Wochenende tun, wenn du nicht lernen müßtest? Benutzen Sie die **würde**-Konstruktion und sagen Sie, was Sie am Wochenende tun würden, wenn Sie nicht lernen müßten.

Beispiel: ins Kino gehen
Ich würde ins Kino gehen.

auf eine Party gehen
meine Familie besuchen
einen langen Spaziergang machen
viel fernsehen
in ein Konzert gehen
sich viele Filme in der Videothek ausleihen
die Zeitung lesen
in die Kneipe gehen
. . .

TASK — Produce subjunctive II.

E. Eigentlich sollte ich . . . . Sagen Sie, was Sie am Wochenende gern tun würden, aber nicht tun können. Benutzen Sie **Ich müßte wirklich / eigentlich** oder **Ich sollte wirklich / eigentlich** für die Dinge, die Sie tun sollten.

Beispiel: Ich würde gern in die Berge fahren, aber ich sollte eigentlich zu Hause bleiben.

in die Berge fahren
in eine Kneipe gehen
zum Essen gehen
sich vor die Glotze setzen
aufs Stadtfest gehen
den ganzen Tag faulenzen
. . .

nicht soviel Geld ausgeben
mein Zimmer sauber machen
für eine Klausur lernen
das Auto reparieren
die schmutzige Wäsche waschen
zu Hause bleiben
. . .

Use of the Present Subjunctive II

1. The present subjunctive II is used to express the realm of the unreal, hypothetical or unlikely in present or future time:

a. Contrary-to-fact conditions

Wenn wir Kabelfernsehen hätten, könnten wir 30 Programme
    empfangen.
If we had cable TV, we could get 30 channels.
Es würde dir gut tun, wenn du dich ein bißchen mehr bewegtest.
It would be good for you if you got a little more exercise.

b. Hypothetical statements or questions

Welche Sendungen würdest du anschauen?
Which programs would you watch?
Sie wäre nie damit einverstanden.
She would never agree with it.

c. Wishes that are unlikely to be fulfilled
These wishes may be expressed by a condition clause (without a conclusion) or they may be introduced by **Ich wünschte,...** or **Ich wollte,...**

Wenn du dich nur etwas mehr bewegen würdest!
If you only got a little more exercise.
Ich wünschte, ich hätte mehr Zeit.
I wish I had more time.

Übungen

TASK — Recognize subjunctive and interpret its meaning.

A. Wenn die Haifische Menschen wären. Sehen Sie sich den folgenden Auszug aus Bertolt Brechts Kurzgeschichte *Wenn die Haifische Menschen wären* an. Identifizieren Sie die Verben im Indikativ und im Konjunktiv. Können Sie den Gebrauch von Indikativ und Konjunktiv erklären?

Wenn die Haifische Menschen wären

„Wenn die Haifische Menschen wären", fragte Herrn K. die kleine Tochter seiner Wirtin, „wären sie dann netter zu den kleinen Fischen?" „Sicher", sagte er. „Wenn die Haifische Menschen wären, würden sie im Meer für die kleinen Fische gewaltige Kästen bauen lassen, mit allerhand Nahrung drin, sowohl Pflanzen als auch Tierzeug. Sie würden sorgen, daß die Kästen immer frisches Wasser hätten, und sie würden überhaupt allerhand sanitäre Maßnahmen treffen. Wenn zum Beispiel ein Fischlein sich die Flosse verletzen würde, dann würde ihm sogleich ein Verband gemacht, damit es den Haifischen nicht wegstürbe vor der Zeit. Damit die Fischlein nicht trübsinnig würden, gäbe es ab und zu große Wasserfeste; denn lustige Fischlein schmecken besser als trübsinnige. [...]"

TASK — Produce the contrary-to-fact conclusion clause (verb 2nd).

B. Wenn sie nicht soviel fernsehen würden, dann... . Frau Hänicke denkt darüber nach, wie sich ihr Familienleben ändern würde, wenn ihre Söhne nicht soviel fernsähen. Ergänzen Sie die Sätze im Konjunktiv II.

Beispiel: Wenn es nicht dauernd Streit ums Fernsehen gäbe,....
(unser Familienleben ist harmonischer)
Wenn es nicht dauernd Streit ums Fernsehen gäbe, wäre unser Familienleben harmonischer.

1. Wenn der Fernseher nicht dauernd liefe,...
(wir sprechen mehr miteinander)

2. Wenn sie nicht soviel fernsehen würden,...
(sie haben bessere Noten)

3. Wenn sie am Sonntag nicht immer die Sportschau anschauen würden,...
(wir können mal zusammen einen Ausflug machen)

4. Wenn sie nicht so lange vor dem Fernseher säßen,...
(sie lesen mehr)

5. Wenn sie nicht die ganze Zeit vor der Glotze verbrächten,...
(sie andere Interessen entwickeln)

6. Wenn sie informative Sendungen ansehen würden,...
(sie lernen wenigstens etwas)

TASK — Produce the contrary-to-fact condition clause.

C. Alles wäre anders, wenn... . Frau Hänicke spekuliert weiter. Ergänzen Sie die Sätze im Konjunktiv II.

Beispiel: Unser Familienleben wäre viel harmonischer, wenn...
(es gibt nicht immer Streit ums Fernsehen)
Unser Familienleben wäre viel harmonischer, wenn es nicht immer Streit ums Fernsehen gäbe.

1. Sie wären nicht so uninformiert, wenn...
(sie schauen nicht nur Serien an)

2. Es wäre viel besser für sie, wenn...
(sie treiben mehr Sport)

3. Ich wäre zufrieden, wenn...
(sie machen die Hausaufgaben nicht vor dem Fernseher)

4. Es wäre nett, wenn...
(wir unternehmen mal etwas zusammen)

5. Na, ich wäre schon zufrieden, wenn...
(wir können miteinander reden)

TASK — Produce contrary-to-fact conditional sentences.

D. Was wäre, wenn...? Spekulieren Sie, wie sich Ihr Leben ändern würde.

Beispiel: Wenn ich ein Stipendium hätte, müßte ich nicht neben dem Studium arbeiten.

ein Stipendium haben	bessere Noten haben
nicht soviel arbeiten müssen	nicht so nervös sein
besser deutsch sprechen	nicht neben dem Studium arbeiten müssen
weniger fernsehen	ein Semester in Deutschland studieren
so viele Klausuren haben	mehr lesen

TASK — Produce wishes
with subjunctive II and the
würde-construction.

E. Ich wünschte, er säße nicht dauernd vor der Glotze. Frau Meister wünscht,
ihr Mann sähe nicht soviel fern. Bilden Sie Sätze im Konjunktiv II mit **Ich
wünschte,...**

> **Beispiel:** nicht dauernd vor der Glotze sitzen
> Ich wünschte, er säße nicht dauernd vor der Glotze.

1. nicht soviel fernsehen
2. nicht ständig umschalten
3. mehr Zeit für mich haben
4. nicht so apathisch sein
5. einen Tag auf das Fernsehen verzichten

TASK — Produce wishes
that are unlikely to be fulfilled.

F. Wenn du dich doch mehr bewegen würdest. Frau Meister hat unerfüllbare
Wünsche. Bilden Sie Sätze im Konjunktiv II und benutzen Sie dabei
Wenn... (doch) nur....

> **Beispiel:** sich mehr bewegen
> Wenn du dich doch nur mehr bewegen würdest!

1. mehr Sport treiben
2. andere Interessen haben
3. öfter ins Theater gehen
4. sich mehr um die Kinder kümmern
5. im Garten arbeiten

TASK — Produce wishes
that are unlikely to be fulfilled.

G. Wünsche. Welche unerfüllbare Wünsche haben Sie? Bilden Sie Sätze im
Konjunktiv II.

> **Beispiel:** nicht soviel zu tun haben
> Wenn ich nur nicht so viel zu tun hätte!

1. mehr Freizeit haben
2. überarbeitet sein
3. mehr Geld haben
4. besser Deutsch können
5. nicht soviel arbeiten müssen
6. den Konjunktiv verstehen
7. ?

2. The present subjunctive II is also used to express politeness or tentative-
ness.

a. Polite requests

a TV guide   Ich hätte gern die **Hör Zu.**   *I would like to have the Hör Zu.*

b. **Statements that are more tentative, more polite**

Ich würde sagen, daß das Fernsehen   *I'd say that TV makes you passive*
   passiv und apathisch macht.   *and apathetic.*
Ich würde eher das Gegenteil sagen.   *I'd say just the opposite.*

Übungen

TASK — Recognize questions and requests in subjunctive II.

TASK — Produce polite requests.

A. Höflichkeitsformen. Wie Sie gesehen haben, kann der Konjunktiv II auch als Höflichkeitsform benutzt werden. Sehen Sie sich noch einmal den Text *In Auerbachs Keller* an und identifizieren Sie die Fragen und Bitten im Konjunktiv II.

B. Höflichkeit. Sie haben Ihre Arbeit zurückbekommen und möchten sie mit Ihrer Professorin besprechen. Wie würden Sie folgendes höflicher ausdrücken?

> **Beispiel:** Haben Sie einen Augenblick Zeit?
> Hätten Sie einen Augenblick Zeit?

1. Ich habe eine Frage.
2. Kann ich mit Ihnen über meine Arbeit sprechen?
3. Ist es möglich, meine Arbeit zu besprechen?
4. Haben Sie morgen Zeit?
5. Ist Ihnen drei Uhr recht?
6. Darf ich Sie zu Hause anrufen?
7. Was muß ich tun, um eine bessere Note zu bekommen?

TASK — Make requests more polite.

C. Sei höflicher! Karin Wagner möchte, daß ihr Sohn höflicher ist. Übernehmen Sie ihre Rolle und drücken sie seine Aufforderungen höflicher aus. Benutzen Sie dabei **Würdest du . . . , Könntest du . . . , Könnte ich . . . , Dürfte ich . . .** , usw.

> **Beispiel:** Gib mir was zu trinken!
> Würdest du mir etwas zu trinken geben?

1. Hilf mir!
2. Ich will einen Film anschauen.
3. Mach das für mich!
4. Komm her!
5. Lies mir den Brief vor!
6. Sag das noch mal!

LESEN

Werbeslogan des Fernsehens

A. Fernsehen—Gernsehen? Die Zeitschrift *Jugendscala* befragte junge Deutsche nach ihrer Einstellung und ihrem Verhalten dem Fernsehen gegenüber.

Freizeit

Die deutsche Fußball-
Nationalmannschaft—Fußl
der beliebteste Sport in
Deutschland und auf
der ganzen Welt
(Focus on Sports)

Auf dem Stubai-
Gletscher—Eine kleine
Pause machen
(Cameramann)

Windsurfing—Ein be-
liebter Freizeitssport
(Tony Freeman/Photo-
Edit)

Hauptbahnhof in Frankfurt—Hier gibt es Züge, Schnell-, Straßen-, und U-Bahnen und Büsse (Ulrike Welsch)

Bergwandern in den Schweizer Alpen—ein Sport für jung und alt (Blaine Harrington/The Stock Market)

Wandern—Eine Sport- und Gesundheitsbeschäftigung (J. Douglas Guy)

Arbeiten im Garten—Für viele auch ein
Hobby (J. Douglas Guy)

Das Lutherhaus in Wittenberg—Hier lebte Martin Luther
(J. Douglas Guy)

Das Holstentor in Lübeck
—Eine Sehenswürdigkeit
in Norddeutschland
(J. Douglas Guy)

Der Pergamon-Tempel—Seit 1886 in Berlin
(Chip & Rosa Maria Peterson)

Ein Biergarten auf dem Viktualienmarkt in München—Beim Einkaufen kann man schnell ein Bier trinken (J. Douglas Guy)

Kino in München—Schlange stehen an der Kinokasse (Cameramann)

Dirigent Herbert von Karajan und der Berliner Philharmoniken—Ein wichtiger Teil der Kulturstadt Berlin (Dieter Blum/Peter Arnold, Inc.)

Stefan

(20 Jahre) Ich bin eigentlich ganz zufrieden mit dem Programm hier. Es könnte mehr Filme geben. Vom Satellitenfernsehen bin ich aber etwas enttäuscht. Zuerst hieß es, das wird ein tolles Programm-Angebot, aber das stimmt nicht.

Beim Fernsehen will ich vor allem Entspannung. Wenn ich nach Hause komme, habe ich keine Lust mehr, mich noch groß mit etwas auseinanderzusetzen. Seit es das Satellitenfernsehen gibt, schaue ich auf jeden Fall mehr. Pro Tag etwa eine Stunde. Wenn ich Nachrichten sehe, esse ich auch dabei, das liegt an der Sendezeit um sieben.

Alexander und Petra

(beide 19 Jahre) Wir schauen eigentlich wenig fern. Es gibt zuviel Quatsch und Wiederholungen. Es müßte mehr Talk-Shows geben! Das sehen wir am liebsten. Mehr live, mehr Action! Pro Tag schaue ich etwa drei bis vier Stunden, Petra schläft meist ein. Dabei essen wir auch, lesen oder machen was anderes. So interessant ist es ja auch nicht. Oft bekommen wir von den Filmen nicht viel mit. Das Ding ist halt an und läuft. Eigentlich gehen wir lieber ins Kino. Da sind viele Leute, dort ist mehr los.

Anna

(19 Jahre) Das Fernsehprogramm ist beschissen. Ich möchte mehr über Kultur und Politik erfahren. Mehr Hintergrund. Und wenn schon Spielfilme, dann nur neuere Produktionen, nicht ständig diese Wiederholungen oder Filme, die nur meine Oma interessieren. Ich guck vielleicht zwei Stunden pro Woche.

Früher, so im Alter von 12 bis 15 Jahren, habe ich sehr viel gesehen. Amerikanische Filme, Krimis, alle Serien, auch Nachrichten, alles. Jetzt ist das total vorbei. Statt dessen: Lesen, Schule.

Kino ist ein ganz anderes Erlebnis. Man hat da nicht so viel kulturellen Anspruch wie beim Fernsehen. Beim Fernsehen will ich viel mehr. Ich will Informationen, verschiedene Perspektiven sehen.

• Textarbeit •

1. TV-Gewohnheiten. Anna, Stefan, Alexander und Petra erzählen von ihren TV-Gewohnheiten. Füllen Sie folgende Tabelle aus.

	Anna	Stefan	Alexander	Petra
Wie oft sehen sie fern?				
Was sehen sie im Fernsehen an?				
Alternativen zum Fernsehen?				

2. Meinung. Wie würden Sie die Einstellung der Befragten dem Fernsehen gegenüber charakterisieren? Begründen Sie Ihre Meinung mit Textstellen.

	negativ 1	2	neutral 3	4	positiv 5	Textstellen
Anna						
Stefan						
Alexander						
Petra						

Sprechen

Umfrage: Was halten Sie vom amerikanischen Fernsehen? Gruppenarbeit. Stellen Sie drei Mitstudenten folgende Fragen. Schreiben Sie die Antworten auf und vergleichen Sie die Ergebnisse mit den anderen Student/innen in Ihrem Kurs.

	Student/in 1	Student/in 2	Student/in 3
Wie oft sehen Sie fern?			
Welche Sendungen sehen Sie gern?			
Welche Sendungen sehen Sie nicht gern?			
Wie würden Sie das amerikanische TV-Programm auf einer Skala von 1 bis 5 bewerten?			

German Information Center

Wolf Bierman (1936–)

exclusion from one's profession
removed citizenship

Help students with collo-
quial forms **gehn, was, gabs
isses, heut, ein', klein'.**

B. Wolf Biermann.

Wolf Biermann, Dichter und Liedermacher, wurde 1936 in Hamburg geboren. Sein Vater, ein Kommunist, starb im Konzentrationslager
Auschwitz. 1953 ging Biermann in die DDR. Wegen seiner kritischen Haltung bekam er bald Schwierigkeiten mit dem Regime. Er erhielt
Berufsverbot und durfte in der DDR weder publizieren noch auftreten.
1976, während Biermann auf einer Konzertreise durch die BRD war,
bürgerte ihn die DDR **aus**. *Kleinstadtsonntag* erschien 1965.

● Sehen Sie den Text kurz an. Zu welcher Textsorte gehört er? Welche Krite-
rien haben Sie bei Ihrer Entscheidung herangezogen?
● Sehen Sie zuerst den Titel des Gedichts an. Woran denken Sie, wenn Sie
„Kleinstadtsonntag" hören? Machen Sie ein Assoziogramm zu dem Begriff
„Kleinstadtsonntag".
● Wie Sie wissen, muß man ein Gedicht auf mehreren Ebenen lesen, um es
zu verstehen. Achten Sie auf Vokabular, Syntax, Rhythmus, Reim, Metrum,
Vers, wenn Sie das Gedicht lesen.

Kleinstadtsonntag

Gehn wir mal hin?   Gehn wir mal rein?
Ja, wir gehn mal hin.   Na gehn wir mal rein.
Ist hier was los?   Siehst du heut fern?
Nein, es ist nichts los.   Ja, ich sehe heut fern,
Herr Ober, ein Bier!   Spielen sie was?
Leer ist es hier.   Ja, sie spielen was.
Der Sommer ist kalt.   Hast du noch Geld?
Man wird auch alt.   Ja, ich hab noch Geld.
Bei Rose gabs Kalb.   Trinken wir ein'?
Jetzt isses schon halb.   Ja, einen klein'.
Jetzt gehn wir mal hin.   Gehn wir mal hin?
Ja, wir gehn mal hin.   Ja, gehn wir mal hin.
Ist er schon drin?   Siehst du heut fern?
Er ist schon drin.   Ja ich sehe heut fern.

• Textarbeit •

1. Sehen Sie die Rekurrenzen im Gedicht an: im Vokabular, in der Syntax, in den Reimen. Wie ist das Gedicht aufgebaut?

2. Wer, glauben Sie, spricht? Zwei Männer? Zwei Frauen? Ein Mann und eine Frau? Begründen Sie Ihre Entscheidung. Welche Beziehung haben die beiden zueinander?

3. Wie verbringen die beiden den Sonntagnachmittag? Was ist ihre Hauptbeschäftigung?

What is their relationship to the level of meaning?

4. Wie wird das Kleinstadtleben im Gedicht dargestellt? Schauen Sie Syntax, Reim, Rhythmus, Metrum an. **In welchem Verhältnis stehen sie zur Inhaltsebene**?

5. Vergleichen Sie Biermanns Darstellung des Kleinstadtlebens mit Ihrem Assoziogramm. Wo stimmen Ihre Eindrücke mit denen Biermanns überein, wo unterscheiden sie sich?

6. In Wolf Biermanns Kurzportrait haben Sie gelesen, daß Biermann wegen seiner kritischen Haltung Schwierigkeiten mit dem Regime in der DDR bekam. Sehen sie kritische Elemente in dem Gedicht?

Sprechen

Welchen Film sollen wir uns anschauen? Gruppenarbeit. Welchen Film würden Sie anschauen? Sehen Sie sich die Kinoanzeigen an.

1. Welche Filme kennen Sie?

2. Wie viele ausländische Filme, wie viele deutsche Filme werden gezeigt?

3. Einigen Sie sich in Ihrer Gruppe auf einen Film. Erklären Sie den anderen Gruppen, warum Sie diesen Film sehen wollen.

• Miniwörterbuch •

slapstick comedy	Western	Komödie	sozialkritischer Film	Actionfilm
nostalgia film	Abenteuerfilm	**Blödelfilm**	Horrorfilm	**Heimatfilm**
war movie	Liebesfilm	historischer Film	**Kriegsfilm**	

SCHREIBEN

A. Wie finden Sie die Werbung im Fernsehen? Gruppenarbeit. Wie würden Sie für eines der folgenden Produkte werben? Inszenieren Sie einen Werbespot. Seien Sie kreativ!

BRAUN

Fanta

Mercedes-Benz
Ihr guter Stern auf allen Straßen.

Lindt

BMW
Freude am Fahren

Sparen mit dem Öko-Plus.

SIWAMAT PLUS
Das Plus von Siemens.

Lufthansa

Volkswagen –
da weiß man, was man hat.

BECK's
Spitzen-Pilsener von Welt.

DER SPORT-DRINK:
VIEL POWER.
VIEL GESCHMACK.
WENIG KALORIEN.

SPORTS AQUARIUS

B. Seifenopern. Gruppenarbeit. Mögen Sie Seifenopern? Skizzieren Sie kurz eine Episode Ihrer Lieblingsseifenoper. Falls Sie keine Seifenopern anschauen, **erfinden** Sie selbst eine.

to make up (something)

KULTUR

Das Amerikabild im deutschen Fernsehen / Das Deutschlandbild im amerikanischen Fernsehen

87 Prozent der Deutschen gaben bei einer Umfrage an, daß Fernsehen ihre häufigste Freizeitbeschäftigung ist. Sehen Sie das Fernsehprogramm (ARD und ZDF) für Samstag den 16. September auf Seite 346 an und machen Sie eine Liste aller deutschen und amerikanischen Sendungen.′

Analyse.

Write the students' comments on the board under the heading **Amerikabild**.

• Welchen Eindruck von der amerikanischen Kultur können die Deutschen Ihrer Meinung nach von diesen Sendungen bekommen?

- Welche Eindrücke haben Sie von den Deutschen aus dem amerikanischen Fernsehen?
- Ist das Amerikabild, das die Deutschen im Fernsehen bekommen, richtig? Ist das Deutschlandbild, das im amerikanischen Fernsehen gezeigt wird, richtig? Gibt es ein einziges richtiges Bild eines Landes?

Kreis 2   Sport

Lesehilfen

• Bildwörterbuch •

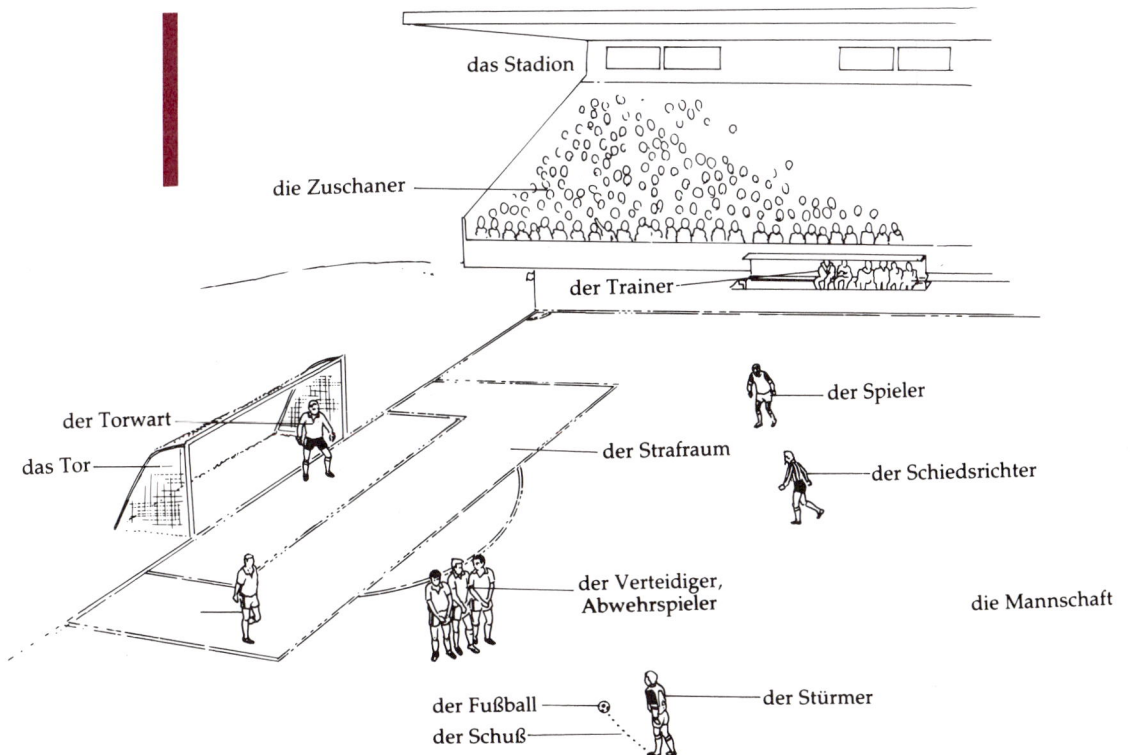

das Stadion

die Zuschaner

der Trainer

der Spieler

der Torwart

der Strafraum

das Tor

der Schiedsrichter

der Verteidiger, Abwehrspieler

die Mannschaft

der Fußball

der Stürmer

der Schuß

• Globalstrategien •

Was erwarten Sie?

Interessieren Sie sich für Fußball? Wenn ja, dürfte der folgende Text keine großen Probleme bereiten. Wenn Sie über ein Thema nicht Bescheid wissen, wird vieles beim ersten Lesen unklar bleiben, und Sie müssen einen Text mehrmals lesen.

Das wissen Sie schon!

Auch wenn Sie sich nicht für Fußball interessieren, wissen Sie doch über Sportjournalismus Bescheid. Sehen Sie sich die Schlagzeile und das Ergebnis an. Wer hat gewonnen?

In einem Artikel über einen Sport, in dem zwei Mannschaften gegeneinander spielen, können Sie erwarten, über die Aktionen einer Mannschaft und die Reaktionen der anderen Mannschaft zu lesen. Achten Sie beim Lesen auf die Aktionen und Reaktionen von *Lokomotive Leipzig* und *Trier*.

Kultur im Kontext

billion

Fußball ist der beliebteste Zuschauersport auf der Welt. Knapp eine **Milliarde** Zuschauer sahen die Übertragung der Weltmeisterschaft 1990 in Italien.

German Information Center

Die strahlenden Sieger—Das Weltmeister-Team 1990

• Detailstrategien •

Grammatik im Kontext

Der Artikel ist, wie viele Zeitungsartikel, im Präteritum geschrieben. Aber einige Verben sind im Konjunktiv II. Warum machen der Trainer und der Journalist wohl Aussagen im Konjunktiv II?

Kultur im Kontext

Some examples — **flanken, stoppen, verhindern, stürmen.**

Deutsche Sportjournalisten benutzen häufig Metaphern aus den Bereichen von Krieg und Politik, wenn sie über Fußballspiele berichten. Welche Metaphern können Sie im Text erkennen?

Wenn ein Spieler zu viele Fouls oder ein besonders grobes Foul begeht, bekommt er die rote Karte. Er wird vom Feld gestellt, und seine Mannschaft muß mit einem Spieler weniger spielen.

Der DFB (Deutscher Fußballbund) veranstaltet jedes Jahr eine Meisterschaft, den DFB-Pokal, an dem alle Vereine teilnehmen dürfen, von der 1. Bundesliga (der höchsten Spielklasse) bis zu den Amateuren (der niedrigsten Spielklasse).

• Textvorschau •

Günter Meisters Mannschaft, Lokomotive Leipzig, spielt im DFB-Pokal gegen eine Mannschaft von Amateuren aus Trier.

Aus für Lokomotive Leipzig

Trier—Leipzig 1:0(1:0)/Von Gerhard Peters

Trier–Nicht der hohe Favorit Lokomotive Leipzig, sondern die Amateur-Fußballer aus Trier **schafften den Einzug** in die nächste Runde des DFB-Vereinspokals. Leipzigs Trainer Hans-Dieter Flick war unzufrieden: "Wenn die Mannschaft das Spiel von Anfang an ernst genommen hätte, wäre uns diese **Niederlage erspart** geblieben."

Die Leipziger begannen wenig überzeugend—zur Freude der 6 500 Zuschauer in Trier. Matthias Ansorge gelang es nur selten, im Mittelfeld **Akzente zu setzen**. Auch Rainer Aumann überzeugte nicht. So kamen die Leipziger in der ersten Halbzeit nur zu zwei Chancen: Aumann flankte in der 17. Minute von der rechten Seite auf Bogner, der Ball flog über das Tor, in der 30. Minute traf Buchwald den Pfosten.

In der 35. Minute tauchte dann **urplötzlich** Triers Stürmer Thomas Gelsdorf im Strafraum der Leipziger auf und setzte zum Schuß an – da **wurden** ihm von hinten die Beine **weggezogen**. Der Täter: Günter Meister, der den neun Jahre älteren Amateur-

spieler nicht anders stoppen konnte. Leichte Entscheidung für Schiedsrichter Schneider aus Darmstadt: Elfmeter. Triers Stürmer Thomas Schwechheimer schoß sicher zum 1:0 für die drittklassigen Trierer ins Netz. Die Zuschauer im nicht ausverkauften Stadion waren begeistert.

Und die freudige Stimmung hielt bis zur Pause an. Denn nicht die Favoriten aus Leipzig bestimmten das Geschehen, sondern die Freizeit-Fußballer aus Trier. Bis zur Pause hätten sie sogar noch höher führen können. Allein Leipzigs Torwart Klaus Petermann **verhinderte weitere Gegentreffer**.

Was alle erwartet hatten, traf dann in der zweiten Halbzeit ein: Lokomotive Leipzig stürmte mit Macht in Richtung gegnerisches Tor. Doch die Abwehr der Trierer **hielt allem Druck stand**. Besonders enttäuschte der bisher so **hochgelobte** Buchwald, der von Triers Verteidiger Kohl sicher **beherrscht wurde**. Sekunden vor dem **Abpfiff** erhielt Leipzigs Günter Meister sogar noch die rote Karte.

Hans-Dieter Flick drückte nach dem Spiel aus, was viele dachten: "Die Trierer haben mich stark beeindruckt. Aber wenn wir von Anfang an auf Angriff gespielt hätten, **wäre** das **Ergebnis** sicher anders **ausgefallen**. In der zweiten Halbzeit hätten wir unsere Chancen besser nützen müssen."

---

schafften den Einzug–*made their entry*

verhinderte weitere Gegentreffer–*prevented further scores*
Niederlage–*defeat*
erspart–*spared*

Akzente zu setzen–*to create chances/openings*
hielt allem Druck stand–*withstood all pressure*
hochgelobte–*highly praised*
beherrscht wurde–*was being dominated*
Abpfiff–*final whistle*
urplötzlich–*all of a sudden*
Ergebnis–*result*
wäre ausgefallen–*would have turned out*
wurden weggezogen–*were pulled away*

• Textarbeit •

1. **Verwandte Wörter.** Machen Sie eine Liste aller verwandten Wörter im Text.

2. **Aktion und Reaktion.** Welche Aktionen brachten welche Reaktionen?

> **Beispiel:** 6 g: Die Leipziger begannen wenig überzeugend – die Zuschauer freuten sich.

1. Lokomotive Leipzig stürmte aufs gegnerische Tor
2. Thomas Gelsdorf setzte zum Schuß an
3. Günther Meister foulte den Trierer Stürmer
4. Der Schiedsrichter entschied: Elfmeter
5. Aumann flankte auf Bogner
6. Die Leipziger begannen wenig überzeugend
7. In der 30. Minute hatten die Leipziger eine Chance

a. aber Buchwald traf nur den Pfosten
b. die Abwehr der Trierer hielt stand
c. der Ball flog über das Tor
d. ihm wurden von hinten die Beine weggezogen
e. der Schiedsrichter gab einen Elfmeter
f. Thomas Schwechheimer schoß zum 1 : 0
g. die Zuschauer freuten sich

3. **Meinung.** Der Journalist erwähnt einige Spieler mit Namen, die entweder besonders gut oder besonders schlecht spielten. Füllen Sie folgende Tabelle aus.

	Name	**Mannschaft**	**Textstelle**
gut	Kohl …	Trier	beherrschte Buchwald sicher
schlecht	M. Ansorge …	Leipzig	es gelang ihm selten, im Mittelfeld Akzente zu setzen

Sprechen

1. **Umfrage: Treibst du Sport? Gruppenarbeit.** Interviewen Sie drei Mitstudent/innen und vergleichen Sie Ihre Ergebnisse mit denen der anderen Student/innen in Ihrem Kurs.

Fußball
Baseball
Football
Schwimmen
Tennis
Schlittschuh laufen
Reiten

Golf
Laufen
Radfahren
Skilaufen
Joggen
Segeln
Windsurfen

	Student/in 1	Student/in 2	Student/in 3
Fühlst du dich fit?			
Treibst du Sport?			
Warum? Warum nicht?			
Wie oft?			
Wie gut bist du?			

2. **Wie finden Sie folgende Sportarten? Partnerarbeit.** Ordnen Sie eines der folgenden Adjektive den angeführten Sportarten zu:

interessant	Fußball
langweilig	Drachenfliegen
gefährlich	Wandern
brutal	Lacrosse
spannend	Skateboardfahren
faszinierend	Golf
anstrengend	Curling
öde	Synchronschwimmen
gesund	Rugby
ungesund	

Beispiel: A: Wie findest du Fußball?
 B: Fußball finde ich spannend. Und du?
 A: . . .

HÖREN

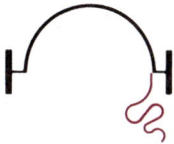

A. **Die Frau aus Eisen.** Der Westdeutsche Rundfunk berichtet über Leute, die eine ungewöhnliche Sportart betreiben. Heute spricht Gerhard Peters mit Jana Hüsch (28) aus Köln. Hören Sie einen Auszug aus dem Interview an.

Sport ist nicht nur Männersache!

• Textarbeit •

1. Warum hat Jana Hüsch das Joggen aufgegeben und mit Triathlon angefangen? Warum ist Triathlon der ideale Sport für sie?

2. Was sagt Jana Hüsch über das Training für den Triathlon?

 a. Was trainiert man zuerst?

 b. Was danach?

 c. Was ist am wichtigsten?

 d. Warum?

Trimm Dich durch Sport

3. Wer ist ein „Finisher", wer ist ein „Ironman"?

ÖH-Sportreferat

NIG, Zi 15, Universitätsstr. 7,
1010 Wien, Tel.: 4300/2637
Mo 10-12, Mi 16-18, Fr 10-12 Uhr

Segeln + Surfen

Mondsee
A 2.7.-9.7.1989
B 9.7.-16.7.1989
C 16.7.-23.7.1989
D 23.7.-30.7.1989
E 30.7.- 6.8.1989   Preis je 2.395,-
Purbach 28.8.--3.9.1989 Preis: 2.290,-

Im Arrangement: Zimmer mit Frühstück, Surf- oder Segelkurs
mit ca. 20 Praxisstunden und 5 Stunden Theorie mit geprüften
Surf- und Segellehrern + freies Üben, Vorbereitung auf freiwilli-
ge Prüfung für Segel- und Surfscheine, Möglichkeit zum Erwerb
des Grundscheins und A-Scheins für Segeln und Surfen. Der Se-
gel-und Surfkurs wird geleitet von der Segel- und Surfschule
Mondsee. Kurse für Anfänger, Fortgeschrittene (A-Schein) und
Perfektion (Katamaran).
Weitere Möglichkeiten: Reiten, Tennis, Radfahren, Fischen,
Golf, Wandern, Sommerrodeln,...
Abendprogramm: Begrüßungsabend, Grillabend, Disco, Kegeln
und viel Unterhaltung.

B. Segeln und Surfen. Karl, Stefan, Ilse und Ute, vier Studenten an der Universität Wien, sprechen in einem Kaffeehaus über ihre Ferienpläne.

• Textarbeit •

1. Ilse, Ute und Stefan sind von dem Angebot des ÖH-Sportreferats begeistert, Karl hat Vorbehalte. Welche Argumente bringen sie vor?

	Karl (dagegen)	Ilse, Ute, Stefan (dafür)
Argumente		

2. Was kommt bei dem Gespräch heraus? Gelingt es den drei Studenten, Karl zu überzeugen?

Sprechen

Mach doch mit! Gruppenarbeit. Arbeiten Sie in Gruppen von drei bis vier Student/innen. Versuchen Sie, ein Gruppenmitglied zu überzeugen, bei einer der folgenden Aktivitäten mitzumachen:

Drachenfliegen

Eisfischen

Fallschirmspringen

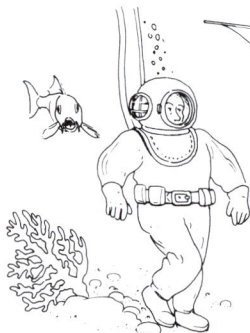
Tiefseetauchen

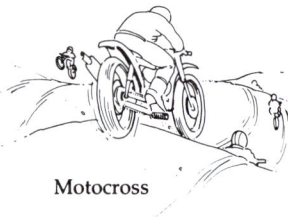
Motocross

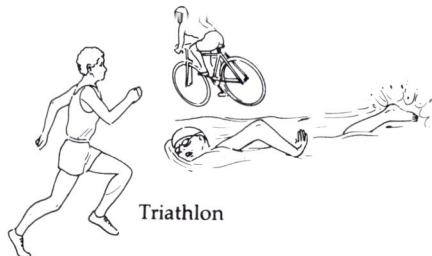
Triathlon

den Ärmelkanal
durchschwimmen

the reluctant one

Überlegen Sie sich gute Argumente für die gewählte Aktivität, während sich der/die **Unwillige** Argumente dagegen überlegt. Wer hat die besseren Argumente?

GRAMMATIK

Past Subjunctive II

• Use of the Past Subjunctive II •

1. As you have seen in the previous section, the subjunctive II expresses the realm of the unreal, the hypothetical or the unlikely. The past subjunctive II is used to express

a. Contrary-to-fact conditions referring to past time

Wenn der Torwart nicht so gut **gespielt hätte, hätten** sie noch höher **verloren**.
If the goalie hadn't played so well, they would have lost by even more.
Wenn die Mannschaft von Anfang an auf Angriff **gespielt hätte, wäre** das Ergebnis anders **ausgefallen**.
If the team had played aggressively from the beginning, the result would have been different.

b. Unfulfillable wishes about the past

Wenn ich ihn bloß nicht **gefoult hätte**.   *If only I hadn't fouled him.*
Ich wünschte, ich **hätte** es nicht **getan**.   *I wish I hadn't done it.*

c. Hypothetical statements and questions referring to past time

Was **hättest** du in dieser Situation **getan**?   *What would you have done in this situation?*
Das **wäre** fairer **gewesen**.   *That would have been more fair.*

2. To indicate that something almost happened, German frequently uses the past subjunctive II plus the adverbs **beinahe** or **fast**.

Er **hätte beinahe** ein Tor **geschossen**.   *He almost scored a goal.*
Er **wäre fast** zu spät **gekommen**.   *He almost came too late.*

• Formation of the Past Subjunctive II •

The past subjunctive II is constructed with the present subjunctive II form of **haben** or **sein**, plus the past participle of the main verb.

Wenn ich den Gelsdorf bloß nicht **gefoult hätte**.   *If only I hadn't fouled Gelsdorf.*
Wenn du fair **gespielt hättest**, wäre das nicht **passiert**   *If you had played fair, that wouldn't have happened.*

The *present subjunctive II* forms of haben and sein

ich hätte	wir hätten	ich wäre	wir wären
du hättest	ihr hättet	du wär(e)st[1]	ihr wär(e)t[1]
er, sie, es hätte	sie hätten	er, sie, es wäre	sie wären

[1]The -e- may be dropped in the familiar second person forms

In *Kapitel 5*, we provided you with guidelines when to use the auxiliary verbs **haben** or **sein** in the present perfect tense. These same guidelines apply in the past subjunctive II: most verbs use the auxiliary verb **haben**. Verbs that indicate a change of location or condition and do not have an accusative object, as well as the (main) verbs **sein, bleiben, passieren, geschehen** and **gelingen**, use the auxiliary verb **sein**.

present perfect tense:	Er **hat** ein Tor **geschossen**.
	He scored a goal.
	Der Ball **ist** über das Tor **geflogen**.
	The ball went over the goal.
past subjunctive II:	Er **hätte** beinahe ein Tor **geschossen**.
	He almost scored a goal.
	Wenn der Ball nur nicht über das Tor **geflogen wäre**.
	If only the ball hadn't gone over the goal.

Übungen

TASK — Recognize present and past subjunctive II.

A. Konjunktiv Präsens oder Konjunktiv Perfekt? Die folgenden Sätze sind im Konjunktiv. Bestimmen Sie, ob sie im Konjunktiv Präsens oder Konjunktiv Perfekt sind.

1. Was hättest denn du an meiner Stelle getan?
2. Wenn ich ihn nicht gefoult hätte, hätte er ein Tor geschossen.
3. Der Ball wäre ins Tor gegangen.
4. Das wäre nicht so schlimm.
5. Er würde am liebsten nach Italien gehen.
6. Das wäre beinahe schief gegangen.
7. Wenn der Torwart nicht so gut gespielt hätte, wäre die Niederlage noch höher ausgefallen.
8. Wenn sie doch nur besser im Mittelfeld spielen würden!
9. Er würde bei Lokomotive Leipzig bleiben, wenn er mehr Geld bekäme.
10. Es wäre besser, wenn er vom Platz ginge.

TASK — Provide appropriate auxiliary.

B. Wenn ich ihn nur nicht gefoult hätte! Günter Meister denkt darüber nach, wie das Spiel verlaufen wäre, wenn er den Spieler aus Trier nicht gefoult hätte. Ergänzen Sie die Konjunktiv II-Formen von **haben** oder **sein**, und nennen Sie die Kriterien für Ihre Entscheidung.

Beispiel: Wenn ich nur schneller gewesen _____!
Wenn ich nur schneller gewesen wäre!
the main verb **sein** takes the auxiliary verb **sein**

1. Wenn ich schneller reagiert _____, _____ der Gelsdorf nicht so nah ans Tor herangekommen.

2. Wenn ich nur erst nachgedacht _____!

3. Vielleicht _____ er daneben geschossen.

4. Klaus _____ den Ball vielleicht gehalten.

5. Vielleicht _____ Matthias den Gelsdorf gestoppt.

6. Wenn ich nur nicht so aggressiv gewesen _____!

TASK — Produce past participle.

C. **Was hättest du getan?** Günter Meister spricht mit seinem Mannschaftskameraden Jürgen Buchwald über das verlorene Spiel. Ergänzen Sie, was sie sagen, mit dem entsprechenden Partizip Perfekt. Wenn nötig, wiederholen Sie die Formen des Partizip Perfekts.

Beispiel: Was hättest du _____ (tun)?
Was hättest du getan?

GÜNTER: Es ist meine Schuld, daß wir das Spiel verloren haben. Wenn ich den Geldorf nur nicht _____ (foulen) hätte!

JÜRGEN: Du bist nicht allein an der Niederlage schuld. Wenn ich den Ball nicht an den Pfosten _____ (schießen) hätte, hätten wir 1 : 0 _____ (führen).

GÜNTER: Der Gelsdorf wäre gar nicht so weit ans Tor _____ (herankommen), wenn ich besser _____ (aufpassen) hätte. Und vielleicht hätte Klaus den Ball ja _____ (halten).

JÜRGEN: Wenn wir alle besser _____ (spielen) hätten, hätten wir das Spiel nicht _____ (verlieren).

TASK — Produce hypothetical wishes about the past.

D. **Wenn ich nur das Abitur gemacht hätte!** Karin wünscht, sie wäre nicht nach der 10. Klasse von der Schule abgegangen. Setzen Sie die Verben in Konjunktiv II Perfekt.

Beispiel: Wenn ich doch nur das Abitur _____ _____! (machen)
Wenn ich doch nur das Abitur gemacht hätte!

1. Wenn ich doch nur besser in Mathe und Physik _____ _____! (sein)

2. Wenn ich im Matheunterricht doch nur besser _____ _____! (mitmachen)

3. Wenn ich bloß auf meine Eltern _____ _____! (hören)

4. Wenn ich mich doch nur mehr in Physik _____ _____! (bemühen)

5. Wenn ich nur auf dem Gymnasium _____ _____! (bleiben)

TASK — Produce hypothetical wishes about the past.

E. **Wenn ich bloß nein gesagt hätte!** Herr Wengler wünscht, er wäre nicht auf die Betriebsfeier gegangen. Bilden Sie Sätze im Konjunktiv II Perfekt und benutzen Sie dabei **Wenn . . . (doch) nur** oder **Wenn . . . bloß.**

Beispiel: nicht zusagen
Wenn ich nur nicht zugesagt hätte.

1. nicht auf das Betriebsfest gehen
2. zu Hause bleiben
3. nicht soviel trinken
4. sich nicht mit dem Kollegen streiten
5. früher nach Hause fahren

TASK — Produce hypothetical wishes about the past.

F. Wenn ich nur mehr gearbeitet hätte! Sie sind bei einer Klausur durchgefallen und überlegen, was Sie (nicht) hätten tun sollen. Bilden Sie Sätze im Konjunktiv II Perfekt und benutzen Sie dabei **Wenn...(doch) nur** oder **Wenn...bloß.**

1. nicht so lange aufbleiben
2. sich besser auf die Klausur vorbereiten
3. sich besser konzentrieren
4. im Seminar besser aufpassen
5. öfter in die Bibliothek gehen
6. jedesmal im Seminar sein
7. alle Bücher lesen
8. längere Aufsätze schreiben
9. ?

TASK — Produce contrary-to-fact conditions in the past.

G. Wenn... dann.... Günter Meister macht sich Vorwürfe. Ergänzen Sie die Verben im Konjunktiv II Perfekt.

Beispiel: Wenn ich ihn nicht _____ _____ (foulen), dann _____ wir das Spiel nicht _____ (verlieren).
Wenn ich ihn nicht gefoult hätte, dann hätten wir das Spiel nicht verloren.

1. Wenn ich abends früher ins Bett _____ _____ (gehen), dann _____ ich besser in Form _____ (sein).
2. Wenn ich ihm nicht die Beine _____ _____ (wegziehen), dann _____ es keinen Elfmeter _____ (geben).
3. Wenn ich fairer _____ _____ (spielen), dann _____ das nicht _____ (passieren).
4. Der Gelsdorf _____ nicht in den Strafraum _____ (kommen), wenn ich schneller _____ _____ (reagieren).
5. Vielleicht _____ wir doch noch ein Tor _____ (schießen), wenn ich nicht die rote Karte _____ _____ (bekommen).

TASK — Produce contrary-to-fact conditions in the past.

H. Eine gute Ausrede. Das Semester ist zu Ende, aber Sie haben einiges nicht erledigt. Können Sie gute Ausreden finden?

Beispiel: Ich hätte das Buch rechtzeitig zurückgebracht, wenn..., wenn ich das Rückgabedatum richtig gelesen hätte.

1. Ich hätte die Seminararbeit rechtzeitig abgegeben, wenn...
2. Ich wäre rechtzeitig zur Abschlußklausur gekommen, wenn...
3. Ich hätte im Seminar mehr mitgearbeitet, wenn...
4. Ich wäre jedesmal in die Vorlesung gegangen, wenn...
5. Ich hätte nicht so viele Sitzungen versäumt, wenn...
6. Ich hätte mich rechtzeitig für das Stipendium beworben, wenn...

TASK — Produce contrary-to-fact conditions in the past.

I. Eine gute Ausrede. Sie müssen Ihren Eltern beibringen, daß Sie bei der Zwischenprüfung durchgefallen sind. Arbeiten Sie in kleinen Gruppen gute Ausreden aus. Welche Gruppe findet die kreativsten Ausreden?

Beispiel: Ich wäre nicht durchgefallen, wenn ich während der Klausur nicht so müde gewesen wäre.

TASK — Produce hypothetical statements referring to past time.

J. Was hättest denn du an meiner Stelle getan? Günter Meister fragt einen Mannschaftskameraden, was er an seiner Stelle getan hätte. Übernehmen Sie die Rolle des Mannschaftskameraden und sagen Sie, was Sie getan hätten.

Beispiel: ihn wahrscheinlich auch foulen
Ich hätte ihn wahrscheinlich auch gefoult.

1. sich nicht so viele Vorwürfe machen
2. vielleicht vorsichtiger sein
3. ihm wahrscheinlich nicht die Beine wegziehen
4. sich auf den Torwart verlassen
5. auf jeden Fall ein zweites Foul vermeiden

TASK — Produce hypothetical statements referring to past time.

K. Ich hätte das ganz anders gemacht. Frau Holzer sagt, was sie an Stelle der Meisters getan hätte.

Beispiel: Peter—sich nicht vom Wehrdienst drücken
An seiner Stelle hätte ich mich nicht vom Wehrdienst gedrückt.

1. Peter—zum Militär gehen
2. Peter—in Deutschland bleiben
3. Karin—nicht so jung heiraten
4. Karin—nicht nach Hamburg ziehen
5. Christina—den Beruf nicht aufgeben
6. Christina—einen Krippenplatz suchen

TASK — Produce hypothetical statements referring to past time.

L. Was hätten Sie getan? Stellen Sie sich vor, Sie hätten kurz vor der Wende in der DDR gelebt. Sagen Sie, was Sie getan oder nicht getan hätten.

Beispiel: (nicht) gegen das Regime protestieren
Ich hätte nicht gegen das Regime protestiert.

1. (nicht) in den Westen fliehen
2. (nicht) auf die Demos gehen
3. (nicht) in der DDR bleiben
4. (nicht) in der Partei sein
5. (nicht) für die **Stasi** arbeiten
6. (nicht) auf der Mauer tanzen

abbreviation for
Staatssicherheit-*secret
police*

Modal Verbs in the Past Subjunctive II

Modal verbs with a dependent infinitive form the past subjunctive II with the present subjunctive II form of **haben** and the infinitive form of the modal verb.

Ich hätte den Spieler nicht foulen **sollen**.
I should not have fouled that player.
Ich hätte ihn auch ohne Foul stoppen **können**.
I could have stopped him without committing a foul.
Ich hätte ihn vor dem Strafraum stoppen **müssen**.
I ought to have stopped him outside the penalty area.

If the modal verb is used without a dependent infinitive, the modal appears in the past participle form.

Ich hätte es nicht **gekonnt**.   *I could not have done it.*

LESEN

A. Wohin heute? Sehen Sie den Veranstaltungskalender auf der nächsten Seite an.

Wohin heute?

• Textarbeit •

1. **Vorschläge.** Frau Lipsitz arbeitet im Verkehrsverein Augsburg. Übernehmen Sie ihre Rolle und machen Sie den folgenden Leuten Vorschläge, was sie in Augsburg unternehmen können.

   a. Mann, ca. 40 Jahre, Musikliebhaber
   b. Ehepaar mit zwei Kindern, 5 und 8 Jahre

Wohin heute?

Zoo: 8.30 bis 18.30 Uhr (Einlaß bis 17.45 Uhr).

Botanischer Garten: Seminarraum: Landschafts- und Blumenaquarelle von Renate Haag-Volkmar, 9 bis 21 Uhr (Kassenschluß 20.15 Uhr).

Perlachturm: Geöffnet 10 bis 18 Uhr; Glockenspiel: 11, 12, 17 und 18 Uhr.

Rathaus, Unterer Fletz: Video-Stadtchronik „April bis Juni '87", stündlich 10 bis 16 Uhr.

Stadtrundfahrt des Verkehrsvereins: „2000 Jahre in zwei Stunden", ab Rathaus, 10.30 Uhr.

Stadtbücherei, Gutenbergstraße: 10 bis 18 Uhr. Buchausstellung zum Thema: „Älter werden in Augsburg".

Jazz

Underground, Maximilianstraße: Jam-Session, ab 21 Uhr.

Treffs für Jugendliche

Jugendzentrum Haunstetter Straße 148: 15 bis 22 Uhr.

Inca, Informations- und Jugendcafé, Milchberg 7: 13 bis 19 Uhr.

Moby Dick, mobiler Jugendtreff des Stadtjugendrings: Oberhausen, Wolfgangstraße, 14 bis 17 Uhr. — Haunstetten, Spielplatz an der Bgm.-Widmeier-Straße, 18 bis 21 Uhr.

Sport/Spiel

Abenteuerspielplatz Hammerschmiede, Neuburger Straße (pädagogisch betreut): 10 bis 18 Uhr.

Kegelleistungszentrum, Am Eiskanal 22: Kostenloser Sport für Arbeitslose — Kegeln 10 bis 14 Uhr.

Sporthalle, Ulrich-Hofmaier-Straße 30: Kostenloser Sport für Arbeitslose — Fußball, Handball, Basketball, Volleyball, 10.30 bis 11.30 Uhr, Tischtennis 9 bis 11 Uhr.

Freizeitpark Stadtbergen (Ziegelstadel): 9 bis 18 Uhr.

Ferienprogramm

Mobiler Ferienspielplatz: Spielplatz Griesle bei der Seilbahn, 9 bis 17 Uhr. — **Spielbetrieb an der Volksschule,** Neuschwansteinstraße 23 (es besteht die Möglichkeit zum Tennisspielen), 9 bis 17 Uhr. — **Tennis:** Tennis-Club Augsburg, Parkstraße 6a (Siebentischwald), 8 bis 14 Uhr. — **Squash:** Squash-Center, Hofrat-Röhrer-Straße 12, 9 bis 14 Uhr; Squash Kriegshaber, Kriegshaberstraße 4, 9 bis 13 Uhr; Squash Max Wünschig, Inninger Straße 100, 9 bis 14 Uhr. — **Kegeln:** Kegelleistungszentrum, Am Eiskanal 22, 10 bis 15 Uhr. — **Bowling:** City-Bowling, Halderstraße 5, 16 bis 19 Uhr. — **Kahnfahrten** (mit Ferienpaß): Bootsverleih am Kuhsee, 9 bis 14 Uhr; Bootsverleih Oblatterwall (Kahnfahrt), ab 12 Uhr. **Minigolf** im Siebentischwald, 10 bis 21 Uhr, und am Flughafen Mühlhausen, 13.30 bis 21 Uhr. — **Führung** „Die Alemannen und ihr Schlangenglaube", Treffpunkt: Römisches Museum, Dominikanergasse 15, 11 Uhr (fällt bei starkem Regen aus).

...was sonst los ist...

Volks- und Heimatfest Friedberg, Festplatz: Treffen der alten Bürger Friedbergs im Festzelt; es spielen die „Lechrain-Musikanten", ab 13 Uhr, die „Reitbergers Bajuwaren", ab 18 Uhr.

Museen

Römisches Museum, Dominikanergasse 15: „Sammlung vorgeschichtlicher Funde aus Augsburg und Bayerisch-Schwaben, Antike Kunst aus dem Mittelmeergebiet", Sonderausstellung in Kapelle 2: Ausgrabungen der Stadtarchäologie: „Gräberfeld Frölichstraße 2", 10 bis 17 Uhr.

Maximilianmuseum, Philippine-Welser-Straße 24: „Plastik, Kunstgewerbe, Stadt- und Handwerksgeschichte", 10 bis 17 Uhr.

Staatsgalerie, Eingang Schaezlerpalais: „Deutsche Malerei der Spätgotik und der Renaissance", 10 bis 17 Uhr.

Schwäbisches Handwerkermuseum, Brunnenmeisterhaus, Am Roten Tor 1 (Eingang durch den Innenhof des Heilig-Geist-Spitals): 14 bis 18 Uhr.

Deutsche Barockgalerie im Schaezlerpalais, Maximilianstraße 46: Stiftung Karl und Magdalena Haberstock und Plastiksammlung Fritz Koelle, Erdgeschoß: „Otto-Scheinhammer-Sammlung — Ceylon-Werk", „Kunst zu Bert Brecht", 10 bis 17 Uhr.

Bert-Brecht-Gedenkstätte im Geburtshaus von Bert Brecht, Auf dem Rain 7: 10 bis 17 Uhr.

Kunsthalle am Wittelsbacherpark, Imhofstraße 7, Staatsgalerie: „Moderne Kunst des 19. und 20. Jahrhunderts", 10 bis 17 Uhr.

Jüdisches Kulturmuseum, Halderstraße 6: Ausstellung der Bezalel-Akademie für Kunst und Gestaltung, Jerusalem, 10 bis 15 Uhr.

Deutsches Glasmalerei-Zentrum, Neusäß, Siemensstraße 2: Ausstellung moderner Glasfenster, Reproduktion historischer Glasfenster, 10 bis 12 und 13 bis 16 Uhr.

Graphische Sammlung (Studiensaal) im Schaezlerpalais, Maximilianstraße 46: „Deutsche Zeichnungen und Druckgraphik des 16. bis 20. Jahrhunderts", 9 bis 12 und 14 bis 17 Uhr.

Mozarthaus, Frauentorstraße 30: Sonderausstellung „Leopold Mozart zum 200. Todestag", 10 bis 17 Uhr.

Ausstellungen

IHK, Eingangshalle, Stettenstraße 1 + 3: „Prüfungsstücke und Arbeiten von schwäbischen Auszubildenden", 8 bis 17 Uhr.

Zeughaus, Toskanische Säulenhalle: „Meisterzeichnungen des deutschen Barocks", Ausstellung der Städtischen Kunstsammlungen Augsburg, 10 bis 18 Uhr.

Wechselausstellung der Graphischen Sammlung, Schaezlerpalais, Maximilianstraße 46: „Unbekannte deutsche Zeichner des 17. und 18. Jahrhunderts", 10 bis 17 Uhr.

Goldschmiedekapelle der St.-Anna-Kirche: „Freiheit und Ordnung, Reformation in Augsburg", 10 bis 12 und 15 bis 17 Uhr.

Stadtsparkasse, Zweigstelle bei der Jakobskirche: „Die Jakobervorstadt in alten Bildern", Schalterzeiten.

Holbeinhaus, Vorderer Lech 20: Werke von Adrian Adrianowytsch und Stefan Westeroth — Kunstförderungspreisträger 1985, 10 bis 17 Uhr.

Galerie im Brechthaus, Auf dem Rain 7: Künstlerinnen zum Thema „Liebe", 14 bis 18 Uhr.

Gießhalle beim Barbarasaal, Am Katzenstadel 18a: „Augenblicke — Media-Mix" von Helmi Prechter, 15 bis 20 Uhr.

---

   c. Studentin der Geschichte

   d. Germanistik-Student, promoviert über Bertolt Brecht

   e. Frau, ca. 45 Jahre, interessiert sich für Malerei

   f. zwei kanadische Schüler, würden gerne deutsche Jugendliche kennenlernen

   g. drei Teenager, interessieren sich weder für Kunst noch für Musik

   h. zwei amerikanische G.I.s

2. Aktivitäten. Gruppenarbeit. Stellen Sie sich vor, Ihre Gruppe verbrächte einen Tag in Augsburg.

   a. Was würde Sie interessieren, was würde Sie nicht interessieren? Nennen sie jeweils drei Aktivitäten.

   b. Einigen Sie sich auf drei Aktivitäten.

B. Ein Platz am Wasser

German Information Center

Die meisten wollen ans Wasser

Der folgende Text ist die stark gekürzte Fassung eines *Stern*-Artikels. Wenn Sie den Text lesen, bedenken Sie, daß Deutschland kleiner als Kalifornien ist, jedoch fast 80 Millionen Einwohner hat.

Schilf—*reeds*

Binnenseen—*inland lakes*
Erholungsuchenden—*people looking for relaxation and recreation*
Inbegriff—*essence*

verheizen—*to burn*
Uferbefestigungen—*shore retaining walls*
Sträuche—*bushes*

Naturschutzgebiete—*nature preserves*

30 Prozent aller Bundesbürger, das sind etwa 24 Millionen Menschen, machen sich an schönen Wochenenden auf in die Natur, und die meisten wollen ans Wasser. Am beliebtesten sind natürliche **Binnenseen**, die für die **Erholungsuchenden** aus der Stadt der **Inbegriff** von Natur sind.

Aber wer bei schönem Wetter einen Platz am Wasser abkriegen will, muß in aller Frühe einen Flecken am Strand besetzen, denn schon bald ist alles verstopft. Straßen, Fußwege, Garageneinfahrten sind mit Autos zugeparkt, und Schwimmer und Wassersportler drängen sich am Wasser.

Was so begehrt ist, ist auch umkämpft. Surfer, Segler, Schwimmer, Wasserskiläufer, Ruderer, Angler und Naturfreunde streiten um ihre Vorrechte. Am schlimmsten sind die Surfer, sagen die anderen, vor allem die Anfänger, die gerade eben auf dem Brett stehen, aber ihren Kurs nicht halten können. Sie gefährden die Vögel im **Schilf**, die Unterwasser-Vegetation und die Schwimmer beim Baden. Angler haben viel weniger auf dem Wasser zu suchen als Surfer, finden Surfer, und die Angler beschweren sich über Wassersportler aller Art.

Allzu viele Wassersportler gebrauchen und verbrauchen die Natur rücksichtslos. Die Ausflügler zertrampeln das Grün und hinterlassen überall ihren Abfall. Sie bauen sich oft Feuerstellen direkt am Waldrand und **verheizen Uferbefestigungen** und **Sträucher** zum Grillen. Viele benutzen Wald und See als Toilette, weil die wenigen Chemie-Klos nicht ausreichen.

Da die vielen Wassernutzer Lebensraum für Pflanzen und Tiere zerstören, wird die Nutzung der Gewässer an vielen Orten reglementiert. Viele Gewässer sind bereits für Boote geschlossen oder sollen künftig als **Naturschutzgebiete** für den Wassersport gesperrt werden.

• Textarbeit •

1. **Information.** Suchen Sie folgende Informationen im Text.

   a. Wer sucht einen Platz am Wasser?
   Wie viele Deutsche erholen sich an schönen Wochenenden in der Natur?
   Wo erholen sie sich am liebsten?
   Wie sieht es an schönen Tagen an den Stränden aus?
   Welche Gruppen streiten sich um ihre Vorrechte? Warum?

   b. Welche Folgen hat der Ansturm aufs Wasser auf die Natur?

   c. Welche Maßnahmen werden, beziehungsweise wurden deswegen getroffen?

2. **Eine Frage zum Nachdenken. Mensch oder Natur?**
   Was ist wichtiger, das Bedürfnis nach Erholung oder der Schutz von Gewässern? Bedenken Sie dabei, daß Deutschland ein dichtbesiedeltes Land ist.

SCHREIBEN

A. Das falsche Fahrrad. Sie haben ein blaues Herrenfahrrad vom Otto-Versand bestellt, aber Sie haben ein silbernes Damenfahrrad erhalten. Machen Sie sich schriftliche Notizen, bevor Sie den Kunden-Service anrufen.

BERATUNGS-SERVICE
Wenn's um Handhabung und Technik geht: Wir beraten Sie per Telefon in jeder Kundenbetreuung – vor und nach dem Kauf. Ruf-Nummern s. S. 446B.

5 HANSEATIC Touring-Räder – einzeln oder im Spar-Set! In 2 Schaltungen: 3-Gang-Nabenschaltung und 5-Gang-Kettenschaltung von »Shimano«. Gemuffter, 4fach lackierter Rahmen. Alu-Vorbau. Schutzbleche farbig, Kettenschutz, verchromter Gepäckträger. 4-Kant-Tretlager. Reifen 28×1¼. Rahmenhöhe: Damenrad 53 cm, Herrenrad 57 cm. Ca. 15,5 kg.

Herrenrad	3-Gang	5-Gang
azurblau	503 080	503 046
silber	503 100	503 060
Normallieferung	**369,50**	**329,50**
24-Std.-Service	**404,50**	**364,50**

Damenrad mit Doppelrohr		
mint	503 075	503 041
silber	503 096	503 055
Normallieferung	**369,50**	**329,50**
24-Std.-Service	**404,50**	**364,50**
Spar-Set: mint/azurblau		
	503 091	503 050
Normallieferung	**679,–**	**599,–**
24-Std.-Service	**720,–**	**640,–**
Spar-Set: silber/silber		
	503 105	503 065
Normallieferung	**679,–**	**599,–**
24-Std.-Service	**720,–**	**640,–**

Die richtige Radgröße

Körpergröße	Rahmengröße
160–165 cm	51–53 cm
165–170 cm	53–55 cm
170–175 cm	55–57 cm
175–180 cm	57–59 cm
180–185 cm	59–61 cm

B. **Einladung.** Kerstin hat diese Einladung bekommen. Sie spricht nicht deutsch. Helfen Sie ihr zunächst, folgende Informationen zu finden.

Lutz Rupprecht
In den Opfergärten 5
3557 Ebsdorfergrund 8
(06424) 1679

EINLADUNG

Hiermit lade ich ein:

Wozu: Zur Feier meines 18. GEBURTSTAGES
Wann: Am Samstag, dem 25.AUGUST 1990; genau 6574 Tage nach meiner
Geburt
Zeit: ''Einlaß'' ist ab 19^{00} UHR—OPEN END
Wo: Bei schönem Wetter im Garten, bei unschönem im Keller, auf jeden
Fall aber im OPFERGÄRTEN NUMMER 5 bei mir daheim
Weiteres: Für GETRÄNKE wird gesorgt, ich bitte ein paar Leute etwas
FUTTER mitzubringen - bei entsprechendem Wetter kann natürlich
auch gegrillt werden.
Selbstverständlich besteht die Möglichkeit die NACHT bei mir zu
verbringen, für diesen Fall sind Penntüte und evtl. auch Iso-Matte
angesagt.
Auch können Freund oder Freundin mitgebracht werden.

Um die Planung zu vereinfachen bitte ich darum, mir möglichst bald
positiven oder negativen Bescheid zu geben:

*JA, ich komme und:

—bringe etwas zu futtern mit
—übernachte
—bringe noch jemanden mit.

*NEIN, ich komme nicht.

Ich bin voraussichtlich während der gesamten Ferien (außer
20.07.–06.08) meistens telefonisch erreichbar, falls nicht, kann eine
Nachricht hinterlassen werden.

Information	Textstelle
Wer feiert?	
Warum?	
Wo findet die Party statt?	
bei schönem Wetter	
bei schlechtem Wetter	
Was für eine Party ist es?	
Was soll man mitbringen?	

Leider hat Kerstin die Einladung zu spät bekommen. Helfen Sie ihr, eine kurze Antwort zu schreiben.

Sprechen

Umfrage: **Was machst du in deiner Freizeit?** **Gruppenarbeit**. Fragen Sie die Mitglieder Ihrer Gruppe, was sie in ihrer Freizeit machen. Schreiben Sie die Antworten auf und vergleichen Sie Ihr Ergebnis mit dem der anderen Gruppen. Gibt es eine eindeutige Lieblingsbeschäftigung?

• Miniwörterbuch •

ins Fitneß-Studio gehen	*go to the fitness studio*
Sport treiben	*exercise*
lesen	*read*
faulenzen	*laze around*
sich mit Freunden treffen	*get together with friends*
keine Freizeit haben	*have no free time*
fernsehen	*watch TV*
ins Kino/Theater/	*go to the movies/the theatre/*
Konzert gehen	* a concert*
einkaufen gehen	*go shopping*
Musik hören/machen	*listen to music/make music*
tanzen gehen	*go dancing*

KULTUR

Sportstars

Woran denken Sie, wenn Sie das Wort „Sport" hören? Machen Sie ein Assoziogramm.

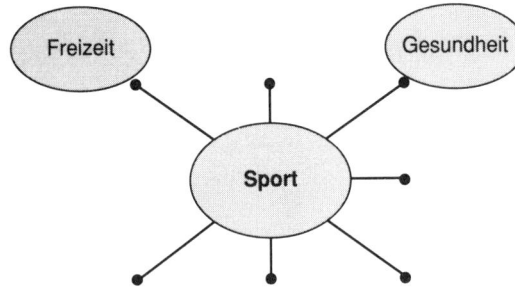

Sehen Sie sich folgende Collage von Fotos und Schlagzeilen aus deutsch-sprachigen Zeitungen und Zeitschriften an.

»DIE FREUDE ÜBER SIEGE WIRD GRÖSSER«

Steffi Graf sprach mit STERN-Reporterin Evelyn Holst über Intimsphäre und Pressefreiheit, über die Probleme mit der Popularität und ihre Chancen in Wimbledon

„Extrem viel reingepumpt"

Frauen-Doping in der bundesdeutschen Leichtathletik am Beispiel des „Hammer Modells"

KATASTROPHEN

Wie Tiere behandelt

Nach der Zuschauer-Tragödie im Hillsborough-Stadion nimmt sich Margaret Thatcher verstärkt der Erziehung des britischen Fußballfans an.

FOOTBALL

»Rammt ihnen die Hirne ein«

Fahrrad-Rausch in Deutschland

VOLL DRAUF AB-GEFAHREN

Gesund ist es und trotzdem lustig: Radfahren. Wer wie die Profis daher-kommen will, muß für seinen Flitzer schon ein paar Tausender hin-legen. Der Handel kann gar nicht schnell genug liefern

Die Summe kleiner Heldentaten

Athleting-Kurse im Salzkammergut sollen Körper und Geist gegen Streß wappnen / Von Katharina Semmelweiß

SPIELER-BÖRSE

19 Millionen für sechs Tore

Während der Weltmeisterschaft konnten zahlreiche Fußballstars ihren Marktwert beträchtlich steigern – aber einige sanken auch ab. Am teuersten ist jetzt ein Italiener: Salvatore Schillaci

39 Tote, über 400 Verletzte—Das Europapokal-Finale 1985 in Brüssel

In wieweit stimmt Ihr Assoziogramm mit den Schlagzeilen überein?

Welche Funktion, glauben Sie, haben der Sport und die Sportstars in Europa? Glauben Sie, daß sie in Amerika eine ähnliche Funktion haben?

Mit dem Rucksack unterwegs

KAPITEL 11

Urlaub und Reisen

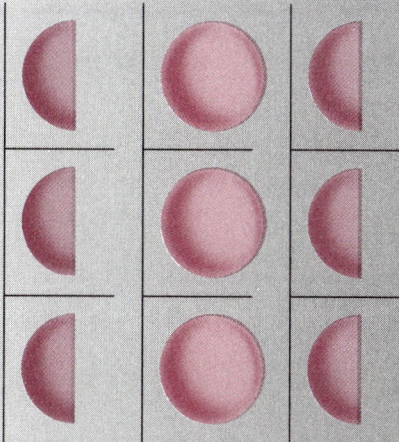

LERNZIELE

You will learn about a wide range of travel and vacation plans with special impressions of North America by a German tourist traveling there. You will practice making travel plans and arrangements and will discuss a number of clichés, often negative and sometimes strange, about other countries.

Katrina Thomas/Photo Researchers

Lesehilfen

• Bildwörterbuch •

das Zelt

das Meer

der Rucksack

eine Wanderreise durch die Türkei, abseits des Touristenrummels

der Abenteuerspielplatz

kleine Fahrradausflüge machen

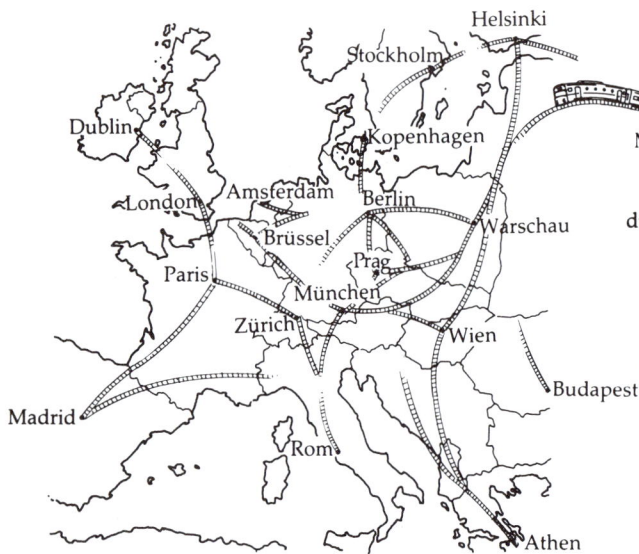

Helsinki

Stockholm

Dublin

Kopenhagen

Moskau

London   Amsterdam

Berlin

Brüssel   Warschau

Paris   Prag

München

Zürich   Wien

Madrid

Budapest

Rom

Athen

das Meer

der Strand

der Tempel

die Kirche

die Ruine

die antike Stadt

auf einer Studienreise

die schöne Landschaft

der Sonnenschirm

das Sonnenöl

sich am Strand ausruhen und entspannen

• Globalstrategien •

Was erwarten Sie?

Sehen Sie die Überschrift und das *Bildwörterbuch* an. Wovon handelt wohl der folgende Text?

Das wissen Sie schon!

Wenn Sie über ein Thema Bescheid wissen, können Sie oft die Bedeutung unbekannter Wörter und Ausdrücke erkennen, ohne im Wörterbuch nachschlagen zu müssen. Überlegen Sie sich, warum Sie, Ihre Familie, Ihre Freunde und Bekannten in Urlaub fahren. Welche Reiseverkehrsmittel benutzen Sie? Welche Möglichkeiten gibt es, den Urlaub zu verbringen?

Kultur im Kontext

vacation needs

demands

Ungefähr zwei Drittel aller Bundesbürger machen jedes Jahr eine oder mehrere Urlaubsreisen, die fünf Tage oder länger dauern. Die **Urlaubsbedürfnisse** der Deutschen haben sich seit der Nachkriegszeit wenig geändert. Die meisten betrachten den Urlaub als Kompensation für die **Anforderungen** des Arbeitslebens, als Erholung von Alltagsproblemen.

• Detailstrategien •

Verwandte Wörter

Viele Wörter aus dem Bereich des Tourismus sind international. Überfliegen Sie kurz den Text und achten Sie auf die verwandten Wörter.

Kultur im Kontext

need to catch up

Günter Meister erwähnt, daß er einen großen **Nachholbedarf** hat. Bevor die DDR die Grenzen öffnete, konnten die meisten DDR-Bürger nur in den sozialistischen Ländern Urlaub machen.

• Textvorschau •

In folgendem Text geben einige Mitglieder der Familie Meister Auskunft über ihre Urlaubsmotive, ihre Reiseziele und ihre Reisepläne.

Ausspannen, bewegen oder besichtigen?

Peter Meister

basic requirement

Sport muß sein. Das ist für mich **Voraussetzung** in den Ferien. Ich habe eine Radtour nach Italien gemacht und bin mit Rucksack und Zelt durch Korsika gewandert. Für den Sommer plane ich eine Wanderreise durch die Türkei. So erlebt man ein Land, wie es wirklich ist, abseits des Touristenrummels. Die

sealed off

Touristengettos finde ich schrecklich. Man lebt im Luxus und ist von der Realität des Ferienlandes **abgeschirmt**.

Karin Wagner

bicycle tours

they'll take care of the children

Im Urlaub will ich mich vor allem erholen, richtig ausschlafen und den Alltagsstreß vergessen. Leider können wir es uns nicht leisten, jedes Jahr eine Urlaubsreise zu machen. Letzten Sommer sind wir zu Hause geblieben. Wir sind schwimmen gegangen, haben kleine **Fahrradausflüge** gemacht und sind oft auf den Abenteuerspielplatz gegangen. Den Kindern hat es großen Spaß gemacht. Aber dieses Jahr mache ich etwas ganz anderes, eine Reise in die USA. Meine Eltern haben sie mir geschenkt, und **sie kümmern sich** während meiner Abwesenheit **um die Kinder**.

Günter Meister

no matter

Weil wir hier in der Ex-DDR einen so großen Nachholbedarf haben, möchte ich im Urlaub einfach weg, in die Länder, in die wir früher nicht reisen durften, **egal** wohin. Letztes Jahr habe ich mir ein Inter Rail-Ticket gekauft und bin einen ganzen Monat lang mit dem Zug kreuz und quer durch Europa gereist. Das hat mir so gut gefallen, daß ich es auch in diesem Sommer wieder mache.

Maria Meister

sights, attractions

overall impression

Middle East

Kultur anschauen ist für mich der wichtigste Reisegrund. Mich interessieren vor allem die kulturellen **Sehenswürdigkeiten** eines Landes: Tempel, Ruinen, Kirchen, Museen, usw. Und natürlich möchte ich auch Land und Leute kennenlernen. Die Umgebung ist ein wichtiger Teil des **Gesamteindrucks**. Jedes Jahr mache ich mindestens eine Studienreise mit. Letztes Jahr war ich auf Kreta und in Rom, und für diesen Herbst habe ich eine Studienreise durch antike Städte **Kleinasiens** gebucht.

Luise and Kurt Meister

countries on the Mediterranean

Istria

Sonne, Sand, See, das brauchen wir im Urlaub. Deswegen fahren wir meistens in die **Mittelmeerländer**. Aber wir suchen nicht nur einen Grillplatz am Wasser, sondern wir wandern und machen kleinere Ausflüge in die Gegend. Wir fahren mit dem Auto, damit wir am Urlaubsort unabhängig sind. Eine schöne Umgebung ist das wichtigste für uns, und die kann man eigentlich nur genießen, wenn's nicht so voll ist. Deswegen fahren wir immer in der Nebensaison, im Herbst und im Frühjahr. In diesem Jahr machen wir wieder einmal in **Istrien** Urlaub.

• Textarbeit •

1. **Information.** Wie verbringen die Meisters ihren Urlaub?

   a. Füllen Sie die Tabelle aus. Falls Sie im Text keine Information finden, schreiben Sie „?" in die entsprechende Spalte.

	Urlaubsmotiv	übliche Urlaubsgestaltung			Reisepläne für dieses Jahr
		wohin	*womit*	*wie*	
Peter					
Karin					
Günter					
Maria					
Kurt & Luise					

   b. Welche Art der Urlaubsgestaltung lehnen Peter und Kurt und Luise Meister ab? Warum?

2. **Wortfeld „Urlaub".** Schreiben Sie alle Wörter und Ausdrücke im Text auf, die zum Wortfeld „Urlaub" gehören.

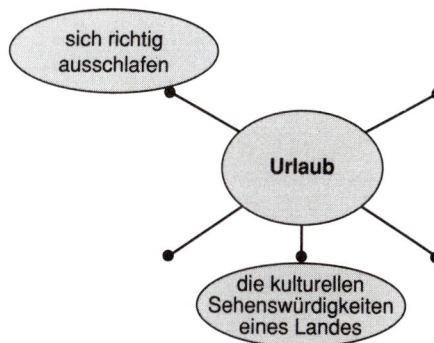

(Diagramm: Urlaub — sich richtig ausschlafen — die kulturellen Sehenswürdigkeiten eines Landes)

Sprechen

• Miniwörterbuch •

Pauschalreise	*A package tour, all costs and plans settled before departure*
Individualreise	*A vacation put together by the travelers themselves*
Kur	*A relaxing stay under resort conditions necessitated by medical problems; treatment is included and costs are usually covered by insurance.*

a

DER NEUE SOMMER

Club Med

Ostern auf KOS ab 1380.– VP
Pfingsten in Skanes 2410.– VP

rufen Sie uns an

089–338833

Sun and Fun®
Sportreisen
Club Med Spezialisten
Kaiserstraße 45 · 8 München 40

Wohin im Urlaub? Gruppenarbeit. Sehen Sie die Anzeigen für Urlaubsreisen an. Welche Reisen werden in den Anzeigen angeboten?

1. Füllen Sie die Tabelle aus. Einige Anzeigen bieten mehrere Reisen an.

c

Fahrrad-Reisen

Flandern, Burgund, Toskana
und andere Ziele. Sehr komfortabel:
Gepäcktransport, beste Hotels.

TRAVELO Radreisen GmbH
Jordanstr. 32 c, 6000 Frankfurt 90
Tel. (0 69) 70 88 23

d

Billigflüge weltweit

MAXIM-Reisen zu Mini-Preisen

Sofort Preisliste anfordern über
Sonderflüge. Charterflüge. Linienflüge.

MAXIM
International Flights
☎ **089/528787**

Schleißheimer Str. 98 · 8000 München 40

b

➤ Sprachreisen

**nach England, Irland,
USA, Kanada, Australien,
Frankreich, Spanien,
Portugal, Italien, Malta**

● Intensiv- und Feriensprach-
kurse für Erwachsene,
1 bis 4 Wochen Dauer

● Schülersprachreisen in den
Schulferien

● Langzeit- und Examenskurse
von 4 bis 5 Wochen Dauer

● High School-Jahr in USA,
Frankreich und Australien für
Schüler

*Sprachen lernen
– the 'isi' way –*

iSi Sprachreisen

Auskünfte und Broschüren
erhalten Sie bei:
ESI Sprach- und Studienreisen,
Hauptstr. 116
5483 Bad Neuenahr, Tel. 0 26 41 / 23 31

e

Seit
40 Jahren
Schroth-Kneipp-
Regenerationskuren
Schroth-Pauschale zum
Kennenlernen · 7 Tg. ab 623,– DM

**Kurhotel
Bärenstein**
4934 Horn-Bad Meinberg 1,
☎ (0 52 34) 209-0 · Fax 209269

f

GEOS

Studienreisen
**Die
Naturwunder** NEU
der Erde
**sehen
erleben
verstehen**

mit Geowissenschaftlern unterwegs
in:
Mexiko, Zypern, Italien, Island,
Griechenland, USA, Afrika
Ausführliches Programm mit weite-
ren Reisezielen bitte anfordern

GEOS-Reisen
3000 Hannover, Brahmsstr. 4
T. (0511) 660804, Fax (0511) 392369

_____ Flugpauschalreise   _____ Clubreise
_____ Kur   _____ Abenteuerurlaub
_____ Studienreise   _____ Sprachferienreise
_____ Radtour   _____ Badeurlaub
_____ billige Flüge   _____ Bildungsreise
                           _____ Aktivurlaub

2. Welche der angebotenen Urlaubsreisen würden Sie gerne machen? Entscheiden Sie sich für eine Reise, die alle interessiert. Teilen Sie Ihren Reiseplan den anderen Kursteilnehmer/innen mit.

HÖREN

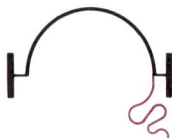

A. Im Reisebüro. Herr Brehme informiert sich im Reisebüro. Hören Sie an, welche Urlaubsvorstellung Herr Brehme hat, und was ihm der Angestellte vorschlägt.

• Textarbeit •

1. Welche Urlaubsvorstellung hat Herr Brehme? Füllen Sie die Tabelle aus.

Information

Reiseziel
Länge
wie viele Personen
Urlaubsmotiv
Interesse

2. Was schlägt der Reisebüroangestellte vor?

    a. Welche Art von Urlaub?

    b. Was wird angeboten?

3. Wie reagiert Herr Brehme auf den Vorschlag?

4. Eine Frage zum Nachdenken. Ferien im Club werden immer beliebter. Kritiker dieser Form des Urlaubs meinen, daß die Touristen, untergebracht in luxuriösen Gettos und von Animateuren unterhalten, der oft bedrückenden Realität der Sonnenländer entfliehen. Robinson-Manager Johann-Friedrich Engel dagegen sieht nicht ein, „warum Menschen, die das ganze Jahr **geackert** haben, sich im Urlaub mit den Problemen des Ziellandes herumschlagen sollen." Was meinen Sie?

toiled

Sprechen

Umfrage: Ferienclub. Gruppenarbeit. Möchtest du deinen Urlaub in einem Ferienclub verbringen? Warum? Warum nicht? Interviewen Sie einige Mitstudent/innen. Schreiben Sie die Antworten auf und teilen Sie Ihr Ergebnis den anderen Studenten mit.

B. Bahnhofsauskunft. Bevor Sie den Text anhören, sehen Sie sich die Zeichenerklärung an. Frau Oberle ruft die Bahnhofsauskunft in Frankfurt/Main an. Hören Sie das Gespräch zwischen ihr und dem Beamten an und beantworten Sie dann die folgenden Fragen.

EC	= *EuroCity,* Europäischer Qualitätszug
IC	= *InterCity,* Nationaler Qualitätszug
D	= *Schnellzug*
E	= *Eilzug*
🚌	= Kurswagen
Ⓤ	= Umsteigen

EC = **Eurocity**, crosses borders, few stops; IC = **Intercity**, within Germany, few stops; D = **D-Zug** (**Schnellzug**), express train; E = **Eilzug**, semi-fast train, more stops; **Kurswagen** = through coach; U = **Umsteigen**, change of trains.

DB

Fahrplanauszug

Winter 1989/90   24. September 1989 bis 26. Mai 1990

Frankfurt(M) → Berlin Zoo   Km

Verkehrszeiten	ab	Zug	an	Service	Umsteigen in	an	ab	Zug
	0.20	D2198	10.49	🛏🚌	Hann	5.40	6.51	D343
Mo bis Sa, nicht 24.XII. bis 1.I., 14. bis 16.IV.	6.23	IC578	14.24	🍴	Hann	9.42	10.21	D243
	8.31	D355	16.18	✗				
	9.23	IC698	17.11		Hann	12.42	13.00	D347
	9.46	E3022	19.16	🚌				
	11.23	EC78	19.16		Hann	14.42	15.01	D345
	13.23	IC696	21.05		Hann	16.42	17.01	D247
	15.27	D351	22.54	✗				
	22.24	D359	6.40	🛏🚌				

Abweichungen siehe Abfahrplan
Angaben ohne Gewähr. Änderungen vorbehalten.   EC ZUSCHLAG 6,00 DM   IC ZUSCHLAG 6,00 DM

• Textarbeit •

1. Reiseziel.
   a. Wohin möchte Frau Oberle fahren?
   b. Was für ein Zug wäre ihr am liebsten?

2. Der Beamte nennt drei verschiedene Züge. Füllen Sie die Tabelle aus.

	Typ	Abfahrt	Ankunft	weitere Information
Zug 1				
Zug 2				
Zug 3				

3. Zug.
   a. Mit welchem Zug wird sie fahren?
   b. Warum fährt sie nicht mit den beiden anderen Zügen?

Sprechen

Rollenspiel: In der Bahnhofsauskunft. Arbeiten Sie mit einem Partner. Einer übernimmt die Rolle des Beamten, der andere die Rolle eines Reisenden.

Wählen Sie eine der folgenden Situationen. Erkundigen Sie sich nach der günstigsten Zugverbindung, beziehungweise geben Sie Auskunft über die Zugverbindungen.

Fahrplanauszug

Winter 1989/90

24. September 1989 bis
26. Mai 1990

DB

Berlin Zoo ➡ **Frankfurt(M)**

Km

Verkehrszeiten	ab	Zug	an	Service	Umsteigen in	an	ab	Zug
	6.00	D348	13.34	✗	Hann	10.01	10.15	IC 695
	7.03	D350	14.18	✗				
	7.56	D246	15.34	✗	Hann	12.01	12.15	IC 697
	9.43	D346	17.34	✗	Hann	14.01	14.15	EC 79
	11.45	D344	19.34	✗	Hann	15.52	16.15	IC 577
	13.00	D354	20.40	✗				
Fr bis So, nicht 24.,	15.14	D242	0.08	✗	Hann	19.19	19.59	IR 1685
31.XII.					Fulda	22.25	22.31	E3449
	22.46	D358	7.10	🛏				

Abweichungen siehe Abfahrtplan
Angaben ohne Gewähr. Änderungen vorbehalten.

EC ZUSCHLAG 6,00 DM
IC ZUSCHLAG 6,00 DM

---

a. Frau Bieler muß am Mittwoch morgen um 9 Uhr geschäftlich in Frankfurt sein.

b. Herr Karsunke möchte seine Tochter in Frankfurt besuchen, ist gehbehindert und möchte nicht umsteigen.

c. Annabel Miera, Studentin, darf ihren Flug um 13.50 Uhr von Frankfurt nach Athen nicht versäumen.

GRAMMATIK

The German Case System: Review

• Case Signaling Grammatical Function •

Understanding what you read depends not only on the meaning of individual words but also on their function in the sentence. In English the grammatical function of a noun phrase is assigned on the basis of its position in the sentence. In German word order is more variable. Therefore, you cannot rely on a word's position to indicate its grammatical function. In German the grammatical function of a noun phrase in a sentence is indicated by case.

The table below summarizes the main uses of the cases.[1]

nominative	subject, predicate noun
genitive	possessive or other close relationship
dative	(dative) object
accusative	(accusative) object

Nominative Case

1. The nominative case indicates which noun phrase functions as the subject of a sentence.

> **Meine Eltern** haben sie mir geschenkt.
> *My parents gave it to me as a present.*
> Die Touristengettos finde **ich** schrecklich.
> *I think the tourist ghettos are terrible.*
> Den Kindern hat **es** großen Spaß gemacht.
> *It was a lot of fun for the children.*

2. A predicate noun refers back to the subject, and therefore it is marked in the nominative case.

> Die Umgebung ist **ein wichtiger Teil** des Gesamteindrucks.
> *The ambiance is an important part of the whole impression.*
> Das ist für mich **Voraussetzung** in den Ferien.
> *That's a pre-condition for me (when I go) on vacation.*

Übungen

TASK — Identification exercise.

A. Satzsubjekt. Identifizieren Sie das Subjekt in den folgenden Sätzen. Suchen Sie die Nomen im Nominativ. Sehen Sie sich die Verben an. Sie signalisieren, was das Subjekt ist.

> Lufthansa-Qualität kennen Sie. Aber wissen Sie auch, wie günstig man mit unseren Holiday-Tarifen zu Lufthansa-Qualität aufsteigen kann?

Französisch in Monaco

Genau zwischen Nizza und Monte Carlo liegt an der schönen Côte d'Azur das Städtchen Cap d'Ail. In dem monegassischen Ferienort lernt sich die französische Sprache zwischen Disco und Strand spielend. Kurse gibt es von ein, zwei, drei oder mehr Wochen zwischen April und November. Mit Halbpension kostet das Zwei-Wochen-Programm bei eigener Anreise von 1368 Mark an. (Auskunft: SSF-Sprachreisen, Kaiser-Joseph-Straße 236, 7800 Freiburg, Tel. 0761/210079).

---

[1]For a more detailed discussion of the cases, see *Kapitel 3, Kreis 1* and *Kapitel 6, Kreis 2*. You will find a summary of the case forms in the grammar appendix.

TASK — Identification exercise.

B. Prädikatsnomen. Identifizieren Sie das Prädikatsnomen in den folgenden Sätzen.

1. EUROCARD GOLD
   In 170 Ländern der Welt sind Sie bei über 7 Millionen Akzeptantstellen immer ein gerngesehener Kunde und Gast.

2. **Terramar** ist eine kleine Reisegesellschaft mit ausgewählten Hotels und persönlichem Service.

3. **Studiosus Studienreisen.** Jede Studienreise bleibt ein unvergeßliches Erlebnis.

4. **Neckermann.** Damit Ihr Urlaub ein Erlebnis wird.

5. Wir sind Ihre Partner für Fern- und Erlebnisreisen.

Accusative Case

Most verbs have only one object, the person or thing that receives the action of the verb. In most instances this object is in the accusative case.

> Ich habe **eine Radtour** nach Italien gemacht.
> *I went on a bicycle tour to Italy.*
> **Die Touristengettos** finde ich schrecklich.
> *I think the tourist ghettos are terrible.*
> **Mich** interessieren vor allem die kulturellen Sehenswürdigkeiten eines Landes.
> *Of greatest interest to me are the cultural attractions of a country.*

Some verbs have two objects. The accusative case indicates the direct object; it is usually a thing.

> Herr und Frau Meister haben ihrer Tochter **eine Amerika-Reise** geschenkt.
> *Herr and Frau Meister gave their daughter a trip to America as a present.*
> Meine Eltern haben **sie** mir geschenkt.
> *My parents gave it to me as a present.*
> Den Kindern hat es **großen Spaß** gemacht.
> *It was a lot of fun for the children.*

Übungen

TASK — Identification exercise.

A. Akkusativobjekt. Identifizieren Sie das Akkusativobjekt in den folgenden Sätzen aus deutschen Anzeigen.

1. Freizeit- und Leistungssportler, Segler und Surfer, Fischer und Taucher erwartet ein erlebnisreicher Urlaub.

2. Modernste Transit-Einrichtungen bieten den Reisenden ein Höchstmaß an Komfort.

3. Eine Woche Flug, Übernachtung, Frühstück bieten Reiseveranstalter schon unter 999.–DM an.

4. Ihren Platz an der Sonne haben Sie sich verdient.

5. Den Luxus der kleinen Gruppen bei höchstmöglichem Komfort können sich Studienreisende jetzt in Ägypten, Indien und Mexiko gönnen.

B. Was nehme ich mit? Nennen Sie drei Dinge, die Sie unbedingt auf folgende Reisen mitnehmen müssen.

> **Beispiel:** Für eine Radtour von München nach Venedig brauche ich ein Fahrrad, einen Stadtplan von München und meinen Paß.

- eine Radtour von München nach Venedig
- eine Reise mit der transsibirischen Eisenbahn
- ein Trip von New York nach Seattle
- ein Aktivurlaub an der Nordsee
- eine Rundreise durch europäische Metropolen

Führerschein, Wanderkarte, Fahrrad, Badesachen, Regenhaut, Wanderschuhe, Landkarte, Reisepaß, Kreditkarte, Diafilm, Reiseführer, Rucksack, Zelt, Fotoapparat, Reisechecks, Stadtplan, Wörterbuch,…

C. Was bietet das Hotel? Partnerarbeit. Wählen Sie eine Anzeige und sagen Sie Ihrem Partner, welchen Komfort Ihr Hotel bietet: **Das Hotel hat…. Im Hotel gibt es…. Die Zimmer haben….**

> **Beispiel:** Das Strandhotel Vierjahreszeiten hat eine einmalige Lage,….

Dative Case

A small number of verbs take a dative object. These include **antworten, danken, gefallen, gehören, helfen, schmecken.**

Die Reise nach Kleinasien hat **allen Teilnehmern** gut gefallen.
All the participants liked the trip to the Middle East a lot.
Mir hat es ausgezeichnet geschmeckt.
I thought it was excellent.
Die Pension gehört **einer ehemaligen Gastarbeiterfamilie**.
The inn belongs to a former "guest-worker" family.

When a verb has two objects, the dative case indicates the indirect object, usually a person, at whom the action of the verb is directed.

Herr und Frau Meister haben **ihrer Tochter** eine Amerika-Reise geschenkt.
Herr and Frau Meister gave their daughter a trip to America as a present.
Meine Eltern haben sie **mir** geschenkt.
My parents gave it to me as a present.
Den Kindern hat es großen Spaß gemacht.
It was a lot of fun for the children.

Übungen

A. Dativobjekt. Identifizieren Sie die Dativobjekte in den folgenden Sätzen.

1. Modernste Transit-Einrichtungen bieten den Reisenden ein Höchstmaß an Komfort.

2. **Globo, das Reisemagazin**
   Globo probelesen und abonnieren:
   Ja, bitte schicken Sie mir ein kostenloses Probeheft von Globo. Ich darf das Heft auch dann behalten, wenn ich mich nicht für Globo entscheide. Nur wenn Globo mich überzeugt und ich Ihnen nicht abschreibe, erhalte ich Globo jeden Monat per Post frei Haus.

3. Den Gästen geht's hier wirklich gut.

4. Tun Sie, was Sie schon immer tun wollten. Wir halten Ihnen den Rücken frei und geben Ihnen Sicherheit, denn wir stehen Ihnen mit Rat und Tat zur Seite.

5. Unser Frühstücksbuffet wird auch den verwöhntesten Genießern schmecken.

B. Wir garantieren besten Service. Schreiben Sie einen Werbeslogan für ein Hotel. Wem garantiert das Hotel besten Service? Hier sind einige Synonyme für das Wort „Tourist": der Gast, die Gäste, die Reisenden, die Urlauber, die Besucher, Sie, Sie und Ihre Familie. Probieren Sie alle Möglichkeiten aus und entscheiden Sie sich für die beste. Natürlich können Sie auch das Possessivpronomen verwenden.

Beispiel: Wir garantieren den Touristen besten Service.

C. Souvenirs. Überlegen Sie sich passende Souvenirs für die Daheimgebliebenen. Bilden Sie Sätze, indem Sie Elemente aus den drei Spalten verbinden.

Beispiel: Meinem besten Freund schenke ich ein T-Shirt mit der Aufschrift „Deutschland einig Vaterland".

mein bester Freund/meine beste Freundin	kaufe ich	ein Gartenzwerg
meine Geschwister	schenke ich	Dias von der Reise
mein/e Freund/in	gebe ich	ein Poster von Neuschwanstein
meine Eltern	schreibe ich	ein Bierkrug
die Nachbarn	zeige ich	eine Ansichtskarte von der Loreley
mein Zimmerkollege/meine Zimmerkollegin		ein Bildband über Burgen am Rhein
		ein T-Shirt mit der Aufschrift „Deutschland einig Vaterland"
		eine Kuckucksuhr
		ein Dirndl/eine Lederhose
		ein Trachtenhut

Genitive Case

The genitive case is used to indicate a possessive or other close relationship between two noun phrases. The noun phrase in the genitive functions as an attribute, further describing the other noun.

> Mich interessieren vor allem die kulturellen Sehenswürdigkeiten **eines Landes**.
> *I'm interested most of all in the cultural attractions of a country.*
> Die Urlaubsbedürfnisse **der Deutschen** haben sich wenig geändert.
> *The vacation needs of the Germans have changed little.*
> Die Mittelmeerländer sind **Kurt und Luise Meisters** bevorzugte Reiseziele.
> *The Mediterranean countries are Kurt and Luise Meister's preferred travel destinations.*

Übungen

A. Attributiver Genitiv. Identifizieren Sie die Genitivphrasen und die Nomen, die sie modifizieren.

> InterCity ist die unterhaltsame Variation des Reisens.

Durch die großartigen
NATIONALPARKS DES WESTENS
23 Tage Busrundreise ab / bis Los Angeles
ab DM **3065**

B. Berlin. Was assoziieren Sie mit Berlin?

> **Beispiel:** Berlin ist eine Stadt der Festivals.

	die Festivals
	der internationale Handel
	das Kabarett
Berlin ist eine Stadt	die Gegensätze
	die Zukunft
	das Happening
	der Fortschritt
	. . .

C. Werbeslogans. Gruppenarbeit. Beat Knecht, von Beruf Werbetexter, fällt nichts ein. Helfen Sie ihm, eine Anzeige für ein kleines Fischerdorf am Meer zu entwerfen. Wählen Sie einen Ausdruck aus jeder Spalte und schreiben Sie mindestens fünf Werbeslogans.

Beispiel: Das Blau des Himmels

die Klarheit	der Wald
das Blau	die Landschaft
die **Unendlichkeit**	der Himmel
die Schönheit	der Strand
die Weite	das Meer
die Romantik	die Nächte
die Stille	das Wasser
die **Ursprünglichkeit**	die Menschen

infinity — die **Unendlichkeit**

originality — die **Ursprünglichkeit**

• Position Signaling Grammatical Function •

As you have seen, German word order is relatively flexible. When case signals the grammatical function of a noun or pronoun without ambiguity, position can be used for different purposes. However, when the function of a noun or pronoun is not clearly signaled by case, German relies on position to indicate grammatical function.

Sie ruft **das Reisebüro** an.   *She's calling the travel bureau.*
Das Reisebüro ruft **sie** zurück.   *The travel bureau returns her call.*

• Time Expressions and Case •

Definite Expressions of Time

When no preposition is involved, time expressions denoting definite time (when, how long, how often) are in the accusative case.

Letzten Sommer sind wir zu Hause geblieben.
Last summer, we stayed home.
Jedes Jahr mache ich mindestens eine Studienreise.
Each year I take at least one study tour.
Ich bin **einen ganzen Monat** lang mit dem Zug kreuz und quer durch Europa gereist.
For one whole month, I travelled by train crisscrossing through Europe.

Indefinite Expressions of Time

Time expressions denoting indefinite time are in the genitive case.

Eines Tages mache ich bestimmt eine Weltreise.
Some day I'll definitely make a trip around the world.
Eines Abends fuhr er einfach weg
One evening he just left.

Übungen

Wie jeden Winter zieht es die Zugvögel nach NETANYA.

A. Wann? Wie lang? Wie oft?

- Identifizieren Sie die Zeitausdrücke in den folgenden Sätzen.
- Sind es Ausdrücke bestimmter oder unbestimmter Zeit?
- Drücken sie aus, wie lange, wann, oder wie oft etwas passiert?

Wenn Sie 6 Monate vor dem Ablegen buchen, könn'en Sie locker DM 590,– p. Pers. sparen. Und noch weit mehr.

EINEN WUNDERSCHÖNEN URLAUB LANG.

EINES ABENDS essen Sie bei UNS!

Ein Auto? NEIN! Eines Tages fahren Sie BMW

B. Wie lang? Wie oft? Wann? Geben Sie Auskunft.

Beispiel: Wann ist die Ausstellung geöffnet? (jeder Tag außer Montag)
Sie ist jeden Tag außer Montag geöffnet.

In der Bahnhofsauskunft

1. Wann fährt der Fahrrad-Tramper-Zug? (jeder Donnerstag und Freitag)
2. Wie lange ist die Fahrkarte gültig? (ein Tag)
3. Wann verkehrt der München-Istanbul-Express wieder? (nächster Mai)

Im Reisebüro

1. Wann muß ich buchen? (ein Monat vor Abflug)
2. Wie lange ist das Ticket gültig? (ein ganzes Jahr)
3. Wann eröffnet das neue Hilton? (kommender Herbst)

Im Fremdenverkehrsverein

1. Wann ist das Holbein-Museum geöffnet? (jeder Tag von 9 bis 5)
2. Wann hat die Stadt denn das Museum geschlossen? (letztes Jahr)

opening day

3. Wann war die **Vernissage**? (vorige Woche)

Sprechen

Wohin im Urlaub? Gruppenarbeit. Schauen Sie die Anzeigen an.
- Identifizieren Sie alle Präpositionalphrasen, die eine Richtung angeben.
- Können Sie erklären, wann die einzelnen Präpositionen gebraucht werden?

Direkt von Kiel nach Oslo

Reise über die Barockstraße Oberösterreichs

MINOAN LINES VON ITALIEN NACH GRIECHENLAND UND IN DIE TÜRKEI

LESEN

A. Die Reise-Checkliste. Schauen Sie sich die Reise-Checkliste an. Wie systematisch sind Sie? Machen Sie sich eine Liste, bevor Sie verreisen?

Die Reise-Checkliste

Wer sich rechtzeitig an die Urlaubsvorbereitungen macht, spart sich viel Hektik und Streß zum Urlaubsbeginn. Einfach Punkt für Punkt die Checkliste abhaken und Sie haben alles Wichtige erledigt und eingepackt.

Zwei Monate vor der Abreise

○ Visa beantragen
○ Pässe und Personalausweise auf ihre Gültigkeit überprüfen
○ anstehende Arztbesuche (vor allem Zahnarzt) erledigen.
○ Impfungen vornehmen lassen.
○ Reisegepäck-, Reiserücktrittskosten- und Reiseunfallversicherungen abschließen
○ Reisebuchungen überprüfen
○ Reiseinformationen besorgen

Für Autoreisende

○ Auto zur Inspektion anmelden
○ Auslandsschutzbrief besorgen
○ Grüne Versicherungskarte beantragen

○ gegebenenfalls Internationalen Führerschein beantragen

Zwei Wochen vor der Abreise

○ bei der Post einen Nachlieferungsantrag stellen
○ Zeitung abbestellen oder nachsenden lassen
○ Auto zur Inspektion bringen
○ Ersatzteile fürs Auto zusammenpacken (Sicherungen, Birnen, Keilriemen, Abschleppseil, Warndreieck), D-Schild anbringen
○ Benzingutscheine kaufen (für Reisende nach Italien und in die Tschechoslowakei).
○ Informationen einholen Wo kann man im Ausland bleifrei tanken?
○ Reiseapotheke zusammenstellen
○ Landkarten, Reiseführer und Sprachführer besorgen
○ Reiseschecks, Devisen und Euroschecks besorgen
○ Auslandskrankenschein

Zwei Tage vor der Abreise

○ Nachbarn, Freunde und Verwandte informieren (Urlaubsanschrift, Reiseroute, Reisedauer, Autonummer)
○ Reiseproviant einkaufen

Kofferpacken

○ Kleidung für warmes Wetter
○ Kleidung für kaltes Wetter
○ Regenkleidung
○ Schuhe
○ Toilettenartikel (Zahnpasta, Zahnbürste, Shampoo, Seife, Waschmittel, Haarbürste, etc.)
○ Haartrockner
○ Nähzeug
○ Badekleidung und Zubehör
○ Insektenmittel
○ Sonnen-Ersatzbrille
○ Schreibzeug
○ Fotoausrüstung und Filme
○ Flaschenöffner, Taschenmesser, Feuerzeug
○ Reiseapotheke
○ Reiseführer
○ Landkarten
○ Urlaubslektüre
○ Radiorecorder & Musikcassetten
○ Regenschirm
○ Taschentücher
○ Reisewecker
○ Kleider- und Schuhbürste
○ Kofferanhänger anbringen
○ Reiseunterlagen & Pässe kopieren und Kopien getrennt im Koffer verwahren
○ Führerschein und Impfpaß
○ grüne Versicherungskarte

○ Hotelreservierung
○ Schutzbrief

Autocheck

○ Luftdruck der Autoreifen kontrollieren
○ Ölstand beim Auto kontrollieren
○ Tank und Reservekanister kontrollieren
○ Reserve-Autoschlüssel einstecken
○ Taschenlampe ins Handschuhfach

Am Reisetag

○ Stecker von Radio- und Fernsehantennen ziehen
○ Gashahn schließen
○ Hauptwasserhahn abdrehen
○ Hauptsicherung ausschalten, wenn keine volle Tiefkühltruhe oder ein Kühlschrank Strom braucht
○ Türen und Fenster schließen
○ Kofferschlüssel mitnehmen
○ Wohnungsschlüssel dem Nachbarn oder Freunden geben.

• Textarbeit •

1. **Planen.** Denken Sie an Ihre nächste Reise.

   a. Markieren Sie, was Sie vor der Reise erledigen und was Sie auf die Reise mitnehmen würden.

   b. Was ist Ihrer Meinung nach in der Reise-Checkliste unwichtig?

   c. Fehlt etwas?

2. **Analyse.** Die Reise-Checkliste erschien in einer deutschen Zeitschrift. Mit welchem Verkehrsmittel, glauben Sie, verreisen die meisten Deutschen? Können Sie aus der Reise-Checkliste erkennen, wohin die meisten Deutschen reisen?

Sprechen

Reisevorbereitungen. Gruppenarbeit. Nennen Sie wenigstens fünf Dinge, die Sie erledigen müssen, bzw. die Sie mitnehmen müssen, wenn Sie folgende Reisen machen wollen:

a. eine vierzehntägige Kreuzfahrt durch die Karibik (über Weihnachten)

b. eine Woche im Club Robinson in Griechenland (im Juli)

c. eine Fahrradreise durchs Elsaß (im September)

d. eine Woche an der Nordsee (im August)

e. eine einwöchige Reise durch europäische Metropolen (im Frühjahr)

B. Die lieben Landsleute. Der Artikel *Die lieben Landsleute* erschien am 7.8.90 in der *Süddeutschen Zeitung*. Bevor Sie den Text lesen:

- Überlegen Sie sich, was Sie über das Stilmittel der Ironie wissen.
- Was assoziieren Sie mit dem Begriff „der häßliche Amerikaner"? Machen Sie ein Assoziogramm.

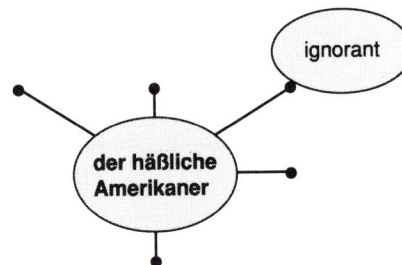

Die lieben Landsleute

Woran ich meine lieben Landsleute im Ausland erkenne . . .

Sie bemühen sich, alles richtig zu machen, und wundern sich, wenn man sie deshalb nicht so liebt, wie sie es verdient zu haben meinen;

sie lesen die *Bild*-Zeitung, weil sie glauben, daß es im Urlaub auf die Wahrheit nicht ankommt;

im Bade-Hotel schlafen sie unruhig aus Angst, sie könnten die frühe Morgenstunde verschlafen, wenn die Liegestühle am Strand oder Pool mit Handtüchern belegt werden müssen;

sie behandeln Dienstleistende, mit denen sie sprachliche Verständigungsschwierigkeiten haben, wie Schwerhörige;

im Restaurant bestehen sie auf getrennten Rechnungen, paarweise oder nach anderen Kriterien. Wenn sie die nicht bekommen, hebt das große Auseinanderdividieren an;

sie probieren den regionalen Landwein, als wär's ein „Chateau Lafite", und spitzen dabei den Mund auf so eigenartige Weise, wie kein Franzose, Italiener oder Spanier es vermag. Nur manche Holländer spitzen ähnlich;

sie haben, sofern männlich und unter 45, auffallend feiste Hintern, die sie mit Vorliebe auf Barhockern am Swimming-pool zur Schau stellen;

als Bildungsreisende tragen sie ihren *Polyglott*-Führer verdeckt, damit man sie für ortsansässig hält;

als Autobahnraser verhalten sie sich lau. Zwar überschreiten sie grundsätzlich die Geschwindigkeitsbegrenzungen, doch über 150 km/h riskieren sie selten;

sie halten auf eine korrekte Kleiderordnung – für jede Art von Freizeit die richtige Freizeitkleidung: kein Klettersteiggeher ohne Klettersteighelm, kein Trekker ohne Trekkingschuhe, kein Jogger ohne Jogginghose. Und selbstverständlich nur von den eingeführten Markenartikelproduzenten;

sie sind großzügig mit Trinkgeldern, aber nur innerhalb der 10-Mark-Grenze;

sie sind, alles in allem, nicht so schlimm, wie sie von ihren Landsleuten meinen, daß sie seien!

(DDR-Bürger und Schlachtenbummler der Fußball-WM in Italien sind in dieser Untersuchung nicht berücksichtigt.)　　HANS

• Miniwörterbuch •

die *Bild-Zeitung*　　deutsche Tageszeitung, wird in ganz Deutschland gelesen; eine Mischung zwischen *USA Today* und *National Enquirer*

• Textarbeit •

1. Der Verfasser zählt auf, woran er deutsche Touristen im Ausland erkennt. Lesen Sie den Text Absatz für Absatz durch und versuchen Sie herauszuarbeiten, was der Verfasser an seinen Landsleuten kritisiert.

   - Sie glauben, alle müßten sie lieben.
   - . . .

2. Vergleichen Sie das Portrait des „häßlichen Deutschen" mit Ihrem Assoziogramm des „häßlichen Amerikaners". In wieweit stimmen sie überein, in wieweit unterscheiden sie sich?

3. Wie würden Sie die Haltung des Verfassers gegenüber seinen Landsleuten bezeichnen?

1 ———— 2 ———— 3 ———— 4 ———— 5
extrem kritisch   neutral   unkritisch

4. Im letzten Absatz schließt der Verfasser DDR-Bürger und **Schlachtenbummler** aus. Können Sie eine Erklärung dafür finden?

soccer rowdies

SCHREIBEN

A. Feriendias. Sehen Sie gerne Fotos oder Dias von den Urlaubsreisen anderer Leute an? Was denken Vater, Mutter und Kind? Schreiben Sie drei Denkblasen.

„Los, Geld her – oder wir zeigen euch alle unsere Feriendias!"   Stern

B. Aufsatz-Wettbewerb. Tourismusforscher wollen genau wissen, wohin, wann und warum junge Menschen (im Alter von 14–28 Jahren) reisen. Neben Umfragen werden in regelmäßigen Abständen auch Aufsatz-Wettbewerbe veranstaltet. Nehmen Sie an einem dieser Wettbewerbe teil und schreiben Sie wohin, wann, wie und warum Sie reisen. Falls Sie im Urlaub nicht wegfahren, schreiben Sie, warum Sie zu Hause bleiben.

• Miniwörterbuch •

Reiseverkehrsmittel:

mit dem Auto, Flugzeug, Zug, Schiff, Bus, Fahrrad, Wohnwagen, Wohnmobil, Zelt
zu Fuß, per Anhalter (*hitchhiking*)

Reiseziele:

nach Europa/Asien/Afrika/Australien/Amerika
nach Deutschland/Frankreich
in die Schweiz/Sowjetunion/ in den Fernen Osten
in die Berge, ans Meer; auf Safari gehen, durch… fahren/ wandern/
trekken zu Hause bleiben

Aktivitäten:

sich erholen, ausspannen, faulenzen, wandern, Sport treiben, auf Safari gehen, Abenteuer erleben, Städte sehen, Sehenswürdigkeiten anschauen, Land und Leute kennenlernen, das Nachtleben kennenlernen, die Kunstszene kennenlernen, Einkaufsbummel machen,…

KULTUR

Wohin im Urlaub?

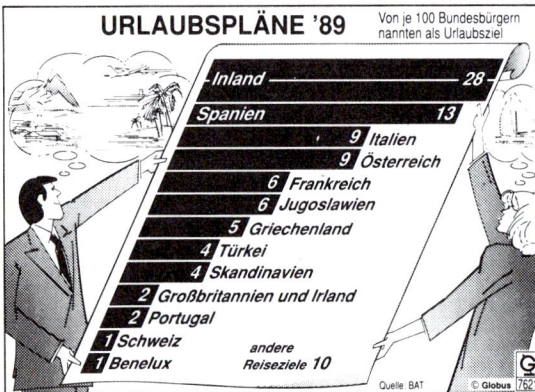

Schauen Sie sich das Schaubild an:

- Wo verbringen die Deutschen zum größten Teil ihren Urlaub? Im Inland oder im Ausland?
- Sehen Sie sich die beliebtesten Reiseziele auf der Karte an:

Welche Länder sind die bevorzugten Reiseländer der Deutschen? Können Sie eine Erklärung dafür finden? Ziehen Sie dabei geographische, klimatische und ökonomische Faktoren in Betracht.

Vergleichen Sie nun das Reiseverhalten der Deutschen mit dem der Nordamerikaner.

- Wo verbringen die meisten Nordamerikaner ihren Urlaub?
- Welche Gründe können Sie angeben?

Lesehilfen

• Bildwörterbuch •

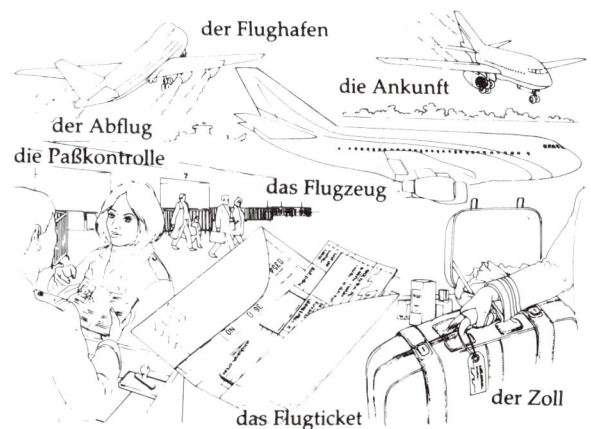

Vancouver   die Wälder   **Kanada**
der Glacier
Nationalpark   der Wasserfall
Seattle
die Felsen
Minneapolis
• Rapid City
der Yellowstone
Nationalpark   die Prärie   die Seen
New York
der
Atlantik
San Francisco

die Vereinigten Staaten
Nordamerika

der
Pazifik

der Flughafen
die Ankunft
der Abflug
die Paßkontrolle
das Flugzeug
das Flugticket   der Zoll

• Globalstrategien •

Was erwarten Sie?

Schauen Sie die Überschrift und die Form des Textes an. Wovon, glauben Sie, handelt der folgende Text?

Das wissen Sie schon!

Wenn Sie eine Textsorte kennen, haben Sie bestimmte Erwartungen in Hinblick auf Form und Inhalt. Bevor Sie den Text lesen, überlegen Sie sich, welche Informationen Ansichtskarten gewöhnlich enthalten.

401

• Detailstrategien •

Verwandte Wörter

Welche verwandten Wörter aus dem Bereich des Tourismus können Sie finden?

Kultur im Kontext

Sehen Sie an, wie Karin die Ansichtskarten beginnt und schließt. Sie wissen vom Kontext her, daß es sich um Anrede- und Schlußformen privater Korrespondez handelt.

Warum erwähnt Karin extra, daß in den USA sogar kleine Hotels Zimmer mit Bad oder Dusche haben? In Deutschland, Österreich und in der Schweiz gibt es viele kleinere Hotels, Gasthöfe und Pensionen, in denen man Toilette und Bad mit anderen Gästen teilen muß.

• Textvorschau •

Im Sommer machte Karin Wagner zusammen mit ihrer Schwester Sabine eine Reise durch die USA und Kanada. Sie fuhren mit dem Auto von Minneapolis nach Vancouver, B.C., wo sie Karins Freund Bob besuchten. Im folgenden können Sie einige der Ansichtskarten lesen, die Karin an ihre Familie schrieb.

Minneapolis, 12.8

Hallo Christina,

ich bin seit drei Tagen in Minneapolis. Die Stadt ist schön, aber es ist furchtbar heiß und schwül. Übrigens, der Flug, vor dem ich so große Angst hatte, ist ziemlich *ereignislos* verlaufen. Das Umsteigen in New York war überhaupt kein Problem. Der Weg durch Paßkontrolle, Zoll und zum Anschlußflug war gut *ausgeschildert*.

Herzliche Grüße an alle,
Karin

ereignislos—*uneventful*

ausgeschildert—*marked with signs*

Montag, 17.8.

Liebe Mutti, lieber Vati,

wenn man die Landkarte anschaut, hat man keine Ahnung von den Entfernungen hier. Wir sind am Sonntag in aller Frühe in Mpls. losgefahren, haben nur 3x kurz Rast gemacht u. sind spät nachts in Rapid City, SD angekommen! Wir hatten keine Zimmerreservierung, alle Hotels waren *belegt*. Schließlich haben wir doch ein Zimmer bekommen, in einem kleinen Motel, das einfach ist, aber ein eigenes Bad hat! Sabine sagt, alle Hotelzimmer haben Dusche oder Bad.

Alles Liebe, viele *Bussi* für Julian und Thomas,
Karin

belegt—*full*

Bussi—*kisses*

Samstag, 22.8.

Liebe Oma,

viele Grüße aus Amerika. Die Landschaft ist faszinierend und so abwechslungsreich: Prärie, Felsen, Wälder, Seen, Wasserfälle. Der Glacier Nationalpark, den ich unwahrscheinlich beeindruckend finde, ist nicht so von Touristen überlaufen wie der Yellowstone Nationalpark. Morgen fahren wir in Richtung Pazifik los.

Grüße Tante Edith von uns,
Karin und Sabine

Seattle, 25.8 (Dienstag)

Liebe Mutti, lieber Vati,

Seattle ist wunderschön. Wir übernachten in einem Bed-and-Breakfast, einer Pension mit Superfrühstück! Alles ist so liebevoll zubereitet! Überhaupt kann man hier ganz ausgezeichnet essen, was man von dem Essen, das man manchmal unterwegs bekommt, nicht **behaupten** kann. Sind Julian und Thomas lieb? Ich rufe Euch von Vancouver aus an.

Eure Karin

behaupten—*to claim*

Sonntag, 30.8.

Hallo Peter,

wir sind jetzt in Vancouver. Bobs Eltern, die übrigens unglaublich nett sind, haben uns in ihrem Haus **untergebracht**. Wir bleiben noch ein paar Tage hier und machen Ausflüge in die nähere Umgebung. Dann müssen wir uns wieder auf den Rückweg machen. Ich würde gerne einen **Abstecher** nach San Francisco machen, aber das ist zu weit weg. Wenn wir uns wiedersehen, dann können wir ja unsere Eindrücke von Nordamerika vergleichen.

Bis bald,
Karin

untergebracht—*to provide lodging*
Abstecher—*side trip*

• Textarbeit •

1. Lesen Sie die Ansichtskarten durch und versuchen Sie, Karins Reiseroute zu rekonstruieren.

2. Schreiben Sie die Adjektive auf, mit denen Karin die verschiedenen Orte bzw. Sehenswürdigkeiten beschreibt.

Ort	Adjektive
Minneapolis	schön, furchtbar heiß…
…	

3. Wie würden Sie Karins Eindruck von Nordamerika kennzeichnen?

1 _____ 2 _____ 3 _____ 4 _____ 5
positiv   ambivalent   negativ

Begründen Sie Ihre Meinung.

4. Wortfeld „Autoreise", „Flugreise".

a. Schreiben Sie alle Wörter und Ausdrücke im Text auf, die zum Wortfeld „Autoreise" gehören.

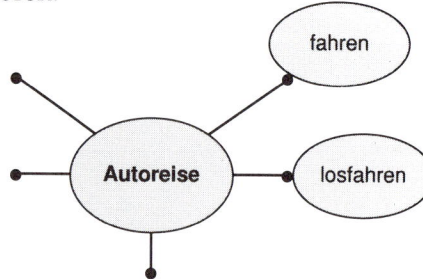

fahren

Autoreise   losfahren

b. Lesen Sie die Ansichtskarte an Christina noch einmal durch und schreiben Sie alle Wörter und Ausdrücke auf, die zum Wortfeld „Flugreise" gehören.

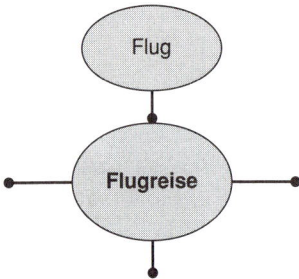

Flug

Flugreise

Sprechen

Eine ungewöhnliche Autofahrt. Partnerarbeit. Erzählen Sie sich gegenseitig von einer Autofahrt, die Sie unternommen haben. War sie besonders lang? Gab es **unvorhergesehene Hindernisse**? Haben Sie etwas Ungewöhnliches gesehen bzw. erlebt? . . .

unpredictable obstacles

HÖREN

A. Im Verkehrsamt. Werner Braun aus Dresden ist gerade in Wien angekommen. Er geht ins Verkehrsamt und erkundigt sich nach freien Zimmern.

Pension Samwald
INH. DR. ROBERT AMHOF
A-1090 Wien, Hörlgasse 4

Gutbürgerliche Frühstückspension
○ Mäßige Preise
○ Ganzjährig geöffnet
○ Zentrale Lage

1 Minute   U-Bahn
Tiefgarage
Stadtzentrum
0 22 2/34 74 07   0 22 2/34 55 85

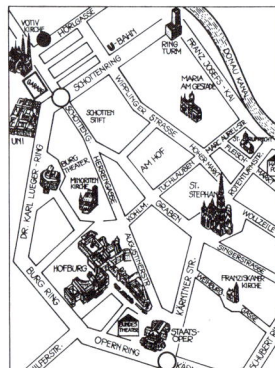

• Textarbeit •

1. Welche Unterkunft sucht Werner Braun?

  a. Typ   **d.** für wie lange

  b. Preisklasse   **e.** Lage

  c. Komfort

2. Welche Unterkunft nennt die Angestellte im Verkehrsamt?

  a. Name   **c.** Preis

  b. Lage   **d.** Komfort

3. Entscheidet sich Werner für oder gegen das Zimmer?

B. Was machen wir jetzt? Herr und Frau Wernecke kommen spät abends im Parkhotel Sonnenhof in Oberammergau an. Hören Sie das Gespräch zwischen der Rezeptionistin und den Gästen an.

Hotel in Oberammergau

• Textarbeit •

1. Information. Kreuzen Sie die richtige Antwort an.

  a. Herr und Frau Wernecke   ☐ haben eine Reservierung. ☐ kommen ohne Reservierung.

  b. Sie möchten   ☐ ein Doppelzimmer mit Bad. ☐ ein einfaches Zimmer.

  c. Sie wollen   ☐ eine Nacht bleiben. ☐ vier Nächte bleiben.

  d. Die Rezeptionistin   ☐ füllt das Anmeldeformular aus. ☐ kann die Reservierung nicht finden.

  e. Im Hotel   ☐ sind keine Doppelzimmer mehr frei. ☐ sind alle Zimmer belegt.

  f. Die Rezeptionistin   ☐ will für sie in anderen Hotels anrufen. ☐ meint, sie sollten auf Zimmersuche gehen.

  g. Sie meint, daß   ☐ andere Hotels Doppelzimmer haben. ☐ es nirgendwo Zimmer geben wird.

  h. Die Werneckes   ☐ nehmen ein anderes Zimmer. ☐ wissen nicht, was sie tun sollen.

2. Das Ende. Gruppenarbeit. Wie endet die Szene im Hotel Sonnenhof? Schreiben Sie den Schluß der Szene und führen Sie ihn vor den anderen Student/innen auf.

GRAMMATIK

Relative Clauses

A relative clause refers back to and modifies a noun or a pronoun. It functions like an adjective by providing additional information about a noun.

> Bobs Eltern, **die übrigens unglaublich nett sind**, haben uns in ihrem Haus untergebracht.
> *Bob's parents, who are incredibly nice by the way, put us up in their home.*

The relative clause **die übrigens unglaublich nett sind** provides further information about the noun phrase **Bobs Eltern**. A relative clause is a subordinate clause, and therefore the verb is in the last position.

• Relative Pronouns •

Relative clauses in German are always introduced by a relative pronoun.

> Wir suchen ein Hotel, **das** zentral, aber ruhig liegt.
> *We are looking for a hotel which is in the center of town but quiet.*
> Das Motel, **das** wir schließlich gefunden haben, liegt weit außerhalb der Stadt.
> *The motel [that] we finally found is a long way out of town.*

Forms of the Relative Pronoun

The forms of the relative pronoun are identical to those of the definite article, except for the dative plural and the genitive singular and plural.

	m	*f*	*n*	*pl*
N	der	die	das	die
G	**dessen**	**deren**	**dessen**	**deren**
D	dem	der	dem	**denen**
A	den	die	das	die

Übung

Identifizieren Sie die Relativsätze in folgenden Anzeigen.

DIE AIRLINE, DIE ZU IHREM VERGNÜGEN FLIEGT.

Es ist immer was los. In Berlin und 8 weiteren deutschen Städten. British Airways fliegt Sie hin und zurück – zu Zeiten, die Ihnen passen. Damit Sie tierisch Spaß haben. We bring people together.

BRITISH AIRWAYS
Die Airline

TWA-Skyliner [ti: 'dʌblju ei skai 'lainə]. Klassisches amerikanisches Reiseflugzeug, das seinen Passagieren durch schnelle und unkomplizierte Beförderung einen echten Vorsprung verschafft. TWA zu fliegen heißt, den „Spirit of America" zu spüren, der diese Fluggesellschaft geprägt hat.

TWA
Bestes Amerika

Function of the Relative Pronoun

The relative pronoun has the same gender and number as the noun or pronoun it refers to.

> Wir wohnen in einer **Pension, die** direkt am Strand liegt.
> *We are staying at an inn which is right on the beach.*
> Ich suche ein **Hotel, das** zentral, aber ruhig liegt.
> *I am looking for a hotel which is in the center of town but quiet.*

Its case, however, depends on its function within the relative clause. A relative pronoun can be:

—subject
LTU Reisen. Für Leute, **die** erstklassigen Service verlangen.
LTU *Travel. For people who demand first-class service.*

—accusative object
LTU Reisen. Ein Service, **den** Sie sonst nicht finden.
LTU *Travel. A service [that] you won't find anywhere else.*

—dative object
LTU Reisen. Für Leute, **denen** erstklassiger Service wichtig ist.
LTU *Travel. For people for whom first-class service is important.*

—object of a preposition
LTU Reisen. Ein Service, auf **den** Sie sich verlassen können.
LTU *Travel. A service [that] you can depend on.*

—possessive
LTU Reisen. Eine Reisegesellschaft, **deren** Service auch Sie überzeugen wird.
LTU *Travel. A travel company whose service will win you over.*

Übungen

TASK — Identification and analysis exercise.

A. Anzeigen der Tourismusbranche. Sehen Sie sich die folgenden Sätze an.

- Identifizieren Sie den Relativsatz.
- Entscheiden Sie, auf welches Nomen sich der Relativsatz bezieht.
- Bestimmen Sie die syntaktische Funktion des Relativpronomens.

1. Lufthansa. Eine Fluggesellschaft, die moderne und zuverlässige Flugzeuge für den wichtigsten Service hält, wird nie zu den billigsten gehören.

2. Die Luft, die Sie hier atmen, riecht nach Sonne und Meer.

3. Die Teilnehmer wohnen in Ferienwohnungen, die an einer Bucht mit Privatstrand liegen.

4. Allianz Reiseversicherung. Ein Service, auf den Sie nicht verzichten sollten.

5. Die Hotels, in denen Sie wohnen, liegen direkt am Strand.

6. Die Pension mit dem Komfort, den Sie sonst nur in großen Hotels finden.

7. Eine Landschaft, deren Schönheit Sie faszinieren wird.

8. Eine Kreuzfahrt durch die Karibik. Ein Traum, der in Erfüllung geht. Ein Erlebnis, das Sie nie vergessen werden.

TASK — Match relative clauses with antecedents.

B. Anzeigen. Schreiben Sie Werbungen für Unternehmen der Tourismusbranche. Bilden Sie Sätze, indem Sie Elemente aus den zwei Spalten verbinden.

Beispiel: Wir bieten Hotels an, die allen Komfort haben.

Wir bieten Hotels an,	von der schon die Dichter der Antike träumten.
Wir sind die einzige Airline,	die wir veranstalten, liegen abseits der Touristenpfade.
Die Reisen,	die sich auf Studienreisen spezialisiert.
Wir sind eine kleine Reisegesellschaft,	die allen Komfort haben.
Erleben Sie Sizilien, die Insel,	vom dem Sie schon immer geträumt haben.
Jetzt können Sie den Urlaub erleben,	die zweimal täglich nonstop nach Moskau fliegt

TASK — Supply relative pronoun, antecedent feminine singular.

C. Die Airline, die zu Ihrem Vergnügen fliegt. Variieren Sie den Werbeslogan für British Airways. Setzen Sie das fehlende Relativpronomen ein.

Die Airline,
_____ Sie verwöhnt.
_____ Sie vertrauen können.
auf _____ Sie sich verlassen können.
mit _____ Sie pünktlich ans Ziel kommen.
_____ Service Weltklasse ist.
_____ Sie pünktlich ans Ziel bringt.

TASK — Supply relative pronoun, antecedent masculine singular.

D. Ein guter Slogan. Beat Knecht, von Beruf Werbetexter, arbeitet an einem Slogan für Lufthansa. Die Airline will mit ihrem Service werben. Helfen Sie ihm, den Slogan zu vervollständigen. Ergänzen Sie die fehlenden Relativpronomen.

Ein Service,
_____ Sie überraschen wird.
_____ Sie verdienen.
auf _____ Sie sich verlassen können.
mit _____ lange Flüge zum Vergnügen werden.
_____ Ihren Aufenthalt an Bord so angenehm macht.

TASK — Supply relative pronouns.

E. Im Reisbüro. Die Angestellten des ABR-Reisebüros in Augsburg beraten mehrere Kunden. Ergänzen Sie die fehlenden Relativpronomen.

EHEPAAR:	Wir suchen eine Pension, _____ persönliche Atmosphäre und Komfort bietet.
ANGESTELLTER:	Ja, da hätte ich was für Sie. Die Pension „Alpenblick" ist klein, hat aber allen Komfort, _____ Sie sonst nur in großen Luxus-Hotels finden.
ANGESTELLTER:	Es tut mir leid, aber der Club Med ist ausgebucht. Im Robinson Club Pamfilya, _____ übrigens sehr schön liegt, gibt es noch ein paar freie Plätze.
JUNGE FRAU:	Haben Sie einen Prospekt, _____ ich mitnehmen kann?
ANGESTELLTER:	Selbstverständlich.
ÄLTERE DAME:	Ich suche ein Hotel mit allem Komfort, _____ auch Hunde akzeptiert.
ANGESTELLTE:	Hier ist ein Verzeichnis von Hotels, _____ Komfort Ihnen zusagen wird.

TASK — Produce relative pronouns.

F. Amerika. In den folgenden Anzeigen fehlen die Relativpronomen. Ergänzen Sie sie.

formed

Texas. Ein Mythos, _____ **geprägt** ist von Cowboys, Rinderbaronen und Ölmilliardären. Menschen, für _____ Patriotismus, Stolz und Optimismus

proverbial

sprichwörtlich sind.

Amerika. Wenn Sie einen Kontinent kennenlernen wollen, _____ in Vielfältigkeit und Farbe kaum noch zu überbieten ist, dann fliegen Sie mit uns in die USA. Machen Sie jetzt den Urlaub wahr, von _____ Sie schon immer geträumt haben. Hier einige Beispiele aus unserem Sonderprogramm, über _____ Sie Ihr Reisebüro gern informieren wird.

TASK — Produce relative clauses.

G. Information. Partnerarbeit. Als Deutschlandkenner wissen Sie natürlich Bescheid. Beantworten Sie die Fragen des Deutschland-Anfängers: Was ist...? Was bedeutet...?

> **Beispiel:** A: Was ist ein Tramper-Monats-Ticket?
> B: Das ist ein Ticket, mit dem man einen Monat lang durch Europa reisen kann.

Intercity	Zug, hält nur in großen Städten
Eurocity	Zug, verkehrt in Europa
Tramper-Monats-Ticket	mit dem Ticket kann man einen Monat lang durch Europa reisen
Hotel garni	Hotel, hat kein Restaurant
Jugendherberge	in der Unterkuft können Jugendliche billig übernachten
Neckermann	Reiseunternehmen, bietet billige Pauschalreisen an

TASK — Personalized exercise for relative clauses.

H. Trivial Pursuit. Gruppenarbeit. Sind Sie gut in Geographie? Arbeiten Sie in kleinen Gruppen fünf Fragen aus, die Sie dann den anderen Kursteilnehmer/innen stellen. Verwenden Sie Relativsätze.

Beispiel: Wie heißt die Stadt, in der die Space Needle steht?
Die Stadt heißt Seattle.
Wo ist der Vulkan, der vor ein paar Jahren ausgebrochen ist?
Im amerikanischen Bundesstaat Washington.

• Indefinite Relative Pronouns wer and was •

The indefinite relative pronounds **wer** and **was** are used when the relative clause refers to no specific noun or pronoun.

Wer erstklassigen Service verlangt, bucht mit LTU Reisen.
Whoever demands first-class service books with LTU Travel.
In den Hotels findet man, **was** das Urlauberherz begehrt.
In the hotels you find everything a vacationer's heart desires.
Was Ihren Urlaub zum Erlebnis macht, finden Sie in unserem Katalog „Städtereisen '91''.
What you need to turn your vacation into an experience, you'll find in our catalogue "City-Travel '91".

The pronoun **was** is also used after indefinite pronouns, such as **alles**, **etwas**, **nichts**, **wenig**, **viel**.

Alles, was Sie über den Trip in die neue Welt wissen müssen.
Everything [that] you have to know about a trip to the New World.
Terramar bietet **etwas, was** andere nicht bieten: Service.
Terramar offers something [that] others don't: Service.

Übungen

A. Anzeigen. Sehen Sie sich die Anzeigen an.

SITZENBLEIBEN.
Wer mit uns nach Lissabon fliegt,
braucht nirgends umzusteigen.

V·A·G **V.A.G Leasing**
Wer least, hat mehr vom Leben

Volkswagen –
da weiß man, was man hat.

Alles, was den
Alltag ein
bißchen leichter
macht

Der HB-Bildatlas – für alle, die erleben wollen, was sie sehen.

TASK — Identification exercise.

Analyse. Identifizieren Sie die Relativsätze. Bezieht sich das Relativpronomen auf einen bestimmten Referenten oder folgt es einem unbestimmen Pronomen?

TASK — Supply indefinite relative pronouns.

B. Urlaub. In folgenden Anzeigen fehlen die Relativpronomen. Ergänzen Sie sie.

1. _____ eine Großstadt erleben will, tut das am besten allein.

2. Alles, _____ unsere Kreuzfahrten zum unvergeßlichen Erlebnis macht, finden Sie in unserem Sommerkatalog.

3. Wir wissen, _____ Sie wollen.

4. Erleben Sie etwas, _____ Sie nie vergessen werden.

TASK — Supply relative pronouns.

C. Berlin tut gut. In folgendem Textauszug aus dem Prospekt „Berlin tut gut'' fehlen die Relativpronomen. Ergänzen Sie sie.

on location

In Berlin überstürzten sich die Ereignisse, _____ die Welt in Atem hielten. Jetzt können Sie **vor Ort** selber entdecken, _____ sonst nur in den Zeitungen zu lesen ist. Durch ein spezielles Reiseangebot, _____ genau Ihren Vorstellungen entspricht.

Sie kommen in Berlin am Flughafen Tegel an und lassen sich in das Hotel bringen, _____ den Namen der Stadt trägt. Es erwartet Sie im Hotel Berlin ein dreitägiges Programm, _____ mit einer speziellen Begrüßungs-Überraschung beginnt. Ihr Mercedes 190 E, _____ Sie während Ihres Aufenthalts zur Verfügung haben, ist im Preis enthalten.

LESEN

A. Unterkunft auf Sylt. Sehen Sie sich die folgenden Anzeigen an.

• Miniwörterbuch •

das Hotel garni	*A hotel without full kitchen services; serves breakfast but no warm meals*
die Pension	*Small inexpensive lodgings offering breakfast and sometimes other meals*
das Ferienhaus, die Ferienwohnung	*Vacation accommodations usually rented by the week*

• Textarbeit •

Folgende Personen wollen eine Woche auf der Insel Sylt verbringen. Schauen Sie die Anzeigen an und überlegen Sie sich, welche Unterkunft für sie geeignet wäre.

- _____ ältere Dame, sucht Unterkunft mit allem Komfort in ruhiger Lage
- _____ junges Paar, möchte die Flitterwochen auf Sylt verbringen, legt Wert auf exzellente Küche
- _____ fünf Mitglieder eines Kegelclubs suchen eine Ferienwohnung
- _____ Ehepaar, mittleres Alter, sucht Hotel direkt am Meer
- _____ zwei amerikanische Touristen, suchen Unterkunft in einem Reetdachhaus
- _____ älterer Herr, sucht Einzelzimmer mit Dusche oder Bad, möchte Zimmer mit TV, in Westerland
- _____ junges Ehepaar, Naturliebhaber, sucht Hotel nahe am Strand, in Kampen

B. Reiseziel Amerika. Kein anderes Reiseland lockt die Deutschen so sehr wie die Vereinigten Staaten. Die Zeitschrift *Brigitte* gab Tips und Anregungen von Amerika-Kennern für Amerika-Anfänger. Im folgenden finden Sie den (leicht gekürzten) Beitrag der Journalistin Margot Granitsas, in dem sie ihre Eindrücke von Miami beschreibt.
Bevor Sie den Text lesen:

- Überlegen Sie sich, was Sie über die Textsorte Reisebericht wissen. Was wissen Sie über den Stil vieler Reiseberichte? Worüber berichten Journalisten oft? Worüber berichten Sie nicht?
- Margot Granitsas meint, Miami sei viel lustiger als sein **Ruf.** Woran denken Sie, wenn Sie Miami hören? Machen Sie ein Assoziogramm.

reputation

Miami Vice — Miami

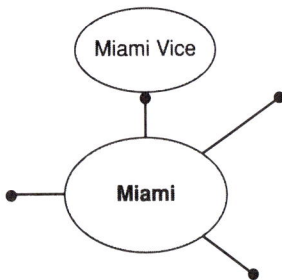

flanieren—*to stroll around*
bangen um mich—*fear for me*
prickelnde—*titillating*
staunen—*to be astonished*

Waghalsige—*daring*

Zurückhaltung—*discretion*

Wolkenwattebäusche— *clouds like swabs of cotton*

MEINE STADT: MIAMI GANZ SCHÖN ÜBERRASCHEND:
MIAMI IST VIEL LUSTIGER ALS SEIN RUF

Ich mag Miami. Nicht das alte, verschlafene, das nur Transit-Station war auf dem Weg zum Strand. Nein, das neue Miami, das lustige, **prickelnde.** Wer lange nicht da war, wird **staunen.** An der Brickwell Avenue, just vor der Nase der alten karibischen Hütten, schoß eine Fassade funkelnder Bankpaläste empor. **Waghalsige** Architektur, wohin man schaut. Man liebt Farben, dezente **Zurückhaltung** ist nicht Miamis Sache.

Miami ist wie aus einem Schlaf erwacht. Geld, Handel—noch nie war die Stadt so busy wie heute. Aber bei aller Geschäftigkeit—das Wasser ist nie weit, und Faulenzen ist hier eine legitime Beschäftigung. Südländischer Charme bestimmt den Ton. Nichts

tankt meine Energie in den Wintermonaten besser auf als ein paar Tage Miami. Da ist erst mal das Wetter, Sonne und Wärme. Ich brauche keine Einladung auf eine elegante Segelyacht. Nur ein paar Tage lang weiße Kleider tragen und die eleganten und femininen Kubanerinnen beim Einkaufsbummel **flanieren** sehen. Oder am Sonntagmorgen über den Farmers Market im Coconut Grove bummeln. Freunde **bangen um mich**, hört man doch Schreckliches über Kriminalität. Wer nachts alleine durch Overtown oder Liberty City marschiert, riskiert in der Tat viel, aber würde ich, die erfahrene New Yorkerin, denn nachts im Central Park spazieren gehen?

Wenn ich in der kühlen Abendbrise sitze und auf der Hotelterrasse einen frostigen Daiquiri schlürfe, dann sind nicht nur die Neonröhren im Carlyle Grill rosarot und auch nicht allein die vom Abendrot zartrosa getönten **Wolkenwattebäusche**, die sich in meines Nachbarn Sonnenbrille spiegeln–die ganze Welt sieht aus, als säh' ich sie durch eine rosarote Brille.

• Textarbeit •

1. Wie erlebt Margot Granitsas Miami?
   a. Welche Wörter und Ausdrücke benützt sie, um das alte und das neue Miami zu beschreiben? Machen Sie eine Liste.
   b. Welches Miami gefällt ihr besser?
   c. Was schreibt sie über die negativen Seiten Miamis?

2. Vergleichen Sie Margot Granitsas' Eindrücke von Miami mit Ihrem Assoziogramm. Wo stimmen Ihre und Frau Granitsas' Eindrücke überein, wo unterscheiden sie sich?

3. Glauben Sie, daß diese Beschreibung deutschen Urlaubern einen realistischen Eindruck von Miami vermittelt? Geben Sie Gründe für Ihre Antwort an.

4. **Eine Frage zum Nachdenken.** „Die ganze Welt sieht aus, als säh ich sie durch eine rosarote Brille", so endet Margot Granitsas ihren Bericht über Miami. Sieht Margot Granitsas die Stadt Miami durch eine rosarote Brille? Warum? Warum nicht?

SCHREIBEN

A. Urlaub in Deutschland. Gruppenarbeit. Der Cartoon „Urlaub in Amerika" setzt sich mit dem Einfluß der amerikanischen Kultur und den klischeehaften Vorstellungen vieler Deutscher von der amerikanischen Kultur auseinander. Schreiben Sie einen ähnlichen Cartoon über die Vorstellungen vieler Amerikaner von der deutschen Kultur: „Urlaub in Deutschland. Anmerkungen zum Trip in die alte Welt."

URLAUB IN AMERIKA

Fritz Wolfs Anmerkungen zum Trip in die Neue Welt

B. Eine Ansichtskarte aus Deutschland. Stellen Sie sich vor, sie machen gerade eine Reise durch Deutschland. Nehmen Sie Karins Ansichtskarten als Modell und schreiben Sie eine Ansichtskarte an einen Mitstudenten/eine Mitstudentin. Zeigen Sie ihm/ihr, wie gut Sie schon deutsch schreiben!

KULTUR

Entfernungen

Karin Wagner erlebt zum erstenmal die großen Entfernungen in den USA und Kanada, und ihr wird bewußt, daß sie als Europäerin keine Vorstellung von der wirklichen Größe Nordamerikas hat.

   Von Minneapolis bis nach Rapid City, S.D. sind es 962 km, von Minneapolis nach Seattle 2742 km.

- Schauen Sie sich die gleichen Entfernungen in Europa an. Welche Unterschiede können Sie feststellen?
- Welche Erfahrungen, glauben Sie, macht ein Nordamerikaner, der zum erstenmal durch Europa reist?
- Welche Auswirkungen haben Ihrer Meinung nach diese unterschiedlichen Größenverhältnisse? Geben Sie Gründe für ihre Meinung an.

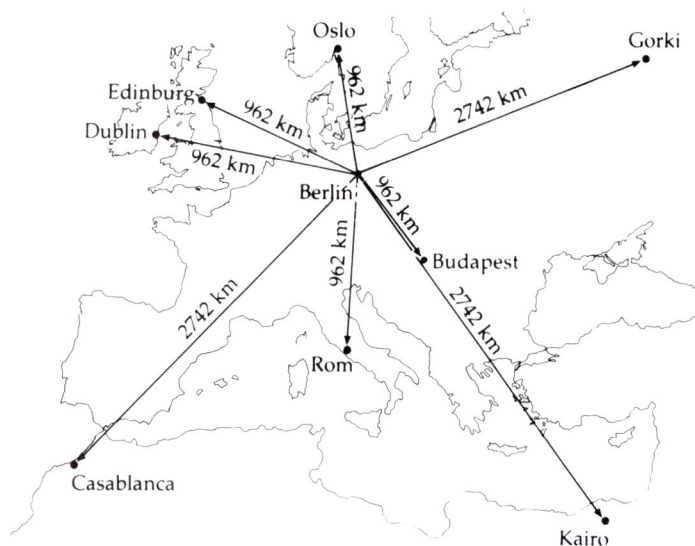

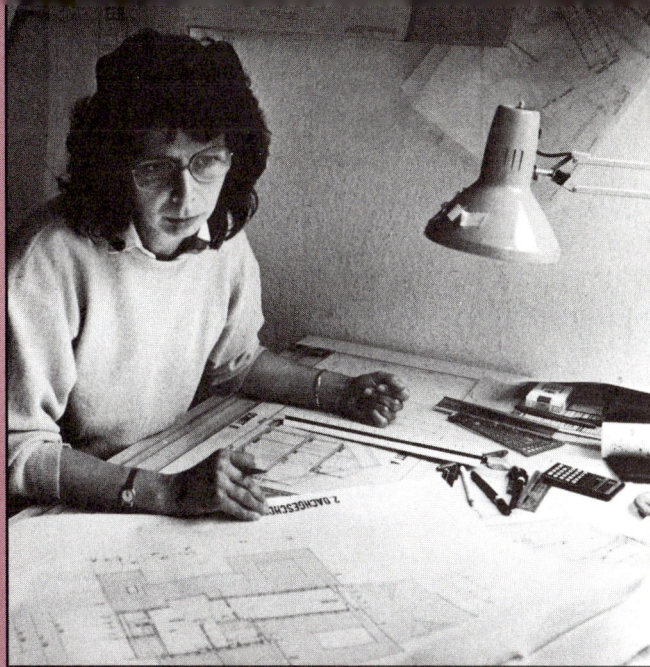

Renate Hiller/Monkmeyer

Kinder und/oder Karriere?

Geschlechter-rollen

You will learn about gender roles in contemporary German society. You will read about different perspectives by women on the issue of combining family and career and about the recent changes in the concept of the nuclear family as the norm. You will also practice writing an ad for the personals and negotiating a duty roster for house work.

Lesehilfen

• Bildwörterbuch •

einen Haushalt organisieren

die Familie zusammenhalten

unbezahlt, zählt nicht,
gesellschaftlich wertlos

sich mit Kindern
beschäftigen

die Bezugsperson

Familienarbeit

richtige Arbeit,
gesellschaftlich wertvoll

rund um die Uhr verfügbar sein

Geld verdienen

Zentrum des Lebens

Geld verdienen müssen

alleinerziehend

Karriere machen,
Top-Position,
der Weg nach oben

beides miteinander
vereinbaren Dauerstreß

finanzielle
Unabhängigkeit

Erwerbsarbeit

Beruf und Familie unter einen Hut bringen

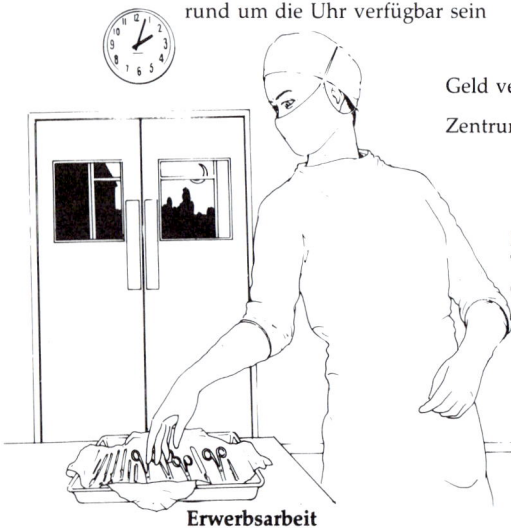

• Globalstrategien •

Was erwarten Sie?

Wenn Sie die Überschrift eines Textes ansehen, können Sie oft den Inhalt ziemlich genau vorhersagen. Was läßt sich aus der Form der Überschrift schließen? Nehmen Sie auch das *Bildwörterbuch* zu Hilfe. Worum geht es wohl in dem Text?

Das wissen Sie schon!

Die Rolle der Frauen in der Gesellschaft hat sich grundlegend geändert. Heute sind in fast allen großen Industrieländern mehr als fünfzig Prozent der Frauen berufstätig.

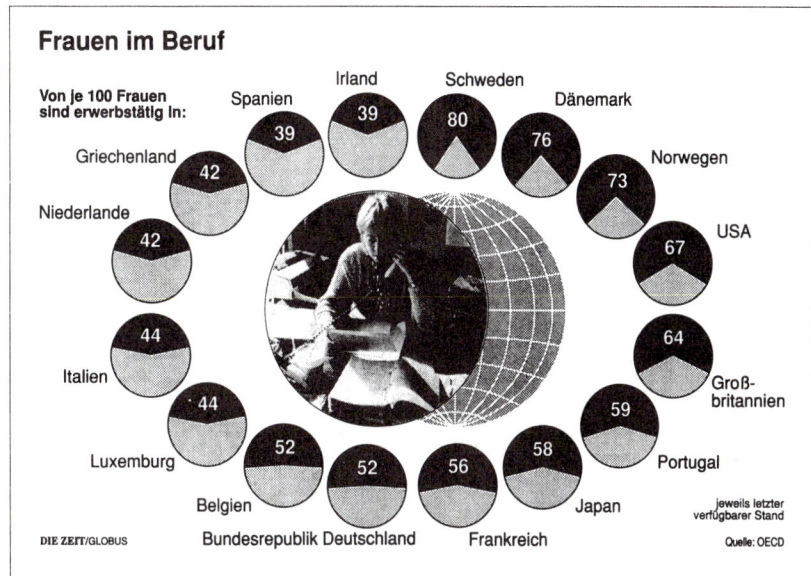

Frauen im Beruf

Von je 100 Frauen sind erwerbstätig in:

Spanien 39, Irland 39, Schweden 80, Dänemark 76, Norwegen 73, USA 67, Großbritannien 64, Portugal 59, Japan 58, Frankreich 56, Bundesrepublik Deutschland 52, Belgien 52, Luxemburg 44, Italien 44, Niederlande 42, Griechenland 42

DIE ZEIT/GLOBUS   jeweils letzter verfügbarer Stand   Quelle: OECD

Mit welchen Problemen müssen sich Familien heute auseinandersetzen?

• Detailstrategien •

Kultur im Kontext

day care facilities

Betreuungseinrichtungen **für Kinder in Deutschland**

	Krippe	**Kindergarten**	**Hort**
Alter:	0–3 Kleinkinder	3–6 Kinder im Kinder- gartenalter	6–14 (nach der Schule) Schulkinder

paid maternity leave

Deutschland ist eines der geburtenschwächsten Länder der Erde. In ihren Pro-Kind-Kampagnen propagiert die Bundesregierung die „Wahlfreiheit" der Frauen (und auch Männer). Staatliche Angebote wie **Erziehungsurlaub und Erziehungsgeld** sollen es den Frauen leichter machen, sich für ein Kind zu entscheiden.

Mehr für Kinder, mehr für Eltern: z.B. Erziehungsgeld, Erziehungsurlaub

Mütter und Väter möchten viel Zeit für ihr Kind haben, vor allem, wenn es noch ganz klein ist. Das wird ihnen seit 1986 durch Erziehungsgeld und Erziehungsurlaub wesentlich erleichtert. Diese Leistungen sind wichtig. Deshalb wurden und werden sie Schritt für Schritt erweitert. Heute gibt es Erziehungsgeld und Erziehungsurlaub für 15 Monate, ab 1. Juli 1990 sogar für 18 Monate. 600 Mark Erziehungsgeld pro Monat summieren sich dann auf insgesamt 10.800 Mark. Während des Erziehungsurlaubs darf nicht gekündigt werden, Teilzeitarbeit bis zu 19 Stunden pro Woche ist möglich. Mütter und Väter können Familie und Beruf besser vereinbaren.

Kinder machen Freude und bereichern das Leben.

Ihre Bundesfamilienministerin

Was in der Pro-Kind-Kampagne nicht angeboten wird: mehr Tagesstätten für Kinder. In Deutschland fehlen Hunderttausende Betreuungsplätze. Die Wartelisten der privaten und städtischen Krippen, Kindergärten und Horte sind endlos lang, und es gibt nicht genügend Tagesmütter.

• Textvorschau •

Im Text sagen drei junge Frauen, Christina Bachmann, Karin Wagner und Sabine Meister, was sie über die Vereinbarkeit von Beruf und Familie denken. Während Sie den Text lesen, achten Sie darauf, was jede der drei Frauen allgemein über die Vereinbarkeit von Beruf und Familie sagt, und wie sie ihre eigene Situation beurteilt.

verwirklichen—to reach one's potential

Grosser Sonderteil

Kind und Karriere?

Vielen Frauen ist die Freude am Beruf genauso wichtig wie die Freude am Kind. Aber es ist nicht einfach, beiden gerecht zu werden. Im Gegenteil. Hier erzählen Frauen ihre ganz persönliche Meinung: Kann man Kind und Karriere unter einen Hut bringen, ohne daß beide darunter leiden?

Christina Bachmann, verheiratet, Mutter von zwei Kleinkindern, 3 Jahre und 9 Monate alt: *Das Hin und Her zwischen verschiedenen Bezugspersonen ist problematisch, vor allem für Kleinkinder.*

Jede Frau muß für sich selbst entscheiden, wie sie sich am besten persönlich **verwirklichen** kann. Leider **herrscht** noch immer die Vorstellung **vor**, daß nur **Erwerbsarbeit** „richtige'' Arbeit ist. Familienarbeit zählt nicht. Aber wer sich mit Kindern beschäftigt, wer die Familie zusammenhält und einen Haushalt organisiert, der entwickelt bessere Führungsqualitäten als so mancher Manager. Wenn Familienarbeit als gesellschaftlich wertvoll **anerkannt** würde, dann würden sich meiner Meinung nach auch viel mehr Väter damit **befassen**.

Mein Mann und ich haben uns wahnsinnig auf unser erstes Kind gefreut. Wir glauben, daß das Hin und Her zwischen verschiedenen Bezugspersonen problematisch ist, vor allem für Kleinkinder. Also habe ich mich entschlossen, eine Kinderpause einzulegen. Wenn die Kinder älter sind, möchte ich wieder als Journalistin arbeiten. Nicht ganztags, weil ich ja für die Kinder da sein möchte. Vielleicht als freie Journalistin, damit ich eine flexiblere Arbeitszeit habe.

Sabine Meister, Single, keine Kinder: *Kind und Karriere? Ausgeschlossen!*

Kinder, Küche, Kirche, die drei K, haben früher das Leben der Frauen bestimmt. Das hat sich inzwischen grundlegend geändert. Noch nie hatten wir Frauen so viele Möglichkeiten, beruflich voranzukommen. Der Weg nach oben ist leichter geworden, und immer mehr Frauen erreichen Top-Positionen. Aber wer im Beruf Karriere machen will, egal ob Mann oder Frau, muß den Beruf zum Zentrum seines Lebens machen. Da ist es mit der 35-Stunden-Woche nicht getan. Als Chirurgin muß ich

rund um die Uhr verfügbar sein. Kind und Karriere? Ausgeschlossen. Übrigens ist Mutterschaft keine lebenslängliche Perspektive. Ein Beruf dagegen gibt einem eine Aufgabe. Erfolg im Beruf ist mehr als finanzielle Unabhängigkeit. Für mich bedeutet er Selbstverwirklichung und eigene Identität.

Karin Wagner, geschieden, Mutter von zwei Kindern im Kindergartenalter: *Leicht ist es nicht, beides unter einen Hut zu bringen*

Nicht jede Frau kann oder will von der so gerne propagierten Wahlfreiheit Gebrauch machen. Wie kann sich eine Frau denn für den unbezahlten „Beruf'' Hausfrau und Mutter entscheiden, wenn mehr als ein Drittel aller Ehen geschieden werden? Als Alleinerziehende muß ich Geld verdienen. Leicht ist es nicht, beides unter einen Hut zu bringen. Und wenn man alles allein bewältigen muß, ist man natürlich im Dauerstreß. Dabei habe ich es noch besser als die meisten berufstätigen Mütter und Väter, weil ich einen Kindergarten gefunden habe, der ganztags offen ist.

Ob man Beruf und Kinder miteinander vereinbaren kann, ohne daß beide darunter leiden? Ja, wenn es gute Betreuungseinrichtungen für Kinder gibt. Dann hat die Berufstätigkeit der Mutter keine negativen **Auswirkungen** auf die Entwicklung der Kinder. Keine Statistik belegt, daß deutsche Kinder glücklicher sind, weil ihre Mütter immer da sind. Französische und amerikanische Kinder sind nicht unglücklicher.

---

herrscht . . . vor—*persists*
Erwerbsarbeit—*work for play*

anerkannt—*recognized*

befassen—*to get involved*

Auswirkungen—*consequences*

• Textarbeit •

1. **Information.** Was denken Christina Bachmann, Sabine Meister und Karin Wagner über die Alternativen Beruf und/oder Familie? Füllen Sie die Tabellen so vollständig wie möglich aus.

a. Persönliche Situation

	Christina Bachmann	Sabine Meister	Karin Wagner
Wofür haben sie sich entschieden? Welche Gründe geben sie an? Sind sie zufrieden? (Welche expliziten oder impliziten Aussagen bestätigen Ihre Meinurg?)			

b. Wie denken sie im allgemeinen über Vereinbarkeit von Beruf und Familie?

	Christina Bachmann	Sabine Meister	Karin Wagner
Kann man Beruf und Familie vereinbauen? Welche Argumente führen sie an?			

2. **Analyse.** Wie beurteilen Sie die Meinung der drei Frauen? Finden Sie Ihre Argumente überzeugend? Gibt es Gegenargumente?

3. **Eine Frage zum Nachdenken.**

- Was halten Sie von den Pro-Kind-Kampagnen der Bundesregierung? Bedenken Sie, daß heute auf der Welt 5,3 Milliarden Menschen leben. In fünfzig Jahren werden es doppelt so viele sein.
- Vergleichen Sie die Situation deutscher Frauen mit der Situation der Frauen in Nordamerika. Wo haben es die Frauen Ihrer Meinung nach leichter? Warum?

Refer students to the fact that **Erziehungsurlaub** is a euphemism for paid maternity leave; there is a lack of adequate day care.

Sprechen

Umfrage: Hausmänner. Können Sie sich vorstellen, Hausmann zu werden oder mit einem Hausmann verheiratet zu sein? **Gruppenarbeit.** Nennen Sie Gründe für Ihre Antwort und teilen Sie das Ergebnis Ihrer Gruppe den anderen Gruppen mit.

HÖREN

A. Frauen und Beruf. Die Zeitschrift *petra* interviewte Frauen im Alter von 20 bis 70 Jahren über die Rolle der Frauen in der heutigen Gesellschaft. Hören Sie an, was drei Frauen, Beate Rysopp (20), Elke Kurlbaum (50) und Irmgard Giesen (60) über die Erwerbstätigkeit von Frauen denken. Achten Sie darauf, was die drei Frauen über die Erwerbstätigkeit von Frauen im allgemeinen und was sie über ihre eigene Situation sagen.

• Textarbeit •

1. Information.

a. Wie denkt jede der drei Befragten über Erwerbsarbeit bzw. Familienarbeit von Frauen im allgemeinen?

- Was sagen sie über erwerbstätige, was über nicht erwerbstätige Frauen?
- Wie können Frauen Selbstverwirklichung finden?
- Bevorzugen sie explizit oder implizit eine der Tätigkeiten? Warum? Warum nicht?

b. Wie sieht ihre eigene Situation aus?

- Sind sie erwerbstätig oder nicht erwerbstätig?
- Wie beurteilen sie die eigene Situation?

2. Analyse.

a. Sehen Sie einen bedeutenden Unterschied zwischen den Antworten der drei Frauen? Bedenken Sie dabei, daß Beate Rysopp und Irmgard Giesen bzw. Elke Kurlbaum verschiedenen Generationen angehören.

b. Welche Meinung entspricht am ehesten Ihrer eigenen? Oder haben Sie eine ganz andere Meinung?

B. Frauen über Frauen. Die Zeitschrift *petra* wollte auch wissen, was Frauen über Frauen denken. Hören Sie an, was Beate Rysopp (20), Georgia Menke (30) und Claudia Trinkies (40) zu diesem Thema zu sagen haben.

• Textarbeit •

1. Information. Was denken die drei Befragten über Frauen?

a. Machen Sie eine Liste der Ausdrücke, mit denen sie Frauen beschreiben.

Beate Rysopp	Georgia Menke	Claudia Trinkies
sie sind langweilig	sie passen sich an	sie werden immer besser
…	…	…

b. Wie charakterisieren sie die Beziehung der Frauen zu Männern?

2. Analyse.

    a. Wie würden Sie die Einstellung jeder der drei Frauen zu anderen Frauen bezeichnen? Als eher positiv oder eher negativ? Warum?

    b. Welche der Meinungen entspricht am ehesten Ihrer eigenen? Oder haben Sie eine ganz andere Meinung?

GRAMMATIK

Comparison of Adjectives and Adverbs

Adjectives and adverbs may occur in three degrees of comparison:

Positive Degree (or basic form)	Wie **alt** sind ihre Kinder? *How old are her children?*
Comparative Degree	Wenn die Kinder **älter** sind, möchte sie wieder als Journalistin arbeiten. *Once the children are older, she would like to return to her work as a journalist.*
Superlative Degree	Ihr **ältestes** Kind ist drei. *Her oldest child is three.*

Übung

Steigerungsformen. Suchen Sie alle Adjektive und Adverbien in den folgenden Schlagzeilen. In welchem Steigerungsgrad kommen Sie vor?

Frauen immer selbstsicherer

◆ **AIDS – Warnung an alle Frauen**
Neueste Forschungen aus den USA

Die modernen Mütter
„Der Boß ist eine Frau" - Beobachtungen
aus der Chefetage von Claus Croissant

**Die neuen Superfrauen
von Hollywood**

• Formation •

In German there is only one way to form the comparative and the superlative of adjectives and adverbs. The comparative is formed by adding **-er**, the superlative by adding **-(e)st-**[1] to the basic form. German has no comparative and superlative forms equivalent to English *more* or *most* preceding the basic form of the adjective or adverb.

---

[1] When an adjective or adverb ends in **-t, -d,** or an **s-sound** an **-e-** is inserted to facilitate pronunciation.

Positive		Comparative		Superlative	
leicht	*easy*	leichter	*easier*	leichtest-	*easiest*
glücklich	*happy*	glücklicher	*happier*	glücklichst-	*happiest*
problematisch	*problematic*	problematischer	*more problematic*	problematischst-	*most problematic*

Many one-syllable adjectives and adverbs with stem vowels **a**, **o**, or **u** are umlauted in the comparative and superlative.

jung	jünger	jüngst-
alt	älter	ältest-
groß	größer	größt-

Attributive Adjectives

When the comparative or superlative adjectives occur before a noun they take the regular adjective endings according to the gender, number and case of the noun they modify.

Alleinerziehende haben noch größer**e** Probleme.
Single parents have even greater problems.
Alleinerziehende müssen mit noch größer**en** Problemen fertig werden.
Single parents have to deal with even greater problems.
Der Mangel an Betreungseinrichtungen ist das größt**e** Problem.
The lack of day care facilities is the greatest problem.
Immer noch erledigen die Frauen den größt**en** Teil der Hausarbeit.
Women continue to do the biggest share of the housework.

Adverbs

Adverbs form the superlative according to this pattern;
am (basic form of adjective/adverb) + **-(e)sten**

Die Alleinerziehenden haben es **am schwersten.**
It is most difficult for single parents.
Sie arbeiten **am längsten.**
They work the longest.

Predicate Adjectives

Predicate adjectives form the superlative either like adverbs or like attributive adjectives, if a noun is implied.

Wir haben viele nette Nachbarn, aber die Zinggelers von nebenan sind **am nettesten.**
Wir haben viele nette Nachbarn, aber die Zinggelers von nebenan sind **die nettesten.**
We have many nice neighbors but the Zinggelers next door are the nicest (ones).

If no noun is implied, predicate adjectives form the superlative according to the adverb pattern.

> In kleinen Städten und auf dem Land ist es **am schwersten**, einen Betreuungsplatz für Kleinkinder zu finden.
> *In small towns and in the country, it is most difficult to find day care for small children.*
> So ist es **am leichtesten.**
> *That way it's the easiest.*

Übungen

TASK — Identification exercise: comparative.

A. Ansichten. Die Zeitschrift *petra* fragte Männer aus fünf Lebensjahrzehnten nach ihrer Meinung über Frauen. Identifizieren Sie die Adjektive und Adverbien im Komparativ.

> **Beispiel:** fairer (predicate adjective)

Hans W. Wulff (50)

Frauen geben einem Mann Ruhe und wirken ausgleichend—jedenfalls die, mit denen ich zusammengelebt habe. Sie sind fairer als Männer—obwohl, sie sind manchmal auch unlogischer. Frauen sind egoistischer geworden, das ist gut so. Sie sind aber auch gefährlicher, weil sie eben stärker geworden sind.

Oliver Jahnke (20)

Es gibt wenige Frauen, die ich mag. Die meisten sind ziemlich arrogant. Mädchen verlangen auch zuviel und sind unsensibel. Andererseits sind Mädchen viel spontaner, auch unternehmungslustiger.

TASK — Produce comparative adjectives/adverbs.

B. Ansichten. *petra* fragte auch Frauen nach ihrer Meinung über Frauen. Ergänzen Sie die Adjektive und Adverbien im Komparativ

Ina Niese (70)

Sie sind _____ (mutig) als Männer, _____ (neugierig) und _____ (offen). Sie können Schwächen und Mißerfolge viel _____ (leicht) eingestehen. Mit Frauen kann man über alles reden, ohne Scham; aber vielleicht habe ich da viel Glück gehabt mit meinen Freundinnen. Frauen sind ja auch viel _____ (unternehmungslustig). Bei meinen Reisen erlebe ich auch immer wieder, daß wir Frauen Pannen und nicht eingeplante Situationen viel _____ (schnell) und _____ (problemlos) lösen können, ohne **Gestöhne** und Geschrei.

groaning

Claudia Trinkies (40)

Ich finde, daß Frauen _____ (rücksichtslos) sind—vor allem ihrem eigenen Geschlecht gegenüber. Sie sind auch nicht _____ (kreativ), _____ (gefühlsbetont) oder _____ (weich) als Männer. Oh, nein! Das sind anerzogene Eigenschaften. Weil die Mütter gelernt haben, daß sie sich so _____ (leicht) durchsetzen können.

Jerry Ohlinger's

C. Sei doch etwas spontaner! Sie sind mit dem Verhalten Ihres Freundes/ Ihrer Freundin nicht zufrieden. Sagen Sie ihm/ihr, was er/sie ändern muß. Gebrauchen Sie die Komparativform der Adjektive und **Kannst du etwas ... sein? Du mußt viel ... sein!** oder **Sei doch etwas ...!** Hier ist eine Liste von Adjektiven:

spontan, offen, gefühlsbetont, mutig, sensibel[1], fair, tolerant, ehrgeizig, selbstbewußt, kritisch, hart, unternehmungslustig ...

Beispiel: Du mußt viel spontaner sein!

D. Vergleiche. Wie denken Sie über diese Männer? **Partnerarbeit.** Vergleichen Sie die beiden Männer.

Movie Star News

alt, groß, klein, attraktiv, intelligent, aggressiv, interessant, freundlich, sexy

Beispiel: A: Woody Allen ist kleiner als Arnold Schwarzenegger.

Woody Allen

Arnold Schwarzenegger

E. Superlative. Identifizieren Sie die Adjektive und Adverbien im Superlativ.

Uno. Europas beliebtester Kompakter.

Die neueste Idee

BESTE HAARPFLEGE BEI ...OP-FRISEUREN. VON WELLA.

Für die zarteste Haut der Welt.

Der größte Arbeitsplatz der Welt.

F. Wie arbeitest du? Partnerarbeit. Erzählen Sie sich gegenseitig von Ihrer Arbeitsweise. Bilden Sie Sätze. Wählen Sie die Wörter oder Ausdrücke, die Ihre Arbeitsweise am besten beschreiben, und gebrauchen Sie die Adverbien im Superlativ.

Beispiel: Abends/morgens/nachmittags/arbeite ich _____ (konzentriert).
Morgens arbeite ich am konzentriertesten.

1. Abends arbeite ich _____ (konzentriert/unkonzentriert/effektiv).
2. Wenn ich unter Zeitdruck stehe, arbeite ich _____ (schnell/effektiv/ schlecht).
3. _____ (häufig) lerne ich in der Bibliothek/in meinem Zimmer/vor dem Fernseher/.
4. Für Deutsch arbeite ich _____ (hart/wenig/konzentriert).

---

[1]If the positive form of an adjective or adverb ends in **-e, -el,** or **-er,** the **-e-** is usually dropped in the comparative.

complains

TASK — Produce superlative adjectives / adverbs.

"the terrible two's"

G. Klagen. Paula Jahnke, eine frustrierte Hausfrau, **klagt** einer Freundin ihr Leid. Ergänzen Sie, was Paula Jahnke sagt, mit den Superlativformen der Adjektive und Adverbien.

_____ (schlimm) ist, daß mein Leben so fragmentiert ist. Ich gebe mir die _____ (groß) Mühe, aber nie ist etwas fertig, ständig ist etwas anderes zu tun. Der Kleine ist _____ (schwierig). Er ist gerade in der **Trotzphase.** Hausfrau und Mutter zu sein ist wirklich der _____ (anstrengend) und _____ (frustrierend) Beruf. Hannes ist auch keine Hilfe. Sein Beruf ist ihm _____ (wichtigsten).

Irregular Comparative and Superlative Forms. Only a few adjectives and adverbs have irregular comparative and superlative forms.

gern	lieber	am liebsten
gut	besser	am besten
viel[1]	mehr	am meisten

Note the slight irregularities of the following comparative/superlative forms:

groß	größer	am größten
hoch	höher	am höchsten
nah	näher	am nächsten

Übungen

TASK — Recognize superlative and comparative adjectives/adverbs and supply positive forms.

A. Komparativ und Superlativ. Identifizieren Sie die Adjektive/Adverbien im Komparativ und Superlativ in den folgenden Schlagzeilen und geben Sie ihre Positivform an.

> **Beispiel:** **Die Große Steuerreform.**
> **Mehr Chancen für alle.**
> mehr-Komparativ; Positiv: viel

1. Männer haben's besser als Frauen

2. Hat die Ehe noch Zukunft?
   Es ist wieder in zu heiraten. Am liebsten in Weiß. Doch noch nie waren die Scheidungsraten höher als heute.

---

[1]**Viel** and **wenig** usually have no endings, when used with nouns in the singular: Sie hat **wenig** Zeit für sich. In the plural, they take regular adjective endings: Sie haben **viele** Freunde. In the comparative degree, they never take adjective endings: Dann würden sich auch **mehr** Männer damit befassen. In the superlative degree, they take regular adjective endings: Dabei habe ich es besser als die **meisten** alleinerziehenden Mütter.

partnership for mutual support
security

3. Sehnsucht nach der heilen Welt
   Kein Zweifel: Immer weniger spricht für die Ehe. Die alte **Versorgungsgemeinschaft** ist passé. Trotzdem flüchten immer mehr Menschen aus der Kälte des Alltags in die **Geborgenheit** einer Familie.
4. Seit ich arbeite, habe ich bessere Nerven für die Kinder.
5. Mütter sind gute Manager!
   Die meisten Frauen sehen Kinder als Hindernis für eine Karriere. Leichter wird dadurch der Aufstieg wirklich nicht. Aber gerade durch die Arbeit in der Familie entwickeln Mütter viele Führungsqualitäten.

TASK — Produce regular and irregular comparative adjectives/adverbs.

B. Lokalpatriotismus. In Ihrer Heimatstadt ist alles schöner, besser, größer.

> **Beispiel:** Die Landschaft ist schön hier.
> Bei uns ist die Landschaft schöner.

1. Wir haben einen hohen Lebensstandard.
2. Die Kriminalitätsrate ist niedrig.
3. Hier geht es den Leuten gut.
4. Wir haben gute Schulen.
5. Die Universität hier ist groß.
6. Wir haben wenige Probleme.
7. Hier gibt es viele Theater.
8. Unser Lebensstandard ist hoch.

TASK — Indicate preferences using **lieber**.

C. Was wäre dir lieber? Was würdest du lieber tun? Partnerarbeit. Stellen Sie sich gegenseitig Fragen.

> **Beispiel:** heiraten—als Single leben
> A: Was würdest du lieber tun, heiraten oder als Single leben?
> B: Ich würde lieber als Single leben.
> B: Und du?
> A: ...

1. Top-Karriere—ein guter, sicherer Job
2. Vollzeitarbeit—Teilzeitarbeit
3. normale Arbeitszeit—flexible Arbeitszeit
4. Partner, der die Hausarbeit erledigt—Partner, mit dem ich die Hausarbeit teile
5. Kinder—keine Kinder
6. allein wohnen—in einer Wohngemeinschaft wohnen

TASK — Indicate first preference by using **am liebsten**.

D. Zukunftsträume. Was wäre dir am liebsten? Partnerarbeit. Stellen Sie sich gegenseitig Fragen.

> **Beispiel:** Wohnort: auf dem Land—in der Stadt—am Stadtrand
> A: Wo würdest du am liebsten wohnen?
> B: Ich würde am liebsten in der Stadt wohnen.
> B: Und du?
> A: ...

1. Wohnort: Kleinstadt—Großstadt—mittelgroße Stadt

2. Leben: allein—mit einem Partner—in einer Kommune

3. Arbeit: Vollzeitarbeit—Teilzeitarbeit—Saisonarbeit

4. Kinder: keine Kinder—ein Kind—mehrere Kinder

5. Beruf: veranwortungsvoll—einflußreich—leicht

equality
TASK — Produce adjectives/adverbs in all three degrees.

E. Ansichten. Christina Bachmann drückt ihre Meinung über die **Gleichstellung** von Mann und Frau aus. Ergänzen Sie Christinas Ansichten mit den entsprechenden Adjektiven und Adverbien. (p-positive, c-comparative, s-superlative).

Nur _____ (wenig, p) Männer interessieren sich für den Erziehungsurlaub. Immer noch verrichten die _____ (viel, s) Frauen die Hausarbeit. Wenn Familienarbeit als gesellschaftlich wertvoll anerkannt würde, dann würden sich auch _____ (viel, c) Männer dafür interessieren. Wir kommen der Gleichstellung von Mann und Frau erst _____ (nah, c), wenn Familienarbeit und Erwerbsarbeit vereinbar sind. Aber dazu ist eine _____ (kurz, c) Arbeitszeit nötig.

TASK — Produce sentences in the comparative.

F. Vergleiche. Wie gut sind Sie in Geographie und Geschichte? Antworten Sie mit Sätzen im Komparativ.

> **Beispiel:** Deutschland—USA (dicht besiedelt)
> Deutschland ist dichter besiedelt als die USA.

1. Berlin—Hamburg (groß)

2. die Donau—der Mississippi (lang)

3. der Mount McKinley—die Zugspitze (hoch)

4. der Lake Superior—das Tote Meer (tief)

5. die Demokratie in den USA—die Demokratie in Deutschland (jung)

6. Athen—Rom (alt)

TASK — Produce sentences with superlative adjectives.

G. Trivial Pursuit. Gruppenarbeit. Arbeiten Sie fünf Fragen über Geographie oder Geschichte aus, die Sie dann den anderen Kursmitgliedern stellen. Gebrauchen Sie in jeder Frage ein Adjektiv im Superlativ.

> **Beispiel:** Wie heißt die älteste deutsche Stadt?
> Die älteste Stadt heißt Trier.
> Welcher Kontinent ist der größte?
> Asien ist der größte Kontinent.

Phrases of Comparison. The following constructions are used to express comparisons:

1. (genau)so + positive + **wie**   (*just, exactly*) *as . . . as*

Frauen sind im Beruf **genauso kompetent wie** Männer.
Women in the workplace are just as competent as men.

In Deutschland gibt es **nicht so viele** Tagesstätten **wie** in
Frankreich.
In Germany there are not as many child care facilities as in France.

2. comparative + **als**   (comparative) + *than*

Männer verdienen immer noch **mehr als** Frauen.
Men continue to earn more than women.
Auf dem Land gibt es noch **weniger** Betreuungsstätten **als** in den
Großstädten.
In the country, there are even fewer day care facilities than in the big cities.

3. immer + comparative   indicates a progressive increase

Immer mehr Frauen sind berufstätig.
More and more women are working.
Frauen werden **immer selbständiger.**
Women are becoming more and more independent.
Es wird **immer leichter.**
It's getting easier and easier.

Übungen

TASK — Make the choice
between **genauso/nicht
so...wie** plus the positive
and **als** plus the comparative.

A. Berlin und New York. Vergleichen Sie die beiden Städte. Gebrauchen Sie
entweder **genauso/nicht so... wie** und den Positiv oder den Komparativ und **als** und folgende Adjektive: groß, alt, interessant, schmutzig,
gefährlich, teuer, hektisch, international.

B. Ich. Vergleichen Sie sich mit einem Freund, Bekannten oder Verwandten.
Gebrauchen Sie entweder **genauso/nicht so... wie** und den Positiv oder
den Komparativ und **als.**

Beispiel: Ich bin größer als meine Schwester.
Ich arbeite genauso hart wie meine Schwester.

1. sein: groß, nett, intelligent, kreativ, fleißig, beliebt

2. arbeiten: viel, wenig, hart, intensiv, lang, konzentriert

LESEN

A. Ansichten. Die Zeitschrift *petra* interviewte Frauen im Alter von 20 bis 70
Jahren über die Rollen von Mann und Frau in der heutigen Gesellschaft.
Im folgenden lesen Sie, was vier der Befragten, Beate Rysopp (20), Georgia Menke (30), Claudia Trinkies (40) und Elke Kurlbaum (50) über Männer
zu sagen haben.

Das sagen Frauen über MÄNNER

BEATE RYSOPP WARTET AUF EINEN STUDIENPLATZ FÜR MEDIZIN. WÄHREND DER WARTEZEIT JOBBT SIE ALS FOTOMODELL. SIE HAT SICH GERADE NACH FÜNF JAHREN VON IHREM FREUND GETRENNT

Männer sind gierig. Sie haben immer den gierigen Blick drauf, glotzen einen von oben bis unten an und wollen nur mit einem in die Kiste gehen. Die meisten haben auch eine total blöde Anmache drauf. Für wie dumm halten ein Mädchen eigentlich? Na ja. Das andere ist, daß für die meisten Jungen Job und Karriere wichtiger sind, als mit ihrer Freundin zusammenzusein. Männer handeln auch nie nach ihrem Gefühl, sie können auch nie über ihre Gefühle reden, das finde ich einfach furchtbar.

GEORGIA MENKE

Männer sind toll! Aber sie sollten lernen, sich mehr zu ihren Gefühlen zu bekennen. Sie müssen nicht immer alles im Griff haben. Männer reden zwar über ihre Gefühle, aber nur, weil das von ihnen verlangt wird. Sozusagen anerzogen. Wenn ein Mann wirklich nicht mehr weiterweiß, dann fühlt er sich machtlos – und wird sprachlos. Dann bekommt er Angst. Männer haben sowieso Angst davor, sich in Frage zu stellen. Wenn sie es dann doch müssen, haben sie große Probleme.

CLAUDIA TRINKIES

Männer sind egozentrisch. Liegt an der Erziehung. Ein Junge wird in dem Bewußtsein groß, daß er einzigartig und ganz besonders ist. Das glaubt er natürlich auch noch, wenn er dann ein erwachsener Mann ist. Viele Frauen unterstützen das dann später in der Beziehung. Sie geben ihm weiterhin das Gefühl, daß sich die Welt um ihn dreht. Leider sind viele Männer langweilig. Sie kennen nur das Thema Job, Geld und Karriere.

ELKE KURLBAUM

Männer kennen nur das einfache Prinzip der Macht. Sie handeln immer danach, egal ob in einer Beziehung oder in ihrem Beruf. Männer gehen eben davon aus, daß Frauen schwächer sind. Und die Frauen unterstützen das mit ihrer angeblichen Hilflosigkeit und Schwäche. Übrigens behaupten die größten Chauvis, daß sie nur mit starken Frauen zusammensein können. Das ist der pure Egoismus! Für diese Frauen müssen sie nämlich keine Verantwortung übernehmen.

• Textarbeit •

1. **Information.** Was denken die Befragten über Männer? Füllen Sie die Tabelle aus.

	Beate Rysopp	Georgia Menke	Claudia Trinkies	Elke Kurlbaum
Mit welchen Ausdrücken beschreiben sie Männer?	sie sind gierig	sie sind toll	sie sind egozentrisch	sie kennen nur das Prinzip der Macht
Welche Eigenschaften finden sie besonders negativ?	…	…	…	…

2. Analyse. Meinungen.

    a. Wie würden Sie ihre Einstellung zu Männern auf einer Skala von 1 bis 5 bezeichnen? Nennen Sie Gründe für Ihre Entscheidung.

1	2	3	4	5
extrem negativ		neutral		extrem positiv

    b. Was halten Sie von den Ansichten der Befragten über Männer? Entspricht eine der Meinungen Ihrer eigenen? Oder haben Sie eine ganz andere Meinung?

B. Männer trainieren Hausputz. Sehen Sie zuerst die 1. Frage zum Text an und lesen Sie dann die Kurzmeldung aus dem Nachrichtenmagazin *Der Spiegel* auf die gesuchte Information hin durch.

Männer trainieren Hausputz

Männern, die noch nie ein Bügeleisen in der Hand hatten, bietet das Mütterzentrum Langen bei Frankfurt jetzt einen Crash-Kurs in Hausarbeit an. „Wir üben mit Ihnen, was Sie in Sachen Haushalt schon immer tun wollten, aber nicht zu tun wagten", verspricht das Mütterteam. Unter Aufsicht erfahrener Hausfrauen lernen die Kursteilnehmer Fenster putzen, Fußboden schrubben, Hemden bügeln und Knöpfe annähen. Zum Hausputztraining für Männer kommen Väter und Söhne aus dem ganzen Bundesgebiet angereist. Volkshochschulen und Familienbildungsstätten wollen die Putzseminare, die sechs Doppelstunden umfassen, bald auch in anderen Städten anbieten.

• Textarbeit •

1. Information.

    a. Wo wird der Kurs unterrichtet?

    b. Wer unterrichtet den Kurs?

    c. Was wird unterrichtet?

    d. An wen wendet sich der Kurs?

    e. Wie viele Unterrichtsstunden umfaßt der Kurs?

    f. Ist der Kurs ein Erfolg? Begründen Sie Ihre Antwort anhand von Textstellen.

2. Analyse.

    a. Was läßt sich daraus auf die Rollenverteilung in der Familie schließen?

    b. Wie erklären Sie sich das Interesse an diesem Kurs?

3. Fragen zum Nachdenken.

    a. Gibt es in Ihrer Stadt Putzkurse für Männer? Wenn nicht, glauben Sie, daß solche Kurse Erfolg hätten?

    b. Gibt es in Ihrer Stadt Kurse, in denen Frauen typische Männeraktivitäten erlernen können? Wenn ja, welche?

SCHREIBEN

A. **Ich suche Dich.** Bekanntschaftsanzeigen stehen in fast allen deutschsprachigen Zeitungen. Sehen Sie sich folgende Anzeigen an und antworten Sie auf eine der Anzeigen.

Adäquater Partner gesucht

Ich bin eine stud. Volkswirtin, 26 Jahre alt, 172 cm groß, schlank, hübsch, sportlich (Golf, Tennis, Squash) und habe Geist, Witz und Temperament. Bitte Bildzuschriften unter **617031** an die Frankfurter Allgemeine, Postfach 10 08 08, 6000 Frankfurt 1.

Nimm's leicht – nimm mich!

28jähriger Mediaberater in guter Pos., 178, Charme und Niveau, Witz und Temperament, durchaus vorzeigbare rheinische Frohnatur, sucht lebenslustige Partnerin in den 20igern aus den Räumen 4 oder 6. Neben Deinem gleichermaßen attraktiven Charakter und Äußeren solltest Du für Häusliches und Außerhausliches, ein wenig Sport und Musik sowie für die schönen Dinge des (Zusammen-) Lebens zu haben sein. Ich freue mich auf Deine Bildzuschrift unter **622764** an die Frankfurter Allgemeine, Postfach 10 08 08, 6000 Frankfurt 1.

Sprechen

Umfrage: Was halten Sie von Bekanntschaftsanzeigen? Gruppenarbeit. Beantworten Sie in Ihrer Gruppe folgende Fragen und teilen Sie Ihr Ergebnis den anderen Gruppen mit.

1. Gibt es Bekanntschaftsanzeigen in Zeitungen Ihrer Stadt? Wenn ja, in welchen Zeitungen?

2. Lesen Sie Bekanntschaftsanzeigen? Warum?/Warum nicht?

3. Würden Sie auf eine Anzeige antworten oder selbst eine aufgeben?

B. **Ich suche . . . .** Schreiben Sie Ihre eigene Anzeige. Sie können die Anzeigen oben und das Miniwörterbuch zu Hilfe nehmen.

Weibsbilder

Miniwörterbuch

Freund/in	Geliebter, Geliebte
Partner/in	Lebensgefährte, -gefährtin
Mann, Frau	Lover

KULTUR

Rollensterotypen in der Werbung

Sehen Sie sich die Collage von Anzeigen aus den deutschen Nachrichten-magazinen *Stern* und *der Spiegel* an.

- Welche Rollenbilder von Mann und Frau werden in den Anzeigen gezeigt?
- Inwieweit entsprechen sie den von Stevens und Hershberger zusammengestellten Rollensterotypen?

Starke Partner

Seien Sie mal ein Engel. Und schenken Sie ihm einen Mephisto Schachcomputer. Den Mephisto Exclusive zum Beispiel. Einen, der ihn herausfordert. Der ihn in Sekunden auf 180 bringt. Der ihn eiskalt auflaufen läßt. Der seine Taktik durchschaut. Der ihn in Schach hält. Der seine Intelligenz derart auf Trab bringt, daß er endlich begreift, was für starke Partner er hat: Mephisto Schachcomputer. Weil intelligente Geschenke attraktiver sind. Erhältlich im Fachhandel und in Warenhäusern. Auch in Österreich und in der Schweiz.

Mephisto®
Intelligenz im Spiel.

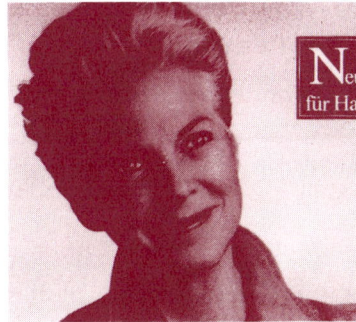

HG
Hegener+Glaser

Neubeginn für Haut ab 55

AGE CONCENTRATE
Quenty

Erfolgreich – nicht nur gegen Falten.

Profitieren Sie von...

SEKRETARIAT
MAGAZIN FÜR DIE SEKRETÄRIN UND CHEFASSISTENTIN

"SEKRETARIAT" informiert die entschlossene Juniorsekretärin, die souveräne Sekretärin, aber auch die "Wiedereinsteigerin".

Mit "SEKRETARIAT" sind Sie stets up-to-date, vertiefen Ihre Kenntnisse und machen sich so fit für die hohen Anforderungen von morgen.

Monat für Monat bringt Ihnen "SEKRETARIAT" Themen, Hilfen, Anregungen, Fachbeiträge – das gesamte "Gewußt-wie" rund um's Büro.

Erfahrungsberichte, Interviews und Reportagen zeigen Ihnen, wie und mit welchen Mitteln Ihre Kolleginnen Probleme lösen.

Testen Sie jetzt! Lernen Sie kostenlos und unverbindlich "SEKRETARIAT" kennen und schätzen! Coupon einsenden genügt! Es lohnt sich!

TELEFONIEREN – TECHNIK, TON UND TAKTIK

ASSISTENTIN AUF DER ZUGSPITZE

COMPUTER – NEUESTE TREN

ARBEITSHILFE ARBEITS-PROJEKTORE

FIT UND FRO

Rollensterotypen (zusammengestellt von den US-Psychologen Stevens und Hershberger)

Männer		Frauen	
konkurrierend	logisch	passiv	sanft, warm
stark	viril	abhängig	launisch
kontrolliert	Familienernährer	emotional	romantisch
verantwortungsvoll	initiativ im Sex	unlogisch	verführerisch
fasziniert von Großtaten	unabhängig	natürlich	künstlerisch
intelligent	Autorität	arglos	psychisch nicht belastbar
gefühlsreduziert	sportlich	schön	physisch schwach
weint nicht	Sex-Leistung	sensibel	Sex-Liebe
technisch veranlagt	Wenn ein Mann so nicht	fürsorglich	Wenn eine Frau so nicht
dominant	ist, dann ist er ein Weich-	gepflegt	ist, dann ist sie eine
beschützend	ling, ein Sonderling oder	geduldig	Ziege, eine Nutte, eine Lesbe
kompetent	ein Schwuler	gute Mütter	oder eine Emanze.

- Vergleichen Sie die Rollenbilder in der deutschen Werbung mit denen in der amerikanischen Werbung. Welche Gemeinsamkeiten, bzw. welche Unterschiede können Sie finden?

Lesehilfen

• Globalstrategien •

Was erwarten Sie?

Wenn Sie mit einer Textsorte vertraut sind, haben Sie bestimmte Erwartungen. Der folgende Text ist ein Auszug aus einem *Spiegel*-Artikel. Er ist im Kulturteil, erschienen. Welche Themen werden im Kulturteil einer Zeitung behandelt? Sehen Sie die Überschrift an. Wovon handelt der Text?

Das wissen Sie schon!

in the following manner
comments

Wie Sie wissen, sind viele Zeitschriftenartikel **folgendermaßen** aufgebaut: am Anfang des Artikels stehen grundlegende Fakten; weitere **Ausführungen** und Erklärungen kommen später.

Wenn Sie über ein Thema Bescheid wissen, können Sie auch schwierigere Texte verstehen. Bevor Sie den Text lesen, überlegen Sie sich, was Sie über den Zustand der „normalen", das heißt traditionellen Kleinfamilie wissen. Wie hoch sind die Scheidungsraten in den westlichen industrialisierten Gesellschaften? Welche anderen Lebensformen gibt es?

• Detailstrategien •

Verwandte Wörter

In dem Artikel kommen viele neue Wörter vor, aber zum großen Teil sind es verwandte Wörter. Die Bedeutung vieler Wörter ist offensichtlich, zum Beispiel: Norm, parallel, Liberalisierung, Tendenz, rapide, usw. Die Bedeutung anderer Wörter wird durch den Kontext klar, zum Beispiel: Quote, Rate, usw.

Wortbildung

Viele Wörter erscheinen nur auf den ersten Blick unbekannt. Wenn Sie Ihr Wissen über Wortbildung zu Hilfe nehmen, können Sie zum Beispiel die Bedeutung folgender Komposita erkennen, ohne im Wörterbuch nachschlagen zu müssen: Lebensform, Scheidungsraten, Wiederheirat, Eigenliebe, Gesellschaftsforscher, Frauenbewegung, Bildungsexpansion, usw.

Das Verbsuffix **-ieren** (ebenso die Erweiterung **-isieren**) drückt häufig eine Änderung oder Verwandlung aus, das Suffix **-ung** macht aus Verben Substantive. Was bedeuten wohl folgende Substantive: **Pluralisierung, Singularisierung, Liberalisierung, Säkularisierung, Individualisierung?**

• Textvorschau •

Der folgende Text ist ein Auszug aus einem Zeitschriftenartikel. In der Überschrift wird das Thema genannt, der darauf folgende Absatz gibt eine kurze Zusammenfassung des Artikels.

Ausbreitung—*spreading*

Abweichungen—*deviations*
beschränkt—*limited*

Trauschein—*marriage license*

Woran aber liegt es—*But why is it …?*

Wertewandel—*the change in values*

Wegweisend—*revealing*

Verstädterung—*urbanization*

KULTUR

Dauerhaft ist nur die Trennung Gesellschaftsforscher melden „dramatische Auflösungstendenzen" in den privaten Beziehungen—und eine schnelle **Ausbreitung** der Eigenliebe.

☐ VON HANS JOACHIM SCHÖPS

Ein verheiratetes Paar mit eigenen Kindern — das gilt noch immer als Inbegriff der Familie, obwohl sich die Realitäten verändert haben. „Die Leute denken, sie sehen **Abweichungen** von der Norm", sagt der Zürcher Soziologieprofessor Hans-Joachim Hoffmann-Nowotny. „aber die Abweichungen betragen jetzt 75 Prozent von der Norm."

Und die sogenannten Abweichungen nehmen ständig zu: Zusammenleben „ohne **Trauschein**", alleinerziehende Mütter oder Väter, Ehe ohne Kinder, "living apart together", wie die Amerikaner die feste Beziehung mit getrennter Wohnung nennen und natürlich die Singles. „Pluralisierung der Lebensformen" heißt das bei den Wissenschaftlern.

Der Wissenschaftler Hoffmann-Nowotny fragt sich, „ob wir auf dem Weg zu einer autistischen Gesellschaft sind." **Wegweisend** sind schon die Zahlen. Hierzulande wird fast jede zweite Ehe wieder geschieden, und parallel dazu wächst die Quote der unvollständigen Familien. Die Lust auf Wiederheirat ist ebenso rapide gesunken wie die Lust auf einen ersten Versuch. Während zu

Beginn der sechziger Jahre noch neun Zehntel aller Männer heirateten, ist es jetzt nur mehr gut die Hälfte. Um 58 Prozent ist der Anteil der Alleinlebenden in den letzten 15 Jahren gestiegen.

Und die Hauptrollen in dem Auflösungsdrama haben die Städter. In München lebt schon die Hälfte aller Bürger allein, und fast so viele sind es auch in Hamburg. Aber diese Entwicklung ist nicht auf Deutschland allein **beschränkt**. Auch in anderen europäischen Ländern zeigt sich die Tendenz zur Singularisierung, bei den französischen Nachbarn ebenso wie in Österreich und in der Schweiz.

Von einer „fortschreitenden Auflösung der Gesellschaft" spricht die Psychologin Eva Jaeggi. **Woran aber liegt es** nun genau, dass die Familie so abbaut, Paare nicht mehr heiraten und die Singles sich vermehren? Das haben die Sozialwissenschaftler bislang nicht zufriedenstellend beantwortet. Zur Erklärung dient eine Vielfalt von sozial-psychologischen, moralischen, wirtschaftlichen und politischen Gründen: der **Wertewandel** der letzten Jahrzehnte, die Säkularisierung der Ehe und die Liberalisierung der Sexualmoral, der größere Wohlstand, die Bildungsexpansion, die zunehmende **Verstädterung** und die berufliche Mobilität, die zunehmende Individualisierung, die Frauenbewegung und ein allgemeiner politischer Institutionenprotest.

• Textarbeit •

1. Information.

   a. Was gilt noch immer als die „normale" Familie?

   b. Wie sieht dagegen die Realität aus? Welche Fakten werden im Artikel erwähnt?

- Wie hoch ist die Scheidungsrate in Deutschland?
- Wie groß ist der Anteil der Alleinlebenden in den Städten?
- Was wird über die Eheschließungen gesagt?
- Welche verschiedenen Lebensformen werden im Artikel erwähnt?
- Welchen Anteil hat die traditionelle Familie daran?

   c. Wie beschreiben Sozialwissenschaftler die gesellschaftliche Realität? Welche Tendenzen machen sie aus?

   d. Wie beurteilen sie die gesellschaftliche Entwicklung? Begründen Sie Ihre Antwort mit Textbeispielen.

   e. Welche Erklärungen geben die Sozialwissenschaftler für die Auflösung der traditionellen Familie? Ordnen Sie die angeführten Gründe folgenden Kategorien zu:

sozial-psychologisch	moralisch	wirtschaftlich	politisch
zunehmende Individualisierung	. . .	. . .	. . .

2. Analyse. Sehen Sie diese Auflösungs- und Singularisierungstendenzen auch in Nordamerika? Nennen Sie Gründe für Ihre Antwort.

Sprechen

Beispiele. Gruppenarbeit. Der Artikel *Dauerhaft ist nur die Trennung* berichtet über die Auflösung traditioneller Familienstrukturen und die Tendenz zur Singularisierung. Die Gründe, die zur Erklärung herangezogen werden, sind relativ abstrakt. Versuchen Sie in Ihrer Gruppe, konkrete Beispiele für jeweils zwei der genannten Gründe zu finden, und teilen Sie Ihr Ergebnis den anderen Gruppen mit.

HÖREN

A. Männer über Männer.

Die Zeitschrift *petra* fragte Männer im Alter von 20 bis 70 Jahren, was sie über sich und das Leben denken. Hören Sie an, was Thomas Missal (30), Hans W. Wulff (50) und O. H. Rübcke (60) über Männer sagen.

• Miniwörterbuch •

tratschig	*gossipy*
unterjocht	*subjugated*
derb-dumm	*uncouth and stupid*
Unmassen	*enormous numbers*
herumalbern	*to fool around*
beeindrucken	*to impress*
künstlich	*artificial*
verstreut	*spread around*

• Textarbeit •

1. Information. Was denken die Befragten über Männer?

    a. Machen Sie eine Liste der Ausdrücke, mit denen sie Männer beschreiben.

Thomas Missal	Hans W. Wulff	O. H. Rübcke
sie sind viel tratschiger als Frauen	mit Männern kann man Abenteuer erleben	sie sind beweglicher als Frauen

    b. Haben sie viele Freunde?

    c. Sind sie gern mit anderen Männern zusammen? Warum? Warum nicht?

2. Analyse. Meinungen.

    a. Wie würden Sie die Einstellung der Befragten zu anderen Männern bezeichnen? Als eher positiv oder eher negativ? Warum?

    b. Sehen Sie einen bedeutenden Unterschied zwischen den Antworten der drei Männer? Bedenken Sie dabei, daß Thomas Missal und Hans W. Wulff bzw. O. H. Rübcke verschiedenen Generationen angehören.

    c. Welche Meinung entspricht am ehesten Ihrer eigenen? Oder haben Sie eine ganz andere Meinung?

B. Männer über Frauen.

    petra wollte auch wissen, was Männer über Frauen denken. Hören Sie an, was Oliver Jahnke (20), Branko Goricki (40) und Hans W. Wulff (50) zu diesem Thema zu sagen haben.

• Miniwörterbuch •

was Mieses	*something crummy*
ausgleichend	*smoothing*
zickig	*prudish*

• Textarbeit •

1. **Information.** Was denken die Befragten über Frauen? Machen Sie eine Liste der Ausdrücke, mit denen sie Frauen beschreiben.

Oliver Jahnke	Branko Goricki	Hans W. Wulff
die meisten sind ziemlich arrogant	sie sind selbstbewußter geworden	Frauen geben einem Mann Ruhe

- Welche Eigenschaften von Frauen empfinden die Befragten als positiv, welche als negativ?
- In welcher Hinsicht unterscheiden sich Frauen und Männer?

2. **Analyse.** Wie würden Sie die Einstellung der Befragten gegenüber Frauen bezeichnen? Nennen Sie Gründe für Ihre Antwort.

3. **Idiomatische Wendungen.** Was paßt zusammen? Verbinden Sie die Satzteile. Können Sie erklären, was diese Wendungen bedeuten?

a. Sie nehmen ein Problem   1. von der Seele
b. Jede Frau hat   2. mit verdeckten Karten
c. Sie reden sich alles   3. in Angriff
d. Sie spielen   4. Rücksicht
e. Sie nehmen nicht viel   5. eine Macke

GRAMMATIK

Word Order: Review and Expansion

As you have seen, word order in German sentences is relatively flexible, except for the position of the predicate. The following chart gives you an overview of the position of the inflected and uninflected verb.

Position of Verb		
	Main Clause	**Subordinate Clause**
inflected verb	second • statement • informational question first • yes/no question • imperative	last
uninflected	last	second to last

Übungen

A. Verbstellung. Identifizieren Sie das Prädikat in folgenden Schlagzeilen und erklären Sie die Verbstellung.

Hat die Ehe noch Zukunft?

Noch nie waren die Scheidungsraten so hoch wie heute.

Schweigen ist der Tod

Es gibt drei Arten von falscher Kommunikation: Jede für sich allein kann eine Ehe zerstören.

Tips für glückliche Ehen

● Halten Sie sich einen Hund! Hunde setzen positive Gefühle frei.

Sehnsucht nach der heilen Welt

Wir heiraten „nur" noch aus Liebe und erwarten, daß sie ewig hält.

Ehe? Nein danke

Während zu Beginn der sechziger Jahre noch neun Zehntel aller Männer heirateten, ist es jetzt nur mehr gut die Hälfte.

B. Früher und heute. Sagen Sie, wie die Situation heute ist.

> **Beispiel:** Früher waren die Familienstrukturen relativ stabil.
> relativ instabil
> Heute sind sie relativ instabil.

1. Zu Beginn der sechziger Jahre heirateten neun Zehntel aller Männer.
   nur mehr gut die Hälfte

2. Anfang der siebziger Jahre gab es ungefähr 135 000 Ehen ohne Trauschein.
   achtmal so viele

3. Anfang der fünfziger Jahre waren 19,4 Prozent der Haushalte Einpersonenhaushalte.
   32 Prozent

4. Der Anteil der Geschiedenen an den Eheschließungen lag 1960 bei acht Prozent.
   20 Prozent

5. Zu Beginn des 19. Jahrhunderts lag die Lebenserwartung bei 35 Jahren.
   bei fast 80 Jahren

C. Du verstehst mich nicht. Nicole und Beat Knecht haben Eheprobleme. Übernehmen Sie Nicoles Rolle und machen Sie ihm Vorwürfe. Benutzen

Sie eines der folgenden Adverbien: **nie, dauernd, immer, ständig, meistens, fast nie**

> **Beispiel:** zu lang im Büro bleiben
> Immer bleibst du zu lang im Büro.

1. für mich Zeit haben

2. Überstunden machen

3. über unsere Probleme sprechen wollen

4. alles verkehrt machen

5. spontan sein

TASK — Produce verb-last word order in subordinate clauses.

D. Die traditionellen Familienstrukturen zerbrechen, weil.... Nennen Sie Gründe.

> **Beispiel:** Die Werte haben sich geändert.
> Die traditionellen Familienstrukturen zerbrechen, weil die Werte sich geändert haben.

1. Die Ehe ist nicht mehr fürs Überleben nötig.

2. Frauen können ihr Geld allein verdienen.

3. Der größere Wohlstand macht die ‚teure' Wohnform als Single möglich.

4. Die Sexualmoral hat sich geändert.

5. Wir leben in einer Zeit des Narzißmus.

TASK — Produce verb-last word order in subordinate clauses.

E. Was meinen Sie? Nehmen Sie folgende Ausdrücke zu Hilfe und äußern Sie sich zu den Aussagen unten.

Ich
$\left\{ \begin{array}{l} \text{finde (nicht),} \\ \text{glaube (nicht),} \\ \text{bin (nicht) überzeugt,} \\ \text{bin (nicht) sicher,} \\ \text{bin (nicht) der Ansicht,} \end{array} \right\}$ daß...

> **Beispiel:** Die Ehe ist tot.
> Ich bin der Ansicht, daß die Ehe tot ist.

1. Wir sind auf dem Weg zu einer autistischen Gesellschaft.

2. Immer weniger spricht für die Ehe.

3. Die Zahl der Singles nimmt weiter zu.

4. Ehe und Familie können wieder die frühere Stabilität gewinnen.

5. Die Geburtenrate fällt weiter.

• Sentence Fields •

A German sentence can be described according to the position of the predicate.

Front Field	1. Verb bracket	Middle Field	2. Verb bracket	End Field
Die Abweichungen	nehmen	ständig	zu.	
Die Lust auf Wiederheirat	ist	rapide	gesunken.	
Die Lust auf Wiederheirat	ist	ebenso rapide	gesunken	wie die Lust auf einen ersten Versuch.
	Sind	wir auf dem Weg zu einer autistischen Gesellschaft?		
Er fragt sich, ob		wir auf dem Weg zu einer autistischen Gesellschaft	sind.	
Das gilt noch immer als die Norm, obwohl		sich die Realitäten	verändert haben.	

Front Field

The front field is the part of the sentence before the first verb bracket. In German, most sentence elements may occur in the front field.

Die Abweichungen betragen jetzt 75 Prozent von der Norm.
The deviations now make up 75 percent of the norm.

Hierzulande wird fast jede zweite Ehe wieder geschieden.
In our country almost every second marriage ends in divorce.

Das haben die Sozialwissenschaftler bislang nicht zufriedenstellend beantwortet.
The sociologists haven't yet anwered that in a satisfactory way.

Während zu Beginn der sechziger Jahre noch neun Zehntel aller Männer heirateten, ist es jetzt nur mehr gut die Hälfte.
While nine-tenths of all men got married at the beginning of the sixties, now only about half of them do.

● Frequently, the speaker opens the statement with something that is known or assumed to be known or an element that logically connects the sentence to the preceding one.

Woran aber liegt es nun genau, daß die Familie so abbaut? **Das** haben die Sozialwissenschaftler bislang nicht zufriedenstellend beantwortet. **Zur Erklärung** dient eine Vielfalt von sozial-psychologischen, moralischen, wirtschaftlichen und politischen Gründen.
Exactly why is it that the family is disintegrating? The sociologists haven't yet answered that in a satisfactory way. As an explanation we are offered a variety of social-psychological, moral, economic and political factors.

Der Anteil der Alleinlebenden ist in den letzten 15 Jahren um 58 Prozent gestiegen. **Und die Hauptrollen an dem Auflösungs-drama** haben die Städter.

The proportion of singles has climbed by 58 percent in the last 15 years. And the cities play the major roles in this drama of disintegration.

- The front field may also be used for emphasis.

Von einer „fortschreitenden Auflösung der Gesellschaft" spricht die Psychologin Eva Jaeggi.

Eva Jaeggi, a psychologist, speaks of a "progressive disintegration of society".

Um 58 Prozent ist der Anteil der Alleinlebenden in den letzten 15 Jahren gestiegen.

The proportion of singles has climbed by 58 percent in the last 15 years.

Übungen

TASK — Identification exercise.

A. Wortstellung. Sehen Sie folgende Ausschnitte aus einem Zeitschriftenartikel an. Welche Satzteile stehen im Vorfeld? Können Sie die Wortstellung erklären?

„Seit ich arbeite, habe ich bessere Nerven für die Kinder. Jetzt können mein Mann und ich wieder interessante Gespräche führen. Mein Kopf ist nicht mehr nur voll von Kindergeschichten."	„In meinem Beruf kämpfe ich für die Rechte anderer berufstätiger Mütter. Im Haushalt lasse ich schon mal was liegen. Statt dessen bin ich mit meinem Kind zusammen. Da tanken wir so richtig Liebe."	„Vom ersten selbstverdienten Geld bin ich nach Paris gefahren. Dieses halbe Jahr Computerkurs habe ich sehr genossen. Auch meine Kinder waren stolz auf mich. Das hat mich richtig beflügelt."

TASK — Using word order to connect sentences.

B. Anschluß. Häufig schließt der Sprecher mit dem Satzanfang an etwas an, was bereits gesagt worden ist. Mit welchem Satzelement würden Sie den zweiten Satz anschließen?

Beispiel: Woran aber liegt es nun genau, daß die Familie so abbaut? —Die Sozialwissenschaftler haben das bislang nicht zufriedenstellend beantwortet.

Das haben die Sozialwissenschaftler bislang nicht zufriedenstellend beantwortet.

1. Die Hauptrollen in dem Auflösungsdrama haben die Städter.—
Schon die Hälfte aller Bürger lebt in München allein.

2. Früher war die Ehe nötig fürs Überleben.
Jede Frau kann ihr Geld heute allein verdienen.

3. Paare sind oft nicht verheiratet, leben aber zusammen, möglichst ohne faule Kompromisse.
Es gibt in diesen „neuen Beziehungen" aber deshalb nicht weniger Konflikte.

TASK — Using front field for emphasis.

C. Streit. Machen Sie Ihrem Freund/Ihrer Freundin Vorwürfe! Beginnen Sie die Sätze mit dem Element in der linken Spalte.

to trust

Beispiel: Dir man/nicht **vertrauen** können
Dir kann man nicht vertrauen.

So	es/nicht gehen
Auf dich	man/sich nicht verlassen können
Von dir	es/reichen mir
Mit dir	man/nicht reden können
Mir	das/ganz egal sein
Von dir	ich/genug haben

Middle Field

The middle field extends between the two verb brackets[1]. Word order in the middle field is variable.

- Generally, elements with greater news value tend to come toward the end of the middle field.
- The following guidelines describe the most common position of certain sentence elements in the middle field. There are, however, many other possibilities for changing the position of sentence elements.

Predicate Adjectives and Predicate Nouns. Predicate adjectives and predicate nouns stand at the end of the middle field, before the second verb bracket (if there is any).

> In den Städten ist die Zahl der Alleinlebenden besonders **hoch**.
> *In urban areas, the number of singles is especially high.*
> Viele erwarten, daß man immer miteinander **glücklich** sein muß.
> *Many expect they always have to be happy with one another.*

> „Die Partnerschaft ist für die Menschen unserer Epoche **das große Problem**", sagt die Psychologin Eva Jaeggi.
> *According to Eva Jaeggi, the psychologist, partnership is the number one problem for people in our time.*

Word Order of Objects. In German sentences with both a dative (indirect) and an accusative (direct) object, the dative object usually precedes the accusative object. When the accusative object is a personal pronoun, however, it precedes the dative object.

	DATIVE	ACCUSATIVE	
Die Vorstellung, daß die Ehe	uns / den Partnern / einem[2]	Glück	geben muß, ist kulturell ein Novum.
Die Vorstellung, daß die Ehe	einem	alles / Glück / das	geben muß, ist kulturell ein Novum.

---

[1] If the sentence contains no second verb bracket the middle field extends to the end of the sentence.
[2] The indefinite pronoun **man** occurs only in the nominative case. The dative form is **einem** and the accusative **einen**.

	ACCUSATIVE	DATIVE	
Die romantische Idee, daß sie	es	einem uns den Partnern	geben muß, ist eine Illusion.

Übung

Objekte. Erklären Sie die Wortstellung der Objekte in folgender Karikatur.

Willst Du Hans Rudolf, Dir die Treue halten in guten wie in schlechten Tagen...!

• Prepositional Objects •

Prepositional objects usually follow dative and accusative objects.

> Der Psychotherapeut Dr. Rolf Grigat meint: „Manchmal muß man
> **die Männer** auch **zum Gespräch** zwingen."
> *Dr. Rolf Grigat, a psychologist, asserts: "Sometimes you have to force the
> men into a conversation."*
> Er will **ihr nichts von seinen Problemen** erzählen.
> *He won't tell her about any of his problems.*

Übungen

TASK — Identification exercise.

A. Dativ-, Akkusativ- und Präpositionalobjekte. Identifizieren Sie die Objekte und ihre Position in folgendem Ausschnitt aus einem Artikel in der Zeitschrift *Jugendmagazin*. Der Artikel berichtet darüber, wie Jugendliche mit der Scheidung ihrer Eltern fertig werden.

Anja und Carstens Eltern leben seit mehr als acht Jahren getrennt. „Die Trennung war ein Schock für mich", sagt Carsten. „Im ersten Jahr nach der Trennung hatten wir noch Kontakt zu meinem Vater. Nach einiger Zeit gab es Probleme. Vater hatte eine neue Freundin. Ich mochte sie nicht und habe es ihm auch gesagt. Er hat uns einige böse Briefe geschickt. Seitdem haben wir uns nicht wieder gesehen."

TASK — Word order of objects and prepositional objects.

B. Kontakte. Erzählen Sie von sich.

> **Beispiel:** Ich wünsche mir eine bessere Beziehung zu meinen Eltern.

1. guten Kontakt haben zu ...
2. kaum Kontakt haben zu ...
3. (k)eine gute Beziehung zu ...
4. Probleme besprechen mit ...
5. sich wünschen ...
6. viel/wenig Zeit haben für

C. Probleme in der WG. Peter Meister, Monika Getzner und Franz Klammer sprechen über ihre Probleme. Vervollständigen Sie die Sätze

MONIKA: Mich stört es, wenn die Toilette schmutzig ist. Ich habe _____ schon so oft gesagt. (euch/das) Ihr gebt _____. (euch/keine Mühe)

PETER: Und mich stört es, daß ihr _____ weg eßt. (mir/alles) Wenn ich Hunger habe, ist der Kühlschrank immer leer. Sagt _____ wenigstens, wenn ihr meine Lebensmittel eßt. (mir/es)

FRANZ: Und wer hat wieder mal die dunklen Socken mit der weißen Wäsche gewaschen? Muß ich _____ denn nochmal erklären? (euch/es)

MONIKA: Und wo sind meine CD's? Ich habe _____ nur geliehen. (euch/sie)

Adverbs and Adverbial Phrases. Adverbs and adverbial phrases frequently stand in the front field. In the middle field, they usually occur in the following sequence:

TIME (**wann**?)—MANNER (**wie**?)—PLACE (**wo / wohin / woher**?)

Die Familienstrukturen haben sich **in den vergangenen zwanzig Jahren grundlegend** geändert.
Family structures have been fundamentally altered in the past twenty years.

Immer mehr Frauen wollen **nach einer Babypause ins Berufsleben** zurückkehren.
More and more women want to return to careers after having a baby.

Übungen

A. Adverbien und Adverbialien. Identifizieren Sie die Adverbien und Adverbialien und ihre Position in folgenden Sätzen.

Beispiel: Die Familienstrukturen haben sich in den letzten Jahren grundlegend geändert.
in den letzten Jahren - *time*; grundlegend - *manner*; both are in the middle field

has dedicated

Rowohlt Publishers

1. Der Psychoanalytiker Jürg Willi **widmet** sich seit 20 Jahren der Paartherapie. Sein neues Buch „Was hält Paare zusammen?" erschien vor kurzem im **Rowohlt-Verlag**.

2. „Die Selbstverwirklichung ist heute in der westlichen Welt zum zentralen Wert geworden", meint Prof. Willi.

3. **Geschieden.** „Meine Eltern haben sich abends oft gestritten. Ich war im Bett, aber ich habe das gehört. Als mein Vater dann aus unserer Wohnung auszog, war ich froh. Ich habe gemerkt, daß meine Eltern nicht zusammenpassen", erinnert sich Anja (19 Jahre). Ihre Eltern leben seit mehr als acht Jahren getrennt. Anja und ihr Bruder Carsten wohnen bei der Mutter.

4. Jedes Jahr gibt es in Deutschland ungefähr 130 000 Scheidungen. Das bedeutet: 130 000 mal Streit, Kummer, Trennung und mehr als 100 000 Kinder, die plötzlich nur noch mit dem Vater oder mit der Mutter leben.

TASK — Produce correct word order of adverbs / adverbial phrases / prepositional objects.

B. Erzählen Sie von sich. Bilden Sie Sätze mit passenden Elementen aus jeder Spalte.

> **Beispiel:** Ich wohne allein in einem großen Haus.

Ich wohne

- allein
- mit einem Partner
- mit einem Zimmerkollegen / einer Zimmerkollegin
- mit mehreren Leuten
- …

- in einer Wohnung
- im Studentenwohnheim
- in einer WG
- in einem großen Haus
- …

Ich lerne

- am Abend
- während des Tages
- bis spät in die Nacht
- morgens
- …

- vor dem Fernseher
- in der Bibliothek
- im Bett
- in meinem Zimmer
- …

Meine Freizeit verbringe ich

- meistens
- immer
- nie
- …

- allein
- mit Freunden
- mit meiner Familie
- …

In meiner Freizeit { bleibe / gehe / fahre } **ich**

- häufig
- oft
- manchmal
- regelmäßig
- …

- in die Kneipe
- zu Hause, nach Hause
- ins Fitneß-Studio
- zu kulturellen Veranstaltungen
- …

Über meine Probleme spreche ich

- meistens
- nie
- fast immer
- gewöhnlich
- …

- mit anderen Menschen
- mit meinem Freund / meiner Freundin
- mit meinem Bruder / meiner Schwester
- mit einem Psychologen / Analytiker
- mit meinen Eltern
- …

End Field

The end field is the part of the sentence after the second verb bracket. It may be used

- for stylistic reasons when an element is especially long
- to introduce an afterthought
- for comparison clauses with **wie** or **als**

Hans F. reiht sich ein **in das Heer der chronischen Singles.**
Hans F. is joining the ranks of the chronic singles.

Heute gibt es achtmal so viele „Ehen ohne Trauschein" wie zu Beginn der siebziger Jahre. Ebenso haben sich Zweit- und Drittehen vervielfältigt, **mit oft schwierigen psychologischen Folgen für die Kinder.**
Today there are eight times as many "marriages without marriage licenses" as there were at the beginning of the seventies. At the same time, the number of second and third marriages has multiplied, often with difficult psychological consequences for the children.

Die Lust auf Wiederheirat ist ebenso rapide gesunken **wie die Lust auf einen ersten Versuch**.
The desire to get married a second time has dropped off just as rapidly as the desire to get married for the first time.

LESEN

A. **Neue Männer—neue Väter.** Die Zeitschrift *petra* fragte Väter nach ihrer Einstellung zur Familienarbeit.

NEUE VÄTER
Ohne sie geht nichts

Ohne die Hilfe des Partners ist die Herausforderung Kind und Karriere für die Frau kaum zu schaffen. Es geht um Beteiligung an der Haushaltsarbeit, aber auch um emotionale Unterstützung. petra fragte Männer nach ihrer Einstellung

THOMAS, 37
verheiratet mit einer Journalistin, eine Tochter von sechs Monaten
„Ich bin froh, daß ich keine Frau bin. Die Zweifel der Frauen, ob sie nun Kind und Karriere miteinander vereinbaren oder sich nur auf eines konzentrieren sollen, kann man als Mann gar nicht nachempfinden. Für uns ändert sich trotz Kind nichts im Beruf, meine Frau vereinbart beides. Das bewundere ich sehr. Ich versuche ihr soviel wie möglich abzunehmen, und finanziell ist es möglich, viele Dinge zu erleichtern. Die Hauptbelastung jedoch – da mache ich mir nichts vor – trägt sie."

DIRK, 35
verheiratet mit einer PR-Managerin, die gerade schwanger ist
„Wenn sie sich dem Streß im Job trotz Kind weiter aussetzen will, kann ich dagegen nichts machen. Finanziell besteht kein Anlaß, denn ich verdiene genug. Ich denke mir, für eine Zeitlang kann nur eins optimal funktionieren – entweder Kind oder Job. Später geht vielleicht beides. Ich bin oft auf Reisen und kann nicht immer für sie dasein. Das weiß sie genau. Die Entscheidung liegt bei ihr."

BORIS, 37

verheiratet mit einer Abteilungsleiterin, ein zweijähriger Sohn

„Ich hätte es besser gefunden, wenn sie den Erziehungsurlaub genommen hätte. Wenigstens das erste Jahr sollte die Mutter beim Kind bleiben. Meine Frau fürchtete jedoch den Karriereknick und kehrte gleich nach dem Mutterschutz wieder in ihren Beruf zurück. Wir hatten deswegen eine Reihe von Streitdiskussionen. Das hat sie sehr belastet. Und irgendwann habe ich begriffen, wieviel ihr der Job bedeutet, und wir haben uns dann eben arrangiert. Trotzdem nagt der Zweifel, ob ihre Berufstätigkeit nicht dem Kind schadet."

WERNER, 32

verheiratet mit einer Werbetexterin, eine Tochter von anderthalb Jahren

„Eine Frau, die nur zu Hause ist – das wäre ein Horrortrip für mich. Ich brauche eine gleichberechtigte Partnerin. Dazu gehört, daß sie mit Lust ihren Job macht und auch weiterkommen will. Klar ist es mit Kind eine Doppelbelastung. Doch die habe ich auch. Wenn man die Aufgaben untereinander aufteilt, ist die Sache kein Problem. Wer nun den Einkauf erledigt, die Waschmaschine anschmeißt oder die Kleine von der Tagesmutter abholt, regeln wir am Frühstückstisch jeden Morgen neu. Logisch, daß wir beide ab und zu genervt sind. Doch daraus machen wir kein Drama."

• Textarbeit •

1. **Information.** Wie denken die vier Männer über die Vereinbarkeit von Kind und Karriere? Machen Sie eine Tabelle und beantworten Sie folgende Fragen so vollständig wie möglich für jeden der Befragten.

   a. Wessen Aufgabe ist ihrer Meinung nach die Familienarbeit?

   b. Wie empfinden sie die Berufstätigkeit ihrer Partnerin, als eher positiv oder negativ?

   c. Was sagen sie über die Folgen der Berufstätigkeit der Mutter für das Kind?

   d. Wie sehen sie ihre Rolle als Vater? Welchen Anteil haben sie an der Familienarbeit?

2. **Analyse.** Die Zeitschrift *petra* stellt die vier Männer als neue Väter vor.

   a. Was konnotiert das Foto?

   b. Was sagt die Überschrift aus?

   c. Sehen Sie die Aussagen der Männer an. Stimmen Sie mit der Meinung von *petra* überein?

Sprechen

Groups should consist of both men and women.

1. **Wer macht was? Gruppenarbeit.** Stellen Sie sich vor, Sie leben zusammen in einer Wohngemeinschaft. Teilen Sie folgende Hausarbeiten untereinander auf. Verhandeln Sie miteinander, so daß jeder einen fairen Anteil an Haushaltspflichten bekommt!

kochen	staubsaugen	Müll raustragen
einkaufen	staubwischen	Auto waschen
spülen	Bad saubermachen	tanken
waschen	Wohnzimmer aufräumen	Rasen mähen
bügeln	Garage aufräumen	sich um die Finanzen
flicken	Hund ausführen	kümmern

2. **Wer macht den Haushalt?** Sehen Sie sich das folgende Schaubild an und diskutieren Sie die Fragen unten.

Wer macht den Haushalt?
Aufgabenverteilung im Haushalt in %

	FRAU	beide	MANN
Putzen	81%	18%	1%
Kochen	79	19	2
Schulkontakte	64	33	3
Einkaufen	63	32	5
Kinderbetreuung	61	37	2
Verwandte pflegen	60	37	3
Behördengänge	37	41	22
Haushaltskasse	32	59	9
Renovierung	16	43	41
Reparaturen	11	23	66

Quelle: DJI © Globus 8675

a. Welche Aktivitäten sind „typisch weiblich"?

b. Welche sind „typisch männlich"?

c. Wie haben Sie die Aufgaben in **1.** aufgeteilt? Inwieweit stimmt Ihre Aufgabenverteilung mit der des Schaubildes überein? Inwieweit unterscheidet sie sich?

B. Männer. Bevor Sie den Text lesen:

- Machen Sie ein Assoziogramm zu dem Begriff „Männer". Welche Vorstellungen, Ideen, Bilder, Eigenschaften oder Klischees kommen Ihnen in den Sinn?
- Sehen Sie sich die unbekannten Wörter im Miniwörterbuch an.

• Miniwörterbuch •

baggern	*wörtlich*—mit einem Bagger arbeiten, graben
	hier—anmachen
blau	*wörtlich*—die Farbe blau
	hier—betrunken
eichen	*wörtlich*—Waagen werden geeicht
	hier—normieren, festlegen

MÄNNER

Männer nehmen in den Arm.
Männer geben Geborgenheit.
Männer weinen heimlich.
Männer brauchen viel Zärtlichkeit.
Männer sind so verletzlich.
Männer sind auf dieser Welt einfach unersetzlich.

Männer kaufen Frauen.
Männer stehen ständig unter Strom.
Männer baggern wie blöde.
Männer lügen am Telefon.
Männer sind allzeit bereit.

Männer bestechen durch ihr Geld und ihre Lässigkeit.

Männer haben's schwer, nehmen's leicht.
Außen hart und innen ganz weich.
Werden als Kind schon auf Mann geeicht.
Wann ist ein Mann ein Mann?

Männer haben Muskeln.
Männer sind furchtbar stark.
Männer können alles.
Männer kriegen 'n Herzinfarkt.
Männer sind einsame Streiter,
müssen durch jede Wand, müssen immer weiter.
Männer haben's schwer, nehmen's leicht.
Außen hart und innen ganz weich.
Werden als Kind schon auf Mann geeicht.
Wann ist ein Mann ein Mann?

Männer führen Kriege.
Männer sind schon als Baby blau.
Männer rauchen Pfeife.
Männer sind furchtbar schlau.
Männer bauen Raketen.
Männer machen alles ganz genau.
Wann ist ein Mann ein Mann?

Männer kriegen keine Kinder.
Männer kriegen dünnes Haar.
Männer sind auch Menschen.
Männer sind etwas sonderbar.
Männer sind so verletzlich.
Männer sind auf dieser Welt einfach unersetzlich.

Männer haben's schwer, nehmen's leicht.
Außen hart und innen ganz weich.
Werden als Kind schon auf Mann geeicht.
Wann ist man ein Mann?

• Textarbeit •

1. Worum geht es in diesem Text? Wenn man die Thematik eines Textes bestimmen will, ist es hilfreich, den Text zuerst auf die Rekurrenzen hin durchzulesen. Welche Wörter und Sätze bzw. Satzteile kommen mehrfach vor?

2. Schreiben Sie alle Wörter und Ausdrücke im Text auf, die zu folgenden Kategorien gehören:

hart	weich
Muskeln	brauchen Zärtlichkeit
furchtbar stark	weinen (heimlich)
...	...

3. In Grönemeyers Song wechseln banale Aussagen mit provokanten Thesen. Welche Aussagen lassen sich folgenden Kategorien zuordnen?

banale Aussagen	provokante Thesen
Männer kriegen keine Kinder.	Männer kaufen Frauen.

4. Vergleichen Sie das Männerbild in Grönemeyers Song mit Ihrem Assoziogramm. Inwieweit stimmt Ihr Männerbild mit dem Grönemeyers überein? Inwieweit unterscheidet es sich?

5. Eine Frage zum Nachdenken. Herbert Grönemeyers Rocksong *Männer* stand monatelang in den Hitparaden. Das ist erstaunlich für einen deutschen Song, denn gewöhnlich dominieren amerikanische und englische Produktionen. Was, glauben Sie, erklärt den Erfolg?

Sprechen

Reuters/Bettmann

UPI/Bettmann

UPI/Bettmann

Movie Star News

Jerry Ohlinger's

Jerry Ohlinger's

Mikail Gorbachev   Albert Einstein   Woody Allen   Humphrey Bogart   Boris Becker

Arnold Schwarzenegger

1. Beschreibung. Gruppenarbeit. Beschreiben Sie mit Hilfe der Liste von Adjektiven einen der Männer oben und lesen Sie Ihre Beschreibung den anderen Kursteilnehmer/innen vor. Sind alle mit Ihrer Beschreibung einverstanden?

2. Der neue Mann. Gruppenarbeit. Entscheiden Sie in Ihrer Gruppe, welcher der Männer oben am ehesten den Titel „Der neue Mann" verdient und erklären Sie Ihre Wahl den anderen Kursteilnehmer/innen.

schlank	(un)sportlich	intellektuell
dick	sexy	dumm
groß	gutaussehend	verständnisvoll
klein	attraktiv	sensibel
untersetzt	dynamisch	nett
mickrig	schlaff	brutal
stark	(un)sympathisch	egoistisch
athletisch	intelligent	**zärtlich**

stocky

puny, scrawny

tender

SCHREIBEN

A. Stereotypen. Gruppenarbeit. Schreiben Sie einen kurzen Song über eines der folgenden Männer-Stereotypen. Ihr Song muß sich nicht unbedingt reimen. Grönemeyers Lied auf Seite 449 eignet sich gut als Modell.

Der Yuppi	Der Arbeiter	Der Hüne (*hunk*)
Der Chauvi	Der Streber (*nerd*)	Der Intellektuelle
Der Softie		

B. Frauen. Lesen Sie das Lied *Männer* von Herbert Grönemeyer noch einmal durch und verfassen Sie einen Alternativtext „Frauen". Ihr Song muß sich nicht unbedingt reimen.

KULTUR

Gibt es eine „ideale" Lebensform?

Single-Dasein—feste Beziehung mit getrennter Wohnung—Ehe ohne Trauschein—Kleinfamilie—Großfamilie—Kommune.

Gruppenarbeit. Schreiben Sie die Vor-und Nachteile der oben angeführten Lebensformen auf. Gibt es Ihrer Meinung nach eine „ideale" Lebensform? Wie würden Sie selbst am liebsten leben? Teilen Sie Ihr Ergebnis den anderen Gruppen mit.

K·A·P·I·T·E·L
13

Auf dem Weg in die Neue Welt

Ausländer

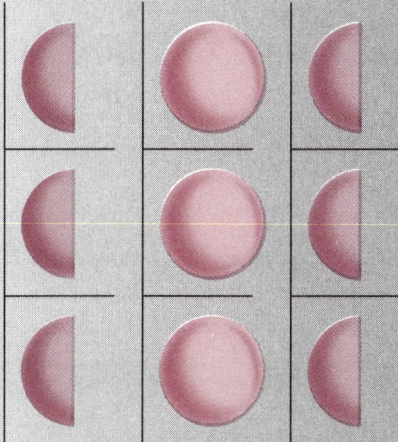

LERNZIELE

You will learn about the many different images Germans have of America and about the lives of non-Germans who live and work in Germany. You will discuss images North Americans have of Germans and deal in principle with the problems of xenophobia and stereotyping.

Lesehilfen

• Globalstrategien •

Was erwarten Sie?

Woran denken Sie, wenn Sie „Deutschland" hören? Schreiben Sie kurz auf, was Ihnen zuerst in den Sinn kommt.

- Was haben Sie aufgeschrieben, komplexe, differenzierte Antworten oder eher Klischees und Vorurteile?
- Welche Antworten erwarten Sie auf die Frage „Woran denken Sie bei Amerika zuerst?"

Das wissen Sie schon!

Bevor Sie den Text lesen, denken Sie darüber nach, was Sie über das Amerikabild und die allgemeine Einstellung der Deutschen gegenüber den Amerikanern wissen. Nehmen Sie dabei die folgenden Tabellen zu Hilfe.

Allgemeine Beurteilung	der Amerikaner	der US-Politik	
Ich mag sie	51	28	eher positiv
unentschieden	31	43	unentschieden
Ich mag sie nicht	9	28	eher negativ

Alle Angaben in Prozent

Wesensmerkmale von Deutschen und Amerikanern	Deutsche	Amerikaner
fleißig	81	31
großzügig	26	48
fortschrittlich	60	74
friedliebend	58	38
herrschsüchtig	19	27
eitel	23	26

Alle Angaben in Prozent

• Detailstrategien •

Wortbildung

Im Text *Lieben wir die USA?* kommen viele abgeleitete Wörter vor. Wenn Sie Ihr Wissen über Suffixe — und den Kontext! — zu Hilfe nehmen, können Sie Wörter wie **Reichtum**, **Nobelpreisträger**, **Freundlichkeit**, **landschaftliche Schönheit**, usw. verstehen, ohne im Wörterbuch nachschlagen zu müssen.

Kultur im Kontext

aversion

Keine andere Nation trifft bei den Bundesbürgern auf soviel **Abneigung** und Zustimmung, Kritik und Sympathie wie die Vereinigten Staaten von Amerika. Zu den Vereinigten Staaten, anders als beispielsweise zu Australien, haben die Deutschen ein stark positives oder negatives Verhältnis. Seit 1945 versuchen die **Demoskopen**, das Amerikabild der Deutschen statistisch zu erfassen.

demographers

• Textvorschau •

Eine repräsentative Umfrage unter 1800 Bundesbürgern fragte nach der Einstellung der Bundesbürger zu den USA. In dem folgenden Text lesen sie, was einige der Interviewten auf die Frage „Woran denken Sie bei Amerika zuerst?" antworteten.

Lieben wir die USA?

prägen—*determine*

Welche Faktoren **prägen** das Amerikabild der Deutschen? Die Reporter Gisela Riepl und Julian Peters fragten Bundesbürger aus Ost und West nach ihrem Amerikabild.

Margot Bach (38), Apothekerin, Hannover

protzigem—*ostentatious*

Prunkbauten—*posh buildings*

Mit den USA assoziiere ich Extreme. Nirgendwo gibt es häßlichere Gegensätze zwischen **protzigem** Reichtum und bitterer Armut. Man muß sich nur die Fotos von **Prunkbauten** und die von den Obdachlosen in New York anschauen. Die Masse der Nobelpreisträger für Medizin, Physik und Chemie kommt aus den USA, aber keine andere Industrienation hat eine so hohe Analphabetenrate. Ich bin immer wieder erstaunt über die Freundlichkeit und Hilfsbereitschaft der Amerikaner und entsetzt über die unglaubliche Brutalität in Städten wie New York und Los Angeles. Und wo sonst gibt es so krasse Gegensätze zwischen häßlichen Betonwüsten und atemberaubender landschaftlicher Schönheit?

Anna Hauser (79), Rentnerin, München

Von den Amerikanern habe ich nur Gutes erfahren. Sie haben uns nach dem Zusammenbruch von 1945 wieder auf die Füße geholfen. Erst mit „Care-Paketen" und dann mit dem „Marshall-Plan". Ohne sie hätte es kein Wirtschaftswunder gegeben. Auf die Amerikaner konnten wir uns seit Kriegsende immer verlassen, wenn es darauf ankam. Niemand hat mehr Steine auf dem Weg zur Wiedervereinigung beiseite geräumt als die Amerikaner, ohne sie hätte es keine Wiedervereinigung gegeben.

Wegwerfkultur—*throw-away culture*
pappige—*sticky*

Bernhard Klein (25), Student, Göttingen

Bei Amerika, da denke ich an **Wegwerfkultur**, **pappige** Hamburger, benzinfressende Blechungeheuer und hawaiibehemdete Touristen mit Fotoapparat. Und natürlich an Hurra-Patriotismus und das ständige Hissen der amerikanischen Flagge. Gegen die amerikanischen Menschen haben ich dabei gar nichts —dazu kenne ich sie viel zu wenig. Aber ich habe etwas gegen die amerikanische Machtpolitik und Western-Mentalität. In Amerika gilt das Recht des Stärkeren; und was schlimmer ist, die Schwachen glauben noch, daß sie nichts besseres verdient hätten. Trotz der positiven Seiten, die ich durchaus sehe, überwiegen aber die negativen Seiten in meinem Amerikabild.

Günther Lorenz (23), Student und Fußballspieler, Dresden

Für mich ist Amerika das Land der Individualität, der persönlichen Freiheit. Das war es schon während des alten Regimes, als wir in den Schulen und Kasernen zum Haß gegen die Imperialisten erzogen wurden. Trotz aller Probleme, Amerika ist noch immer das Land „der unbegrenzten Möglichkeiten". Da schreit man nicht gleich nach dem Staat, der für alle Risiken und Notfälle sorgen muß, sondern man hilft sich selbst. In Deutschland erwartet man, daß die Impulse von oben kommen. In Amerika dagegen mißtraut man allem, was von oben kommt.

• Textarbeit •

1. Information. Welche Faktoren prägen das Amerikabild der Befragten? Füllen Sie die Tabelle aus.

	Margot Bach	**Anna Hauser**	**Bernhard Klein**	**Günter Lorenz**
Was assoziieren sie mit den USA?				
Was empfinden sie als positiv?				
Was als negativ?				
Woher haben sie ihr Amerikabild, aus den Medien oder aus eigenen Erfahrungen?				

2. Analyse des Amerikabildes

a. Wie würden Sie die Einstellung der Befragten gegenüber den USA kennzeichnen? Als eher positiv, negativ oder ambivalent?

b. Wie würden Sie das Amerikabild der Befragten kennzeichnen? Ist es von Vorurteilen und Klischees geprägt oder von realistischen Vorstellungen?

c. Welches der Amerikabilder erscheint Ihnen am realistischsten?

d. Glauben Sie, daß das Alter und der Wohnort einen Einfluß auf ihr Amerikabild haben? Warum/warum nicht?

HÖREN

A. Auswanderer. Über 300 Jahre sind es her, seit die ersten Deutschen nach Amerika auswanderten. 52 Millionen Amerikaner sind deutscher Abstammung. Hören Sie an, was drei Auswanderer aus dem schwäbischen Waiblingen bei einem Heimatbesuch über ihre Erfahrungen und ihr Leben drüben berichten.

• Miniwörterbuch •

Hast	*rush*
Umgangston	*manners*
Bürgschaft	*guarantee (for loan, housing, . . . ;*
	here specifically for immigrants)
Heimweh	*homesickness*
angetan sein von . . .	*to be impressed with . . .*

• Textarbeit •

1. Information. Wolfgang Benz, Ernst Krokenberger und Liesel Triggs erzählen, wann und warum sie nach Amerika auswanderten und wo und wie sie in Amerika leben. Füllen Sie die Tabelle aus. Falls Sie im Text keine Aussage finden, setzen Sie „?" in die Tabelle ein.

	Wolfgang Benz	**Ernst Krokenberger**	**Liesel Triggs**
Warum wanderten sie aus?			
Wie lange leben sie schon in den USA?			
Wo wohnen sie?			
Was sagen sie über ihr Leben in den USA?			
Welches Land betrachten sie als ihre Heimat?			

2. **Analyse.** Auswandern.

   a. Aus welchen Gründen sind die drei Deutschen ausgewandert?

   b. Können Sie sich vorstellen, in ein anderes Land auszuwandern? Wenn ja, in welches?

   c. Unter welchen Umständen würden Sie auswandern?

B. **Endlich in Amerika.** Simone Enseling, eine 20jährige Studentin in Bonn, erlebte den amerikanischen Alltag in einem kleinen Ort zwischen San Francisco und Los Angeles. Hören Sie an, was sie in einem Interview mit *PZ* (*Politische Zeitung*) über ihre Erfahrungen in den USA berichtet.

• Miniwörterbuch •

abweisend	*aloof*
oberflächlich	*superficial*
Phrase	*an empty, meaningless phrase*

• Textarbeit •

1. **Information.** Simone Enseling ändert ihre Meinung über die Vereinigten Staaten.

   a. Wie ist ihr erster Eindruck von Amerika?

   b. Was ist anders als in Deutschland?

   c. Wie ist ihr späterer Eindruck von Amerika?

2. **Analyse.** Meinung und Meinungsänderung.

   a. Warum, glauben Sie, empfindet Simone die Umgangsformen der Amerikaner zuerst so positiv?

   b. Spekulieren Sie, warum sie die freundlichen Umgangsformen der Amerikaner später als unehrlich empfindet.

   c. Ist diese Kritik gerechtfertigt?

   d. Meinen Sie, die abweisende Art der Deutschen ist ehrlicher?

GRAMMATIK

Prepositions: Review and Expansion

German prepositions may be grouped according to the case they take: prepositions with the dative, the accusative, the dative or the accusative, the genitive. The chart below provides an overview of the most commonly used German prepositions and the case(s) they take[1]:

---

[1]For a more detailed discussion of dative, accusative, and dative/accusative prepositions see Kapitel 3.

Dative	Accusative	Dative/Accusative	Genitive
ab	bis	an	anstatt, statt
aus	durch	auf	trotz
außer	entlang	hinter	während
bei	für	in	wegen
gegenüber	gegen	neben	
mit	ohne	über	
nach	um	unter	
seit		vor	
von		zwischen	
zu			

• Prepositions With the Genitive Case •

anstatt, statt	*instead of*	Statt der Kultur prägt die Politik das Amerikabild der Deutschen.
		Instead of culture, politics determines the Germans' image of America.
trotz	*in spite of*	Trotz aller Probleme, Amerika ist noch immer das Land „der unbegrenzten Möglichkeiten".
		In spite of all the problems, America remains the land "of unlimited possibilities."
während	*during*	Während des sozialistischen Regimes wurden wir in den Schulen und Kasernen zum Haß gegen die Imperialisten erzogen.
		During the socialist regime, we were taught in school and in the barracks to hate the imperialists.
wegen	*because of, on account of*	Amerika ist immer anders, als es beschrieben wird, schon wegen seiner Größe.
		America is always different from the way it is described, if only for its vastness.

In colloquial German the dative case is frequently used after these prepositions[1].

Übungen

TASK — Identification exercise.

A. Präposition und Kasus. Suchen Sie alle Präpositionalphrasen im Text *Lieben wir die USA?* und bestimmen Sie den jeweiligen Kasus.

---

[1]Genitive pronouns are rarely used in colloquial German, except for the genitive pronoun forms combined with **wegen**: **meinetwegen, deinetwegen,** etc.

TASK — Use dative, accusative and dative/accusative prepositions.

B. Amerika ist ganz anders. Dieter Kühn berichtet über seine Eindrücke von Amerika und den Amerikanern. Setzen Sie die Nomen oder Pronomen in Klammern in den richtigen Kasus. Nehmen Sie die Tabelle oben zu Hilfe. Wenn nötig, wiederholen Sie die Regeln für den Gebrauch der Dativ/Akkusativ-Präpositionen.

1. Seit _____ (einige Jahre) schon reise ich jedes Jahr in _____ (die USA).

2. In _____ (der letzte Sommer) bin ich mit _____ (der Greyhound) von New York nach Seattle gefahren.

3. Obwohl ich schon so oft in _____ (die USA) war, finde ich das Land immer wieder faszinierend. Die lange Reise quer durch _____ (die Staaten) war beeindruckend.

4. Mir gefällt, daß man dort so anders lebt als bei _____ (wir).

superficiality

5. Man hört so viel von _____ (die sogenannte **Oberflächlichkeit**) der Amerikaner.

6. Aber für _____ (ich) sind Freundlichkeit und angenehme Umgangsformen nicht identisch mit _____ (Oberflächlichkeit).

7. _____ (Meine Erfahrung) nach sind die Leute dort viel hilfsbereiter.

donate
charitable causes

8. Zu _____ (das Beispiel) **spenden** die Amerikaner jährlich 80 Milliarden Dollar für _____ (**karitative Zwecke**).

TASK — Use dative, accusative and dative/accusative prepositions.

C. Wie gut kennen wir die USA? Die Sinus-Forscher berichten, woher die Deutschen ihre Information über die USA beziehen. Setzen Sie die Nomen in den richtigen Kasus.

1. Die meisten Deutschen kennen die USA nur aus _____ (die Medien).

2. Nur elf Prozent waren schon einmal in _____ (die USA).

3. Ihr Amerikabild haben 29 Prozent der Bundesbürger durch _____ (Berichte) von _____ (Freunde und Bekannte) mitprägen lassen.

4. Berufliche oder private Kontakte zu _____ (Amerikaner) haben lediglich 18 Prozent der Befragten.

5. Diese Daten machen deutlich, wie wichtig die Medien für _____ (das Meinungsbild) über _____ (die USA) sind.

TASK — Use dative, accusative and dative/accusative prepositions.

D. Helmut Kohl über die Freundschaft zwischen Deutschen und Amerikanern. Setzen Sie die Nomen in den richtigen Kasus.

values

Die Freundschaft mit _____ (die Amerikaner) beruht nicht auf _____ (Waffen), sondern auf _____ (**Wertvorstellungen**). Wir haben die gleichen Wertvorstellungen von _____ (Menschenrechte, Frieden, Freiheit und Bürgerrechte). Ich werde nie vergessen, wie uns die Amerikaner nach _____ (der Krieg) geholfen haben. Als 16jähriger Bub habe ich in _____ (die Schule) auf _____ (der Hof) Milchsuppe bekommen und ich vergesse nie die Care-Pakete, die uns die Amerikaner damals zu _____ (das Überleben) geschickt haben.

TASK — Use genitive prepositions.

E. Amerika-Erfahrungen. Simone Enseling, eine Studentin aus Bonn, berichtet in *PZ*, wie sie den amerikanischen Alltag erlebte. Setzen Sie die Nomen in Klammern in den Genitiv.

Während _____ (mein Aufenthalt) in Kalifornien hat sich mein Bild von Amerika verändert. Amerika war für mich immer das Land der unbegrenzten Möglichkeiten, trotz _____ (die kritischen Berichte), die man bei uns im Fernsehen sieht. Meine ersten Eindrücke waren positiv. Statt _____ (die unfreundliche, abweisende Haltung), die man oft in Deutschland feststellen muß, erlebte ich Freundlichkeit und Hilfsbereitschaft. Doch irgendwann ging mir die Freundlichkeit auf die Nerven. Wegen _____ (die ständige Frage: „How are you?") und _____ (die immer gleiche Antwort: „Fine"). Mit der Zeit wirkte das unehrlich auf mich.

TASK — Use the preposition **wegen**.

F. Gründe. Warum empfindet Simone die Freundlichkeit der Amerikaner als unehrlich? Nennen Sie mögliche Gründe.

> **Beispiel:** ihre Vorurteile
>   wegen ihrer Vorurteile

1. ein Mißverständnis

2. der kulturelle Unterschied

3. die unterschiedliche Freundschaftsauffassung

prejudice   4. ihre **Voreingenommenheit**

5. ...?

TASK — Use the preposition **trotz**.

G. Ich finde New York faszinierend, trotz .... Ergänzen Sie, was Andreas Richter über New York sagt.

> **Beispiel:** die hohe Kriminalität
>   Ich finde New York faszinierend, trotz der hohen Kriminalität.

1. die Unfreundlichkeit der New Yorker

2. die schlechte Luft

3. der Verkehr

4. das heiße Wetter im Sommer

5. der Gestank

• Verbs With Prepositional Objects •

Some verbs express the entire verbal idea by themselves, others need a complement to complete their meaning. You are already familiar with verbs that take either an accusative, a dative or a dative and an accusative object. Another group of verbs requires a prepositional object.

> Bei Amerika, da **denke** ich **an Wegwerfkultur**.
> *With America, I think of throw-away culture.*

> **Auf die Amerikaner** konnten wir uns seit Kriegsende immer **verlassen**.
>
> *Since the end of the war, we could always rely on the Americans.*
>
> Die Reporter **fragten** Bundesbürger aus Ost und West **nach ihrem Amerikabild**.
>
> *The reporters asked German citizens from the east and the west about their image of America.*

Since there is no sure way to predict which preposition is associated with a particular verb, it is a good idea to learn the prepositions together with the verbs. Here are some common verbs with prepositional objects[1]:

bitten um	*to ask for, request*
danken für	*to thank for*
denken an (+ acc.)[1]	*to think of, about*
sich erinnern an (+ acc.)	*to remember*
erzählen von	*to tell about*
fragen nach	*to ask about*
sich freuen auf (+ acc.)	*to look forward to*
sich freuen über (+ acc.)	*to be happy, glad about*
sich gewöhnen an (+ acc.)	*to get used to*
halten von	*to think of, about*
sich interessieren für	*to be interested in*
sich kümmern um	*to look after, to take care of*
nachdenken über (+ acc.)	*to think about, to ponder, to reflect on*
sprechen von	*to talk of*
sprechen über (+ acc.)	*to talk about*
teilnehmen an (+ dat.)	*to take part in, participate in*
verstehen von	*to understand, know about*
warten auf (+ acc.)	*to wait for*

Übungen

TASK — Identification exercise.

A. Ausländer über Deutsche. Identifizieren Sie die Verben mit Präpositionalobjekten in den folgenden Textauszügen aus *DAAD Letter*. In welchem Kasus stehen die Objekte?

Ein Physiker aus Bangladesch erzählt seinen Landsleuten über Deutschland

Es dauerte eine Weile, bis ich mich an den Kulturunterschied gewöhnte. Anfangs **litt** ich unter dem Kulturschock. Damals war gerade Sommer, und die Leute hatten sehr wenig Kleider an. Bei uns wäre das unvorstellbar. [...]

suffered

Die Mutter meines Freundes Peter war schwer krank. Eines Tages fragte ich ihn nach seiner Mutter. Er sagte nur, sie sei gestern gestorben, weiter nichts. Da erinnerte ich mich an meine Familie. Der Ausdruck der Emotionen ist hier ganz anders als bei uns. [...]

TASK — Supply prepositions.

B. Von mir gibt's nicht viel Neues. Ergänzen Sie die fehlenden Präpositionen in Sabine Meisters Brief an ihre Mutter.

---

[1] In conjunction with these verbs, the prepositions are used in a non-spatial sense. When a dative/accusative preposition is used in a non-spatial sense, the case is usually unpredictable, with the exception of **über** and **auf** which usually take the accusative.

Liebe Mutti,

ich danke Dir ganz herzlich _____ Deinen Brief, der gestern angekommen ist. _____ die Fotos von den Kindern habe ich mich besonders gefreut. Ich denke oft _____ sie. Sie sind so groß geworden. Hoffentlich erinnern sie sich noch _____ mich. Erzähl ihnen bitte viel _____ mir, damit ich ihnen nicht fremd bin, wenn ich im Sommer komme. Ich freue mich schon _____ Euch alle. Von mir gibt's nicht viel Neues, ich warte immer noch _____ die Verlängerung meines Visums. Sobald ich etwas _____ der Immigrationsbehörde höre, rufe ich Euch an. Ich muß Schluß machen, weil ich zu einem Vortrag an der Uni gehe.

Herzliche Grüße an alle,

Sabine

TASK — Personalized exercise, verbs with prepositional objects.

C. Erzählen Sie von sich selbst. Benutzen Sie dabei die folgenden Verben.

Beispiel: Ich interessiere mich für Trivialliteratur.

1. sich interessieren für
2. sich engagieren für
3. sich ärgern über
4. sich Sorgen machen um
5. sich freuen auf
6. (gern/nicht gern) sprechen über

• Pronouns as Objects of Prepositions •

da-Compounds

A personal pronoun, as you have seen, stands for a noun.

Gegen **die amerikanischen Menschen** habe ich gar nichts—dazu kenne ich **sie** viel zu wenig.
I have nothing at all against the American people as individuals—I don't know them well enough for that.
Anfangs fand ich **die Freundlichkeit** angenehm, doch später ging **sie** mir als unehrlich auf die Nerven.
In the beginning I found the friendliness pleasant, but later it seemed phoney and got on my nerves.

When a personal pronoun follows a preposition, it usually stands for a noun that refers to a living being.

„Was hast du **gegen die Amerikaner?"** „**Gegen sie** habe ich gar nichts, aber ich habe etwas gegen ihre Wegwerfkultur."
"What do you have against Americans?" "I don't have anything at all against them, but I have something against their throw-away culture."
Die Amerikaner haben uns nach dem Zusammenbruch von 1945 wieder auf die Füße geholfen. **Von ihnen** habe ich nur Gutes erfahren.
The Americans helped us get back on our feet after the collapse of 1945. I had only good experiences with them.

When the noun object of a preposition refers to a thing or concept, however, a compound with **da-** (or **dar-** if the preposition begins with a vowel) and the preposition stands in its place[1].

> Aber um **Geschichte und Politik** kümmern sie sich nicht. **Davon** haben die meisten keine Ahnung.
> *But they don't bother themselves with history and politics. Most of them don't have a clue about it.*
> **Die Freundlichkeit und Hilfsbereitschaft der Amerikaner** bleiben mir im Gedächtnis. **Daran** erinnere ich mich gern.
> *The friendliness and helpfulness of the Americans are still in my memory. I like to remember that.*

Übungen

TASK — Identification exercise, **da**-compounds.

A. Pronominaladverbien. Identifizieren Sie die Pronominaladverbien (**da**-compounds) in den folgenden Textauszügen aus *PZ*. Worauf beziehen sie sich?

1. ... und damit begann die deutsch-amerikanische Freundschaft
   Das CARE-Paket aus Amerika—für Millionen Deutsche begann damit ihre ganz persönliche deutsch-amerikanische Freundschaft. Neun Millionen CARE-Pakete waren es insgesamt. Eine ganze Generation von Deutschen erinnert sich mit Dankbarkeit daran.

2. Eine Reise nach Amerika
   Was sind „die Amerikaner" für Menschen? Um die aktuellen Zusammenhänge in der Welt kümmern sie sich nicht. Davon haben die meisten keine Ahnung.

3. ... endlich in Amerika
   Die ständige Frage: „How are you? Fine?—Wie geht es, gut?" wurde für mich immer mehr zur Phrase. Ob im Supermarkt, auf der Straße oder im Café: „How are you? Fine?" Dazu ein Reklamelächeln. Und dann die radikalen Äußerungen. Doch dazu paßte die Freundlichkeit nach außen gar nicht.

4. Vorurteile leben lange. Wir Deutschen kennen uns damit aus.

TASK — Produce **da**-compounds or prepositions + pronouns.

evasive

B. Fragen und Antworten: Wie geht's Sabine in den USA? Frau Holzer, die neugierige Nachbarin, hat wieder viele Fragen. Vervollständigen Sie Frau Meisters (**ausweichende**) Antworten. Ergänzen Sie das entsprechende Pronomen oder Pronominaladverb.

> **Beispiel:** Was hält sie vom amerikanischen Schulsystem? _____ nichts schreiben über
> **Darüber** schreibt sie nichts.

1. Wie findet sie das Klima in Minnesota? _____ sich gewöhnen an (use present perfect)

---

[1] **da**-compounds are also used to refer to a clause: *Gegen die amerikanischen Menschen habe ich nichts.* **Dazu** *kenne ich sie viel zu wenig.* Note that **da**-compounds cannot be formed with the prepositions **ohne, seit, außer**, and all prepositions requiring the genitive case. When a verb requiring a prepositional object is followed by a subordinate clause or an infinitive phrase, a **da**-compound may be used to anticipate the clause or phrase: *Vor allem erinnere ich mich* **daran**, *daß die Amerikaner so nett und hilfsbereit waren.*

2. Hat sie schon ihr Visum bekommen? _____ immer noch warten auf

3. Was hält sie von der amerikanischen Politik? _____ nichts schreiben von

4. Was sagt sie über George Bush? _____ nicht viel sagen über

5. Was sagt sie über die Wegwerfkultur der Amerikaner? _____ nicht sprechen über

TASK — Produce **da**-compounds or preposition + pronoun.

C. Auswanderer. *PZ* interviewte deutsche Auswanderer auf Heimaturlaub. Ergänzen Sie die Interviews mit einem Pronomen oder Pronominaladverb.

> **Beispiel:** Das war meine erste Reise in die USA. _____ (auf) hatte ich mich lange gefreut.
> **Darauf** hatte ich mich lange gefreut.

INTERVIEWERIN: Warum sind Sie in die USA ausgewandert, Herr Benz?
HERR BENZ: Weil die Leute so nett waren.
INTERVIEWERIN: Was gefällt Ihnen denn so _____ (an)?
HERR BENZ: Die Freundlichkeit und die Hilfsbereitschaft der Menschen, der große Respekt vor den Mitmenschen. Der Umgangston der Leute miteinander ist soviel freundlicher. _____ (von) bin ich immer wieder begeistert.

INTERVIEWERIN: Frau Triggs, Sie sind vor 43 Jahren ausgewandert. Können Sie sich noch an Ihre ersten Eindrücke von den Vereinigten Staaten erinnern?
FRAU TRIGGS: _____ (an) erinnere ich mich noch genau. Ich war von der Größe des Landes überwältigt. Man muß die Entfernungen selbst erleben, sonst kann man sich _____ (von) keine richtige Vorstellung machen.

INTERVIEWERIN: Wie gefällt es Ihnen in Ihrer alten Heimat?
FRAU HERZ: Schön ist's hier. Vor allem freut mich, daß ich meine Familie und Freunde wiedersehe. Ich denke oft _____ (an). Aber dableiben? Niemals. Die Enge hier und die Gartenzäune überall, _____ (an) bin ich nicht mehr gewöhnt.

TASK — Personalized exercise, **da**-compounds.

D. Ansichten. Äußern Sie sich zu den folgenden kontroversen Themen. Benutzen Sie dabei eines der Verben: **sich interessieren für, für oder gegen (etwas) sein, halten von, verstehen von, nachdenken über, sprechen über,...**

> **Beispiel:** Was halten Sie von Pornographie?
> **Darüber möchte ich nicht sprechen.**

equal opportunity

1. Rauchverbot in öffentlichen Gebäuden
2. Radarfallen
3. staatliche Krankenfürsorge
4. höhere Steuern für bessere Schulen
5. passive Sterbehilfe
6. Gesetze zur **Gleichstellung**
7. bessere Umweltgesetze
8. Leihmütter
9. Waffenverbot
10. Legalisierung von Drogen

wo-Compounds

The question word **wer**[1] refers to living beings. When used with a preposition, it follows the preposition.

An wen denken Sie?	Who(m) are you thinking of?
Von wem sprechen Sie?	Who(m) are you talking about?

The question word **was**[2] refers to things or concepts. In conjunction with a preposition, a compound with **wo-** (or **wor-** if the preposition begins with a vowel) and the preposition is frequently used.

Woran denken Sie zuerst bei Amerika?	*What do you think about first in connection with America?*
Wovon sprechen Sie?	*What are you talking about?*
Worüber ist sie entsetzt?	*What is she shocked about?*

In less formal German, however, the preposition and **was** is used quite often.

An was denken Sie zuerst bei Amerika?	*What do you think about first in connection with America?*
Von was sprechen Sie?	*What are you talking about?*
Über was ist sie entsetzt?	*What is she shocked about?*

Übungen

TASK — Respond to questions initiated by a **wo**-compound or by a preposition + interrogative pronoun.

A. Fragen zum Text. Beantworten Sie folgende Fragen zum Text *Lieben wir die USA?*

1. Worüber ist Margot Bach entsetzt?

2. Worüber ist sie erstaunt?

3. Von wem hat Anna Hauser nur Gutes erfahren?

4. Womit haben die Amerikaner den Deutschen nach 1945 geholfen?

5. Auf wen konnten sich die Deutschen seit Kriegsende immer verlassen?

6. Woran denkt Bernhard Klein bei Amerika?

7. Gegen wen hat er nichts?

8. Wogegen hat er was?

---

[1]You have already learned the nominative, dative, and accusative forms of **wer**. Here is the complete inflection:

Nominative	**wer**	*who*
Genitive	**wessen**	*whose*
Dative	**wem**	*to whom*
Accusative	**wen**	*whom*

[2]**was** does not change form.

B. Fragen und Antworten. Arbeiten Sie mit einer Partnerin/einem Partner. Stellen Sie sich gegenseitig Fragen. Benützen Sie entweder eine Präposition und **wer/was** oder ein Pronominaladverb (**wo**-compound).

> **Beispiel:** sich interessieren für
> A: Wofür interessierst du dich?
> B: Für Hard Rock. Und du?

1. sich Sorgen machen um
2. Angst haben vor
3. sich freuen auf
4. sich ärgern über
5. sich verlassen können auf
6. oft nachdenken über
7. sich gern erinnern an
8. nie sprechen von

LESEN

A. Heimweh eines Dichters. Der deutsche Schriftsteller Martin Walser war Gastprofessor an verschiedenen amerikanischen Universitäten. Der folgende Text ist ein Auszug aus „Heimweh eines Dichters", in dem Martin Walser über seine Erfahrungen in den Vereinigten Staaten berichtet.

- Bevor Sie den Text lesen, sehen Sie sich die Überschrift an. Wonach hat man normalerweise Heimweh? Wonach hat Martin Walser Heimweh? Welche Gründe führt er an?

HEIMWEH EINES DICHTERS
Von Martin Walser

„Wer erklärt mir mein Heimweh nach Amerika", fragte sich der Schriftsteller Martin Walser in einem Gedicht. Als Gast verschiedener Universitäten war er oft in den Staaten, jedesmal erneut verwundert über ein Land, in dem es sich so anders lebt als bei uns.

Wenn i bloß ge Amerika wär!–*Dialekt: Wenn ich bloß nach Amerika [ausgewandert] wäre!*
hatte Kurcharakter–*took on therapeutic significance*

Mein Großvater pflegte die letzten Jahre seines Lebens, wenn er mit mir an der Hand herumging, vor sich hinzumurmeln: **Wenn i bloß ge Amerika wär!** Er ist nicht. Leider. Ich hatte immer, wenn ich in Amerika war, Grund genug, dieses Land zu mögen. Die Kinder hatten es hier in der Schule schöner als in der Schule zuhause. In Amerika wurden sie eher wie Menschen behandelt und nicht wie kleine schadhafte Maschinen, die man dem Lehrer zum Reparieren bringt. Für mich selber **hatte** die Entfernung vom bundesrepublikanischen Kulturbetrieb **Kurcharakter** ...

Man hört viel über die sogenannte Oberflächlichkeit der amerikanischen Freundschaftsauffassung, daß

einleuchteten–*to be plausible*

Rücksichtslosigkeiten–*ruthlessness*

Klage–*complaint*

einem daran liegen muß, diesen viel beredeten kulturellen Unterschied dem sentimentalen Gerücht zu entreißen und ihn real zu bewerten. Dort helfen die Leute einander leichter als bei uns. Das scheint eine Gewohnheit zu sein von früher, als diese gegenseitige Hilfe noch dringend nötig war. Aber Europäer beklagen sich darüber, daß die amerikanische Freundschaft nicht tief genug gehe. Ich diskutierte das einmal mit einer Klasse in Kalifornien. Antworten, die mir **einleuchteten**: Das Amerikanische habe kein Wort für das, was wir *einen Bekannten* oder *eine Bekannte* nennen. Sie sagen also, kaum daß man sich kennt, *Freund*. Einer sagte, er habe *friends* mit großem und mit kleinem *f*. Die **Klage** über die Oberflächlichkeit der Freundschaft ist keine inneramerikanische. Sie wird immer von den Deutschen erhoben. Wir wollen offenbar tiefer geliebt werden, als man uns liebt. Nach verschiedenen Erfahrungen hier und dort ziehe ich vor, Freund auf amerikanische Weise zu gebrauchen. Mit möglichst kleinem *f*. Meistens ist der große deutsche Anfangsbuchstabe doch viel zu groß für das, was damit bezeichnet wird. Das amerikanische *f* kommt mir realistischer vor...

Trotz aller **Rücksichtslosigkeiten** des amerikanischen Kapitalismus: die Gesellschaft, die ihn macht und erleidet, kommt mir durchlässiger vor als die unsere. Macht nimmt dort nicht so viel Form an wie bei uns. Sie verlangt nicht, daß man den Hut ziehe vor ihr. Sie gibt zu, daß sie sich auf nichts Höheres gründet...

• Textarbeit •

1. **Information.** In diesem Textauszug vergleicht Martin Walser die USA mit der Bundesrepublik. Füllen Sie die Tabelle aus. Manchmal müssen Sie aus dem, was er über Amerika sagt, Schlüsse auf die Verhältnisse in der Bundesrepublik ziehen.

	Amerika	Bundesrepublik Deutschland
Schulerfahrung der Kinder		
Freundschaftsauffassung		
Hilfsbereitschaft		
Gesellschaft		

2. **Analyse.** Viele Deutsche beklagen sich über die Oberflächlichkeit der amerikanischen Freundschaftsauffassung.

   a. Was sagt Martin Walser zu diesem Vorwurf?

   b. Wie erklärt er den kulturellen Unterschied?

   c. Was hält er von der deutschen Freundschaftsauffassung?

   d. Welcher Meinung sind Sie?

B. **...und was kostet Europa?** Der folgende Text stammt aus der Zeitschrift *PZ* (*Politische Zeitung*). Diese Ausgabe, mit dem Titel *Wie weit weg ist Amerika?*, behandelt die deutsch-amerikanischen Beziehungen.

...UND WAS KOSTET EUROPA?

In der Maschine von New York nach Düsseldorf hat der beleibte Amerikaner neben mir bald herausgefunden, daß ich Deutscher bin. „Kennen Sie Düren", fragt er mich. Es dauert eine Weile, ehe ich verstanden habe, daß er die Stadt in der Nähe von Aachen, der alten Kaiserstadt meint. Aber mit „Kaiserstadt" kann er nichts anfangen. Sein kariertes Hemd ist für meinen Geschmack zu grell, sein Umgang mit dem Bordpersonal der eines **fordernden** Kunden. Ein Amerikaner unterwegs. „Was kostet Europa, ich kauf' es." Die Amerikaner hatten die Nazis vertrieben, die Demokratie eingeführt und uns zu Wohlstand verholfen. Und nun kommen sie, und gucken mal, was draus geworden ist — denke ich.

Mein Mitreisender heißt Frank. Er ist gesprächig. Ich erfahre, daß er der kleinste von drei Brüdern ist. „Ich bin aus dem Mittleren Westen. Mein Vater war Mechaniker auf' ner großen Farm. Von seinem Geld mußte er uns großziehen. Das war schwierig, als er mal längere Zeit krank wurde. Er **flog** dann auch noch **aus** seinem Job. Da war's nicht einfach. Naja, Sie wissen, wie das ist."

Nein, ich weiß nicht, wie das ist. Wer krank ist, kriegt Krankengeld bei uns. Und wegen Krankheit fliegt keiner aus seinem Job bei uns. „Dann ist Vater gestorben und Mutter kriegte keine Rente. Da hab' ich sie zu mir genommen. Ich arbeitete auf dem Bau. Mein Bruder Joe hat mir monatlich einen Scheck ge-

schickt für Mutter. Vor vier Jahren ist sie gestorben. Seither habe ich Geld gespart, um diese Europareise machen zu können." — „Und Sie, was machen Sie?"

Was soll ich erzählen? Daß mein Vater seine Rente am Bodensee verlebt, daß meine Schwester als Lehrerin **Arbeitslosenunterstützung** kriegt? „Was wollen Sie in Europa sehen?" frage ich Frank. „Zuerst will ich nach Düren", sagt Frank. „Freunde, Bekannte?" frage ich. „Mein Bruder", sagt Frank. „Er ist dort begraben. Anfang 1945 ist er als amerikanischer Soldat in der Nähe gefallen. Ich habe bisher nie das Geld gehabt, einmal sein Grab zu besuchen."

Gerd Lotze

fordernden–*demanding*   **flog...aus**–*lost (his job)*   **Arbeitslosenunterstützung**– *unemployment (benefits)*

• Textarbeit •

1. **Information.** Welche Einstellung hat der Autor gegenüber dem Amerikaner, bevor sie ins Gespräch kommen? Wie ändert sich seine Einstellung während des Gesprächs?

   a. Wie beschreibt er das Aussehen des Amerikaners?

   b. Wie kommentiert er das Verhalten des Amerikaners?

   c. Was sagt er, explizit oder implizit, über die Bildung des Amerikaners?

   insinuate   **d.** Welche Motivation für die Reise **unterstellt** er dem Amerikaner?

   e. Was erfährt er über Franks Familie?

   f. Was erfährt er über Franks finanzielle Situation?

   g. Warum unternimmt Frank die Europareise?

   h. Wie unterscheidet sich das Leben der beiden Familien?

   i. Wie reagiert der Autor auf das, was Frank erzählt?

2. **Analyse.**

   a. Warum, glauben Sie, erzählt der Autor die Geschichte im Präsens?

   b. Wie würden Sie seine Einstellung gegenüber dem Amerikaner vor und nach dem Gespräch bezeichnen?

   c. Diese Ausgabe von *PZ* hat den Titel *Wie weit weg ist Amerika?*. Warum, glauben Sie, ist der Text von Gerd Lotze in die Ausgabe **aufgenommen**

   has been included   **worden**?

Sprechen

A. Wie weit weg ist Deutschland? Führen Sie eine Meinungsumfrage zum Deutschlandbild der Amerikaner durch. Fragen Sie (auf englisch!) fünf Verwandte, Freunde oder Bekannte, woran sie bei Deutschland zuerst denken. Stellen Sie (auf deutsch) eine Klassenstatistik zum Deutschlandbild der Amerikaner auf. Welches Deutschlandbild ergibt sich, ein eher klischeehaftes oder ein eher differenziertes?

B. Was denken Deutsche über Amerika und die Amerikaner? Gruppenarbeit. Interviewen Sie einen (Austausch-)Studenten aus einem deutschsprachigen Land. Stellen Sie ihm/ihr einige Fragen, die Sie zuvor in Ihrer Gruppe ausgearbeitet haben. Versuchen Sie durch Ihre Fragen, ein differenzierteres Amerikabild zu bekommen. Beschreiben Sie dann das Amerikabild den anderen Gruppen.

SCHREIBEN

A. Austrian Airlines. Sehen Sie sich die folgende Anzeige von Austrian Airlines an. Wie würden Sie in Deutschland für einen Flug in die USA werben? Schreiben Sie Ihre eigene Anzeige.

MERIDIAN®
Reisen . . . wo die Welt am schönsten ist

Die Entdeckung Amerikas!
Exklusive USA-Rundreisen '89
Informationsteil

AUSTRIAN AIRLINES

B. Der „typische" Deutsche. Wie läßt sich der „typische" Deutsche aus der Sicht Ihrer Umfrage (oben) charakterisieren? Schreiben Sie ein Kurzportait des „typischen" Deutschen.

KULTUR

Deutsche und Amerikaner

Das Sinus-Institut führte im Auftrag des *Stern* und der Friedrich-Ebert-Stiftung eine Umfrage zum Amerikabild der Bundesbürger durch. Die Sinus-Forscher versuchten, die „typischen Eigenschaften" der beiden Völker zu ermitteln, wie sie von den Bundesbürgern gesehen werden. Den Befragten wurde eine Liste mit positiven, negativen und neutralen Eigenschaften vorgelegt[1].

---

[1]Quelle: Sebastian Knaur, *Lieben wir die USA?*

Wenn Sie einmal die Amerikaner beschreiben sollten: Welche Eigenschaften sind zutreffend? Und welche Eigenschaften passen auf die Deutschen?[1]

	Über Amerikaner	Über Deutsche		Über Amerikaner	Über Deutsche
Positive Eigenschaften:			**Negative Eigenschaften:**		
tatkräftig, aktiv	60	69	oberflächlich	37	9
demokratisch	59	62	nur auf eigenen Vorteil		
optimistisch	58	39	bedacht	34	20
selbständig	52	41	herrschsüchtig	27	19
großzügig	48	26	hochmütig, arrogant	27	15
idealistisch	44	28	eitel	26	23
friedliebend	38	58	kriegerisch	24	7
höflich	37	47	streitsüchtig, aggressiv	18	16
sozial, hilfsbereit	35	58	faul, bequem	14	6
zuverlässig, verläßlich	32	66	obrigkeitshörig	14	40
fleißig	31	81	**Neutrale Eigenschaften:**		
diszipliniert, beherrscht	25	58	fortschrittlich	74	60
gewissenhaft, pflicht-			zukunftsorientiert	65	52
bewußt	22	70	patriotisch	62	22
			unkompliziert	56	13
			konservativ	29	34
			gefühlsbetont	24	38

Alle Angaben in Prozent

1. **Information.** Wie sehen die Deutschen die Amerikaner? Und wie sehen sie sich selbst? Arbeiten Sie in kleinen Gruppen und setzen Sie die Eigenschaften mit den höchsten und niedrigsten Prozentsätzen in die Tabelle ein.

	Amerikaner hoch niedrig	**Deutsche** hoch niedrig
positive Eigenschaften 1.		
2.		
3.		
negative Eigenschaften 1.		
2.		
3.		
neutrale Eigenschaften 1.		
2.		

2. **Analyse.**

- Wer hat insgesamt mehr positive Eigenschaften? Wer hat mehr negative Eigenschaften?
- Wie sieht der „typische" Amerikaner aus? Wie der „typische" Deutsche?
- Was halten Sie von solchen Umfragen?

---

[1]Es gibt allerdings Bevölkerungsgruppen, deren Urteil erheblich von dieser Durchschnittsmeinung abweicht. Generell gilt: Je jünger die Befragten und je höher die Schulbildung, desto kritischer fällt das Urteil über die beiden Nationen aus.

3. **Umfrage.** Wenn Sie nun selbst die Deutschen beschreiben sollten: Welche Eigenschaften sind zutreffend? Und welche Eigenschaften passen auf die Amerikaner? Füllen Sie die Tabelle in Ihrer Gruppe aus und stellen Sie eine Statistik für den gesamten Kurs auf. In wieweit unterscheidet sich Ihr Ergebnis von dem der Bundesdeutschen?

Kreis 2   Deutsche und Ausländer

Lesehilfen

• Globalstrategien •

Kultur im Kontext

Wie ausländerfeindlich sind die Deutschen? In einer im Auftrag der *Süddeutschen Zeitung* durchgeführten Meinungsumfrage mit dem Titel „Deutschland 2000" wünschten sich 48 Prozent der Befragten mehr Toleranz gegenüber Ausländern. 33 Prozent fanden, die Toleranz gegenüber Ausländern „ist gerade richtig", 17 Prozent meinten, „es gibt zuviel".

Rechtsradikale Parolen

Paul Langrock/Bilderdienst Süddeutscher Verlag

Wie die Erfahrungen in der Bundesrepublik zeigen, nimmt die Ausländerfeindlichkeit dann zu, wenn Wirtschaftskrisen und Zukunftsängste vorhanden sind. Rechtsradikale Kreise drücken ihren Haß auf Minderheiten unter anderem mit der Parole „Ausländer raus!" aus.

Das wissen Sie schon!

catchy

Artikel in Zeitschriften wie *Stern* haben oft eine **eingängige** Überschrift und ein attraktives Layout, damit das Interesse des Lesers erweckt wird. Wie Sie wissen, wird in journalistischen Texten das Thema des Artikels oft schon in der Überschrift zusammengefaßt. Der Leser soll schnell feststellen können, worum es in dem Artikel geht.

Was erwarten Sie?

Worum geht es Ihrer Meinung nach in dem Artikel *Ausländer rein!*? Ziehen Sie dabei in Betracht, was Sie im Abschnitt *Kultur im Kontext* über die Parole „Ausländer raus!" gelesen haben.

• Detailstrategien •

Wortbildung

Im Text *Ausländer rein!* kommen viele neue Wörter vor. Zum größten Teil handelt es sich dabei um verwandte Wörter oder um Komposita, deren Wurzel Sie bereits kennen. Nehmen Sie Ihr Wissen über Präfixe und Suffixe — und natürlich den Kontext — zu Hilfe, um die Bedeutung von Wörtern wie **Ausländerfeindlichkeit**, **Verarmung**, **beleben**, usw. zu erschließen.

Im Kontext

Die Bedeutung vieler unbekannter Wörter läßt sich aus dem Kontext erschließen. Was bedeuten wohl die fettgedruckten Wörter in dem folgenden Satz?

> Ihre **Arbeitskraft** und ihre **Kaufkraft** beleben die Wirtschaft der Bundesrepublik.

Was belebt die Wirtschaft eines Landes? Die Wörter **Arbeit** und **Kauf** kennen Sie schon.

Können Sie die ungefähre Bedeutung der folgenden fettgedruckten Wörter aus dem Kontext erschließen?
> Das türkische Ehepaar Mamut und Ayse Inei **betreibt** seit acht Jahren ein Restaurant in der Münchner Innenstadt.
> Gerade die Vielfalt verschiedenartiger Kulturen mit ihren gegenseitigen **Anregungen** und **Einwirkungen** haben die USA zu ihrer heutigen Bedeutung geführt.

Kultur im Kontext

In Deutschland gibt es ein Gesetz, das die Reinheit des Bieres garantieren soll. Bier, das in Deutschland gebraut wird, darf außer Hopfen, Malz, Hefe und Wasser keine anderen Zusätze haben.

• Textvorschau •

Der Artikel *Ausländer rein!* erschien im *Stern* als Antwort auf die zunehmende Ausländerfeindlichkeit in der Bundesrepublik. Der folgende Text ist ein Auszug aus diesem Artikel.

vergeblich–*futile*

machen dicht–*close up*

5 Millionen Menschen fremder Nationalität leben bei uns. Ihre Arbeitskraft und ihre Kaufkraft beleben die Wirtschaft der Bundesrepublik. Weil ohne die Gäste unser Land ärmer wäre, müßte es eher heißen:

Ausländer rein!

Michael Bry/Monkmeyer

Nicht nur Landsleute essen gern bei ihnen: Das türkische Ehepaar Mamut und Ayse Gürlük betreibt seit acht Jahren ein Restaurant in der Müncher Innenstadt.

Ein Bericht von Wolfgang Barthel und Judith Schulte-Loh.

Stellen Sie sich vor, Montag treten alle in der Bundesrepublik beschäftigten Ausländer in den Streik: An den Straßen häufen sich die **Müllberge**. In den Krankenhäusern werden die Patienten noch schlechter versorgt als bisher. Hotelgäste müssen ihre Betten selber machen. Bei VW, Opel, BMW und Mercedes fallen ganze **Fließbandbereiche** aus. Fahrgäste warten stundenlang auf den

verkommen– *deteriorate*

Müllberge–*mountains of trash*

Fließbandbereiche–*a work station on an assembly line*

Linienbus zur Arbeit. Angestellte finden ihre Büros ungeputzt vor. In den Kantinen wird nicht mehr gekocht, der Gang zum Türken oder Italiener an der Ecke ist **vergeblich**, denn auch die ausländischen Restaurants **machen dicht**.

Die 5 Millionen Ausländer in unserem Land haben schließlich allen Grund, sauer auf die Deutschen zu sein. Aussiedler, Asylanten, Einwanderer—derzeit, „fluten" und „strömen" sie wieder in Politikerreden, in der konservativen Presse und auch am Stammtisch. Das deutsche Reinheitsgebot wird gefordert, diesmal nicht für Bier sondern für die Bevölkerung.

Wer fordert, daß die Bundesrepublik **nicht** „zu einer multikulturellen und multinationalen Gesellschaft" **verkommen** dürfe, übersieht, daß der dumpfe Appell an das deutsche Nationalgefühl eine Einladung zur Verarmung ist. Die Amerikaner fühlen nicht weniger Stolz auf ihr Land. Gerade die Vielfalt verschiedenartiger Kulturen mit ihren gegenseitigen Anregungen und Einwirkungen haben die USA zu ihrer heutigen Bedeutung geführt. „Ausländer rein" statt „Ausländer raus!", sollte es deshalb heißen, trotz aller Schwierigkeiten des Zusammenlebens. Die werden aber zur Zeit kräftig hochgespielt.

Die Türken haben es von allen Nationalitäten am schwersten. Während Russen, Syrer, Spanier, sogar Chinesen verhältnismäßig schnell akzeptiert oder gar nicht erst als Gastarbeiter angesehen werden, ist der Türke meist nur geduldeter Arbeitnehmer.

„Den Deutschen ist unsere Kultur

ausnutzen–*exploit*

fremd'', sagt der Restaurantbesitzer Mamut Inei, ,,und viele denken, daß wir den Sozialstaat nur **ausnutzen** wollen.'' Die Vorurteile hat er kennengelernt, als er eine Wohnung für seine Familie suchte. ,,In vier Monaten habe ich über 100 Wohnungen besichtigt'', sagt er, ,,doch sobald der Vermieter sah, daß ich Türke bin, **war ich aus dem Rennen.**''

war ich aus dem Rennen–*I was out of the running*

Nach zwanzig Jahren Bundesrepublik fühlen sich Mamut und Ayse Inei immer noch nicht recht heimisch. Irgendwann wollen sie wieder in die Türkei zurück. Doch auch da gibt es Probleme. ,,Wir sind zweimal Ausländer'', sagt Ayse, ,,wenn wir im Urlaub in die Türkei fahren, dann rufen sie, die Deutschen kommen.'' Für die Kinder dagegen ist es keine Frage mehr, wohin sie gehören. Die meisten ihrer Freunde sind Deutsche. ,,Deutschland, das ist meine Heimat'', sagt der 20jährige Suat,

Erhaltung–*preservation*
Einzelschicksale–*fates of individuals*
Schwestern–*nurses*
Straßenkehrerkolonne–
crew of street sweepers

,,es wäre undenkbar, in ein anderes Land zu gehen.'' Die 18jährige Kiray erzählt von ihrem letzten Klassentreffen. ,,Da sprach ein ehemaliger Mitschüler von der **Erhaltung** des Deutschtums'', empört sie sich, ,,dem sagte ich, wenn du solche Ansichten hast, brauchst du dich gar nicht an unseren Tisch zu setzen.''

Einzelschicksale, Erfahrungen, die auf ihre Weise auch die **Schwestern** aus verschiedenen Nationen in den Krankenhäusern gemacht haben. Oder die 24 Mann starke **Straßenkehrerkolonne**, die ausschließlich aus Türken besteht, der indische Restaurantbesitzer, der vietnamesische Designer, der schwarze Jazz-Tanzlehrer, die libanesische Galeristin, die japanische Pianistin. Sie alle tragen nach ihren Kräften und Fähigkeiten dazu bei, das Leben bei uns angenehmer, bunter, lebenswerter zu machen.

• Textarbeit •

The title counters reader-expectations (-**Ausländer raus!**) in the form of a command (-**Ausländer rein!**), thus placing the reader on the defensive and distancing him / her from undesirable stereotypes.

1. Information.

a. Wie ist der Artikel aufgebaut?

- Welche Form hat die Überschrift des Artikels?
- Welche Schlußfolgerungen können Sie daraus für den Inhalt ziehen?
- In welche Abschnitte läßt sich der Artikel gliedern?
- Womit beginnt der Artikel?
- Was glauben Sie, warum haben die Autoren diesen Anfang gewählt?

b. Sehen Sie sich die fiktive Stituation am Anfang an.

- Welche Folgen hätte ein Streik aller Ausländer?
- In welchen Bereichen bzw. Berufen arbeiten die meisten Ausländer?

c. Warum haben die Autoren den Artikel *Ausländer rein!* geschrieben?

- Von wem und wie wird Fremdenfeindlichkeit artikuliert?
- Welche Absicht verfolgen die Autoren mit ihrem Artikel?
- Welche Gründe führen sie für die Forderung *Ausländer rein!* an?

d. Die Autoren schildern am Beispiel der Familie Inei Integrations- und Identitätsprobleme von Ausländern.

- Welche Nationalität wird am wenigsten akzeptiert?
- Welche Gründe werden im Artikel dafür genannt?
- Welche Form von Diskriminierung hat die Familie Inei erlebt?
- Fühlen sich die einzelnen Familienmitglieder integriert?
- Welche Identitätsprobleme haben die Eltern?

2. Analyse. Argumente und Gegenargumente.

a. Mit welchen Argumenten versuchen die Autoren die Leser zu überzeugen?

b. Finden Sie diese Argumente überzeugend?

c. Gibt es noch andere Argumente?

d. Gibt es Gegenargumente?

HÖREN

A. Wir sind Deutsche. Ausländerhaß gegen die eigenen Landsleute—das klingt paradox. Aber rund 200 000 (farbige) Bundesbürger sind davon betroffen. Hören Sie an, was zwei farbige Deutsche — Katharina Bäss (16), geboren in Vietnam und Vinod Sodhi (32), Vater Inder — in einem Interview mit *Brigitte* über ihre Erfahrungen berichten.

• Miniwörterbuch •

hänseln   *to tease*

• Textarbeit •

1. Information. Wie wirkt sich das Aussehen der Befragten auf ihr Leben aus? Füllen Sie die Tabelle aus. Falls Sie im Text keine Aussage finden, setzen Sie „?" in die Tabelle.

	Katharina Bäss	Vinod Sodhi
Welche Erfahrungen machten sie in der Schule?		
Welche Beispiele von Diskriminierung nennen sie?		
Welche Maßnahmen treffen sie wegen ihres Aussehens?		

2. Analyse. Wie unterscheidet sich das Leben der farbigen Deutschen von dem ihrer hellhäutigen Landsleute?

   a. Welche Probleme haben sie wegen ihres Aussehens?

   b. Wie stark wirkt sich die Benachteiligung auf ihr Leben aus: kaum — wenig — stark — sehr stark?

B. Du bist anders. Im folgenden hören Sie einen Ausschnitt aus dem Interview mit Knuth Stein (24), Fotoassistent in Hamburg, in dem er von seinen Alltagserfahrungen erzählt. Seine Mutter ist Deutsche, sein Vater Chinese.

• Textarbeit •

1. Information. Wie unterscheidet sich Knuth Steins Leben von dem seiner hellhäutigen Landsleute?

   a. Was macht ihm täglich klar, daß er anders ist?

   b. Wie empfindet er das Verhalten von Fremden?

   c. Wie reagiert er auf ihr Verhalten?

   d. Worüber ärgert er sich?

   e. Wie reagiert er auf Beschimpfungen?

   f. Was war sein schlimmstes Erlebnis?

   g. Was ist ihm passiert?

2. Analyse.

   a. Glauben Sie, daß Knuth Steins Angst in der S-Bahn berechtigt war? Warum? Warum nicht?

   b. Was hätten Sie in dieser Situation getan?

GRAMMATIK

The Passive Voice

The terms active voice and passive voice describe the relationship between the verb and its subject:

active voice:	Die Politiker spielen das Problem hoch.
	The politicians are playing up the problem.
passive voice:	Das Problem wird von den Politikern hochgespielt.
	The problem is being played up by the politicians.

In the active sentence above the grammatical subject **die Politiker** is the agent of the action expressed by the verb **spielen...hoch**. In the passive sentence the grammatical subject **das Problem** is being acted upon by the agent (**von**) **den Politikern**, i.e., it is the recipient of the action described by the verb **wird...hochgespielt**.

Use of the Passive

The sentences above have essentially the same meaning. The difference lies in the speaker's perspective. In the active voice, the speaker's attention is focused on the performer of the action. In the passive, the agent is of secondary importance; the speaker's attention is focused on the "passive" recipient of the action. Quite often, passive sentences make no mention of the agent or cause of the action.

> In den Krankenhäusern werden die Patienten noch schlechter versorgt als bisher.
> *The patients in the hospitals are being cared for even worse than in the past.*
> Russen, Syrer, Spanier, sogar Chinesen werden verhältnismäßig schnell akzeptiert.
> *Russians, Syrians, Spaniards, even Chinese are being accepted relatively quickly.*
> Die Schwierigkeiten des Zusammenlebens werden aber zur Zeit kräftig hochgespielt.
> *The difficulties of getting along together are being strongly played up at present.*

The choice between an active and a passive construction depends on the speaker's perspective. A passive construction is generally used

- to emphasize that the subject is being acted upon
- when the agent is of secondary importance
- when the speaker does not want to disclose the agent
- when the agent is unknown

The Personal Passive. Passive sentences, as you have seen, shift the emphasis from the agent to the action and the recipient of the action. Most transitive verbs, i.e. verbs that take an accusative object, can be used in the passive voice.

Formation of the Passive

In German the passive voice is formed with the auxiliary verb **werden** + the past participle of the main verb. The auxiliary **werden** is the inflected verb, and thus indicates the tense.

Tense	Passive Voice	Examples
present	Die Probleme werden hochgespielt.	*The problems are (being) played up.*
simple past	Die Probleme wurden hochgespielt.	*The problems were (being)/have been played up.*
present perfect	Die Probleme sind hochgespielt worden.	*The problems were (being)/have been played up.*
past perfect	Die Probleme waren hochgespielt worden.	*The problems had been played up.*
future	Die Probleme werden hochgespielt werden.	*The problems will be played up.*

- In the perfect, the past participle **geworden** is contracted to **worden**. The verb **werden** uses the auxiliary verb **sein** to form the perfect.
- The future tense is formed with the auxiliary verb **werden**. A passive construction in the future tense is formed with the inflected form of the auxiliary **werden** + the passive infinitive **werden** in final position.

Übungen

A. Passiv. Sehen Sie sich die folgenden Über- bzw. Unterschriften aus *Stern* und *der Spiegel* an.

- Identifizieren Sie die Passivkonstruktionen.
- In welchem Tempus stehen sie?
- Wird das Agens (*agent*) genannt?

1. **„Angst schürt den Haß"**
   Asylbewerber, die aus dem Westen der Republik in die neuen Bundesländer abgeschoben werden, haben es dort noch schlechter

2. **Der Vielvölkerstaat**
   Immer wieder im Laufe der Geschichte ist Deutschland durch Zuwanderer bereichert worden

3. **Der Primas vom Neckar**
   Ohne Sinti und Roma, die von den Nazis verfolgt wurden, wäre die Musik ärmer

4. **Wir werden es nicht zulassen, daß in der Bundesrepublik Ausländer zu Menschen zweiter Klasse gemacht werden**

5. **Auf der ganzen Welt sind zur Zeit mehr als 14 Millionen Menschen auf der Flucht**
   Sie wurden aus rassistischen, religiösen, nationalen, sozialen oder politischen Gründen verfolgt.

6. **Wegen Türkenbeschimpfung zu Strafarbeit verurteilt**
   Ein 19jähriger Berliner, der eine türkische Familie während einer Busfahrt als „Scheiß-Türken", „Idioten" und „Kanaken" beschimpft hatte, ist wegen **Volksverhetzung**, Beleidigung und Körperverletzung verurteilt worden.

incitement of people

TASK — Supply passive verb forms, present and simple past.

B. Du bist anders. Vier farbige Deutsche berichten in *Brigitte*, wie sich ihr Leben von dem ihrer hellhäutigen Mitbürger unterscheidet. Vervollständigen Sie die Passivsätze und verwenden Sie dabei die in Klammern angegebenen Verben und Tempora.

> **Beispiel:** Ich _____ mit 8 Monaten _____ (adoptieren, *Präteritum*).
> Ich wurde mit 8 Monaten adoptiert.

Katharina Bäss (16), Azubi, geboren in Vietnam

Ich _____ mit 8 Monaten _____ (adoptieren, *Präteritum*). Dauernd _____ ich nach meiner Lebensgeschichte _____ (fragen, *Präsens*), und alle Leute wundern sich über meinen deutschen Namen und mein gutes Deutsch. Das nervt. In der Schule _____ ich oft _____ (hänseln, *Präteritum*). Da war ich dann sehr traurig. Bei meiner Suche nach einer Lehrstelle _____ ich aber nicht _____ (benachteiligen, *Präteritum*).

Sabiha Dinc (20), Damenschneiderin, Vater Türke

Mein kleiner Bruder _____ am meisten _____ (anstarren, *Präsens*), wenn wir zum Beispiel zusammen Bus fahren. Er sieht von uns Geschwistern am ausländischsten aus. Ich habe mir die Haare gefärbt. Jetzt _____ ich höchstens noch wegen meines Namens _____ (ausfragen, *Präsens*).

Knuth Stein (24), Fotoassistent, Vater Chinese

Jeden Tag passiert etwas, was dir klarmacht: auf den ersten Blick _____ du nicht als normaler Deutscher _____ (ansehen, *Präsens*). Von Passanten _____ du _____ (angaffen, *Präsens*) und von Verkäufern _____ du auf Englisch oder in gebrochenem Deutsch _____ (anreden, *Präsens*). Meistens fragt man mich: „Woher kommen Sie eigentlich?" Das geht zwar auf die Nerven, aber solche Neugier nehme ich keinem übel. Aber es kommt auch vor, daß ich als Schlitzauge _____ _____ (beschimpfen, *Präsens*). Dann sage ich nichts und gehe einfach weiter.

Sabina Idun (16), Schülerin, Vater farbiger Deutscher

Das größte Problem für mich sind eigentlich die Männer. Als farbige Frau _____ ich nur wegen meiner Hautfarbe _____ (ansprechen, *Präsens*). Farbige Frauen _____ alle in einen Topf _____ (werfen, *Präsens*): sie tanzen gut, sind immer fröhlich und sind gut im Bett. Ihnen _____ alle Individualität _____ (absprechen, *Präsens*).

TASK — Supply passive verb forms, present perfect.

C. „Wir sind totale Rechtsradikale". Knuth Stein spricht über seine Angst vor rechtsradikalen Schlägern. Ergänzen Sie die Passivsätze im Perfekt.

Ich selbst _____ von den Skins noch nicht _____ _____ (angreifen), aber ich gehe ihnen vorsichtshalber aus dem Weg. Meine schlimmste Begegnung hatte ich mit HSV-Fans in der S-Bahn. Die waren betrunken und haben gegrölt: „Wir sind totale Rechtsradikale." Da _____ ich von einer schrecklichen Angst _____ _____ (packen). Ich habe den Mantelkragen hochgeschlagen. Zum Glück _____ ich nicht als Ausländer _____ _____ (erkennen). Als die Bahn an der nächsten Station gehalten hat, bin ich schnell ausgestiegen.

TASK — Supply passive verb forms, present, simple past, present perfect.

D. „Du stammst vom Teufel ab, weil du so schwarz bist". Ika Hügel (43), Diplom-Sozialpädagogin, spricht mit der Reporterin von *Brigitte* über ihre Erfahrungen als farbige Deutsche. Sie ist ein sogenanntes Besatzungskind. Ihr Vater, ein farbiger US-Soldat, ist nach der Besatzung in seiner Heimat untergetaucht. Vervollständigen Sie die Passivsätze und verwenden Sie dabei die in Klammern angegebenen Verben und Tempora.

	BRIGITTE: Welche Erfahrungen haben Sie als Besatzungskind gemacht?

spiteful

IKA HÜGEL: Kinder sind **gehässig**, und früher waren sie es noch mehr. Es _____ ihnen _____ (verbieten, *Präteritum*), mit mir zu spielen. Ich _____ von allen _____ (hänseln, *Präteritum*): „Du hast ja gar keinen Vater. Du stammst vom Teufel ab, weil du so schwarz bist." Da habe ich mir Rache geschworen.

BRIGITTE: Wie haben Sie sich denn gerächt?

to be sought after

IKA HÜGEL: Ich war gut in Sport, Mathe, sehr gut in Deutsch, und deswegen _____ ich immer öfter von meinen Mitschülern _____ (**umwerben**, *Präteritum*). Und immer öfter reagierte ich arrogant.

BRIGITTE: Viele farbige Deutsche werden arrogant.

to force

IKA HÜGEL: Farbige Deutsche _____ dazu _____ (**zwingen**, *Präsens*), eine arrogante Haltung als Schutz vor Beleidigungen zu entwickeln.

TASK — Produce passive sentences, present.

E. Diskriminierung. Geben Sie Beispiele von Diskriminierung in der Bundesrepublik und in den USA. Passivkonstruktionen werden oft verwendet, wenn man hervorheben will, daß dem Subjekt etwas widerfährt. Konstruieren Sie Passivsätze im Präsens.

> **Beispiel:** farbige Deutsche/mit Schimpfwörtern beleidigen
> Farbige Deutsche werden oft mit Schimpfwörtern beleidigt.

1. Manche Ausländer/in Restaurants nicht bedienen
2. Türken/zusammenschlagen/von Rechtsradikalen
3. Gastarbeiter/unfreundlich behandeln
4. Farbige Deutsche/in der Öffentlichkeit anstarren
5. Gastarbeiter/nicht akzeptieren/von vielen
6. Minderheiten/im Beruf benachteiligen
7. …?

TASK — Personalized exercise; construct passive sentences, present perfect.

F. Ist dir das schon passiert? Arbeiten Sie mit einem Partner und stellen Sie sich gegenseitig Fragen.

> **Beispiel:** bestehlen
> A: Bist du schon einmal bestohlen worden?
> B: Ja, mir ist mein Fahrrad gestohlen worden. Und du?
> A: Nein, zum Glück bin ich nie bestohlen worden.

to assault verbally

to disadvantage

1. schimpfen	5. **anpöbeln**
2. verletzen	6. hänseln
3. **benachteiligen**	7. anstarren
4. unfreundlich behandeln	8. …?

The Use of werden

As you have seen, the verb **werden** can function in three ways:

1. **werden** as main verb	Die Deutschen werden ausländerfeindlicher. *The Germans are becoming more hostile towards foreigners.*
2. **werden** + infinitive (future tense)	Wir werden es nicht zulassen. *We will not tolerate it.*
3. **werden** + past participle (passive voice)	Die Russen werden schneller akzeptiert. *The Russians are being accepted more quickly.*

Übung

Werden. Identifizieren Sie alle Formen von **werden** in dem folgenden Auszug aus dem *Brigitte*-Interview mit Ika Hügel. Wie und in welchem Tempus wird das Verb jeweils gebraucht?

BRIGITTE: Frau Hügel, Sie haben vor vier Jahren die ISD (Initiative Schwarzer Deutscher) mitgegründet.

IKA HÜGEL: Ja, um uns wirksamer gegen Diskriminierungen wehren zu können. Trotz Grundgesetz, Artikel 3, werden wir tagtäglich wegen unserer Rasse und Abstammung benachteiligt. Seit der Wiedervereinigung ist der Rassismus für uns alle noch deutlicher spürbar geworden.

BRIGITTE: Warum?

IKA HÜGEL: Weil die sozialen Probleme größer geworden sind; Wohnungsnot, Arbeitslosigkeit. Der Zulauf, den rechtsradikale Gruppen haben, und die wachsende Zahl rassistischer Überfälle zeigen: Die Schuld für diese Probleme wird immer mehr den Ausländern zugewiesen.

BRIGITTE: Wie versucht die ISD, Rassissmus zu bekämpfen?

IKA HÜGEL: Durch öffentliche Diskussionen, Veranstaltungen und mit unserer Zeitschrift *Afro-Look*. In Zukunft werden wir noch enger mit Ausländer-Initiativgruppen zusammenarbeiten.

The Passive with Modal Verbs

In passive constructions with modal verbs, the modal is the inflected verb, and thus indicates the tense. The passive infinitive follows the past participle of the main verb.

Die Probleme	dürfen	nicht hochgespielt	werden.
	present tense	*past participle*	*passive infinitive*

The problems must not be played up.

Passive constructions with modal verbs mainly occur in the present and simple past tenses.

present tense   Einzelfälle können nicht berücksichtigt werden.
Individual cases can not be taken into consideration.

Die Ausländer dürfen nicht zu Menschen zweiter
Klasse gemacht werden.
Foreigners must not be made into second-class people.

simple past   Einzelfälle konnten nicht berücksichtigt werden.
Individual cases could not be taken into consideration.

Das mußte richtiggestellt werden.
That had to be corrected.

Übungen

TASK — Identification exercise, passive with modals.

A. Passiv. Sehen Sie sich die folgenden Textauszüge aus deutschsprachigen Zeitungen und Zeitschriften an.

- Identifizieren Sie die Sätze mit Modalverben im Passiv.
- In welchem Tempus stehen sie?

1. Laut Grundgesetz, Artikel 3, darf niemand wegen seiner Rasse und Abstammung benachteiligt werden.

2. Die ISD wendet sich mit Diskussionen und Veranstaltungen an die Öffentlichkeit. „Der Rassismus muß bekämpft werden", meint Ika Hügel.

3. „Wir sind kein Einwandererland", hat Helmut Kohl die Asyl-Politik begründet. „Die Probleme Sri Lankas können nicht hier in der Bundesrepublik gelöst werden."

TASK — Produce passive constructions with modals.

B. Was kann gegen Rassismus getan werden? Bilden Sie Sätze mit Modalverben im Passiv.

Beispiel: Filme zum Thema „Rassismus" vorführen (können)
Filme zum Thema „Rassismus" können vorgeführt werden.

1. die Öffentlichkeit über Formen von Diskriminierung informieren (müssen)

2. Minderheiten gesetzlich schützen (müssen)

3. brutale Überfalle auf Ausländer nicht bagatellisieren (dürfen)

4. Fremdenfeindlichkeit diskutieren (sollen)

5. Begegnungen zwischen Deutschen und Ausländern organisieren (können)

TASK — Produce passive constructions with modals.

budget deficit

C. Welche Maßnahmen sollten getroffen werden? Äußern Sie sich zum **Haushaltsdefizit** der Vereinigten Staaten. Welche Maßnahmen sollte man Ihrer Meinung nach treffen? Welche nicht? Verwenden Sie eine Passivkonstruktion mit Modalverb.

Beispiel: Rüstungsausgaben kürzen
Die Rüstungsausgaben müssen gekürzt werden.

Point out subjunctive form **sollten**.

1. Steuern erhöhen   **2.** Importzölle einführen

3. Sozialleistungen streichen

4. Wirtschaft durch Steuersenkung beleben

5. weniger Waren importieren

6. Subventionen für die Kunst kürzen

7. Ausgaben für die Bildung senken

8. mehr Waren exportieren

9. bessere Waren produzieren

10. ...?

The Agent in Passive Sentences

As already mentioned above, the agent of an action is of secondary importance in the passive. However, if the agent is stated, it is the object of the preposition **von** (+ dative).

> Zur Zeit werden die Probleme von den Politikern kräftig hochgespielt.
> *At present the problems are being strongly played up by politicians.*

If the agent is an impersonal cause or force, a means, or some intermediary, the proposition **durch** (+ accusative) is used.

> Der Fremdenhaß wird durch soziale Ängste und Minderwertigkeitsgefühle ausgelöst.
> *Hate feelings against foreigners are being released by social fears and feelings of inferiority.*

Übung

TASK — Supply **von** or **durch**.
the authorities

Von oder durch? Ergänzen Sie die entsprechende Präposition in den folgenden Auszügen aus deutschen Zeitungen und Zeitschriften.

1. Asylbewerber, die _____ den **Behörden** im Westen in die neuen Bundesländer abgeschoben werden, haben es dort noch schlechter.

2. Die Behörden im Osten sind völlig unvorbereitet. Oft werden die Asylbewerber _____ den Beamten ganz einfach wieder zurückgeschickt.

3. Mit Verständnis bei der Bevölkerung können die in den Osten abgeschobenen Ausländer nicht rechnen. Von der „internationalen Solidarität", die jahrzehntelang _____ der DDR propagiert wurde, ist wenig zu spüren.

4. Die latente Ausländerfeindlichkeit wird _____ die Sorge um den eigenen Arbeitsplatz noch verstärkt.

LESEN

speech therapist

A. Afro-Deutsch. Die Verfasserin des Gedichts *Afro-Deutsch*, May Opitz, ist Diplompädagogin und macht zur Zeit eine Ausbildung als **Logopädin**. Sie ist eine der Herausgeberinnen des Buches *Farbe bekennen. Afro-deutsche Frauen auf den Spuren ihrer Geschichte*. Ihre Texte und Gedichte sind in Zeitschriften wie *The Black Scholar* und *Conditions* und in den Büchern *Sind wir uns denn so fremd?*, *Schwarz-Afrika der Frauen* und *Aus aller Frauen Länder*

Courtesy of May Optiz

May Optiz

erschienen. Das Gedicht ist abgedruckt in der zweisprachigen Zeitung *Die Brücke / The Bridge*.

Afro-Deutsch

Sie sind afro-deutsch?
... ah, ich verstehe, afrikanisch *und* deutsch.
Ist ja 'ne interessante Mischung!
Wissen Sie: manche, die denken ja immer noch,
die Mulatten, die würden's nicht
so weit bringen
wie die Weißen.
Ich glaube das nicht.
Ich meine: bei entsprechender Erziehung ...
  Sie haben ja echt Glück, daß Sie *hier* aufgewachsen sind.
  Bei deutschen Eltern sogar. Schau an!

Wollen Sie denn mal zurück?
Wie? Sie war'n noch nie in der Heimat von Papa?
Ist ja traurig ... Also, wenn Se mich fragen:
So 'ne Herkunft, das prägt eben doch ganz schön.
Ich z.B., ich bin aus Westfalen,
und ich finde,
da gehör' ich auch hin ...

Ach Menschenskind! Dat ganze Elend in der Welt!
  Sei'n Se froh,
daß Se nich im Busch geblieben sind.
Da wär'n Se heute nich so weit!
Ich meine, Sie sind ja wirklich 'n intelligentes Mädchen.
  Wenn Se fleißig sind mit Studieren,
  können Se ja Ihren Leuten in Afrika helfen: Dafür
sind Sie doch prädestiniert,
  auf Sie hör'n die doch bestimmt,
während unsereins—
  ist ja so'n Kulturgefälle ...

Wie meinen Sie das? Hier was machen. Wat woll'n Se denn hier schon machen?
Ok., ok., es ist nich alles eitel Sonnenschein. Aber ich finde,
jeder sollte erstmal vor seiner eigenen Türe fegen!

• Textarbeit •

1. Sehen Sie sich zuerst den Aufbau des Gedichts an.

 a. Womit beginnen die vier Strophen?

 b. An wen sind die Fragen gerichtet?

 c. Was erwartet man auf Fragen? Wer antwortet in dem Gedicht? Welche Schlußfolgerungen können Sie daraus ziehen?

 d. Wer, glauben Sie, ist der Sprecher in dem Gedicht? Ein Mann oder eine Frau? Begründen Sie Ihre Entscheidung.

2. Welche — expliziten und impliziten — Informationen über die Angesprochene stehen im Text?

   a. Welche Hautfarbe hat sie? Ihre Mutter? Ihr Vater?

   b. Welche Staatsbürgerschaft hat sie wohl?

   c. Was meinen Sie, zu welcher sozialen Schicht gehört sie?

3. Im Gedicht werden folgende Oppositionen aufgebaut: Ich—manche anderen Deutschen; Weiße—Farbige; hier (Deutschland)— dort (Afrika).

   a. Welche Wörter werden diesen Oppositionen zugeordnet?

   b. Wozu gehört der Sprecher, wozu die Angesprochene?

   c. Welche Kriterien nennt er—explizit und implizit—für die Zugehörigkeit zu einer der Seiten? Was für Kriterien sind das?

4. Was sagt der Sprecher explizit über seine Einstellung gegenüber Farbigen?

   a. Was denken, wie er sagt, manche anderen Deutschen über Farbige?

   b. Was denkt er „offiziell"?

5. Stimmt das, was er explizit sagt, mit dem, was er implizit sagt, überein? Begründen Sie Ihre Meinung.

6. Mit welchen Adjektiven würden Sie die Haltung des Sprechers gegenüber der Angesprochenen charakterisieren: freundlich, interessiert, unvoreingenommen, väterlich, patriarchalisch, aggressiv, arrogant, rassistisch, sexistisch, hegemonial, ... ?

B. Ausländer raus! Bevor Sie die Anzeige lesen, denken Sie darüber nach, was Sie über die Organisation „terre des hommes" wissen.

• Textarbeit •

1. **Information.** Was für eine Organisation ist *terre des hommes*? Lesen Sie das Kleingedruckte durch und beantworten Sie folgende Fragen.

   a. Für wen oder was setzt sich „terre des hommes" ein?

   b. In welchen Ländern arbeitet die Organisation normalerweise?

   c. Wen will die Organisation mit dieser Aktion unterstützen? In welchem Land? Warum?

   d. Warum ist das außergewöhnlich?

   e. Was bekommt man, wenn man den Coupon ausgefüllt zurückschickt?

   f. Wohin kann man Geldspenden schicken, wenn man diese Aktion unterstützen will?

2. **Analyse.** Wie versucht die Anzeige, die Aufmerksamkeit der Leser zu erregen? Lesen Sie den großgedruckten Teil der Anzeige durch und beantworten Sie folgende Fragen.

   a. Von wem wird die Parole „Ausländer raus!" verwendet?

   b. Was wird mit der Konjunktion **weil** ausgedrückt?

   c. Lesen Sie die mit **weil** eingeleiteten Sätze durch. Welchen Effekt haben Sie im Zusammenhang mit der Parole?

3. **Reaktion.** Würden Sie für diese Aktion Geld spenden? Warum? Warum nicht?

Sprechen

Umfrage: Unterstützen Sie eine Organisation? Gruppenarbeit. Führen Sie die Umfrage in Kleingruppen durch und berichten Sie das Ergebnis Ihrer Umfrage den anderen Gruppen.

- Bist du Mitglied einer Organisation? Warum? Warum nicht?
- Wenn ja, welche Organisation(en)?
- Wie unterstützt du sie?
- Wenn du Zeit und Geld hättest, welche Organisation(en) würdest du unterstützen?

SCHREIBEN

A. Gegen Ausländerfeindlichkeit. Die Anzeige von *terre des hommes* auf Seite 486 wendet sich gegen die zunehmende Ausländerfeindlichkeit in Deutschland. Mit welcher Anzeige würden Sie gegen Ausländerfeindlichkeit kämpfen?

B. **Typisch deutsch?** Beschreiben Sie, welche Vorurteile und Stereotypen der folgenden Karikatur des „typischen Deutschen" zugrunde liegen.

KULTUR

Was die Deutschen in Ost und West eint und trennt

Das Nachrichtenmagazin *Der Spiegel* ließ in der gesamten Bundesrepublik eine Umfrage durchführen, um herauszufinden, was die Deutschen in Ost und West trennt. Gefragt wurde unter anderem nach ihrem Sympathie-Grad für die Angehörigen verschiedener Völker.

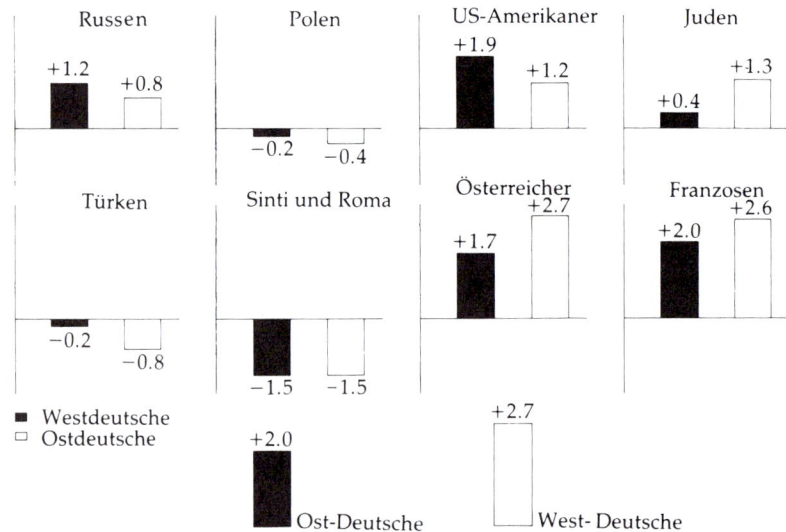

- Über wen denken die Deutschen positiv? Über wen negativ?
- Können Sie eine Erklärung für die unterschiedlichen Sympathiewerte geben?
- In wieweit unterscheiden sich die Antworten der Ost- und Westdeutschen?
- Können Sie eine Erklärung dafür geben?

Ilse Friesem/Monkmeyer

Recycling

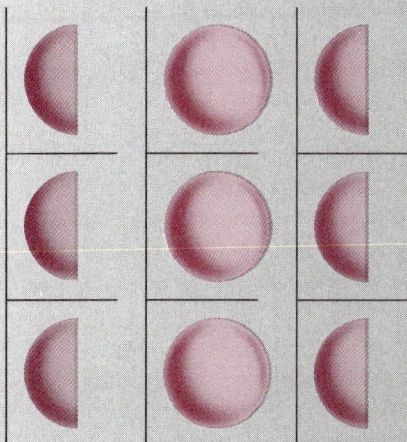

Umwelt

You will learn about personal commitments by Germans to help clean up the environment and about the gigantic pollution problems in that part of Germany which was formerly the GDR. You will practice writing letters to the editor on the pollution issue and will negotiate with your student colleagues the kinds of personal changes you think will reduce pollution.

Lesehilfen

• Globalstrategien •

Was erwarten Sie?

Sehen Sie sich die Überschrift und das Layout des Textes an. Um welche Textsorte handelt es sich? Um was geht es wohl in dem Text? Welche Antworten auf eine Umfrage wählen Redaktionen gewöhnlich aus?

Das wissen Sie schon!

environmental problems

Die Bundesrepublik hat ähnliche **Umweltprobleme** wie alle anderen hochindustrialisierten Länder. Bevor Sie den Text lesen, überlegen Sie sich, was Sie über die Umweltprobleme in Nordamerika wissen: die Verschmutzung der Luft, des Wassers und des Bodens, das Müllproblem, usw.

Kultur im Kontext

protection of the environ-ment

substantial

Wie wichtig ist den Deutschen der **Umweltschutz**? Die Meinungsumfrage „Deutschland 2000" zeigte, daß fast drei Viertel der Befragten (71%) den Schutz der Umwelt für die wichtigste Zukunftsaufgabe halten. Sie wünschen sich eine **erhebliche** Veränderung des Gesellschaftssystems und erklären sich zu persönlichen Opfern für den Umweltschutz bereit.

• Detailstrategien •

Wortbildung

Die Adjektivsuffixe **-los** und **-frei** bedeuten „ohne". Was, glauben Sie, bedeuten die Wörter **grenzenlos**, **phosphatfrei** und **bleifrei**?

Im Kontext

Wenn Sie über ein Thema Bescheid wissen, können Sie oft die Bedeutung unbekannter Wörter erraten. Welche Wörter kommen häufig im Zusammenhang mit dem Umweltschutz vor? Können Sie die Bedeutung folgender Wörter erkennen: **Sprays ohne Treibgas, phosphatfreie Waschmittel, Autos mit Katalysator, Altpapier und Altglas zu Sammelstellen bringen, Hausmüll, den Hausmüll trennen**, etc.?

Sauberes Auto kommt voran
Anteile von Pkw mit geregeltem Dreiwege-Katalysator in %

am Pkw-Bestand*	4 %	9	15	20
	1987 Ende	1988 Ende	1989 Ende	1990 Mitte

an den Pkw-Neu-zulassungen*	40 %	57	76	95
	1987 Dez.	1988 Dez.	1989 Dez.	1990 Juni

*bezogen auf Pkw mit Ottomotor
© Globus

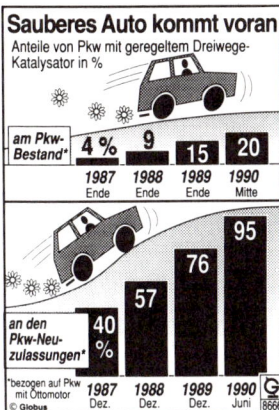

Kultur im Kontext

Deutsche Autofahrer steigen allmählich auf bleifreies Benzin (und Autos mit Katalysator) um.

• Textvorschau •

Die Zeitschrift *Jugendscala* fragte junge Deutsche, was sie persönlich für den Umweltschutz tun.

Eine saubere Umwelt und der Umweltschutz sind nach Meinung unserer Bürger heute ganz besonders wichtig. Wir fragten junge Deutsche:

„Was tun Sie ganz persönlich für den Umweltschutz?"

Birgit Dechert (25), Programmiererin

Ich wohne in einer Wohngemeinschaft, und wir haben da eine ziemlich klare Linie. Wir sammeln zum Beispiel Altpapier, Altglas. Und wir passen auf, daß nicht grenzenlos Spül- und Waschmittel verbraucht werden. Um für die Umwelt wirklich was zu tun, wünsche ich mir, daß der Staat härtere Maßnahmen ergreift. Es wird zwar viel geredet, aber es passiert nichts. Es stecken einfach zu viele andere Interessen dahinter. Natürlich sollte jeder bei sich anfangen, damit was verändert wird. Denn bis der Staat was tut . . .

Holger Carstens (19), Mechaniker

Ich fahre ein Auto mit Katalysator. Aber so richtig Gedanken um die Umwelt mache ich mir nicht. Man müßte viel mehr tun. Jeder sollte bei sich anfangen, doch ob das so viel nützt . . . ? Das größte Umweltproblem liegt, glaube ich, bei den großen Konzernen. Die haben ja auch das Geld „zum **Schmieren**". Und daran wird sich bestimmt nicht viel ändern. Die Industrie hat das meiste Geld, und sie sucht sich ihre Politiker nach ihren Interessen.

Susanne Österle (26), Hausfrau

Ich trenne zum Beispiel den Haus-

müll. Ich sammle Aluminium, Altpapier und Plastik. Das bringe ich dann zu den Sammelstellen. Davon gibt es leider zu wenig. Auch meine Familie und meine Freunde sammeln. Das Hauptumweltproblem, denke ich, ist der Hausmüll. Natürlich auch die Autoabgase. Es gibt ja auch immer mehr Autos. Leider wird gerade da nicht viel getan. Man könnte doch endlich auf Methanol umsteigen. Aber das eigentliche Problem ist die Industrie, die dahintersteckt.

Peter Meister (19), Student

Es wird viel zu wenig für den Umweltschutz getan. Ich selber benutze nur solche Produkte, die die Umwelt nicht **belasten**. Zum Beispiel Spray ohne Treibgas. Ich sammle auch Altpapier, Glas und Altbatterien. Außerdem spende ich im Monat 35 Mark für Greenpeace. Aber auf individueller Basis sind die Umweltprobleme sicher nicht zu lösen.

Birgit Schneider (18), Friseurin

Ich benutze phosphatfreies Waschmittel, was jetzt glücklicherweise auch billiger geworden ist. Und in unserem Haushalt haben wir organisiert, daß Glas, Altpapier usw. gesammelt und abgeliefert werden. Aber ich kenne auch eine ganze Menge Leute, bei denen dieses Engagement wirklich schwach ist. Ich glaube, es gibt kein Hauptumweltproblem. So genau läßt sich das nicht mehr differenzieren. Wichtig ist, daß die Leute im Umweltschutz einen Sinn sehen und durch eigenes Engagement ihre Umwelt erhalten und schützen. Umweltschutz kann nicht befohlen werden, er muß gelebt werden.

belasten—*to burden*

Schmieren—*bribe*

• Textarbeit •

1. **Information. Was tun die Befragten ganz persönliche für die Umwelt**? Was ist ihrer Meinung nach das größte Umweltproblem? Was müßte getan werden? Füllen Sie die Tabelle aus. Falls Sie im Text keine Aussage finden, setzen Sie „?" in die Tabelle.

	B. Dechert	**H. Carstens**	**S. Österle**	**P. Meister**	**B. Schneider**
Was tun sie selbst für den Umweltschutz?					
Was ist das größte Umweltproblem?					
Wer ist schuld daran?					
Welche Lösungsvorschläge machen sie?					

2. **Analyse. Was halten Sie von den Antworten der Befragten?**

   a. Wie gut ist jede/r der Befragten über die Umweltprobleme informiert?

   b. Wie würden Sie ihre Antworten kennzeichnen? Hier sind einige Adjektive: informiert, uninformiert, naiv, realistisch . . . .

   c. Wie finden Sie ihre Haltung? Hier sind einige Adjektive: egoistisch, gleichgültig, umweltfreundlich, optimistisch, zynisch, pessimistisch, deprimiert, hilflos . . . .

   d. Glauben Sie, daß sich mit den Maßnahmen, die sie vorschlagen, eine Umweltkatastrophe verhindern läßt?

3. **Wortfeld „Umwelt"**. Schreiben Sie alle Wörter und Ausdrücke im Text auf, die zum Wortfeld „Umwelt" gehören.

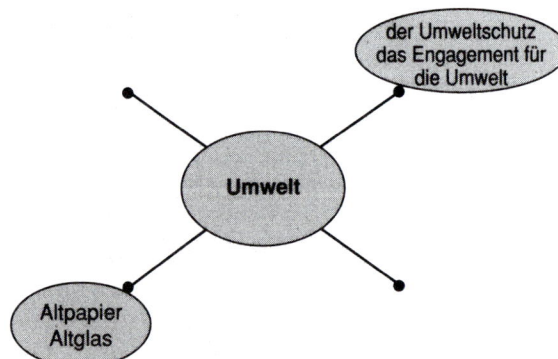

HÖREN

A. Was tun Sie ganz persönlich für die Umwelt? Die Zeitschrift *Jugendscala* fragte junge Leute in München, was sie persönlich für den Umweltschutz tun. Hören Sie an, was drei der Befragten — Ecki (22), Steffi (19) und Peter (17) — antworteten.

• Miniwörterbuch •

Bürgerinitiative	*grass roots movement*

• Textarbeit •

1. **Information. Was tun die Befragten ganz persönlich für die Umwelt?** Was ist ihrer Meinung nach das größte Umweltproblem? Was müßte getan werden? Füllen Sie die Tabelle aus. Falls Sie im Text keine Aussage finden, setzen Sie „?" in die Tabelle.

	Ecki	**Steffi**	**Peter**
Was tun sie selbst für den Umweltschutz?			
Was ist das größte Umweltproblem?			
Wer ist schuld daran?			
Welche Lösungsvorschläge machen sie?			

2. **Analyse.** Was halten Sie von den Antworten der Befragten?

   a. Wie gut ist jede/r der Befragten über die Umweltprobleme informiert?

   b. Wie würden Sie ihre Antworten kennzeichnen? Hier sind einige Adjektive: informiert, uninformiert, naiv, realistisch . . . .

   c. Wie finden Sie ihre Haltung? Hier sind einige Adjektive: egoistisch, gleichgültig, umweltfreundlich, zynisch, pessimistisch, deprimiert, hilflos . . . .

B. „Das große Geld ist zerstörerisch." Die Wochenzeitung *Die Zeit* sprach mit dem deutsch-brasilianischen Umweltschützer José Lutzenberger.

Umweltpionier

José Lutzenberger

Der Deutsch-Brasilianer José Lutzenberger (62) arbeitete dreizehn Jahre lang als Manager für den BASF-Konzern in der Bundesrepublik, in Venezuela und Nordafrika. Aus Protest gegen den Einsatz von immer mehr Chemie in der Landwirtschaft quittierte er 1970 seinen hochbezahlten Job und wandelte sich zum radikalen Umweltschützer. Er wurde einer der profiliertesten Kämpfer für den Erhalt des bedrohten Regenwaldes in Brasilien. In seiner Heimatstadt Porto Allegre gründete er eine Stiftung zur Finanzierung von Umweltprojekten; außerdem gehört ihm eine Recyclingfirma mit achtzig Beschäftigten. Weltweit berühmt wurde Lutzenberger im vergangenen Jahr, als er den von dem deutsch-schwedischen Journalisten Jakob von Uexküll gestifteten „alternativen Nobelpreis" erhielt.

Der folgende Hörtext ist ein Ausschnitt aus dem *Zeit*-Interview mit José Lutzenberger.

• Miniwörterbuch •

die Siedlung	*housing development*
der Staudamm	*dam*
die Verschwendung	*waste*
die Umweltauflage	*a condition that the environment be protected*

• Textarbeit •

1. **Meinung.** In diesem Abschnitt des Interviews spricht José Lutzenberger über die Zerstörung und die Rettung des Regenwaldes. Er meint,...

   1. ...sie haben viel erreicht, weil die Weltbank

      a. keine Kredite für Brasilien mehr gibt.
      b. Kredite nur mehr mit Umweltauflagen vergibt.
      c. nur noch Kredite für Großprojekte vergibt.

   2. ...die Hauptschuld an der Zerstörung tragen

      a. die industriellen Großprojekte.
      b. die Großgrundbesitzer.
      c. die Viehfarmer.

   3. ...die brasilianische Regierung subventioniert Projekte im Regenwald

      a. aus ideologischen Gründen.
      b. wegen des Bevölkerungswachstums.
      c. auf Verlangen der Bevölkerung hin.

   4. ...der Regenwald wurde in Wirklichkeit entwickelt, weil

      a. die Bevölkerung zu schnell zunahm.
      b. die Großgrundbesitzer geschützt werden sollten.
      c. die Industrieländer die **Rohstoffe** brauchen.

   natural resources

   5. ...die Rettung des Regenwaldes kann nur ausgehen von

      a. den Industrieländern.
      b. der brasilianischen Regierung.
      c. der brasilianischen Bevölkerung.

   6. ...der Regenwald kann nur gerettet werden, wenn

      a. die Großgrundbesitzer enteignet werden.
      b. Druck auf die brasilianische Regierung ausgeübt wird.
      c. die Industrieländer ihr Wirtschaftsmodell ändern.

2. **Reaktion.** Was sagen Sie zu José Lutzenbergers Meinung? Ist der Schutz des Regenwaldes das Problem Brasiliens oder geht er uns alle an?

GRAMMATIK

The Impersonal Passive

In the previous chapter, you learned that most transitive verbs can be used in the passive voice. In German, some intransitive verbs, i.e. verbs that do not take an accusative object, may also be put in the passive. These impersonal passive sentences have no subject, or the impersonal subject **es**, if no other element is in first position.[1] The verb always is in the 3rd person singular.

Es wird viel geredet.	*There is lots of talk.*
Darüber wird nicht geredet.	*That is not being discussed.*
Den Bewohnern der Regenwälder muß geholfen werden.	*The inhabitants of the rain forests must be helped.*

Such constructions are frequently used to express commands or to describe a general activity.

Hier wird nicht geraucht!	*No smoking here.*
Jetzt wird recycelt!	*Let's recycle!*
In allen Zeitungen wird über die Umweltzerstörung in der ehemaligen DDR berichtet.	*Every newspaper is reporting on the pollution in the former GDR.*

Übungen

TASK — Identification exercise, impersonal passive.

A. Passivkonstruktionen. Identifizieren Sie persönliche und unpersönliche Passivkonstruktionen in den folgenden Ausschnitten aus deutschsprachigen Zeitungen und Zeitschriften.

Für die Herstellung der Frankfurter Allgemeinen Zeitung wird Recycling-Papier verwendet.

Wo wird am meisten verschwendet?

Im Jahr werden zwei Millionen Autos ohne Rücksicht auf die Umwelt verschrottet. Öl, Sprit und Bremsflüssigkeit verseuchen die Böden

Mit Wundern kann nicht gerechnet werden!

EIN PARADIES WIRD EROBERT

---

[1]The only function of the impersonal subject **es** is to insure that the inflected verb is in second position.

TASK — Produce impersonal passive.

B. Jetzt wird etwas getan! Birgit Dechert stellt umweltfreundliche Regeln für die WG auf. Bilden Sie unpersönliche Passivsätze.

> **Beispiel:** ab sofort recyceln
> Ab sofort wird recycelt.

1. jetzt sich über Umweltschutz informieren
2. ab sofort weniger mit dem Auto fahren
3. auf der Autobahn nicht mehr rasen
4. jetzt radeln
5. von jetzt an vegetarisch essen
6. von jetzt an sparen

TASK — Produce impersonal passive.

C. Es wird zu wenig getan! Machen Sie eine Liste von Dingen, die man viel zu wenig tut.

> **Beispiel:** zu viel reden und zu wenig tun
> Es wird zu viel geredet und zu wenig getan.

1. nicht streng genug gegen Umweltsünder vorgehen
2. zu wenig mit den öffentlichen Verkehrsmitteln fahren
3. auf der Autobahn zu schnell fahren
4. nicht intensiv genug an der Entwicklung umweltfreundlicher Produkte arbeiten
5. nicht genug gegen Verschwendung unternehmen

Alternatives to the Passive Voice

There are a number of alternate constructions in the active voice to express a shift of emphasis from the agent of the action to the action and the recipient of the action.

1. A construction with the impersonal pronoun **man** is the most common active-voice alternative to the passive. Depending on context, **man** can mean *one*, *a person*, *people*, *we*, *you*, or *they*.

PASSIVE VOICE	ACTIVE VOICE ALTERNATIVE
Auf individueller Basis können die Umweltprobleme nicht gelöst werden. *Environmental problems cannot be solved by individuals.*	Auf individueller Basis kann **man** die Umweltprobleme nicht lösen. *You can't solve environmental problems as an individual.*
Der Öko-Kollaps muß verhindert werden. *The collapse of the environment has to be prevented.*	**Man** muß den Öko-Kollaps verhindern. *We have to prevent the collapse of the environment.*

2. The possibility of something being done can be expressed with **sich lassen** + infinitive. This construction replaces **können** + passive.

PASSIVE VOICE
Umweltschutz kann nicht befohlen werden.
Conservation cannot be mandated.
Wie können die Probleme gelöst werden?

ACTIVE VOICE ALTERNATE
Umweltschutz **läßt sich** nicht befehlen.

Wie **lassen sich** die Probleme lösen?
How can the problems be solved?

3. A construction with **sein** + infinitive with **zu** is used to express the possibility or necessity of something being done. It replaces **können/müssen** + passive.

PASSIVE VOICE
Da muß noch viel getan werden.
There's a lot to be done.
Auf individueller Basis können die Umweltprobleme sicher nicht gelöst werden.

ACTIVE VOICE ALTERNATIVE
Da **ist** noch viel **zu** tun.

Auf individueller Basis **sind** die Umweltprobleme sicher nicht **zu** lösen.
Environmental problems certainly cannot be solved by individuals.

4. With an inanimate subject, a reflexive construction may be used.

PASSIVE VOICE
Das Müllaufkommen wurde reduziert.

ACTIVE VOICE ALTERNATIVE
Das Müllaufkommen reduzierte sich.
The amount of trash decreased.

Übungen

TASK — Produce alternative to passive with **man**.

A. Was kann man für den Umweltschutz tun? Machen Sie Vorschläge, was der einzelne für den Umweltschutz tun kann. Benutzen Sie statt der Passivkonstruktion eine Aktivkonstruktion mit **man**.

Beispiel: Der Umweltschutz muß gelebt werden.
Man muß den Umweltschutz leben.

1. Der Hausmüll sollte reduziert werden.
2. Wegwerfprodukte sollten vermieden werden.
3. Es sollten nur Sprays ohne Treibgas benutzt werden.

expensive

4. Produkte mit **aufwendigen** Verpackungen sollten nicht gekauft werden.
5. Der Abfall muß sortiert werden.
6. Energie darf nicht länger verschwendet werden.
7. Giftstoffe dürfen nicht mehr in den Abfall geworfen werden.
8. Nur umweltfreundliche Produkte sollten gekauft werden.

death of the forests
TASK — Produce alternative to passive with **man**.

B. Dem Wald zuliebe. Machen Sie Vorschläge, was man gegen das **Wald-sterben** tun kann. Benutzen Sie statt der Passivkonstruktion jeweils eine Aktivkonstruktion mit **man**.

> **Beispiel:** Der Wald muß gerettet werden.
> Man muß den Wald retten.

1. Das Waldsterben muß verhindert werden.

2. Ein Tempolimit muß eingeführt werden.

3. Die Verbrennung von Kohle, Öl und Erdgas muß reduziert werden.

4. Alternative Energiequellen müssen entwickelt werden.

desulphurized

5. Industrieanlagen müssen **entschwefelt** werden.

6. Überall sollten neue Bäume gepflanzt werden.

TASK — Produce alternative to passive with **sich lassen** + infinitive.
generalities
appease

C. Das läßt sich leider nicht vermeiden. Übernehmen Sie die Rolle von Bürgermeister Eberhardt und versuchen Sie, die Bürger mit **Allgemein-plätzen** zu **beschwichtigen**. Benutzen Sie dabei eine Konstruktion mit **sich lassen** + Infinitiv.

> **Beispiel:** Diese Probleme können leider nicht vermieden werden.
> Diese Probleme lassen sich leider nicht vermeiden.

1. Der Lärm kann leider nicht verhindert werden.

2. Der Fortschritt kann nicht aufgehalten werden.

3. Die Autos können doch nicht aus den Städten verbannt werden.

4. Gesundes Wachstum kann doch nicht verboten werden.

5. Die Uhr kann doch nicht einfach zurückgestellt werden.

TASK — Produce alternative to passive with **sich lassen**.
engrained

D. Fragen zum Umweltschutz. Bilden Sie aktive Fragesätze mit **sich lassen** + Infinitiv.

> **Beispiel:** **eingefahrene** Gewohnheiten ändern
> Wie lassen sich eingefahrene Gewohnheiten ändern?

1. Hausmüll reduzieren

2. Konsum einschränken

3. Öko-Kollaps verhindern

4. Regenwald retten

5. Energie sparen

TASK — Produce alternative to passive with **sein + zu**.

E. Was ist zu tun? Sagen Sie, was man tun muß, um eine Umweltkatastrophe zu verhindern. Benutzen Sie dabei Aktivkonstruktionen mit **sein** + Infinitiv mit **zu**.

> **Beispiel:** Regenwald schützen
> Der Regenwald ist zu schützen.

1. Abgasemissionen reduzieren

2. Energiegewinnung auf umweltfreundlichere Verfahren umstellen

3. Verschwendung der Rohstoffe vermeiden

wetlands along rivers

4. Flüsse und **Auen** schützen

5. Fortschrittsideologie überdenken

TASK — Produce passive or alternatives to passive.

F. **Probleme in den Großstädten.** Was ist zu tun, um die Lebensqualität in den Großstädten zu verbessern? Machen Sie Vorschläge und gebrauchen Sie dabei entweder eine Passivkonstruktion oder eine Alternativkonstruktion zum Passiv.

> **Beispiel:** Lärm bekämpfen
> Der Lärm muß bekämpft werden.

1. Abgase reduzieren

plan

2. Parks **anlegen**

3. Innenstadt für den Autoverkehr sperren

4. Altstadt erhalten

5. Altbauten sanieren

6. Müll vermeiden

LESEN

A. **Ein besseres Müllkonzept.** Das folgende Flugblatt wurde im Frühsommer 1990 an alle Haushalte in Bayern verteilt. Überfliegen Sie zunächst die Vorder- und die Rückseite. Um was geht es?

Der Umwelt eine Chance!

DAS BESSERE MÜLLKONZEPT © 1990

für ein umweltverträgliches Bayer. Abfallwirtschaftsgesetz

Weniger Müll - mehr Gesundheit

In Bayern kann das Volk selbst Gesetze erlassen. Volksbegehren und Volksentscheid heißen die dafür vorgesehenen Verfahren. Wir wollen mit Hilfe dieses Volksbegehrens in Bayern „DAS BESSERE MÜLLKONZEPT" durchsetzen und bitten um Unterstützung durch Ihre Unterschrift.

Bei diesem Volksbegehren liegt der Gesetzentwurf vierzehn Tage lang in Rathäusern und Amtsstuben aus. Wer diesen Entwurf unterstützen will, kann nur während dieser Zeit dort unterschreiben. Insgesamt sind die Unterschriften von 850 000 bayerischen Wahlberechtigten nötig. Die Eintragung findet statt vom

15. bis 28. Juni '90

Unterstützen Sie „DAS BESSERE MÜLLKONZEPT". Machen Sie mit beim Volksbegehren, tragen Sie sich in die Unterstützerlisten ein.

Spendenkonto: 4283, Spark. Neumarkt, BLZ: 760 520 80
BÜRGERAKTION »DAS BESSERE MÜLLKONZEPT« BAYERN E.V.
Pfarrstraße 4, 8011 Zorneding

Um was geht es?

Die Bürgeraktion „DAS BESSERE MÜLLKONZEPT" Bayern e.V. ist ein eingetragener und gemeinnütziger Verein. In ihm haben sich rund 80 Bürgerinitiativen und Umweltschutzgruppen zusammengeschlossen, die sich für einen umweltverträglichen Umgang mit unseren Abfällen einsetzen. Sie wollen, daß nicht noch mehr Müll verbrannt oder deponiert wird, sondern Abfälle verstärkt vermieden und verwertet werden.

Ein Gesetz gegen die Müllflut

Um dieses Ziel zu erreichen, haben wir ein Bayerisches Abfallwirtschaftsgesetz entworfen, das mit Hilfe von Volksbegehren und Volksentscheid verabschiedet werden soll. Mit diesem Gesetz wollen wir die Spielräume ausnutzen, die der Bund dem Freistaat Bayern bei der Abfallentsorgung läßt. Während die Bayerische Staatsregierung bisher vor allem auf den Ausbau der Müllverbrennung gesetzt hat, wollen wir mit unserem Gesetz erreichen, daß

- Abfallvermeidung und -verwertung bindendes Ziel bayerischer Abfallpolitik wird,

- der Freistaat sich in allen seinen Bereichen selbst für die Abfallvermeidung einsetzt,

- Müllverbrennungsanlagen und Deponien für den gesamten Müll nicht mehr bezuschußt werden.

- die stoffliche Verwertung Vorrang vor der Müllverbrennung erhält,

- für bestimmte Abfälle wie Papier, Glas, Metalle und Kompostierbares die getrennte Sammlung vorgeschrieben wird. Diese Abfälle dürfen nicht mehr in der Verbrennung oder auf der Deponie landen.

- im Planungsverfahren für einzelne Anlagen und bei der Aufstellung des Abfallentsorgungsplanes die Interessen und Sorgen der Bevölkerung ernst genommen werden.

Der bayerische Verfassungsgerichtshof hat uns bestätigt, daß für die Abfallvermeidung und -verwertung nicht nur Bonn und Brüssel zuständig sind, sondern auch der Freistaat Bayern. Damit sich jetzt in der bayerischen Abfallpolitik etwas rührt, brauchen wir Ihre Unterschrift.

Helfen Sie mit, daß wir in Zukunft ökologisch sinnvoll mit unseren Abfällen umgehen.

Helfen Sie mit, daß auch unsere Nachkommen eine saubere Umwelt und genügend Rohstoffe vorfinden.

Unterschreiben Sie das Volksbegehren: „DAS BESSERE MÜLLKONZEPT".

• Textarbeit •

1. **Um was geht es?** Überfliegen Sie das Flugblatt und kreuzen Sie die richtige Antwort an.

   a. Recycling soll Pflicht werden.

   b. Verbot von Müllverbrennungsanlagen

   c. Vermeidung von Müll

   d. Sichere Mülldeponien

2. **Information.** Lesen Sie das Flugblatt auf die folgende Information hin durch.

   a. Welches Recht hat das Volk in Bayern?

   b. Mit welchen Verfahren kann dieses Recht durchgesetzt werden?

   c. Wie viele Stimmen sind nötig?

   d. Wo und wann kann man sich in die Listen eintragen?

   e. Wer hat das Flugblatt herausgegeben?

   f. Was will die Aktion erreichen? Warum?

3. **Reaktion.** Was würden Sie tun?

   a. Würden Sie sich in die Liste eintragen? Warum? Warum nicht?

   b. Glauben Sie, daß die Bürger in Ihrem Bundesstaat dafür stimmen würden?

B. **Armes Bioweib.** Der folgende Artikel, ursprünglich im *Bulletin der Grünen Bundestagsfraktion* erschienen, wurde in der Wochenzeitung *Die Zeit* abgedruckt. Sie kennen sicher das Schlagwort „Zurück zur Natur!" Führen Sie oder Leute, die Sie kennen, ein alternatives, umweltbewußtes Leben? Bevor Sie den Artikel lesen, denken Sie darüber nach, was mit einer alternativen, umweltbewußten Lebensführung verbunden ist.

Und plötzlich sitzen wir wieder zu Hause...

Armes Bioweib

die schwarze Petra
anziehen—*take the blame*

am Herzen liegt—
important to me

Zanberwort—*magic word*
Vermeidung—*avoidance*
Mülltrennung—*separation of trash*

anreißen—*touch on*

Segnungen—*blessings*

s.o.—*siehe oben*

In vielen Bereichen grüner Politik könnte ich die Frage aufwerfen, ob die Zielsetzung frauenfreundlich ist. Ich will es exemplarisch mal in einem Bereich tun, der mir derzeit **am Herzen liegt**. Das ist unsere Müllpolitik.

Da höre ich doch nun immer wieder das neue **Zauberwort** ,,Vermeidung''. Ja, es gibt sogar Grüne, die sind ernsthaft davon überzeugt, daß es eine ,,müllfreie Gesellschaft'' geben kann. Hat frau sich eigentlich schon mal gefragt, was das für unseren Alltag eigentlich bedeutet? Ich will nur zwei Beispiele kurz **anreißen**:

Wegwerfwindeln...

Natürlich weiß ich längst, daß bei grün/alternativen Müttern Wegwerfwindeln nicht angesagt sind. Zurück zur Natur, also Stoffwindeln, Wollhosen etc. Das ist ideologisch gesünder fürs Kind und verringert unsere Müllberge, da kein Plastikmüll mehr anfällt.

...und Tiefkühlkost

Frische ist angesagt; frisch gekaufte, frisch zubereitete Lebensmittel, selbstredend aus biologischem Anbau. Die sind ja auch viel gesünder—das weiß jede/r.

Also nix mehr Supermarkt, nix mehr vorgekocht, eingefroren, aufgetaut und aufgewärmt oder sogar schon tiefgefroren gekauft (schon wieder Plastik — pfui Teufel — **s.o.**!).

Nein, frau geht jetzt jeden Tag frisches Gemüse kaufen, wenn's denn sein muß, frisches Fleisch (vegetarisch ist zwar besser, aber bitte...), frische Milch, frische Eier... natürlich alles biologisch, natürlich nicht im Supermarkt um die Ecke, sondern direkt beim Biobauern oder im Bioladen, die sind ja auch meistens ungeheuer zentral und einfach zu erreichen! Und Winden waschen, Wollhöschen stricken!

Und *warum* soll ich mir eigentlich **die schwarze Petra anziehen**, daß ich ein müll-produzierendes Luxus-Konsum-Weib bin, das den Weg in die ,,müllfreie Gesellschaft'' verhindert, wenn ich ganz klar sage, ich bin nicht bereit, auf Pampers zu verzichten, ich bin nicht bereit, auf Tiefkühlkost zu verzichten oder auf Nylonstrümpfe oder Schokolade (Alufolie!)?

Ich gehe sogar noch einen Schritt weiter. Ich behaupte, daß die Utopie einer ,,müllfreien Gesellschaft'' auf dem Rücken der Frauen ausgetragen wird. Denn, *wer* wickelt und wäscht die Windeln, *wer* kocht denn die meiste Zeit das Essen für die Lieben, *wer* geht denn meistens einkaufen, *wer* macht denn die **Mülltrennung** im Haushalt und trägt dann das Altglas, Altpapier, den Bioabfall zum Container?

Nein, ich bin nicht bereit, in Zukunft neben meinem 40-Stunden-Job, der Kindererziehung, der Haushaltsführung auch noch meine fast nicht vorhandene Freizeit für eine größere Zeitinvestition in Sachen Müllvermeidung zu opfern! Ich gehe liebe nur einmal in der Woche einkaufen anstatt jeden Tag auf den Wochenmarkt, in das Milchgeschäft, zum Metzger, zum Bäcker (ach so — Brotbacken sollte ich ja eigentlich auch selber!). Der Bioladen ist mir zu teuer, der nächste Biobauer zu weit.

Wir Frauen sollten aufpassen: Nicht alle ,,**Segnungen**'' eines ,,alternativen Lebens'' sind dazu geeignet, unser neues Selbstbewußtsein und unser Recht auf andere Rollen in dieser Gesellschaft zu stützen! Plötzlich sitzen wir wieder da und haben vor lauter alternativer Lebensführung gar keine Zeit (und dann vielleicht auch keine Lust) mehr, uns in diese Männer-Gesellschaft so einzumischen, wie wir eigentlich wollen. Plötzlich sitzen wir wieder zu Hause und waschen und kochen und putzen und wickeln und pflegen und laufen zum Einkaufen (selbstverständlich ohne Auto!) und schleppen und machen und tun!

Aber Hauptsache gesund und umweltfreundlich!   *Maria Heider*

aus: Bulletin der Grünen-Bundestagsfraktion.

• Miniwörterbuch •

Die Grünen	Die Grünen waren die Partei, die sich für Umweltschutz und Frieden einsetzte. Bei den ersten gesamtdeutschen Wahlen erreichten die West-Grünen jedoch keine 5 Prozent und mußten den Bundestag verlassen, während zwei Ost-Grüne ins Parlament einziehen konnten.

• Textarbeit •

1. **Information.** Die Autorin schreibt über die grüne Müllpolitik und ihre Einstellung dazu.

   a. Wofür setzen sich die Grünen in der Müllpolitik ein?

   b. Welche Argumente führen die Grünen für ihre Müllpolitik an?

   c. Ist die Autorin für oder gegen die grüne Müllpolitik?

   d. Am Beispiel von Windeln und Lebensmitteln vergleicht und kommentiert sie alternative und grüne Lebensführung. Füllen Sie die Tabelle aus.

	alternativ	traditionell	Kommentar
Windeln			
Welche werden gekauft?			
Warum?			
Lebensmittel			
Welche werden gekauft?			
Wo kauft man sie?			
Wie oft geht man einkaufen?			

2. **Analyse.** Welche Einstellung hat die Autorin zur grünen Müllpolitik und deren Konsequenzen für den Alltag?

   a. Welche Form der Pronomen gebraucht die Autorin. Welche Schlußfolgerung können Sie daraus ziehen?

   b. Welche Konsequenzen hat, wie die Autorin behauptet, die alternative Lebensführung für die Frauen?

   c. Stimmen Sie ihrer Behauptung zu?

   d. In welchem Stil ist der Artikel geschrieben? Warum?

3. **Reaktion.** Wie alternativ muß man sein? Wie finden Sie die Einstellung der Autorin? Hat sie recht oder unrecht?

SCHREIBEN

A. Recycling. Machen Sie ein Plakat, auf dem Sie Ihre Mitstudent/innen zum Recycling auffordern.

B. Natürlich sind unsere Salate gartenfrisch. Schreiben Sie Ihre eigene Sprechblase zu der folgenden Karikatur aus dem *Stern*.

Sprechen

Umfrage: Was tun Sie persönlich für die Umwelt? Gruppenarbeit. Man kann viel tun, um sich im Alltagsleben umweltfreundlicher zu verhalten. Was tun Sie persönlich für den Umweltschutz? Füllen Sie den Fragebogen in Gruppen von 3–4 Student/innen aus.

	ja	nein	warum?/warum nicht?
1. Altpapier, Altglas und Altmetall sammeln und zu Containern bringen			
2. nur Papierprodukte (Briefpapier, Klopapier, Servietten, usw.) aus Altpapier kaufen			
3. den Thermostat nicht höher als 18°C stellen			
4. die Klimaanlage nur wenig oder gar nicht benutzen			
5. öffentliche Verkehrsmittel benutzen, radfahren, oder zu Fuß gehen			
6. ein benzinsparendes Auto fahren			
7. überflüssige Verpackung vermeiden			
8. keine Produkte in Plastikverpackung kaufen			
9. nur Lebensmittel aus biologischem Anbau kaufen			

	ja	nein	warum?/warum nicht?

glossy, on glossy paper

10. **keine Hochglanz-Zeitschriften kaufen**
11. **nur phosphatfreies Waschmittel kaufen**
12. **keine Spraydosen mit Treibgas verwenden**

Teilen Sie das Umfrage-Ergebnis Ihrer Gruppe den anderen Gruppen mit.

Eine Frage zum Nachdenken. Glauben Sie, daß diese Maßnahmen genügen, um eine Umweltkatastrophe zu vermeiden?

KULTUR

Die Wegwerf-Gesellschaft

Die Wegwerf-Gesellschaft
Hausmüllmenge
je Einwohner und Jahr in kg

Österreich 228
Portugal 231
Italien 301
Frankreich 304
USA 864 kg
Finnland 608
Dänemark 469
Belgien 313
Niederlande 467
Griechenland 314
Schweden 317
Spanien 322
Deutschland (alte Bundesländer) 331
Großbritannien 353
Japan 394
Schweiz 427

8748 © Globus
Quelle: OECD

Die USA und die Bundesrepublik sind hochindustrialisierte Länder.

- Wie erklären Sie sich die unterschiedliche Hausmüllmenge?
- Warum, glauben Sie, haben Länder wie Portugal und Italien vergleichsweise geringe Müllmengen?

Lesehilfen

• Globalstrategien •

Was erwarten Sie?

Illustrationen geben, wie Sie wissen, oft einen Hinweis auf den Inhalt des Textes. Sehen Sie sich die Photos an. Worum geht es wohl in dem Text? Die Kapitel- und Textüberschriften geben weitere Hinweise auf den Textinhalt.

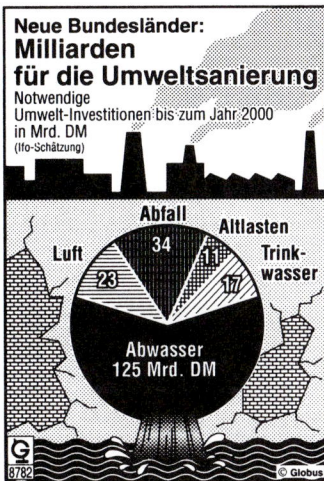

Das wissen Sie schon!

Sehen Sie sich das Layout des Textes an. Um welche Textsorte handelt es sich Ihrer Meinung nach? Bevor Sie den Text lesen, denken Sie darüber nach, was Sie über Form und Inhalt von typischen Leserbriefen in Nachrichtenmagazinen und Zeitschriften wissen.

Kultur im Kontext

Umwelt und Natur in der ehemaligen DDR sind in einem desolaten Zustand. Mit Glasnost wurde auch der Grad der Umweltverschmutzung in Osteuropa bekannt. Sie haben sicher schon Photos gesehen, die die Umweltzerstörung in den ehemaligen Ostblockländern dokumentieren. Die Kosten für die Umwelt-Sanierung sind enorm.

• Detailstrategien •

Wortbildung

Ein Teil der neuen Wörter im Text sind Komposita oder Ableitungen mit den Elementen „Umwelt" oder „Schaden".

Im Kontext

Welche Wörter kommen häufig im Zusammenhang mit dem Thema Umweltzerstörung vor? Können Sie die ungefähre Bedeutung folgender Wörter erkennen: **das verseuchte Wasser, die verpestete Luft, Baumskelette, umweltbedingte Krankheitsbilder, Augenreizungen, Atemwegsleiden, Hautekzeme,** etc.?

Neue Bundesländer:
Milliarden für die Umweltsanierung
Notwendige Umwelt-Investitionen bis zum Jahr 2000 in Mrd. DM
(Ifo-Schätzung)

Abfall 34
Altlasten 11
Trinkwasser 17
Luft 23
Abwasser 125 Mrd. DM

Kultur im Kontext

Die Staatssicherheit, abgekürzt die Stasi, wurde von den Bürgern der ehemaligen DDR gehaßt und gefürchtet.

• Textvorschau •

Der folgende Text ist eine Auswahl von Leserbriefen zu dem Artikel *Die dreckige Republik*, der kurz nach der Einigung im *Stern* erschien.

BRIEFE

Eine gigantische Giftküche

STERN Nr. 39/90: „**Die dreckige Republik**" — Der ökologische Zustand der Ex-DDR ist alarmierend, die Verschmutzung der Umwelt beängstigend.

Erst seit der Wende können wir es hier wagen, ohne Angst vor Repressalien der Stasi offen von einem „ökologischen Katastrophengebiet" zu sprechen. Die Verschmutzung unserer Umwelt ist weitaus schlimmer, als wir es **vermuteten**: Die Wälder sterben, die Flüsse sind biologisch tot, immer mehr Menschen erkranken. Nur rasche Hilfe kann den Umweltkollaps verhindern.

GÜNTER MEISTER
Grünes Netzwerk Arche, Leipzig

Immer noch sehen sich Bürger der ehemaligen DDR gezwungen, in den Westen überzusiedeln. Viele sind „Umweltflüchtlinge", die vor dem verseuchten Wasser, der verpesteten Luft und dem Gift im Boden fliehen. Im Bezirk Halle weist **nahezu** jeder Einwohner mindestens eines der umweltbedingten Krankheitsbilder auf—Augenreizungen, Atemwegsleiden, Hautekzeme.

Dr. med. HARTMUT LORENZ
Halle

Wir im Westen müssen bereit sein, persönliche **Opfer** zu bringen, um die Umweltschäden in den neuen Bundesländern zu **beseitigen**. Jahrelang hat der Westen die DDR als Mülltonne benutzt. Nun sind wir moralisch verpflichtet, da sauberzumachen. Im

Opfer–*sacrifices*

beseitigen–*to get rid of*

vermuteten–*suspected*
nahezu–*nearly*

Patrick Piel/Gamma

Patrick Piel/Gamma

Die Luft ist verschmutzt, Boden und Wasser sind verseucht

Baumskelette in der Ex-DDR

Schadstoffe–*pollutants*

kahle Bergabhänge–*barren mountain-slopes*

zufolge–*according*
Rußfilm–*layer of soot*

ätzender Qualm–*corrosive smoke*
Braunkohleschwelerei–*factory for the production of coke from soft coal*

Erzgebirge–*mountainous area in former GDR*

übrigen würden auch wir im Westen davon profitieren. **Schadstoffe** kennen keine Grenze.

ULRIKE MICHELER
Augsburg

Die Umweltzerstörung hier stinkt zum Himmel. Auf den Gebäuden liegt ein klebriger **Rußfilm**, und der saure Regen zerfrißt den Stein. **Ätzender Qualm** aus der **Braunkohleschwelerei** verfinstert sogar mittags den Himmel. Vor allem im Sommer wird das Atmen zur Qual, aber eigentlich müßte täglich Smogalarm ausgelöst werden. Kratzen im Hals, tränende Augen, ein säuerlicher Geschmack auf der Zunge — das müssen wir schon seit langem ertragen. Die gesamte

ehemalige DDR ist eine gigantische Giftküche. Es wird Zeit, daß endlich was getan wird.

BEATE FRIEDRICH
Bitterfeld

Einer Studie des Ifo-Instituts für Wirtschaftsforschung **zufolge** werden bis zum Jahr 2000 Investitionen von mehr als 200 Milliarden DM notwendig sein, um die Umweltschäden nach vier Jahrzehnten sozialistischer Mißwirtschaft zu beseitigen. Und nun sollen wir im Westen dafür bezahlen!

KURT SCHENKEL
Bonn

Mit großer Vorfreude bin ich in diesem Jahr in den Ferien ins **Erzgebirge** gefahren. Das kannte ich aus

den Erzählungen meiner Großmutter. Doch was ich gesehen habe, hat mich erschreckt: 90% des Waldes ist geschädigt. Weithin sieht man nur **kahle Bergabhänge** mit Baumskeletten. Nur rasche Hilfe kann den Tod der Wälder verhindern. Jeder einzelne muß Opfer bringen, zum Beispiel auch höhere Steuern zahlen.

ANNELIES WEHNER
Hamburg

Sie schildern sehr eindrucksvoll die ökologische Situation im Osten, vergessen aber zu erwähnen, daß der Westen die DDR jahrelang als billige Müllhalde benutzt hat.

RENATE MEISTER
Leipzig

• Textarbeit •

1. **Information.** Lesen Sie den Text auf folgende Information hin durch.

   a. Wo wohnen die Briefeschreiber? Kommen sie aus dem Osten oder Westen?

   b. Wie sehen die Briefeschreiber die ökologische Situation der Ex-DDR? Mit welchen Wörtern bzw. Sätzen beschreiben sie die ökologische Situation?

   c. Welche Umweltschäden werden in den Briefen genannt?

   d. Welche umweltbedingten Krankheiten werden erwähnt?

2. **Analyse.** Ansichten.

   a. Welcher Meinung sind die Briefeschreiber aus dem Westen?

   • Wer ist zu persönlichen Opfern bereit, um die Umweltschäden zu beseitigen? Wer nicht?

   • Welche Gründe werden dafür genannt?

   • Wer ist ihrer Meinung nach für die Umweltzerstörung verantwortlich?

   b. Wie denken die Briefeschreiber aus dem Osten über die Umweltverschmutzung ihrer Heimat?

   • Wie wirkt sich die Umweltverschmutzung auf ihr Leben aus?

- Wer ist ihrer Meinung nach für die Umweltzerstörung verantwortlich?
- Wie würden Sie die Stimmung kennzeichnen, die in den einzelnen Briefen ausdrückt wird? Hier sind einige Adjektive: bedrückt, besorgt, resigniert, gleichgültig, hilflos, entsetzt, erschreckt, optimistisch,...

3. **Wortfeld „Umweltverschmutzung".** Schreiben Sie alle Wörter und Ausdrücke im Text auf, die zum Wortfeld „Umweltverschmutzung" gehören.

HÖREN

impetus for new ideas

A. **Fünf Jahre nach Tschernobyl.** Welche Erinnerungen sind im Gedächtnis geblieben? Was hat die Katastrophe von damals bei Jugendlichen an Veränderungen und **Denkanstößen** ausgelöst? Die Zeitschrift *schweizer jugend* wollte es wissen. Hören Sie an, was fünf Jugendliche — Daniela, Karin, Martin, Marianne, Stefan — antworteten.

• Miniwörterbuch •

AKW   Atomkraftwerk

• Textarbeit •

1. **Information.** Die fünf Jugendlichen aus der Schweiz schildern ihre Reaktion auf das Reaktorunglück in Tschernobyl. Wie würden Sie ihre Reaktion kennzeichnen? Markieren Sie die entsprechenden Reaktionen in der Tabelle.

	Daniela	Karin	Martin	Marianne	Stefan
Angst					
Resignation					
Gleichgültigkeit					

2. **Reaktion.** Welche Reaktion löst das Wort „Tschernobyl" bei Ihnen aus?

   a. Welche Reaktion haben Sie auf Tschernobyl?

   b. Welche der Reaktionen der Schweizer Jugendlichen ist Ihrer am ähnlichsten? Oder denken Sie ganz anders über Tschernobyl?

B. **Strom ohne Atom**? Die Zeitschrift *schweizer jugend* fragte auch, ob sich die Jugendlichen einen **Ausstieg aus der Kernenergie** wünschten. Hören Sie an, was vier junge Schweizer/innen—Bernhard, Philipp, Marcel, Dajanah—antworteten.

nonutilization of nuclear energy

● Textarbeit ●

1. **Information.** Die vier Jugendlichen aus der Schweiz äußern ihre Meinung über die Notwendigkeit der Kernenergie. Füllen Sie die Tabelle aus. Falls Sie im Text keine Aussage finden, setzen Sie „?" in die Tabelle ein.

	Bernhard	**Philipp**	**Marcel**	**Dajanah**
Für oder gegen Ausstieg?				
Unter welchen Bedingungen?				
Gründe?				
Ist ein Unfall in der Schweiz möglich?				

2. **Reaktion. Wie stehen Sie zur Kernenergie?**

   a. Mit welcher der Antworten stimmen Sie am ehesten überein? Oder haben Sie eine ganz andere Meinung?

   b. Gibt es Ihrer Meinung nach sauberere und sicherere Alternativen?

Sprechen

Katastrophenplan. Gruppenarbeit. Erarbeiten Sie gemeinsam einen Katastropheneinsatzplan für den Fall eines Reaktorunfalls und lesen Sie ihn dann Ihren Mitstudent/innen vor.

GRAMMATIK

Infinitive Clauses

Certain verbs, nouns or adjectives need an infinitive clause as a complement. The infinitive always stands at the end of its clause.

> Sie vergessen **zu erwähnen**, daß der Westen die DDR jahrelang als billige Müllhalde benutzt hat.
> *You forget to mention that the West has used the GDR as a cheap dump for years.*

Es ist höchste Zeit, **den Umweltschutz ernst zu nehmen.**
It is high time to take environmental protection seriously.
Wir im Westen müssen bereit sein, **persönliche Opfer zu bringen.**
We in the West have to be ready to make personal sacrifices.

• Infinitives with **zu** •

In most cases the infinitive is preceded by **zu**[1]. Verbs with a separable prefix insert the **zu** between the prefix and the verb stem.

Erst seit der Wende können wir es hier wagen, offen von einem
„ökologischen Katastrophengebiet" **zu** sprechen.
Only since the change can we dare to speak openly about an "environmental disaster zone."
Es ist notwendig, unseren Lebensstil **zu** überdenken.
It is necessary to rethink our lifestyle.
Immer noch sehen sich Bürger der ehemaligen DDR gezwungen,
in den Westen über**zu**siedeln.
Citizens of the former GDR still feel compelled to migrate to the West.
Es ist höchste Zeit, über die Zukunft unseres Planeten nach**zu**-
denken.
It is high time to think about the future of our planet.

Here are some verbs, nouns and adjectives that frequently take an infinitive clause preceded by **zu**:

anfangen	vorhaben
aufhören	Angst haben
brauchen	Lust haben
sich entschließen	Zeit haben
sich entscheiden	Spaß machen
vergessen	es ist schön, schwierig, einfach,
versuchen	notwendig, möglich, wichtig

Übungen

der GAU-der größte anzunehmende Unfall

TASK — Produce infinitive clauses with **zu**.

A. Der GAU. Nachts um 1.24 Uhr, am 26. April 1986, gab es eine Explosion im Reaktorblock Nummer 4 im Leninkraftwerk in Tschernobyl. Die radioaktive Wolke breitete sich nach Westen hin aus. Was geschah damals? Welche Folgen hatte der Reaktorunfall für die Bevölkerung? Ergänzen Sie die folgenden Sätze mit einer Infinitivkonstruktion.

Beispiel: Die Sowjetunion versuchte, (den Unfall geheimhalten).
Die Sowjetunion versuchte, den Unfall geheimzuhalten.

1. Die Sowjetunion versuchte zuerst, (den Unfall nicht publik machen)

2. Anfangs war es sehr schwer, (Information über die Gefährlichkeit der Strahlen bekommen)

---

[1]The infinitive with **zu** is set off by a comma if it has a complement. If it has no complements of its own it is not set off by a comma.

3. Als der Unfall dann im Westen publik wurde, hatten Eltern Angst, (ihre Kinder im Freien spielen lassen)

4. Der Bevölkerung wurde geraten, (auf frisches Gemüse und Milchprodukte verzichten)

5. Es ist noch zu früh, (die Spätfolgen absehen)

TASK — Produce infinitive clauses wtih **zu**.

B. Alternativ leben. In der WG gibt's Krach, weil nicht alle mitmachen. Vervollständigen Sie die Sätze mit einer Infinitivkonstruktion.

ANNETTE: Du hast schon wieder vergessen, (den Hausmüll trennen). Es ist wichtig (recyceln).

HEINER: Fang nicht schon wieder an, (von der Verantwortung jedes einzelnen reden). Solange sich die Politiker nicht auf ein Umweltprogramm einigen können, hat es keinen Sinn, (sich als einzelner abmühen).

ANNETTE: Das sagst du nur, weil du keine Lust hast, (deinen bequemen Lebensstil aufgeben).

TASK — Produce infinitive clauses with **zu**.

C. Es ist nicht einfach. Sich umweltfreundlich zu verhalten, ist nicht einfach. Geben Sie Beispiele. Bilden Sie Sätze mit Elementen aus beiden Spalten.

Beispiel: Es ist nicht einfach, sich umweltfreundlich zu verhalten.

	sich umweltfreundlich verhalten
	umweltfreundliche Produkte zu kaufen
es ist nicht einfach	die schweren Tüten zum Container schleppen
es ist mühsam	den Hausmüll sortieren
es macht keinen Spaß	das Auto zu Hause lassen
es ist teuer	umweltfeindliche Produkte boykottieren
es ist zeitraubend	alles selbst machen
	auf Luxus und Komfort verzichten
	…

TASK — Personalized exercise, infinitive with **zu**.

D. Was sagen Sie dazu? Äußern Sie sich zu den folgenden Themen und benutzen Sie dabei eine Infinitivkonstruktion.

Beispiel: Es ist deprimierend, über die Folgen der Umweltverschmutzung nachzudenken.

	über die Folgen der Umweltverschmutzung nachdenken
deprimierend	den Öko-Kollaps verhindern
(un)möglich	gesellschaftliche Strukturen ändern
schwierig	ohne Atomkraft auskommen
…	die Bevölkerungsexplosion stoppen
	die Wachstumsideologie aufgeben

• Infinitives without **zu** •

Some verbs take an infinitive without **zu**. You already know that modal verbs do not use **zu**.

Nur rasche Hilfe kann den Tod der Wälder verhindern.	*Only swift action can prevent the death of the forests.*
Und wer muß dafür bezahlen?	*And who will have to pay for that?*

Other verbs that take an infinitive without **zu** are some verbs of perception like **sehen**, **hören**, **fühlen** and the verb **lassen**.

Man sah die Katastrophe kommen.
You could see the disaster coming.
Kleidung sollte man nicht chemisch reinigen lassen.
You shouldn't have your clothes cleaned with chemicals.

Übungen

TASK — Modal verbs + infinitive.

A. Wie kann man sich vor Ozonschaden schützen? Was sagen die Experten? Bilden Sie Sätze mit Modalverben und leiten Sie sie ein mit: **Wenn die Ozonkonzentration hoch ist....**

Beispiel: nichts Anstrengendes im Freien machen sollen
Wenn die Ozonkonzentration hoch ist, soll man nichts Anstrengendes im Freien machen.

1. nur vormittags oder abends Sport treiben sollen

2. Tränenreiz, Kopfschmerzen und Atemnot bekommen können

3. Tempolimits einführen müssen

4. Fabriken mit hohen Emissionen vorübergehend schließen

5. sich im Freien nicht anstrengen dürfen

TASK — Produce infinitive clauses with/without **zu**.

B. Aktivitäten. Vor Ihnen liegt ein Wochenende voll von Aktivitäten, die Sie gern tun möchten, für die Sie keine Zeit oder kein Geld haben, oder zu denen Sie keine Lust haben. Wie ist Ihre Einstellung zu folgenden Aktivitäten?

	ins Grüne fahren
	Einkäufe erledigen
	faulenzen
ich möchte gern	einen Stadtbummel machen
ich habe (keine) Lust	Sport treiben
ich habe keine Zeit	in der Bibliothek lernen
ich muß	ein Buch lesen
es macht mir (keinen) Spaß	mein Zimmer aufräumen
ich habe kein Geld	ausgehen
	einen Vortrag anhören
	Briefe beantworten
	. . .

• Infinitives with **um…zu, ohne…zu** and **(an)statt…zu** •

Infinitive phrases that express an intention or reason for an action are introduced with **um…zu**.

> Investitionen von mehr als 200 Milliarden DM sind notwendig, **um** die Umweltschäden **zu beseitigen**.
> *It will take an investment of more than 200 billion marks to repair the environmental damage.*
> Was müssen wir tun, **um** den Öko-Kollaps **zu verhindern**?
> *What do we have to do to prevent the collapse of the environment?*

Infinitive phrases with **ohne…zu, anstatt…zu** are used to express that one does something without or instead of doing something else.

> Wir verschwenden die Rohstoffe, **ohne** an die Folgen für die nächste Generation **zu denken**.
> *We waste natural resources without thinking of the consequences for the next generation.*
> **Statt** wie bisher **weiterzumachen**, sollten wir unser Konsumverhalten überdenken.
> *Instead of going on like we have been, we should think about our consumption.*

Übungen

TASK — Produce sentences with **um…zu**.

A. Fahrradboom. Immer mehr Bundesbürger fahren mit dem Rad. Geben Sie Gründe an. Verbinden Sie die Sätze mit **um…zu**.

> **Beispiel:** Viele fahren wieder mit dem Rad. Sie wollen die Umwelt nicht belasten.
> Viele fahren wieder mit dem Rad, um die Umwelt nicht zu belasten.

1. Studenten kaufen sich ein Fahrrad. Sie wollen ein billiges Transportmittel haben.

2. Viele Bundesbürger fahren wieder mit dem Rad. Sie wollen umweltfreundlich sein.

3. Viele kaufen sich ein Fahrrad. Sie wollen Sport treiben.

4. Viele greifen auf das Rad zurück. Sie wollen ein flexibles Transportmittel haben.

5. Viele kommen auf das Rad zurück. Sie wollen im Straßenverkehr schneller vorwärts kommen.

TASK — Produce sentences with **ohne…zu**.

B. Wir denken nicht daran. Verbinden Sie die Sätze mit **ohne…zu**.

> **Beispiel:** Wir verschwenden Energie. Wir denken nicht an die Folgen.
> Wir verschwenden Energie, ohne an die Folgen zu denken.

1. Oft nehmen wir die Umweltverschmutzung einfach hin. Wir denken nicht an die nächste Generation.

2. Viele Deutsche rasen auf der Autobahn. Sie nehmen keine Rücksicht auf das Waldsterben.

3. Viele Leute werfen immer noch alles in die Mülltonne. Sie sortieren die Gift- und Schadstoffe vorher nicht aus.

4. Viele Bundesbürger kaufen Wegwerfprodukte. Sie informieren sich nicht über umweltfreundlichere Produkte.

drain

5. Man gießt oft Chemikalien in den **Abguß**. Man denkt nicht an die Verseuchung des Trinkwassers.

TASK — Produce sentences with **statt ... zu**.

C. **Alternative Lebensführung.** Welche Alternativen gibt es? Verbinden Sie die Sätze mit **(an)statt ... zu**.

Beispiel: Ich kaufe nicht im Supermarkt ein. Ich gehe zum Bioladen.
Statt im Supermarkt einzukaufen, gehe ich zum Bioladen.

1. Ich fahre nicht mit dem Auto. Ich benutze die öffentlichen Verkehrsmittel.

2. Ich benutze keine Plastik- oder Papiertüten. Ich bringe meine Einkaufstasche mit.

3. Ich kaufe keine Tiefkühlkost. Ich kaufe frisches Obst und Gemüse.

4. Ich bleibe nicht passiv. Ich engagiere mich jetzt.

5. Ich verschwende keine Energie. Ich konserviere jetzt.

LESEN

A. **Wege aus der Öko-Krise.** Ist der Öko-Kollaps unabwendbar? In dem folgenden Text macht das Nachrichtenmagazin *Stern* Vorschläge, wie unser Planet noch zu retten ist.

TIERSTERBEN

Etwa 4500 Arten von Säugetieren, Vögeln, Reptilien, Lurchen, Fischen und Insekten sind vom Untergang bedroht

Willkür—*arbitrariness*

RAUBBAU

In jeder Sekunde wird — vorsichtig geschätzt — weltweit ein halber Hektar tropischer Regenwald vernichtet

Steilhänge—*precipices*

WAS IST ZU TUN?

• Auf allen Kontinenten müssen weiträumige Naturreservate eingerichtet werden.
• In allen Staaten muß es ein totales Import- und Handelsverbot für gefährdete Arten geben und entsprechend scharfe Kontrollen.
• Weltweit muß durch Umwelterziehung und -aufklärung erreicht werden, daß Tiere und Pflanzen nicht länger Objekte menschlicher **Willkür** sind.

WAS IST ZU TUN?

• Die USA wollen bis Ende dieses Jahres 16 Millionen Hektar erosionsgefährdetes Ackerland einfach mit Gras und Bäumen bepflanzen, damit es sich erholt — einen Luxus, den sich kaum ein anderes Land erlauben kann.
• China hat es geschafft, auf 10 Millionen Hektar Acker die Erosion zu stoppen.
• Nigerianer etwa haben gezeigt, wie man **Steilhänge** vor Erdrutsch sichert.
• All das kann jedoch nur Erfolg haben, wenn langfristig die Bevölkerungslawine gestoppt wird.

DICKE LUFT

150 Mikrogramm ätzendes Schwefeldioxid pro Kubikmeter Luft sind zu ertragen—im chinesischen Shenyang liegen die Werte an 146 Tagen, in Mailand an 66 darüber

Steuer—*tax*
Anreiz—*incentive*

WAS IST ZU TUN?

Für den Schutz der Atmosphäre gibt es längst bekannte Lösungen.

● Konsequenter Einsatz vorhandener Spartechnik, damit auf dem Weg von der Kohle, die im Kraftwerk verbrannt wird, bis zum Wasserkessel auf dem Elektroherd nicht die meiste Energie verlorengeht.

● Einführung einer CO_2-**Steuer — Anreiz** für rationellen Umgang mit Energie.
● Förderung regenerativer Energien von Sonne und Wind.
● Schutz der tropischen Urwälder, bei deren Verbrennung CO_2 freigesetzt wird.
● Verbot der FCKW, die als Ozonkiller massiv zum Treibhauseffekt beitragen.

GEWÄSSER ALS KLOAKEN

Die Küsten sind verseucht, das Grundwasser ist vielfach durch Pestizide und Nitrat verschmutzt. Überall droht der Wassernotstand

Kläranlagen—*water treatment plants*
Dünger—*fertilizer*

WAS IST ZU TUN?

● Schluß mit der Einleitung von giftiger Industriebrühe und Fäkalien in Flüsse und küstennahe Gewässer.
● Schluß mit Verklappung und Verbrennung von Industrieabfall auf dem Meer.
● Schluß mit maßloser Pestizid- und **Dünger**anwendung in der Landwirtschaft.

● Mülldeponien müssen so gesichert sein, daß kein Giftstoff in den Boden sickern kann.
● Mehr **Kläranlagen** mit biologischer und chemischer Reinigungsfähigkeit müssen gebaut werden.
● Sparsamer Umgang mit Trinkwasser muß finanziell belohnt, Verschwendung bestraft werden.

• Textarbeit •

1. **Information.** Wie ist unser Planet zu retten?

   a. Was ist, laut *Stern*, gegen die Luftverschmutzung zu tun?

   b. Was kann man gegen den Raubbau an der Natur tun?

   c. Wie kann die Verseuchung der Gewässer verhindert werden?

   d. Was läßt sich gegen das Artensterben tun?

2. **Analyse.** Populäre Zeitschriften wie der *Stern* vereinfachen oft komplexe Probleme und bieten attraktive Lösungen an.

   a. Welche Lösungen erscheinen Ihnen zu simplifiziert?

   b. Welchen Lösungen stimmen Sie zu?

   c. Gibt es andere Lösungen, die der *Stern* nicht erwähnt?

   d. Glauben Sie, daß sich der Öko-Kollaps mit den vom *Stern* vorgeschlagenen Maßnahmen verhindern läßt? Warum? Warum nicht?

B. „**Opulenter Lebensstil der reichen Länder bedroht die Welt**". Der folgende Text ist ein Artikel aus der deutschen Tageszeitung *Frankfurter Rundschau*.

„Opulenter Lebensstil der reichen Länder bedroht die Welt"

Worldwatch ruft zu freiwilligem Konsumverzicht auf /
Fleischesser verbrauchen indirekt die Hälfte aller Getreidevorräte

Washington, 2. November (epd). Die Europäer und Nordamerikaner müssen ihren Lebensstil ändern, wenn die Erde überleben soll. Zu diesem Ergebnis kommt das Washingtoner unabhängige und private Worldwatch Institut, das sich mit den Lebensverhältnissen von Menschen befasst, in einer jetzt veröffentlichten Studie. Darin heißt es, das vor allem im Norden der Erdkugel lebende, reiche Fünftel der Weltbevölkerung müsse seinen Konsum von Lebensmitteln, Rohstoffen und Gebrauchsgütern „freiwillig begrenzen". Der opulente Lebensstil in den industrialisierten Ländern sei „die größte Bedrohung" der Umwelt, stellen die Wissenschaftler des Instituts fest.

Langfristig könne die Erde den Lebensstil des reichen Nordens mit seiner ungezügelten Kauflust, seinem fleischreichen Essen und seinem enormen Energieverbrauch nicht verkraften, warnt das Institut in seinem Magazin „Worldwatch". Die Europäer und die US-Amerikaner seien als sogenannte „konsumierende Klasse" der Welt für die Freisetzung von über 50 Prozent der Treibhausgase und 90 Prozent des Ozonkillers FCKW und eine Reihe von weiteren Umweltproblemen verantwortlich, die bei der Herstellung von Gütern entstünden.

Während hunderte Millionen Menschen weiterhin unter dem Existenzminimum leben, haben die vergangenen 40 Jahre dem reichen Norden nach Darstellung des Instituts eine wahre Explosion des Konsums gebracht. So verbrauche das Viertel der Weltbevölkerung, das regelmäßig Fleisch esse, wegen des Bedarfs an Futter für die Tiere indirekt die Hälfte der weltweiten Getreidevorräte. Das Institut verweist ferner darauf, daß beispielsweise der Pro-Kopf-Energieverbrauch in den USA seit 1950 um 60 Prozent gestiegen ist. US-Amerikaner fahren heute doppelt so viel und fliegen 25 mal so weit wie vor 40 Jahren, heißt es in der Studie.

Insgesamt sind die Bürger der USA laut Worldwatch heute reicher als jemals zuvor in der Geschichte. Mit seinem Taschengeld von durchschnittlich 230 Dollar im Jahr „verdient" in den USA selbst ein Kind unter 13 Jahren mehr als jeder Einzelne von 300 Millionen Menschen in den ärmsten Ländern der Welt.

Das Worldwatch Institut betont jedoch, daß persönliche Mäßigung allein nicht ausreichen werde, um den exzessiven Konsum der Wohlhabenden der Erde merklich zu verringern. Auch gesellschaftliche Strukturen müßten geändert werden, durch die man die Bevölkerung zum Konsum zwinge. So seien die Städte so gebaut, daß man ein Auto brauche. Die Qualität vieler Produkte sei so schlecht, daß die Verbraucher ständig neue kaufen müßten. Und die Werbefachleute hätten eine Atmosphäre geschaffen, in der viele Bürger ihr Selbstwertgefühl mit ihren Konsummöglichkeiten verwechselten, kritisiert Alan Durning von Worldwatch.

Dem unabhängigen Forschungsinstitut zufolge müssen sich die Umweltschützer für die Bewußtmachung einer neuen Definition von Lebensqualität einsetzen. Umfragen hätten bereits deutlich gemacht, daß der verstärkte Konsum beispielsweise die Bürger der USA nicht glücklicher gemacht habe.

• Textarbeit •

1. **Information.** Lesen Sie den Artikel auf folgende Information hin durch.

   a. Was ist Worldwatch?
   - Was für eine Organisation ist das Worldwatch Institut?
   - Wo befindet es sich?
   - Womit befaßt sich das Worldwatch Institut?

   b. Zu welchem Ergebnis kam die Studie von Worldwatch?
   - Was ist Worldwatch zufolge die größte Bedrohung der Umwelt?
   - Welche Länder gehören laut Worldwatch zur „konsumierenden Klasse"?
   - Wofür ist die „konsumierende Klasse" direkt und indirekt verantwortlich?
   - Was muß sich ändern, wenn die Erde überleben soll?
   - Welche gesellschaftlichen Strukturen zwingen die Bevölkerung zum Konsum?

2. **Analyse.** Meinung.

   a. Stimmen Sie der Meinung von Worldwatch zu, daß die Erde nur zu retten ist, wenn sich die gesellschaftlichen Strukturen der reichen Länder ändern?

   b. Was wird in den Industrieländern unter „Lebensqualität" verstanden?

   c. Wie würden Sie den Begriff „Lebensqualität" neu definieren, um zur Rettung der Umwelt beizutragen?

SCHREIBEN

A. Leserbriefe. Schreiben Sie einen Leserbrief an eine deutsche Zeitung, in dem Sie Ihre Meinung zu den Umweltproblemen in den Ländern Osteuropas äußern.

B. Aufkleber. Kleben Sie sich Sticker ans Auto? Finden Sie die Sticker unten wirkungsvoll? Schreiben Sie Ihren eigenen Autoaufkleber, der zum Nachdenken über umweltfreundliches Verhalten anregen soll.

Erst wenn der letzte Baum gerodet, der letzte Fisch gefangen, der letzte Fluß vergiftet, werdet ihr feststellen, daß man Geld nicht essen kann !

Sprechen

1. **Mach's tot. Gruppenarbeit.** Diskutieren Sie die folgende Karikatur in kleinen Gruppen. Wer sind die Personen? Wie sehen der alte Mann und das Kind aus? Welche Zeit wird in der Karikatur dargestellt? Können Sie die Reaktion des Kindes erklären? Wie finden Sie die Karikatur?

2. **Radioaktive Stoffe belasten Mensch und Natur.** Sehen Sie sich das Schaubild an. Versuchen Sie alle zusammen auf deutsch zu erklären, wie radioaktive Stoffe den Menschen und die Natur belasten.

KULTUR

„Zum Glück ist's bei uns nicht so schlimm''.

Wenn man in der westlichen Presse Berichte über die „ökologischen Katastrophengebiete'' in Osteuropa liest, bekommt man manchmal das Gefühl, daß es im Westen keine verheerenden Umweltschäden gibt. Stimmt das?

- Wieviel größer sind die Umweltschäden im Osten?
- Bedeutet das, daß der Westen eigentlich genug für den Umweltschutz tut?

Die folgenden Statistiken geben Aufschluß über das Ausmaß der Umweltschäden ist Ost und West.

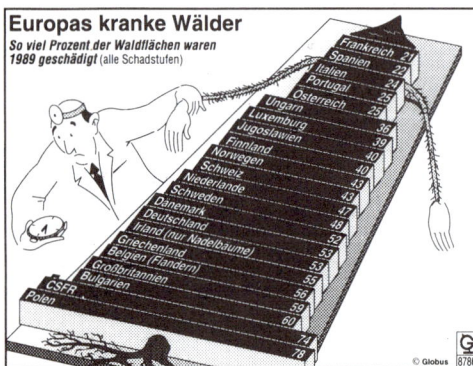

Europas kranke Wälder

So viel Prozent der Waldflächen waren 1989 geschädigt (alle Schadstufen)

Frankreich 21
Spanien 22
Italien 22
Portugal 23
Österreich 25
Ungarn 35
Jugoslawien 36
Norwegen 39
Niederlande 40
Schweiz 43
Schweden 43
Dänemark 47
Deutschland 48
Irland (nur Nadelbäume) 50
Griechenland 53
Belgien (Flandern) 55
Großbritannien 57
Bulgarien 59
ČSFR 71
Polen 78

© Globus 8786

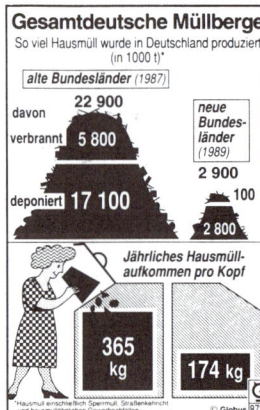

Gesamtdeutsche Müllberge

So viel Hausmüll wurde in Deutschland produziert (in 1000 t)*

alte Bundesländer (1987)

22 900

davon verbrannt 5 800

neue Bundesländer (1989)
2 900

deponiert 17 100 / 100

2 800

Jährliches Hausmüllaufkommen pro Kopf

365 kg

174 kg

*Hausmüll einschließlich Sperrmüll, Straßenkehricht und hausmüllähnlichen Gewerbeabfällen

© Globus 8728

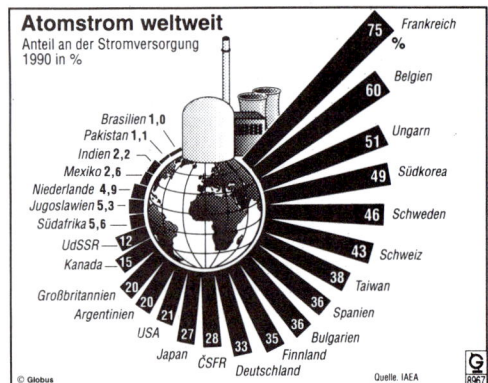

Atomstrom weltweit

Anteil an der Stromversorgung 1990 in %

Brasilien 1,0
Pakistan 1,1
Indien 2,2
Mexiko 2,6
Niederlande 4,9
Jugoslawien 5,3
Südafrika 5,6
UdSSR 12
Kanada 15
Großbritannien 20
Argentinien 21
USA 20
Japan 27
ČSFR 28
Deutschland 33
Finnland 35
Bulgarien 36
Spanien 36
Taiwan 38
Schweiz 43
Schweden 46
Südkorea 49
Ungarn 51
Belgien 60
Frankreich 75 %

© Globus   Quelle: IAEA 8967

Die Öffnung der Mauer

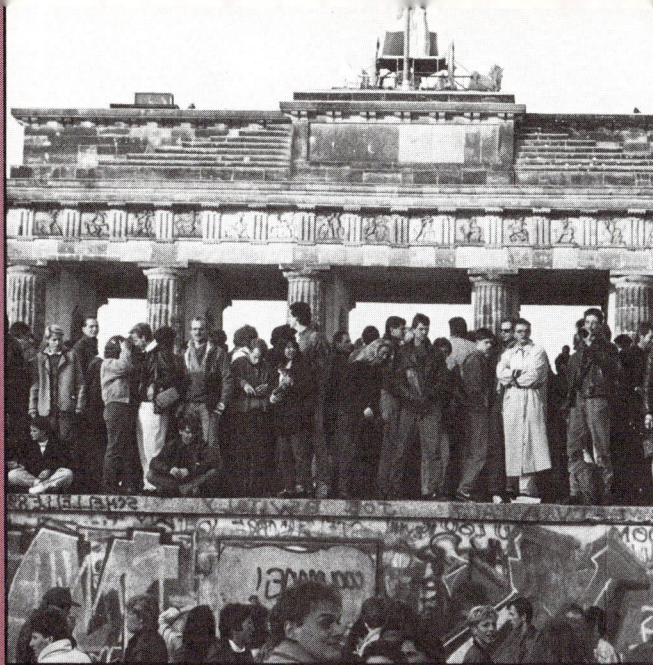

Reuters/Bettmann

Deutschland: Vergangenheit und Zukunft

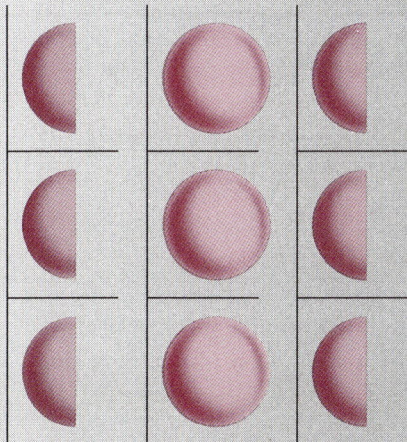

LERNZIELE

You will learn about different perspectives on the reunification of Germany and the fall of the Berlin Wall. You will read an interview on future aspirations and problems in a reunited Germany. You will also practice writing letters to the editor in response to articles on Germany's past and future and will speculate on Germany's future by assuming the roles of Germans from the East and the West.

Lesehilfen

• Globalstrategien •

Was erwarten Sie?

Woran denken Sie, wenn Sie „deutsche Vergangenheit" hören? Überfliegen Sie kurz den Text. Von wem stammen die Beiträge in der *Zeit*? Wie, glauben Sie, haben viele Juden auf die Vereinigung Deutschlands reagiert? Sehen Sie sich die Überschriften der drei Beiträge an. Wie Sie wissen, fassen Überschriften oft den Inhalt eines Textes zusammen. Was glauben Sie, welche Einstellung haben die Schreiber zu einem geeinten Deutschland?

Das wissen Sie schon!

Die Öffnung der Mauer am 9. November geschah unerwartet, und unerwartet schnell folgte die Vereinigung von Bundesrepublik und DDR zum neuen deutschen Staat. Welche Probleme brachten die sich überstürzenden Ereignisse? Sie haben sicher in der internationalen Presse Reaktionen auf die bevorstehende deutsche Vereinigung gelesen.

Kultur im Kontext

to cope with, come to grips with

Wie kann man die Vergangenheit „**bewältigen**", vor allem eine blutige Vergangenheit wie die der Deutschen? In der Nachkriegszeit sprach man in Westdeutschland von der „Stunde Null", von einem „neuen Anfang", anschließend war man mit dem Wiederaufbau und dem Wirtschaftswunder beschäftigt. Deutsche Vergangenheitsbewältigung nahm vielfach die Form

repressing the past

von „**Vergangenheitsverdrängung**" an. Erst Filme wie „Holocaust", die im westdeutschen Fernsehen gezeigt wurden, brachten die nationalsozialistische Vergangenheit ins öffentliche Bewußtsein.

• Detailstrategien •

Verwandte Wörter

Bei einem großen Teil der neuen Wörter handelt es sich um verwandte Wörter, die Sie ohne große Schwierigkeiten erkennen können, zum Beispiel: **Trauma, Nationalhymne, Identität, Krise, Säbelrassler,** usw.

Im Kontext

Oft kann man die ungefähre Bedeutung unbekannter Wörter aus dem Kontext erschließen. Was bedeutet wohl das fettgedruckte Wort in: Es [Deutschland] muß die drei traumatischen Erfahrungen von Naziherrschaft, Krieg und **Teilung** überwinden?

Kultur im Kontext

retaliation

destroyed
arrested

Die Ermordung eines deutschen Botschaftsangehörigen in Paris, Ernst von Rath, durch einen polnisch-jüdischen Jugendlichen wurde von Reichspropagandaminister Goebbels zum Anlaß genommen, die „Reichskristallnacht" vom 9. November 1938 als „spontane **Vergeltungsaktion**" des deutschen Volkes zu inszenieren. Jüdische Geschäfte und Wohnungen wurden **verwüstet**, Synagogen in Brand gesetzt, und Tausende von Juden wurden **verhaftet** und zum Teil in Konzentrationslager verschickt.

• Textvorschau •

Drei Juden—ein Amerikaner, ein Franzose und ein Deutscher — beschrieben in der *Zeit*, was sie empfanden, als die Berliner Mauer geöffnet wurde. Der folgende Text ist ein Auszug aus diesen Beiträgen. Achten Sie beim Lesen auf die verschiedenen Perspektiven der Schreiber und auf die oft widersprüchlichen Gefühle.

Vergeßt Ihr die Vergangenheit?

Von Elie Wiesel

Machthaber–*people in power*

Häftling–*prisoner*

NEW YORK — Was sich in Berlin vollzieht, beunruhigt mich – nicht nur im Hinblick auf mögliche Auswirkungen auf die Zukunft, sondern auch auf die Einstellung zur Vergangenheit.

Die Vergangenheit ist ja schon jetzt betroffen: Der 9. November 1989, so verkündete der Bürgermeister von West-Berlin, wird in die Geschichte eingehen, und überall rund um den Globus wurde diese Erklärung wiederholt. Dabei wird vergessen, daß der 9. November seinen Platz in der Geschichte bereits hat: An diesem Tag vor 51 Jahren fand die „Reichskristallnacht" statt.

Die tiefe Freude von heute verdrängt die Vergangenheit. In Berlin — oder auch in unserem eigenen Land — hat niemand die Verbindung zwischen den zwei Gedenktagen hergestellt. Deshalb bin ich besorgt. Ich frage mich: Was wird man wohl als nächstes vergessen?

Ist meine Furcht unbegründet? Rührt sie vielleicht daher, daß ich als Jude unter einem Trauma leide durch das, was **Machthaber** in Berlin vor langer Zeit meinem Volk zugefügt haben? Was soll man empfinden, wenn man die alt-neue Nationalhymne hört: „Deutschland, Deutschland über alles"?

■ *Elie Wiesel war* **Häftling** *in Auschwitz. 1986 erhielt er den Friedensnobelpreis. Er lebt in New York.*

Das Glück, zu sich selbst zu finden

Von Dominique Moisi

PARIS— Die zwölf Jahre der Barbarei, die auf immer als **Mahnung** und Warnung im **Gewissen** der Deutschen ihren Platz behalten müssen, haben für mich dennoch nicht alles andere **ausgelöscht**. Die deutsche Geschichte läßt sich nicht auf diese zwölf Jahre reduzieren.

Deutschland kann nur in der Einheit seine Identität zurückgewinnen. Es muß die drei traumatischen Erfahrungen von Naziherrschaft, Krieg und Teilung überwinden. Es kann nur dann die heutige Krise seiner kulturellen Identität und die Arroganz seiner Wirtschaftsmacht hinter sich lassen, wenn es zu einer anderen, umfassenden politischen, kulturellen und wirtschaftlichen Identität findet.

■ *Dominique Moisi ist stellvertretender Direktor des Französischen Instituts für Internationale Politik in Paris.*

Mahnung–*admonition*
Gewissen–*conscience*

ausgelöscht–*extinguished*

Nicht mehr das alte Deutschland

Von Michael Wolffsohn

MÜNCHEN— Herr Wiesel fürchtet ein wiedervereingtes Deutschland. Jeder, der seinen **Leidensweg** kennt, wird das verstehen. Nicht verstehen und nicht **billigen** kann ich einige seiner Begründungen. Vereinfacht gesagt: Eli Wiesel hat das alte, ich das neue Deutschland erlebt. Israels erster Ministerpräsident hat auch immer wieder zwischen diesen beiden Deutschlands unterschieden.

Hat nicht die „sanfte Revolution" vom 9. November 1989 einmal mehr gezeigt, daß es auch ein anderes, neues, freiheitliches, unaggressives Deutschland gibt? Bei dieser neudeutschen Novemberrevolution sah man keine machtbesessenen, altdeutschen Säbelrassler.

Eli Wiesel fürchtet offenbar, das freudige Erinnern an den 9. November 1989 könnte die Trauer um den 9. November 1938 verdrängen. Ich sehe es anders: Fortan wird man beider Ereignisse **gedenken** müssen, gedenken wollen: Der 9. November 1938 dokumentiert das alte, brutale Deutschland, der 9. November 1989 das neue, auf Gewalt **verzichtende**. Überall und immer gibt es Licht und Schatten. Genau dies würde das doppelte Gedenken zeigen.

■ *Michael Wolffsohn lehrt Geschichte an der Universität der Bundeswehr München.*

gedenken–*to commemorate*

verzichtende–*renouncing*
Leidensweg–*suffering*

billigen–*approve of*

• Textarbeit •

1. Information. Lesen Sie die drei Beiträge auf folgende Information hin durch.

    a. Elie Wiesel

- Warum beunruhigt ihn die Öffnung der Mauer?
- Was wird durch die Freude der Deutschen verdrängt? Welches Beispiel führt er dafür an?
- Welche Schlußfolgerungen können Sie aus der Tatsache ziehen, daß Elie Wiesel so viele Fragen in seinem Beitrag stellt?

    b. Dominique Moisi

- Welche Einstellung hat er zur deutschen Vergangenheit?
- Wie kann Deutschland die Vergangenheit überwinden?
- Was kann die Einheit Deutschlands für die Zukunft bringen?

    c. Michael Wolffsohn

- Zu welcher Generation gehört er?
- Wo lebt er?
- Welches Deutschland hat er erlebt?
- Welche Einstellung hat er zum 9. November?

2. Analyse. Reaktionen.

    a. Mit welchen Wörtern würden Sie die Reaktion von Elie Wiesel, Dominique Moisi und Michael Wolffsohn auf die Öffnung der Grenzen kennzeichnen: Furcht, Sorge, Angst, Freude, Begeisterung, Stolz, Beunruhigung, Skepsis, Trauer, Scham...?

    b. Welche widersprüchlichen Gefühle drücken sich in den Beiträgen aus? Nennen Sie Beispiele.

    c. Wie haben Sie auf die Öffnung der Grenzen reagiert? Welche der Reaktionen entspricht am ehesten Ihrer eigenen? Oder haben Sie ganz anders reagiert? Erklären Sie!

HÖREN

A. Sind wir wirklich bald ein Volk ohne Vergangenheit? Im November 1990 wurde erstmals seit dem Ende der Weimarer Republik ein demokratisches gesamtdeutsches Parlament gewählt. Die *Süddeutsche Zeitung* interviewte Experten zum Thema „Deutschland". Im folgenden hören Sie das Interview mit Gabriele von Arnim. Ihr Buch *Das große Schweigen* handelt vom Verdrängen der Nazi-Vergangenheit.

• Miniwörterbuch •

die Stunde Null	*the Zero-Hour, term for the time immediately after the end of the Second World War*
das Verdrängen	*repression*
vor Gericht stellen	*to bring to trial*
die Herausforderung	*challenge*

• Textarbeit •

1. Information. Ein Volk ohne Vergangenheit?

   a. Zu welcher Generation gehört Frau von Armin?

   b. Was für ein Geschichtsverständnis hat diese Generation?

   - Wo beginnt die Geschichte Deutschlands für diese Generation?
   - Worüber schwieg die ältere Generation?
   - Wie wurde das Schweigen gerechtfertigt?

   c. Warum kann man jetzt, da Deutschland geeint ist, von der doppelten Null-Stunde sprechen?

   d. Welche Parallelen sieht sie zwischen der Nachkriegszeit und der Gegenwart?

   e. Wie sollten die Deutschen ihrer Meinung nach mit ihrer Vergangenheit umgehen?

2. Reaktion auf die „Stunde Null''.

   a. Glauben Sie, daß ein Neuanfang, eine Stunde Null, überhaupt möglich ist?

   b. Wie reagieren wohl die älteren Generationen in Europa auf die Verdrängung der Vergangenheit?

   c. Was sollte Ihrer Meinung nach mit den Stasi-Leuten und Stasi-Informanten geschehen?

B. Hitlers Geburtstag. Am 20 April 1989 war der 100. Geburtstag Adolf Hitlers. Zu diesem Anlaß fragte die Grazer *Kleine Zeitung* Vertreter der älteren und der jungen Generation nach ihren Gedanken zu diesem Tag. Hören Sie an, *eyewitnesses* was vier **Zeitzeugen** und vier junge Menschen antworteten.

• Textarbeit •

1. **Information.** Wie denken die Befragten über einen Feier- bzw. Gedenktag zu Hitlers Geburtstag? Kreuzen Sie die entsprechenden Meinungen in den Tabellen für die ältere und die junge Generation an. Falls Sie im Text keine Aussage finden, setzen Sie „?'' in die Tabelle.

ältere Generation	Gertrud S.	Kurt K.	Franz S.	Ferdinand F.
Feiern / Gedenken				
Nicht feiern				
Vergangenheit vergessen				
Vergangenheit nicht vergessen				

jüngere Generation	**Anna M.**	**Roland M.**	**Meg H.**	**Gerhard M.**

Feiern / Gedenken
Nicht feiern
Vergangenheit vergessen
Vergangenheit nicht
   vergessen

2. **Analyse.** Sehen Sie bedeutsame Unterschiede zwischen den Antworten der verschiedenen Generationen?

3. **Reaktion.** Wie denken Sie über einen Feier- bzw. Gedenktag zu Hitlers Geburtstag?

GRAMMATIK

The Present Participle

In German the present participle mainly functions as an adjective or an adverb. With the present participle the action of the verb is marked as continuing, lasting, incomplete.

attributive adjective	Der **folgende** Text ist ein Auszug aus diesen Beiträgen.[1]
	The following text is an excerpt from these writings.
predicative adjective	Sein Argument ist nicht **überzeugend**.
	His argument is not convincing.
adverb	Der Artikel ist **überzeugend** geschrieben.
	The article is convincingly written.

The present participle is formed by adding **-d** to the infinitive of the verb.

INFINITIVE	PRESENT PARTICIPLE	
beunruhigen	beunruhigend	*disquieting*
leiden	leidend	*suffering*
vereinfachen	vereinfachend	*simplifying*

Übungen

TASK — Identify function of present participle.

A. **Partizip Präsens.** Identifizieren Sie die Partizipien in den folgenden Textauszügen aus einem Artikel in der Zeitschrift *Wir in Europa*. Wie werden sie gebraucht?

1. „Es ist wie Sylvester", sagt eine Frau neben mir und wünscht mir lachend ein „gutes neues Jahr". In diesen Minuten vor dem 3. Oktober

---

[1]As an attributive adjective, the present participle takes appropriate adjective endings. For a review of the inflection of adjective endings, see *Kapitel 7*.

German parliament
(*historical*)

1990 — 00.00 Uhr — breitet sich vor dem **Reichstag** Stille aus. Keine zischenden Raketen mehr, das Gedränge hat aufgehört.

2. Dann ist es soweit. Die mächtig und laut über die Lautsprecherboxen kommende Stimme des Bundespräsidenten verkündet die Einheit Deutschlands.

3. Was mir in Erinnerung bleibt? Jubelnde, singende, tanzende Menschen, die Fahnen, die friedlich nebeneinander stehenden Schwaben und Franzosen, Spanier und Sachsen, Japaner und Berliner, Türken und Mecklenburger.

TASK — Produce present participles.

B. **Zunehmende Enttäuschung.** Der Euphorie über die Einigung folgte die Ernüchterung. Worüber sind die Ostdeutschen enttäuscht? Modifizieren Sie die Nomen mit einem Partizip Präsens. Wenn nötig, wiederholen Sie die Adjektivendungen.

Beispiel: die Enttäuschung—zunehmen
die zunehmende Enttäuschung

1. die Wohnungsnot—zunehmen
2. die Arbeitslosigkeit—steigen
3. die Vorurteile—stören
4. das Verständnis—fehlen
5. die Probleme—wachsend

to be lacking

6. die Solidarität der Westdeutschen—**mangeln**
7. die Grenze im Kopf—weiterhin bestehen
8. die Unsicherheit—herrschen

The Past Participle

The past participle, as you have seen, is used for the formation of the perfect tenses and of the passive voice. It may also function as an adjective or adverb[1]. With the past participle the action of the verb is marked as completed; however, the result of this completed action is a condition which continues on.

attributive adjective	Er fürchtet ein **wiedervereinigtes** Deutschland. *He fears a reunited Germany.*
predicative adjective	Ist meine Furcht **unbegründet**? *Is my fear unfounded?*
adverb	**Vereinfacht** gesagt: Er hat das alte, ich das neue Deutschland erlebt. *Stated in simplified terms: He experienced the old Germany, I experienced the new Germany.*

[1]For a review of the formation of the past participle, see *Kapitel 6.*

Übungen

TASK — Identify function of past participle.

toasted

so that nobody could get on any more.

TASK — Supply past participles.

A. Partizip Perfekt. Identifizieren Sie die Partizipien in dem folgenden Textausschnitt aus einem Artikel in *Wir in Europa*. Wie werden sie gebraucht?

Der 3. Oktober 1990

Dies ist unsere Republik—und wir haben auf sie **angestoßen**, vor dem Reichstag, dort, wo sie enstanden ist. Es war die Nachkriegsgeneration, die hier gefeiert hat, die 40jährigen und Jüngeren. Es gibt kein Vorbild, keine historische Vorlage für diese Stunden. Zum erstenmal haben sich die Deutschen friedlich vereint, mit der Zustimmung ihrer Nachbarn. Auf dem überfüllten S-Bahnhof Zoo warten wir auf den nächsten Zug nach Wannsee. Drei mußten wir passieren lassen, alle drei waren vollgepfropft **bis zum Geht-nicht-mehr**. Niemand regt sich auf, keiner klagt. Am nächsten Tag steht in der Zeitung, daß in dieser Nacht in Berlin eine Million Menschen unterwegs waren.

B. Enttäuschung. Worüber spricht man in der Ex-DDR? Modifizieren Sie die Nomen mit einem Partizip Perfekt. Wenn nötig, wiederholen Sie die Formen des Partizip Perfekts.

Beispiel: die Hoffungen—enttäuschen
die enttäuschten Hoffnungen

1. das Wahlversprechen—brechen
2. die Arbeitsplätze—verlieren
3. die Arbeiter—entlassen
4. die Erwartungen—nicht erfüllen
5. die Preise—steigen
6. die Umwelt—verschmutzen

Extended Adjective Constructions

In German, as well as in English, attributive adjectives and participles used as attributive adjectives may be extended by additional modifiers, e.g. adverbs or prepositional phrases. The entire construction functions as a noun attribute.

Die Freude von heute verdrängt die **nicht bewältigte** Vergangenheit.
The joy of today displaces the past, which has not yet been coped with.

Der 9. November 1989 dokumentiert das neue, **auf Gewalt verzichtende** Deutschland.
November 9, 1989, documents the new Germany, a Germany which is renouncing force.

In German, other than English, extensive adjective constructions may precede the noun. They are frequently used instead of a longer relative clause.

Extended adjective constructions occur primarily in written German, especially in journalistic, scientific, technical, and literary texts.

> Hat nicht die **ohne jedes Blutvergießen und ohne Feindschaft verlaufene** Revolution gezeigt, daß es auch ein neues Deutschland gibt?
> *Didn't the revolution, which proceeded without any spilling of blood and without hostility, show that there is a new Germany?*

Übung

TASK — Identify extended adjective constructions.

Die Grenze im Kopf. Identifizieren Sie die erweiterten Partizipialkonstruktionen (*extended adjective constructions*) in den folgenden Auszügen aus einem Artikel in der *Zeit*.

1. Es wird noch lange dauern, bis die bisher nur auf dem Papier vollzogene Einheit Wirklichkeit wird.

2. Die seit langem akzeptierte Teilung Deutschlands war zu einem Faktum der deutschen Geschichte geworden.

3. Man kann von einem politisch geeinten und ökonomisch und sozial getrennten Deutschland sprechen.

4. Der politisch und ökonomisch gescheiterte Sozialismus im Osten wird von den Westdeutschen einfach abgeschrieben.

to reject

5. Daher **lehnt** der sich überlegen fühlende Westen die Erfahrungen des Ostens **ab**.

6. Und da ist das Mißtrauen, der nicht weichen wollende Verdacht, daß Stasi-Kader noch aktiv sind.

LESEN

to expel

Der Abituriententag. Im November 1938 wurde der Schüler Franz Hirschbach, kurz vor dem Abitur, von der Deutschen Oberschule in Zehlendorf **verwiesen** und emigrierte nach Amerika. Im Mai 1989 sah der Professor Frank D. Hirschbach die alten Klassenkameraden in Berlin wieder. Der folgende Text berichtet von diesem Klassentreffen.

• Miniwörterbuch •

lingua tertii imperii	die Sprache des Dritten Reiches
dulce et decorum pro patria mori	süß und ehrenvoll ist es, für das Vaterland zu sterben

Der Abituriententag

**Die Geschichte eines Klassentreffens—fünfzig Jahre danach/
Von Frank D. Hirschbach**

Gegen 10 Uhr morgens am 11. November 1938 klopfte der Hausmeister Herr Wolff an die Tür der Prima des Gymnasiums und der Deutschen Oberschule in Berlin-Zehlendorf, tauschte das übliche „Heil Hitler" mit dem Englischlehrer Herrn Augner und berief den Schüler Franz Hirschbach zum Direktor. Johannes Wicht, ein korpulenter Glatzkopf, befahl dem Schüler Hirschbach, seine Sachen zusammenzupacken und nach Hause zu gehen. Des Direktors Art war kühl, aber nicht unfreundlich, wie man eben in Zehlendorf damals derlei peinliche Dinge handhabe. Der Schüler Hirschbach war nicht allzu überrascht über die Ereignisse des Morgens. Er hatte am Abend vorher am Radio vom Tode Ernst von Raths, vom Volkszorn und den brennenden Synagogen gehört. Obgleich das Visum der Vereinigten Staaten für seine Eltern, seinen Bruder und ihn noch ausstand, vertraute er auf das Affidavit, das Onkel Alfred vor geraumer Zeit aus New York geschickt hatte. In wenigen Monaten würde er mit dem Cunard White Star Dampfer *Aquitania* nach New York abdampfen.

Angesichts des nahenden Abiturs hatte der Deutschlehrer Dr. Curt Meyer der Klasse vor kurzem das nicht überaus originelle Aufsatzthema „Wie sehe ich meine Zukunft?" gestellt. Bei Franz hatte der letzte Satz gelautet: „Und obgleich ich in wenigen Monaten nach Amerika auswandern werde, lebt in mir die unerschütterliche Zuversicht, daß auch ich mich eines Tages wieder einen Deutschen nennen darf." Das mit der „unerschütterlichen Zuversicht" roch ein wenig nach der Sprache, die Franz täglich hörte und die später ein Viktor Klemperer lingua tertii imperii nennen würde. Aber das Gefühl war echt wie auch die Trauer, mit der Franz im Februar 1939 von Deutschland, Zehlendorf und einigen seiner aufrechteren Schulkameraden Abschied nahm.

Von New York und New Haven aus blieb er noch fast ein Jahr lang, selbst nach Ausbruch des Krieges, mit einigen von ihnen in Verbindung. Ihre Briefe erzählten vom Abitur, von Feiern und Ferien, von Mädchen und Verlobungen, von Studierplänen. Verschlüsselt gab ihm der eine oder der andere seine Sympathie kund. Franz schrieb über das neue Land, über die Fabrik, in der er arbeitete, über seine eigenen Aussichten. Dann fiel der Vorhang. Aus Franz wurde Frank, er diente in einer Artillerieeinheit der U.S. Army, beschoß Würzburg und Nürnberg und München, aber am 8. Mai 1945 schoß er nur Leuchtkugeln in die Luft über Salzburg, um das Ende des Krieges zu feiern. Im Dezember fuhr er nach Hause, um Germanistik zu studieren und deutsche Literatur an einer amerikanischen Universität zu unterrichten.

Einer der Kameraden von damals schrieb ihm bald darauf aus einem englischen POW-Camp aus Ägypten, und Frank schickte ihm Care-Pakete. Der ehemalige Freund wurde später Diplomat und Botschafter der Bundesrepublik, und die beiden trafen sich in Detroit, Belgrad und Bonn. Bei seinen vielen Besuchen in der Bundesrepublik blätterte er zuweilen im Berliner Telephonbuch und fand die Namen einiger, mit denen er seine Jugend verbracht hatte. In der Kantstraße prangte an einem Gebäude das Emailleschild eines Klassenkameraden, der inzwischen Rechtsanwalt geworden war. Aber Frank ging nicht hinauf und rief niemanden an.

Geste der Wiedergutmachung?

Vor einigen Wochen bekam er einen dicken Brief von Dr. med. Reiner V., der mit den Worten begann: „Lieber Franz! Vor fünfzig Jahren haben wir das Abitur gemacht! Das ist doch ein Anlaß, uns hier in Berlin zu treffen. Dazu laden wir Dich mit Gattin oder Lebensgefährtin herzlich ein. Mit Rücksicht auf die in Berlin für den Monat März typischen ungünstigen meteorologischen Bedingungen haben wir das Treffen jedoch erst für den 21. bis 24. Mai vorgesehen und hoffen auf schönes Frühlingswetter während dieser Tage.'' Es folgte eine Auflistung der geplanten Ereignisse (Besuch der alten Schule, Dampferfahrt, Philharmoniebesuch) und der möglichen Teilnehmer. Frank erfuhr, daß ,,Bobby'', sein bester Freund, gefallen war wie auch Paul, der Klassenerste, und mehrere andere. Immerhin, da standen noch die Namen von zehn anderen, alle mit vollem Titel: Vizepräsident des Landessozialgerichtes i.R., Oberstleutnant a.D., Regierungsmedizinaldirektor a.D. und so weiter.

Der Eingeladene überlegte sich die Einladung lange und gründlich. Kann er unbeschwert mit zehn anderen 68jährigen ,,Weißt du noch, wie wir damals...'' spielen? Will er die dunkle Vergangenheit heraufbeschwören und mit seinen Erinnerungen vielleicht den anderen (und ihren Lebensgefährtinnen) den Spaß verderben? Ist das ganze eine Geste der versuchten Wiedergutmachung (schließlich hat er ja das Abitur nicht mitgemacht und dürfte eigentlich gar nicht an diesem Abiturientetag teilnehmen), und soll er sich dazu hergeben? So viele Fragen, so wenige Antworten. Schließlich entschloß er sich zu dem Abenteuer. Teils war es Neugier, teils war es der Drang, nun endlich einen Schlußstrich ziehen zu müssen, nicht wie Ronald Reagan und Helmut Kohl es in Bitburg getan hatten, sondern einen ganz persönlichen unter sein widersprüchliches Verhältnis zu Deutschland, jene Haßliebe, die jeder Emigrant unter seiner dünnen Haut spürt.

Auf dem Flug saß er neben zwei amerikanischen Reservisten, die zu einer militärischen Übung nach Stuttgart flogen, um dort Pflicht mit Neigung zu verbinden. Alles in allem erwarteten sie eine Gaudi. Am nächsten Tag suchte er das neue Jüdische Museum in Frankfurt in der schönen Rothschild-Villa am Untermainkai auf, in der die qualvolle, nur sehr kurz aufleuchtende Beziehung zwischen Deutschen und Juden klar und plastisch dargestellt wird, und der Rückkehrende wurde sich wieder einmal dessen bewußt, daß er beiden diesen Völkern und keinem der beiden wirklich angehörte, so wie er ja auch im Grunde nur Wahlamerikaner war. In der angrenzenden Buchhandlung kaufte er ,,Glanz und Untergang: Wien 1866–1938'' von Hilde Spiel, jener weisen alten Frau, deren Schicksal dem seinen nicht unähnlich war. Und wie so alles manchmal zu einem gewissen Zeitpunkt zusammenfällt, las er, im Zug nach Berlin fahrend, das kleine Büchlein eines Fred Uhlmann ,,Der wiedergefundene Freund'', das von der Freundschaft zweier Schüler im Schwaben des Jahres 1932 berichtet, der eine arisch, der andere jüdisch. Die schwärmerische Freundschaft der beiden Idealisten zerbricht an den Forderungen der Zeit: Hans Schwarz geht in die USA, seine in Deutschland gebliebenen, an Deutschland hängenden Eltern begehen Selbstmord. Bei einem sehr viel später stattfindenden Besuch erfährt Hans aus einer Liste der früheren Schulkameraden, daß Konradin von Hohenfels, der Schulfreund, nach dem Attentat auf Hitler hingerichtet wurde.

Im Hinterzimmer eines alten Zehlendorfer Restaurants, wo wir als 16jährige unseren ersten Wein tranken, begegnen wir uns zum ersten Mal am Sonntag abend. Leicht verlegen erkennt man den einen und nicht den anderen. Aus den 18jährigen sind 68jährige geworden, der biologische Verfall hat uns allen mitgespielt: Glatzen oder graue Haare, geschliffene Brillen, Bauchansätze, ein Hörapparat, drei Herzinfarkte kennzeichnen uns. Gewisse sprachliche Merkmale oder Gesten sind geblieben. Der einstige Rebell trägt als einziger keine Krawatte. Der einladende Arzt hält zwar eine Rede, vermeidet aber klüglich ein Plenargespräch, in dem etwa jeder Rechenschaft über das letzte Halbjahrhundert geben müßte. Dies bleibt den einzelnen Begegnungen überlassen. Natürlich nennt man sich ,,du'' und versucht scherzeshalber die alten Spitznamen: ,,Bombe'', ,,Latscher'', ich bin für manche ,,Fränzchen''.

Geschickte Sophisterei

Es gibt keine rechte Hackordnung während dieser Tage. Keiner ist besonders arrogant und pocht auf seine Leistungen. Bei amerikanischen *class reunions* ist es nicht unüblich, im (gemieteten) Cadillac vorzufahren, um seine Bedeutung, den erreichten Wohlstand, herauszustreichen. Wir gedenken—ohne falsche Sentimentalität—der Toten. Von neunzehn sind vier gefallen, zwei nach dem Krieg gestorben, drei haben es vorgezogen abzusagen und schieben Erkrankungen ihrer Frauen als Gründe vor. In unserem Schulblatt aus dem Jahre 1938 notierten wir unsere Berufsziele, fast alle sind anderswo gelandet. Einer von den vier, die Offiziere werden wollten, beendete seine militärische Karriere als Oberstleutnant bei der Bundeswehr.

Sinnigerweise erhalten wir alle eine Kopie der Rede, die der Direktor „am Tage der feierlichen Entlassung" an seine „lieben Abiturienten" hielt. Als Motto gelten ihm jene Schillerworte, die in Gold eingemeißelt noch heute über dem Portal der Schule stehen: „Nur dem Ernst, den keine Mühe bleichet, Rauscht der Wahrheit tief versteckter Born." Mit jener geschickten Sophisterei, die so manchem Philologen der Nazizeit eigen war, vermengt er ehrenhafte und durchaus vertretbare klassische Ansichten mit den obligaten Erziehungsgrundsätzen des Dritten Reiches, zitiert Führer und Minister und General von Seeckt in einem Atem mit Sokrates und Platon und kommt bei seinem Vergleich zu dem Schluß, „wie die edlere Jugendbildung jener fernen Tage, so gipfelt heute die Aufgabe der Schule des Dritten Reiches in der politischen Erziehung", nach deren Zielen er nicht fragt. Den Toten kann man nicht mehr fragen, welcher Teil ihm aus dem Herzen kam. Wir unterhalten uns über unsere Schulbildung und kommen zu dem Schluß, daß wir herzlich wenig gelernt haben. Ich erinnere mich, daß wir monatelang begeistert im Deutschunterricht „Volk ohne Raum" lasen; was wurde wohl dafür geopfert? Und die Olympiade, die 700-Jahr-Feier, Kohlenknappheit und Ernteeinsatz, zuletzt die Elimination der Oberprima—sie zehrten alle an unseren Schulstunden.

Bei Dampferfahrt und Mittagessen lernt man sich wieder näher kennen. Es wird uns allen klar, daß wir im Grunde schon vor fünfzig Jahren als Klasse keine feste Gemeinschaft bildeten; manche geben zu, daß das Gruppengefühl eher der bündischen Jugend, dem Bibelkreis und der Hitlerjugend entstammte. Mir fällt auf, wie konservativ viele meiner Generationsgenossen geworden sind. Noch nie habe ich das Wort „Chaoten" so oft gehört. An „Candide" im Theater des Westens scheiden sich die Geister. Dieser geistreiche Spaß, der zu gleichen Teilen dem aufgeklärten, aufklärungsfeindlichen Spötter Voltaire und dem vielseitigen, jüdischen und schwulen Musiker Leonard Bernstein entstammt, erregt das Mißfallen jener, die in der besten aller möglichen Welten zu leben meinen und die Oper für geschmacklos, lebensfeindlich und anti-religiös halten. Die anderen finden den Abend anregend und amüsant.

Am letzten Tag ziehen wir gemeinsam in die alte Penne. Die Aula, der Zeichensaal, das Chemiezimmer, die Lehrertreppe, die wir heute zum ersten Male betreten dürfen, der Schulhof, die Turnhalle, in der ich mich plötzlich der Mutübungen erinnere, die von uns verlangten, daß wir von der Galerie in ein Tuch springen mußten. Feigheit — das war die größte Sünde unter Jungen im Dritten Reich. Der Austausch von Erinnerungen, manche individuell, viele geteilt, ruft große Heiterkeit hervor, die in den neugotischen Gängen widerhallt. Im Musiksaal setzt sich Egon ans Klavier und spielt „Ich wollt', ich wär' ein Huhn, dann hätt' ich nichts zu tun" und „Ich tanze mit dir in den Himmel hinein", zwei Schlager der damaligen Zeit. Rektor und Hausmeister schauen wohlwollend auf die älteren Herren und Damen und ihren Klamauk. Im zweiten Stock verkündigt nach wie vor eine Gedenktafel für die Gefallenen des Ersten Weltkrieges, es sei „dulce et decorum pro patria mori". Für die Toten des zweiten Krieges hat man keine Tafel: Waren es zu viele, oder paßte der Spruch nicht mehr?

In einem Nobelrestaurant in der Rankestraße klingt das Klassentreffen aus. Auch an diesem letzten Abend und trotz des vielen Weines bleiben die Gespräche an der Oberfläche. Man spricht über die Kindheit, den Krieg, über Kinder und Enkel, Häuser und Autos, die Quellensteuer. Nach drei Stunden trete ich als erster in die laue Luft meiner Heimatstadt und ziehe Fazit. Alle waren rührend nett zum Fränzchen. Wiederholt wurde die Vergangenheit bewältigt, indem man mir versicherte, daß Hitler und seine Zeit Wahnsinnserscheinungen gewesen seien, daß man an jenem 11. November eigentlich nie gewußt habe, was aus mir geworden sei, daß man den Anteil der Juden am Leben Deutschlands wertgeschätzt habe und ihren Einfluß vermisse. Mir wird wieder einmal klar, daß dieser westliche Außenbezirk Berlins eine Enklave bildete, die zwar nicht schallsicher war, aber doch das tägliche Geschehen filterte. Es gab nicht eine einzige unfreundliche Note in diesem dennoch banalen und eigentlich unnützen Fest. Schuldgefühl setzt ein klares und deutliches Erinnerungsvermögen voraus. Meine Kameraden und ich zogen es vor, uns an die lichteren und oberflächlicheren Dinge zu erinnern. „Niemand weint um sie im heutigen Wien", so beschließt Hilde Spiel ihren Bericht über die österreichischen Juden. Die Zeit der Tränen ist vorbei, kein Mensch kann fünfzig Jahre weinen.

„Ich bin erledigt", sagt Tonio Kröger zu Lisaweta Iwanowna am Ende seiner langen Lebensbeichte. Ich bin wiedergutgemacht.

• Textarbeit •

1. Information. Suchen Sie folgende Information in dem Beitrag.

   a. Franz Hirschbach und Frank D. Hirschbach, eine Person und zwei Identitäten? Füllen Sie die Tabelle aus.

	Franz Hirschbach	Frank D. Hirschbach
Wo lebt er?		
Zu welcher Zeit?		
Was macht er?		
Welche Staatsbürgerschaft hat er?		

   b. Emigration in die USA
  - Warum emigrierte er in die USA?
  - Wann emigrierte er?
  - Mit wem ging er in die USA?
  - Warum, glauben Sie, wählte die Familie Hirschbach die USA?
  - Welche Verbindungen mit Deutschland hielt er aufrecht?

   c. Das Leben in den USA
  - Welche berufliche Karriere machte er in den USA?
  - In welchem Land fühlt er sich zu Hause? Begründen Sie Ihre Antwort mit Textbeispielen.
  - In welcher Funktion kam er erstmals wieder nach Deutschland?

   d. Das Klassentreffen
  - Zu welchem Anlaß wurde das Klassentreffen veranstaltet?

- Wie viele Schüler waren ursprünglich in seiner Abiturklasse?
- Wie viele machten das Abitur?
- Wie viele kamen zum Klassentreffen? Warum kamen die anderen nicht?
- Welche Unternehmungen standen auf dem Programm?
- Welche Bedenken hatte Frank Hirschbach vor dem Klassentreffen?
- An welche Ereignisse in ihrer Schulzeit erinnerten sich die Klassenkameraden?
- Wie war die Atmosphäre beim Klassentreffen?
- Worüber sprachen die ehemaligen Kameraden?
- Welches Fazit zog Frank Hirschbach nach dem Klassentreffen?

2. **Analyse.** Vergangenheitsbewältigung.

    a. Welches Verhältnis hat Frank Hirschbach zu Deutschland? Überlegen Sie sich dabei,

- warum er emigrieren mußte
- welchen Beruf er ergriff
- wie oft und in welcher Funktion er nach Deutschland kam
- in welchem Stil er über die Ereignisse im Jahr 1938 und über das Klassentreffen schreibt
- was er selbst darüber in seinem Bericht schreibt.

    c. Was bedeutet der Begriff „Vergangenheitsbewältigung"?

- Wie bewältigten Reagan und Kohl die Vergangenheit?
- Wie möchte Frank Hirschbach sie bewältigen?
- Wie versuchen die Klassenkameraden, sie zu bewältigen?
- Wie, glauben Sie, kann man die Vergangenheit bewältigen?

    d. Was bedeutet „Wiedergutmachung"? Glauben Sie, daß man die Verbrechen an den Juden wiedergutmachen kann?

- Welches Unrecht widerfuhr Franz Hirschbach während der Nazizeit?
- Kann man solches Unrecht wiedergutmachen? Wer? Wie?
- Ist das Unrecht, das Frank Hirschbach **widerfuhr**, wiedergutgemacht worden? Was sagt er selbst dazu? Wie sagt er es? Mit welcher Grammatikkonstruktion drückt er es aus? Was für ein Objekt hat das Verb „wiedergutmachen"? Welche Schlußfolgerungen können Sie daraus ziehen?

befell

SCHREIBEN

A. Die Putzfrau. Die folgende Karikatur erschien in der *Zeit*.

- Diskutieren Sie in kleinen Gruppen zuerst die Karikatur. Was macht die Putzfrau? Was wird unter den Teppich gekehrt? Unter welchen Teil wird der Schmutz gekehrt?
- Schreiben Sie gemeinsam einen Untertitel zu der Karikatur.

B. **Leserbrief.** Schreiben Sie einen Leserbrief zu einem der drei Beiträge: *Vergeßt Ihr die Vergangenheit?*, *Das Glück, zu sich selbst zu finden* oder *Nicht mehr das alte Deutschland*.

Sprechen

Vergangenheitsverdrängung. Gruppenarbeit. Wegsehen, Weghören, Wegdenken; nicht nur die Deutschen verdrängen lieber, statt sich mit einer schlimmen Vergangenheit auseinanderzusetzen. Erarbeiten Sie in Ihrer Gruppe Beispiele von Vergangenheitsverdrängung anderer Völker und berichten Sie Ihren Mitstudent/innen darüber.

KULTUR

„Wer sind die Deutschen?"

Margaret Thatcher rief im März 1990 ein Seminar von Experten zusammen, um über das künftig wieder große Deutschland und die Zukunft Europas zu diskutieren. Diskutiert wurden unter anderem die Fragen: „Wer sind die Deutschen?" und „Haben sich die Deutschen geändert?" Die englischen Deutschlandexperten kamen zu folgenden Ergebnissen:

characteristics

- Die Deutschen haben, wie andere Völker, gewisse **Merkmale**, die man aus der Vergangenheit ablesen und auch wohl in der Zukunft wiederfinden kann.
- Es ist einfacher, an die weniger angenehmen Merkmale zu denken:
  - mangelnde Sensibilität gegenüber den Gefühlen anderer Völker

self centeredness, trend toward self pity

  - **Selbstbezogenheit**
  - **Hang zum Selbstmitleid**
  - Verlangen, geliebt zu werden

arrogance smugness

- Die typischen Teile des deutschen Charakters sind: Angst, Aggressivität, **Überheblichkeit**, Rücksichtslosigkeit, **Selbstgefälligkeit**, Minderwertigkeitskomplexe, Sentimentalität
- Die heutigen Deutschen unterscheiden sich erheblich von ihren Vorgängern, aber die grundsätzliche Meinung über die Deutschen orientiert sich immer noch an der deutschen Geschichte von Bismarck bis 1945.

1. Was sagen Sie zu der Meinung der britischen Deutschlandexperten?

2. Welche Einstellung haben Sie zu den „neuen Deutschen"? Haben Sie Erfahrungen persönlicher Art?

3. Die Vereinigung Deutschlands liegt nun in der Vergangenheit. Glauben Sie, daß das vereinte Deutschland danach strebt, Europa zu dominieren? Denken Sie an Ereignisse der letzten Jahre.

Lesehilfen

• Globalstrategien •

Was erwarten Sie?

Sehen Sie das Layout des Textes an. Um welche Textsorte handelt es sich? Wer interviewt wen? Wie Sie wissen, fiel die Grenze zwischen Ost und West am 9. November 1989; am 3. Oktober 1990 wurde Deutschland politisch geeint. Was meinen Sie, um welche Grenze(n) handelt es sich hier?

Das wissen Sie schon!

Denken Sie darüber nach, was Sie über die Geschichte Deutschlands in der Nachkriegszeit wissen. Nach vier Jahrzehnten der Trennung wurden die beiden deutschen Staaten in knapp einem Jahr geeint. Die anfängliche Euphorie ist weg, viele Illusionen sind zusammengebrochen. Mit welchen Problemen sind die Bürger in Ost und West konfrontiert?

Kultur im Kontext

Das Verhältnis zwischen West- und Ostdeutschen war schon immer ein Mißverhältnis: auf der einen Seite die Freien und Reichen, auf der anderen die Unfreien und Armen. Die Ostdeutschen waren immer die Deutschen zweiter Klasse, sie fühlten sich so und wurden von den Westdeutschen auch so behandelt, oft **unabsichtlich**, aber **spürbar**.

unintentional
perceptible

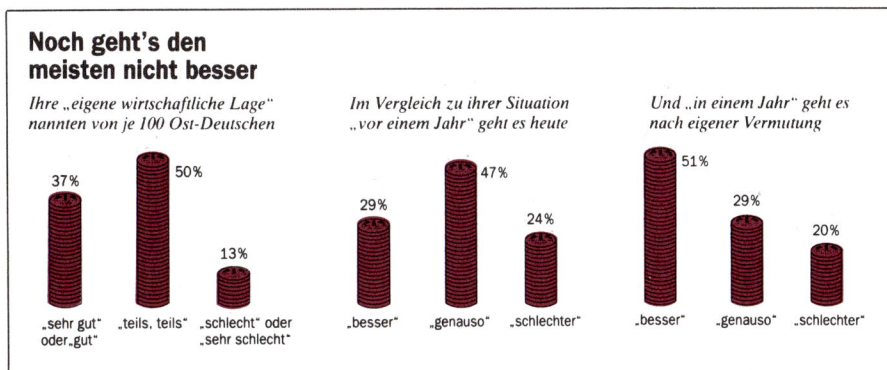

Noch geht's den meisten nicht besser

Ihre „eigene wirtschaftliche Lage" nannten von je 100 Ost-Deutsche

- 37% „sehr gut" oder „gut"
- 50% „teils, teils"
- 13% „schlecht" oder „sehr schlecht"

Im Vergleich zu ihrer Situation „vor einem Jahr" geht es heute

- 29% „besser"
- 47% „genauso"
- 24% „schlechter"

Und „in einem Jahr" geht es nach eigener Vermutung

- 51% „besser"
- 29% „genauso"
- 20% „schlechter"

Mieten ungleich wie Tag und Nacht

Auf die Frage nach ihrer „monatlichen Netto-Kalt-Miete (ohne Heizung, Warmwasser und Betriebskosten)" nannten

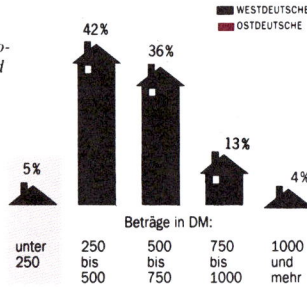

■ WESTDEUTSCHE
■ OSTDEUTSCHE

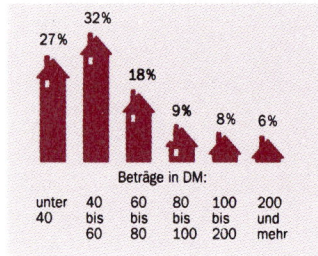

Wie alt sind die Autos?

Wie viele Pkw gibt es in den Familien der Ost- und der West-Deutschen, wie viele PS haben die Autos, wie alt sind sie, wie viele Ost-Deutsche besitzen West-Autos? Die Ergebnisse:

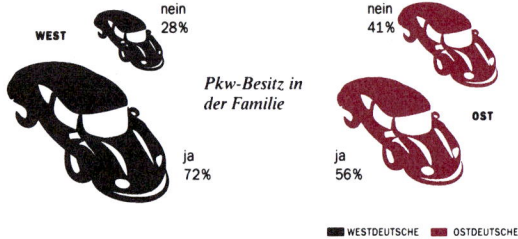

Pkw-Besitz in der Familie

WEST — nein 28% — ja 72%

OST — nein 41% — ja 56%

■ WESTDEUTSCHE ■ OSTDEUTSCHE

Alter des Pkw:

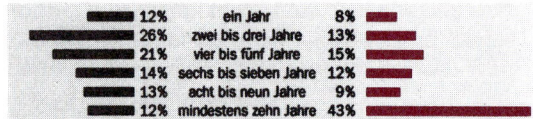

12%	ein Jahr	8%
26%	zwei bis drei Jahre	13%
21%	vier bis fünf Jahre	15%
14%	sechs bis sieben Jahre	12%
13%	acht bis neun Jahre	9%
12%	mindestens zehn Jahre	43%

Der Pkw hat:

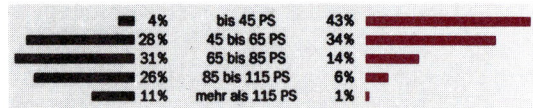

4%	bis 45 PS	43%
28%	45 bis 65 PS	34%
31%	65 bis 85 PS	14%
26%	85 bis 115 PS	6%
11%	mehr als 115 PS	1%

Der Pkw wurde hergestellt (Zusatzfrage nur in Ost-Deutschland):

im Westen	25%
im Osten	74%

• Detailstrategien •

Kultur im Kontext

campaign promises

Die CDU, die christlich-demokratische Partei, gewann die ersten gesamtdeutschen Wahlen, nicht zuletzt wegen Helmut Kohls **Wahlversprechen**: Den Ostdeutschen hatte er den schnellen Anschluß an den westlichen Lebensstandard versprochen, den Westdeutschen versichert, daß sie dafür nicht mit höheren Steuern bezahlen müssen. Die SPD, die sozialdemokratische Partei, war der große Verlierer bei den ersten gesamtdeutschen Wahlen.

• Textvorschau •

Deutschland ist vereint, aber nicht egalisiert. *Der Spiegel*, ein westdeutsches Nachrichtenmagazin, interviewte den ostdeutschen SPD-Politiker Thierse über die weiterhin bestehenden Grenzen zwischen West und Ost.

SPIEGEL-GESPRÄCH

Die (un)sichtbare Grenze

Der Germanist und Kulturwissenschaftler Wolfgang Thierse, 47, war bis zur Wende parteilos. 1990 trat er, nach kurzem Gastspiel beim Neuen Forum, der SPD bei.

irrelaufen–*run in confusion*

SPIEGEL: Herr Thierse, Sie haben gefordert, es müsse jetzt der Teufelskreis durchbrochen werden, in dem die Menschen im östlichen Deutschland **irrelaufen** zwischen übergroßer Hoffnung und Enttäuschung, zwischen entschlossenem Aktivismus und lähmender Resignation. Was überwiegt in der Ex-DDR: Aktivismus oder Resignation?

leidenschaftliche–*passionate*
Neugründung–*new foundation*
schicksalhaft–*fatefully*

THIERSE: Mein Eindruck ist, daß Woche um Woche die Resignation zunimmt, weil so viele oft **leidenschaftliche** Hoffnungen enttäuscht worden sind, weil auch so wenige Möglichkeiten zur eigenen Aktivität bestehen. Welcher Arbeiter kann schon in seinem Betrieb eine **Neugründung** beginnen? Er kann nur darauf warten: Wird der Betrieb verkauft, wird er saniert oder wird er geschlossen? Das alles hängt **schicksalhaft** über dem einzelnen, er selber kann es nicht direkt beeinflussen.

SPIEGEL: Was waren denn die leidenschaftlichen Hoffnungen der DDR-Bürger?

THIERSE: Die allgemeine Grunderwartung war: Die reichen Brüder und Schwestern im Westen werden uns nicht hängenlassen, sie sind doch Deutsche wie wir, haben doch eigentlich mit uns zusammen den Krieg verloren. In dieser Grunderwartung wurden sie ja durch die CDU und vor allem durch Helmut Kohl bestätigt. Er hat immer gesagt: Es wird schwierig sein, aber wir werden das miteinander machen, es wird gutgehen. Und nun sehen die Menschen, es wird täglich schlechter: Die Arbeitsstellen sind unsicher oder gehen massenhaft verloren; niemand weiß, wie schnell die Miete steigt, wie schnell Gas, Strom und **Verkehrstarife** steigen. Hoffnungszeichen gibt es nicht, so ist jedenfalls die subjektive Erfahrung.

Verkehrstarife–*transportation fares*

SPIEGEL: Sie betonen das subjektive Element. Laut statistischem Bundesamt ist aber die Kaufkraft in den neuen Ländern im Schnitt 20 bis 30 Prozent höher als in der DDR des April 1990.

hinsichtlich–*with regard to*

THIERSE: Für mich ist das Subjektive deshalb entscheidend, weil Entwicklungen eingetreten sind, auf die unsere Bürger überhaupt nicht vorbereitet waren. Arbeitslosigkeit haben wir nicht gekannt. Unsicherheit **hinsichtlich** der eigenen Wohnung gab es nicht. Wir waren an stabile Preise gewohnt, hatten nur das Problem, etwas zu bekommen. Jetzt habe ich das Problem, immerfort Preisvergleiche anstellen zu müssen . . .

SPIEGEL: . . . was ja wohl viel geringer ist, als fürs Notwendigste ständig Schlange stehen zu müssen.

Ansprüche–*demands*

THIERSE: Richtig. Aber auch da hat sich subjektiv was verändert: die **Ansprüche** an die alltägliche Konsumtion sind viel schneller gestiegen, weil es die Ansprüche sind, die vom Westen herübergekommen sind.

SPIEGEL: Bei Ihnen klingt es immer so, als seien die Ostbürger durchweg Opfer. Könnte sich nicht auch die Masse der Klein- und Mittelverdiener im Westen überfordert fühlen, wenn sie ständig hört: Da habt ihr uns, nun helft uns mal voll durch?

Einbußen–*losses*
Angleichungsprozeß–*process of assimilation*
betteln–*beg*

THIERSE: Erstens sehe ich nicht, daß irgendein Westbürger bisher **Einbußen** erlebt hat. Zweitens geht es wirklich darum, den **Angleichungsprozeß** auch deshalb so schnell zu machen, damit genau das nicht eintritt: dieser Zwiespalt zwischen den einen, die um Hilfe **betteln** und den anderen, die immerfort geben müssen. Die Ostdeutschen müssen in die Lage versetzt werden, selber den Wohlstand zu verdienen, den sie haben wollen und der ihnen nach dem **Grundgesetz** zusteht.

Grundgesetz–*basic constitutional law*

• Textarbeit •

1. **Information.** Suchen Sie die folgende Information über die objektive Situation in der Ex-DDR und die subjektiven Erfahrungen der Ostbürger.

   a. Was erwarteten die Ostbürger, laut Thierse, von der Einheit?

   b. Was wurde aus ihren Hoffnungen?

   c. Welche subjektiven Erfahrungen machen die Ostbürger?

   d. Worauf waren sie nicht vorbereitet?

   e. Wie sieht der *Spiegel*-Reporter die objektive Situation der Ostbürger?

   f. Welches Recht steht, wie Thierse meint, den Ostbürgen nach dem Grundgesetz zu? Können Sie erklären, was er damit meint?

2. **Analyse.** Wie drückt sich die „Grenze" zwischen dem *Spiegel*-Reporter und dem Ostpolitiker Thierse aus?

   a. Wie ist der Ton des Interviews?

   b. Von welcher Seite aus argumentiert *Der Spiegel*, von welcher Thierse?

3. **Reaktion.** Wer soll Ihrer Meinung nach die Kosten der Einheit tragen?

HÖREN

A. **Die Mauer trennt uns nicht mehr.** Am 10. November 1989 hielt der regierende Bürgermeister von Berlin, Walter Momper, eine Ansprache. Im folgenden hören Sie einen Auszug aus seiner Rede.

Owen Franken/Stock, Boston

Mauerspechte

• Textarbeit •

1. **Information.** Die Rede Walter Mompers.

   a. An wen wendet sich Walter Momper mit seiner Rede?

   b. Welche Anredeformen und Pronomen benutzt er?

   c. Warum ist das von Bedeutung?

   d. Über welches Ereignis spricht er?

   e. Walter Momper führt zwei Daten in seiner Rede an: den 9. November 1989 und den 13. August 1961. Was hat sich an diesen Tagen ereignet?

   f. Was wünscht er sich für die Zukunft?

2. **Analyse.** Der Ton der Rede.
   Welche Gefühle drückt Walter Momper in seiner Rede aus? Hier sind einige mögliche Antworten: Freude, Euphorie, Sorge, Trauer, Angst, Überraschung.

in view of

B. **Der 3. Oktober 1990.** Am 3. Oktober 1990 fragte die Zeitschrift *Wir in Europa* in der Bundesrepublik lebende Ausländer nach ihren Gefühlen **angesichts** des vereinten Deutschlands. Hören Sie an, was fünf der Befragten — Antonio Martinez (33), spanischer Staatsbürger; Marie Goldberg (39), französische Jüdin; Mano Vargas (29) aus Peru; Ekaterini Kiryakakis (34), Griechin; Nuri Tekinay (44), Türke — antworteten.

• Textarbeit •

1. **Information.** Welche Gefühle haben die Befragten angesichts des vereinigten Deutschlands? Füllen Sie die Tabelle aus.

	A. Martinez	M. Goldberg	M. Vargas	E. Kiryakakis	N. Tekinay
Eher positive oder negative Gefühle? **Gründe dafür?** **Hoffnungen / Befürchtungen für die Zukunft?**					

2. **Reaktion.** Was halten Sie von den Antworten der Befragten?

   a. Mit welchen Adjektiven lassen sich die Antworten der Befragten am besten beschreiben? Hier ist eine Auswahl: (zu) pessimistisch, (zu) optimistisch, berechtigt, verständlich, übertrieben, realistisch, einseitig, euphorisch, ...

   b. Welche der Antworten entspricht am ehesten Ihrer eigenen? Oder haben Sie eine ganz andere Meinung?

GRAMMATIK

Subjunctive I

• Use of the Subjunctive I •

In direct speech, a speaker reports what another person has said by quoting that person's exact words.

> Kohl versicherte uns: „Es wird gutgehen."
> *Kohl assured us: "It will turn out well."*

In indirect speech, a speaker reports someone else's words indirectly.

> Kohl versicherte uns, es werde gutgehen[1].
> *Kohl assured us it will turn out well.*

A 1st-person pronoun is changed to a 3rd person pronoun, the viewpoint of the speaker in indirect speech.

> direct speech:
>   [Kohl versprach:] **Ich** werde alles tun, was möglich ist.
>   [*Kohl promised:*] *I'll do everything (that is) possible.*
> indirect speech:
>   Kohl versprach, **er** werde alles tun, was möglich sei.
>   *Kohl promised he'll do everything (that is) possible.*

In formal written German, the subjunctive I is used to signal indirect speech[2]. By using the subjunctive I, the speaker stresses that he or she neither agrees nor disagrees with what is said, but merely attributes the statement to its source.

• Formation of the Subjunctive I •

The subjunctive I is formed by adding the subjunctive personal endings[3] to the infinitive stem of the verb. Since the subjunctive I is used to report what someone else has said, it mainly occurs in the third person singular and plural.

---

[1] The indirect quote may be introduced by the conjunction **daß**. The inflected verb then stands in last position.

[2] The subjunctive I occurs predominantly in written, formal German, especially in journalistic texts. In spoken German the subjunctive I has been replaced to a large extent by the indicative or the subjunctive II.

[3] For a review of the subjunctive personal endings, see *Kapitel 10*.

Infinitive Stem	Subjunctive I
seh-	er sehe
müss-	man müsse
lass-	sie lassen

Only the verb **sein** has irregular subjunctive I forms:

ich sei	wir seien
du sei(e)st	ihr seiet
er, sie, es sei	sie seien

Distinct subjunctive I forms do not exist for all persons. When the subjunctive I and the indicative forms are identical, the subjunctive II forms are substituted to avoid ambiguity.

> Thierse sagte, daß Woche um Woche die Resignation **zunehme**, weil so viele oft leidenschaftliche Hoffnungen enttäuscht worden **seien** und auch so wenige Möglichkeiten zur eigenen Aktivität **bestünden**.
>
> *Thierse said that resignation was increasing week by week because so many, often passionately-held hopes had been disappointed and also because so few possibilities existed for individual initiative.*

Tenses in Subjunctive I

The tense used in indirect speech depends on the tense of the original statement. There are only three tenses in indirect speech: present, past, and future subjunctive I.

original statement	Kohl meint: „Es ist schwierig." *Kohl feels: "It's difficult."*
indirect quote	Kohl meint, es sei schwierig. *Kohl feels that it's difficult.*
original statement	Kohl sagt: „Es war schwierig." *Kohl says: "It was difficult."*
indirect quote	Kohl sagt, es sei schwierig gewesen. *Kohl says it's been difficult.*
original statement	Kohl sagte: „Es ist schwierig gewesen." *Kohl said: "It's been difficult."*
indirect quote	Kohl sagte, es sei schwierig gewesen. *Kohl said it's been difficult.*
original statement	Kohl befürchtet: „Es wird schwierig sein." *Kohl fears: "It'll be difficult."*
indirect quote	Kohl befürchtet, es werde schwierig sein. *Kohl fears it'll be difficult.*

When a statement in the subjunctive II is quoted indirectly, it remains in the subjunctive II.

original statement	„Es klingt so, als wären die Ostbürger durchweg Opfer."
	"It sounds as if the East Germans were all victims."
indirect quote	Der *Spiegel*-Reporter meinte, es klinge so, als wären die Ostbürger durchweg Opfer.
	The Spiegel reporter said it sounds as if the East Germans were all victims.

Übungen

TASK — Identify indirect speech and the verb forms associated with it.

A. Indirekte Rede. Am Tag der Einheit feiert die ganze Stadt.

- Identifizieren Sie alle indirekt zitierten Aussagen in der folgenden Kurzmeldung aus der Berliner Morgenpost.
- Welche Verbformen werden gebraucht?
- In welchem Tempus stehen sie?

Am Tag der Einheit feiert die ganze Stadt

Die deutsche Vereinigung wird in Berlin mit einem Fest der Einheit gefeiert. In der Nacht zum 3. Oktober und an diesem Feiertag selbst sind Musik-, Tanz- und Theateraufführungen auf der Straße des 17. Juni, Unter den Linden und rund um das Brandenburger Tor geplant. Der regierende Bürgermeister Walter Momper und Oberbürgermeister Tino Schwierzina sagten, bei diesem Fest sollte auch über die Sorgen vieler Bürger angesichts der Einheit gesprochen werden. Senat und Magistrat setzten während ihrer gemeinsamen Sitzung im Rathaus Schöneberg eine Arbeitsgruppe unter Leitung der Senatskulturverwaltung ein, die bis nächste Woche ein Konzept erarbeiten soll.

Momper sagte, der 3. Oktober sei ein Meilenstein in der Geschichte Berlins. Die Wiedervereinigung der Stadt stehe stellvertretend für die Einigung Deutschlands. Der 3. Oktober sei ein Tag der Berliner, und alle Kultureinrichtungen der Stadt wie Orchester, Chöre, Theater, Vereine und Initiativen seien eingeladen, sich an den Feiern zu beteiligen. Das Vorbereitungskomitee werde nur den organisatorischen Rahmen vorgeben. So sollen zahlreiche Bühnen aufgebaut werden. Angaben über die Kosten konnte Momper nicht machen.

Momper meinte, er begrüße es, wenn Bundespräsident Richard von Weizsäcker am Tag der deutschen Einheit einen Staatsakt in der Stadt vornehme und die Bundesregierung die Staatsoberhäupter der Siegermächte sowie Polens und der anderen deutschen Nachbarstaaten nach Berlin einladen würde.

Schwierzina sagte, in Berlin werde die deutsche Einheit lebendig. Mit dem Fest sollten neben der Vielfalt der Kultur auch die Widersprüche gezeigt werden. Mit dieser Veranstaltung könne Berlin zeigen, daß die Hauptstadt Deutschlands hierher gehöre. Dabei wollten Senat und Magistrat keine Scheinheiligkeit. Auch die Widersprüche des Einigungsprozesses sollten zutage treten. *Frank Langrock*

TASK — Produce indirect speech.

B. Worte der Woche. Zitieren Sie die folgenden Aussagen indirekt.

»Auch Coca-Cola,
Jeans oder
Rockmusik können
Revolutionen im Sinne
der Änderung
sozialen Verhaltens
in Gang setzen.«

Oskar Lafontaine, 46,
saarländischer Minister-
präsident

»Uns interessiert
Tom Cruise mehr als
Gorbatschow.«

Holly Hunter, 30,
Schauspielerin

»Veränderungen
sind notwendig,
gehören
zu dem großen
Thema der
Erneuerung des
Sozialismus.«

Markus Wolf, 66,
Ex-Geheimdienstchef
der DDR

»Ich bin im Alter
immer mehr
nach links gerückt.
Das gebietet die
Weisheit.«

Peter Ustinov, 68,
Schauspieler

»Kapitalismus,
Kommunismus —
das ist alles Mist.«

Mstislav
Rostropowitsch, 63,
Dirigent

LESEN

A. Deutschland, einig Vaterland. Sehen Sie sich Fritz Wolfs Karikatur auf Seite 544 an. Sie erschien im *Stern* kurz nach der Einheit.

• Textarbeit •

1. **Information.**

   a. Aus welcher Perspektive wird die Einheit diskutiert? Wo ist „bei uns"?

   b. Welche Folgen der Einheit werden als positiv, welche werden als negativ gesehen?

2. **Analyse.**

   a. Wie zeichnet Fritz Wolf die Ossis und die Wessis? Warum wohl? Wer spricht in der Karikatur? Welche Schlußfolgerungen können Sie daraus auf das Verhältnis zwischen Ostdeutschen und Westdeutschen schließen?

   b. Über wen macht sich Fritz Wolf in seiner Karikatur lustig, über die Ossis oder die Wessis?

   c. Die Karikatur hat den Titel „Deutschland, einig Vaterland". Wie einig sind sich Wessis und Ossis in der Karikatur?

Bilder aus der Provinz
DEUTSCHLAND, EINIG VATERLAND

STELL DIR VOR: NIE WIEDER PAKETE NACH DRÜBEN!

Die Folgen der Einheit werden bei uns durchaus positiv gesehen . . .

DENKT NUR AN DIE MEDAILLEN IN DER LEICHTATHLETIK! . . . UND IM BOXEN!

. . . und lassen vor allem die Herzen der Sportfreunde höher schlagen . . .

DAS IST GOTTLOB VORBEI!

. . . die noch bis vor kurzem wenig Grund zum Jubeln hatten.

FREU DICH ÜBER EINEN NEUEN FEIERTAG! DAFÜR IST DER 17. JUNI GESTRICHEN!

Da ist kleinliches Aufrechnen nicht angebracht . . .

AN DAS SÄCHSISCHE WERDEN WIR UNS AUCH GEWÖHNEN MÜSSEN!

. . . wohl aber Verständnis für die Lautverschiebungen . . .

WAS HEISST NULL PROMILLE — ICH BIN DOCH AUCH MIT DEM AUTO HIER!

. . . und Trinkgewohnheiten unserer neuen Landsleute.

HIER GILT NACH WIE VOR 100! ABER NICHT FÜR MICH!

Auf den Autobahnen nach Berlin haben wir uns lange genug gebremst . . .

SEID IHR ÜBERHAUPT ENTSTASIFIZIERT?

. . . um jetzt der früheren Volkspolizei mal zu zeigen, wo's langgeht . . .

DIE STINKEREI MIT DEINEM TRABBI HÖRT JETZT AUCH AUF!

. . . und im Umweltschutz werden wir uns auch noch stärker engagieren müssen.

B. Neujahrsbotschaft im Jahre 2000. Dieser Text erschien am 29. Dezember 1949 in der *Zeit*. Der Journalist schrieb eine fiktive Neujahrsbotschaft im Jahre 2000. Jetzt ist es fast soweit, und wir wissen, was sich wirklich ereignet hat.

Neujahrsbotschaft im Jahre 2000

Es spricht: Der Präsident des Vereinten Europa/Von Claus Jacobi

Europäer! Ein altes Jahrtausend liegt hinter uns. Ein neues bricht an. Unsere Hoffnung ist die Hoffnung der Menschheit: Möge es ein besseres sein. In diesem Sinne grüßt das Vereinte Europa heute seine beiden mächtigen Freunde, die amerikanische Nord-Süd-Föderation und die Titoistische Union der Asiatischen Sowjetrepubliken. Und es gedenkt in dieser Stunde jener Männer und Frauen, die ihr Leben der Rettung des Abendlandes widmeten.

Europa ist das älteste und jüngste Miglied der drei kontinentalen Großmächte zugleich. Seine Kultur tritt in ein viertes Jahrtausend, seine Politik aber blickt auf ein knappes halbes Jahrhundert zurück. Noch hat die Geschichtsforschung die Geburtsstunde des Vereinten Europa nicht festgesetzt. War es die erste europäische Versammlung in Straßburg 1949 oder die Auflösung der Uno? War es wenige Jahre später die Befreiung der heutigen Distrikthauptstadt Berlin oder die Abweisung weiterer amerikanischer Wirtschaftshilfen durch Europa? Wir wissen es heute, an der Jahrtausendwende, ebensowenig, wie wir uns kaum noch eine Vorstellung von den damals auf unserem Kontinent herrschenden Zuständen machen können.

Von zwei Weltkriegen blutig und ausgepumpt zurückgelassen, in eine kraftlose Kleinstaaterei verfallen und von politischen Parteien beherrscht, lag Europa damals in tiefer Agonie am Boden. Amerikanische und sowjetische Truppen standen tief im Herzen der Kontinents, und über allem hing, gleich dem Schwert des Damokles, die Drohung eines Atomkrieges, dessen Wirkungen geradezu phantastisch überschätzt wurden. Das war Europa 1950. Das war die Zeit, in der sich einige wenige auf das menschliche, geistige und wirtschaftliche Potential des Abendlandes besannen, unter ihnen Winston Churchill, obgleich er Engländer war. Doch der Weg von der Idee zur Verwirklichung war steil und schien unüberwindlich.

Gerade als der Westen Europas die ersten Schritte zur Einigung unternahm, brach, von dem kommunistischen Satellitenstaaten herkommend, eine Bürgerkriegswelle über ihn herein. Amerika hielt sich zurück und mischte sich nicht ein, um einen Atomkrieg zu vermeiden. Europas Ende schien gekommen. Doch als die heutigen westlichen Distrikte unter Führung eines schweizerischen eidgenössischen Generals in dem Bürgerkrieg überraschend die Oberhand gewannen, zögerte auch die Sowjetunion einzugreifen. Europa wurde frei, in seinen alten Grenzen. Aber wie sah es in seinem Inneren aus? Hungersnöte, Epidemien und Seuchen brachen in den dicht besiedelten Gebieten aus. Noch war der Geist des Nationalsozialismus nicht besiegt, die einzelnen Staaten rangen miteinander erneut um eine Vormachtstellung. Auf der anderen Seite versuchten Kommunismus und revolutionäre Kräfte das Chaos zu vollenden. Und erst als die Parteien erneut und zum letztenmal auf den Plan traten, als sie sich bemühten, das politische Monopol wieder an sich zu reißen, da war die Einigung der europäischen Stimme nicht mehr aufzuhalten. Der Wiederaufbau des alten Kontinents begann.

Nordamerika, das damals gerade die ersten losen Bindungen mit Südamerika zu einer gemeinsamen Förderation einging, und die Sowjetunion, die ihre Hauptstadt von Moskau noch Peking, um dem menschmäßigen Übergewicht Chinas gerecht zu werden, verlegen mußte, einigten sich zu jener Zeit über die Errichtung einer Weltbehörde, die die Bodenschätze und Rohstoffe Australiens und Amerikas zu verteilen hatte. Zwanzig Jahre lang lebte die Welt, abgesehen von einigen asiatischen Konflikten und südamerikanischen Revolutionen, in Frieden. Dann aber schien der dritte Weltkrieg zwischen der Sowjetunion und Amerika unvermeidlich, denn beide Länder hatten noch und noch gerüstet, um der drohenden Wirtschaftskrise zu entgehen. In jenem schicksalshaften Jahr trat Europa zum erstenmal als politische Macht auf den Plan. Es erklärte in einem Ultimatum, es werde in dem Konflikt Partei ergreifen. Das hieß nichts anderes, als daß sich die Waagschale auf jeden Fall zuungunsten eines der beiden an sich gleich starken Gegner senken würde. Der Krieg unterblieb. Europa war zur dritten kontinentalen Macht geworden. Und der furchtbare Stalin, der seit 1949 ein von sowjetischen Forschern erfundenes Lebenselixier zu sich nahm, das ihn zwar älter werden, aber nicht sterben ließ, verweigerte die weitere Einnahme der Medizin und verschied. Sein Nachfolger wurde ein Titoist.

War mit dem Ultimatum Europas ein politisches Gleichgewicht hergestellt worden, so verschwanden nun auch mehr und mehr die weltanschaulichen Spannungen zwischen den beiden bisherigen Großmächten. Im gleichen Maße, in dem Stalins Erbe demokratische Lockerungen einführte, nahm in Amerika die sozialistische Bürokratie zu. Aus Weiß und Schwarz wurde Dunkel und Hellgrau. In Europa aber entwickelte sich unterdessen ein neuer Begriff der Freiheit. Denn das herkömmliche Bild von ihr war das trügerischste aller Trugbilder gewesen. Die Geschichte hatte es bewiesen: Freiheit in dem alten Sinne hieß, den geborenen Gegnern der Freiheit die Herrschaft überlassen. Nicht der Terror, sondern der leicht zu brechende Widerstand der Freiheit des einzelnen war immer wieder das wichtigste Hilfsmittel der Diktatoren für ihren Aufstieg gewesen. Und nicht die Gewalt, sondern der „Freiheitswille" der Massen hielt sie an der Macht. In jener Wendezeit trat also an die Stelle der amerikanischen Freiheit des einzelnen und der sowjetischen Freiheit der Massen in Europa die Freiheit des Rechtes. Jener Freiheitsbegriff, von dem wir hoffen, daß auch das kommende Jahrtausend sich noch zu ihm bekennen wird.

So können wir denn, wenn wir heute, an der Jahrtausendwende, auf die fünfzig Jahre europäischer Politik zurückblicken, wohl sagen: Wir haben viel erreicht. Aber wir haben keinen Anlaß auszurufen: *Consummatum est*. Alles ist errungen. Denn das Problem des Zusammenlebens der Massen, das durch neugefundene Formen der Gesellschaft im Prinzip gelöst worden ist, hat durch die von Jahr zu Jahr steigende Überbevölkerung der Kontinente dennoch drohend die Gefahr eines bewaffneten Konfliktes von bisher ungeahnten Ausmaßen heraufbeschworen.

Es gilt, diese Gefahr endgültig zu beseitigen, die Eroberung neuer Lebensgebiete aber fortzusetzen. Mit anderen Worten: Arktis und Mittelmeer müssen trockengelegt, die Sahara und Sibirien urbar gemacht werden; Projekte hingegen wie die Überflutung Europas und Afrikas durch den Atlantischen Ozean, nachdem künstlich aufgestellte aufgestaute Eismassen am Südpol der Erde aus ihrem bisherigen Gleichgewicht haben kippen lassen, sind verbrecherisch. Es gilt nicht, den anderen Kontinent, sondern den Kontinentalismus zu überwinden. Nur eine geeinigte Welt ist unbesiegbar."

Gegeben: Zu Europa am 1. Januar 2000.

• Textarbeit •

1. **Information.** Was ist wahr geworden, was nicht?

   a. Schreiben Sie alle Voraussagen auf, die im Text für die Jahre 1949–2000 gemacht werden.

   b. Entscheiden Sie, welche Voraussagen sich erfüllt haben und welche (noch) nicht.

   c. Spekulieren Sie, warum einige Vorhersagen (noch) nicht Wirklichkeit geworden sind.

2. **Reaktion.** Würden Sie gerne in der Welt leben, wie sie in der Neujahrsbotschaft beschrieben wird? Warum? Warum nicht?

SCHREIBEN

A. **Weltmacht Deutschland?** Im Oktober 1990 erschien eine *Spiegel*-Ausgabe mit dem folgenden Titelblatt:

Viele Leser reagierten bestürzt auf diese Titelseite. Sie schrieben unter anderem:

assurances

- Dieses Titelbild zerstört mit einem Schlage alle **Beteuerungen**, daß das vereinte Deutschland sich friedlich, vernünftig und kooperativ verhalten wird.
- Mit dieser Kombination machtvoller Symbolik schüren auch Sie vor allem im Ausland Angst vor einem neuen „Deutschen Reich".

Schreiben Sie einen kurzen Leserbrief an den *Spiegel* und nehmen Sie darin zu der Titelseite Stellung.

B. Neujahrsbotschaft im Jahre 2000. Das Jahr 2000 ist nicht mehr weit entfernt. Stellen Sie sich vor, Sie wären Präsident des vereinten Europas. Schreiben Sie eine Neujahrsbotschaft für das Jahr 2000. Erwähnen Sie die Ereignisse der letzten 10 Jahre und Ihre Voraussagen und Wünsche für die Zukunft.

Sprechen

Wünsche. Partnerarbeit. Eine/r von Ihnen übernimmt die Rolle eines Wessis, der/die andere die Rolle eines Ossis. Drücken Sie Ihre Wünsche für die nahe Zukunft aus.

KULTUR

Das Jahr der Deutschen?

Denken Sie über die Ereignisse von 1990 nach. Notieren Sie die Ereignisse, die Ihnen am wichtigsten sind. Sehen Sie sich dann das folgende Schaubild an.

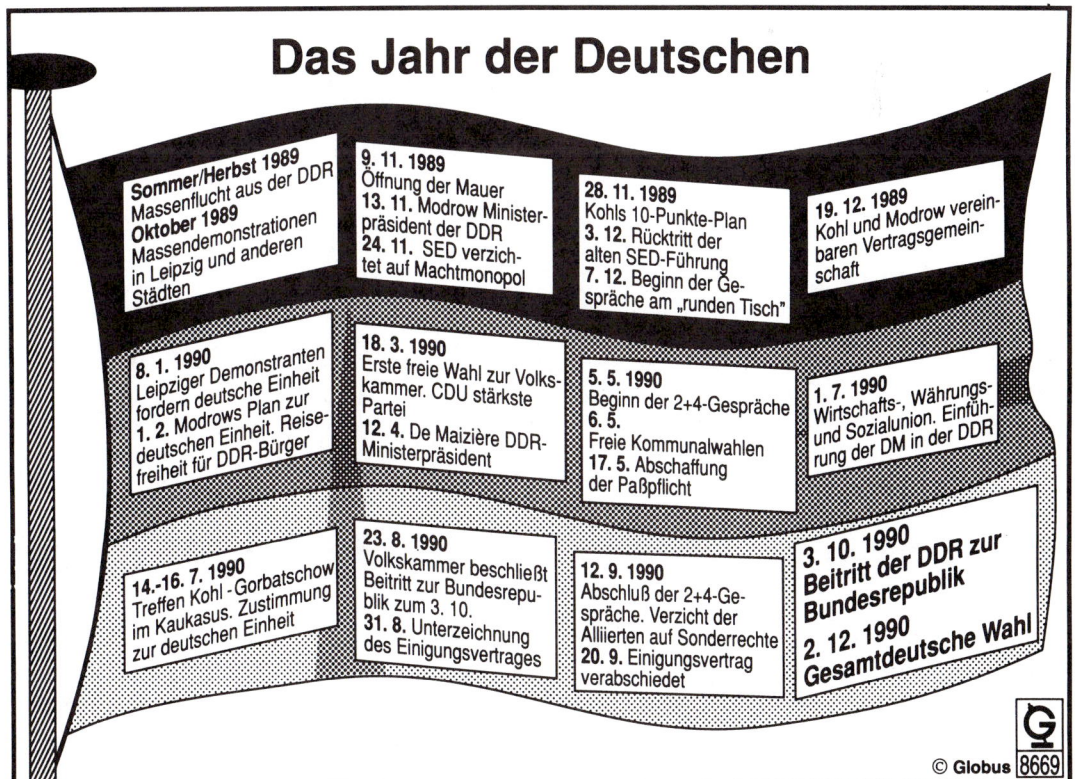

Das Jahr der Deutschen

Sommer/Herbst 1989 Massenflucht aus der DDR **Oktober 1989** Massendemonstrationen in Leipzig und anderen Städten

9. 11. 1989 Öffnung der Mauer **13. 11.** Modrow Ministerpräsident der DDR **24. 11.** SED verzichtet auf Machtmonopol

28. 11. 1989 Kohls 10-Punkte-Plan **3. 12.** Rücktritt der alten SED-Führung **7. 12.** Beginn der Gespräche am „runden Tisch"

19. 12. 1989 Kohl und Modrow vereinbaren Vertragsgemeinschaft

8. 1. 1990 Leipziger Demonstranten fordern deutsche Einheit **1. 2.** Modrows Plan zur deutschen Einheit. Reisefreiheit für DDR-Bürger

18. 3. 1990 Erste freie Wahl zur Volkskammer. CDU stärkste Partei **12. 4.** De Maizière DDR-Ministerpräsident

5. 5. 1990 Beginn der 2+4-Gespräche **6. 5.** Freie Kommunalwahlen **17. 5.** Abschaffung der Paßpflicht

1. 7. 1990 Wirtschafts-, Währungs- und Sozialunion. Einführung der DM in der DDR

14.-16. 7. 1990 Treffen Kohl - Gorbatschow im Kaukasus. Zustimmung zur deutschen Einheit

23. 8. 1990 Volkskammer beschließt Beitritt zur Bundesrepublik zum 3. 10. **31. 8.** Unterzeichnung des Einigungsvertrages

12. 9. 1990 Abschluß der 2+4-Gespräche. Verzicht der Alliierten auf Sonderrechte **20. 9.** Einigungsvertrag verabschiedet

3. 10. 1990 Beitritt der DDR zur Bundesrepublik **2. 12. 1990** Gesamtdeutsche Wahl

© Globus 8669

- Glauben Sie, daß es gerechtfertigt ist, 1990 „das Jahr der Deutschen" zu nennen? Warum? Warum nicht?
- Gab es andere Weltereignisse, die Ihrer Meinung nach ähnlich große Bedeutung haben wie die Ereignisse in Deutschland?

Grammar Tables

1. Personal Pronouns

	Singular					Plural		
Nominative	ich	du (Sie)	er	sie	es	wir	ihr (Sie)	sie
Dative	mir	dir (Ihnen)	ihm	ihr	ihm	uns	euch (Ihnen)	ihnen
Accusative	mich	dich (Sie)	ihn	sie	es	uns	euch (Sie)	sie

2. Definite Articles

	Singular			Plural
	Masculine	*Feminine*	*Neuter*	
Nominative	der	die	das	die
Genitive	des	der	des	der
Dative	dem	der	dem	den
Accusative	den	die	das	die

3. Indefinite Articles

	Singular			Plural
	Masculine	*Feminine*	*Neuter*	
Nominative	ein	eine	ein	keine
Genitive	eines	einer	eines	keiner
Dative	einem	einer	einem	keinen
Accusative	einen	eine	ein	keine

4. Relative Pronouns

	Singular			Plural
	Masculine	*Feminine*	*Neuter*	
Nominative	der	die	das	die
Genitive	dessen	deren	dessen	deren
Dative	dem	der	dem	denen
Accusative	den	die	das	die

5. Strong Adjective Endings

	Masculine	Feminine	Neuter	Plural
Nominative	kalter Wein	kalte Milch	kaltes Bier	kalte Getränke
Genitive	kalten Weines	kalter Milch	kalten Bieres	kalter Getränke
Dative	kaltem Wein	kalter Milch	kaltem Bier	kalten Getränken
Accusative	kalten Wein	kalte Milch	kaltes Bier	kalte Getränke

6. Weak Adjective Endings

	Singular			Plural
	Masculine	*Feminine*	*Neuter*	
Nominative	der **alte** Wagen	die **alte** Bahn	das **alte** Auto	die **alten** Räder
Genitive	des **alten** Wagens	der **alten** Bahn	des **alten** Autos	der **alten** Räder
Dative	dem **alten** Wagen	der **alten** Bahn	dem **alten** Auto	den **alten** Rädern
Accusative	den **alten** Wagen	die **alte** Bahn	das **alte** Auto	die **alten** Räder

7. Prepositions

Accusative	Dative	Accusative or Dative	Genitive
bis	ab	an	(an)statt
durch	aus	auf	trotz
für	außer	hinter	während
gegen	bei	in	wegen
ohne	mit	neben	
um	nach	über	
	seit	unter	
	von	vor	
	zu	zwischen	

8. Principal Parts of Strong and Irregular Weak Verbs

The following is a list of important strong and irregular weak verbs.

Infinitive	(Present)	Simple Past	Past Participle	Meaning
anbieten		bot an	angeboten	to offer
anfangen	(fängt an)	fing an	angefangen	to begin
backen	(bäckt, backt)	backte	gebacken	to bake
beginnen		begann	begonnen	to begin
begreifen		begriff	begriffen	to comprehend
beißen		biß	gebissen	to bite
bitten		bat	gebeten	to ask, beg
bleiben		blieb	(ist) geblieben	to stay
bringen		brachte	gebracht	to bring
denken		dachte	gedacht	to think
dürfen	(darf)	durfte	gedurft	to be allowed
einladen	(lädt ein)	lud ein	eingeladen	to invite
empfehlen	(empfiehlt)	empfahl	empfohlen	to recommend
entscheiden		entschied	entschieden	to decide
essen	(ißt)	aß	gegessen	to eat
fahren	(fährt)	fuhr	(ist) gefahren	to drive
fallen	(fällt)	fiel	(ist) gefallen	to fall
finden		fand	gefunden	to find
fliegen		flog	(ist) geflogen	to fly
geben	(gibt)	gab	gegeben	to give
gefallen	(gefällt)	gefiel	gefallen	to like; to please
gehen		ging	(ist) gegangen	to go
genießen		genoß	genossen	to enjoy
geschehen	(geschieht)	geschah	ist geschehen	to happen
gewinnen		gewann	gewonnen	to win
haben	(hat)	hatte	gehabt	to have
halten	(hält)	hielt	gehalten	to hold; to stop
hängen		hing	gehangen	to hang
heißen		hieß	geheißen	to be called
helfen	(hilft)	half	geholfen	to help

Infinitive	(Present)	Simple Past	Past Participle	Meaning
kennen		kannte	gekannt	*to know*
kommen		kam	(ist) gekommen	*to come*
können	(kann)	konnte	gekonnt	*to be able*
lassen	(läßt)	ließ	gelassen	*to let; to allow*
laufen	(läuft)	lief	(ist) gelaufen	*to run*
leihen		lieh	geliehen	*to lend; borrow*
lesen	(liest)	las	gelesen	*to read*
liegen		lag	gelegen	*to lie*
mögen	(mag)	mochte	gemocht	*to like*
müssen	(muß)	mußte	gemußt	*must; to have to*
nehmen	(nimmt)	nahm	genommen	*to take*
nennen		nannte	genannt	*to name*
raten	(rät)	riet	geraten	*to advise*
reiten		ritt	(ist) geritten	*to ride*
scheinen		schien	geschienen	*to seem; to shine*
schlafen	(schläft)	schlief	geschlafen	*to sleep*
schließen		schloß	geschlossen	*to close*
schreiben		schrieb	geschrieben	*to write*
schwimmen		schwamm	(ist) geschwommen	*to swim*
sehen	(sieht)	sah	gesehen	*to see*
sein	(ist)	war	(ist) gewesen	*to be*
singen		sang	gesungen	*to sing*
sitzen		saß	gesessen	*to sit*
sprechen	(spricht)	sprach	gesprochen	*to speak*
stehen		stand	gestanden	*to stand*
steigen		stieg	(ist) gestiegen	*to rise; to climb*
sterben	(stirbt)	starb	(ist) gestorben	*to die*
tragen	(trägt)	trug	getragen	*to carry; to wear*
treffen	(trifft)	traf	getroffen	*to meet*
trinken		trank	getrunken	*to drink*
tun		tat	getan	*to do*
umsteigen		stieg um	(ist) umgestiegen	*to change; to transfer*
vergessen	(vergißt)	vergaß	vergessen	*to forget*
vergleichen		verglich	verglichen	*to compare*
verlieren		verlor	verloren	*to lose*
wachsen	(wächst)	wuchs	(ist) gewachsen	*to grow*
waschen	(wäscht)	wusch	gewaschen	*to wash*
werden	(wird)	wurde	(ist) geworden	*to become*
wissen	(weiß)	wußte	gewußt	*to know*
wollen	(will)	wollte	gewollt	*to want*
ziehen		zog	(ist/hat) gezogen	*to move; to pull*

9. Conjugation of Verbs

In the charts that follow, the pronoun **Sie** (*you*) is listed with the third-person plural **sie** (*they*).

Present Tense
Auxiliary Verbs

	sein	haben	werden
ich	bin	habe	werde
du	bist	hast	wirst
er/sie/es	ist	hat	wird
wir	sind	haben	werden
ihr	seid	habt	werdet
sie/Sie	sind	haben	werden

Regular and Irregular Verbs

	Regular		Vowel Change		Irregular
	fragen	finden	geben	fahren	wissen
ich	frage	finde	gebe	fahre	weiß
du	fragst	findest	gibst	fährst	weißt
er/sie/es	fragt	findet	gibt	fährt	weiß
wir	fragen	finden	geben	fahren	wissen
ihr	fragt	findet	gebt	fahrt	wißt
sie/Sie	fragen	finden	geben	fahren	wissen

Simple Past Tense
Auxiliary Verbs

	sein	haben	werden
ich	war	hatte	wurde
du	warst	hattest	wurdest
er/sie/es	war	hatte	wurde
wir	waren	hatten	wurden
ihr	wart	hattet	wurdet
sie/Sie	waren	hatten	wurden

Weak, Strong, and Irregular Weak Verbs

	Weak	Strong		Irregular Weak
	fragen	geben	fahren	wissen
ich	fragte	gab	fuhr	wußte
du	fragtest	gabst	fuhrst	wußtest
er/sie/es	fragte	gab	fuhr	wußte
wir	fragten	gaben	fuhren	wußten
ihr	fragtet	gabt	fuhrt	wußtet
sie/Sie	fragten	gaben	fuhren	wußten

Present Perfect Tense

	sein		haben		geben		fahren	
ich	bin		habe		habe		bin	
du	bist		hast		hast		bist	
er/sie/es	ist	gewesen	hat	gehabt	hat	gegeben	ist	gefahren
wir	sind		haben		haben		sind	
ihr	seid		habt		habt		seid	
sie/Sie	sind		haben		haben		sind	

Past Perfect Tense

	sein		haben		geben		fahren	
ich	war		hatte		hatte		war	
du	warst		hattest		hattest		warst	
er/sie/es	war	gewesen	hatte	gehabt	hatte	gegeben	war	gefahren
wir	waren		hatten		hatten		waren	
ihr	wart		hattet		hattet		wart	
sie/Sie	waren		hatten		hatten		waren	

Future Tense

	geben
ich	werde
du	wirst
er/sie/es	wird
wir	werden
ihr	werdet
sie/Sie	werden

(geben)

Subjunctive
Present Tense: Subjunctive I (Indirect Discourse Subjunctive)

	sein	haben	werden	fahren	wissen
ich	sei	—	—	—	wisse
du	sei(e)st	habest	—	—	—
er/sie/es	sei	habe	werde	fahre	wisse
wir	seien	—	—	—	—
ihr	sei(e)t	habet	—	—	—
sie/Sie	seien	—	—	—	—

For those forms left blank, the forms of the subjunctive II are preferred in indirect discourse.

Past Tense: Subjunctive I (Indirect Discourse)

	fahren		wissen	
ich	sei		—	
du	sei(e)st		habest	
er/sie/es	sei	gefahren	habe	gewußt
wir	seien		—	
ihr	sei(e)t		habet	
sie/Sie	sei(e)n		—	

Present Tense: Subjunctive II

	fragen	sein	haben	werden	fahren	wissen
ich	fragte	wäre	hätte	würde	führe	wüßte
du	fragtest	wär(e)st	hättest	würdest	führ(e)st	wüßtest
er/sie/es	fragte	wäre	hätte	würde	führe	wüßte
wir	fragten	wären	hätten	würden	führen	wüßten
ihr	fragtet	wär(e)t	hättet	würdet	führ(e)t	wüßtet
sie/Sie	fragten	wären	hätten	würden	führen	wüßten

Past Tense: Subjunctive II

	sein		geben		fahren	
ich	wäre		hätte		wäre	
du	wär(e)st		hättest		wär(e)st	
er/sie/es	wäre	gewesen	hätte	gegeben	wäre	gefahren
wir	wären		hätten		wären	
ihr	wär(e)t		hättet		wär(e)t	
sie/Sie	wären		hätten		wären	

Imperative

	sein	geben	fahren	arbeiten
Familiar Singular	sei	gib	fahr	arbeite
Familiar Plural	seid	gebt	fahrt	arbeitet
Formal Singular and Plural	seien Sie	geben Sie	fahren Sie	arbeiten Sie

Passive Voice

	einladen		
	Present	*Simple Past*	*Present Perfect*
ich	werde	wurde	bin
du	wirst	wurdest	bist
er/sie/es	wird eingeladen	wurde eingeladen	ist eingeladen worden
wir	werden	wurden	sind
ihr	werdet	wurdet	seid
sie/Sie	werden	wurden	sind

German-English Vocabulary

A

ab *as of, from* (1)

der Abbau (-[e]s/-ten) *demolition* (8)

ab.bauen *to demolish* (12)

ab.biegen *to make a turn* (6)

ab.brechen *to break off* (8)

der Abend (-s/-e) *evening* (1); die Abendbrise *evening breeze* (11); das Abendessen *supper, dinner* (3); die Abendschule *night school* (8)

das Abenteuer *adventure* (11)

aber *but* (1)

ab.fahren *to leave, depart* (6)

die Abfahrt (-/-en) *departure* (6)

der Abfall (-[e]s/-e) *trash, garbage* (10)

der Abflug (-[e]s/-e) *take-off, departure* (11)

das Abgas (-es/-e) *exhaust* (6)

ab.geben *to hand in* (9)

der Abguß (-sses/-sse) *casting* (14)

abhängig (un-) *dependent, independent* (6)

die Abhängigkeit (Un-) (-/-en) *dependence, independence* (12)

ab.holen *to pick up* (4)

das Abitur (-s/-e) *final examination at the end of Gymnasium* (1)

der Abiturient (-en/-en) *graduate of the Gymnasium* (8)

ab.kriegen *to get, secure* (10)

die Abkürzung (-/-en) *abbreviation* (10)

ab.laufen *to drain off* (8)

ab.lehnen *to refuse, reject* (8)

ab.leisten *to fulfill, perform* (8)

ab.leiten *to lead off, divert* (9)

ab.lenken *to turn away, divert* (12)

ab.lesen *to read off* (15)

ab.liefern *to deliver* (14)

die Ablöse (-/-n) *a sum of money paid by a new renter to the previous one for appliances* (4)

ab.melden *to give notice of one's leaving* (10)

ab.mühen *to strive* (8)

ab.nehmen *to lose weight* (9)

die Abneigung (-/-en) *reluctance* (13)

abonnieren *to subscribe* (11)

die Abreise (-/-n) *departure* (6)

ab.schalten *to turn off* (television) (14)

ab.schieben *to push or shove off* (13)

ab.schließen *to close or lock up* (8)

der Abschluß (-sses/-sse) *close, end* (8); die Abschlußklausur *final examination* (8); die Abschlußprüfung *final test* (8); das Abschlußzeugnis *diploma* (8)

ab.schneiden *to cut off* (8)

der Abschnitt (-s/-e) *cut, section* (7)

ab.schreiben *to copy* (11)

absehbar *conceivable* (4)

abseits *aside, apart* (11)

der Absender (-s/-) *sender* (5)

die Absicht (-/-en) *intention, aim* (13)

absichtlich (un-) *intentional, unintentional* (15)

ab.sprechen *to deny, dispute* (13)

ab.stammen *to descend from* (13)

die Abstammung (-/-en) *descent, extraction* (13)

ab.trainieren *to work off with exercise* (3)

ab.warten *to wait and see* (5)

die Abwäscherin (-/-nen) *maid* (9)

abwechslungsreich *varied, diverse* (3)

die Abwehr (-/-en) *defense* (sport) (10); der Abwehrspieler *defenseman* (10)

abwehren *to defend* (9)

abweisend *unfriendly, cool* (13)

abwendbar (un-) *preventable, unpreventable* (14)

abwerfen *throw off* (8)

die Abwesenheit (-/-en) *absence* (11)

ach *alas* (1)

acht *eight* (1); achtzehn *eighteen* (1); achtzig *eighty* (1)

achten *to respect, esteem* (3)

die Adresse (-/-n) *address* (1)

die Agrarreform (-/-en) *agrarian reform* (14)

ägyptisch *Egyptian* (7)

ähnlich *similar* (6)

die Ahnung (-/-en) *hunch, idea* (11)

die Aktivität (-/-en) *activity* (2)

aktuell *current* (7)

der Alkohol (-s/-e) *alcohol* (3)

all- *all, every* (1)

alles *everything* (1)

allein *alone* (2); alleinerziehend *raising children as a single parent* (12); alleinlebend *living alone* (12); der Alleinstehender *single parent* (3)

allerdings *certainly, of course* (1)

allerhand *all kinds (of)* (10)

Allerheiligen *All Saint's Day* (November 1) (2)

allgemein- *general* (2)

allmählich *gradually* (14)

der Alltag (-s/-e) *everyday life, routine* (12)

der Alpenverein (-s/-e) *Alpine club* (9); die Alpenvereinshütte *a cabin in the Alps in which hikers or skiers can rest or stay overnight* (9)

als *when, as* (1)

alt *old* (1); der Altbau (-s/-ten) *an older building, usually in a classical architectural style* (4); die Altstadt *the old part of a city* (14)

das Altenpflegeheim (-s/-e) *retirement home* (9)

das Alter (-s/-) *age* (8); das Altersheim *retirement home* (8); die Altersversorgung *social security income* (9)

amerikanisch *American* (1)

die Ampel (-/-n) *traffic light* (6)

die Analphabetenrate (-/-n) *illiteracy rate* (13)

der Analphabetismus (-/no pl.) *illiteracy* (10)

anbieten *to offer* (4)

anbrüllen *to bellow or roar at* (8)

ander- *other* (1); andererseits *on the other hand* (12)

ändern *to change* (3)

der Andrang (-s/-e) *rush, crowd* (4)

anerkennen *to acknowledge* (12)

anerzogen *acquired by education* (12)

der Anfang (-s/-e) *beginning* (5); der Anfängerkurs *beginners course* (8)

an.fangen *to begin* (4)

anfänglich *initial* (15)

die Anforderung (-/-en) *demand, claim* (11)

die Anfrage (-/-n) *inquiry* (4)

an.führen *to lead, conduct* (6)

die Angabe (-/-n) *declaration, statement* (1)

an.geben *to state, specify* (11)

an.gaffen *to stare at* (13)

das Angebot (-s/-e) *offer* (4)

angehören *to belong to, be a member of* (12)

der Angehörige (-en/-en) *member* (13)

angenehm *pleasant* (5)

angesichts *considering, in view of* (15)

der Angestellte (-en/-en) *employee* (5)

der Angleichungsprozeß (-sses/-sse) *the adjustment process* (15)

an.greifen *to handle, deal with* (8)

der Angriff (-s/-e) *attack* (10); der Angriffspunkt *the point of attack* (13)

die Angst (-/-e) *fear, anxiety* (13)

an.haben *to have on, to wear* (6)

an.halten *to stop* (10); per Anhalter *hitchhike* (11)

anhand *according to* (12)

der Anhänger (-s/-) *trailer* (6)

an.hören *to listen to* (4)

die Ankleidekabine (-/-n) *dressing room* (7)

an.kommen *to arrive* (6)

die Ankunft (-/ˍe) *arrival* (11)

die Anlage (-/-n) *attached or enclosed document* (9)

der Anlaß (-sses/ˍsse) *occasion, cause* (15)

an.legen *to lay or put* (6)

an.melden *to announce or notify* (10)

das Anmeldeformular (-s/-e) *registration form in a hotel* (11)

die Anmerkung (-/-en) *observation, remark* (11)

die Annahme (-/-n) *acceptance* (8)

die Annonce (-/-n) *advertisement* (4)

annoncieren *to advertise* (7)

s. anpassen *to adapt oneself* (12)

an.pöbeln *to mob* (13)

anprobieren *to try on* (7)

die Anrede (-/-n) *form of address* (1)

die Anregung (-/-en) *encouragement* (11)

der Anruf (-s/-e) *phone call* (2); der Anrufer *caller* (1)

an.rufen *to call on the phone* (1)

an.schauen *to look at* (2)

anschließend *next, subsequently* (6)

der Anschluß *connection* (11)

an.schreien *to scream at* (7)

an.sehen *to look at* (3)

an.setzen *to add to* (6)

die Ansicht (-/-en) *view* (4); Ansichtskarte *post card* (6)

die Ansprache (-/-n) *address, speech* (15)

an.sprechen *to speak to, address* (13)

der Anspruch (-s/ˍe) *claim, pretension to* (15)

an.starren *to stare at* (13)

an.stehen *to stand in or on line* (6)

an.stellen *to place, to employ* (9)

s. an.strengen *to strain* (2); anstrengend *strenuous* (2)

die Anstrengung (-/-en) *strain, exertion* (8)

der Ansturm (-s/ˍe) *attack, charge* (10)

der Anteil (-s/-e) *part, portion* (5)

das Antibiotikum (-s/-ka) *antibiotic* (3)

antik *classical* (11)

die Antike (-/no pl.) *classical antiquity* (11)

die Antiquität (-/-en) *antiques* (9)

an.tun *to do a thing to a person* (5)

die Antwort (-/-en) *answer* (2)

antworten *to answer* (2)

die Anzahl (-/no pl.) *the number, quantity* (4)

die Anzeige (-/-n) *announcement, notice* (3)

an.ziehen *to dress, to put on clothes* (7)

der Anzug *man's suit* (3)

apathisch *apathetic*

der Apfel (-s/ˍ) *apple* (5)

die Apotheke (-/-n) *pharmacy* (5); der Apotheker (-s/-), die Apothekerin (-/-nen) *pharmacist* (5)

der Apparat (-s/-e) *telephone* (2)

der Appell (-s/-e) *roll call* (13)

der April (-s/-e) *April* (2)

die Arbeit (-/-e) *work, employment, job* (1); der Arbeitnehmer *employee* (13); das Arbeitsamt *employment office* (8); die Arbeitskraft *capacity for work* (9) arbeitslos *unemployed* (9); die Arbeitslosigkeit *unemployment* (9); der Arbeitsmarkt *job market* (9); der Arbeitsplatz *work place* (1); die Arbeitsstelle *position* (4) die Arbeitsweise *mode of operation* (12)

arbeiten *to work* (1)

der Arbeiter (-s/-) *worker* (8)

ärgern *to annoy* (7)

ärgerlich *annoying* (7)

das Argument (-s/-e) *argument* (6)

arm *poor* (3); die Armut (-/no pl.) *poverty* (13)

die Armbanduhr (-/-en) *wrist watch* (5)

die Armee (-/-n) *army* (8)

die Art (-/-en) *kind, sort* (6)

der Artikel (-s/-) *newspaper or magazine article* (5)

der Arzt (-es/ˍe), die Ärztin (-/-nen) *physician, doctor* (5)

der Asylant (-s/-en) *person who has been granted asylum* (9, 13)

der Asylbewerber (-s/-) *person seeking asylum* (13)

atmen *to breathe* (11)

der Atem (-s/no pl.) *breath* (6); die Atemnot *shortness of breath* (14); atemraubend *breath-taking* (13); die Atemwegsleiden (pl) *respiratory difficulties* (14)

die Atmosphäre (-/-n) *atmosphere* (5)

die Atomkraft (-/ˍe) *nuclear energy* (14); das Atomkraftwerk *nuclear power plant* (4)

die Au (-/-en) *meadow* (14)

auch *also, too* (1)

auf *on, on top of* (1)

auf.bauen *to build up* (10)

auf.bleiben *to stay up* (7)

der Aufenthalt (-s/-e) *stay, delay* (11)

auffallend *striking, blatant* (7)

auf.führen *to list, enter* (5)

die Aufführung (-/-en) *performance* (6)

die Aufgabe (-/-n) *task, assignment* (9)

auf.geben *to deliver, hand in* (6)

aufgelockert *loose, relaxed* (7)

aufgewacht *awakened* (6)

auf.haben *to have on, wear* (5)

auf.halten *keep open, stop to check* (14)

auf.heben *to take up, pick up* (9)

auf.hören *to stop, cease* (2)

der Aufkleber (-s/-) *(bumper) sticker* (6)

auf.lassen *to leave open* (5)

die Auflösung (-/-en) *solution* (8)

auf.machen *to open* (3)

aufmerksam *alert* (8); die Aufmerksamkeit (-/no pl.) *alertness* (13)

auf.passen *to watch out, take care* (7)

auf.räumen *to put in order, straighten up* (4)

aufrecht.erhalten *to maintain, adhere to* (15)

der Aufsatz (-es/ˍe) *essay* (9)

auf.schieben *to push open* (9)

der Aufschluß (-sses/ˍsse) *explanation, information* (14)

die Aufschrift (-/-en) *address (letter)* (11)

auf.setzen *to put on* (7)

auf.stehen *to get up, rise, to stand up* (5)

auf.stellen *to set up* (5)

der Aufstieg (-s/-e) *ascent* (12)

auf.tanken *to fill with gas* (2)

auf.tauchen *to turn up, appear* (6)

auf.treten *to appear* (10)

auf.wachsen *to grow up* (6)

aufwärmen *to warm up* (3)

aufwendig *expensive* (14)

auf.zählen *to count up* (4)

das Auge (-s/-n) *eye* (7); der Augenblick *moment* (2); die Augenreizung *eye irritation* (11)

der August (-s/-e) *August* (2)

aus *out of, from* (1)

die Ausbildung (-/-en) *education, training* (8); der Ausbildungsgang *the course of one's education* (9); der Ausbildungsplatz *a seat or place in an educational program* (9)

aus.brechen *to break out* (11)

aus.breiten *to spread* (14)

aus.bürgern *to expel from a country* (10)

die Ausdauer (-/no pl.) *endurance* (10)

der Ausdruck (-s/ˍe) *expression* (1)

aus.drücken *to express* (6)

auseinander *apart, separated* (9)

s. auseinander.setzen *to discuss, to argue* (6)

aus.fallen *to be cancelled* (7)

der Ausflieger (-s/-) *someone who has dropped or flunked out of school* (10)

der Ausflug (-s/ˍe) *class trip or outing* (6)

aus.fragen *to question, interrogate* (13)

aus.führen *to walk (the dog)* (12)

aus.füllen *to fill out* (1, 3)

ausgebaut *completed, finished* (4)

die Ausgabe (-/-n) *distribution, edition* (9)

aus.geben *to spend (money)* (3)

ausgebucht *sold out* (11)

ausgeglichen *balanced* (7)

aus.gehen *to go out* (5)

ausgelastet *used to capacity* (9)

ausgewählt *chosen, selected* (11)

ausgezeichnet *excellent* (2)

ausgleichend *balanced, evened out* (12)

aus.halten *to endure, last* (9)

s. aus.kennen *to be familiar with, to know one's way* (6)

die Auskunft (-/¨e) *telephone information* (1); der Auskunftbeantworter *telephone information operator* (1)

das Ausland (-s/¨er) *foreign country* (1); ausländisch *foreign* (3) der Ausländer *foreigner* (8); ausländerfeindlich *hostile toward foreigners* (13); die Ausländerfeindlichkeit *hostility toward foreigners* (13)

s. aus.leben *to enjoy life to the fullest* (12)

ausleihen *to borrow* (5)

das Ausmaß (-es/-e) *measurement* (14)

die Ausnahme (-/-n) *exception* (13)

aus.nutzen *to make the most of, take advantage of* (13)

aus.rechnen *to calculate, compute* (8)

die Ausrede (-/-n) *excuse* (9)

aus.reichen *suffice, last* (10)

aus.richten *to deliver* (*a message*) (2)

aus.ruhen *to rest* (9)

die Aussage (-/-n) *statement* (8)

aus.schalten *to turn off* (7)

aus.schlafen *to sleep late* (11)

aus.schließen *to exclude* (11)

ausschließlich *exclusive(ly)* (13)

der Ausschnitt (-s/-e) *clipping from a newspaper* (9)

aus.sehen *to appear, to look like* (3)

das Aussehen (-s/no pl.) *appearance* (13)

außen *on the outside* (13); der Außenhandel *foreign trade* (9)

außer *besides, except* (2); außerdem *moreover* (2); außergewöhnlich *extraordinary* (13); außerhalb *beyond* (4); außerordentlich *unusual, uncommon* (11)

äußern *to express, to voice* (10)

die Äußerung (-/-en) *statement, comment* (13)

die Aussicht (-/-en) *view, outlook* (4)

der Aussiedler (-s/-) *emigrant* (9)

aus.spannen *to relax* (11)

die Ausstattung (-/-en) *equipment, supply* (8)

aus.steigen *to get out* (6)

die Ausstellung (-/-en) *exhibit* (2)

der Ausstieg (-s/-e) *exit* (14)

aus.strahlen *to shine, to beam* (10)

aus.suchen *to search, choose* (3)

der Austausch (-s/no pl.) *exchange* (12)

aus.üben *to exercise, practice* (9)

ausverkauft *sold out* (5)

die Auswahl (-/-en) *choice, selection* (7)

der Auswanderer (-s/-) *emigrant* (13)

aus.wandern *to emigrate* (13)

ausweichend *evasive, noncommital* (13)

auswendig *by heart, by memory* (3)

aus.wirken *to work out, to effect* (7)

die Auswirkung (-/-en) *effect, result* (7)

aus.zahlen *to pay out* (3)

die Auszeichnung (-/-en) *distinction* (9)

aus.ziehen *to move out* (4)

der Auszug (-s/¨e) *move* (6); *section* (10)

das Auto (-s/-s) *car, automobile* (2); die Autobahn *freeway* (6); der Autofahrer *driver* (6); die Autofahrt *drive* (11)

der Automat (-en/-en) *automatic machine* (6); die Automatisierung *automation* (9)

der Autor (-s/-en) *author, writer* (4)

B

backen *to bake* (2)

die Backwaren (*pl.*) *baked goods* (5)

der Bäcker (-s/-) *baker* (3); die Bäckerei *bakery* (5)

das Bad (-es/¨er) *bath, bathroom* (4); der Badeanzug *bathing suit* (5); die Badesache *bathing or swimming things* (11); die Badewanne *bathtub* (4); das Badezimmer *bathroom* (4)

baden *to bathe* (7)

das Baden *bathing, swimming* (10)

bagatellisieren *to minimize, make light of* (13)

die Bahn (-/-en) *track, railroad* (6); der Bahnhof *train station* (2); der Bahnplan *train schedule* (6); der Bahnsteig *platform* (6)

bald *soon* (5)

der Balkon (-s/-s or -e) *balcony* (4)

der Ballast (-[e]s/-e) *burden* (9)

die Banane (-/-n) *banana* (5)

der Bau (-[e]s/-ten) *building, construction* (9)

bauen *to build* (10)

die Bäuerin (-/-nen) *farmer* (5)

der Baum (-[e]s/¨e) *tree* (6); das Baumskellet *skeleton of a tree* (14); die Baumwolle (-/-n) *cotton* (7)

bayrisch *Bavarian* (3)

der Beamte (-n/-n) *civil service worker, official* (1)

beängstigend *frightening* (14)

beantworten *to answer* (2)

der Bedarf (-s/no pl.) *need* (8)

bedeckt *covered* (7)

bedeuten *to mean, signify* (2)

bedeutsam *meaningful* (15)

die Bedeutung (-/-en) *meaning* (1)

bedienen *to serve, to wait on* (9)

die Bedienung (-/-en) *service* (1)

die Bedrohung (-/-en) *threat* (14)

bedrückt *worried, depressed* (7)

das Bedürfnis (-ses/-se) *want, necessity* (10)

s. beeilen *to hurry* (1)

beeindrucken *to impress* (10); beeindruckend *impressive* (11)

beeinflußen *to influence* (5)

beenden *to end, finish* (6)

befehlen *to command* (14)

s. befinden *to be located* (5)

befolgen *to obey* (9)

befreit *freed* (6)

die Befreiung (-/-en) *liberation* (9)

befriedigend *satisfactory* (12)

die Befürchtung (-/-en) *fear* (3)

die Begegnung (-/-en) *meeting, encounter* (13)

begehen *to commit* (10)

begehrt *sought after, in demand* (9)

s. begeistern *to be enthusiastic* (5)

die Begeisterung (-/-en) *enthusiasm* (15)

der Beginn (-s/no pl.) *beginning* (6)

beginnen *to begin* (2)

begraben *to bury* (13)

begreifen *to understand, to comprehend* (15)

der Begriff (-s/-e) *concept, idea* (5)

begründen *to found, establish* (4)

begrüßen *to greet* (1)

die Begrüßung (-/-en) *greeting* (1)

behalten *to keep, retain* (11)

behandeln *to treat, deal with* (4)

behaupten *to maintain* (11)

die Behauptung (-/-en) *statement, contention* (14)

beherrschen *to rule, govern* (10)

behilflich *helpful* (5)

bei *near, at, with* (1); beinahe *nearly* (10); beiseite *aside, apart* (13)

die Beibehaltung (-/-en) *retention, adherence* (9)

bei.bringen *to teach, to show someone how to do something* (9)

beid- *both* (7)

beige *beige* (7)

die Beilage (-/-n) *side dish* (3)

das Bein (-[e]s/-e) *leg* (10)

das Beispiel (-s/-e) *example* (1); beispielsweise *for example* (14)

der Beitrag (-s/¨e) *contribution* (11)

beitragen *to contribute, promote* (13)

bekämpfen *to fight, struggle against* (13)

bekannt (un-) *known, unknown* (4)

der Bekannte (-n/-n) *acquaintance* (1) der Bekanntenkreis *circle of acquaintances* (4); die Bekanntschaftsanzeige *personal ad* (12)

bekennen *to admit, confess* (13)

beklagen *to lament, pity* (7)

bekommen *to get, receive* (2)

die Belastung (-/-en) *load, burden* (10)

beleben *to liven up* (13)

belegen *to take courses (study)* (8)

belegt *reserved, occupied* (11)

beleidigen *to insult* (13)

die Beleidigung (-/-en) *insult* (13)

belgisch *Belgian* (7)

beliebt *popular, loved* (3)

belohnen *to reward* (8)

bemerken *to observe, notice* (6)

bemühen *to trouble, to take pains* (4)

benachteiligen *to put at a disadvantage* (13)

die Benachteiligung (-/-en) *disadvantage* (13)

benutzen *to use* (1)

das Benzin (-s/-e) *gasoline* (4); benzin-fressend *gas-guzzling* (13); benzin-sparend *fuel efficient* (14)

beobachtet *observed, watched* (7)

bequem *comfortable* (5)

die Bequemlichkeit (-/-en) *convenience* (14)

beraten *to advise* (5)

berechtigen *to entitle* (8)

bereden *to discuss, talk over* (5)

der Bereich (-s/-e) *region, area* (8)

bereichern *to make rich* (13)

bereit *ready* (3); bereits *already* (9)

bereuen *to regret* (9)

der Berg (-es/-e) *mountain* (10); der Bergabhang *mountain slope* (14)

der Bericht (-s/-e) *report* (11)

berichten *to report* (6)

der Beruf (-s/-e) *occupation, job, profession* (1); beruflich *professionally* (8); die Berufsausbildung *job training* (8); der Berufsberater *job counselor* (9); die Berufsberatung *job counseling* (9); berufsbildend *job-educating* (8) das Berufspraktikum *practical, on-the-job experience during schooling* (9); die Berufsschule *professional school* (8); berufstätig *gainfully employed* (1); die Berufstätigkeit *employment, job* (9); das Berufsverbot *job ban* (10)

beruhen *to base on* (13)

beruhigen *to quiet, calm* (9)

berühmt *famous* (8)

beschäftigen *to keep busy* (9)

die Beschäftigung (-/-en) *occupation, pursuit* (9); die Beschäftigungs-tätigkeit *job activity* (12) das Beschäftigungsverbot *working ban* (9)

der Bescheid (-s/-e) *answer, information* (1); ich weiß Bescheid *I know all about it*

beschimpfen *to insult, call a person names* (13)

die Beschimpfung (-/-en) *insult, abuse* (13)

beschließen *to end, close, conclude* (8)

beschreiben *to describe* (4)

die Beschreibung (-/-en) *description* (7)

s. beschweren *to complain* (3)

beseitigen *to do away with* (14)

die Besatzung (-/-en) *occupation (military)* (13)

besichtigen *to view, look over* (4); der Besichtigungstermin (-s/-e) *appointment to see a property or apartment* (4)

besiedelt *settled* (12)

besitzen *to own* (3)

der Besitzer (-s/-) *owner* (2)

das Besitzverhältnis (-ses/-se) *terms of ownership* (6)

besonder- *special, particular* (2)

besorgen *to supply, look after* (5)

besprechen *to discuss* (9)

die Besprechung (-/-en) *discussion* (9)

besser *better* (1)

die Besserung (-/-en) *recovery* (1)

bestätigen *to confirm, certify* (3)

die Bestattungskosten (*pl.*) *funeral or burial costs* (5)

das Besteck (-s/-e) *knife, fork and spoon* (3)

bestehen *to consist of* (3); bestehend *existing, current* (15)

bestehlen *to steal, rob* (13)

bestellen *to order* (3)

die Bestellung (-/-en) *order* (3)

bestimmen *to determine, decide* (6); bestimmt *sure, specified* (3)

bestrahlt *treated with radiation* (3)

bestürzt *dismayed, startled* (15)

der Besuch (-s/-e) *visit* (2)

besuchen *to visit* (1)

beten *to pray* (13)

die Beteuerung (-/-en) *solemn declaration* (15)

betonen *to stress, emphasize* (15)

die Betonstadt (-/-̈e) *city of concrete* (6)

die Betonwüste (-/-n) *concrete wasteland* (*fig.*) (13)

der Betracht (-s/no pl.) *consideration, concern* (11)

betrachten *to examine, to inspect* (11)

betragen *to amount to* (12)

betreffen *to befall, to be concerned with* (13); betrifft *regarding* (9)

betreiben *to urge on, push forward* (13)

die Betreuerin (-/-nen) *nursemaid, day-care provider* (9); die Betreuungsein-richtung *day-care set-up* (12); der Betreuungsplatz *spot in a day-care center* (12)

der Betrieb (-s/-e) *operation, enterprise* (9); betriebseigen *factory-owned* (9); das Betriebsfest *company party* (10); das Betriebsklima *working conditions* (9); der Betriebswirtschaftler *industrial manager* (8); die Betriebswirt-schaftslehre *study of industrial management* (8)

das Bett (-[e]s/-en) *bed* (2)

betteln *to beg* (15)

beunruhigen *to disturb* (15)

die Beunruhigung (-/-en) *uneasiness* (15)

beurteilen *to judge* (12)

die Beurteilung (-/-en) *judgment, opinion* (13)

die Bevölkerung (-/-en) *inhabitants* (9); die Bevölkerungszahl *population figure* (4)

bevor *before, in front of* (6); bevor-stehend *forthcoming* (5); bevorzugt *preferred* (9)

bewältigen *to get under control* (12)

bewegen *to move* (10)

beweglich *mobile* (12)

die Bewegung (-/-en) *movement* (5)

bewerben *to apply, to seek* (4)

der Bewerber (-s/-) *applicant* (8)

die Bewerbung (-/-en) *application* (9)

bewerten *to value* (3)

bewohnen *to abide* (1)

der Bewohner (-s/-) *resident* (6)

bewölkt *cloudy* (7)

die Bewölkung (-/-en) *cloudiness* (7)

bewußt *conscious* (11); das Bewußtsein *consciousness* (15)

bezahlen *to pay* (2)

die Bezahlung (-/-en) *payment* (9)

bezeichnen *to mark, label* (8)

die Beziehung (-/-en) *relationship* (1); beziehungsweise *respectively* (10)

die Bezugsperson (-/-en) *caregiver* (12)

die Bibliothek (-/-en) *library* (4)

das Bier (-es/-e) *beer* (3); der Bierkrug *beer mug* (11); der Biergarten *beer garden* (3)

bieten *to offer* (9)

das Bild (-es/-er) *picture, painting* (2); das Bildband *coffee table book* (11); die Bildfläche (12), der Bildschirm (3) *television screen*

bilden *to form, develop* (8)

die Bildung (-/-en) *formation, development* (8) das Bildungssystem *education system* (8); der Bildungsweg *course of one's studies* (8)

billig *inexpensive* (3)

der Binnensee (-s/-n) *inland lake* (10)

der Biojoghurt (-s/-s) *natural yogurt* (5)

der Bioladen (-s/-̈) *whole food store* (5)

die Birke (-/-n) *birch tree* (2)

die Birne (-/-n) *pear* (5)

bis *until, up to* (1); bisher *up to now* (6); bislang *up to now* (12)

bißchen *little bit* (10)

bitte *please; pardon me; you're welcome* (1)

blau *blue* (7); das Blaukraut *red cabbage* (3)

bleiben *to stay* (1)

bleifrei *unleaded* (14)

der Blick (-[e]s/-e) *look, glance* (9)

blinken *to blink* (6)

bloß *only* (8)

das Blouson (-s/-s) *windbreaker* (7)

die Blume (-/-n) *flower* (3); der Blumenkasten *flower box* (4); der Blumenkohl *brussel sprouts* (5); der Blumentopf *flower pot* (4)

die Bluse (-/-n) *blouse* (7)

das Blut (-[e]s/*no pl.*) *blood* (13); blutig *bloody* (15)

der Boden (-s/¨) *ground* (4)

das Boot (-[e]s/-e) *boat* (10)

das Bordpersonal *staff on board a ship* (13)

böse *angry, irritated* (12)

der Botschaftsangehörige (-n/-n) *embassy official* (15)

der Brand (-es/¨e) *burning, fire* (15)

der Braten (-s/-) *roast* (3)

brauchen *to need* (2)

brauen *to brew* (13)

braun *brown* (5)

breit *wide* (6)

bremsen *to brake, to slow down* (6)

das Brett (-[e]s/-er) *board, plant* (4)

die Brezel (-/-n) *pretzel* (5)

der Brief (-es/-e) *letter* (4); das Briefpapier *stationery* (14)

die Brille (-/-n) *eyeglasses* (7)

bringen *to bring* (1)

das Brot (-es/-e) *bread* (3) das Brötchen *bun, roll* (3)

die Brücke (-/-n) *bridge* (9)

der Bruder (-s/¨) *brother* (1)

der Brunnen (-s/-) *well, fountain* (6)

das Buch (-es/¨er) *book* (2); das Bücherregal *bookshelf* (4); die Buchführung *accounting* (8); die Buchhalterin *bookkeeper* (4); die Buchhändlerin *woman working in a bookstore* (1); die Buchhändlerlehre *training for running a bookstore* (9); die Buchhandlung *bookstore* (5)

buchen *to book, reserve* (11)

der Buchstabe (-ns/-n) *letter of the alphabet* (2)

buchstabieren *to spell* (1)

die Bucht (-/-en) *bay, inlet* (11)

die Bude (-/-n) *room, place (slang)* (4)

büffeln *to cram for an exam* (8)

bügeln *to iron* (12)

die Bulette (-/-n) *meatball* (3)

der Bummel (s/-) *stroll* (6)

bummeln *to stroll, to dawdle* (11)

der Bundesbürger (-s/-) *citizen of Germany* (3)

das Bundesland (-s/¨er) *federal state* (8)

die Bundesregierung (-/-en) *federal government* (9)

die Bundesrepublik (-/-en) *Germany, also former West Germany* (1)

der Bundestag *the German parliament* (14)

die Bundeswehr *the German army* (8)

bunt *colorful* (6)

die Burg (-/-en) *castle* (6)

die Bürgschaft (-/-en) *security, guarantee* (13)

der Bürger (-s/-) *citizen* (5); bürgerlich *civil, middle class* (13); der Bürgermeister *mayor* (15); das Bürgerrecht *right of a citizen* (13); der Bürgersteig *sidewalk* (4)

das Büro (-s/-s) *office* (3); die Bürokauffrau *office buyer* (8); bürokratisch (un-) *bureaucratic* (1)

der Bus (-ses/-se) *bus* (2); die Bushaltestelle *bus stop* (5)

bußen *to atone for* (15)

die Butter (-/-) *butter* (3) das Butterkeks *butter cookie* (5)

bzw. s. beziehungsweise (8)

C

das Café (-s/-s) *café* (1)

die Chefsekretärin (-/-nen) *executive secretary* (1)

chinesisch *Chinese* (6)

die Couch (-/-en) *couch* (4); der Couchtisch *coffee table* (4)

D

DM deutsche Mark (3)

da *there* (1)

das Dach (-[e]s/¨er) *roof* (4); das Dachgeschoß *attic* (4)

daheim *at home* (13); daheimgeblieben *stayed at home* (11)

dahinter.stecken *to be at the bottom* (14)

damals *at that time* (8)

die Dame (-/-n) *lady* (1)

dänisch *Danish* (7)

die Dankbarkeit (-/*no pl.*) *thankfulness* (13)

danke *thank you* (1)

danken *to thank* (3)

dann *then* (1)

das Darlehen (-s/-) *loan* (8)

dar.stellen *to portray* (10)

die Darstellung (-/-en) *portrayal* (10)

das Dasein (-s/*no pl.*) *existence* (6)

dasselbe *the same* (8)

daß *that* (1)

das Datum (-s/-ten) *date* (9)

dauern *to last* (1); dauernd *lasting, permanent* (5)

der Dauerstreß (-sses/-ssse) (12)

die Decke (-/-n) *blanket* (3)

dein *your (fam.)* (1)

denken *to think* (1)

der Denkanstoß (-es/¨e) *motivating thought* (14)

denn *then, because* (1)

dennoch *however* (9)

das Deo (-s/-s) *deodorant* (7)

deprimiert *depressed* (8)

derzeit *at present* (8)

deswegen *because of that* (1)

deutlich *clear, distinct* (13)

deutsch *German* (1); deutschsprachig *German-speaking* (6)

Deutschland *Germany* (1)

der Dezember *December* (2)

dezent *subdued* (7)

das Dia (-s/-s) *slide* (11)

dicht *tight* (6); dichtbesiedelt *densely populated* (10)

der Dichter (-s/-) *poet* (10)

dick *fat* (3)

diejenig- *those* 8

die Diele (-/-n) *entryway, hall* (4)

dienen *to earn, merit* (12)

der Dienst (-es/-e) *duty, service* (8)

der Dienstag (-s/-e) *Tuesday* (2)

der Dienstschluß (-sses/¨sse) *business closing time* (5)

dies- *this, that* (1); diesmal *this time* (2)

dieselbe *the same* (1)

das Ding (-[e]s/-e) *thing* (5)

das Diplom (-s/-e) *diploma, degree* (6)

das Dirndl (-s/-[n]) *traditonal woman's dress of Southern Germany and Austria* (11)

doch *yes, yes of course* (1)

dolmetschen *to interpret* (9)

der Dolmetscher (-s/-) *interpreter* (9)

die Domäne (-/-n) *domain* (8)

der Donnerstag (-s/-e) *Thursday* (2)

doppelt *double* (12)

das Doppelzimmer (-s/-) *double room* (11)

das Dorf (-es/¨er) *village* (10)

dort *there* (2)

das Drachenfliegen (-s/*no pl.*) *hand gliding* (10)

der Dramatiker (-s/-) *playwright* (6)

der Dramaturg (-en/-en) *dramatic advisor* (4)

drängen *to shove, crowd* (10)

draußen *outside* (10)

der Dreck (-[e]s/*no pl.*) *dirt* (*slang*) (6); dreckig *dirty* (14)

drei *three* (1); dreigliedrig *trinomial* (8); dreimal *three times* (3); dreißig *thirty* (1); dreizehn *thirteen* (1)

dringend *urgent* (13)

dritt- *third* (2); ein Drittel *a third* (8); drittklassig *third-class, third-rate* (10)

die Droge (-/-n) *drug* (13); die Drogen- beratung *drug counseling* (9); der Drogeriemarkt *drug store* (5)

drohen *to threaten* (14)

der Druck (-[e]s/ⁿe) *pressure* (1); das Druckmotiv *pattern* (7)

drücken *to press* (10)

dumm *dumb, stupid* (10)

dumpf *muffled* (13)

dunkelblau *dark blue* (7)

durch *through, by* (1); durchaus *through- out, thoroughly* (13); durchgehend *continuously* (11) durchlässig *perme- able* (13); durchweg *throughout, with- out exception* (15)

der Durchbruch (-s/ⁿe) *breakthrough* (9)

durch.fahren *to pass or drive through* (6)

durch.fallen *to fail* (10)

durch.führen *to lead through or across* (13)

die Durchreise *transit* (3)

der Durchschnitt (-s/-e) *average* (13); durchschnittlich *on the average* (9)

durch.sehen *to look or see through* (8)

durch.setzen *to carry through, to enforce* (12)

dürfen *to be allowed to, may* (1)

die Dusche (-/-n) *shower* (4)

duschen *to shower* (7)

das Dutzend (-s/-e) *dozen* (4)

duzen *to use the familiar "du" form with someone* (1)

E

eben *even, just* (4); ebenfalls *likewise, also* (8); ebenso *just as* (8)

die Ebene (-/-n) *plain, flat or level area* (10)

echt *real, genuine* (6)

die Ecke (-/-n) *corner* (6)

egal *equal* (11), das ist mir egal *it doesn't matter*

egalisieren *to equalize* (15)

egoistisch *selfish* (12)

die Ehe (-/-n) *marriage* (8); das Ehepaar *married couple* (3); die Eheschließung *marriage contract* (12)

ehemalig *former* (9)

eher *sooner, earlier* (8)

die Ehre (-/-n) *honor, distinction* (9); ehrlich (un-) *honest, dishonest* (13); ehrenvoll *honorable* (15); ehrgeizig *ambitious* (12)

die Ehrung *tribute* (9)

das Ei (-[e]s/-er) *egg* (2); das Eigelb *egg- yolk* (5); das Eiweiß *protein* (5)

die Eiche (-/-n) *oak* (2)

eigen- *own* (4); die Eigenliebe *egotism* (12); die Eigeninitiative *initiative* (9); die Eigenschaft *quality* (12)

eigentlich *actually, really* (1)

die Eigentumswohnung (-/-en) *condo- minium* (4)

der Einbau (-s/-ten) *installation* (4)

die Einberufung (-/-en) *draft* (9)

ein.büßen *forfeit* (15)

eindeutig *definite, clear-cut* (10)

der Eindruck (-s/ⁿe) *impression* (6); ein- drucksvoll *impressive* (14)

einen *to become one* (13)

einfach *simple* (1)

ein.fallen *to come into a person's mind* (11)

einfallslos *unimaginative* (3)

einfarbig *of a solid color* (7)

das Einfamilienhaus (-es/ⁿer) *single family house* (4)

der Einfluß (-sses/ⁿsse) *influence* (13); einflußreich *influential* (12)

ein.führen *introduce* (9)

die Einführung (-/-en) *introduction* (8)

der Eingang (-s/ⁿe) *entrance* (3)

eingelassen *allowed into* (6)

eingenommen *taken in, fond of* (3)

eingerichtet *furnished* (4)

die Einheit (-/-en) *unit, unity* (2)

einig *in agreement* (2); die Einigkeit *unity, union* (15)

der Einkauf (-s/ⁿe) *purchase* (5); der Einkaufszettel *shopping list* (5)

ein.kaufen *to shop* (1)

das Einkommen (-s/-) *income* (4)

ein.laden *to invite* (5)

die Einladung (-/-en) *invitation* (10)

ein.legen *enclose* (12)

einmalig *unique* (11)

der Einmarsch (-s/ⁿe) *entry* (15)

ein.marschieren *to march in* (9)

ein.packen *to pack* (5)

ein.planen *to include in planning* (12)

ein.richten *to furnish* (4)

die Einrichtung (-/-en) *furnishings* (4)

eins *one* (1); einjährig *one-year-old* (8); einmal *once* (3); einseitig *one-sided* (10); der Einserschüler (-s/-) *straight- A-student* (9)

die Einschätzung (-/-en) *estimation* (8)

ein.schlafen *to fall asleep* (7)

ein.schließen *to include* (6)

ein.schränken *to restrict, confine* (14)

ein.schreiben *to register* (10)

ein.sehen *to see, understand* (8)

ein.stecken *to take, pocket* (5)

ein.steigen *to climb in* (6)

die Einstellung (-/-en) *attitude* (8)

ein.teilen *to divide* (7)

ein.tragen *to enter into a record* (6)

einverstanden *in agreement* (10)

der Einwanderer (-s/-) *immigrant* (13)

die Einwirkung (-/-n) *effect, influence* (13)

der Einwohner (-s/-) *inhabitant* (1)

ein.zeitig *one-time* (3)

einzel- *single* (4); das Einzelzimmer *sin- gle room* (11)

einziehen *to move in* (4)

einzig *only* (4)

das Eis (-es/*no pl.*) *ice cream* (7)

das Eisen (-s/-) *iron* (10); die Eisenbahn *railroad* (11)

eitel *vain* (13)

das Elend (-s/*no pl.*) *misery* (7)

elf *eleven* (1); der Elfmeter *penalty shot* (10)

die Eltern (-/-) *parents* (1)

emigrieren *emigrate* (8)

empfangen *to receive* (10)

der Empfänger (-s/-) *receiver* (5)

empfehlen *to recommend* (2)

empfinden *to feel, perceive* (4)

empor *up, upwards* (11)

s. empören *to grow furious* (13)

das Ende (-s/-n) *end* (1); endgültig *fi- nal, definitive* (13); endlich *finally* (3)

enden *to finish, end* (7)

die Endung (-/-en) *ending* (6)

die Energie (-/-n) *energy* (3); Energie- gewinnung *energy extraction* (14); die Energiequelle *source of energy* (14)

eng *tight, close* (4)

s. engagieren *to get involved* (9)

die Enge (-/-n) *closeness, tightness* (13)

englisch *English* (1)

der Enkel (-s/-) *grandson,* die Enkelin (-/-nen) *granddaughter* (1); das Enkelkind (-[e]s/er) *grandchild* (1)

entdecken *to discover* (5)

die Ente (-/-n) *duck* (3)

enteignen *expropriate* (14)

entfernt *distant* (4)

die Entfernung (-/-en) *distance* (11)

entfliehen *to flee, escape* (11)

entgegnen *to reply, retort* (8)

enthalten *to contain* (5)

enthüllen *to uncover, bare* (8)

entlang *along* (6)

entlang.gehen *to walk along* (7)

entlassen *to dismiss, fire* (9)

entreißen *to snatch away* (13)

s. entscheiden *to decide, make up one's mind* (9); entscheidend *decisive* (4)

die Entscheidung (-/-en) *decision* (2)

s. entschließen *to decide, determine* (8)

der Entschluß (-sses/ⁿsse) *decision, reso- lution* (9)

s. entschuldigen *to excuse oneself* (6)

Entschuldigung! *excuse me* (3)

entschwefeln *desulphurize* (14)

entsetzt *horrified, dismayed* (10)

s. entspannen *to relax* (10)

die Entspannung (-/-en) *relaxation* (11)

entsprechen *to correspond* (11); entsprechend *correspondingly* (7)

enttäuschen *to disappoint* (10); enttäuscht *disappointed* (3)

die Enttäuschung (-/-en) *disappointment* (9)

entweder *either* (9)

entwerfen *to sketch, outline, draft* (11)

entwickeln *to develop* (6)

die Entwicklung (-/-en) *development* (12)

er *he* (1)

der Erdbeerkuchen (-s/-) *strawberry cake* (5)

die Erde (-/-n) *earth* (12)

das Erdgas (-es/-e) *natural gas* (14)

der Erdgeschoß (-sses/-sse) *ground floor* (4)

die Erdnußbutter (-/no pl.) *peanut butter* (7)

ereignen *to happen, to come about* (9)

das Ereignis (-ses/-se) *event* (9)

erfahren *to come to know, to learn* (4)

die Erfahrung (-/-en) *experience* (6)

erfassen *to seize, grasp* (13)

der Erfolg (-s/-e) *success* (6); erfolgreich *successful* (9)

erfüllen *to accomplish* (12)

die Erfüllung (-/-en) *accomplishment* (11)

s. ergeben *to result, yield* (6)

das Ergebnis (-ses/-se) *result* (6)

ergreifen *to seize, grasp* (11)

erhaben *raised, elevated* (13)

erhalten *to get, obtain* (9)

erheblich *considerable, serious* (13)

erhöhen *to raise* (13)

erholen *to recover* (6)

die Erholung (-/-en) *recovery* (10)

s. erinnern *to remember* (7)

die Erinnerung (-/-en) *memory* (14)

s. erkälten *to catch a cold* (7)

erkennen *to recognize* (6)

erklären *to explain* (3)

die Erklärung (-/-en) *explanation* (9)

erkranken *to be taken ill* (14)

s. erkundigen *to inquire* (6)

erlauben *to allow* (6)

erleben *to experience* (6)

das Erlebnis (-ses/-se) *experience, event* (11); erlebnisreich *eventful* (11)

erledigen *to take care of* (8)

erleiden *to suffer, to endure* (13)

ermitteln *to determine* (13)

ermöglichen *to make possible* (9)

die Ermordung (-/-en) *murder, assassination* (15)

ernähren *to nourish* (3)

ernst *serious* (3); ernsthaft *earnest, grave* (12)

das Erntedankfest *Thanksgiving* (2)

eröffnet *opened* (11)

erraten *to guess* (8)

erregen *to excite, agitate* (13)

erreichen *to reach, achieve* (5)

der Ersatzdienst (-s/-e) *alternative service for conscientious objectors* (9)

erscheinen *to appear, to be published* (9)

erscheinend *appearing* (8)

erschließen *to make accessible, to infer* (7)

erschöpft *exhausted* (9)

erschreckt *shocked* (14)

ersetzen *to replace, substitute* (6)

erst- *first* (2); erstklassig *first-class* (11); erstmals *for the first time* (9)

erstaunt *amazed, astounded* (13)

erstaunlich *amazing* (12)

ersticken *to suffocate, choke* (6)

erstrecken *to stretch, extend* (7)

ertragen *to bear, endure* (14)

erträglich (un-) *bearable, unbearable* (6)

erwachen *to awake* (11)

erwachsen *grown-up* (12)

der Erwachsene (-n/-n) *grown-up person* (6)

erwähnen *to mention* (5)

erwarten *to expect* (1)

erwecken *to wake, rouse* (12)

erweitern *to broaden, expand* (6)

erwerben *to acquire, earn* (9)

die Erwerbsarbeit (-/-en) *paying job* (12)

erwerbstätig *gainfully employed* (12)

die Erwerbstätigkeit (-/-en) *gainful employment* (12)

erzählen *to tell* (2)

die Erzählung (-/-en) *tale, story* (9)

erzeugen *to produce* (3)

die Erziehung (-/-en) *bringing up* (12)

erzwingen *to force, enforce* (15)

es *it* (1)

essen *to eat* (1)

der Etagenplan (-s/-̈e) *floor plan* (5)

etwa *about, approximately* (8)

etwas *something* (1)

europäisch *European* (6)

ewig *eternal, endless* (12)

F

die Fabrik (-/-en) *factory* (3)

fabriziert *manufactured* (12)

das Fach (-[e]s/-̈er) *subject, division* (8); der Facharbeiter *skilled worker* (9); der Fachbereich *area of specialization* (8); das Fachgeschäft *specialty shop* (5)

die Fachhochschule (-/-n) *technical college* (8)

die Fachschule (-/-n) *technical school* (8)

der Fackelzug (-[e]s/-̈e) *torchlight procession* (15)

fad *boring* (*slang*) (2)

die Fähigkeit (-/-en) *ability* (13)

fahren *to drive* (2)

der Fahrer (-s/-) *driver* (2)

der Fahrgast (-s/-̈e) *passenger* (13)

die Fahrkarte (-/-n) *ticket* (6)

der Fahrkartenschalter (-s/-) *ticket window* (6)

die Fahrkunst (-/-̈e) *driving ability* (2)

der Fahrplan (-s/-̈e) *schedule* (2)

das Fahrrad (-s/-̈er) *bicycle* (3)

die Fahrt (-/-en) *drive* (4)

das Fahrzeug (-s/-e) *vehicle* (6); die Fahrzeugschlosserin *auto worker* (9)

die Fakultät (-/-en) *department at a university or college* (8)

der Fall (-es/-̈e) *case, situation* (8)

fallen *to fall* (3)

falsch *false, incorrect* (1)

das Fallschirmspringen (-s/no pl.) *sky diving* (10)

die Familie (-/-n) *family* (1); das Familienmitglied *family member* (1); der Familienstand *marital status* (1)

die Farbe (-/-n) *color* (7); farbenlos *colorless* (14); farbig *colored* (13)

die Fassung (-/-en) *version, formulation* (10)

fast *almost* (10)

faul *lazy* (12)

faulenzen *to laze around* (5)

der Februar *February* (2)

die Fehldeutung (-/-en) *misinterpretation* (13)

fehlen *to miss, to lack* (4); fehlend *missing* (8)

der Fehler (-s/-) *mistake* (13)

feiern *to celebrate* (2)

der Feiertag (-s/-e) *holiday* (2)

feig *cowardly* (12)

das Feld (-[e]s/-er) *field* (3)

das Fenster (-s/-) *window* (4)

die Ferien (*pl.*) *holidays, school vacation* (2); das Ferienlager *holiday camp* (9)

die Fernbedienung (-/-en) *remote control* (10)

fernsehen *to watch television* (9)

der Fernseher (-s/-) *television* (3); der Fern.sehauftritt *television appearance* (3); das Fern.sehprogramm *television program* (10)

fertig *ready, finished* (1); das Fertiggericht *TV-dinner* (3)

fest *secure, firm* (8)

feststellen *to determine, establish* (6)

die Festung (-/-en) *fortress* (6)

fett *fat, fatty* (3); fettarm *lowfat* (3); fettgedruckt *boldface* (7); der Fettgehalt *fat content* (5)

feucht *damp* (7)

der Feuerschlucker (-s/-) *fire eater* (6)

die Feuerstelle (-/-n) *fireplace, hearth* (10)

das Fieber (-s/-) *fever* (1)

fiktiv *fictitious* (15)

finden *to find* (1)

die Firma (-/-en) *company, corporation* (1)

der Fisch (-es/-e) *fish* (3)

der Fischer (-s/-) *fisherman* (11)

die Flagge (-/-n) *flag* (13)

die Flasche (-/-n) *bottle* (3)

der Fleck (-[e]s/-e) *spot, blemish* (10)

das Fleisch (-es/no pl.) *meat* (2); die Fleischwaren (pl.) *meats, meat products* (5)

fleißig *industrious, hard-working* (12)

die Flexzeit (-/-en) *flex-time* (6)

flicken *to mend* (12)

fliegen *to fly* (5)

fliehen *to flee, escape* (8)

fließen *to flow, run* (15)

die Flitterwoche (-/-n) *honeymoon* (11)

der Flohmarkt (-s/¨e) *flea market* (5)

die Flosse (-/-n) *flipper* (10)

flott *quick, snappy* (7)

die Flucht (-/-en) *flight, escape* (13)

der Flug (-es/¨e) *flight (airplane)* (5); das Flugblatt *leaflet, pamphlet* (4); die Fluggesellschaft *airline* (11); der Flughafen *airport* (3); die Flugpauschalreise *all-inclusive trip* (11); das Flugzeug *airplane* (11)

die Flur (-/-en) *entrance hall, foyer* (4)

der Fluß (-sses/¨sse) *river* (6)

fluten *flood, surge* (13)

die Folge (-/-en) *consequence, result* (4)

folgend- *following* (1)

s. fordern *to make demands on oneself* (9); fordernd *demanding* (13)

die Forderung (-/-en) *demand* (13)

die Forelle (-/-n) *brook trout* (3)

fortschreitend *progressive* (12)

der Fortschritt (-s/-e) *progress* (11); fortschrittlich *advanced, modern* (13)

das Foto (-s/-s) *photograph* (3); der Fotoapparat *camera* (2)

foulen *to foul* (11)

die Frage (-/-n) *question* (1)

fragen *to ask* (2)

französisch *French* (3, 5)

die Frau (-/-en) *woman* (1); die Frauenbewegung *feminist movement* (12)

das Fräulein (-s/-) *miss, young woman* (1)

frei *free* (1); im Freien *outside* (3); freiwillig *voluntarily* (8)

die Freiheit (-/-en) *freedom* (9)

der Freitag (-s/-e) *Friday* (2)

die Freizeit (-/-en) *leisure time* (2)

fremd *foreign, strange* (1)

der Fremde (-n/-n) *stranger, foreigner* (1); die Fremdenfeindlichkeit *hostility toward foreigners* (13); der Fremdenhaß *hatred toward foreigners* (13); der Fremdenverkehrsverein *tourist office* (11)

die Fremdsprache (-/-n) *foreign language* (8)

die Freude (-/-n) *joy* (10)

freudig *joyful* (10)

s. freuen *to be happy* (7)

der Freund (-es/-en), die Freundin (-/-nen) *friend* (1); der Freundeskreis (-es/-e) *circle of friends* (2); freundlich (un-) *friendly, unfriendly* (3); die Freundlichkeit *friendliness* (13); die Freundschaft *friendship* (1); die Freundschaftsauffassung *conception of friendship* (13)

der Frieden (-n/no pl.) *peace, harmony* (5); friedenliebend *peace-loving* (13)

friedlich *peaceful* (15)

der Friedhof (-s/¨e) *church yard, graveyard* (6)

frisch *fresh* (5)

der Friseur (-s/-e), die Friseuse (-/-n) *hairdresser* (5)

froh *happy* (1); fröhlich *merry* (13); die Fröhlichkeit *happiness* (9)

die Frotteesocke (-/-n) *terry sock* (7)

früh *early* (1)

der Frühling (-s/-e), das Frühjahr (-s/-e) *spring* (2)

das Frühstück (-s/¨e) *breakfast* (3)

frühstücken *to eat breakfast* (3)

die Frust (no pl.) *frustration* (8)

s. fühlen *to feel* (6)

führen *to lead* (3)

der Führer (-s/-) *leader* (9); der Führerschein *driver's license* (11)

die Führungsqualität (-/-en) *leadership quality* (12)

fünf *five* (1); fünfzehn *fifteen* (1); fünfzig *fifty* (1)

funkelnd *sparkling, flashy* (11)

für *for* (1)

die Furcht (-/¨e) *fear* (15); furchtbar *terrible* (2)

fürchten *to fear* (9)

der Fuß (-es/¨e) *foot* (1)

der Fußball (-s/¨e) *soccer* (4); das Fußballspiel *soccer game* (10); der Fußballspieler *soccer player* (3); die Fußballweltmeisterschaft *World Cup* (9)

der Fußgänger (-s/-) *pedestrian* (6); fußgängerfreundlich *accessible to pedestrians* (6)

füttern *to feed* (9)

G

die Gabel (-/-n) *fork* (3)

ganz- *whole, entire* (1); ganztags *full-time* (3)

die Garageneinfahrt *garage entrance* (10)

der Garten (-s/¨) *garden* (4); der Gartenzwerg (-s/-e) *gnome* (11)

der Gärtner (-s/-) *gardener* (8)

die Garzeit (-/-en) *cooking time* (3)

die Gasse (-/-n) *alley, narrow street* (6)

der Gast (-[e]s/¨e) *guest* (2); der Gastarbeiter *foreign worker* (9); die Gastfamilie *host family* (11); die Gastgeberin *hostess* (9); der Gasthof *inn* (11); die Gaststätte *restaurant* (3)

geackert *tilled* (11)

das Gebäck (-s/-e) *bakery goods* (3)

das Gebäude (-s/-) *building* (6)

geben *to give* (1); es gibt *there is, there are* (1)

das Gebiet (-s/-e) *region, area* (6)

geboren *born* (1)

der Gebrauch (-s/¨e) *use* (5); Gebrauchsgegenstand *commodity* (4); der Gebrauchtwagen *used car* (6)

gebrauchen *to use* (7)

die Gebühr (-/-en) *duty, fee* (4)

die Geburt (-/-en) *birth* (12); geburtenschwach *having a low birth rate* (12); der Geburtsort *birth place* (9); der Geburtstag *birthday* (3)

das Gedächtnis (-ses/-se) *memory* (13)

der Gedanke (-n/-n) *thought* (12)

das Gedicht (-s/-e) *poem* (10)

s. gedulden *to have patience* (13)

geduldig (un-) *patient, impatient* (7)

geeignet *qualified, well suited* (11)

gefährden *to endanger* (9)

gefährlich *dangerous* (10); die Gefährlichkeit *danger* (14)

gefallen *to please* (3)

das Gefängnis (-ses/-se) *prison* (9)

das Geflügel (-s/no pl.) *poultry, fowl* (3)

gefragt *in demand, popular* (9)

das Gefühl (-s/-e) *feeling, emotion* (8); gefühlsbetont *emotional* (12); gefühlslos *unemotional, stoic* (8)

gegen *against* (2); gegeneinander *against each other* (10); gegenseitig *mutually* (6); gegenüber *across from* (6)

die Gegend (-/-en) *region, district* (4)

der Gegensatz (-es/¨e) *contrast* (5)

der Gegenstand (-s/¨e) *object, thing* (4)

das Gegenteil (-s/-e) *opposite* (10)

der Gegenvorschlag (-s/ⁱⁱe) *counterproposal* (3)
die Gegenwart (-/*no pl.*) *present* (15)
gegnerisch *contrary, confrontational* (10)
der Gehalt (-s/-e) *content* (5)
geheim.halten *to keep secret* (14)
gehen *to go* (1); gehbehindert *disabled* (11); die Gehminute *minutes by foot* (4)
gehören *to belong to* (1)
geistig *mental, intellectual* (2)
gekleidet *dressed* (9)
gelähmt *disabled* (9)
gelandet *landed* (7)
gelb *yellow* (7)
das Geld (-es/-er) *money* (6); die Geldspende *contribution, donation* (13)
gelegen *situated* (4)
das Gelenk (-s/-e) *joint* (10)
der Geliebte (-n/-en) *loved one, sweetheart* (12)
gelingen *to succeed* (9)
gelten *to be valid, to be worth* (6)
gemäß *appropriate* (9); gemäßigt *moderate* (7)
gemein *mean, nasty* (6)
gemeinsam *common* (1)
gemischt *mixed* (3)
das Gemüse (-s/-) *vegetable* (3); die Gemüsesuppe *vegetable soup* (3)
gemustert *patterned* (7)
gemütlich *pleasant, comfortable* (4)
genau *exactly* (7)
genießbar *enjoyable* (3)
genießen *to enjoy* (11)
der Genosse (-n/-n) *comrade* (9)
genug *enough* (2); genügend *sufficient* (1)
geplant *planned* (6)
gerade *just, precisely* (1); geradeaus *straight ahead* (6)
das Gerät (-s/-e) *tool, appliance* (8)
geraten *came across* (9)
gerecht *just, fair* (12); gerechtfertigt *justified* (13)
geregelt *regular, orderly* (9)
das Gericht (-s/-e) *court* (3)
gering *limited* (9)
die Germanistik *study of German language and literature* (8)
gern *gladly, with pleasure* (1)
gerngesehen *welcome* (11)
das Gerücht (-s/-e) *rumor, report* (13)
gesamt *whole, entire* (12)
geschädigt *damaged* (14)
das Geschäft (-s/-e) *business, shop* (5); die Geschäftigkeit *activity, bustle* (11); geschäftlich *relating to business* (7); die Geschäftsführerin *manager* (9); die Geschäftsreise *business trip* (9); der Geschäftsreisende *one who is traveling on business* (3)

geschehen *to happen* (9)
das Geschehen (-s/-) *event, occurrence* (10)
das Geschenk (-s/-e) *gift, present* (2)
die Geschichte (-/-n) *story, history* (3)
geschieden *divorced* (1)
das Geschlecht (-s/-er) *sex, gender* (5)
geschlossen *closed, locked* (5)
der Geschmack (-s/*no pl.*) *taste, flavor* (3)
das Geschrei (-s/*no pl.*) *shouting, yelling* (12)
die Geschwister (*pl.*) *siblings* (1)
die Gesellschaft (-/-en) *society, community* (3); gesellschaftlich *social* (8); gesellschaftskritisch *socio-critical* (6)
das Gesetz (-es/-e) *law, rule* (9); gesetzlich *legally* (13)
der Gesichtsausdruck (-s/ⁱⁱe) *facial expression* (9)
gespalten *split* (9)
das Gespräch (-s/-e) *conversation* (1); gesprächig *talkative* (13)
Gesprächsnotiz *message note* (2)
der Gestank (-s/*no pl.*) *smell, stench* (6)
gestern *yesterday* (3)
das Gestöhne (-s/*no pl.*) *groaning* (12)
gestreift *striped* (7)
gestreßt *stressed* (6)
gesund (un-) *healthy, unhealthy* (3)
gesundheitsbewußt *health-conscious* (3)
getönt *hued, colored* (11)
das Getränk (-s/-e) *beverage* (3)
die Gewähr (-/*no pl.*) *guarantee* (4)
die Gewalt (-/-en) *power, authority* (10); gewaltig *powerful, mighty* (10); gewalttätig *violent* (7)
das Gewässer (-s/-) *waters* (10)
die Gewerkschaft (-/-en) *trade union* (9)
gewinnen *to win, gain* (9)
das Gewissen (-s/*no pl.*) *conscience* (9)
gewittrig *stormy* (7)
die Gewohnheit (-/-en) *habit* (3)
gewöhnlich (un-) *usual, unusual* (3)
gewöhnt *used to* (6)
gierig *greedy* (12)
der Giftstoff (-s/-e) *poison, toxins* (14)
das Glas (-es/ⁱⁱer) *glass* (3)
glauben *to believe* (3)
gleich *same* (2); gleichgültig *indifferent* (14); gleichzeitig *simultaneous* (9)
das Gleis (-es/-e) *track* (6)
gliedern *articulate* (13)
die Glotze (-/-n) *television* (*slang*) (10)
das Glück (-[e]s/*no pl.*) *luck, fortune* (4); glücklich *happy* (6); glücklicherweise *fortunately* (14); der Glückwunsch *congratulation* (2)
die Goldschmiedin (-/-nen) *goldsmith* (9)
gönnen *to allow ungrudgingly* (11)

grau *grey* (7)
grausam *horrible* (14)
grell *shrill, strident* (13)
die Grenze (-/-n) *border* (9); grenzenlos *boundless* (14); der Grenzübergang *border crossing* (15)
griechisch *Greek* (3)
grob *course, rough* (10)
grölen *shout* (13)
groß *large, big* (2); großartig *great* (15); großzügig *generous* (4)
die Größe (-/-n) *size* (4); das Größenverhältnis *size relationship* (11); größenwahnsinnig *megalomaniac* (15)
der Großgrundbesitzer (-s/-) *large property owner* (14)
die Großmutter (-/ⁱⁱ) *grandmother* (1)
das, der Großteil (-s/-e) *majority* (6)
der Großvater (-s/ⁱⁱe) *grandfather* (1)
grün *green* (7)
der Grund (-es/ⁱⁱe) *ground, reason* (4); die Grunderwartung *basic expectation* (15); das Grundgesetz *basic (constitutional) law* (13); grundlegend *fundamental* (12); gründlich *thorough* (6); die Gründlichkeit *thoroughness* (15); das Grundnahrungsmittel *basic food stuff* (9); grundsätzlich *fundamentally* (15); das Grundstudium *basic studies* (8); das Grundwasser *ground water* (14)
gründen *to found, establish* (8)
die Grundschule (-/-n) *elementary school* (8); die Grundschullehrerin *elementary school teacher* (5); die Grundschulübung *elementary school exercise* (8)
die Gruppe (-/-n) *group* (3)
der Gruß (-es/ⁱⁱe) *greeting* (6)
grüßen *to greet* (2)
gucken *to look* (13)
gültig *valid, effective* (11)
der Gummistiefel (-s/-) *galoshes, boots* (7)
günstig (un-) *favorable, unfavorable* (4)
die Gurke (-/-n) *cucumber* (3)
der Gürtel (-s/-) *belt* (7)
gut *good* (1); gutaussehend *good looking* (12)
das Gymnasium (-s/-ien) *secondary school* (1)

H

das Haar (-s/-e) *hair* (3)
haben *to have* (1)
der Hafer (*pl.*) *oats* (3); der Haferbrei *oatmeal* (3)
das Hähnchen (-s/-) *chicken* (3)
der Haifisch (-es/-e) *shark* (10)
halb *half* (1); die Halbzeit *half-time* (1)
die Hälfte (-/-n) *half* (6)

der Hals (-es/⁻e) *throat* (14)

halten *to stop, to hold* (2)

die Haltung (-/-en) *bearing, attitude* (6)

die Haltestelle (-/-n) *stop for public transportation* (6)

der Handel (-s/-) *trade* (11); die Handelsvertretung *commercial representation* (9)

s. handeln *to be a matter of* (5)

der Händler (-s/-) *dealer* (7)

handlungsstark *full of action* (9)

der Handschuh (-s/-e) *glove* (3)

das Handtuch (-s/⁻er) *towel* (14)

das Handwerk (-s/-e) *handicraft, trade* (8)

hängen *to hang* (4); hängen.lassen *to leave in a lurch* (15)

hart *hard* (8)

die Härte (-/-n) *hardness* (9)

die Hasenkeule (-/-n) *rabbit leg* (3)

der Haß *hatred* (13); häßlich *ugly* (11)

häufen *to pile up* (13)

häufig *frequent* (7)

der Hauptbahnhof (-s/⁻e) *main train station* (6)

die Hauptbeschäftigung (-/-n) *main occupation* (10)

das Hauptfach (-s/⁻er) *major field of study* (8)

das Hauptgericht (-s/-e) *main dish* (3)

die Hauptmahlzeit (-/-en) *main meal of the day* (3)

die Hauptrolle (-/-n) *leading part* (12)

die Hauptsache (-/-n) *essential thing* (9)

die Hauptschuld (-/-en) *main fault* (14)

die Hauptschule (-/-n) *junior high school* (8)

das Hauptseminar (-s/-e) *seminar in major subject area* (8)

die Hauptspeise (-/-n) *main course* (3)

das Hauptumweltproblem (-s/-e) *main pollution problem* (14)

das Haus (-es/⁻er) *house* (1); die Hausarbeit *housework* (3); die Hausaufgabe *homework* (10); die Hausfrau *housewife* (1); hausgemacht *homemade* (3); der Haushalt *household* (3); die Haushaltspflicht *household duty* (12); der Hausherr *the man of the house* (4); der Hausmann *househusband* (12); der Hausmüll *household trash* (14); der Hausputz *house cleaning* (7); das Haustier *pet* (4); die Haustür *front door* (13); die Hauswirtschaft *home economics* (8)

das Hautekzem (-s/-e) *exzema, dermatitis* (14)

die Hautfarbe (-/-n) *skin color* (13)

die Hecke (-/-n) *hedge* (4)

das Heer (-s/-e) *army* (12)

heil *safe and sound* (12)

heilbar *curable* (5)

das Heim (-s/-e) *home, residence* (8); der Heimbewohner *a resident of a dormitory or other home* (8); heimisch *native* (13); das Heimweh *homesickness* (13)

heimlich *secretly* (12)

die Heimat (-/-en) *home, homeland* (1); der Heimatort *residence* (6); die Heimatstadt *home town* (4)

heiraten *to marry* (3)

heiß *hot* (3)

heißen *to be called or named* (1)

heiter *serene, clear* (7)

die Heizung (-/-en) *heating* (4); der Heizungskeller *furnace room* (4); der Heizkörper *radiator* (4)

helfen *to help* (2)

hellbraun *light brown* (7)

hellhäutig *light-skinned* (13)

das Hemd (-[e]s/-en) *shirt* (7)

her *here, this way* (2)

herum *around* (6)

heran.kommen *to come near, approach* (10)

heran.ziehen *to draw near, summon* (10)

heraus.finden *to find out, discover* (8)

die Herausforderung (-/-en) *challenge* (15)

heraus.kommen *come out, appear, emerge* (9)

herbei.hoffen *to expect* (15)

herbei.sehnen *to yearn for* (15)

der Herbst (-[e]s/-e) *autumn* (1)

der Herd (-[e]s/-e) *stove, range* (3)

die Herfahrt (-/-en) *the journey back, return trip* (10)

her.kommen *to originate from* (13)

die Herkunft (-/⁻e) *origin* (13)

der Herr (-en/-en) *Mr., gentleman* (1); die Herrschaft (-/-en) *domination, die Herrschaften ladies and gentlemen* (3)

herrlich *delightful, lovely* (4)

herrschen *to rule, be in power of* (4)

herrschsüchtig *domineering, power hungry* (13)

herüber.kommen *to come over or across* (5)

herum.kommen *to come around* (6)

herum.laufen *to walk around* (6)

herum.schlagen *to fight or scuffle* (11)

hervorragend *outstanding, excellent* (7)

herzlich *heart-felt, sincere* (1)

die Herzlichkeit (-/-en) *sincerity* (1)

heute *today* (1)

heutig *today's, this day's* (10)

heutzutag *these days* (13)

hier *here* (1); hierher *this way, over here* (6)

hierzu *to this, in addition to this* (9); hierzulande *in these parts* (12)

die Hilfe (-/-n) *help* (4)

hilflos *helpless* (14)

hilfsbereit *ready to help, cooperative* (13)

die Hilfsbereitschaft (-/-en) *helpfulness* (13)

der Himmel (-s/-) *sky, heavens* (11)

hin *there, over there* (6); hingegen *however, on the other hand* (9); hinsichtlich *with regard to* (15); hinüber *over there* (9)

der Hinblick (-s/-e) *regard, consideration* (11)

das Hindernis (-ses/-se) *hindrance, obstacle* (11)

die Hinfahrt (-/-en) *trip, journey there* (10)

hinten *behind, at the back* (3)

hinterlassen *to leave behind* (2)

hinunter *down there* (3)

hin.weisen *to refer to* (8)

die Hirnsuppe (-/-n) *brain soup* (3)

der Hirschbraten (-s/-) *roast venison* (3)

die Hitze (-/-n) *heat* (7); die Hitzewelle *heat wave* (7)

hoch *high* (4); der Hochglanz (-es/no pl.) *high polish* (14)

das Hochdruckgebiet (-[e]s/-e) *high pressure area* (7)

das Hochhaus (-es/⁻er) *high-rise building* (4)

hochinsustrialisiert *highly industrialized* (14)

hochklappen *to turn up* (4)

die Hochschule (-/-n) *post-secondary institution* (8)

hoch.spielen *to play up* (13)

die Höchstgeschwindigkeit (-/-en) *speed limit* (6)

höchstmöglich *most likely* (11)

die Höchsttemperatur (-/-en) *high temperature, usually for the day* (7)

der Höchstwert (-s/-e) *maximum value* (7)

die Hochzeit (-/-en) *wedding* (2); der Hochzeitstag (-[e]s/-e) *wedding anniversary* (2)

der Hof (-es/⁻e) *courtyard, yard* (13)

hocken *squat, perch* (10)

hoffen *to hope* (1)

hoffentlich *hopefully* (7)

die Hoffnung (-/-en) *hope* (8); hoffnungslos *hopeless* (8)

höflich *polite* (10)

die Höflichkeit (-/-en) *politeness* (10)

die Höhe (-/-n) *height* (7)

holen *to get, to fetch* (2)

der Honig (-s/no pl.) *honey* (3)

der Hopfen (-s/no pl.) *hops* (13)

hören *to hear* (1)

der Hörer (-s/-), die Hörerin (-/-nen) *listener* (2)

der Hörfunk (-s/no pl.) *radio* (10)

horrend *enormous* (8)
der Hörsaal (-s/-säle) *auditorium* (8)
das Hörspiel (-s/-e) *radio play* (9)
der Hort (-[e]s/-e) *shelter, day-care* (12)
die Hose (-/-n) *pants* (7)
das Hotel (-s/-s) *hotel*; der Hotelkaufmann *hotel-business representative* (9)
hübsch *pretty* (5)
die Hühnersuppe (-/-n) *chicken soup* (7)
human *humane* (4)
der Hund (-[e]s/-e) *dog* (3); das Hundefutter *dog food* (4)
hundert *hundred* (1)
die Hupe (-/-n) *horn* (6)
hupen *to honk, signal* (6)
der Hut (-es/-̈e) *hat* (7)
die Hütte (-/-n) *cabin, hut* (11)

I

die Idee (-/-n) *idea* (1)
die Identität (-/-en) *identity* (12)
Ihr *your (formal)* (1)
ihr *you (informal pl.) her, its, their* (1)
in *in* (1)
der Imbiß (-sses/-sse) *snack* (5); der Imbißwagen *snack stand* (9)
immer *always, forever* (2); immerfort *continually* (15); immerhin *after all, still* (4)
die Immigrationsbehörde (-/-n) *immigration authority* (13)
die Immobilien (*pl.*) *real estate* (4); das Immobilienbüro *real estate office* (4)
der Inbegriff (-s/-e) *substance, totality* (10)
die Individualität (-/-en) *individuality* (13)
die Industrie (-/-n) *industry* (8); die Industrieanlage *industrial plant* (14); Industriegesellschaft *industrial society* (14); der Industriekaufmann *management representative* (8); das Industrieland *industrialized nation* (12); die Industriemechanikerin *industrial engineer* (9)
die Informatik (-/no pl.) *computer science* (1); der Informatiker *computer scientist or programmer* (1)
der Ingenieur (-s/-e) *engineer* (1)
der Inhalt (-s/-e) *contents, capacity* (7)
inklusiv *included in stated price* (11)
die Innenstadt (-/-̈e) *downtown* (5)
innere *inner* (1)
innerhalb *inside of* (6)
die Insel (-/-n) *island* (11)
insgesamt *altogether* (9)
inszenieren *to stage a play* (10)
integriert *integrated* (1)
interessant *interesting* (2)
das Interesse (-s/-n) *interest* (10)

s. interessieren *to take an interest in* (5)
irgendwann *sometime* (9)
irgendwelche *some sort* (7)
irre *confused* (2); irrelaufen *to run or go crazy* (15)
italienisch *Italian* (3)

J

ja *yes* (1)
die Jacke (-/-n) *jacket* (4)
das Jahr (-es/-e) *year* (1); jahrelang *for years* (5); das Jahrhundert *century* (5); jährlich *yearly* (13); das Jahrzehnt *decade* (12)
der Januar (-s/-e) *January* (2)
japanisch *Japanese* (8)
je *each* (7)
jed- *each* (2); jedenfalls *in any case* (12); jedesmal *every time* (6); jedoch *however, still* (8); jeweils *in each case, respectively* (6)
jemand *someone* (4)
jetzt *now* (1)
jobben *to work part-time jobs* (9)
joggen *to jog* (2)
das Joghurt (-s/no pl.) *yogurt* (3)
der Jude (-n/-n); die Jüdin (-/-nen) *Jew* (15)
jüdisch *Jewish* (15)
die Jugendherberge (-/-n) *youth hostel* (11)
die Jugendliche (-n/-n) *youth* (9)
das Jugendstilhaus (-es/-̈er) *art nouveau building* (4)
jugoslavisch *Yugoslavian* (2)
der Juli (-s/-s) *July* (2)
jung *young* (3)
der Junge (-n/-n) *boy* (3)
der Juni (-s/-s) *June* (2)
Jura (*pl.*) *the study of law* (8)
das Juweliergeschäft (-s/-e) *jewelery shop* (5)

K

das Kabarett (-s/-e) *cabaret* (11)
das Kabel (-s/-) *cable* (10); der Kabelkanal *cable channel* (10); das Kabelprogramm *cable programming* (10)
der Kaffee (-s/-s) *coffee* (1); die Kaffeesahne *cream to serve with coffee* (3); die Kaffeestunde *coffee-time, usually midafternoon* (3)
kahl *bald* (14)
der Kakao (-s/no pl.) *cocoa* (3)
das Kalb (-[e]s/-̈er) *calf* (10); der Kalbsbraten *roast veal* (3)
der Kalender (-s/-) *calendar* (3)
kalt *cold* (4); der Kalte Krieg *the Cold War* (8)
die Kälte (-/no pl.) *cold, chill* (12)

der Kamm (-[e]s/-̈e) *comb* (7)
kämmen *to comb* (7)
der Kampf (-es/-̈e) *battle, fight* (6)
kämpfen *to battle, fight* (4)
das Kännchen (-s/-) *small pitcher or can* (3)
die Kantine (-/-n) *factory cafeteria* (3)
karibisch *Caribbean* (11)
kariert *checked* (7)
die Karotte (-/-n) *carrot* (2)
die Karre (-/-n) *old car, junker* (6)
die Karriere (-/-n) *career* (6)
die Karte (-/-n) *card, map* (3)
die Kartoffel (-/-n) *potato* (2); der Kartoffelknödel *potato dumpling* (3); der Kartoffelsalat *potato salad* (3)
der Karton (-s/-s) *cardboard* (4)
der Käse (-s/-) *cheese* (3)
die Kaserne (-/-n) *military barracks* (13)
die Kasse (-/-n) *check-out, cashier* (6)
der Kasten (-s/-̈) *box, case* (10)
der Katalysator (-s/-en) *catalyst* (14)
die Katastrophe (-/-n) *catastrophe, disaster* (6)
die Katze (-/-n) *cat* (2)
der Kauf (-[e]s/-̈e) *purchase* (6); das Kaufhaus *department store* (5); die Kaufkraft *buying power* (13)
kaufen *to buy* (4)
kaum *barely, scarcely* (3)
die Kaution (-/-en) *deposit* (4)
kehren *to sweep* (15)
kein *no, none* (1); keineswegs *in no way* (6)
der Keller (-s/-) *cellar, basement* (3)
der Kellner (-s/-) *waiter* (3)
kennen *to know, to recognize* (1)
kennen.lernen *to get to know, to become acquainted* (9)
die Kenntnis (-/-se) *knowledge* (9)
das Kennzeichen (-s/-) *mark, sign* (7)
die Kernenergie (-/-n) *nuclear power* (14)
das Kind (-[e]s/-er) *child* (1); der Kindergarten *nursery school* (1); der Kindergartenplatz *place in a nursery school* (8); die Kindergärtnerin *kindergarten teacher* (1); der Kinderteller *child's portion* (3)
das Kino (-s/-s) *movie theater* (1): die Kinoanzeige *movie ad* (10)
die Kirche (-/-n) *church* (2)
die Kirschtorte (-/-n) *cherry cake* (1)
das Kissen (-s/-) *pillow, cushion* (4)
klagen *to complain* (7)
klappen *to fold, to tip up* (5)
klar (un-) *clear, unclear* (7); die Klarheit *clearness, brightness* (11)
die Klasse (-/-n) *class, grade* (1); die Klassenarbeit *assignment for a class* (7); die Klassenfahrt *class trip* (6); das Klassentreffen *class reunion* (13)

klassisch *classical* (3)
klauen *to steal, swipe* (6)
die Klausur (-/-en) *examination* (1)
das Klavier (-s/-e) *piano* (4)
kleben *to stick* (14)
klebrig *sticky* (14)
das Kleid (-s/-er) *dress* (7); der Kleider-
schrank *clothes closet* (4); die
Kleidung (-/-en) *clothing* (7); das
Kleidungsstück *article of clothing* (7)
klein *small* (1); die Kleinfamilie *small
family* (12); das Kleingeld *small change*
(5); die Kleinigkeit *trifling* (3); das
Kleinkind *small child* (3); die Klein-
lichkeit *pettiness* (13); die Kleinstadt
small town (6)
das Klima (-s/-s) *climate, weather* (7)
klingen *to sound* (10)
klingeln *to ring* (2)
die Klinik (-/-en) *clinic* (2,9)
das Klischee (-s/-s) *cliché* (13); klischeehaft *cliché-ridden* (11)
das Klo (-s/-s) *toilet* (8); das Klopapier
toilet paper (14)
klopfen *to knock* (10)
knabbern *to nibble* (5)
knapp *tight, close* (4)
die Kneipe (-/-n) *bar, tavern* (2)
der Koch (-[e]s/-̈e), die Köchin *cook* (3);
die Kochgelegenheit *cooking convenience* (3)
kochen *to cook* (3)
der Koffer (-s/-) *suitcase* (7): das
Kofferpacken *packing of one's suitcase*
(7)
der Kohl (-[e]s/-e) *cabbage* (9)
die Kohle (-/-n) *coal* (9)
der Kollege (-n/-n) *colleague* (1)
kommen *to come* (1)
der Kommerzsender (-s/-) *commercial
televison or radio station* (10)
komplett *an apartment with all appliances
already furnished* (4)
die Konditorei (-/-en) *café or pastry shop*
(5)
die Konferenz (-/-en) *meeting* (1)
die Konkurrenz (-/-en) *competition* (8)
der Konkurs (-es/-e) *bankruptcy* (9)
können *to be able to, can* (1)
das Konservierungsmittel (-s/-) *preservatives* (4)
der Konsum (-s/-e) *consumption* (14);
das Konsumgut *consumer good* (3)
konsumieren *to consume* (3)
die Konzentrationsfähigkeit (-/-en) *ability to concentrate* (10)
das Konzentrationslager (-s/-) *concentration camp* (10)
der Konzern (-s/-e) *economic group* (1)
das Konzert (-s/-e) *concert* (2)
konzipieren *to conceptualize* (4)

die Kopfschmerzen (*pl.*) *headache* (14)
der Korb (-es/-̈e) *basket, crate* (3)
der Körper (-s/-) *body* (5); die Körperhaltung *posture* (9); körperlich *physically* (2)
korrigieren *to correct* (8)
die Kosten (*pl.*) *costs* (3)
kosten *to cost* (4); kostenlos *free, without
cost* (8)
der Krach (-[e]s/-e) *crash, racket* (14)
die Kraft (-/-̈e) *power, strength* (10); das
Kraftwerk *power station* (14)
kräftig *powerful, strong* (13)
krank *sick* (1)
das Krankengeld (-[e]s/-er) *medicare*
(13)
das Krankenhaus (-es/-̈er) *hospital* (8)
der Krankenpfleger (-s/-) *male nurse* (9)
die Krankenvorsorge (-/-n) *providing for
the sick* (13)
der Krankenwagen (-s/-) *ambulance* (8)
die Krankheit *disease, sickness* (13)
kratzen *to scratch* (14)
die Krawatte (-/-n) *tie* (3)
kreieren *to create* (7)
der Kreis (-es/-e) *circle, ring* (13)
das Kreuz (-es/-e) *cross* (11); die Kreuzfahrt *cruise* (11)
die Kreuzung (-/-en) *intersection* (6)
der Krieg (-[e]s/-e) *war* (5)
kriegen *to get, to receive* (4)
das Krimi (-s/-s) *detective story, who-
done-it* (10)
die Kriminalität (-/no *pl.*) *crime* (9)
die Krippe (-/-n) *crib* (9); der Krippenplatz *place for an infant in day care* (10)
die Krise (-/-n) *crisis* (15)
das Kriterium (-s/-ien) *criterion* (6)
die Kritik (-/-en) *criticism* (11)
kritisieren *to criticize* (1)
die Küche (-/-n) *kitchen* (3); der
Küchenschrank *kitchen cabinet* (4)
der Kuchen (-s/-) *cake* (3)
die Kuckucksuhr (-/-en) *cuckoo clock*
(11)
der Kugelschreiber (-s/-) *pen* (3)
kühl *cool* (7): der Kühlschrank *refrigerator* (4)
die Kultur (-/-en) *culture* (1); der Kul-
turbeutel *toilet kit* (7); die Kulturpolitik *cultural policy* (4)
kulturell *cultural* (4)
der Kummer (-s/no *pl.*) *grief, worry* (12)
kümmern *to worry* (3)
der Kunde (-n/-n) *customer* (3)
künftig *future, next* (10)
die Kunst (-/-̈e) *art* (8); das Kunsthaus
museum (6); künstlich *artificial* (5)
das Kupfer (-s/no *pl.*) *copper* (2)
die Kur (-/-en) *cure, treatment* (11)

der Kurs (-es/-e) *course, class* (1); die
Kursgebühr *fee for a class* (8); der
Kurstermin *schedule of classes* (8); der
Kurswagen *a train car going through
to its destination* (11)
kurz *short* (4); die Kurzgeschichte *short
story* (9); kurzfristig *short-term* (12);
die Kurzmeldung *news flash* (3)
kürzen *to shorten, abridge* (10)
die Kusine (-/-n) *cousin* (1)

L

der Laborant (-en/-en), die Laborantin
(-/-en) *laboratory assistant* (1)
lachen *to laugh* (9)
lächeln *to smile* (3)
der Laden (-s/-̈) *shop, store* (5); die
Ladenpassage *shopping mall* (6); das
Ladenschlußgesetz *law regulating the
closing hours of shops* (5)
die Lage (-/-n) *situation, position* (8)
lähmend *paralyzing* (15)
die Lampe (-/-n) *lamp, light fixture* (4)
das Land (-es/-̈er) *country* (5); die
Landkarte *map* (3); landlos *without a
country* (14); die Landschaft *landscape,
countryside* (11); landschaftlich *scenic*
(13); die Landsleute *inhabitants of a
county* (11); die Landstraße *two-lane
highway* (10); die Landwirtschaft
farming, agriculture (6)
landen *to land* (3)
lang *long* (1); Langer Samstag *one Saturday of the month on which shops stay open
later* (5); langsam *slow* (6); die Langweile *tedium* (9); langweilig *boring* (2)
die Länge (-/-n) *length* (11)
langen *to suffice, to be enough* (8)
der Lärm (-s/no *pl.*) *noise, disturbance* (4)
lärmend *noisy* (9)
lassen *to leave behind* (3)
die Laterne (-/-n) *lantern* (6)
der Lauf (-es/-̈e) *run, course* (12); die
Laufbahn *career* (8)
laufen *to run* (3)
laut *loud* (1); der Lautsprecher *loud
speaker* (3)
lauten *to sound, to read* (10)
lauwarm *lukewarm* (3)
leben *to live* (1)
das Leben (-s/-) *life*; der
Lebensgefährte, die Lebensgefährtin
mate (12); das Lebensjahr *year, age* (8);
das Lebensjahrzehnt *decade of one's
life* (12); lebenslänglich *life-long* (12);
der Lebenslauf *curriculum vitae* (9);
das Lebensmittel *food* (3); das
Lebensmittelgeschäft *grocery store* (5);
der Lebensraum *living space* (10);
lebenswert *worth living* (13)

lebhaft *lively* (7)

das Leder (-s/-) *leather* (7); die Lederhose *leather knee-pants traditionally worn in Southern Germany and Austria* (14)

lecker *delicious* (2)

ledig *single* (1); lediglich *solely, merely* (13)

leer *empty* (3)

legen *to lay, to place* (4)

leger *casual, informal* (7)

die Lehre (-/-n) *apprenticeship* (8); das Lehrjahr *year of apprenticeship* (9); der Lehrling *apprentice* (9): das Lehrmaterial *teaching material* (8); die Lehrstelle *apprentice position* (9); der Lehrstellenmangel *lack of apprenticeship positions* (9); der Lehrstellenmarkt *the apprenticeship market* (9)

der Lehrer (-s/-), die Lehrerin (-/-nen) *teacher* (8)

leicht *easy* (1); die Leichtathletik *track and field* (10)

leid es tut mir laid *I'm sorry* (1)

leiden *to suffer* (3); leidenschaftlich *passionate* (15)

leihen *to lend* (3)

die Leihmutter (-/̈) *surrogate mother* (13)

die Leine (-/-n) *line, leash* (4)

leinen *linen* (7); die Leinenhose *linen pants* (7)

leis *soft, quiet* (2)

leisten *to perform* (4)

die Leistung (-/-en) *performance, achievement* (10); der Leistungssportler *top-perfomance athlete* (11)

leiten *to lead, conduct* (8)

die Leitung (-/-en) *management* (11)

lernen *to learn, study* (1)

lesen *to read* (1)

die Leute (*pl.*) *people* (1)

das Licht (-[e]s/-er) *light* (4); die Lichthupe *headlight flasher* (6)

s. lichten *to lighten, clear* (6)

die Liebe (-/-n) *love* (9): liebevoll *loving, affectionate* (11)

lieben *to love* (4)

lieber *rather* (2)

Lieblings- *favorite* (3)

der Liedermacher (-s/-) *song writer* (10)

liefern *to deliver* (10)

liegen *to lie* (1)

der Linienbus (-ses/-se) *public bus* (13)

links *left* (8)

der Lippenstift (-s/-e) *lipstick* (5)

die Liste (-/-n) *list* (4)

locken *to curl* (11)

locker *loose, casual* (11)

der Löffel (-s/-) *spoon* (3)

logisch (un-) *logical, illogical* (12)

der Lohn (-[e]s/̈e) *salary, payment* (5)

lohnen *to reward* (14)

das Lokal (-s/-e) *tavern, pub* (4)

los *loose, off* (2)

lösen *to loosen, to untie* (9)

los.gehen *to go off, to fly at* (5)

die Lösung (-/-en) *solution* (5)

die Lottozahl (-/-en) *lottery number* (1)

die Luft (-/̈e) *air* (7)

die Lüge (-/-n) *lie* (15)

die Lust (-/̈e) *pleasure, desire* (8)

lustig *funny* (6)

lustlos *unenthusiastic* (10)

der Luxus (-s/*no pl.*) *luxury* (11)

M

m² Quadratmeter *one square meter* (4)

machen *to do, to make* (1)

die Machtergreifung (-/-en) *seizure of power* (8)

die Machtpolitik (-/-en) *power politics* (13)

machtvoll *powerful* (15)

das Mädchen (-s/-) *girl* (2)

der Magen (-s/-) *stomach* (3)

mähen *to mow* (12)

die Mahlzeit (-/-en) *meal* (3)

der Mai (-s/-e) *May* (2)

-mal *time, sometime* (1)

die Malerei (-/-n) *painting* (10)

das Malz (-es/*no pl.*) *malt* (13)

man *one, people, you* (1)

manch- *some* (1); manchmal *sometimes* (1)

der Mangel (-s/̈) *lack, shortage* (8); mangelnd *lacking* (15)

der Mann (-es/̈er) *man, husband* (1); männlich *masculine* (8); die Mannschaft *team* (10)

der Mantel (-s/̈) *coat* (4); der Mantelkragen *coat collar* (13)

der Markt (-[e]s/̈e) *market, outdoor market* (4); der Marktplatz *marketplace* (6); die Marktwirtschaft *market economy* (9)

die Marmelade (-/-n) *jelly, jam* (3)

der März (-es/e) *March* (2)

die Maschine (-/-n) *machine, airplane* (9)

die Masse (-/-n) *mass, bulk* (13); massenhaft *numerous* (15)

die Maßnahme (-/-n) *measure, step* (10)

die Mauer (-/-n) *wall* (2)

der Maurer (-s/-) *bricklayer* (9)

der Mechaniker (-s/-) *mechanic* (9)

mechanisch *mechanical* (12)

das Medium (-s/-ien) *media* (9)

die Medizin (-/-en) *medicine* (*study*) (1); der Mediziner *physician* (2)

medizinisch *medical* (9)

das Meer (-[e]s/-e) *sea, ocean* (4)

mein *my* (1)

mehr *more* (1); mehrmals *repeatedly* (7)

meinen *to mean, to think, to express an opinion* (3)

die Meinung (-/-en) *opinion* (1); das Meinungsbild *opinion, profile* (13); der Meinungsforscher *pollster* (6); das Meinungsforschungsinstitut *polling institute* (6)

meist- *most* (3); meistgespielt *most played* (6)

die Meisterschaft *championship* (10)

melden *to report, to inform* (12)

die Menge (-/-n) *amount, quantity* (3)

die Mensa (-/-sen) *student cafeteria* (1)

der Mensch (-en/-en) *person, human being* (3); menschenfreundlich *kind, benevolent* (9); das Menschenrecht *human rights* (13)

merken *to notice* (9)

das Merkmal (-s/-e) *mark, characteristic* (15)

messen *to measure* (5)

das Messer (-s/-) *knife* (3)

die Metzgerei (-/-en) *butcher shop* (5)

die Miete (-/-n) *rent* (4); der Mieter *renter, tenant* (4); die Mietwohnung *rental apartment* (4)

mieten *to rent* (4)

die Milch (-/*no pl.*) *milk* (5); das Milchprodukt *dairy product* (5); die Milschsuppe *milk soup* (13)

das Militär (-s/*no pl.*) *military* (4); der Militärdienst *military duty* (8); das Militärlazarett *infirmary* (8)

die Milliarde (-/-n) *billion* (10)

die Million (-/-en) *million* (6)

die Minderheit (-/-en) *minority* (13)

der Minderwertigkeitskomplex (-es/-e) *inferiority complex* (15)

mindestens *at least* (8)

das Mineralwasser (-s/-) *mineral water* (3)

der Mineralstoff (-[e]s/-e) *mineral* (5)

die Minute (-/-n) *minute* (2)

die Mischung (-/-en) *mixture* (13)

der Mißerfolg (-[e]s/-e) *failure* (12)

die Mißgeburt (-/-en) *monster* (11)

der Mißstand (-[e]s/̈e) *defect, nuisance* (8)

mißtrauen *to mistrust* (13)

das Mißverständnis (-ses/-se) *misunderstanding* (13)

die Mißwirtschaft (-/-en) *mismanagement* (14)

mit *with* (1); miteinander *with each other* (1)

mitarbeiten *to cooperate* (10)

der Mitarbeiter (-s/-) *co-worker* (9)

der Mitbewohner (-s/-) *roommate* (4)

mit.bringen *to bring along* (5)

mit.erleben *to experience* (2)
mit.gehen *to accompany* (8)
das Mitglied (-s/-er) *member* (10)
mit.gründen *to found with others* (13)
mit.kommen *to come along with* (4)
mit.machen *to participate* (2)
der Mitmensch (-en/-en) *fellow human being* (13)
mit.nehmen *to take along with* (5)
mit.schicken *to send along with* (9)
der Mitschüler (-s/-) *schoolmate* (13)
der Mitstudent (-en/-en) *classmate* (9)
der Mittag (-s/-e) *noon* (1); das Mittagessen *lunch* (3); die Mittagspause *lunch hour* (5)
die Mitte (-/-n) *middle* (1)
mit.teilen *to communicate, inform* (8)
das Mittel (-s/-) *means, agent* (5); das Mittelalter *middle ages* (6); das Mittelfeld *midfield* (10); mittelgroß *medium-sized* (7); mittelmäßig *average, so-so* (8)
mittendrin *right in the midst of* (13)
mittlerweile *meanwhile* (6)
der Mittwoch (-s/-e) *Wednesday* (2)
die Mitwohnzentrale (-/-n) *housing office* (4)
das Möbel (-s/-) *furniture, furnishings* (4); das Möbelstück *piece of furniture* (4)
möbliert *furnished* (4)
die Mode (-/-n) *fashion, style* (9); der Modeberuf *popular profession* (9); modisch *popular, stylish* (7)
möglich *possible* (3)
die Möglichkeit (-/-en) *possibility* (4)
die Möhre (-/-n) *carrot* (5)
der Monat (-s/-e) *month* (1); die Monatsmiete *monthly rent* (4)
der Montag (-s/-e) *Monday* (2); die Montagsdemo *demonstrations in former East Germany which took place on Mondays during the fall of 1989* (9)
morgen *tomorrow* (1)
der Morgen (-s/-) *morning* (2); die Morgengymnastik *morning exercises* (7)
müde *tired* (2)
die Mühe (-/-n) *trouble, pains* (8)
mühsam *troublesome, difficult* (3)
der Müll (-[e]s/no pl.) *trash, rubbish* (12); die Müllabfuhr *garbage pick-up* (4); die Müllanlage *dump* (14); das Müllaufkommen *recovery of usable materials from trash* (14); die Mülldeponie *trash receptacle* (14); die Müllentsorgung *waste management* (14); die Müllhalde *dump, landfill* (14); die Müllmenge *volume of trash* (14); die Mülltonne *trash bin* (14); das Müllverbrennungssystem *waste incinerator* (14)

die Muschel (-/-n) *mussel* (8)
das Museum (-s/-en) *museum* (2)
die Musik (-/-en) *music* (3); der Musikant, der Musiker *musician* (6)
der Muskel (-s/-n) *muscle* (10)
müssen *to have to, must* (1)
das Muster (-s/-) *model, pattern* (7)
mutig *brave, courageous* (12)
die Mutter (-/-:) *mother* (2); die Mutterschaft *motherhood* (9); die Muttersprache *native language* (1); der Muttertag *Mother's Day* (2)

N

nach *after, to (city or country)* (1); nachdem (7); *after* nachher (6); *afterwards, after that*
der Nachbar (-n/-n)/die Nachbarin (-/-nen) *neighbor* (1)
nach.denken *to think about* (10)
nach.geben *to give in* (6)
nachgiebig *flexible* (12)
nach.holen *to make up for* (8)
die Nachkriegszeit (-/-en) *the post-war period* (9)
nach.lassen *to leave behind, to relax* (7)
nach.machen *to copy, imitate* (8)
der Nachmittag (-s/-e) *afternoon* (1)
der Nachname (-n/-n) *last name* (1)
die Nachricht (-/-en) *news, message* (2)
nach.schauen *to look after* (3)
nach.schlagen *to look up in a dictionary* (4)
nach.sehen *to look after, to look over* (5)
die Nachspeise (-/-n) *dessert* (3)
nächst- *next* (1)
die Nacht (-/-:e) *night* (1); die Nachtarbeit *night work* (9); das Nachtleben *nightlife* (11); nächtlich *nightly* (7)
der Nachteil (-s/-e) *disadvantage* (5)
nah *near* (9); in der Nähe *in the vicinity* (4)
die Nahrung (-/-en) *food, nourishment* (5); das Nahrungsmittel *food, foodstuff* (5)
das Nahverkehrsmittel *local public transportation* (6)
der Nahverkehrszug (-[s]/-:e) *local train* (6)
der Name (-ns/-n) *name* (1)
nämlich *that is to say, namely* (8)
die Narbe (-/-n) *scar* (7)
die Nase (-/-n) *nose* (7)
naß *wet, damp* (7)
die Natur (-/-en) *nature* (6); natürlich *naturally, of course* (1); das Naturschutzgebiet *forest preserve* (10); naturwissenschaftlich *scientific* (8)

neben *next to* (4); nebenan *next door* (9); nebenbei *by the way, besides* (8); das Nebenfach *minor field of study* (8); die Nebenkosten *incidental expenses* (4)
neblig *foggy* (7)
der Neffe (-n/-n) *nephew* (1)
nehmen *to take* (3)
nein *no* (1)
nennen *to name* (3)
der Nerv (-s/-en) *nerve* (7); auf die Nerven gehen *to get on one's nerves* (13)
nervös *nervous* (3)
nett *nice* (6)
das Netz (-es/-e) *net, system* (6)
neu *new* (2); das Neubauviertel *new housing development* (4); das Neubauprojekt *new housing project* (4); neusprachlich *having to do with modern languages* (8)
neugierig *nosy* (2)
die Neugierde (-/no pl.) *curiosity* (13)
neun *nine* (1); neunzehn *nineteen* (1); neunzig *ninety* (1)
nicht *no, not* (1): das Nichtraucherabteil *non-smoking section* (6)
die Nichte (-/-n) *niece* (1)
nichts *nothing* (1)
nie *never* (3)
niedergeschlagen *downcast, devastated* (14)
s. nieder.lassen *to settle* (8)
der Niederschlag (-[e]s/-:e) *precipitation* (7)
niedrig *low* (4)
niemals *never, at no time* (13)
niemand *no one* (4)
nirgendwo *nowhere* (11)
noch *still, yet, else, another* (1)
der Norden (-s/no pl.) *north* (6)
der Normalfall (-s/-:e) *normal case* (7)
normalerweise *normally* (3)
die Not (-/-:e) *emergency* (14); der Notfall *emergency case* (13)
die Note (-/-n) *grade, mark* (8)
nötig *necessary, needed* (3)
notwendig *necessary, required* (8)
die Notwendigkeit (-/-en) *necessity* (14)
der November (-s/-) *November* (2)
das Novum (-s/-va) *novelty, unheard of fact* (12)
die Nudel (-/-n) *noodle* (3)
null *zero, nil* (1)
die Nummer (-/-n) *number* (1)
nur *only* (1)
die Nuß (-/-:sse) *nut* (5)
nützen *to be useful* (4)
die Nutzung (-/-en) *using, utilization* (10)

O

der Obdachlose (-n/-n) *homeless person* (8)

der Ober (-s/-) (*head*) *waiter* (3); der Oberkellner *head waiter* (3)

das Oberhaupt (-[e]s/¨er) *chief, head* (12)

der Obergeschoß (-sses/¨sse) *upper story* (4)

das Oberseminar (-s/-e) *graduate seminar* (8)

oben *above, upstairs* (1)

das Obst (-[e]s/no pl.) *fruit* (3); der Obstkuchen *fruit cake* (3)

obwohl *although* (7)

die Ochsentour (-/-en) *struggle* (8)

öde *dull, tedious* (9)

oder *or* (1)

offen *to open, open* (1); offenbar *obvious, evident* (13)

öffentlich *public* (6); öffentlich-rechtlich *under public law* (10); die Öffentlichkeit *the general public* (8)

öffensichtlich *obvious* (12)

öffnen *to open* (4)

die Öffnung (-/-en) *opening* (8); die Öffnungszeiten *business hours* (3)

oft *often* (4); öfter *frequently, more often* (10)

ohne *without* (1); ohnehin *anyhow, anyway* (15)

ökologisch *ecological* (14)

der Ökonom (-en/-en) *economist* (9); ökonomisch *economical* (11)

der Oktober (-s/-) *October* (2)

das Öl (-[e]s/-e) *oil* (3); das Ölzeug *oilcloth* (7)

das Olivenöl (-[e]s/-e) *olive oil* (5)

der Onkel (-s/-) *uncle* (1)

die Oper (-/-n) *opera* (4)

das Opfer (-s/-) *sacrifice, victim* (14)

die Orange (-/-n) *orange* (7)

die Ordnung (-/-en) *order* (3)

organisieren *to arrange* (7)

die Orientierungsstufe (-/-n) *middle grades in which children decide which course of study to follow* (8)

der Ort (-[e]s/-e) *place, site* (2)

der Osten (-s/no pl.) *east* (4)

das Ostern (-/no pl.) *Easter* (2); die Ostereisuche *Easter egg hunt* (2) der Osterhase *Easter Bunny* (2); der Osterstrauß *Easter bouquet* (2)

der Ozonschaden (-s/¨) *damage due to the holes in the ozone layer* (14)

die Ozonkonzentration (-/-en) *concentration of the ozone* (14)

P

paar *couple of, few* (1)

das Paar (-[e]s/-e) *pair, couple* (12)

packen *to pack* (7)

die Panne (-/-n) *breakdown* (12)

pappig *sticky* (13)

die Paprikaschoten (-/-) *paprika* (5)

parken *to park* (4)

der Parkplatz (-es/¨e) *parking lot* (6)

die Partei (-/-en) *political party* (10)

die Partnerschaft (-/-en) *partnership* (12); partnerschaftlich *relationship based on partnership* (12)

der Paß (Passes/Pässe) *passport* (5); die Paßkontrolle *passport control* (11)

der Passant (-en/-en) *passer-by* (8)

passen *to fit* (3); passend *fitting* (7)

passieren *to happen, to occur* (3)

pauken *to study, cram* (2)

die Pauschalreise *a tour with all terms included* (11)

die Pause (-/-n) *break, pause* (2)

der Pelzmantel (-s/¨) *fur coat* (2)

die Pension (-/-en) *bed-and-breakfast* (11)

die Person (-/-en) *person* (3); persönlich *personally* (4); die Persönlichkeit *personality* (9)

der Pfeffer (-s/-) *pepper* (3)

das Pferderennen (-s/-) *horse racing* (6)

der Pfirsich (-[e]s/-e) *peach* (5)

die Pflanze (-/-n) *plant* (4)

der Pflastermaler (-s/-) *sidewalk artist* (6)

die Pflaume (-/-n) *plum* (5)

das Pflegeheim (-s/-e) *nursing home* (8)

pflegeleicht *easy care* (7)

der Pfleger (-s/-) *nurse* (8)

die Pflicht (-/-en) *duty* (14)

der Pfosten (-s/-) *post* (10)

das Pfund (-es/-e) *pound* (3)

das Phantombild (-[e]s/-er) *description* (7)

die Philologie (-/-n) *science of language* (8)

die Physik *physics* (8)

das Physikum (-s/-a) *preliminary medical exam* (2)

das Plakat (-s/-e) *poster* (4)

der Plan (-[e]s/¨e) *plan* (2); die Planwirtschaft *planned economy* (9)

planen *to plan* (1)

die Platte (-/-n) *record* (3); der Plattenladen *record store* (5); der Plattenspieler *record player* (3)

der Platz (-es/¨e) *place, square, seat* (1); die Platzreservierung *reserved seat* (6)

plötzlich *suddenly* (2)

die Politik (-/-en) *politics* (10); der Politiker *politician* (9)

politisch *political* (10)

die Polizei (-/-en) *police* (10)

der Polizist (-en/-en) *policeman* (6)

die Pommes frites (pl.) *French fries* (3)

die Portion (-/-en) *portion, serving* (9)

portugiesisch *Portuguese* (7)

das Porzellan (-s/-e) *porcelain* (9)

die Post (-/-en) *post office* (9); der Postbote *mailman* (5); die Postleitzahl *zip code* (1)

prägen *to stamp, to impress* (11)

das Praktikum (-s/-ka) *practical course or exam* (8)

praktisch *practical* (6)

die Praline (-/-n) *chocolate candy* (3)

präsentiert *presented* (7)

der Präsident (-en/-en) *president* (6)

die Praxis (-/-xen) *practice, office* (9)

der Preis (-es/-e) *price, prize* (4); das Preisschild *price tag* (7); der Preisvergleich *price comparison* (15); preiswert *worth the money, a value* (5)

die Presse (-/-n) *press* (13)

das Probeheft (-[e]s/-e) *brochure* (11)

probieren *to try, to test* (4)

das Problem (-s/-e) *problem* (3); problematisch *problematic* (12); problemlos *free of problems* (12)

das Produkt (-[e]s/-e) *product* (3)

das Programm (-s/-e) *schedule* (10); das Programmangebot *selection of (television) programs* (10); der Programmierer *computer programmer* (9)

der Professor (-s/en), die Professorin (-/-nen) *professor* (1)

die Profitgier (-/no pl.) *lust for profit* (14)

promoviert *having received a doctorate degree* (9)

propagieren *to spread* (12)

das Proseminar (-s/-e) *class in one's major* (8)

protestieren *to protest* (9)

provinziell *provincial* (2)

provokant *provocative* (12)

das Prozent (-[e]s/-e) *percent (%)* (3); der Prozentsatz *percentage* (13)

der Prozeß (-sses/-sse) *process, trial* (9)

die Prüfung (-/-en) *test, exam* (8)

der Psychologe (-n/-n) *psychologist* (1)

publizieren *to publish* (10)

der Pullover (s/-) *pullover sweater* (3); der Pulli *sweater*

der Punkt (-es/-e) *point, period* (7); pünktlich *on time* (3)

putzen *to clean* (7)

die Putzfrau (-/-en) *cleaning woman* (10)

Q

der Quadratmeter (-s/-) *square meter* (4)

die Qual (-/-en) *torture, agony* (14)

qualifiziert *qualified* (9)

die Qualität *quality* (5)
quer *across, diagonal* (11)

R

die Rache (-/*no pl.*) *revenge* (5)
rächen *to avenge* (13)
das Rad (-[e]s/¨er) *wheel, bike* (2); radeln *to bike* (14); radfahren *to bike* (10); die Radtour (-/-en) *bike trip* (1)
das Radarfallen (-s/*no pl.*) *radioactive fall-out* (13)
das Radio (-s/-s) *radio* (2)
raffiniert *clever* (7)
rasen *to race* (5)
der Rasen (-s/-) *grass, lawn* (8)
der Rasierapparat (-[e]s/-e) *razor* (7)
das Rasierwasser (-s/-) *shaving lotion* (7)
die Rasse (-/-n) *race* (13)
der Rassismus (-/*no pl.*) *racism* (13)
rassistisch *racist* (13)
die Rast (-/-en) *rest, repose* (2)
raten *to advise* (4)
das Rathaus (-es/¨er) *city hall* (6)
ratlos *at a loss* (6)
der Ratschlag (-[e]s/¨e) *piece of advice* (7, 8, 9)
rauchen *to smoke* (4)
das Rauchverbot (-s/-e) *smoking ban* (13)
raufen *pluck, pull* (8)
der Raum (-[e]s/¨e) *room, space* (7)
räumen *to remove, clear* (13)
raus *out, get out!* (4); rausfliegen *to fly out, to flunk out* (9)
der Rausch (-es/¨e) *intoxication, drunkenness* (10)
reagieren *to react* (6)
der Reaktor (-s/-en) *nuclear reactor* (14)
die Realität (-/-en) *reality* (12)
realistisch *realistic* (11)
die Realschule (-/-n) *secondary school with a business-oriented curriculum* (8)
rechnen *to reckon, to figure* (4)
die Rechnung (-/-en) *the check, sum* (3)
recht *right, just* (3); rechtzeitig *timely* (8)
recyceln *to recycle* (14)
die Rede (-/-n) *speech* (9)
reden *to speak, give a speech* (1)
das Reformhaus (-es/¨er) *health food store* (5)
die Regel (-/-n) *rule* (10); regelmäßig *regularly* (1)
der Regen (-s/-) *rain* (7); die Regenkleidung *rain gear* (5); die Regenhaut *slicker* (7); der Regenmantel *rain coat* (3); der Regenschirm *umbrella* (4); der Regenwald *rain forest* (14)
die Regierung (-/-en) *government* (14)
regierend *governing* (14)
der Regisseur (-s/-e) *director* (8)

reglementiert *regimented* (10)
regnen *to rain* (5)
regnerisch *rainy* (7)
reichen *to reach, to suffice* (5)
der Reichtum (-s/¨er) *riches, wealth* (13)
reif *mature, ripe* (12)
s. reihen *to line up* (12)
das Reihenhaus (-es/¨er) *rowhouse* (1)
rein *pure, clean* (7); die Reinheit *purity* (13): das Reinheitsgebot *the purity law, established in Germany in the 16th century, stipulating the ingredients allowed in the production of beer* (13)
reinigen *to (dry) clean* (14)
die Reise (-/-n) *trip* (3): das Reiseangebot *choice of trips* (11); das Reisebüro *travel agent* (5); der Reiseführer *guide book* (5); die Reisegesellschaft *tour company* (11); die Reiselektüre *reading matter for a trip* (5); der Reisepaß *passport* (5); der Reiseprospekt *travel brochure* (11); der Reisescheck *traveler's check* (5); die Reisetablette *motion sickness pill* (5); die Reisetasche *carry-on bag* (7); die Reiseveranstaltung *travel arrangement* (11); das Reiseverkehrsmittel *modes of travel* (11); das Reiseziel *destination* (7)
reisen *to travel* (2)
das Reiten (-s/*no pl.*) *horseback riding* (10)
die Reklame (-/-n) *advertisement* (7)
s. relativieren *to become relative* (12)
rennen *to race* (9)
das Rennen (-s/-) *race* (10)
der Renner (-s/-) *racer* (9)
renoviert *renovated* (4)
rentabel *feasible* (9)
die Rente (-/-n) *retirement income* (13)
der Rentner (-s/-), die Rentnerin (-/-nen) *retired person* (1)
reparieren *to repair* (10, 12)
die Reparatur (-/-en) *repair* (5)
reservieren *to reserve* (3)
die Reservierung (-/-en) *reservation* (11)
resignieren *to resign* (14)
das Restaurant (-/-s) *restaurant* (3)
die Restauratorin (-/-nen) *a restorer of artwork* (9)
retten *to rescue* (14)
die Rettung *rescue* (14)
das Rezept (-[e]s/-e) *prescription* (5); rezeptfrei *non-prescription* (5)
s. richten *to adjust, set right* (9)
richtig *right, correct* (1)
die Richtung (-/-en) *direction* (6)
riechen *to smell* (11)
riesig *giant, huge* (6)
das Rindfleisch (-es/*no pl.*) *beef* (3)
der Rindsbraten (-s/-) *roast beef* (3)
das Risiko (-s/-ken) *risk* (13)

riskieren *to risk* (11)
der Rock (-[e]s/¨e) *skirt* (7)
der Rohbau (-s/-e) *foundation and frame of a house being built* (4)
die Rohkost (-/*no pl.*) *raw fruits and vegetables* (3)
der Rohstoff (-[e]s/-e) *raw materials* (14)
die Rolle (-/-n) *role, part* (8); das Rollenbild *perception of a role* (12); die Rollenverteilung *sharing of roles* (12)
der Roman (-s/-e) *novel* (4)
die Romanistik (-/*no pl.*) *study of romance languages* (8)
die Romantik (-/*no pl.*) *romantic poetry or literature* (11)
romantisch *romantic* (12)
rosarot *pink* (11)
die Rose (-/-n) *rose* (2)
rot *red* (7); das Rotkraut *red cabbage* (3); der Rotwein *red wine* (3)
der Rücken (-s/-) *back* (11)
das Rückgabedatum (-s/-en) *return date* (10)
die Rückfahrkarte (-/-n) *return ticket* (6)
die Rückkehr (-/*no pl.*) *return* (5)
der Rucksack (-s/¨e) *backpack* (5)
die Rückseite (-/-n) *back page* (7)
die Rücksicht (-/-en) *consideration* (12); rücksichtslos *inconsiderate* (10); die Rücksichtslosigkeit *inconsiderateness* (13)
der Rückspiegel (-s/-) *rear-view mirror* (6)
rückständig *in arrears* (14)
der Rückweg (-s/-e) *way back or home* (11)
das Ruder (-s/-) *oar* (10)
rufen *to call* (1)
die Ruhe (-/*no pl.*) *calm, peace, quiet* (4); ruhig *quiet* (4)
der Ruhm (-[e]s/*no pl.*) *fame, glory* (9)
rund *around, approximately* (4)
die Runde (-/-n) *round, beat* (9)
die Rundfunkanstalt (-/-en) *radio company* (10)
die Rundreise (-/-n) *round trip* (11)
der Rußfilm *layer of soot* (14)
russisch *Russian* (7)
die Rüstungsausgabe (-/-n) *expenditures for defense* (13)

S

der Säbelrassler (-s/-) *sword rattler* (15)
die Sache (-/-n) *thing* (3)
der Saft (-[e]s/¨e) *juice* (3)
sagen *to say* (1)
die Saison (-/-s) *season* (3); der Saisonanfang *the beginning of the season* (10); die Saisonarbeit *seasonal work* (12)
der Sakko (-s/-s) *suitcoat, jacket* (7)

die Säkularisierung (-/-en) *secularization* (12)

der Salat (-s/-e) *salad, lettuce* (2); der Salatteller *salad plate* (3)

das Salz (-es/-e) *salt* (3)

sammeln *to collect, gather* (14)

die Sammelstelle (-/-n) *collection point, drop-off point* (14)

der Samstag (-s/-e) *Saturday* (2)

die Sandale (-/-n) *sandal* (7)

sanieren *to sanitize* (14)

die Sanierung (-/-en) *sanitation* (14)

sanitär *sanitary* (10)

der Sanitätssoldat (-en/-en) *army medical corpsman* (8)

der Satellit (-en/-en) *satellite* (10); das Satellitenprogramm *cable programming* (10)

satt *full, satisfied* (5)

sauber *clean* (10); die Sauberkeit *cleanliness* (11) sauber.machen *to clean* (12)

sauer *sour* (13) säuerlich *acid* (14); saurer Regen *acid rain* (14)

die Schachtel (-/-n) *box, carton* (5)

der Schade (-s/-en) *damage, injury* (4); schadhaft *defective, faulty* (13)

der Schadstoff *dangerous substance* (14)

der Schäferhund (-[e]s/-e) *German shepherd* (9)

schaffen *to accomplish, to succeed* (7)

die Schallplatte (-/-n) *record* (3)

schalten *to switch, to change channels* (10)

die Scham (-/no pl.) *shame* (12)

s. scharen *to assemble, flock* (8)

schätzen *to treasure, value* (9)

das Schaubild (-[e]s/-er) *chart, diagram* (9)

schauen *to look* (4)

der Schauer (-s/-) *shower* (5)

der Schaufensterbummel (-s/-) *window shopping* (5)

das Schauspiel (-s/-e) *play, drama* (5)

scheiden *to divorce* (8)

die Scheidungsrate (-/-n) *divorce rate* (12)

scheinbar *apparently* (3)

scheinen *to seem, to appear* (9)

schenken *to give a gift* (2)

die Schicht (-/-en) *layer, shift* (13); der Schichtdienst *shift work* (9)

schick *chic, fashionable* (5)

das Schicksal (-s/-e) *fate, destiny* (12); schicksalhaft *fateful* (15)

schicken *to send* (6)

schieben *to push, to slide* (12)

der Schiedsrichter (-s/-) *referee* (10)

schief *crooked, wrong* (10)

schießen *to shoot* (10)

das Schiff (-[e]s/-e) *ship* (11)

schildern *to portray, to describe* (13)

schimmern *to shine, to glimmer* (3)

schimpfen *to scold* (9)

der Schirm (-[e]s/-e) *umbrella* (3)

der Schlaf (-[e]s/no pl.) *sleep, slumber* (11); das Schlafzimmer *bedroom* (4)

schlafen *to sleep* (3)

schlagen *to hit, to beat* (8)

die Schlagsahne (-/no pl.) *whipped cream* (3)

die Schlagzeile (-/-n) *headline* (7)

das Schlagzeug (-[e]s/-e) *drums* (4)

die Schlange (-/-n) *snake, line* (4)

schlank *slim, trim* (7)

schlecht *bad* (1)

das Schlemmerbüffet (-s/-s) *gourmet buffet* (11)

schleppen *to drag, to carry* (5)

schlesisch *Silesian* (4)

schließen *to close, to lock* (2)

schließlich *finally* (3)

die Schließung (-/-en) *closing, shutting* (9)

schlimm *horrible, terrible* (1)

das Schlittschuhlaufen (-s/no pl.) *ice-skating* (10)

das Schlitzauge (-s/-n) *slanted-eyed* (13)

das Schloß (-sses/-sser) *castle* (6)

schlürfen *to eat or drink noisily* (11)

der Schluß (-sses/-sse) *end, conclusion* (5); die Schlußfolgerung *line of reasoning, argumentation* (6)

der Schlüssel (-s/-) *key* (4)

schmecken *to taste* (3)

schmerzlich *painful* (15)

der Schmutz (-es/no pl.) *dirt* (15); schmutzig *dirty* (4)

schnaufen *to pant* (6)

der Schnee (-s/no pl.) *snow* (7)

schneiden *to cut* (5)

die Schneiderin (-/-nen) *seamstress* (9)

schnell *fast* (1); die Schnellbahn *express train* (6)

der Schnitt (-[e]s/-e) *cut, style* (7)

die Schokolade (-/-n) *chocolate* (5)

schön *lovely, nice* (1); die Schönheit *beauty* (11)

schon *already* (1)

schottisch *Scottish* (7)

der Schrank (-[e]s/-e) *cabinet, closet* (4); die Schrankwand *wall unit* (4)

schrecken *to frighten* (14)

schrecklich *terrible* (2)

schreiben *to write* (1)

die Schreibmaschine (-/-n) *typewriter* (3)

der Schreibtisch (-[e]s/-e) *desk* (4)

schreien *to scream* (5)

die Schrift (-/-en) *writing, handwriting* (9); schriftlich *written* (10)

der Schuh (-[e]s/-e) *shoe* (4)

die Schule (-/-n) *school* (3); der Schulabschluß *graduation* (8); schulisch *scholastic* (8)

die Schuld (-/-en) *guilt, debt* (10)

der Schüler (-s/-), die Schülerin (-/-nen) *pupil* (1)

die Schülerzeitung (-/-en) *school newspaper* (3)

schüren *to stir up, add fuel to* (13)

der Schuß (-sses/-sse) *shot* (10)

der Schutz (-es/-) *protection* (6)

schützen *to protect* (7)

schwäbisch *Swabian* (3)

schwach *weak* (7); die Schwäche *weakness* (9)

der Schwager (-s/-), die Schwägerin (-/-nen) *brother/sister-in-law* (1)

schwanger *pregnant* (14)

schwarz *black* (5); Schwarzes Brett *bulletin board* (4); der Schwarzhörer *someone who has not paid monthly charges for radio* (10); Schwarzseher *someone who has not paid monthly charges for television* (10)

schweigen *to be silent* (9)

das Schwein (-[e]s/-e) *pig* (3); der Schweinebraten *roast pork* (3); das Schweinefleisch *pork* (3); das Schweinekotelett *pork chop* (3); die Schweinshaxen *pork hocks* (3)

schwer *hard, difficult* (3)

die Schwester (-/-n) *sister* (1)

schwierig *difficult* (5); die Schwierigkeit *difficulty* (8)

schwitzen *to sweat* (13)

schwimmen *to swim* (10)

schwül *humid* (7)

sechs *six* (1); sechzehn *sixteen* (1); sechzig *sixty* (1); sechziger *sixties* (6)

die See (-/-n) *ocean, sea* (10)

der See (-s/-n) *lake* (10)

die Seele (-/-n) *soul* (12)

segeln *to sail* (11)

sehen *to see* (1); die Sehenswürdigkeit *tourist attraction* (5)

die Sehnsucht (-/no pl.) *longing* (12)

sehr *very* (1)

die Seide (-/-n) *silk* (7)

die Seifenoper (-/-n) *soap opera* (3)

sein *to be* (1)

sein *his, its* (1); seinerseits *for his part* (13)

seit *since* (1); seither *since then* (13); seitdem *since that* (8)

die Seite (-/-n) *side, page* (6)

das Sekretariat (-s/-e) *office* (8)

die Sekretärin (-/-nen) *secretary* (5)

der Sekt (-[e]s/-e) *sparkling wine* (5)

selbst *self* (2); die Selbstbezogenheit *self-centeredness* (15); selbstbewußt *self-confident* (12); das Selbstbewußtsein *self-confidence* (9); selbstgebacken *homemade* (3); die Selbstgefälligkeit *smugness* (15); das Selbstmitleid *self-pity* (15); selbstmörderisch *suicidal* (14); selbstständig *independent, self reliant* (9); die Selbstständigkeit *independence, self-reliance* (12); selbstverständlich *obvious, of course* (7); selbstverwirklichen *to achieve self-realization* (12)

die Sellerie (-/-n) *celery* (5)

selten *seldom* (7); die Seltenheit *rareness, scarcity* (8)

seltsam *strange, odd* (3)

das Semester (-s/-) *semester, term* (2)

die Seminararbeit (-/-en) *class paper* (9)

der Semmelknödel (-s/-) *dumpling* (3)

senden *to broadcast* (10)

die Sendung (-/-en) *broadcast* (10)

der Senf (-[e]s/-e) *mustard* (3)

sensibel (un) *sensitive, insensitive* (12)

die Sensibilität (-/-en) *sensitivity* (12)

die Sentimentalität (-/-en) *sentimentality* (15)

der September (-s/-) *September* (2)

die Serviette (-/-n) *napkin* (3)

der Sessel (-s/-) *easy chair, seat* (4)

setzen *to set*

s. setzen *to sit down* (1)

sich *himself, herself, itself, themselves* (1)

sicher *sure, safe* (5); die Sicherheit *safety, security* (9)

die Sicht (-/no pl.) *view* (13); sichtbar *visible, perceptible* (15)

sie *she, they* (1)

Sie *you (formal)* (1)

sieben *seven* (1); siebzehn *seventeen* (1); siebzig *seventy* (1)

der Sieg (-[e]s/-e) *victory, win* (9)

das Silber (-s/no pl.) *silver* (1)

silbern *silvery* (10)

sinken *to sink* (9)

der Sinn (-[e]s/-e) *sense, instinct* (5); sinnlos *senseless* (14); sinnvoll *sensible* (8)

die Sitte (-/-n) *custom, tradition* (9)

sitzen *to sit* (3)

die Sitzung (-/-en) *sitting, meeting* (9)

skandiert *scanned* (13)

die Skianlage (-/-n) *ski resort* (4)

das Skifahren *skiing* (10)

skizzieren *to sketch* (3)

sobald *as soon as* (6)

die Socke (-/-n) *sock* (7)

sodann *then, after that* (3)

sofort *immediately* (1)

sogar *even* (4)

sogenannt *so-called* (12)

sogleich *as soon as* (10)

der Sohn (-[e]s/:-e) *son* (1)

die Sojabohne (-/-n) *soybean* (5)

solange *as long as* (5)

der Soldat (-en/-en) *soldier* (9)

sollen *should, ought to* (1)

der Sommer (-s/-) *summer* (2); die Sommermode *summer fashion* (7); die Sommersprossen (pl.) *freckles* (7)

das Sonderangebot (-s/-e) *special offer, bargain* (5)

der Sonderpreis (-es/-e) *sale price* (7)

das Sonderprogramm (-s/-e) *special program* (11)

sondern *but, rather* (5)

die Sonne (-/-n) *sun* (2); die Sonnenbrille *sun glasses* (3); das Sonnenöl *suntan lotion* (3)

sonnig *sunny* (4)

der Sonntag (-s/-e) *Sunday* (1)

sonst *otherwise* (2)

die Sorge (-/-n) *worry, care* (7)

sorgen *to care for* (10)

die Soße (-/-n) *sauce* (2)

sowieso *anyway* (5)

sozial *social* (9); die Sozialkunde *sociology* (8); die Sozialleistung *social contribution* (9); die Sozialleitung *social administration* (9); die Sozialpädagogik *social education* (8); der Sozialstaat *social state* (13)

spanisch *Spanish* (7)

spannend *exciting* (10)

die Spannung (-/-en) *suspense* (12)

sparen *to save* (4)

der Spaß (-es/:-e) *fun, joke* (4)

spät *late* (1); die Spätfolge *long term result* (14)

spazieren.gehen *to go for a walk* (3)

spazieren.fahren *to go for a drive* (9)

der Spaziergang (-s/:-e) *walk, promenade* (7)

die Speise (-/-n) *meal, dish* (9); die Speisekarte *menu* (3); der Speiseplan *weekly menu* (3)

spenden *to donate, contribute* (14)

sperren *to block* (10)

der Sperrmüll (-s/no pl.) *prohibited trash* (4)

die Spezialität (-/-en) *specialty* (3)

spezialisieren *to specialize* (11)

spezifisch *specific* (7)

spielen *to play* (2)

der Spielfilm (-s/-e) *feature film* (3)

der Spielplatz (-es/:-e) *playground* (11)

spiegeln *to mirror* (11)

der Spinat (-s/-e) *spinach* (5)

das Spitzengeschäft (-s/-e) *most popular shop* (5)

der Spitzenkoch (-s/:-e) *top chef* (3)

spontan *spontaneous* (12)

die Sportart (-/-en) *type of sport* (7)

der Sportler (-s/-) *athlete* (3)

sportlich *athletic* (7)

die Spraydose (-/-n) *aerosol can* (14)

sprechen *to speak* (1)

die Sprechstundenhilfe (-/-n) *receptionist* (2)

das Sprichwort (-[e]s/:-er) *proverb, saying* (8); sprichwörtlich *proverbial* (11)

springen *to jump* (9)

das Spülbecken (-s/-) *rinsing bowl* (4)

spülen *to wash, to rinse* (9)

die Spülmaschine (-/-n) *dish washer* (4)

das Spülmittel (-s/-) *detergent* (14)

die Spur (-/-en) *trace, track* (6)

spürbar *distinct, marked* (13)

spüren *to trace, detect* (13)

der Staat (-[e]s/-en) *the state* (8); staatlich *national* (8); die Staatsangehörigkeit *nationality* (9); die Staatsbürgerschaft *citizenship* (13); die Staatsprüfung *civil-service exam* (9)

das Stadion (-s/-dien) *stadium* (10)

die Stadt (-/:-e) *city* (1); das Stadtgebiet *urban area* (6); städtisch *municipal* (6); das Stadtleben *city life* (5); die Stadtmitte *town center* (2); der Stadtplan *city map* (6); der Stadtrand *outskirts* (4); der Stadtteil *quarter, district* (4); das Stadtzentrum *downtown, city center* (1)

der Stammbaum (-s/:-e) *family tree* (1)

stammen *to come from* (7)

der Stammgast (-s/:-e) *regular customer* (5)

der Stammtisch (-es/-e) *table for regular customers* (13)

der Ständer (-s/-) *stand* (7)

ständig *permanent, constant* (7)

der Standort (-[e]s/-e) *position, location* (9)

stark *strong* (7)

startbereit *ready to go* (7)

starten *to start, to leave, to start out on a trip* (2)

statt *instead* (1); stattdessen *instead of this or that* (3)

statt.finden *to take place* (7)

die Statur (-/-en) *figure, stature* (7)

der Stau (-[e]s/-e) *traffic jam* (2)

staubsaugen *to vacuum* (4)

staubwischen *to dust* (12)

stecken *to stick, to insert* (2); stecken.bleiben *to stick, to be stuck* (2); der Steckbrief *"wanted" poster* (7)

stehen *to stand* (3); stehen.lassen *to leave untouched* (6); die Stehlampe *floor lamp* (4) stehlen *to steal* (6)

steigen *to climb* (5)

steigend *climbing, increasing* (4)

der Stein (-[e]s/-e) *stone* (13)

die Stelle (-/-n) *position* (6); das Stellenangebot *position offered, vacancy* (9); die Stellenanzeige *ad for a position* (9); das Stellengesuch *help-wanted ad* (9)

stellen *to place, to set* (1)

der Stellplatz (-es/-̈e) *location, position* (4)

der Stellvertreter (-s/-) *representative* (9)

sterben *to die* (8)

die Sterbehilfe *euthanasia* (13)

die Stereoanlage (-/-n) *stereo system* (3)

die Steuer (-/-n) *tax* (13); die Steuersenkung *tax reduction* (13); der Steuerzahler *taxpayer* (8)

der Stich (-[e]s/-e) *stitch;* im Stich lassen *to leave in the lurch* (14); der Stichpunkt *main point* (9)

der Stil (-s/-e) *style* (7)

die Stille (-/-n) *quiet* (11)

die Stimme (-/-n) *voice* (4)

stimmen *to be in order* (3); das stimmt *that's right* (6)

die Stimmung (-/-en) *mood* (10)

das Stipendium (-s/-ien) *scholarship* (2)

der Stoff (-[e]s/-e) *material, stuff* (14)

der Stolz (-es/no pl.) *pride* (11)

stören *to disturb* (4)

der Strafraum (-s/-̈e) *penalty area* (10)

der Strahl (-[e]s/-e) *ray* (14); strahlend *shining, beaming* (13)

der Strand (-[e]s/-̈e) *beach* (7)

die Straße (-/-n) *street* (1) die Straßenbahn *streetcar* (2); der Straßenrand *roadside* (10); die Straßenverkehr *traffic* (14); der Straßenzug *long street, block* (6)

streben *to strive* (15)

streichen *to strike from the record* (9)

der Streik (-s/-s) *strike* (13)

der Streit (-[e]s/-e) *quarrel, fight* (4)

streiten *to argue, quarrel* (7)

streng *strict* (14)

der Streß (-sses/no pl.) *stress* (2); stressig *stressful* (2)

der Strom (-es/-̈e) *stream, flood* (4)

strömen *stream, to flood* (13)

das Stück (-[e]s/-e) *piece* (1)

der Student (-en/-en), die Studentin (-/-nen) *student* (1); die Studentenkanzlei *student office* (8); das Studentenheim *student dormitory* (4); das Studentenwerk *student union* (4); das Studentenwohnheim *student dormitory* (1); die Studentenzahl *number of students* (4)

studieren *to study* (1)

das Studium (-s/-ien) *study* (1); der Studienanfänger *beginner* (8); die Studienbedingung *study requirement* (8); das Studienfach *field of study* (8); die Studiengebühr *tuition* (8); der Studienplatz *a place at a university* (8)

der Stuhl (-[e]s/-̈e) *chair* (3)

die Stunde (-/-n) *hour* (2); Stunde Null *time period immediately after the end of World War II* (15); Stundenkilometer *kilometers per hour* (6); stundenlang *for hours at a time* (1); der Stundenplan *schedule* (8)

die Stupsnase (-/-n) *button nose* (7)

der Stürmer (-s/-) *forward* (10)

stürmisch *stormy* (7)

die Subvention (-/-en) *subsidy* (13); subventioniert *subsidized* (9)

suchen *to search, to look for* (1)

der Süden *south* (6)

die Summe (-/-n) *sum, total* (4)

der Supermarkt (-s/-̈e) *supermarket* (5)

die Suppe (-/-n) *soup* (3)

das Surfbrett (-s/-er) *surf board* (10)

süß *sweet* (3)

das Sylvester (-s/-) *New Year's Eve* (2)

sympathisch *nice, likable* (12)

die Szene (-/-n) *scene* (3)

T

TÜV Technischer Überwachungsverein *Association for Technical Inspection, the auto inspection bureau in Germany* (6)

der Tag (-es/-e) *day* (1); das Tagebuch *journal* (6); der Tagesablauf *daily routine* (3); die Tagesmutter *day-care mother* (12); die Tagesstätte *day-care center* (12); die Tagessuppe *soup of the day* (3); der Tageswert *the temperature for the day* (7); die Tageszeitung *daily newspaper* (7); täglich *daily* (7); tagtäglich *day in, day out* (13); tagsüber *during the day* (5)

tanken *to fill with gasoline* (5)

die Tankstelle (-/-n) *gas station* (5)

die Tanne (-/-n) *fir tree* (2)

die Tante (-/-n) *aunt* (1)

tanzen *to dance* (3); der Tanzlehrer *dance instructor* (13)

die Tasche (-/-n) *bag, pocket* (5); das Taschenbuch *paperback book* (5)

die Tasse (-/-n) *cup* (3)

tatenlos *inactive, idle* (12)

der Täter (-s/-) *the doer, perpetrator* (7)

die Tätigkeit (-/-en) *activity, function* (6)

die Tatsache (-/-n) *fact* (14); tatsächlich *actual, factual* (7)

taub *deaf* (1)

der Taucher (-s/-) *diver* (11)

tausend *thousand* (1)

technisch *technical* (1)

die Technik (-/-en) *engineering* (14)

der Tee (-s/-s) *tea* (3)

der Teil (-[e]s/-e) *part, piece* (1); der Teilnehmer *participant* (11); teils *partly, in part* (7); die Teilung *division, partition* (15); die Teilzeitarbeit *part-time work* (12)

teilen *to divide, split* (4)

das Telefon (-s/-e) *telephone* (1); der Telefonanruf *telephone call* (4); die Telefonauskunft *information operator* (1); das Telefonbuch *telephone book* (4); das Telefongespräch *telephone conversation* (4); telefonisch *by telephone* (9); die Telefonnummer *telephone number* (1); die Telefonzelle *telephone booth* (2)

der Teller (-s/-) *plate* (3)

der Tempel (-s/-) *temple* (11)

die Temperatur (-/-en) *temperature* (7); Temperaturschwankung *variation of temperature* (7)

das Tempolimit (-s/-e) *speed limit* (14)

der Tennisschläger (-s/-) *tennis racket* (4)

der Tennisschuh (-s/-e) *tennis shoe* (5)

der Teppich (-s/-e) *carpet, rug* (4); der Teppichboden *carpeting* (4)

der Termin (-s/-e) *schedule, fixed date* (2); der Terminkalender *date book* (2)

die Terrasse (-/-n) *terrace* (4)

testen *to test* (9)

die Testfrage (-/-n) *test question, test item* (5)

teuer *expensive* (2)

der Teufel (-s/-) *devil* (13); Teufelskreis *vicious circle* (15)

die Textverarbeitung (-/-en) *word processing* (8)

das Theater (-s/-) *(stage) theater* (2); die Theaterkarte *theater ticket* (3)

das Thema (-s/-en) *topic, subject* (2)

die Thematik (-/-en) *theme, subject matter* (7)

theoretisch *theoretically* (9)

tief *deep, low* (7); die Tiefgarage *underground garage* (4); die Tiefkühlkost *frozen foods* (14); das Tiefseetauchen *deep-sea diving* (10); der Tiefstwert *the low temperature of the day* (7)

das Tier (-[e]s/-e) *animal* (6); der Tierpfleger *one who takes care of animals* (9); das Tierzeug *animals* (10)

tippen *to type* (1)

der Tisch (-[e]s/-e) *table* (4); die Tischdecke *table cloth* (3); die Tischlampe *table lamp* (4)

die Tochter (-/-̈) *daughter* (1)

der Tod (-[e]s/no pl.) *death* (14); tödlich *deadly* (10); todmüde *dead-tired* (8)

die Toilette (-/-n) *toilet* (4)

toll *crazy, great* (9)

die Tomate (-/-n) *tomato* (3)

der Topf (-[e]s/⁻e) *pot* (13)

das Tor (-[e]s/-e) *gate, goal* (10); der Torwart *goalie* (10)

die Torte (-/-n) *cake* (3)

tot *dead* (15); töten *to kill* (3)

der Tourist (-en/-en), die Touristin (-/-nen) *tourist* (5); der Touristen-rummel *the crush or bustle of tourists* (11)

der Trabant/der Trabbi *car produced in former East Germany* (6)

träge *lazy* (14)

tragen *to carry, to wear* (3)

trainieren *to train, to exercise regularl*y (3)

tränend *teary, tearing* (14)

der Tränenreiz (-es/-e) *eye irritation* (14)

das Transportmittel (-s/-) *means of transport* (6)

die Traube (-/-n) *grape* (7)

die Trauer (-/no pl.) *sorrow* (15)

traurig *sad, sorrowful* (13)

der Traum (-[e]s/⁻e) *dream* (10)

traumatisch *traumatic* (15)

träumen *to dream* (11)

treffen *to meet, to hit* (1)

der Treffpunkt (-[e]s/-e) *meeting place* (6)

treiben *to drive, to practice, to pursue* (10)

das Treibgas (-es/-e) *gasoline* (14)

trekken *to hike* (11)

trennen *to separate* (3)

die Trennung (-/-en) *separation* (12)

die Treppe (-/-n) *staircase* (4)

treten *to step, enter* (8)

trinken *to drink* (1)

das Trinkgeld (-s/-er) *tip* (3)

das Trinkwasser (-s/-) *drinking water* (3)

trocken *dry* (7)

tröpfeln *to drip, to drop* (7)

trotz *in spite of*; trotzdem *in spite of that* (3)

trüb *cloudy, dim* (4); trübsinnig *gloomy, dejected* (10)

der Truthahn (-s/⁻e) *turkey* (3)

tschechisch *Czechoslovakian* (7)

die Tulpe (-/-n) *tulip* (2)

tun *to do* (6)

die Tür (-/-en) *door* (1)

der Türke (-n/-n), die Türkin (-/-nen) *Turk* (1)

türkisch *Turkish* (1)

die Tüte (-/-n) *bag* (14)

der Typ (-s/-en) *guy, type* (2)

typisch *typical* (1)

U

die U-Bahn (-/-en) *underground, sub-way, metro* (4)

ugs. umgangsprachlich *colloquial*

u.s.w. und so weiter *and so on, etc.* (6)

übel *evil, bad* (13)

üben *to exercise, to practice* (4)

über *over, above* (1); überall *everywhere, all over* (4); überflüssig *unnecessary* (7); überhaupt *generally, actually* (3); übermorgen *the day after tomorrow* (5); übervoll *overcrowded* (6)

überanstrengen *to overdo it, overexert* (7)

überarbeitet *overworked* (10)

überbieten *outbid, surpass* (11)

der Überblick (-s/-e) *overview* (9)

überdenken *to think over* (14)

überein.stimmen *to concur, to correspond, to agree* (9)

der Überfall (-s/⁻e) *sudden attack, invasion* (13)

überfüllt *overloaded, filled to overflowing* (8)

der Übergang (-[e]s/⁻e) *passage, crossing* (10)

übergehend *temporary* (7)

die Überheblichkeit (-/-en) *presumption, arrogance* (15)

das Überholen (-s/no pl.) *passing (auto)* (6); die Überholspur *passing lane* (6)

über.laufen *flow over, go over* (11)

überleben *to survive* (14)

überlegen *to think over, consider* (5)

die Überlegung (-/-en) *consideration, reflection* (9)

die Übermachtung (-/-en) *overpowering* (10)

übernachten *to spend the night* (6)

übernehmen *to take over, undertake* (4)

überprüft *checked over* (6)

überqueren *to cross (a street)* (6)

überraschen *to surprise* (8)

die Überraschung (-/-en) *surprise* (11)

überreden *to convince, to talk into* (3)

überreichen *hand over, present* (3)

übersehen *to overlook, miss* (13)

übersiedeln *to emigrate* (14)

die Überstunde (-/-n) *overtime* (12)

überstürzen *to rush, precipitate* (11); überstürzend *hasty, rushed* (15)

übertragen *to carry over, transfer* (8)

die Übertragung (-/-en) *transfer, broadcast* (10)

übertrieben *overdone, exaggerate* (7)

überwachen *watch over, supervise* (9)

überwältigen *to overpower, defeat* (13); überwältigend *overpowering* (8)

überwiegen *to outweigh* (13)

überwinden *to overcome, conquer* (15)

überzeugen *to convince, persuade* (6); überzeugend *convincing, persuasive* (7)

üblich *usual, conventional* (3)

übrigens *by the way, otherwise* (3)

die Uhr (-/-en) *clock, watch*; es ist 10 Uhr *it's 10 o'clock* (2)

um *around, about, at* (2)

um.bringen *to kill, slay* (15)

um.denken *to rethink* (6)

um.drehen *to turn around* (7)

umfassen *to grasp, enclose* (12)

der Umgang (-s/⁻e) *circuit, relations* (13)

umgangsprachlich *colloquial* (10)

umgeben *to surround* (6); die Umgeb-ung *environs, surrounding area* (6)

um.gehen *to go or get around, deal with* (6)

um.hören *to listen around, put one's ear to the grapevine* (4)

umkämpft *battled for* (10)

umsatzstark *strong in sales* (6)

um.schalten *to switch television channels* (10)

die Umschulung (-/-en) *retraining* (8)

um.sehen *look around, be on the lookout for* (5)

der Umsiedler (-s/-) *a person moving from former East to West Germany* (9)

umsonst *for nothing, for naught* (10)

der Umstand (-[e]s/⁻e) *circumstance, detail* (4)

um.steigen *to change (trains)* (6)

die Umstellung (-/-en) *adaptation, conversion* (9)

umstritten *fought over, controversial* (3)

die Umstrukturierung (-/-en) *restructuring* (9)

um.tauschen *to change, convert (money)* (5)

der Umweg (-[e]s/-e) *detour* (8)

die Umwelt (-/-en) *environment* (9); die Umweltauflage *condition or stipulation concerning the environment* (14); umweltbedingt *dependent on the environment* (14); umweltbewußt *environmentally aware* (14); umweltfreundlich *environmentally sound* (5); der Umweltschaden *damage to the environment* (14); der Umweltsünder *a person who does things which harm or threaten the environment* (14); die Umweltver-schmutzung *environmental pollution* (4); die Umweltzerstörung *destruction of the environment* (9)

um.ziehen *to move* (4)

s. umziehen *to change clothes*

der Umzug (-[e]s/⁻e) *move* (4)

unbedingt *absolute, unconditional* (5)

unbegrenzt *unlimited* (13)

unbehandelt *untreated* (5)

unbezahlt *unpaid* (8)

und *and* (1)

undenkbar *unthinkable* (13)

die Unendlichkeit (-/-en) *infinity* (11)

der Unfall (-s/⁻e) *accident* (14)

ungarisch *Hungarian* (5)

ungefähr *about, approximately* (7)

der Ungelernte (-n/-n) *unskilled laborer* (9)

ungeputzt *unkempt* (13)

die Ungewissheit (-/-en) *uncertainty* (14)

unglaublich *unbelievable* (7)

ungläubig *skeptical* (9)

das Unglück (-[e]s/-e) *misfortune* (6)

die Universität (-/-en) *university* (1)

die Unordnung (-/-en) *disarray* (10)

das Unrecht (-s/*no pl.*) *injustice* (15)

unser *our* (1)

die Unsicherheit (-/-en) *insecurity* (15)

unten *below, beneath* (6)

unter *under, below* (4); unterwegs *on the way, en route* (11)

unterbrechen *to interrupt* (8)

unter.bringen *to accommodate* (4)

die Unterdrückung (-/-en) *suppression, oppression* (6)

das Untergeschoß (-sses/-sse) *ground floor, first floor* (6)

unterhalten *to converse, to entertain* (2)

die Unterhaltung (-/-en) *conversation, entertainment* (10)

das Unterhemd (-[e]s/-en) *undershirt* (7)

die Unterhose (-/-n) *underpants* (7)

die Unterkunft (-/¨e) *accommodations* (8)

unternehmen *to undertake, venture* (1)

unternehmungslustig *enterprising* (12)

der Unterricht (-[e]s/*no pl.*) *instruction, training* (8); die Unterrichtsstunde *lesson, period* (8)

unterrichten *to teach* (8)

unterscheiden *to distinguish, differentiate* (3)

der Unterschied (-[e]s/-e) *difference* (3); unterschiedlich *different* (5)

unterschreiben *to sign* (10)

die Unterschrift (-/-en) *signature* (4)

unterstellen *suppose, assume* (13)

unterstützen *to support* (8)

die Unterstützung (-/-en) *support, aid* (8)

untersuchen *to examine, investigate* (3)

unter.tauchen *to dive, disappear* (13)

die Unterwäsche (-/*no pl.*) *underwear* (7)

unvergeßlich *unforgettable* (11)

unvoreingenommen *unbiased, unprejudiced* (13)

unvorhergesehen *unforseen* (11)

unvorstellbar *unimaginable* (13)

das Urenkelkind (-[e]s/-er) *great-grandchild* (1)

der Urlaub (-s/-e) *vacation, holiday* (2); die Urlaubsgestaltung *type of vacation* (11); der Urlaubstag *vacation day* (9)

urplötzlich *very suddenly, totally unexpected* (10)

ursprunglich *originally* (15); die Ursprünglichkeit *originality* (11)

das Urteil (-[e]s/-e) *judgement, decision* (13)

V

variieren *to vary* (7)

der Vater (-s/¨) *father* (1); das Vaterland *homeland* (11); väterlich *fatherly* (13)

der Vegetarier (-s/-) *vegetarian* (3)

vegetarisch *vegetarian* (5)

das Ventil (-s/-e) *vent, outlet* (12)

verabredet *pre-arranged, set* (7)

s. verabschieden *to say good-bye* (1)

veraltet *obsolete, out-dated* (8)

verändern *to alter, change* (5)

die Veränderung (-/-en) *alteration, change* (14)

veranstalten *to arrange, stage* (10)

die Veranstaltung (-/-en) *event* (5); der Veranstaltungskalendar *calendar of events* (10)

verantwortlich *responsible* (14)

die Verantwortung (-/-en) *responsibility* (9); verantwortungsvoll *responsible* (12)

die Verarmung (-/-en) *impoverishment* (13)

der Verband (-[e]s/¨e) *association, union* (6)

verbannen *to banish, deport* (14)

verbessern *to correct, revise* (4)

verbieten *to forbid* (13)

verbinden *to tie, bind* (2)

die Verbindung (-/-en) *connection, combination* (15)

verbrauchen *to use* (9)

das Verbrechen (-s/-) *crime* (7)

die Verbrennung (-/-en) *burning, incineration* (14)

verbringen *to spend (time)* (1)

verdammt *damned* (12)

verdanken *to owe, be indebted to* (12)

verdienen *to earn, to merit* (9)

verdrängen *to repress* (14)

die Verdrängung (-/-en) *repression* (15)

der Verein (-s/-e) *union* (10)

vereinbar *compatible* (9); vereinbaren *to agree upon, arrange* (12); die Vereinbarkeit *consistency* (12)

die Vereinigung (-/-en) *unification* (15)

s. verfahren *to get lost (driving)* (8, 14)

verfassen *to compose, write* (9)

der Verfasser (-s/-) *author, writer* (9)

verfügbar *available* (12)

die Verfügung (-/-en) *disposal* (7)

vergangen *gone, past* (6); die Vergangenheit *the past* (15); die Vergangenheitsbewältigung *coming to terms with the past* (15)

vergeben *to forgive* (14)

vergeblich *in vain* (9)

vergehen *to pass away, to disappear* (8)

die Vergeltungsaktion (-/-en) *retribution* (15)

vergessen *to forget* (3)

der Vergleich (-[e]s/-e) *comparison* (6); vergleichsweise *comparatively* (5)

vergleichen *to compare* (4)

das Vergnügen (-s/-) *pleasure, entertainment* (11)

verhaften *to arrest* (4)

das Verhalten (-s/*no pl.*) *behavior, attitude* (6)

das Verhältnis (-ses/-se) *relationship, status* (9); verhältnismäßig *proportional, comparative* (5)

verhandeln *to negotiate* (9)

verheerend *devastated, ravaged* (14)

verheiratet *married* (1)

verhindern *to prevent* (6)

verkabeln *to have cable installed* (10)

verkaufen *to sell* (5)

der Verkäufer (-s/-), die Verkäuferin (-/-nen) *salesperson* (5)

der Verkaufsartikel (-s/-) *item for sale* (7)

die Verkaufsstrategie (-/-n) *sales strategy* (7)

der Verkehr (s/*no pl.*) *traffic* (2); das Verkehrsamt *tourist office* (11); das Verkehrsbetrieb *traffic operation* (6); das Verkehrsmittel *means of transportation* (5); der Verkehrstarif *fare* (15); die Verkehrsverbindung *connection* (6); der Verkehrsverein *tourist bureau* (10)

verkehren *to run (traffic)* (11)

verkehrt *wrong, confused* (12)

verkraften *to bear, handle, cope with* (9)

verlangen *to demand, claim* (11)

verlängern *to lengthen, extend* (4)

die Verlängerung (-/-en) *extension* (13)

verlassen *to leave, quit* (6)

s. verlassen *to rely on* (12)

verlaufen *to lose one's way* (6)

verleben *to spend, pass* (13)

verletzen *to injure* (10)

der Verletzte (-n/-n) *injured person* (10)

die Verletzung (-/-en) *injury* (10)

verlieren *to lose* (5)

verloren.gehen *to get lost* (7)

vermehren *to increase, multiply* (12)

vermeiden *to avoid* (2)

die Vermeidung (-/-en) *avoidance* (14)

vermieten *to rent out* (4)

der Vermieter (-s/-) *tenant* (4)

vermissen *to miss* (1)

vermitteln *to arrange, negotiate* (4)

das Vermittlungsbüro (-s/-s) *procurement office* (4)

vermögen *to be able to, capable of* (3)

vermuten *to suppose, guess* (14)

vernehmen *to perceive, to hear of* (9)

vernünftig *sensible, rational* (3)

veröffentlichen *to publish, make public* (9)

die Verpackung (-/-en) *packaging* (14)

verpestet *polluted* (14)

die Verpflegung (-/-en) *supply, provisions* (13)

verreisen *to go on a trip* (2)

verrichten *to do, perform, carry out* (12)

verrückt *crazy* (9)

versäumen *to miss, let slip* (7)

verschieden *different* (3); verschiedenartig *of a different kind* (13)

s. verschlafen *to oversleep* (7)

verschlechtern *to become worse* (9)

verschmutzen *to pollute* (14)

die Verschmutzung (-/-en) *pollution* (14)

verschreiben *to prescribe* (5); verschreibungspflichtig *by prescription only* (6)

verschwenden *to waste* (14)

die Verschwendung (-/-en) *waste* (14)

verschwinden *to disappear* (7)

verseucht *contaminated* (14)

die Verseuchung (-/-en) *contamination* (14)

versetzen *to displace, shift* (8)

die Versicherung (-/-en) *insurance* (6); die Versicherungsgesellschaft *insurance company* (7)

versorgen *to provide, supply* (12)

die Versorgung (-/-en) *support, public assistance* (5); die Versorgungsgemeinschaft *public assistance agency* (12)

die Verstädterung (-/no pl.) *urbanization* (12)

verständlich *understandable* (15)

das Verständnis (-ses/no pl.) *sympathy* (8); verständnisvoll *sympathetic* (12)

verstärken *to strengthen, reinforce* (13)

verstehen *to understand* (1)

s. verstehen *to get along with* (4)

verstopft *clogged, jammed* (10)

der Versuch (-[e]s/-e) *attempt, trial* (12)

versuchen *to try* (2)

der Verteidiger (-s/-) *defender* (10)

verteilen *to distribute* (4)

vertragen *endure, tolerate* (7)

vertrauen *to trust* (8)

vertraulich *confidential* (1)

vertreten *to represent* (9)

der Vertreter (-s/-) *representative* (15)

die Vertretung (-/-en) *representation* (8)

vertrieben *expelled, driven out* (13)

verunsichert *bothered* (12)

vervielfältigen *multiply* (12)

s. verwählen *to dial the wrong number* (2)

die Verwaltung (-/-en) *administration* (8); der Verwaltungsleiter (-s/-) *director* (9)

der Verwandte (-n/-n) *relative* (4)

verweigern *to deny, refuse* (8)

verwenden *to use, employ* (14)

verwirklichen *to realize, become true* (12)

verwitwet *widowed* (1)

verwöhnen *to spoil* (3)

verwöhnt *spoiled* (11)

verwüsten *to devastate, to lay waste* (15)

das Verzeichnis (-ses/-se) *list, catalogue* (11)

verzichten *renounce, resign* (6)

die Viehfarm (-/-en) *livestock farm* (14)

viel *many* (1)

die Vielfalt (-/no pl.) *variety* (10); die Vielfältigkeit *diversity* (11)

vielleicht *maybe, perhaps* (2)

vielseitig *many-sided, versatile* (10)

die Vielvölkerstaat (-[e]s/-en) *a multinational country* (13)

vier *four* (1); vierzehn *fourteen* (1); vierzig *forty* (1)

das Viertel (-s/-) *fourth, quarter* (4); die Viertelstunde *quarter hour* (6)

violett *purple* (6)

das Visum (-s/-sa) *visa* (13)

das Vitamin (-[e]s/-e) *vitamin* (3); vitaminreich *rich in vitamins* (3)

der Vogel (-s/-) *bird* (3)

das Volk (-[e]s/-er) *people, nation, race* (9); die Volkshochschule *classes for adults at night* (10); volkseigen *nationalized* (9); die Volksschule *grade school* (9)

voll *full, solid* (2); völlig *completely* (3); vollschlank *plump* (7); vollständig *complete, whole* (9)

das Vollkornbrot (-[e]s/-e) *whole grain bread* (5)

die Vollpension (-/-en) *three meals a day* (8)

der Volltreffer *bull's eye* (7)

die Vollzeitarbeit (-/-en) *full time work* (12)

von *from, of, out of* (1)

vor *before, in front of* (1); voran *ahead* (8); vorbei *over, past* (6); vorgestern *the day before yesterday* (7); vorher *previously* (3); vorig *former, previous* (7); vorletzt *next to last* (9); vorne *in front* (9)

voran.kommen *make headway, progress* (12)

die Voraus.sage (-/-n) *forecast* (7)

voraussagen *to predict* (9)

die Voraussagung (-/-en) *prediction* (15)

die Voraussetzung (-/-en) *prerequisite, requirement* (8)

der Vorbehalt (-[e]s/-e) *reservation, reserve* (10)

vorbei.gehen *to pass by* (6)

vorbei.kommen *to drop by* (5)

vor.bereiten *to prepare* (7)

die Vorbereitung (-/-en) *preparation* (8)

der Vordergrund (-[e]s/-e) *foreground* (12)

vor.führen *bring forward, show* (13)

die Vorfreude (-/-n) *anticipation* (14)

der Vorgänger (-s/-) *predecessor* (15)

vor.gehen *to go forward, advance* (14)

vorgezeichnet *indicated* (9)

vor.haben *to intend, have in mind* (9)

vorhanden *on hand, available* (4)

vorhergehend *preceding, foregoing* (13)

die Vorhersage (-/-n) *prediction* (7)

vorher.sagen *to predict* (7)

vor.kommen *to be found, to occur* (8)

die Vorlesung (-/-en) *lecture, class* (8); das Vorlesungsverzeichnis *lecture schedule* (8)

der Vormittag (-s/-e) *morning* (3)

der Vorname (-n/-n) *first name* (1)

das Vorrecht (-[e]s/-e) *privilege* (10)

der Vorort (-[e]s/-e) *suburb* (4)

der Vorsatz (-es/-e) *intention, plan* (9)

die Vorsicht (-/no pl.) *caution, care* (3); vorsichtig! *look out!* (7); vorsichtshalber *as a precaution* (13)

vor.stellen *to imagine* (1)

s. vorstellen *to introduce oneself*

die Vorstellung (-/-en) *introduction, idea* (6); das Vorstellungsgespräch *preliminary interview* (9)

der Vorschlag (-[e]s/-e) *suggestion* (2)

vor.schlagen *to suggest, to advise* (9)

die Vorspeise (-/-n) *appetizer* (3)

der Vorteil (-[e]s/-e) *advantage* (5)

der Vortrag (-[e]s/-e) *lecture* (9)

vorübergehend *temporary* (4)

das Vorurteil (-[e]s/-e) *prejudice* (13)

die Vorwahl (-/-e) *primary (election)* (1)

der Vorwand (-[e]s/-e) *pretext, excuse* (6)

vorwärts *forward* (14)

der Vorwurf (-[e]s/-e) *reproach, blame* (10)

vor.ziehen *to prefer* (13)

der Vulkan (-s/-e) *volcano* (11)

W

das WC *toilet* (4)

die Waage (-/-n) *scale* (10)

wachen *to watch* (5)

wachsen *to grow* (12); wachsend *growing, increasing* (14)

das Wachstum (-s/no pl.) *growth* (14)

der Wackelpudding (-s/-e) *jello* (3)

wacklig *shaky* (4)

die Waffe (-/-n) *weapon* (8); der Waffendienst *military service* (8); das Waffenverbot *gun control* (13)

der Wagen (-s/-) *car* (6)

wagen *to risk, to dare* (6)

die Wahl (-/-en) *choice, election* (3)

wählen *to choose, to vote* (3)

wahnsinnig *crazy* (12)

wahr *true* (8)

während *during* (3)

wahrscheinlich (un) *probable, improbable* (5)

der Wald (-es/ er) *woods, forest* (4); das Waldgebiet *wooded area* (6); der Waldpilz *wild mushroom* (3); der Waldrand *edge of the forest* (10); das Waldsterben *the dying of the forest due to environmental pollution* (4)

der Walzer (-s/-) *waltz* (3)

wandern *to hike* (11)

die Wanderkarte (-/-n) *a map of hiking trails* (11)

wann *when* (1)

warm *warm* (3)

warten *to wait* (1)

die Warteliste (-/-n) *waiting list* (4)

die Wartezeit (-/-en) *waiting time* (8)

warum *why* (1)

was *what* (1)

das Waschbecken (-s/-) *sink* (4)

die Wäsche (-/-n) *laundry* (4)

waschen *to wash* (5)

s. waschen *to wash oneself* (7)

die Waschmaschine (-/-n) *washing machine* (8)

das Waschmittel *detergent* (14)

das Wasser (-s/-) *water* (4); der Wasserhahn *faucet* (12); der Wassernotstand *drought* (14); der Wassernutzer *user of water* (10); der Wasserskiläufer *water skier* (10)

der Wechsel (-s/-) *change, exchange* (7)

wechseln *to change, to exchange (money)* (1); wechselnd *changing* (7)

wecken *to wake* (8)

weder ... noch *neither ... nor* (10)

der Weg (-[e]s/-e) *way, path, method* (6)

weg.bringen *to take away, remove* (10)

wegdenken *to imagine as not being there* (15)

wegen *because of* (4)

weg.fahren *to drive away* (2)

weg.fallen *to be omitted* (8)

weg.gehen *to go away or off* (6)

weg.hören *to not listen to, to ignore* (15)

weg.nehmen *to take away, to rob* (7)

weg.sehen *to look away, to ignore* (15)

weg.sterben *to die off* (10)

das Wegwerfprodukt (-[e]s/-e) *disposable product* (14)

weh *sore, painful, woeful* (6)

der Wehrdienst (-[e]s/-e)/die Wehrpflicht (-/-e) *compulsory military service* (8)

s. wehren *to defend oneself* (13)

die Wehrmacht (-/no pl.) *armed services* (9)

wehrpflichtig *liable to military service* (8)

das Weibchenverhalten (-s/no pl.) *wifely behavior* (12)

die Weiblichkeit (-/no pl.) *womanliness* (12)

weich *soft, gentle* (7); der Weichkäse *soft cheese* (5)

die Weihnachten (pl.) *Christmas* (2); der Weihnachtsmann *Santa Claus* (2)

weil *because* (3)

die Weile (-/-n) *while* (3)

der Wein (-[e]s/-e) *wine* (3); die Weintraube *grape* (5)

weinen *to cry* (7)

die Weise (-/-n) *manner, way* (13)

weiß *white* (7)

weit *far* (3); weiter *farther, furthermore* (3); weiterhin *moreover* (7)

die Weite (-/-n) *width, distance* (11)

die Weiterbildung (-/no pl.) *continued education* (8)

weitergehen *to go on, to move on* (10)

weitfahren *to drive a long way* (10)

welch- *which* (1)

die Welt (-/-en) *world* ; die Weltklasse *World Class* (11); der Weltkrieg *World War* (9); die Weltmacht *world power* (15); die Weltmeisterschaft *world championship* (10); die Weltreise *trip around the world* (9)

die Wende (-/-n) *turn, change* (9)

wenden *to turn, to change* (1)

wenig *few* (1); wenigstens *at least* (4)

wenn *if, when, whenever* (1)

wer *who* (1)

werben *to advertise* (6)

der Werbeslogan (-s/-s) *slogan* (11)

der Werbespot (-s/-s) *commercial* (10)

die Werbung (-/-en) *advertisements, commercials* (10)

werden *to become* (1)

werfen *to throw* (7)

werkseigene *company-owned, cooperative* (3)

der Wert (-es/-e) *value, worth* (7); wertlos *worthless* (8); wertvoll *valuable* (8); die Wertvorstellung *assessment of value* (13)

das Wesenmerkmal (-s/-e) *characteristic* (13)

wesentlich *essential* (8)

der Westen *west* (4)

der Wettbewerb (-[e]s/-e) *competition, contest* (11)

das Wetter (-s/-) *weather* (1); die Wetteraussicht *weather outlook* (7); die Wetterbedingung *weather condition* (7); der Wetterbericht *weather report* (7); die Wetterkarte *weather map* (7); die Wetterlage *weather conditons* (7); die Wettervorhersage *weather forecast* (7)

wichtig *important* (1)

widersprüchlich *contradictory, inconsistent* (15)

wie *how* (1)

wieder *again* (1)

der Wiederaufbau (-s/no pl.) *reconstruction* (15)

wiedergutmachen *to make good, to make reparations* (15)

die Wiedergutmachung (-/no pl.) *reparation* (15)

wiederholen *to repeat* (8)

die Wiedervereinigung (-/no pl.) *reunification* (9)

die Wiese (-/-n) *meadow, lawn* (6)

das Wild (-s/no pl.) *game (meat)* (3)

wimmeln *to swarm* (9)

die Windel (-/-n) *diaper* (14)

windig *windy* (7)

der Winter (-s/-) *winter* (2)

wir *we* (1)

der Wirbel (-s/-) *whirl, whirlpool* (14)

wirken *to work, to effect* (5)

wirklich *really* (1)

die Wirklichkeit (-/-en) *reality* (10)

wirksam *effective* (13)

wirkungsvoll *effective* (14)

die Wirtin (-/-nen) *hostess* (10)

die Wirtschaft (-/-en) *economy, trade and industry, business* (8); wirtschaftlich *economic(ally)* (9); die Wirtschaftskrise *economic crisis* (13); die Wirtschaftslehre *economics* (8); die Wirtschaftsmacht *economic power* (9); die Wirtschaftsordnung *economic order* (9); das Wirtschaftswunder *economic miracle* (13); die Wirtschaftswissenschaft *economics* (8)

wirtschaften *to keep house, to operate, to manage* (9)

wissen *to know* (1)

die Witwe (-/-n) *widow* (1)

witzig *witty, funny* (7)

wo *where* (1)

die Woche (-/-n) *week* (1); die Wochenarbeitszeit *weekly work-time* (9); das Wochenende *weekend* (1);

wohl *well* (6); der Wohlstand *prosperity, wealth* (9)

wohnen *to live* (1); wöhnlich *comfortable, cosy* (1)

die Wohngegend (-/-en) *residential area* (4)

die Wohngemeinschaft (-/-en) *a group of unrelated people living together* (1)

das Wohnheim (-[e]s/-e) *student dormitory* (4); der Wohnheimplatz *a place in a student dormitory* (8)

die Wohnküche (-/-n) *efficiency kitchen* (4)

das Wohnmobil (-s/-s) *camper* (11)

der Wohnort (-s/-e) *residence* (1)

der Wohnraum (-[e]s/ːe) *living space* (4)

die Wohnung (-/-en) *apartment* (1); das Wohnungsangebot *apartment listings* (4); die Wohnungsbaugesellschaft *housing developer* (4); die Wohnungsnot *scarcity of apartments* (4); die Wohnungssuche *apartment hunt* (4); der Wohnungssuchende *apartment hunter* (4)

der Wohnwagen (-s/-) *camper* (10)

das Wohnzimmer (-s/-) *living room* (4)

die Wolke (-/-n) *cloud* (14)

wolkig *cloudy* (7)

wollen *to want to* (1)

das Wort (-es/ːer) *word* (1)

s. wundern *to wonder* (13)

wunderschön *wonderful* (1)

der Wunsch (-es/ːe) *wish* (8)

s. wünschen *to wish* (1)

die Wurst (-/ːe) *sausage, lunch meats* (3); die Wurstwaren *lunch meats, cold cuts* (5)

die Wurzel (-/-n) *root* (7)

Z

die Zahl (-/-en) *number, amount* (1); zahlreich *numerous* (9)

zahlen *to pay* (3)

zählen *to count* (5)

der Zahn (-[e]s/ːe) *tooth* (7); der Zahnarzt *dentist* (2); die Zahnbürste *tooth brush* (7); die Zahnpasta *tooth paste* (7)

zärtlich *tender* (12); die Zärtlichkeit *tenderness* (12)

zartrosa *pale pink* (11)

der Zaun (-[e]s/ːe) *fence* (4)

zehn *ten* (1); das Zehntel *tenth* (8)

das Zeichen (-s/-) *sign* (11)

zeigen *to show* (3)

die Zeile (-/-n) *line* (3)

die Zeit (-/-en) *time* (1); zeitgenössisch *contemporary* (6); zeitraubend *time-consuming* (14); zeitweilig *temporary* (8); zeitweise *from time to time* (7)

der Zeitdruck (-[e]s/-e) *time pressure* (12)

der Zeitplan (-s/ːe) *schedule* (8)

der Zeitpunkt (-[e]s/-e) *moment, instant* (9)

die Zeitschrift (-/-en) *magazine* (5)

die Zeitung (-/-en) *newspaper* (3); die Zeitungsannonce, Zeitungsanzeige *newspaper ad* (5); Zeitungsvoluntariat *trainee at a newspaper* (4)

der Zeitzeuge (-n/-n) *eye witness* (15)

das Zelt (-es/-e) *tent* (11)

das Zentrum (-s/-tren) *downtown, center* (9)

zerbrechen *break into pieces* (8)

zerfressen *to corrode* (14)

zerstören *to destroy* (5)

zerstörerisch *destructive* (14)

die Zerstörung (-/-en) *destruction* (14)

zertrampeln *to trample down, crush* (10)

der Zettel (-s/-) *slip of paper* (3)

das Zeug (-[e]s/-e) *stuff, material* (7)

ziehen *to pull, to move (somewhere)* (4)

das Ziel (-[e]s/-e) *aim, objective, goal* (5)

ziemlich *rather* (2)

die Zigarette *cigarette* (5)

das Zimmer *room* (3); das Zimmermädchen *maid* (9); die Zimmerreservierung *room reservation* (11); die Zimmersuche *search for a room* (11)

der Zimt *cinnamon* (3)

zitieren *to cite* (1)

der Zivildienst *optional service for conscientious objectors* (1)

der Zoll (-s/ːe) *customs* (7)

zu *to, at, too* (1); zu Fuß *by foot, walking* (4); zu Hause *at home* (1); zu viert *four people* (4); zugleich *at the same time* (9); zugrunde gehen *perish* (13); zuvor *before, previously* (7)

zubereitet *prepared* (11)

züchten *to breed, to raise* (9)

der Zucker (-s/no pl.) *sugar* (3)

zueinander *to each other* (3)

zuerst *at first, first* (4)

zufällig *by chance, coincidentally* (3)

zufrieden *content* (4); zufriedenstellend *satisfying* (12)

der Zug (-[e]s/ːe) *train* (4); die Zugverbindung *train connection* (11)

zugänglich *accessible* (12)

zu.geben *to admit* (5)

zu.gehen *to close, shut* (6)

das Zugehör (-s/no pl.) *equipment* (5); die Zugehörigkeit *membership* (13)

zugelegt *raised* (12)

zugeparkt *parked-in, blocked* (10)

zugesehen *looked to, saw* (6)

die Zukunft (-/no pl.) *future* (5)

zu.lassen *to allow, permit* (13)

die Zulassung (-/-en) *permit* (8)

der Zulauf (-es/no pl.) *rush of people* (13)

zu.machen *to close, shut* (5)

zumindest *at least* (4)

zunächst *first of all, above all* (8)

zu.nehmen *to gain weight* (9)

zunehmend *gaining, increasing* (7)

zu.rasen *to race into* (6)

zurecht *right, in order* (6); s. zurecht.finden *to find one's way* (8)

zurück *back, behind* (2)

zurück.bekommen *to get back* (10)

zurück.bringen *to bring back* (10)

zurück.denken *to think back on* (8)

zurück.fahren *to drive back, return* (5)

zurück.fliegen *to fly back* (5)

zurück.gehen *to go back, return* (1)

zurück.kehren *to turn back* (8)

zurück.kommen *to come back* (2)

zurück.rufen *to call back* (1)

zurück.schicken *to send back* (13)

zurück.treten *to step back, to resign* (9)

zu.sagen *to promise* (11)

zusammen *together* (1)

zusammen.arbeiten *to cooperate, to work together* (13)

zusammen.brechen *to break down* (9)

der Zusammenbruch (-s/ːe) *breakdown, collapse* (9)

zusammen.fassen *summarize* (7)

zusammen.halten *to hold together* (12)

der Zusammenhang (-s/ːe) *connection, context* (8)

zusammen.leben *to live together, to get along* (12)

zusammen.nehmen *to gather up, to collect* (12)

zusammen.passen *to fit together* (12)

zusammen.schlagen *to beat up* (13)

zusammen.stehen *to stand together* (15)

zusammen.stellen *to put together, to group* (5)

der Zusatz (-es/ːe) *addition* (13); zusätzlich *additional, supplmentary* (4)

zu.schauen *to watch* (9)

der Zuschauer (-s/-) *spectator* (10)

der Zustand (-s/ːe) *condition, shape* (9)

die Zustimmung (-/-en) *consent, agreement* (13)

zutreffend *true, applicable* (13)

zuverlässig *dependable* (6)

zuversichtlich *confident, optimistic* (9)

der Zuwanderer (-s/-) *immigrant* (13)

zuweisen *to assign* (13)

zwangsläufig *guided, inevitable* (9)

zwanzig *twenty* (1)

zwar *indeed, certainly, of course* (6)

zwei *two* (1); zweimal *twice* (3)

der Zweifel (-s/-) *doubt* (9)

die Zwiebel (-/-n) *onion* (5)

der Zwiespalt (-[e]s/-e) *discord,* conflict (15)

zwingen *to force* (12)

zwischen *between* (4); zwischendurch *through, occasionally* (3); die Zwischenprüfung *pre-major exam* (8)

zwölf *twelve* (1)

zynisch *cynical* (14)

English–German Vocabulary

A

to be able (capable) *können*
about *über*
to accept *akzeptieren*
accessible *zugänglich*
accident *das Unglück (-s/-e)*
accommodations *die Unterkunft (-/-̈e)*
acquaintance *der Bekannte (-n/-n)*
across (from) *gegenüber*
action *die Aktion (-/-en)*
ad(vertisement) *die Anzeige (-/-n)*
to adapt *sich an.passen*
address *die Adresse (-/-n)*
adult *erwachsen*
adventure *das Abenteuer (-s/-)*
advertising *die Werbung (-/-en)*
after *nach* (preposition); *nachdem* (conjunction)
afternoon *der Nachmittag (-s/-e)*
against *gegen*
agricultural reform *die Agrarreform (-/-en)*
air *die Luft (-/-̈e)*
airplane *das Flugzeug (-s/-e)*
airplane ticket *das Flugticket (-s/-s)*
air pollution *die Luftverschmutzung (-/no pl.)*
airport *der Flughafen (-s/-̈)*
to alarm *alarmieren*
to be allowed (permission) *dürfen*
alone *allein*
alternative *alternativ*
although *obwohl*
American *der Amerikaner (-s/-), die Amerikanerin (-/-nen); amerikanisch*
and *und*
answer *die Antwort (-/-en)*
to answer *antworten*
anxiety *die Beunruhigung (-/-en)*
apartment *die Wohnung (-/-en)*
apple *der Apfel (-s/-̈)*
to apply for *bewerben*
apprentice *der Lehrling (-s/-e)*
apprenticeship *die Lehre (-/-n)*
April *der April*
area *die Gegend (-/-e)*

armed services *die Bundeswehr (-/no pl.)*
army *die Armee (-/-n)*
around *um*
arrival *die Ankunft (-/-̈e)*
to arrive *an.kommen*
arrogance *die Überheblichkeit (-/-en)*
art *die Kunst (-/-̈e)*
as soon as *sobald*
to ask *fragen*
to assert oneself, prevail *sich durch.setzen*
assertion *die Behauptung (-/-en)*
to be astounded *staunen*
atmosphere *die Atmosphäre (-/-n)*
to atone for *bußen*
at *an; bei*
at any rate *allerdings*
atomic energy *die Atomkraft (-/no pl.)*
attack, offense *der Angriff (-s/-e)*
attacker, offensive player *der Stürmer (-s/-)*
to attend (a course) *belegen*
attractive *attraktiv*
August *der August*
aunt *die Tante (-/-n)*
auto *das Auto (-s/-s)*
to avoid *vermeiden*
away, at a distance *entfernt*
away from *abseits*

B

back home *daheim*
bad *schlecht; schlimm;* (naughty) *böse*
bakery *die Bäckerei (-/-en)*
balcony *die Terrasse (-/-n)*
to ban *verbannen*
banana *die Banane (-/-n)*
bank *die Bank (-/-en)*
bar *die Kneipe (-/-n)*
barber *der Friseur (-s/-e)*
basement *der Keller (-s/-)*
to bathe *s. baden*
bathroom (with tub) *das Badezimmer (-s/-);* (toilet only) *das WC (-s/-s)*
bathtub *die Badewanne (-/-n)*
to be *sein*
beach *der Strand (-s/-̈e)*
to beat up *zusammen.schlagen*
because *weil*
to become *werden*
bed *das Bett (-es/-en)*
bed and breakfast *die Pension (-/-en)*
beer *das Bier (-es/-e)*
before *bevor*
to begin *beginnen*
behavior *das Verhalten (-s/no pl.)*
to belong (to) *gehören*
beside *neben*
besides *außer*
between *zwischen*

beverage *das Getränk (-s/-e)*
bicycle *das Fahrrad (-s/-̈er)*
big *groß*
biological *biologisch*
biology *die Biologie (-/no pl.)*
birth rate *die Geburtenrate (-/-n)*
birthday *der Geburtstag (-s/-e)*
black *schwarz*
bland *fad*
bloody *blutig*
blouse *die Bluse (-/-n)*
blue *blau*
boat *das Boot (-s/-e)*
bookcase *das Bücherregal (-s/-e)*
booked up *ausgebucht*
bookstore *die Buchhandlung (-/-en)*
border *die Grenze (-/-n)*
boredom *die Langweile (-/no pl.)*
boring *langweilig*
bottle *die Flasche (-/-n)*
bread *das Brot (-es/-e)*
breakfast *das Frühstück (-s/-e)*
to bring *bringen*
to bring along *mit.bringen*
broadcast *die Sendung (-/-en)*
brother *der Bruder (-s/-̈)*
brother-in-law *der Schwager (-s/-̈)*
brown *braun*
building *das Haus (-es/-̈er); die Gebäude (-s/-)*
bus *der Bus (-ses/-se)*
bus stop *die Haltestelle (-/-n)*
but, however, nevertheless *aber*
but rather *sondern*
butcher shop *die Metzgerei (-/-en)*
butter *die Butter (-/-)*

C

cabinet, cupboard *der Schrank (-es/-̈e)*
cable television *das Kabelfernsehen (-s/no pl.)*
café *das Café (-s/-s)*
cafeteria (at school) *die Mensa (-s/-s);* (at work) *die Kantine (-/-n)*
cake *der Kuchen (-s/-); die Torte (-/-n)*
to call (on the telephone) *an.rufen*
car *das Auto (-s/-s); der Wagen (-s/-̈)*
care *die Sorge (-/-n)*
career *die Laufbahn (-/-en), die Karriere (-/-n)*
to carry *tragen*
cashier *die Kasse (-/-n)*
casual *sportlich*
chair *der Stuhl (-es/-̈e)*
to change *ändern;* (train or bus) *um.steigen*
changeable *wechselnd*
chauvinistic *chauvinistisch*
cheap *billig*

check (in restaurant) *die Rechnung*
 (-/-en)
cheese *der Käse (-s/-)*
chemistry *die Chemie (-/no pl.)*
chic *schick*
child *das Kind (-es/-er)*
child fathered by an occupation soldier
 das Besatzungskind (-s/-er)
choice *die Auswahl (-/-en)*
to choose, vote *wählen*
Christmas *Weihnachten (-/-)*
church *die Kirche (-/-n)*
citizenship, nationality *die*
 Staatsbürgerschaft (-/-en)
civil service (as alternative to military
 service) *der Zivildienst (-es/-e)*
class *die Klasse (-/-n)*
to clean up *sauber.machen*
clear (weather) *heiter*
cliché *das Klischee (-s/-s)*
close *dicht*
closet *der Schrank (-es/-̈e)*
clothing *die Kleidung (-/-en)*
cloud *die Wolke (-/-n)*
cloudy *bewölkt; wolkig*
coal *die Kohle (-/-n)*
coat *der Mantel (-/-̈)*
coffee *der Kaffee (-s/-s)*
coffee table *der Couchtisch (-es/-e)*
cold *kalt*
colleague *der Kollege (-n/-n), die Kolle-*
 gin (-/-nen)
color *die Farbe (-/-n)*
colored *farbig*
colorful *bunt*
comb *der Kamm (-es/-̈e)*
to come *kommen*
to come along *mit.kommen*
comfortable *gemütlich; bequem*
commercial broadcasting station *der*
 Kommerzsender (-s/-)
common *gemein*
to communicate *mit.teilen*
to be compatible *zusammen.passen*
completion of secondary education *der*
 Schulabschluß (Schlusses/Schlüsse)
compromise *der Kompromiß*
 (Kompromisses/Kompromisse)
concentration camp *das Konzentra-*
 tionslager (-s/-)
concert *das Konzert (-/-e)*
condition *der Zustand (-s/-̈e)*
condominium *die Eigentumswohnung*
 (-/-en)
conflict *der Konflikt (-s/-e)*
connecting flight *der Anschlußflug*
 (-s/-̈e)
connecting train *der Anschlußzug*
 (-s/-̈e)
consciousness, awareness *das Bewußtsein*
 (-s/no pl.)

consideration *die Rücksicht (-/-en)*
contamination *die Verseuchung (-/-en)*
to contemplate *betrachten*
to converse *s. unterhalten*
cook *der Koch (-es/-̈e)*
to cook *kochen*
cool *kühl*
coping with the past *die Vergangenheits-*
 bewältigung (-/no pl.)
corner *die Ecke (-/-n)*
to correct *korrigieren*
to cost *kosten*
couch *die Couch (-/-es)*
couple *das Paar (-s/-e)*
courageous *mutig*
course *der Kurs (-es/-e)*
cousin *die Kusine (-/-n), der Vetter*
 (-s/-n)
cowardly *feig*
crazy *wahnsinnig*
cream *die Sahne (-/-n)*
credit card *die Kreditenkarte (-/-n)*
crime *die Kriminalität (-/no pl.)*
crisis *die Krise (-/-n)*
to criticize *kritisieren*
to cross (a street) *überqueren*
crude *grob*
cruel, awful *grausam*
cruise *die Kreuzfahrt (-/-en)*
to cry *weinen*
cucumber *die Gurke (-/-n)*
culture shock *der Kulturschock (-s/-e)*
cup *die Tasse (-/-n)*
curious *neugierig*
current *aktuell*; (electric; large river) *der*
 Strom (-s/-̈e);
custom *die Gewohnheit (-/-en)*
to cycle, to ride a bicycle *rad.fahren*

D

daily *täglich*
damaged *geschädigt*
damp *feucht*
to dance *tanzen*
dangerous *gefährlich*
daughter *die Tochter (-/-̈)*
day *der Tag (-es/-e)*
day-care facility *die Beteuerungseinrich-*
 tung (-/-en)
day care for infants *die Krippe (-/-n)*
day-care mother *die Tagesmutter (-/-̈)*
dead *tot*
December *der Dezember*
to decide *sich entschließen*
to defend *wehren; verteidigen*
defense *die Verteidigung (-/-en)*; (in
 soccer) *die Abwehr (-/no pl.)*
defenseman, defensive player *der*
 Verteidiger (-s/-); der Abwehrspieler
 (-s/-)

delicious *lecker*
to demand *verlangen; fordern*
demanding *anstrengend*
departing flight *der Abflug (-s/-̈e)*
department store *das Kaufhaus*
 (-es/-̈er)
departure *die Abfahrt (-/-en)*
dependence *die Abhängigkeit (-/no pl.)*
dependent *abhängig*
depressed *deprimiert*
to describe *beschreiben*
desk *der Schreibtisch (-es/-e)*
destination *das Reiseziel (-s/-e)*
to destroy *zerstören*
destruction *die Zerstörung (-/-en)*
detective show *der Krimi (-s/-s)*
to develop *entwickeln*
development *die Entwicklung (-/-en)*
diaper *die Windel (-/-n)*
to die *sterben*
difficult *schwierig*
difficulty *die Schwierigkeit (-/-en)*
dining room *das Eßzimmer (-s/-)*
dinner *das Abendessen (-s/-)*
disappointed *enttäuscht*
discount travel *die Clubreise (-/-n)*
to discover *entdecken*
to discriminate against *benachteiligen*
to discuss *diskutieren; besprechen*
dishonest *unehrlich*
distribution of duties *die Rollenverteilung*
 (-/-en)
to do *tun; machen*
to dominate *dominieren*
dormitory *das Wohnheim (-s/-e); das*
 Studentenheim (-s/-e)
double room *das Doppelzimmer (-s/-)*
doubt *der Zweifel (-s/-)*
downtown *die Stadtmitte (-/-n); das*
 Stadtzentrum (-s/-Zentren); die Innen-
 stadt (-/-̈e)
draft (universal, military) *die Wehrpflicht*
 (-/no pl.)
to dream *träumen*
dress *das Kleid (-es/-er)*
to dress *s. an.ziehen*
to drink *trinken*
drinking water *das Trinkwasser*
 (-s/no pl.)
to drive, ride *fahren*
to drive away *ab.fahren*
driver *der Fahrer (-s/-)*
drugstore *die Drogerie (-/-n); der*
 Drogeriemarkt (-s/-̈e)
dry *trocken*
dumb, stupid *dumm*
to dust *staub.wischen*
dying off of forests *das Waldsterben*
 (-s/no pl.)

E

each *jed-*
early *früh*
to earn *verdienen*
earth *die Erde (-/-n)*
easy *leicht*
Easter *Ostern (-s/-)*
to eat *essen*
economics *die Wirtschaftswissenschaft (-/no pl.)*
economy *die Wirtschaft (-/-en)*
education *die Ausbildung (-/-en)*
egg *das Ei (-(e)/-er)*
egotistical *egoistisch*
eight *acht*
eighteen *achtzehn*
eighty *achtzig*
either … or *entweder … oder*
elementary education *die Grundschule (-/-n)*
eleven *elf*
emigrant *der Auswanderer (-s/-)/die Auswanderin (-/-nen)*
to emigrate *aus.wandern*
to emphasize *betonen*
to employ *beschäftigen*
employment office *das Arbeitsamt (-s/-er)*
empty *leer*
to endanger *gefährden*
to endure *ertragen*
energy source *die Energiequelle (-/-n)*
to enjoy *genießen*
enormous *enorm*
enough *genug*
enterprise *der Betrieb (-s/-e)*
entertainment *die Unterhaltung (-/-en)*
environment *die Umwelt (-/no pl.)*
environmental damage *der Umweltschaden (-s/-)*
environmental pollution *die Umweltverschmutzung (-/no pl.)*
environmental problem *das Umweltproblem (-s/-e)*
euphoria *die Euphorie (-/no pl.)*
evening *der Abend (-s/-e)*
everyday life *der Alltag (-s/no pl.)*
evil, bad, nasty *übel*
exact(ly) *genau*
exaggerated *übertrieben*
to examine *untersuchen*
excellent *ausgezeichnet; exzellent*
except *außer*
to exert oneself *s. an.strengen*
exhaust fumes *das Autoabgas (-es/-e)*
exhausted *erschöpft*
exhibit *die Ausstellung (-/-en)*
to expect *erwarten*
to explain *erklären*
extended family *die Großfamilie (-/-n)*

extraordinary *außerordentlich*
eye *das Auge (-n/-n)*

F

fabricated *fabriziert*
factory *die Fabrik (-/-en)*
fall *der Herbst (-(e)s/-e)*
to fall *fallen*
false, wrong *falsch*
family *die Familie (-/-n)*
fantastic *phantastisch, toll*
far *weit*
fast *schnell*
fat *dick*
fatty *fett*
favorable *günstig*
fear *die Angst (-/-e); die Furcht (-/no pl.)*
February *der Februar*
to feel (health; feelings) *s. fühlen*
feeling *das Gefühl (-s/-e)*
femininity *die Weiblichkeit (-/no pl.)*
fence *der Zaun (-es/-e)*
fifteen *fünfzehn*
fifty *fünfzig*
final(ly) *endlich*
to find *finden*
to finish, complete *ab.schließen*
finished *fertig*
first-rate *erstklassig*
fish *der Fisch (-es/-e)*
five *fünf*
flight *der Flug (-s/-e)*
floor *der Fußboden (-s/-)*; (of a building) *der Stock (-es/-e)*
to fly *fliegen*
fog *der Nebel (-s/-)*
foggy *neblig*
food *das Lebensmittel (-s/-)*
for *für*
for, since *denn*
to force *erzwingen*
forecast *die Vorhersage (-/-n)*
foreign country *das Ausland (-s/no pl.)*
foreigner *der Ausländer (-s/-)*
fork *die Gabel (-/-n)*
former *ehemalig*
forty *vierzig*
four *vier*
fourteen *vierzehn*
foyer *die Flur (-/-en)*
freeway *die Autobahn (-/-en)*
frequent *häufig*
fresh *frisch*
Friday *der Freitag (-s/-e)*
friend *der Freund (-es/-en), die Freundin (-/-nen)*
friendly *freundlich*
friendship *die Freundschaft (-/-en)*
from *aus; von*

in front of *vor*
fruit *das Obst (-es/no pl.)*
to fulfill *erfüllen*
full *voll*
full of clichés *klischeehaft*
full of variety *abwechslungsreich*
fundamental *grundlegend*
funny *lustig*
furnace *die Heizung (-/-en)*
furniture *die Möbel (pl.)*
furnished *möbliert*
future *die Zukunft (-/no pl.)*

G

garbage *der Abfall (-s/-e)*
gas station *die Tankstelle (-/-n)*
gender *das Geschlecht (-s/-er)*
gender roles *die Geschlechterrollen (pl.)*
geography *die Geographie (-/no pl.)*
German *deutsch-*
Germanic languages and literatures *die Germanistik (-/no pl.)*
Germany *Deutschland, die Bundesrepublik Deutschland, die BRD*
to get (receive) *bekommen*; (fetch) *holen*
to get ahead *voran.kommen*
to get into (a vehicle) *ein.steigen*
to get out (of a vehicle) *aus.steigen*
to give *geben*
to give up, quit *auf.geben*
glass *das Glas (-es/-er)*
to go *gehen*
to go back *zurück.gehen*
to go out *aus.gehen*
goal *das Tor (-s/-e)*
goalie *der Torwart (-s/-e)*
good *gut*
grade (education) *die Note (-/-n)*
gradual(ly) *allmählich*
gram *das Gramm (-s/-e)*
grandchild *das Enkelkind (-s/-er)*
grandmother *die Großmutter (-/-)*
gravy *die Soße (-/-n)*
great-grandchild *das Urenkelkind (-s/-er)*
green *grün*
grey *grau*
grief *die Trauer (-/no pl.)*
grocery store *das Lebensmittelgeschäft (-s/-e); der Supermarkt (-s/-e)*
growth *das Wachstum (-s/no pl.)*
guest *der Gast (-es/-e)*
guest worker *der Gastarbeiter (-s/-)/die Gastarbeiterin (-/-nen)*
guilt *die Schuld (-/no pl.)*

H

hair *das Haar (-es/-e)*
half *halb*
halftime *die Halbzeit (-/-en)*

happiness; luck *das Glück* (-s/no pl.)
happy *froh*; (lucky) *glücklich*
to be happy *s. freuen*
hat *der Hut* (-es/¨e)
hatred *der Haß* (hasses/no pl.)
hatred of foreigners *der Ausländerhaß* (-hasses/no pl.)
to have *haben*
to have to *müssen*
he *er*
heavy *schwer*
hectic *hektisch*
hedge *die Hecke* (-/-n)
to help *helfen*
helpless *hilflos*
her *ihr*
high school *das Gymnasium* (-s/Gymnasien)
to hike *wandern*
hiker's shoe *der Wanderschuh* (-s/-e)
hiking *das Wandern* (-s/no pl.)
to hinder, prevent *verhindern*
to hire *an.stellen*
his *sein*
history *die Geschichte* (-/no pl.)
to hit *schlagen*
home *die Heimat* (-/-en)
homeless person *der Obdachlose* (-n/-n)/*die Obdachlose* (-/-n)
homesickness *das Heimweh* (-s/no pl.)
honest *ehrlich*
to hope *hoffen*
hostile toward foreigners *ausländerfeindlich*
hostility toward foreigners *die Ausländerfeindlichkeit* (-/no pl.)
hot *heiß*
hour *die Stunde* (-/-n)
house *das Haus* (-es/¨er)
housecleaning *der Hausputz* (-es/no pl.)
household *der Haushalt* (-s/-e)
household trash *der Hausmüll* (-s/no pl.)
househusband *der Hausmann* (-s/¨er)
housework *die Hausarbeit* (-/no pl.)
how *wie*; how much *wieviel*
huge *riesig*
humid *schwül*
hundred *hundert*
to hurry *s. beeilen*

I

I *ich*
identity *die Identität* (-/-en)
illness *die Krankheit* (-/-en)
illogical *unlogisch*
immigrant *der Zuwanderer* (-s/-)/*die Zuwanderin* (-/-nen)
immigration authorities *die Immigrationsbehörde* (-/-n)
important *wichtig*

impressive *beeindruckend*
in *in*
independence *die Unabhängigkeit* (-/no pl.)
indigenous, at home *heimisch*
industrious *fleißig*
industry *die Industrie* (-/-n)
infant *das Kleinkind* (-s/-er)
to influence *beeinflußen*
information *die Auskunft* (-/¨e)
inhabitant *der Einwohner* (-s/-)/*die Einwohnerin* (-/-nen)
to injure *verletzen*
injured player *der Verletzte* (-n/-n)
injury *die Verletzung* (-/-en)
injustice *das Unrecht* (-s/-e)
inn *der Gasthof* (-s/¨e)
insecurity *die Unsicherheit* (-/-en)
instruction *der Unterricht* (-s/-e)
insult *die Beleidigung* (-/-en)
to insult *beleidigen*
to interest (oneself) *s. interessieren*
interesting *interessant*
to introduce (oneself); to imagine *s. vor.stellen*
introduction *die Einführung* (-/-en)
to invite *ein.laden*
to get involved *s. engagieren*
to iron *bügeln*
it *es, er, sie*
its (poss.) *sein*

J

jacket *die Jacke* (-/-n)
jam *die Marmelade* (-/-n)
January *der Januar*
jeans *die Jeans* (-/-)
Jew *der Jude* (-n/-n)/(jewess) *die Judin* (-/-nen)
Jewish *jüdisch*
job *der Beruf* (-s/-e); *der Job* (-s/-s)
job change *der Berufswechsel* (-s/-)
job choice *die Berufswahl* (-/-en)
job training *die Berufsausbildung* (-/-en)
jogging *das Joggen* (-s/no pl.)
joy *die Freude* (-/-n)
judgment, critical opinion *die Beurteilung* (-/-en)
juice *der Saft* (-es/¨e)
July *der Juli*
June *der Juni*
to justify *gerechtfertigen*

K

to kill *um.bringen*
kilogram *das Kilogramm* (-s/-e)
kitchen *die Küche* (-/-n)
knife *das Messer* (-s/-)

to get to know *kennen.lernen*
to know, be familiar with *kennen*; to know a fact *wissen*

L

lacking *mangelnd*
lake (fresh water) *der See* (-s/-n)
lamp *die Lampe* (-/-n)
landlady *die Vermieterin* (-/-nen)
landlord *der Vermieter* (-s/-)
to last *dauern*
late *spät*
later *später*
to laugh *lachen*
law *das Gesetz* (-es/-e); (basic constitutional) *das Grundgesetz* (-es/-e)
law (studies) *die Jura* (-/no pl.)
to lay *legen*
to learn *lernen*; *erfahren*
to leave *verlassen*
lecture course *die Vorlesung* (-/-en)
left *links*
leg *das Bein* (-s/-e)
legal *gesetzlich*
leisure time *die Freizeit* (-/-en)
leisure-time activity *die Freizeitaktivität* (-/-en)
to lend out *aus.leihen*
lettuce *der Salat* (-s/-e)
library *die Bibliothek* (-/-en)
to lie *liegen*
life style *der Lebensstil* (-s/-e)
to like *mögen*
to limit *ein.schränken*
liter *das Liter* (-s/-)
to live *leben, wohnen*
to live together *zusammen.leben*
living room *das Wohnzimmer* (-s/-)
logical *logisch*
long *lang*
long-term stress *der Dauerstreß* (Dauerstresses/Dauerstresse)
to look, appear *aus.sehen*
to look around *um.sehen*
to look at *an.sehen*; *an.schauen*
to look for *suchen*
to look like, appear *aus.sehen*
to lose *verlieren*
love *die Liebe* (-/-n)
lunch *das Mittagessen* (-s/-)
luxury *der Luxus* (-es/no pl.)

M

machine *die Maschine* (-/-n)
major (education) *das Hauptfach* (-s/¨er)
map (city) *der Stadtplan* (-s/¨e); (roads) *die Landkarte* (-/-n)
March *der März*
marital problem *das Eheproblem* (-s/-e)

marked with signs *ausgeschildert*
marriage *die Eheschließung (-/-en)*
to marry *heiraten*
mass *die Masse (-/-n)*
mathematics *die Mathematik (-/no pl.)*
May *der Mai*
meal *die Mahlzeit (-/-en)*
meat *das Fleisch (-es/no pl.)*
medicine studies *die Medizin (-/no pl.)*
mellow *harmonisch*
menu *die Speisekarte (-/-n)*
message *die Nachricht (-/-en)*
midfield *das Mittelfeld (-s/no pl.)*
midnight *die Mitternacht (-/ˀe)*
military *das Militär (-s/no pl.)*
milk *die Milch (-/no pl.)*
minor (education) *das Nebenfach (-s/ˀer)*
minority *die Minderheit (-/-en)*
miserable *elend*
misgivings *die Befürchtung (-/-en)*
to mistrust *mißtrauen*
misunderstanding *das Mißverständnis (-ses/ˀse)*
mobile home *das Wohnmobil (-s/-e)*
mobility *die Mobilität (-/no pl.)*
Monday *der Montag (-s/-e)*
month *der Monat (-s/-e)*
mood *die Stimmung (-/-en)*
morning *der Morgen (-s/-)*
mother *die Mutter (-/ˀ)*
motherhood *die Mutterschaft (-/no pl.)*
motor traffic *der Autoverkehr (-s/-e)*
to move *um.ziehen;* (out) *aus.ziehen;* (in) *ein.ziehen*
multicultural *multikulturell*
multinational *multinational*
murder *die Ermordung (-/-en)*
muscle *der Muskel (-s/-)*
museum *das Museum (-s/Museen); das Kunsthaus (-es/ˀer)*
music *die Musik (-/no pl.)*
mustard *der Senf (-es/-e)*
mutual *gegenseitig*
my *mein*

N

name *der Name (-n/-n)*
to name *nennen*
to be named, to be called *heißen*
napkin *die Serviette (-/-n)*
narrow *eng*
natural gas *das Erdgas (-es/-e)*
nature *die Natur (-/no pl.)*
near *nah*
necessary *notwendig*
to need *brauchen*
neighbor *die Nachbarin (-/-nen), der Nachbar (-n/-n)*
nephew *der Neffe (-n/-n)*

nervous *nervös*
nevertheless *dennoch*
new *neu*
news *die Nachrichten (pl.)*
next (to) *neben*
nice *nett*
niece *die Nichte (-/-n)*
night *die Nacht (-/ˀe)*
night life *das Nachtleben (-s/-)*
nine *neun*
nineteen *neunzehn*
ninety *neunzig*
no *nein; nicht*
no one *niemand*
noise *der Lärm (-s/no pl.)*
none *kein*
noon *der Mittag (-s/-e)*
to notice *merken*
November *der November*
nuclear energy *die Kernenergie (-/no pl.)*

O

to obey *gehorchen*
obstacle *das Hindernis (-ses/-se)*
occupation *der Beruf (-s/-e)*
October *der Oktober*
of *von*
to offer *an.bieten*
office *das Amt (-s/ˀer); das Büro (-s/-s)*
oil *das Öl (-s/-e)*
old *alt*
one *eins, ein-*
onion *die Zwiebel (-/-n)*
open *offen*
to be open *auf.haben*
to open up *auf.machen*
opera *die Oper (-/-n)*
or *oder*
to order (food) *bestellen*
to organize *organisieren*
origin *die Abstammung (-/-en)*
our *unser*
out (of) *aus*
outing *der Ausflug (-s/ˀe)*
over *über*
to overcome *bewältigen*

P

to pack *ein.packen*
package trip *die Pauschalreise (-/-n)*
packaging *die Verpackung (-/-en)*
paid childcare *das Erziehungsgeld (-s/-er)*
painful *schmerzlich*
panic *die Panik (-/-en)*
pants *die Hose (-/-n)*
parents *die Eltern (-/-)*
park *der Park (-s/-s)*
to park *parken*
partnership *die Partnerschaft (-/-en)*

to pass (a test) *bestehen*
passport *der Reisepaß (Passes/Pässe)*
passport check *die Paßkontrolle (-/-n)*
past *die Vergangenheit (-/-en)*
pastry *das Gebäck (-s/-e); die Konditorei (-/-en)*
patterned *gemustert*
to pay *bezahlen*
peace *der Frieden (-s/-)*
pear *die Birne (-/-n)*
pedestrian *der Fußgänger (-s/-)*
pedestrian path *der Fußgängerweg (-s/-e)*
pepper *der Pfeffer (-s/-)*
to perform (studies, sports) *leisten*
performance *die Aufführung (-/-en); die Vorstellung (-/-en);* (in sports) *die Leistung (-/-en)*
person resettling (e.g., from former East Block) *der Aussiedler (-s/-)/die Aussiedlerin (-/-nen)*
person seeking asylum *der Asylant (-en/-en)/die Asylantin (-/-nen)*
personal *persönlich*
to persuade *überzeugen*
pessimistic *pessimistisch*
pesticide *die Pestizide (-/-e)*
pharmacy *die Apotheke (-/-n)*
physics *die Physik (-/no pl.)*
to pick up *ab.holen;* (clean) *auf.räumen*
to place *stellen*
plan *der Plan (-s/ˀe)*
to plan *planen*
plastic *die Plastik (-/no pl.)*
plate *der Teller (-s/-)*
play *das (Theater)Stück (-es/-e)*
pleasant *angenehm*
please *bitte*
to please *gefallen*
pleasure *das Vergnügen (-s/-)*
plum *die Pflaume (-/-n)*
pocket *die Tasche (-/-n)*
pollutant *der Schadstoff (-s/-e)*
to pollute *verschmutzen*
pollution *die Verschmutzung (-/-en)*
poor *arm*
possible *möglich*
post-war period *die Nachkriegszeit (-/-en)*
potato *die Kartoffel (-/-n)*
pound *das Pfund (-es/-e)*
poverty *die Armut (-/no pl.)*
pregnant *schwanger*
prejudice *das Vorurteil (-s/-e)*
to prepare *vor.bereiten*
present *die Gegenwart (-/no pl.)*
pretty *hübsch*
pretzel *die Brezel (-/-n)*
price *der Preis (-es/-e)*
problematic *problematisch*
program *das Program (-s/-e)*

progress *der Fortschritt* (-s/-e)
prosperity *der Wohlstand* (-s/no pl.)
protection *der Schutz* (-es/no pl.)
to pull *ziehen*
purple *purpur*
purse *die Tasche* (-/-n)

Q

in large quantities *massenhaft*
quiet *ruhig*

R

race *die Rasse* (-/-n)
racism *der Rassismus* (-es/no pl.)
racist *rassistisch*
on the radical right *rechtsradikal*
radio broadcasting *der Hörfunk*
   (-s/no pl.)
rain *der Regen* (-s/-)
raincoat *der Regenmantel* (-s/:-)
rainy *regnerisch*
rather *ziemlich*
ready *fertig; bereit*
reasonable *vernünftig*
to receive *empfangen*
to recognize *erkennen*
reconstruction *der Wiederaufbau*
   (-s/no pl.)
recuperation *die Erholung*
red *rot*
referee *der Schiedsrichter* (-s/-)
relative *der Verwandte* (-n/-n)
to relax *s. entspannen; s. aus.spannen*
relaxed *abgespannt*
relaxing of tensions *die Entspannung*
   (-/-en)
religious *religiös*
to remember *s. erinnern*
remote control (for a television set) *die*
   Fernbedienung (-/-en)
to rent (from) *mieten*; (to) *vermieten*
to repeat *wiederholen*
to replace *ersetzen*
to represent *vertreten*
repression *die Verdrängung* (-/-en)
reproach *der Vorwurf* (-s/:-e)
to reserve *reservieren*
responsible *verantwortungsvoll*
to rest up *s. aus.ruhen*
restaurant *das Restaurant* (-s/-s); *die*
   Gaststätte (-/-n)
retraining *die Umschulung* (-/-en)
reunification *die Wiedervereinigung*
   (-/no pl.)
right *recht*
risk *das Risiko* (-s/Risiken)
river *der Fluß* (Flusses/Flüsse)
roll *das Brötchen* (-/-)
romance languages and literatures *die*
   Romanistik (-/no pl.)

romantic *romantisch*
roof *das Dach* (-es/:-er)
room *das Zimmer* (-s/-)
rug *der Teppich* (-s/-e)

S

sad *traurig*
safe *sicher*
to sail *segeln*
sailing *das Segeln* (-s/no pl.)
salad *der Salat* (-s/-e)
salesperson *der Verkäufer* (-s/-); *die*
   Verkäuferin (-/-nen)
salt *das Salz* (-es/-e)
satellite program *das Satellitenprogramm*
   (-s/-e)
satisfying, satisfactory *befriedigend*
Saturday *der Samstag* (-s/-e), *der*
   Sonnabend (-s/-e)
sauce *die Soße* (-/-n)
sausage *die Wurst* (-/:-e)
to save *retten*
scandalous *skandalös*
scholarship *das Stipendium*
   (-s/Stupendien)
school (secondary) *die Schule* (-/-n)
sea (salt water) *die See* (-/-n)
to search *suchen*
search for a room *die Zimmersuche*
   (-/-n)
season *die Jahreszeit* (-/-en)
to keep secret *geheim.halten*
to see *sehen*
to see again *wieder.sehen*
self-reliance *die Selbstständigkeit*
   (-/no pl.)
to sell *verkaufen*
seminar *das Seminar* (-s/-e)
senseless *sinnlos*
separation *die Trennung* (-/-en)
September *der September*
serious *ernsthaft*
to serve *servieren; bedienen; dienen*
seven *sieben*
seventeen *siebzehn*
seventy *siebzig*
shame *die Scham* (-/no pl.)
to shatter *zerbrechen*
she *sie*
shirt *das Hemd* (-es/-en)
shoe *der Schuh* (-es/-e)
to shop *ein.kaufen*
short *kurz*
shower (bath) *die Dusche* (-/-n);
   (weather) *der Schauer* (-s/-)
siblings *die Geschwister* (-/-)
to get sick *s. erkranken*
to sightsee *besichtigen*
sight-seeing trip *die Rundreise* (-/-n)
to be silent *schweigen*

similar *ähnlich*
since *seit* (preposition); *seit, seitdem*
   (conjunctions)
since, because *da*
single room *das Einzelzimmer* (-s/-)
sister *die Schwester* (-/-n)
sister-in-law *die Schwägerin* (-/-nen)
to sit *sitzen*
to sit (down) *s. setzen*
six *sechs*
sixteen *sechzehn*
sixty *sechzig*
size *die Größe* (-/-n)
skepticism *die Skepsis* (-/no pl.)
skiing *das Skifahren* (-s/no pl.)
skin color *die Hautfarbe* (-/-n)
skirt *der Rock* (-es/:-e)
skyscraper, highrise *das Hochhaus*
   (-es/:-er)
to sleep in *aus.schlafen*
slow *langsam*
small *klein*
smoothing *ausgleichend*
snow *der Schnee* (-s/no pl.)
so that *damit*
soap opera *die Seifenoper* (-/-n)
soccer *der Fußball* (-s/no pl.)
soccer player *der Fußballspieler* (-s/-)
society *die Gesellschaft* (-/-en)
sociology *die Sozialkunde* (-/no pl.)
sock *die Socke* (-/-n)
sofa *das Sofa* (-s/-s)
soft *weich*
sold out *ausverkauft*
someone *jemand*
son *der Sohn* (-es/:-e)
soon *bald*
soup *die Suppe* (-/-n)
to speak *sprechen*
to specialize *spezialisieren*
spectator *der Zuschauer* (-s/-)/*die*
   Zuschauerin (-/-nen)
spectator sport *der Zuschauersport*
   (-s/-e)
to spell *buchstabieren*
spoiled, pampered *verwöhnt*
spontaneous *spontan*
spoon *der Löffel* (-s/-)
sport jacket *der Sakko* (-s/-s)
sports *der Sport* (-s/-e)
spring *der Frühling* (-s/-)
stable *stabil*
stadium *das Stadion* (-s/Stadien)
to stage *inszenieren*
stairs, steps *die Treppe* (-/-n)
to stand *stehen*
to stare at *an.starren*
stay *der Aufenthalt* (-s/-e)
to stay *bleiben*
to stop, cease *auf.hören*
store *der Laden* (-s/:-)

stormy *gewittrig*
straight (ahead) *geradeaus*
strange *fremd; komisch*
street *die Straße (-/-n)*
streetcar, tram *die Straßenbahn (-/-en)*
strength *die Kraft (-/-̈e)*
striped *gestreift*
to strive *streben*
to stroll *bummeln*
strong *stark*
student *der Student (-s/-en), die Studentin (-/-nen)*
study (post-secondary) *das Studium (-s/Studien)*
to study *studieren*
style *der Stil (-es/-e)*
subject (education) *das Studienfach (-s/-̈er)*
suburb *der Vorort (-s/-e)*
subway *die Unterbahn, die U-Bahn ̀(-/-en)*
successful *erfolgreich*
suddenly *plötzlich*
sugar *der Zucker (-s/-)*
suit *der Anzug (-s/-̈e)*
suitcase *der Koffer (-s/-)*
summer *der Sommer (-s/-)*
sun *die Sonne (-/-n)*
Sunday *der Sonntag (-s/-e)*
sunglasses *die Sonnenbrille (-/-n)*
sunny *sonnig*
to support *unterstützen*
surfing *das Surfen (-s/no pl.)*
to surprise *überraschen*
to survive *überleben*
sweater *der Pullover (-s/-)*
to swim *schwimmen*
swimmer *der Schwimmer (-s/-)*
sympathy *die Sympathie (-/-e)*
system of elementary and secondary education *das Schulsystem (-s/-e)*

T

to take *nehmen*
to take along *mit.nehmen*
to take care of, buy *besorgen*
to take care of, run errands *erledigen*
to take place *statt.finden*
to talk *reden*
to taste *schmecken*
tea *der Tee (-s/-s)*
team *die Mannschaft (-/-en)*
television *das Fernsehen (-s/no pl.);* (slang) *die Glotze (-/no pl.)*
television screen *die Mattscheibe (-/-n)*
television set *der Fernseher (-s/-); der Fernsehapparat (-s/-e)*
to tell *erzählen*
temperature *die Temperatur (-/-en)*
ten *zehn*

tense, exciting *spannend*
tent *das Zelt (-s/-en)*
terrible *furchtbar*
terrified *erschreckt*
test *die Prüfung (-/-en)*
to thank *danken;* thank you *danke*
that *jen-* (demonstrative); *daß* (conjunction)
theater (movies) *das Kino (-s/-s);* (plays) *das Theater (-s/-), das Schauspielhaus (-es/-̈er)*
their *ihr*
they *sie*
thirteen *dreizehn*
thirty *dreißig*
this *dies-*
thoroughly *gründlich*
thought *der Gedanke (-ns/-n)*
thousand *tausend*
threat *die Bedrohung (-/-en)*
to threaten *drohen*
three *drei*
through *durch*
thunderstorm *das Gewitter (-s/-)*
Thursday *der Donnerstag (-s/-e)*
ticket (train, bus) *die Fahrkarte (-/-n);* (movie, play) *die Karte (-/-n)*
tie *die Krawatte (-/-n)*
tight *eng*
tip (in restaurant) *das Trinkgeld*
to *zu; nach*
toilet paper *das Klopapier (-s/-e)*
tolerance *die Toleranz (-/no pl.)*
tomato *die Tomate (-/-n)*
toothbrush *die Zahnbürste (-/-n)*
toothpaste *die Zahnpasta (-/-pasten)*
tourism *der Tourismus (-es/no pl.)*
tourist *der Tourist (-en/-en)/die Touristin (-/-nen)*
tourist information office *das Fremdenverkehrsverein (-s/-e)*
track and field *die Leichtathletik (-/no pl.)*
trade (career) *das Handwerk (-s/-e)*
traditional *traditionell*
train *der Zug (-es/-̈e)*
to train *trainieren*
train connection *die Zugverbindung (-/-en)*
train system *die Eisenbahn (-/-en)*
travel *das Reisen (-s/-)*
to travel *reisen*
travel agency *das Reisebüro (-s/-s)*
travel guide *der Reiseführer (-s/-)*
travel insurance *die Reiseversicherung (-/-en)*
traveler's check *der Reisescheck (-s/-s)*
trees dying off *das Baumsterben (-s/no pl.)*

trip around the world *die Weltreise (-/-n)*
trip by bicycle *die Fahrradreise (-/-n)*
trip by car *die Autofahrt (-/-en)*
true *wahr*
to trust *vertrauen*
to try *versuchen; probieren*
to try on *an.probieren*
Tuesday *der Dienstag (-s/-e)*
twelve *zwölf*
twenty *zwanzig*
two *zwei*

U

ugly *häßlich*
umbrella *der Regenschirm (-es/-e)*
unattractive *unattraktiv*
unbelievable *unglaublich*
uncle *der Onkel (-s/-)*
under *unter*
underpants *die Unterhose (-/-n)*
undershirt *das Unterhemd (-s/-en)*
understanding *verständnisvoll; das Verständnis (-ses/-se)*
underwear *die Unterwäsche (-/-n)*
to undress *s. aus.ziehen*
unemployed *arbeitslos*
unemployment *die Arbeitslosigkeit (-/no pl.)*
unemployment benefits *die Arbeitslosenunterstützung (-/-en)*
unfavorable *ungünstig*
unforgettable *unvergeßlich*
unity *die Einheit (-/-en)*
university *die Universität (-/-en)*
to unpack *aus.packen*
until *bis*
unusual *ungewöhnlich*
to use *gebrauchen; benutzen*
used battery *die Altbatterie (-/-n)*
used glass *das Altglas (-es/no pl.)*
used metal *das Altmetal (-s/no pl.)*
used paper *das Altpapier (-s/no pl.)*
usual *gewöhnlich*

V

vacation *der Urlaub (-es/-e); die Ferien (pl.)*
vacation for health reasons *die Kur (-s/-en)*
vacation job *der Ferienjob (-s/-s)*
vacation spot *der Urlaubsort (-s/-e)*
to vacuum *staub.saugen*
vegetable *das Gemüse (-s/-)*
vegetarian *vegetarisch*
very *sehr*
visa *das Visum (-s/Visen)*
to visit *besuchen*

W

to wait *warten*

waiter *der Kellner (-s/-); die Kellnerin (-/-nen)*

to wake up *erwecken*

to walk (to take a walk) *spazieren.gehen*

wall *die Mauer (-/-n)*

to want *to wollen*

war *der Krieg (-s/-e)*

warm *warm*

to wash dishes *spülen*

waste-disposal problem *das Müllproblem (-s/-e)*

water *das Wasser (-s/-e)*

we *wir*

weapon *die Waffe (-/-n)*

to wear *tragen*

wedding *die Hochzeit (-/-en); wedding anniversary der Hochzeitstag (-s/-e)*

Wednesday *der Mittwoch (-s/-e)*

weekend *das Wochenende (-s/-n)*

welfare state *der Sozialstaat (-s/-en)*

well-known *bekannt*

well-liked *beliebt*

wet *naß*

what *was*

when *wann* (interrogative); *als* (conjunction); *wenn* (conjunction)

where *wo, woher* (from where), *wohin* (to where)

whether, if *ob*

which *welch-*

while *während*

white *weiß*

who *wer*

why *warum*

to win *gewinnen*

wind *der Wind (-es/-e)*

window *das Fenster (-s/-)*

windsurfing *das Windsurfen (-s/no pl.)*

windy *windig*

wine *der Wein (-es/-e)*

winter *der Winter (-s/-)*

to wish *wünschen*

with *mit*

without *ohne*

work *die Arbeit (-/-en)*

to work *arbeiten*; to work temporary jobs *jobben*

to write *schreiben*

Y

yard *der Garten (-s/-̈)*

yellow *gelb*

yogurt *der Joghurt (-s/no pl.)*

you *du, ihr, Sie*

young *jung*

your *dein, euer, Ihr*

Index

Permissions

Kapitel 1

p. 5 Cartoon by Peter Schössew, reprinted with permission from *Stern*, Nr. 12/1988, p. 190;

p. 14 Excerpt "wohnen" from *Collins German-English/English-German Dictionary*, Peter Terrell, © 1980, London & Glasgow;

p. 18 "Ausländer in Deutschland" (#8558) reprinted with permission from GLOBUS Kartendienst GmbH, Hamburg;

p. 29 "Weibsbilder" by Amelie Glienke, reprinted from *Stern*, courtesy of the artist; "Hägar der Schreckliche" by Dik Browne, reprinted from *Stern*, Nr. 34/1989, © 1991 KFS/Distr. BULLS; "Wo, sagten Sie, haben Sie Zahnmedizin studiert?" and "Wie lange sind Sie schon so schüchtern?" by Werner Sukowski, reprinted from *schweizer jugend*, 22. September 1988, courtesy of the artist;

p. 37 "Sagen Sie auch 'du' zum Chef?" by Ulrike Grünrock, reprinted from *Stern*, Nr. 12/1988, p. 190, with permission from the publisher.

Kapitel 2

p. 42 "Hägar der Schreckliche" by Dik Browne, reprinted from *Stern*, Nr. 33/1989, © 1991 KFS/Distr. BULLS;

p. 68 "Hägar der Schreckliche" by Dik Browne, reprinted from *Stern*, © 1991 KFS/Distr. BULLS; "Weibsbilder" by Amelie Glienke, reprinted from *Stern*, courtesy of the artist;

p. 69 Cartoon reprinted from *Das Rad* with permission from Mary Glasgow Publications Ltd., London;

p. 71 Cartoon by Wolf-Rüdinger Marunde, reprinted from *Brigitte*, Nr. 15/1987, courtesy of the artist;

p. 72 Cartoon reprinted from *petra*, 4. Dezember 1989.

Kapitel 3

p. 84 "Wild auf Hafer" by Detlef Hacke, reprinted with permission from *DIE ZEIT*, Nr. 44, 27. Oktober 1989;

p. 88 "Abends wird kalt gegessen" reprinted with permission from *Münchner Merkur*, 27. Juli 1985;

p. 89 "Österreicher frühstücken konventionell und schlecht" reprinted with permission from *Die Presse*, 11. Mai 1989;

p. 90 Cartoon courtesy of *Münchner Merkur*, Nr. 58;

p. 91 "Unser Essen macht uns krank" reprinted with permission from *Stern*, Nr. 42/1990;

p. 115 "Bilder aus der Provinz: Essen in Deutschland" by Fritz Wolf, reprinted with permission from *Stern*.

Kapitel 4

p. 132 "Klatsch am Sonntagmorgen" by Horst Bienek, reprinted from *Jugendscala*, © Carl Hanser Verlag, München/Wien;

p. 133 "Wohnen—privat oder im Wohnheim?" reprinted with permission from the Studentenwerk Berlin;

p. 135 Cartoon by Til Mette, reprinted from *Stern*, 28. Februar 1991, courtesy of the artist; Cartoon reprinted from *DER SPIEGEL* with permission from *Hamburger Rundschau*;

p. 136 Table "Was Häuser und Wohnungen kosten" adapted from "Was Bauland, Häuser und Wohnungen kosten." Reprinted from *Stern*, Nr. 41/1990, p. 269, © Ring Deutscher Makler;

p. 151 "Bilder aus der Provinz: Humaner wohnen" by Fritz Wolf, reprinted with permission from *Stern*.

Kapitel 5

p. 169 "Wie gut kennen Sie sich aus?" reprinted with permission from *Brigitte*, Nr. 15/1987.

Kapitel 6

p. 191 Map of Zürich reprinted with permission from Orell Füssli Graphische Betrieb AG, Zürich;

p. 203 Map of Vienna reprinted with permission from Hoffman & Campe Verlag, Hamburg;

p. 204 "Leben in den Strassen" reprinted with permission from *scala*;

p. 210 Subway map of Münich reprinted courtesy of Münchner Verkehrs- und Tarifverbund, Munich;

p. 211 "Wie fahren Sie zur Arbeit?" reprinted with permission from *Die Abendzeitung*, München;

p. 218 "Bilder aus der Provinz: Das neue Auto" by Fritz Wolf, reprinted with permission from *Stern*;

p. 220 "Der Kampf ums Dasein" by Stefanie Rosenkranz, reprinted with permission from *Stern*, Nr. 44/1990, p. 38.

Kapitel 7

p. 239 "Weibsbilder" by Amelie Glienke, reprinted from *Stern*, courtesy of the artist;

p. 242 Weather map, 10. März 1990, reprinted from *Münchner Merkur*, Nr. 58/1990, courtesy of Deutscher Wetterdienst, Offenbach;

p. 252 Cartoon reprinted from *Bild als Sprechanlass*, Erich Rauschenbach, 1988;

p. 256 Weather map, 19. September 1990, reprinted from *Frankfurter Allgemeine Zeitung*, courtesy of Deutscher Wetterdienst, Offenbach;

p. 257 "Europa leidet unter der Hitze-Rekordtemperaturen bis 44 Grad" reprinted from *Welt am Sonntag* with permission from dpa Deutsche Presse-Agentur, Hamburg.

Kapitel 8

p. 264 Cartoon by Horst Haitzinger reprinted from *Stern* with permission from the artist;

p. 266 "Wer nicht hören will, muss fühlen" by Wilma Reckert, reprinted from *WIE GEHT'S? Information für Junge Leute*, Juni 1984, courtesy of Der Bundesminister für Arbeit und Sozialordnung, Bonn;

p. 270 "Fragen eines lesenden Arbeiters" by Bertolt Brecht, reprinted with permission from Suhrkamp Verlag, Frankfurt am Main;

p. 277 "Der 'Zweite Bildungsweg'" reprinted with permission from *Jugendscala*, 4. Juli 1975;

p. 283 "Ich kann nicht alle lieben" adapted from "Axel's Dienst," *Jugendmagazin*, Nr. 1, 1990. Reprinted with permission from the publisher;

p. 284 "Was sagen Sie zum Studentprotest?" reprinted with permission from *Die Abendzeitung*, Nr. 2, 1990;

p. 296 "Intensiv Deutsch Lernen" reprinted courtesy of Goethe-Institut, München.

Kapitel 9

p. 301 "Gespaltener Lehrstellenmarkt" (#8661) reprinted with permission from GLOBUS Kartendienst GmbH;

pp. 306–307 "Wir sind die Azubis" by Bernhard Nimtsch, reprinted with permission from *Jugendmagazin*, Nr. 3, 1989;

p. 314 Advertisement courtesy of Bundesanstalt für Arbeit, Nürmberg;

p. 315 "Frau am Bau?" reprinted from *Emma*;

p. 318 "Spiegelbild des Lebensstandards" (#8671), "Ein Jahrhundert Urlaub" (#8687) and "Arbeitszeiten im Vergleich" (#8777) reprinted with permission from GLOBUS Kartendienst GmbH;

p. 320 "Die Minus-Produzenten" and "Betriebe mit Begrenzter Hoffnung" reprinted with permission from *DER SPIEGEL*, Nr. 20/90, p. 122;

p. 321 "Was bleibt von der DDR?" adapted from "Am Ende der Spielzeit" (11. Mai 1990) and "Gehen die Frau in die Knie?" (26. Oktober 1990), *DIE ZEIT*;

p. 325 "Jeder dritte fliegt raus" by Annette Kwapil, reprinted with permission from *Stern*, Nr. 15/1990, p. 47;

p. 329 "Als die Menschen durch die Mauer kamen" by Tatjiana Gräfin Dönhoff, reprinted with permission from *Stern*, November 1990;

p. 330 "Die Azubis" by Wilfried Vogeler, adapted from "Wir sind die Azubis," *Jugendscala*, August 1989. Reprinted with permission from the publisher;

p. 333 "Demokratie jetzt" by Konrad Weiss, reprinted with permission from *Stern*;

p. 335 "Es wird etwas geschehen" by Heinrich Böll, reprinted from *Doktor Murkes gesammeltes Schweigen und andere Satiren* by Heinrich Böll, © 1958 by Verlag Kiepenheuer & Witsch, Köln;

p. 336 "Weibsbilder" by Amelie Glienke, reprinted from *Stern*, courtesy of the artist.

Kapitel 10

p. 348 "Wie findet ihr das Fernsehen?" adapted from "Fernsehen-Gernsehen?", *Jugendscala*, Juni 1985. Reprinted with permission from the publisher;

p. 355 "Wenn die Haifische Menschen wären" by Bertolt Brecht, reprinted from *Kalendergeschichten*, Rowohlt Taschenbuch Verlag;

p. 358 "Fernsehen-Gernsehen" reprinted with permission from *Jugendscala*, Juni 1985;

p. 360 "Kleinstadtsonntag" by Wolf Biermann, reprinted from "Alle Lieder" by Wolf Biermann, © 1991 Verlag Kiepenheuer & Witsch, Köln;

p. 376 "Ein Platz am Wasser" by Peter Juppenlatz, reprinted with permission from *Stern*, Nr. 28/1986.

Kapitel 11

p. 387 "inkl." advertisement reprinted courtesy of Robinson Hotels GmbH, Frankfurt;

p. 388 Train schedule, Winter 1989–90, reprinted courtesy of Deutsche Bundesbahn;

p. 390 "Französisch in Monaco" reprinted courtesy of SSF-Sprachreisen, Freiburg; "Lufthansa" slogan reprinted courtesy of Deutsche Lufthansa AG, Köln;

p. 398 "Die lieben Landsleute" by Dr. Hans Eckart Rübesamen, reprinted from *Süddeutsche Zeitung* with permission from the author;

p. 399 "Die Reise-Checkliste" reprinted with permission from *Brigitte*, Nr. 6, 1988; Cartoon reprinted with permission from *Stern*;

p. 400 "Urlaubspläne '89" (#7621) reprinted with permission from GLOBUS Kartendienst GmbH;

p. 404 Advertisement reprinted courtesy of Pension Samwald, Vienna, Austria;

p. 412 "Meine Stadt: Miami, Ganz schön überraschend" by Margot Granitsas, reprinted from *Brigitte*, Nr. 6, 1988, with permission from the author;

p. 413 "Urlaub in Amerika" by Fritz Wolf, reprinted from *Brigitte*, Nr. 6, 1988, with permission from the artist.

Kapitel 12

p. 417 "Frauen im Beruf" reprinted with permission from GLOBUS Kartendienst;

pp. 421, 424, 429, 436, 437 "Frauen und Beruf" reprinted from "Das sagen Frauen über BERUF"; "Frauen über Frauen" reprinted from "Das sagen Frauen über FRAUEN"; "Ansichten" (A.) reprinted from "Das Sagen Männer über FRAUEN"; "Ansichten" (B.) reprinted from "Das Sagen Frauen über FRAUEN"; "Ansichten" (C.) reprinted from "Das sagen Frauen über MÄNNER"; "Männer über Männer" reprinted from "Das sagen Männer über MÄNNER"; "Männer über Frauen" reprinted from "Das sagen Männer über FRAUEN," *petra*;

p. 422 Various quotes reprinted from "Mütter und Beruf," *Eltern* (Sonderheft), 1989/90, with permission from Gruner & Jahr AG & Co.;

p. 431 "Männer trainieren Hausputz" reprinted with permission from *DER SPIEGEL*, Nr. 47/90;

p. 432 "Weibsbilder" by Amelie Glienke, reprinted from *Stern* with permission from the artist;

p. 433 "Heute findet sie Küche..." reprinted courtesy of *petra*; advertisements reprinted courtesy of Bayer, Hegener & Glaser and *Sekretariat*;

p. 435 "Die 'Normalfamilie' ist längst nicht mehr die Norm" adapted from "Dauerhaft ist nur Trennung" by Joachim Schöps. Reprinted with permission from *DER SPIEGEL*, Nr. 2/91;

p. 447 "Neue Männer—Neue Väter" reprinted from "Ohne sie geht nichts," Dossier, *petra*;

pp. 449–450 "Wer macht den Haushalt?" (#8675) reprinted with permission from GLOBUS Kartendienst GmbH, Hamburg; "Männer" by Herbert Grönemeyer, reprinted from "Wann ist man ein Mann?", *TIP*, 1988, p. 23, with permission from the publisher, Frankfurter Societäts-Druckerei GmbH.

Kapitel 13

p. 454 Table from "Lieben wir die USA?," Sebastian Knauer, reprinted from *Stern*, "Was die Deutschen über die Amerikaner denken";

p. 457 "Auswanderer" reprinted from *PZ*;

p. 458 "Endlich in Amerika" by Simone Enseling, reprinted from *PZ* with permission from *PZ*-Redaktion, c/o Bundeszentrale für politische Bildung, Bonn;

p. 465 "Auswanderer" interview adapted from *PZ*;

p. 467 "Heimweh eines Dichters" by Martin Walser reprinted with permission from *DIE ZEIT* (*ZEITmagazin*), 23. January 1987;

p. 468 "...und was kostet Europa?" by Gerd Lotze, reprinted from *PZ* (Ausgabe: "Wie weit weg ist Amerika?"), Nr. 31, Dezember 1982, with permission from the author;

p. 470 Austrian Airlines advertisement reprinted with permission;

p. 474 "Ausländer rein!" by Wolfgang Barthel and Judith Schulte, reprinted with permission from *Stern*, Nr. 50/1988, p. 58;

p. 476 "Wir sind Deutsche" (Katherine Bäss and Vinod Sodhi) reprinted with permission from *Brigitte*, Nr. 2, 1991, pp. 58–61;

p. 477 "Du bist anders" adapted from "Wir sind Deutsche," *Brigitte*. Reprinted with permission;

pp. 480–481 "Wir sind totale Rechtsradikale" and "Du stammst vom Teufel ab, weil du so schwarz bist" adapted from "Wir sind Deutsche," *Brigitte*;

p. 484 "Afro-Deutsch" by May Opitz reprinted from Die Brücke/The Bridge, June 1989;

p. 488 Cartoon "Typisch Deutsch?" by E. Heydemann reprinted from *TIP*, 1986, Nr. D20205 with permission from the publisher, Frankfurter Societäts-Druckerei.

Kapitel 14

p. 491 "Sauberes Auto kommt voran" (#8666) reprinted with permission from GLOBUS Kartendienst; "Was tun Sie ganz persönlich für die Umwelt?", excerpts "Holger Carstens", "Birgit Schneider" and "Susanne Österle" reprinted from *Jugendscala*;

p. 493 "Was tun Sie ganz persönlich für die Umwelt?" (original article entitled "Der Preis für den Luxus"), reprinted with permission from *Jugendscala*;

pp. 493–494 "Das Grosse geld ist zerstörerisch" (Nikolaus Piper and Fritz Vorholz) and "Umweltpioneer" reprinted with permission from *DIE ZEIT*; photo of José Lutzenberger reprinted with permission from dpa Deutsche Presse-Agentur;

pp. 499–500 Public announcement reprinted courtesy of Müllkonzept Bayern EV, Zorneding;

pp. 500–501 "Armes Bioweib" by Maria Heider, reprinted with permission from *DIE ZEIT*, Nr. 51, 13. Dezember 1989;

p. 503 Cartoon "Natürlich sind unsere Salate gartenfrisch!" by Manfred von Papen, reprinted from *Stern* with permission from the artist;

p. 504 "Die Wegwerf-Gesellschaft" (#8748) reprinted with permission from GLOBUS Kartendienst;

p. 505 "Milliarden für die Umweltsanierung" (#8782) reprinted with permission from GLOBUS Kartendienst;

pp. 506–507 "Eine gigantische Giftküche" (Leserbriefe) reprinted from *Stern*, Nr. 39/1990;

p. 508 "Fünf Jahre nach Chernobyl" reprinted with permission from *schweizer jugend*;

p. 509 "Strom ohne Atom" reprinted with permission from *schweizer jugend*;

pp. 514–515 "Wege aus der Ökokrise" reprinted from *Stern*;

pp. 515–516 "Opulenter Lebensstil der reichen Länder bedroht die Welt" reprinted with permission from *Frankfurter Rundschau*, 3. November 1991;

p. 517 Cartoon "Was is'n das Opa?" reprinted from Fischer Taschenbuch with permission from Elefanten Press, Berlin;

p. 518 Table "Radioaktive Stoffe belasten Mensch und Natur" reprinted with permission from *schweizer jugend*; "Deutschlands Stellungen in der Welt" (#8413) reprinted with permission from GLOBUS Kartendienst.

Kapitel 15

pp. 521–522 "Vergesst Ihr die Vergangenheit?" (Elie Wiesel), "Das Glück, zu sich selbst zu finden" (Dominique Moisi) and "Nicht mehr das alte Deutschland" (Michael Wolffsohn) reprinted with permission from *DIE ZEIT*, Nr. 51, 15. Dezember 1989;

p. 524 "Hitlers Geburtstag" reprinted from *Kleine Zeitung*, 20. April 1989;

p. 525 Excerpt reprinted from *WIR in Europa*, Nr. 11, with permission from the publisher, Redaktionsbüro Evelyn Lackner, Bonn;

p. 527 "Der 3 Oktober 1990" reprinted with permission from *WIR in Europa*, Nr. 11;

p. 528 "Der Abituriententag" by Frank D. Hirschenbach reprinted from *DIE ZEIT*, Nr. 25, 16. Juni 1989, with permission from the author;

p. 533 Cartoon "Die Putzfrau" reprinted from *DIE ZEIT*, 7. März 1990, Oswaldo (*Excelsior*, Mexico), © 1991 Cartoonists and Writers Syndicate,

pp. 535–536 Tables "Noch geht's den meisten nicht besser", "Mieten ungleich wie Tag und Nacht" and "Wie alt sind die Autos?" reprinted with permission from *DER SPIEGEL*, Nr. 47/90;

p. 537 "SPIEGEL-GESPRÄCH: Die unsichtbare Grenze" reprinted with permission from *DER SPIEGEL*;

p. 539 "Die Mauer trennt uns nicht mehr" is an excerpt from a speech given by Berlin Bürgermeister Walter Momper on October 11, 1989. Reprinted with permission from Presse-und Informationsamt des Landes Berlin;

p. 542 "Am Tag der Einheit feiert die ganze Stadt" by Frank Langrock, reprinted from *Berliner Morgenpost*, 5. September 1990, with permission from the publisher, Ullstein Verlag GmbH & Co. KG;

p. 543 "Worte der Woche" reprinted from *Stern*;

p. 544 "Bilder aus der Provinz: Deutschland, einig Vaterland" by Fritz Wolf reprinted with permission from *Stern*, Nr. 41/1990, p. 545;

p. 545 "Neujahrsbotschaft im Jahre 2000" by Claus Jacobi, reprinted with permission from *DIE ZEIT*, Nr. 1/90;

p. 546 "Weltmacht Deutschland" reprinted with permission from *DER SPIEGEL*, Nr. 40/90;

p. 547 "Das Jahr der Deutschen" (#8669) reprinted with permission from GLOBUS Kartendienst.